Lappe/Gattringer
Carve-out-Transaktionen

Carve-out-Transaktionen

Recht, Steuern und Bilanzen
bei Ausgliederung und Verkauf
von Unternehmensteilen

Herausgegeben von

Dr. Thomas Lappe
Rechtsanwalt in Berlin

Dipl.-Kfm. Volker Gattringer
Rechtsanwalt in Frankfurt a. M.

Bearbeitet von

Wolfgang Berger, M. iur., M. rer. soc. oec.,
Head of Strategy and Business Development, Wien
Gert von Borries, Wirtschaftsprüfer und Steuerberater in München
Dr. Tobias Bosch, Rechtsanwalt in Berlin
Marinus Eßer, Wirtschaftsprüfer und Steuerberater in München
Dipl.-Kfm. Volker Gattringer, Rechtsanwalt in Frankfurt a. M.
Manfred Hack LL.M., Rechtsanwalt in Berlin
Dr. Florian Huber LL.M., Rechtsanwalt und Steuerberater in Hannover
Dipl.-Finanzwirt Peter Jung MBA, Steuerberater in München
Dr. Torsten Kraul LL.M., Rechtsanwalt in Berlin
Dr. Thomas Lappe, Rechtsanwalt in Berlin

2016

C.H.BECK

Zitiervorschlag: Lappe/Gattringer/*Bearbeiter*, Carve-out-Transaktionen, Teil … Rn. …

www.beck.de

ISBN 978 3 406 68251 3

© 2016 Verlag C.H. Beck oHG
Wilhelmstraße 9, 80801 München

Satz: Fotosatz H. Buck
Zweikirchener Str. 7, 84036 Kumhausen

Druck und Bindung: Kösel GmbH & Co. KG
Am Buchweg 1, 87452 Altusried-Krugzell

Gedruckt auf säurefreiem, alterungsbeständigem Papier
(hergestellt aus chlorfrei gebleichtem Zellstoff)

Vorwort

Statistisch gesehen ist wenigstens jeder dritte Unternehmenskauf eine Carve-out-Transaktion. Anders als bei einer klassischen M&A-Transaktion wird bei einem Carve-out nicht das gesamte Unternehmen verkauft. Vielmehr wird aus dem Gesamtunternehmen bzw. Konzern des Verkäufers ein strategisch nicht zum Kernbereich zählender Unternehmensteil herausgelöst (*carved out*) und verkauft. Hierbei kann es sich insbesondere um einen Geschäftsbereich oder um eine Sparte handeln. Die herauszulösende wirtschaftliche Einheit ist darüber hinaus rechtlich oftmals nicht verselbständigt. Fast immer ist der betroffene Unternehmensteil jedoch mit den übrigen Unternehmensteilen des Verkäufers eng verbunden, etwa durch Liefer- und Leistungsbeziehungen, durch ein gemeinsames Cash-Management-System, die Einbindung in Vertrieb und Produktion und/oder Forschung & Entwicklung des Verkäuferkonzerns oder durch die Nutzung gemeinsamer administrativer Funktionen. Bei der Herauslösung ergeben sich für Verkäufer und Käufer rechtliche, bilanzielle und steuerliche Schnittstellen, die in diesem Handbuch umfassend dargestellt werden. Zu beachten ist, dass sich das vorliegende Werk auf die Ausgliederung und den Verkauf von Unternehmensteilen im Wege von M&A-Transaktionen bezieht. Spezialprobleme eines „Equity Carve-out", bei dem der zur Disposition stehende Unternehmensteil auf eine Aktiengesellschaft ausgegliedert wird, deren Aktien dann über die Börse veräußert werden, werden nicht näher behandelt.

Das Handbuch wurde für Praktiker konzipiert, die sich beruflich mit Carve-out-Transaktionen befassen, sei es als wirtschaftsberatende Juristen (Rechtsanwälte und Unternehmensjuristen), als M&A-Berater (Investmentbanken, M&A-Abteilungen von Unternehmen), Wirtschaftsprüfer, Steuerberater oder als Richter/Schiedsrichter im Bereich M&A. Es soll eine praxisorientierte Hilfestellung zur erfolgreichen Umsetzung von Carve-outs geben. Dabei werden unter Zuhilfenahme von Musterklauseln und Beispielen die Besonderheiten von Carve-outs erläutert und konkrete Handlungs- und Formulierungsvorschläge für deren Planung, Vorbereitung und Durchführung entwickelt.

Die Spezialmaterie des Carve-out erfordert in besonderem Maße die Zusammenarbeit zwischen Kaufleuten, Juristen, Wirtschaftsprüfern und Steuerberatern. Dementsprechend ist das Werk interdisziplinär angelegt. Im Anschluss an einen Überblick zu den wirtschaftlichen Grundlagen von Carve-out-Transaktionen (Teil I) werden rechtliche Fragen der Separierung des Carve-out-Business und die Kernthemen im Unternehmenskaufvertrag behandelt (Teil II). Ähnlich wie im Unternehmenskaufvertrag selbst sind die arbeits- und pensionsrechtlichen Fragestellungen (Teil III), die IP/IT-Aspekte (Teil IV) sowie die steuerlichen Gesichtspunkte (Teil V) einer Carve-out-Transaktion gesondert dargestellt. Das Handbuch befasst sich darüber hinaus in einem eigenen Teil mit der Erarbeitung und Darstellung von Finanzinformationen bei Carve-out-Transaktionen (Teil VI). Schließlich werden Fragestellungen im Zusammenhang mit sog. *Transitional Services Agreements* behandelt, deren Abschluss bei fast jedem Carve-out unentbehrlich ist (Teil VII). Sämtliche Teile sind durch zahlreiche Querverweise miteinander verbunden.

Entsprechend der Zielsetzung des Handbuches sind alle Kapitel von Praktikern verfasst, die langjährige Erfahrung bei der Planung und Durchführung von Carve-out-Transaktionen mitbringen.

Ohne die Mitwirkung vieler engagierter weiterer Beteiligter wäre die Fertigstellung des Werkes nicht möglich gewesen. Wir danken namentlich Frau Rechtsanwältin Helene Gerhardt und Frau Neeta Buchecha, Solicitor/Attorney-at-Law, für vielfache Unterstützung bei der Sichtung der Manuskripte. Darüber hinaus danken wir Frau Julia Sedat, Frau Sarah Schärr und Frau Lisa Lay, die in unterschiedlicher Weise zur Realisierung beigetragen haben.

Die Beiträge der Autoren sind auf dem Stand vom 1. September 2015.

Für Verbesserungsvorschläge, Korrekturanregungen und Kritik sind wir jederzeit dankbar. Bitte richten Sie diese an:

Dr. Thomas Lappe	oder:	Volker Gattringer
K&L Gates LLP		K&L Gates LLP
Markgrafenstraße 42		Bockenheimer Landstraße 2–4
10117 Berlin		60306 Frankfurt am Main
thomas.lappe@klgates.com		volker.gattringer@klgates.com

Berlin/Frankfurt am Main, im Sommer 2015
Thomas Lappe/Volker Gattringer

Bearbeiterverzeichnis

Teil I – Grundlagen	Wolfgang Berger
Teil II – Zivilrecht	Dr. Thomas Lappe / Volker Gattringer
Teil III – Employment	Manfred Hack
Teil IV – IP/IT	Dr. Torsten Kraul / Dr. Tobias Bosch
Teil V – Steuern	Peter Jung / Dr. Florian Huber
Teil VI – Abschlüsse	Gert von Borries / Marinus Eßer
Teil VII – TSA	Dr. Torsten Kraul / Dr. Tobias Bosch

Inhaltsübersicht

Vorwort	V
Bearbeiterverzeichnis	VII
Inhaltsverzeichnis	XI
Abkürzungsverzeichnis	XXIII
Glossar	XLI

Teil I: Wirtschaftliche Grundlagen 1
1. Einführung 1
2. Vorbereitung und Planung 3
3. Wirtschaftliche Aufbereitung 13
4. Umsetzung in der Unternehmensbewertung 57
5. Vertragliche Umsetzung 66
6. Sonderproblematik Management Buy-out 69

Teil II: Carve-out-spezifische Themen im Unternehmenskaufvertrag 71
1. Überblick 72
2. Der Verkauf rechtlich unselbständiger Geschäftsbereiche 73
3. Der Verkauf rechtlich selbständiger Geschäftsbereiche 114
4. Ablösung von Sicherheiten (*Asset* und *Share Deal*) 128
5. Carve-out-Abschluss und Stichtagsbilanz 132
6. Auflagen und Mitgift durch den Verkäufer 137
7. Gesellschaftsrechtliche Zustimmungserfordernisse beim Verkäufer 142
8. Besonderheiten bei internationalen Carve-out-Transaktionen 154

Teil III: Arbeitsrechtliche Aspekte und Pensionen 159
1. Überblick 160
2. Information und Beteiligung von Arbeitnehmern und Arbeitnehmervertretern im Rahmen einer Carve-out-Transaktion 161
3. Betriebsübergang 179
4. Schicksal der betrieblichen Interessenvertretungen bei Carve-out-Transaktionen 202
5. Auswirkungen der Carve-out-Transaktion auf Vereinbarungen des Betriebsverfassungsrechts 213
6. Auswirkungen der Carve-out-Transaktion auf Tarifverträge 222
7. Betriebliche Altersversorgung bei Carve-out-Transaktionen 227

Teil IV: Geistiges Eigentum und IT-Aspekte in der Carve-out-Transaktion 237
1. Überblick 237
2. Geistiges Eigentum und IT-Aspekte im Rahmen von *Asset Deals* 238
3. Rechtliche Besonderheiten bei *Share Deals* 264

Inhaltsübersicht

Teil V: Steuerliche Schwerpunkte 266
1. Grundsätzliche steuerliche Überlegungen zu Carve-out-Transaktionen 268
2. Verkauf eines rechtlich nicht selbständigen Geschäftsbereichs (*Asset Deal*) 272
3. Verkauf eines rechtlich selbständigen Geschäftsbereichs (*Share Deal*) 300
4. Umstrukturierungsmaßnahmen zur Vorbereitung der Carve-out-Transaktion 332
5. Leistungsbeziehungen zwischen dem Käufer und Verkäufer 348

Teil VI: Carve-out-Abschlüsse 351
1. Finanzinformationen bei Carve-out-Transaktionen 351
2. Die Erstellung von Carve-out-Abschlüssen in der Praxis 367
3. Besonderheiten bei kombinierten Abschlüssen nach IFRS 398
4. Besonderheiten im Anhang zu Carve-out- und kombinierten Abschlüssen 401
5. Auswirkungen des Carve-out auf die Abschlüsse des übertragenden Unternehmens.. 407
6. Prüfungen im Rahmen von Carve-out-Transaktionen 413

Teil VII: Das Transitional Services Agreement 418
1. Überblick 418
2. Einbindung in die Gesamttransaktion 419
3. Regulatorische Anforderungen 420
4. Zu erbringende Leistungen 420
5. Leistungsstandards 423
6. Lizenzen und Bereitstellung anderer Vermögensgegenstände 426
7. Vergütung 430
8. Grundlagen der Zusammenarbeit 431
9. Laufzeit und Kündigung 433
10. Sicherheit und Datenschutz 435
11. Gewährleistung, Freistellung und Haftung 436

Stichwortverzeichnis 441

Inhaltsverzeichnis

Vorwort	V
Bearbeiterverzeichnis	VII
Inhaltsübersicht	IX
Abkürzungsverzeichnis	XXIII
Glossare	XLI

Teil I: Wirtschaftliche Grundlagen 1

1. Einführung 1
2. Vorbereitung und Planung 3
   a) Zielsetzung 3
   b) Projektorganisation und Ressourcenplanung 4
   c) Ablauf- und Zeitplanung 5
   d) Identifikation der Stakeholder 8
   e) Informationssammlung 9
   f) Prioritätensetzung und sinnvolle Anreize 11
   g) Kommunikationsplan 13
3. Wirtschaftliche Aufbereitung 13
   a) Zuordnung zum Carve-out-Business 15
   b) Wirtschaftliche Kernthemen 16
      aa) Konzerninterne Lieferbeziehungen 16
      bb) Konzerninterne Verkaufsbeziehungen 18
      cc) Geistiges Eigentum 19
      dd) Shared Services 20
      ee) Transferpreise und andere Integrationsvorteile 21
   c) Beispielhafte Aspekte für einzelne Unternehmensfunktionen 22
      aa) Einkauf 22
         aaa) Erhebung der aktuellen Gestaltung des Einkaufs 22
         bbb) Übergangszeitraum 25
         ccc) Dauerhafte Auswirkungen nach dem Carve-out 26
      bb) Produktion und Logistik 26
         aaa) Produktionsplanung 27
         bbb) Berichtswesen zur Produktion 27
         ccc) Resourcen zur Unterstützung des Produktionsprozesses und zur Abwicklung von Projekten 28
         ddd) Logistik und Transportplanung 28
      cc) Marketing 30
         aaa) Firmenbezeichnungen 30
         bbb) Branding, Marken und Produktnamen 30
         ccc) Neugestaltung von Marketingmaterialien 31
      dd) Verkauf 32
         aaa) Behandlung überschneidender Kunden 32
            (1) Erhebung der Ausgangslage 33

Inhaltsverzeichnis

		(2) Planung des Carve-out	34
		(3) Durchführung des Carve-out	36
		bbb) Abgrenzung überschneidender Vertriebskanäle	36
	ee)	Finanzen und Controlling	37
		aaa) Beispiele für Finanz- und Controllingleistungen	38
		bbb) Treasury	39
		(1) Bankkonten	39
		(2) Cash-Pooling	39
		(3) Zahlungsverkehr	40
		ccc) Finanzierung	40
		(1) Konzerninterne Finanzierung	41
		(2) Externe Finanzierung	41
		(3) Eventualverbindlichkeiten	42
		ddd) Steuerwesen	43
		(1) Erstellung von Steuererklärungen im Übergangszeitraum	43
		(2) Lizenz- und Managementverträge	43
	ff)	IT-Systeme	44
		aaa) Zentrale Server und Datenbanken	46
		bbb) IT-Unterstützung und Wartung	46
		ccc) Applikationen, Webservices und Intranet	46
		ddd) Infrastruktur	47
		eee) E-mail- und Telefondienste	47
		fff) Lizenzen	48
		ggg) Sicherungskopien und Prüfungsanforderungen	49
		hhh) Zugangsrechte und Datenschutz	49
	gg)	Personalwesen	50
		aaa) Abgrenzung der betroffenen Mitarbeiter	50
		bbb) Konsequenzen in der Organisationsstruktur des Verkäufers	51
		ccc) Konsequenzen in der Organisationsstruktur des Käufers	52
		ddd) Betriebsvereinbarungen und allgemeine Richtlinien	52
		eee) Einzelarbeitsverträge	52
		fff) Boni, variable Vergütung, Aktien- und Optionsprogramme	53
		ggg) Lohnverrechnung	55
		hhh) Heimarbeitsplätze	56
	d) Bedeutende Strukturveränderungen		56
4.	Umsetzung in der Unternehmensbewertung		57
	a) Aufbereitung der Finanzzahlen		58
	b) Ableitung des normalisierten Cash-Flows		61
	aa) Konzerninterne Liefer- und Leistungsbeziehungen		61
	bb) Besondere Sichtweise des Käufers		63
	cc) Besondere Sichtweise des Verkäufers		64
	c) Einmalkosten		65
5.	Vertragliche Umsetzung		66
	a) Lieferverträge		66
	b) Dauerhafte Nebenvereinbarungen		68
	c) Konfliktlösung		68
6.	Sonderproblematik Management Buy-out		69
	a) Vor- und Nachteile		69
	b) Abfolge in der Planung		70

Inhaltsverzeichnis

Teil II: Carve-out-spezifische Themen im Unternehmenskaufvertrag		71
1. Überblick		72
2. Der Verkauf rechtlich unselbständiger Geschäftsbereiche		73
a) Separierung der Geschäftsbereiche		73
aa) Strukturierungsmöglichkeiten		73
bb) Nachhaftung nach § 133 UmwG		76
b) Mitwirkung Dritter bei der Separierung		77
c) Zeitpunkt der Separierung		80
d) Verkauf und Übertragung des Carve-out-Business beim *Asset Deal*		82
aa) Das Carve-out-Business als Kaufgegenstand		83
bb) Regelungen zur Sicherstellung der Fortführungsfähigkeit des Carve-out-Business		91
cc) Heilungsklausel für irrtümliche Übertragungen		92
dd) Die Übertragung des Carve-out-Business		93
aaa) Übertragung von Grundstücken		93
bbb) Übertragung von beweglichen Sachen		94
ccc) Übertragung von Forderungen und anderen Rechten		97
ddd) Übertragung von öffentlich-rechtlichen Genehmigungen und Rechtspositionen		99
eee) Übertragung von Goodwill, Know-how und technologischem Wissen ..		100
fff) Übertragung von Vertragsverhältnissen		101
ggg) Übertragung von Verbindlichkeiten		103
ee) Vermögensgegenstände und Verträge, die sowohl dem Carve-out-Business als auch nicht übertragenen Unternehmensteilen dienen		104
aaa) Realteilung		104
bbb) Begründung von Nutzungsverhältnissen zwischen den Parteien des Unternehmenskaufvertrages		106
ff) Vorgehensweise bei nicht übertragbaren Vermögensgegenständen und Verträgen		106
e) Transaktions- und Haftungsrisiken		109
aa) Transaktions- und Haftungsrisiken des Käufers		110
bb) Transaktions- und Haftungsrisiken des Verkäufers		113
3. Der Verkauf rechtlich selbständiger Geschäftsbereiche		114
a) Ablösung der konzerninternen Finanzierung		114
aa) Grundsätzliche Gestaltung		114
bb) Zusätzliche Absicherungsstrategien des Verkäufers als Reaktion auf die neuere BGH-Rechtsprechung		118
b) Beendigung von Unternehmensverträgen		120
aa) Beendigung des Unternehmensvertrages vor dem Vollzug der Transaktion ...		120
bb) Behandlung des Gewinnabführungs- und Verlustübernahmeanspruchs		123
cc) Pflicht zur Durchführung der Organschaft und Freistellungen		126
c) Sonstige vertragliche Beziehungen zwischen dem Verkäuferkonzern und den Zielgesellschaften		127
4. Ablösung von Sicherheiten (*Asset* und *Share Deal*)		128
5. Carve-out-Abschluss und Stichtagsbilanz		132
a) Bilanzgarantie		132
b) Stichtagsbilanz (*Closing Accounts*)		134

Inhaltsverzeichnis

6. Auflagen und Mitgift durch den Verkäufer ... 137
   - a) Auflagen zur Aufrechterhaltung des Unternehmens und seiner wirtschaftlichen Identität ... 138
   - b) Auflagen zur Aufrechterhaltung des Produktionsstandortes und des Produktionsvolumens sowie zu zukünftigen Investitionen in das Carve-out-Business ... 139
   - c) Auflagen zur Aufrechterhaltung der Beschäftigungsbedingungen der Arbeitnehmer ... 140
   - d) Sicherstellung der Erfüllung der Auflagen ... 141

7. Gesellschaftsrechtliche Zustimmungserfordernisse beim Verkäufer ... 142
   - a) Gesellschaftsrechtliche Zustimmungserfordernisse bei der Aktiengesellschaft ... 142
     - aa) Zustimmung der Hauptversammlung ... 142
       - aaa) Verpflichtung zur Übertragung des ganzen oder des nahezu ganzen Gesellschaftsvermögens (§ 179a AktG) ... 143
       - bbb) Zustimmungserfordernis der Hauptversammlung nach den Grundsätzen der Holzmüller/Gelatine-Entscheidungen des BGH ... 143
       - ccc) Zustimmungserfordernis der Hauptversammlung aufgrund Unterschreitung des satzungsmäßigen Unternehmensgegenstandes ... 148
     - bb) Zustimmung des Aufsichtsrates ... 152
   - b) Gesellschaftsrechtliche Zustimmungserfordernisse bei der Gesellschaft mit beschränkter Haftung ... 152
   - c) Gesellschaftsrechtliche Zustimmungserfordernisse bei Personenhandelsgesellschaften ... 153

8. Besonderheiten bei internationalen Carve-out-Transaktionen ... 154

Teil III: Arbeitsrechtliche Aspekte und Pensionen ... 159

1. Überblick ... 160

2. Information und Beteiligung von Arbeitnehmern und Arbeitnehmervertretern im Rahmen einer Carve-out-Transaktion ... 161
   - a) *Share Deal* ... 161
     - aa) Unterrichtung des Wirtschaftsausschusses und Beratung ... 161
       - aaa) Unterrichtung des Wirtschaftsausschusses ... 161
       - bbb) Beratung ... 162
       - ccc) Zeitpunkt der Unterrichtung ... 162
       - ddd) Betriebs- und Geschäftsgeheimnisse ... 163
       - eee) Unternehmen ohne Wirtschaftsausschuss ... 163
       - fff) Beteiligung des Wirtschaftsausschusses von Verkäufer, Käufer und Tochtergesellschaften der Zielgesellschaft ... 163
     - bb) Unterrichtung des Sprecherausschusses und Beratung ... 164
     - cc) Unterrichtung des Europäischen Betriebsrat und Beratung ... 165
   - b) *Asset Deal* ... 166
     - aa) Unterrichtung des Wirtschaftsausschusses und Beratung ... 166
     - bb) Beteiligung des Sprecherausschusses und des Europäischen Betriebsrats ... 167
     - cc) Information der einzelnen Arbeitnehmer im Falle eines Betriebsübergangs ... 168
     - dd) Interessenausgleich und Sozialplan im Falle der Spaltung oder einer Zusammenlegung von Betrieben ... 168
       - aaa) Betriebsänderung im Sinne von § 111 BetrVG ... 168
       - bbb) Interessenausgleichs- und Sozialplanpflicht des Verkäufers ... 169
       - ccc) Interessenausgleichs- und Sozialplanpflicht des Käufers ... 172

			ddd) Behandlung der Interessenausgleichspflicht im Unternehmens- kaufvertrag	172

- ddd) Behandlung der Interessenausgleichspflicht im Unternehmenskaufvertrag ... 172
- eee) Inhalt von Interessenausgleich und Sozialplan ... 173
- fff) Behandlung der Sozialplanpflicht im Unternehmenskaufvertrag ... 174
- c) Separierung des Carve-out-Business durch Gesamtrechtsnachfolge ... 176
  - aa) Information und Beteiligung nach allgemeinen Regeln zu *Asset Deal* und *Share Deal* ... 176
  - bb) Inhalt des Spaltungsvertrags und Zuleitung des Entwurfs an den Betriebsrat . 176
  - cc) Erfordernis der Zustimmung des Aufsichtsrats des Gesellschafters des Verkäufers nach Mitbestimmungsrecht ... 179
3. Betriebsübergang ... 179
  - a) Überblick über die Voraussetzungen und Rechtsfolgen eines Betriebsübergangs .. 180
    - aa) Übergang der Arbeitsverhältnisse der Arbeitnehmer des Betriebs ... 180
    - bb) Kündigung von Arbeitnehmern im Falle eines Widerspruchs ... 181
    - cc) Kündigung und Neuregelung des Arbeitsverhältnisscs ... 182
    - dd) Pflicht zur Information der Arbeitnehmer über den Betriebsübergang ... 183
    - ee) Umfang des Übergangs der Rechte und Pflichten und Nachhaftung des Verkäufers ... 184
    - ff) Folgen des Betriebsübergangs im kollektiven Arbeitsrecht ... 186
  - b) Übergang eines Betriebs oder Betriebsteils ... 186
    - aa) Gesamtbetrachtung der Rechtsprechung ... 187
    - bb) Eckpunkte für die Prüfung ... 188
      - aaa) Definition des Gegenstands des Betriebsübergangs ... 188
      - bbb) Kein Betriebsübergang durch reine Betriebsmittelübertragung und durch reine Funktionsnachfolge ... 188
      - ccc) Übernahme von Betriebsmitteln oder Arbeitnehmern als Ausgangspunkt ... 189
      - ddd) Zugriff auf die Produktionsfaktoren und Verfügungsmacht über deren Nutzung ... 190
      - eee) Einsatz der Betriebsmittel und Arbeitnehmer für gleiche Tätigkeit und Beibehaltung der organisatorischen und funktionellen Verknüpfung.... 190
      - fff) Möglichkeit der Betriebsfortführung und tatsächliche Betriebsfortführung durch den Käufer ... 192
      - ggg) Gesamtbetrachtung ... 192
    - cc) Handlungsoptionen bei verbleibender Unsicherheit über Betriebsübergang ... 193
  - c) Vom Betriebsübergang betroffene Personen ... 193
  - d) Zuordnung der Arbeitnehmer zum übergehenden Betrieb oder Betriebsteil ... 194
    - aa) Arbeitnehmer in administrativen Funktionen ... 195
    - bb) Tätigkeit in mehreren Geschäftsbereichen ... 196
    - cc) Regelung im Vertrag mit dem Arbeitnehmer ... 197
  - e) Regelung des Übergangs von Arbeitsverhältnissen durch Vertrag unter Einbeziehung der Arbeitnehmer ... 197
  - f) Betriebsübergang in ausländischen Rechtsordnungen ... 199
    - aa) Prinzip des automatischen Übergangs von Arbeitsverhältnissen ... 199
    - bb) Unterschiedliche Regelungen zu Einzelfragen ... 199
    - cc) Andere Arten der arbeitsrechtlichen Regulierung des Verkaufs eines Betriebs ... 200
4. Schicksal der betrieblichen Interessenvertretungen bei Carve-out-Transaktionen ... 202
  - a) Schicksal der betrieblichen Interessenvertretungen beim *Share Deal* ... 203
  - b) Schicksal der Betriebsräte beim *Asset Deal* ... 204

Inhaltsverzeichnis

	aa) Erwerb und selbständige Weiterführung eines vollständigen Betriebs	205
	bb) Auswirkungen der Spaltung eines Betriebs beim Verkäufer	205
	cc) Auswirkungen des Erwerbs eines Betriebs oder Betriebsteils beim Käufer	206
	aaa) Weiterführung von Betrieben und Betriebsteilen als eigenständige Betriebe	207
	bbb) Zusammenführung von Betrieben oder Betriebsteilen oder von nicht betrieblich verbundenen Betriebsmitteln mit Einheiten des Käufers	207
c)	Schicksal von Gesamtbetriebsräten und Konzernbetriebsräten beim *Asset Deal*	210
	aa) Auswirkungen auf Gesamtbetriebsrat und Konzernbetriebsrat beim Verkäufer	210
	bb) Auswirkungen auf Gesamtbetriebsrat und Konzernbetriebsrat beim Käufer	211
d)	Schicksal der betrieblichen Interessenvertretungen bei Separierung des Carve-out-Business durch Gesamtrechtsnachfolge	212

5. Auswirkungen der Carve-out-Transaktion auf Vereinbarungen des Betriebsverfassungsrechts ... 213
   a) Auswirkungen eines Carve-out durch *Share Deal* ... 213
      aa) Weitergeltung von Konzernbetriebsvereinbarungen beim Käufer ... 213
      bb) Auswirkung auf Konzernbetriebsvereinbarungen beim Verkäufer ... 215
   b) Auswirkungen eines Carve-out durch *Asset Deal* auf Betriebsvereinbarungen ... 215
      aa) Geltung von Betriebsvereinbarungen beim Käufer nach allgemeinen Regeln . 215
      bb) Geltung von Betriebsvereinbarungen beim Käufer nach Regeln für den Betriebsübergang ... 217
          aaa) Eingeschränkt kollektivrechtliche Fortgeltung ... 217
          bbb) Ablösung der Betriebsvereinbarungen durch beim Käufer geltende Regelungen ... 218
   c) Auswirkungen eines Carve-out durch *Asset Deal* auf Gesamtbetriebsvereinbarungen und Konzernbetriebsvereinbarungen ... 219
      aa) Auswirkungen auf Gesamtbetriebsvereinbarungen ... 219
      bb) Auswirkungen auf Konzernbetriebsvereinbarungen ... 220
      cc) Einschränkung der Grundsätze ... 221
   d) Auswirkungen der Separierung durch Gesamtrechtsnachfolge auf Betriebsvereinbarungen, Gesamtbetriebsvereinbarungen und Konzernbetriebsvereinbarungen . . 221

6. Auswirkungen der Carve-out-Transaktion auf Tarifverträge ... 222
   a) Auswirkungen eines Carve-out durch *Share Deal* ... 222
   b) Auswirkungen eines Carve-out durch *Asset Deal* ... 222
      aa) Geltung von Tarifverträgen beim Käufer nach allgemeinen Regeln ... 222
      bb) Geltung von Tarifverträgen beim Käufer nach Regeln für den Betriebsübergang ... 223
          aaa) Eingeschränkt kollektivrechtliche Fortgeltung ... 223
          bbb) Ablösung der Tarifverträge durch beim Käufer geltende Regelungen ... 224
          ccc) Eingeschränkt kollektivrechtliche Fortgeltung von allgemeinverbindlichen Tarifverträgen ... 226
   c) Auswirkungen der Separierung durch Gesamtrechtsnachfolge auf Tarifverträge . . 226

7. Betriebliche Altersversorgung bei Carve-out-Transaktionen ... 227
   a) Übergang der Verpflichtungen aus der Versorgungszusage und Berücksichtigung im Unternehmenskaufvertrag ... 228
      aa) *Share Deal* ... 228
      bb) *Asset Deal* ... 229

b)	Berücksichtigung übernommener Versorgungsanwartschaften im Unternehmenskaufvertrag und Bewertung	230
	aa) Berücksichtigung im Unternehmenskaufvertrag bei Kaufpreisklauseln	230
	bb) Bewertung	231
c)	Erfüllung der Versorgungszusage für die Zeit nach der Carve-out-Transaktion beim *Asset Deal*	233
d)	Vorgehen bei Direktzusage	234
e)	Vorgehen bei Direktversicherungszusage	234
f)	Vorgehen bei Unterstützungskassenzusage	234
	aa) Unterschiedliche Typen von Unterstützungskassen	234
	bb) Unterstützungskasse ohne Vermögen	235
	cc) Kongruent rückgedeckte Unterstützungskasse	235
	aaa) *Share Deal*	235
	bbb) *Asset Deal*	236

Teil IV: Geistiges Eigentum und IT-Aspekte in der Carve-out-Transaktion 237

1. Überblick 237
2. Geistiges Eigentum und IT-Aspekte im Rahmen von *Asset Deals* 238
   a) Das Carve-out-Business als Kaufgegenstand 239
      aa) Verkauf von Rechten des geistigen Eigentums 239
         aaa) Gestaltungsmöglichkeiten 239
         bbb) Eigene Rechte des geistigen Eigentums 241
            (1) Eingetragene Schutzrechte 242
            (2) Nicht-eingetragene Schutzrechte 243
         ccc) Know-how 244
         ddd) Lizenzen 245
      bb) Verkauf von IT-Verträgen 246
      cc) Verkauf von IT-Hardware 246
      dd) Verkauf der zugehörigen Unterlagen 246
   b) Die Übertragung des Carve-out-Business 247
      aa) Übertragung von eigenen Rechten des geistigen Eigentums 247
      bb) Übertragung von Know-how 251
      cc) Übertragung von Lizenzen 251
      dd) Übertragung von IT-Verträgen 252
      ee) Übertragung von IT-Hardware 252
      ff) Übertragung der zugehörigen Unterlagen 252
   c) Vermögensgegenstände und Verträge, die sowohl dem Carve-out-Business als auch nicht übertragenen Unternehmensteilen dienen 253
      aa) Eigene Rechte des geistigen Eigentums 253
         aaa) Teilung 254
            (1) Marken 254
            (2) Unternehmenskennzeichen 255
            (3) Technische Schutzrechte, Geschmacksmusterrechte 255
            (4) Urheberrechte und verwandte Schutzrechte 255
         bbb) Lizenzierung 256
            (1) Nicht-exklusive Lizenz 258
            (2) Exklusive Lizenz 259
      bb) Know-how 260
         aaa) Teilung 260
         bbb) Lizenzierung 260

Inhaltsverzeichnis

cc)	Lizenzen	260
	aaa) Teilung	261
	bbb) Sublizenzierung	261
d)	Rücklizenzierung	262
e)	Besondere Verkäufergarantien	263
3.	Rechtliche Besonderheiten bei *Share Deals*	264
a)	Zuordnung von Vermögensgegenständen	264
b)	Urheberrechtliche Lizenzen	265

Teil V: Steuerliche Schwerpunkte 266

1. Grundsätzliche steuerliche Überlegungen zu Carve-out-Transaktionen 268
2. Verkauf eines rechtlich nicht selbständigen Geschäftsbereichs (*Asset Deal*) 272
   - a) Ertragsteuerliche Aspekte des *Asset Deal* 272
     - aa) Besteuerung beim Verkäufer 272
     - bb) Besteuerung beim Käufer 276
     - cc) Grundsätze für die Kaufpreisallokation 278
     - dd) Besonderheiten bei der Übertragung von Verbindlichkeiten und Rückstellungen 281
   - b) Umsatzsteuerliche Beurteilung 284
     - aa) Allgemeine Erwägungen 284
     - bb) Geschäftsveräußerung im Ganzen, § 1 Abs. 1a UStG 285
       - aaa) Tatbestandsvoraussetzungen einer Geschäftsveräußerung im Ganzen .. 285
       - bbb) Rechtsfolgen einer Geschäftsveräußerung im Ganzen 288
   - c) Grunderwerbsteuer 292
   - d) Haftung des Käufers für Steuerschulden des Verkäufers 295
     - aa) Haftung des Betriebsübernehmers nach § 75 AO 295
     - bb) Haftung bei Firmenfortführung, § 25 HGB 298
     - cc) Weitere Haftungstatbestände 299
3. Verkauf eines rechtlich selbständigen Geschäftsbereichs (*Share Deal*) 300
   - a) Ertragsteuerliche Aspekte 300
     - aa) Verkauf von Anteilen an einer Kapitalgesellschaft 300
       - aaa) Besteuerung beim Verkäufer 300
       - bbb) Besteuerung beim Käufer 303
         - (1) Allgemeine Besteuerungsfolgen beim Käufer 303
         - (2) Steuerliche Verlustbehandlung auf Ebene der Zielgesellschaft 306
     - bb) Verkauf von Anteilen an einer Personengesellschaft 311
     - cc) Grundsätze für die Kaufpreisallokation 313
   - b) Umsatzsteueraspekte 314
   - c) Grunderwerbsteueraspekte 315
     - aa) Änderung des Gesellschafterbestandes einer Personengesellschaft, § 1 Abs. 2a GrEStG 316
     - bb) Anteilsvereinigung, § 1 Abs. 3 GrEStG 319
     - cc) Wirtschaftliche Anteilsvereinigung, § 1 Abs. 3a GrEStG 321
   - d) Steuerliche Besonderheiten im Zusammenhang mit bestehenden Organschaften .. 322
     - aa) Ertragsteuerliche Aspekte der Organschaft 322
     - bb) Haftung für Steuerschulden bei Organschaften, § 73 AO 329

Inhaltsverzeichnis

4. Umstrukturierungsmaßnahmen zur Vorbereitung der Carve-out-Transaktion	332
a) Ertragsteuerliche Aspekte der Separierung des Carve-out-Business	333
aa) Einbringung in Tochterkapitalgesellschaft	333
bb) Einbringung in Tochterpersonengesellschaft	340
cc) Auf-/Abspaltungen	342
b) Grunderwerbsteuer	344
5. Leistungsbeziehungen zwischen dem Käufer und Verkäufer	348
Teil VI: Carve-out-Abschlüsse	**351**
1. Finanzinformationen bei Carve-out-Transaktionen	351
a) Überblick	351
b) Historische Finanzinformationen	354
aa) Ausgliederungsbilanz	354
bb) Jahresabschluss	355
cc) Carve-out-Abschluss	355
dd) Konzernabschluss	356
ee) Kombinierter Abschluss	356
c) Hypothetische Finanzinformationen	358
aa) Pro-Forma-Finanzinformationen	358
bb) „Als-ob"-Rechnungen	359
cc) Planungsrechnungen	360
d) Bilanzierungsgrundsätze bei Carve-out- und kombinierten Abschlüssen	361
aa) Bestehende Regelungen	361
bb) Kriterien für die Auswahl von Bilanzierungsgrundsätzen und Bewertungsmethoden	361
cc) Allgemeine Bilanzierungsgrundsätze	362
aaa) Wesentlichkeit und Wirtschaftlichkeit	363
bbb) Vollständigkeit	363
ccc) Realisationsprinzip und Pagatorik	364
ddd) Richtigkeit	365
eee) Vergleichbarkeit	365
e) Exkurs: Börsenrechtliche Besonderheiten	366
2. Die Erstellung von Carve-out-Abschlüssen in der Praxis	367
a) Grundsätzliche Herangehensweise	367
b) Praktische Hinweise zur Zuordnung und Bewertung der Aktiva	373
aa) Immaterielle Vermögensgegenstände	373
bb) Sachanlagen	375
cc) Finanzanlagen	376
dd) Vorräte	376
ee) Forderungen aus Lieferungen und Leistungen	377
ff) Forderungen gegen verbundene Unternehmen	379
gg) Steuerforderungen	379
hh) Sonstige Vermögensgegenstände	380
ii) Wertpapiere	380
jj) Kasse, Bank	380
kk) Aktivische Rechnungsabgrenzungsposten	381
ll) Zusammenfassende Übersicht	381
c) Praktische Hinweise zur Zuordnung und Behandlung der Passiva	383
aa) Eigenkapital	383

Inhaltsverzeichnis

bb)	Pensionsrückstellungen	384
cc)	Sonstige Personalrückstellungen	384
dd)	Ertragsteuern	385
ee)	Sonstige Rückstellungen	386
ff)	Kreditverbindlichkeiten	387
gg)	Verbindlichkeiten aus Lieferungen und Leistungen	387
hh)	Verbindlichkeiten gegenüber verbundenen Unternehmen	389
ii)	Steuerverbindlichkeiten	390
jj)	Sonstige Verbindlichkeiten	390
kk)	Passivische Rechnungsabgrenzungsposten	390
ll)	Zusammenfassende Übersicht	391

d) Praktische Hinweise zur Zuordnung und Behandlung der Erträge und Aufwendungen 393
    aa) Umsatzerlöse 393
    bb) Sonstige betriebliche Erträge 394
    cc) Betriebliche Aufwendungen 394
    dd) Zinserträge und Zinsaufwendungen 397
    ee) Steueraufwand 398
    ff) Jahresüberschuss/ -fehlbetrag 398

3. Besonderheiten bei kombinierten Abschlüssen nach IFRS 398
   a) Besonderheiten in Bezug auf IFRS Bilanzierungsgrundsätze 398
   b) Kombinierte Eigenkapitalveränderungsrechnung 399
   c) Kombinierte Kapitalflussrechnung 400
   d) Kombiniertes Ergebnis je Aktie 401
   e) Segmentberichterstattung 401

4. Besonderheiten im Anhang zu Carve-out- und kombinierten Abschlüssen 401

5. Auswirkungen des Carve-out auf die Abschlüsse des übertragenden Unternehmens .. 407
   a) Goodwill 408
   b) Beteiligung am übernehmenden Unternehmen 408
   c) Anlagevermögen 408
   d) Sicherungsgeschäfte 409
   e) Aktienbasierte Vergütung 409
   f) Kreditverbindlichkeiten 409
   g) Pensionen und ähnliche Verpflichtungen 410
   h) Ertragsteuern 410
   i) Abgang des Carve-out-Business 411
   j) Aufwendungen 411
   k) Kapitalflussrechnung 411
   l) Sonstige Anforderungen an die Berichterstattung 411

6. Prüfungen im Rahmen von Carve-out-Transaktionen 413
   a) Überblick 413
   b) Prüfungsumfang 414
   c) Prüfungsgegenstände 414
      aa) Carve-out- und kombinierte Abschlüsse 414
      bb) Einzelne Finanzinformationen und zusätzliche Abschlusselemente 415
      cc) Pro-Forma-Finanzinformationen 416
      dd) Sonstige Finanzinformationen 417

Inhaltsverzeichnis

Teil VII: Das Transitional Services Agreement 418
1. Überblick 418
2. Einbindung in die Gesamttransaktion 419
3. Regulatorische Anforderungen 420
4. Zu erbringende Leistungen 420
   a) Voraussetzungen für die Leistungserbringung 420
   b) Leistungsbestimmung 421
      aa) Übergangsdienstleistungen 421
      bb) Unterstützung bei der Überleitung von Leistungen 422
      cc) Weitere Leistungen und Leistungsänderungen 422
      dd) Einheitliche Definition 423
5. Leistungsstandards 423
   a) Festlegung grundlegender Leistungsstandards 423
   b) Einfluss der Vertragstypologie 424
   c) Besondere Standards bei dienstvertraglichen Leistungen 425
   d) Besondere Standards bei werkvertraglichen Leistungen 426
6. Lizenzen und Bereitstellung anderer Vermögensgegenstände 426
   a) Gegenstände als Objekte der vorübergehenden Bereitstellung 426
      aa) Sachen 426
      bb) Rechte des geistigen Eigentums 427
   b) Für die Erbringung von Dienstleistungen erforderliche Gegenstände 428
   c) Gegenstände als Resultat werkvertraglicher Leistungen 429
7. Vergütung 430
8. Grundlagen der Zusammenarbeit 431
   a) Kooperationspflichten 431
   b) Abstimmungsprozesse 432
   c) Berichte 432
9. Laufzeit und Kündigung 433
   a) Beendigung einzelner Leistungen 433
   b) Beendigung des Transitional Services Agreement 434
10. Sicherheit und Datenschutz 435
    a) IT-Sicherheit 435
    b) Datenschutz 435
11. Gewährleistung, Freistellung und Haftung 436
    a) Gewährleistung 436
       aa) Einhaltung rechtlicher Anforderungen 437
       bb) Beschaffenheit zeitweise überlassener Gegenstände 437
       cc) Werkleistungen 437
       dd) Wirksamkeit übertragener Rechte des geistigen Eigentums und eingeräumter Lizenzen 437
       ee) Non-Infringement 438
       ff) Vollständigkeit 438
    b) Freistellung 438
    c) Haftung 439

Stichwortverzeichnis 441

XXI

Inhaltsverzeichnis

Abbildungen

Retrospektive Finanzinformation Teil VI, Rn. 5 354
Carve-out Allokationsschlüssel Teil VI, Rn. 201 406

Abkürzungsverzeichnis

Verzeichnis der Abkürzungen und der abgekürzt zitierten Literatur

aA	andere(r) Ansicht(Auffassung)
aaO	am angegebenen Ort
Abb.	Abbildung
abgedr.	abgedruckt
Abh.	Abhandlungen
Abk.	Abkommen
abl.	ablehnend
ABl. (EU, EG)	Amtsblatt (der Europäischen Union, früher: ... der Europäischen Gemeinschaften)
Abs.	Absatz
abschl.	abschließend
Abschn.	Abschnitt
Abt.	Abteilung
abw.	abweichend(e)(es)(er)
abzgl.	abzüglich
Adler/Düring/Schmaltz Rechnungslegung	Adler/Düring/Schmaltz Rechnungslegung und Prüfung der Unternehmen, Kommentar zum HGB, AktG, GmbHG, PublG, hrsg. v. Forster/Goerdeler/Lanfermann/Müller/Siepe/Stolberg, 6. Aufl. 1995 ff.
aE	am Ende
aF	alte Fassung
AfA	Absetzung für Abnutzung
AG	Aktiengesellschaft; Die Aktiengesellschaft (Zeitschrift); Amtsgericht
AGB	Allgemeine Geschäftsbedingungen
AktG	Aktiengesetz
AktR	Aktienrecht
allg.	allgemein
allgM	allgemeine Meinung
Alt.	Alternative
aM	andere Meinung
amtl.	amtlich
Änd.	Änderung
AnfG	Gesetz über die Anfechtung von Rechtshandlungen des Schuldners außerhalb des Insolvenzverfahrens (Anfechtungsgesetz)
Anh.	Anhang

Abkürzungsverzeichnis

Anm.	Anmerkung
AO	Abgabenordnung
AP	Arbeitsrechtliche Praxis, Nachschlagewerk des Bundesarbeitsgerichts
APB SIR	The Auditing Practices Board, Standards for Investment Reporting
ArbG	Arbeitsgericht
ArbGG	Arbeitsgerichtsgesetz
ArbR	Arbeitsrecht
Art.	Artikel
AStG	Außensteuergesetz
aufgeh.	aufgehoben
Aufl.	Auflage
AuR	Arbeit und Recht (Zeitschrift)
ausdr.	ausdrücklich
ausf.	ausführlich
ausl.	ausländisch
ausschl.	ausschließlich
AWG	Außenwirtschaftsgesetz
Az.	Aktenzeichen
BAFA	Bundesamt für Wirtschaft und Ausfuhrkontrolle
BaFin	Bundesanstalt für Finanzdienstleistungsaufsicht
BAG	Bundesarbeitsgericht
Bauer/Haußmann/Krieger	Bauer/Haußmann/Krieger, Umstrukturierung – Handbuch für die arbeitsrechtliche Praxis, 3. Aufl. 2015
Baumbach/Hopt/*Bearbeiter* HGB	Handelsgesetzbuch mit GmbH & Co., Handelsklauseln, Bank- und Börsenrecht, Transportrecht (ohne Seerecht), Kommentar, 36. Aufl. 2014
Baumbach/Hueck/*Bearbeiter* GmbHG	Baumbach/Hueck, GmbH-Gesetz, Kommentar, 20. Aufl. 2013
BayObLG	Bayerisches Oberstes Landesgericht (ehem.)
BB	Der Betriebs-Berater
Bd.	Band
bearb./Bearb.	bearbeitet/Bearbeiter
Beck'scher BilKomm./*Bearbeiter*	Berger/Ellrott/Förschle/Hense/Hoyos/Winkeljohann (Hrsg.), Beck'scher Bilanz-Kommentar, 8. Aufl. 2012
Beck'sches AG-Hdb./*Bearbeiter*	W. Müller/Rödder (Hrsg.), Beck'sches Handbuch der AG mit KGaA, 2. Auflage 2009
Beck'sches Formularbuch/*Bearbeiter*	Hoffmann-Becking/Rawert (Hrsg.), Beck'sches Formularbuch zum Bürgerlichen, Handels- und Wirtschaftsrecht, 10. Aufl. 2010
Beck'sches Hdb. d. Rechnungslegung/*Bearbeiter*	Castan/Heymann/Müller/Ordelheide/Scheffler (Hrsg.), Beck'sches Handbuch der Rechnungslegung (Loseblatt)

Abkürzungsverzeichnis

Beck'sches Hdb. Unternehmenskauf/*Bearbeiter*	Ettinger/Jaques (Hrsg.), Beck'sches Handbuch Unternehmenskauf im Mittelstand, 2012
Beck'sches Mdt.Hdb. Unternehmenskauf/*Bearbeiter*	Hettler/Stratz/Hörtnagl, Beck'sches Mandatshandbuch Unternehmenskauf, 2. Aufl. 2013
BeckOK	Beck'scher Online-Kommentar (+ Gesetzesbezeichnung)
BeckOK UrhR/*Bearbeiter*	Ahlberg/Götting (Hrsg.), Beck'scher Online-Kommentar Urheberrecht (laufende Aktualisierung), Stand: 1.4.2015
BeckRS	Beck'sche Rechtsprechungs-Sammlung (Jahr + Nr.)
Begr.	Begründung
begr.	Begründet
Beil.	Beilage
Beisel/Klumpp	Beisel/Klumpp, Der Unternehmenskauf – Gesamtdarstellung der zivil- und steuerrechtlichen Vorgänge einschließlich gesellschafts-, arbeits- und kartellrechtlicher Fragen bei der Übertragung eines Unternehmens, 6. Aufl. 2009
Beitr.	Beitrag
bek.	Bekanntgemacht
Bek.	Bekanntmachung
Bem.	Bemerkung
ber./Ber.	berichtigt/Berichtigung
bes.	besondere, besonderer, besonderes
Beschl.	Beschluss
beschr.	Beschränkt
bespr./Bespr.	besprochen/Besprechung
bestr.	Bestritten
Betr., betr.	Betreff, betrifft, betreffend
BetrAVG	Gesetz zur Verbesserung der betrieblichen Altersversorgung (Betriebsrentengesetz)
BetrVG	Betriebsverfassungsgesetz
BewG	Bewertungsgesetz
BFH	Bundesfinanzhof
BFHE	Entscheidungen des Bundesfinanzhofes
BGB	Bürgerliches Gesetzbuch
BGBl.	Bundesgesetzblatt
BGH	Bundesgerichtshof
BGHZ	Entscheidungen des Bundesgerichtshof in Zivilsachen, Amtliche Sammlung
BilanzR	Bilanzrecht
Blomeyer/Rolfs/Otto/*Bearbeiter*	Blomcyer/Rolfs/Otto, Betriebsrentengesetz: BetrAVG, 6. Aufl. 2015
Blümich/*Bearbeiter* EStG, KStG u. GewStG	Blümich, Kommentar zum EStG, KStG, GewStG und Nebengesetzen (Loseblatt)
BMF	Bundesministerium der Finanzen

Abkürzungsverzeichnis

Boruttau/*Bearbeiter*	Boruttau (Hrsg.), Grunderwerbsteuergesetz, 17. Aufl. 2011
BR-Drs.	Bundesrats-Drucksache
BSG	Bundessozialgericht
Bsp.	Beispiel
bspw.	Beispielsweise
BStBl.	Bundessteuerblatt
BT-Drs.	Bundestags-Drucksache
Buchst.	Buchstabe
Bunjes/*Bearbeiter*	Bunjes/Geist (Hrsg.), Umsatzsteuergesetz – Kommentar, 14. Aufl. 2015
BVerfG	Bundesverfassungsgericht
BverfGE	Entscheidungen des Bundesverfassungsgerichts
BVerwG	Bundesverwaltungsgericht
bzgl.	Bezüglich
bzw.	Beziehungsweise
ca.	Circa
CF	CORPORATE FINANCE law (Zeitschrift)
d.	der, des, durch
Darst.	Darstellung
DB	Der Betrieb
DBA	Doppelbesteuerungsabkommen
Debatin/Wassermeyer/*Bearbeiter*	Doppelbesteuerung, Kommentar, Loseblatt
ders.	Derselbe
dgl.	dergleichen, desgleichen
dh	das heißt
Diem	Diem, Akquisitionsfinanzierungen, 3. Aufl. 2013
Dieners/Reese/*Bearbeiter*	Dieners/Reese, Handbuch des Pharmarechts, 1. Aufl. 2010
dies.	dieselbe(n)
Diss.	Dissertation
div.	diverse
DKKW/*Bearbeiter*	Däubler/Kittner/Klebe/Wedde (Hrsg.), Betriebsverfassungsgesetz, 14. Aufl. 2014
Dötsch/Pung/Möhlenbrock/*Bearbeiter*	Dötsch/Pung/Möhlenbrock (Hrsg.), Die Körperschaftsteuer, Kommentar, Loseblatt, Stand: 83. EL, April 2015
Dreier/Schulze/*Bearbeiter* UrhG	Dreier/Schulze, Urheberrechtsgesetz, 4. Aufl. 2013
DrittelbG	Gesetz über die Drittbeteiligung der Arbeitnehmer im Aufsichtsrat (Drittelbeteiligungsgesetz)
Drs.	Drucksache
DStR	Deutsches Steuerrecht
DStrE	DStR-Entscheidungsdienst
DStZ	Deutsche Steuerzeitung
dt.	Deutsch
DZWir	Deutsche Zeitschrift für Wirtschaftsrecht

Abkürzungsverzeichnis

EFG	Entscheidungen der Finanzgerichte
EG	Einführungsgesetz; Europäische Gemeinschaft
Einf./einf.	Einführung/einführend
eing.	eingehend
Einl.	Einleitung
einschl.	einschließlich
EK	Eigenkapital
EL	Ergänzungslieferung
endg.	Endgültig
Entsch.	Entscheidung
Entschl.	Entschluss
entspr.	entsprechend/e(n)
eq.	equivalent (engl.)
ErfK/*Bearbeiter*	Erfurter Kommentar zum Arbeitsrecht, hrsg. von Müller-Glöge, Preis, I. Schmidt, 13. Aufl. 2013
Erg.	Ergebnis
erg.	ergänzend
Ergbd.	Ergänzungsband
Erl.	Erlass; Erläuterungen
Erle/Sauter/*Bearbeiter*	Erle/Sauter, Körperschaftsteuergesetz – Die Besteuerung der Kapitalgesellschaft und ihrer Anteilseigner, 3. Aufl. 2010
Erman/*Bearbeiter* BGB	Handkommentar zum Bürgerlichen Gesetzbuch, hrsg. von H. P. Westermann, 13. Aufl. 2011
Ernst & Young/*Bearbeiter*	Ernst & Young AG, Körperschaftsteuergesetz mit Nebenbestimmungen – Kommentar, Stand: 149. EL Juni 2015
ErwGr.	Erwägungsgrund (bei EU-Richtlinien und -Verordnungen)
ESMA	European Securities and Markets Authority
EStDV	Einkommensteuer-Durchführungsverordnung
EStG	Einkommensteuergesetz
EStR	Einkommensteuer-Richtlinien
etc	et cetera (und so weiter)
Ettinger/Jaques/*Bearbeiter*	s. Beck'sches Hdb. Unternehmenskauf
EuGH	Gerichtshof der Europäischen Union
EU-Prospektverordnung	Verordnung (EG) Nr. 809/2004 der Kommission vom 29.04.2004 zur Umsetzung der Richtlinie 2003/71/EG des Europäischen Parlaments und des Rates betreffend die in Prospekten enthaltenen Angaben sowie die Aufmachung, die Aufnahme von Angaben in Form eines Verweises und die Veröffentlichung solcher Prospekte sowie die Verbreitung von Werbung
europ.	europäisch
EuZW	Europäische Zeitschrift für Wirtschaftsrecht
evtl.	eventuell

Abkürzungsverzeichnis

f., ff.	folgende Seite bzw. Seiten
FEE	Fédération des Experts-comptables Européens Federation of European Accountants
Fezer	Fezer, Markenrecht, Kommentar, 4. Aufl. 2009
FG	Finanzgericht
FGO	Finanzgerichtsordnung
Fitting BetrVG	Betriebsverfassungsgesetz, Kommentar, 26. Aufl. 2012
Fn.	Fußnote
FR	Finanz-Rundschau
Fromm/Nordemann/*Bearbeiter*	Fromm/Nordemann (Hrsg.), Urheberrecht, 11. Aufl. 2014
Frotscher/Maas/*Bearbeiter*	Frotscher/Maas, Kommentar zum Körperschaft-, Gewerbe- und Umwandlungssteuergesetz, Loseblatt, Stand: 129. EL Juli 2015
FS	Festschrift
G	Gesetz
GBO	Grundbuchordnung
GbR	Gesellschaft bürgerlichen Rechts
GE	Gesetzesentwurf
geänd.	geändert
gem.	gemäß
GesKR	Schweizerische Zeitschrift für Gesellschafts- und Kapitalmarktrecht sowie Umstrukturierungen
gewöhnl.	gewöhnlich
GewRS	Gewerblicher Rechtsschutz
GewStG	Gewerbesteuergesetz
GewStR	Gewerbesteuer-Richtlinien
ggf.	gegebenenfalls
ggü.	gegenüber
GK-BetrVG/*Bearbeiter*	Wiese/Kreutz/Oetker/Raab/Weber/Franzen/Gutzeit/Jacobs, Gemeinschaftskommentar zum Betriebsverfassungsgesetz, 10. Aufl. 2014
Glanegger/Güroff/*Bearbeiter*	Glanegger/Güroff, Gewerbesteuergesetz – Kommentar, 8. Aufl. 2014
GmbH	Gesellschaft mit beschränkter Haftung
GmbHG	GmbH-Gesetz
GmbHR	GmbH-Rundschau
Göthel/*Bearbeiter*	Göthel (Hrsg.), Grenzüberschreitende M&A-Transaktionen, 4. Aufl. 2015
Gosch/*Bearbeiter*	Gosch (Hrsg.), Körperschaftsteuergesetz, 3. Aufl. 2015
grdl./Grdl.	grundlegend/Grundlage
grds.	grundsätzlich
GrESt	Grunderwerbsteuer
GrEStG	Grunderwerbsteuergesetz
Grigoleit/*Bearbeiter* AktG	Grigoleit (Hrsg.), Aktiengesetz, Kommentar, 2013

Abkürzungsverzeichnis

GroßkommAktG/*Bearbeiter*	Hopt/Wiedemann (Hrsg), Aktiengesetz, Großkommentar, 4. Aufl. 2013
GroßkommGmbHG	Großkommentar zum GmbHG, hrsg. von Ulmer/Habersack/Löbbe (Bd. I 2013); hrsg. von Ulmer/Habersack/Winter (Bd. II 2006 Bd. III 2008)
GroßkommHGB/*Bearbeiter*	Canaris/Schilling/Ulmer (Hrsg.), Handelsgesetzbuch, Großkommentar, 4. Aufl. 1983 ff.; 3. Aufl. 1967–1982
GRUR	Gewerblicher Rechtsschutz und Urheberrecht (Zeitschrift)
GRUR Int.	Gewerblicher Rechtsschutz und Urheberrecht international
GRUR-RR	GRUR-Rechtsprechungsreport
GuV	Gewinn- und Verlustrechnung
GWR	Zeitschrift für Gesellschafts- und Wirtschaftsrecht
hA	herrschende Ansicht, herrschende Auffassung
HandelsR	Handelsrecht
Hansmeyer/*Bearbeiter*	Schramm/Hansmeyer (Hrsg.), Transaktionen erfolgreich managen – Ein M&A-Handbuch für die Praxis, 2011
Haritz/Menner/*Bearbeiter*	Haritz/Menner, Umwandlungssteuergesetz, 4. Aufl. 2015
Hartmann/Böttcher/Nissen/Bordewin EStG	Hartmann/Böttcher/Nissen/Bordewin, Kommentar zum Einkommensteuergesetz (Loseblatt)
Hbg.	Hamburg
HdB	Handbuch
Henssler/Strohn/*Bearbeiter*	Gesellschaftsrecht: BGB, HGB, PartGG, GmbHG, AktG, UmwG, GenG, IntGesR, Kommentar, 2. Aufl. 2013
HWK/*Bearbeiter*	Henssler/Willemsen/Kalb (Hrsg.), Arbeitsrecht Kommentar, 6. Aufl. 2014
Herrmann/Heuer/Raupach EStG u. KStG	Herrmann/Heuer/Raupach, Einkommensteuer- und Körperschaftsteuergesetz mit Nebengesetzen (Loseblatt)
Hess., hess.	Hessen, hessisch
Hettler/Stratz/Hörtnagl/*Bearbeiter*	s. Beck'sches Mdt.Hdb. Unternehmenskauf
HFR	Höchstrichterliche Finanzrechtsprechung
HGB	Handelsgesetzbuch
hL	herrschende Lehre
hM	herrschende Meinung
Hoeren/Sieber/Holznagel/*Bearbeiter*	Hoeren/Sieber/Holznagel (Hrsg.), Handbuch Multimedia-Recht, Loseblatt, Stand: 40. EL 2014
Hofbauer/Kupsch Handb. Rechnungslegung	Hofbauer/Kupsch/Scherrer/Greve (Hrsg.), Bonner Handbuch Rechnungslegung (Loseblatt)
Hölters/*Bearbeiter*	Hölters (Hrsg.), Handbuch Unternehmenskauf, 7. Aufl. 2010
Holzapfel/Pöllath	Holzapfel/Pöllath, Unternehmenskauf in Recht und Praxis, 14. Aufl. 2010

Abkürzungsverzeichnis

Hrsg.	Herausgeber
hrsg.	herausgegeben
Hs.	Halbsatz
Hübschmann/Hepp/Spitaler/*Bearbeiter*	Hübschmann/Hepp/Spitaler, Abgabenordnung – Finanzgerichtsordnung, Loseblatt, Stand: 232. EL Mai 2015
Hueck/Windbichler	s. Windbichler
Hüffer/*Bearbeiter* AktG	Hüffer, Kommentar zum AktG, 11. Aufl. 2014
Hüffer/Koch GesR	Hüffer/Koch, Gesellschaftsrecht, 8. Aufl. 2011
i. e. S.	im engeren Sinne
IAS	International Accounting Standards
IASB	International Accounting Standards Board
IASB ED	International Accounting Standards Board, Exposure Draft
idF	in der Fassung
idR	in der Regel
idS	in diesem Sinne
IDW	Institut der Wirtschaftsprüfer
IDW-FAMA	Stellungnahmen des Fachausschusses für moderne Abrechnungssysteme des IDW
IDW-FAR	Stellungnahmen des Fachausschusses Recht des IDW
IDW-HFA	Stellungnahmen des Hauptfachausschusses des IDW
IDW PS	IDW Prüfungsstandard
IDW RH	IDW Rechnungslegungshinweis
iE	im Einzelnen
iErg	im Ergebnis
ieS	im engeren Sinne
IFRS	International Financial Reporting Standards
Ingerl/Rohnke MarkenG	Ingerl/Rohnke, Markengesetz, 3. Aufl. 2010
insbes.	insbesondere
InsO	Insolvenzordnung
int.	international
iRd	im Rahmen des; im Rahmen der
IRZ	Zeitschrift für internationale Rechnungslegung
iS	im Sinne
iSd	im Sinne der, des
IStR	Internationales Steuerrecht
iSv	im Sinne von
iÜ	im Übrigen
iVm	in Verbindung mit
iW	im Wesentlichen
iwS	im weiteren Sinne

Abkürzungsverzeichnis

Jacobs/*Bearbeiter*	O.H. Jacobs (Hrsg.), Internationale Unternehmensbesteuerung, 7. Aufl. 2011
Jaletzke/Henle/*Bearbeiter*	Jaletzke/Henle (Hrsg.), M&A Agreements in Germany, 2011
Jauernig/*Bearbeiter* BGB	Jauernig (Hg.), Bürgerliches Gesetzbuch, Kommentar, 15. Aufl. 2013
JbFfSt	Jahrbuch der Fachanwälte für Steuerrecht
Jg.(e.)	Jahrgang (Jahrgänge)
JR	Juristische Rundschau
jur.	juristisch, juristische, juristischer
JW	Juristische Wochenschrift
JZ	Juristenzeitung
Kallmeyer/*Bearbeiter* UmwG	Kallmeyer, Umwandlungsgesetz, Kommentar, 5. Aufl. 2013
Kap.	Kapitel
Kästle/Oberbracht	Kästle/Oberbracht, Beck'sche Musterverträge, Unternehmenskauf – Share Purchase Agreement, 2. Aufl. 2010
Kemper/Kisters-Kölkes/*Bearbeiter*	Kemper/Kisters-Kölkes, Arbeitsrechtliche Grundzüge der betrieblichen Altersversorgung, 8. Aufl. 2015
Kfz	Kraftfahrzeug
KG	Kommanditgesellschaft; Kammergericht
Kiem/*Bearbeiter*	Kiem (Hrsg.), Kaufpreisregelungen beim Unternehmenskauf, 2015
Kilian/Heussen/*Bearbeiter*	Computerrechts-Handbuch, Loseblatt, Stand: 32. EL 2013
Kirchhof/Söhn/Mellinghof EStG	Kirchhof/Söhn/Mellinghof (Hrsg.), Einkommensteuergesetz, Kommentar (Loseblatt)
Klein/*Bearbeiter*	Klein, Abgabenordnung, 12. Aufl. 2014
Kneip/Jänisch/*Bearbeiter*	Kneip/Jänisch, Tax Due Diligence – Steuerrisiken und Steuergestaltungen beim Unternehmenskauf, 2. Aufl. 2010
Koenig/*Bearbeiter*	Koenig, Abgabenordnung, 3. Aufl. 2014
Köhler/Bornkamm/*Bearbeiter* UWG	Köhler/Bornkamm, Gesetz gegen den unlauteren Wettbewerb, 33. Aufl. 2015
Kölner Kommentar-UmwG/*Bearbeiter*	Dauner-Lieb/Simon, Kölner Kommentar zum Umwandlungsgesetz: UmwG, 2009
Komm.	Kommentar
KÖSDI	Kölner Steuerdialog
KR/*Bearbeiter*	Etzel, Bader, Fischermeier u.a., Gemeinschaftskommentar zum Kündigungsschutzgesetz und zu sonstigen kündigungsschutzrechtlichen Vorschriften, 10. Aufl. 2013
krit.	kritisch
KSchG	Kündigungsschutzgesetz
KSt	Körperschaftsteuer
KStDV	Körperschaftsteuer-Durchführungsverordnung

Abkürzungsverzeichnis

KStG	Körperschaftsteuergesetz
Küting/Weber/*Bearbeiter*	Küting/Weber (Hrsg.), Handbuch der Rechnungslegung – Einzelabschluss, 5. Aufl. 2011
KVStDV	Durchführungsverordnung zur Kapitalverkehrssteuer
KVStG	Kapitalverkehrssteuergesetz
KWG	Gesetz über das Kreditwesen
LAG	Landesarbeitsgericht
Lange	Personengesellschaften im Steuerrecht, 8. Aufl. 2011
Lange MK	Lange, Marken- und Kennzeichenrecht, 2. Aufl. 2012
Lenski/Steinberg/*Bearbeiter*	Lenski/Steinberg, Kommentar zum Gewerbesteuergesetz, Loseblatt, Stand: 112. EL April 2015
lfd.	laufend(e)
Lfg.	Lieferung
LG	Landgericht; Österreich: Landesgericht
Lit.	Literatur
lit.	litera
Littmann/*Bearbeiter* EStG	Littmann/Bitz/Hellwig, Das Einkommensteuerrecht (Loseblatt)
Lkw	Lastkraftwagen
LM	Nachschlagewerk des Bundesgerichtshofs, hrsg. von Lindenmaier und Möhring
Löwisch/Kaiser	Löwisch/Kaiser, Kommentar zum Betriebsverfassungsgesetz, 6. Aufl. 2010
Löwisch/Rieble	Löwisch/Rieble, Tarifvertragsgesetz – Kommentar, 3. Aufl. 2012
Ls.	Leitsatz
LStR	Lohnsteuerrecht
lt.	laut
Lüdenbach/Hoffmann/Freiberg	Lüdenbach/Hoffmann/Freiberg (Hrsg.), Haufe IFRS-Kommentar, 13. Aufl. 2015
Lüdicke/Sistermann/*Bearbeiter*	Lüdicke/Sistermann (Hrsg.), Unternehmenssteuerrecht, 2008
Lutter/*Bearbeiter* UmwG	Lutter/Winter (Hrsg.), Umwandlungsgesetz, Kommentar, 5. Aufl. 2014
Lutter/Hommelhoff/*Bearbeiter* GmbHG	Lutter/Hommelhoff (Hrsg.), GmbH-Gesetz, 18. Aufl. 2012
m. zust. Anm.	mit zustimmender Anmerkung
m. abl. Anm.	mit ablehnender Anmerkung
mÄnd	mit Änderungen
mAnm	mit Anmerkung
Mat.	Materialien
max.	maximal
MDR	Monatsschrift für Deutsches Recht
mE	meines Erachtens
Mes/*Bearbeiter*	Mes, Patentgesetz Gebrauchsmustergesetz, Kommentar, 3. Aufl. 2011

Abkürzungsverzeichnis

Michalski/*Bearbeiter* GmbHG	Michalski (Hrsg.), Kommentar zum GmbHG, 2 Bde., 2. Auflage 2010
mind.	mindestens
Mio.	Million(en)
MitbestErgG	Gesetz zur Ergänzung des Gesetzes über die Mitbestimmung der Arbeitnehmer in den Aufsichtsräten und Vorständen der Unternehmen des Bergbaus und der Eisen und Stahl erzeugenden Industrie
MitbestG	Mitbestimmungsgesetz
Mitt.	Mitteilung
MittBayNot	Mitteilungen des Bayerischen Notarvereins, der Notarkasse und der Landesnotarkammer Bayern
MittRhNotK	Mitteilungen der Rheinischen Notarkammer
MMR	MultiMedia und Recht (Zeitschrift)
mN	mit Nachweisen
MoMiG	Gesetz zur Modernisierung des GmbH-Rechts und zur Bekämpfung von Missbräuchen
MontanMitbestG	Gesetz über die Mitbestimmung der Arbeitnehmer in den Aufsichtsräten und Vorständen der Unternehmen des Bergbaus und der Eisen und Stahl erzeugenden Industrie
Mrd.	Milliarde(n)
mspätÄnd	mit späteren Änderungen
mtl.	monatlich
Münch. VertrHdB Bd. .../*Bearbeiter*	Münchener Vertragshandbuch Bd. 1 Gesellschaftsrecht 7. Aufl. 2011; Bd. 2 Wirtschaftsrecht I, 6. Aufl. 2008; Bd. 3 Wirtschaftsrecht II, 6. Aufl. 2008; Bd. 4 Wirtschaftsrecht III, 7. Aufl. 2012; Bd. 5 Bürgerliches Recht I, 7. Aufl. 2013; Bd. 6 Bürgerliches Recht II, 6. Aufl. 2010
MünchAnwHdb. AktR/*Bearbeiter*	Schüppen/Schaub (Hrsg.), Münchener Anwaltshandbuch Aktienrecht, 2. Aufl. 2010
MünchAnwHdb. IT/*Bearbeiter*	Leupold/Glossner (Hrsg.), Münchener Anwaltshandbuch IT-Recht, 3. Aufl. 2013
MünchHdb. ArbR Bd./*Bearbeiter*	Richardi (Hrsg.), Münchener Handbuch zum Arbeitsrecht, 3 Bde., 3. Aufl. 2009
MünchHdb. GesR I/*Bearbeiter*	Gummert/Riegger/Weipert (Hrsg.), Münchener Handbuch des Gesellschaftsrechts Bd. 1: BGB-Gesellschaft, OHG, Partnerschaftsgesellschaft, Partenreederei, EWIV, 3. Aufl. 2009
MünchHdb. GesR II/*Bearbeiter*	Riegger/Weipert (Hrsg.), Münchener Handbuch des Gesellschaftsrechts Bd. 2: Kommanditgesellschaft (KG), Stille Gesellschaft (StG), 3. Aufl. 2009
MünchHdb. GesR III/*Bearbeiter*	Priester/Mayer/Wicke (Hrsg.), Münchener Handbuch des Gesellschaftsrechts Bd. 3: Gesellschaft mit beschränkter Haftung, 4. Aufl. 2012
MünchHdb. GesR IV/*Bearbeiter*	Hoffmann-Becking (Hrsg.), Münchener Handbuch des Gesellschaftsrechts Bd. 4: Aktiengesellschaft, 3. Aufl. 2007

Abkürzungsverzeichnis

MünchHdb. GesR V/*Bearbeiter*	Beuthien/Gummert (Hrsg.), Münchener Handbuch des Gesellschaftsrechts Bd. 5: Verein, Stiftung bürgerlichen Rechts, [3. Aufl.] 2009
MünchHdb. GesR VI/*Bearbeiter*	Leible/Reichert (Hrsg.), Münchener Handbuch des Gesellschaftsrechts Bd. 6: Internationales Gesellschaftsrecht, Grenzüberschreitende Umwandlungen, [4. Aufl.] 2013
MünchKommAktG/*Bearbeiter*	Kropff/J. Semler (Hrsg.) Münchener Kommentar zum Aktiengesetz, 3. Aufl. 2008 ff.
MünchKommBGB/*Bearbeiter*	Säcker/Rixecker (Hrsg.), Münchener Kommentar zum BGB, 11 Bände, 6. Aufl. 2012 ff.
MünchKommGmbHG/*Bearbeiter*	Fleischer/Goette (Hrsg.), Münchener Kommentar zum Gesetz betreffend die Gesellschaften mit beschränkter Haftung – GmbHG, Bd. 1 2010; Bd. 2 2012; Bd. 3 2011
MünchKommHGB/*Bearbeiter*	K. Schmidt (Hrsg.), Münchener Kommentar zum HGB, 2. Aufl. 2005 ff.; 3. Aufl. 2011 ff.
mwH	mit weiteren Hinweisen
mwN	mit weiteren Nachweisen
mWv	mit Wirkung vom
nachf.	nachfolgend
Nachw.	Nachweise
Nacke	Nacke, Die Haftung für Steuerschulden, 3. Aufl. 2012
nF	neue Fassung
NJOZ	Neue Juristische Online-Zeitschrift
NJW	Neue Juristische Wochenschrift
NJW-RR	NJW-Rechtsprechungs-Report Zivilrecht
Nr.	Nummer
nrkr	nicht rechtskräftig
Nrn.	Nummern
NRW, nrw.	Nordrhein-Westfalen, nordrhein-westfälisch
nv	nicht veröffentlicht
NVwZ	Neue Zeitschrift für Verwaltungsrecht
NWB	Neue Wirtschafts-Briefe für Steuer- und Wirtschaftsrecht (Loseblatt)
NZA	Neue Zeitschrift für Arbeits- und Sozialrecht
NZG	Neue Zeitschrift für Gesellschaftsrecht
NZI	Neue Zeitschrift für Insolvenzrecht
o.	oben, oder
oÄ	oder Ähnliche/s
OFD	Oberfinanzdirektion
öffentl.	öffentlich
og	oben genannte(r, s)
OHG	Offene Handelsgesellschaft
OLG	Oberlandesgericht
OLGE	Rechtsprechung der Oberlandesgerichte

Abkürzungsverzeichnis

OLGZ	Entscheidungen der Oberlandesgerichte in Zivilsachen einschließlich der freiwilligen Gerichtsbarkeit (seit 1995: FGPrax)
oV	ohne Verfasser
p.	paragraph
Pahlke/*Bearbeiter*	Pahlke, Grunderwerbsteuergesetz, 5. Aufl. 2014
Palandt/*Bearbeiter*	Palandt, Bürgerliches Gesetzbuch, 74. Aufl. 2015
PatentR	Patentrecht
Pfaff/Osterrieth/*Bearbeiter*	Pfaff/Osterrieth (Hrsg.), Lizenzverträge – Formularkommentar, 3. Aufl. 2010
Pkw	Personenkraftwagen
Prölss/Martin/*Bearbeiter* VVG	Prölss/Martin, Versicherungsvertragsgesetz, 29. Aufl. 2015
Prot.	Protokoll
Raiser/Veil/Jacobs/*Bearbeiter*	Raiser/Veil/Jacobs, Mitbestimmungsgesetz und Drittelbeteiligungsgesetz, 6. Aufl. 2015
Rau/Dürrwächter/*Bearbeiter*	Rau/Dürrwächter, Kommentar zum Umsatzsteuergesetz, Loseblatt, Sand: 161. EL März 2015
rd.	rund
RdA	Recht der Arbeit
RefE	Referentenentwurf
RegE	Regierungsentwurf
Reith IntStR	Reith, Internationales Steuerrecht, Handbuch, 2004
RFH	Reichsfinanzhof
RG	Reichsgericht
RGZ	Entscheidungen des Reichsgerichts in Zivilsachen
RhNotZ	Rheinische Notar-Zeitschrift
RhPf., rhpf.	Rheinland-Pfalz, rheinland-pfälzisch
Richardi/*Bearbeiter*, BetrVG	Richardi (Hrsg.), Kommentar zum Betriebsverfassungsgesetz, 11. Aufl. 2008
Richtl.	Richtlinie
RIW	Recht der Internationalen Wirtschaft
rkr.	rechtskräftig
RL	Richtlinie
Rn.	Randnummer
Rödder/Herlinghaus/van Lishaut/*Bearbeiter*	Rödder/Herlinghaus/van Lishaut, Umwandlungssteuergesetz, 2. Aufl. 2013
Rödder/Hötzel/Müller-Thuns	Rödder/Hötzel/Müller-Thuns, Unternehmenskauf – Unternehmensverkauf, Zivilrechtliche und steuerliche Gestaltungspraxis, 2003
ROHGE	Amtliche Sammlung der Entscheidungen des Reichsoberhandelsgerichts
Roth/Altmeppen GmbHG	GmbH-Gesetz, Kommentar, 7. Aufl. 2012
Rowedder/Schmidt-Leithoff/*Bearbeiter*	Schmidt-Leithoff (Hrsg.), GmbHG, Kommentar, 5. Aufl. 2013

Abkürzungsverzeichnis

Rs.	Rechtssache
Rspr.	Rechtsprechung
RStBl.	Reichssteuerblatt
RVO	Rechtsverordnung
S.	Seite(n), Satz
s.	siehe; section
Saarl., saarl.	Saarland, saarländisch
Sachs., sächs.	Sachsen, sächsisch
SachsAnh.	Sachsen-Anhalt
SchlH, schlh.	Schleswig-Holstein, schleswig-holsteinisch
Schluck-Amend/Meyding/*Bearbeiter*	Schluck-Amend/Meyding (Hrsg.), Der Unternehmenskauf in Krise und Insolvenz, 2012
Schmidt, K. GesR	K. Schmidt, Gesellschaftsrecht, 4. Aufl. 2002
Schmidt, K. HandelsR	K. Schmidt, Handelsrecht, 5. Aufl. 1999
Schmidt, L./*Bearbeiter* EstG	L. Schmidt (Hrsg.), Einkommensteuergesetz, Kommentar, 32. Aufl. 2013
Schmidt/Lutter/*Bearbeiter*	K. Schmidt/Lutter (Hrsg.), Aktiengesetz, Kommentar, 2. Aufl. 2010
Schmitt/Hörtnagl/Stratz UmwG/UmwStG	Umwandlungsgesetz, Umwandlungssteuergesetz, 6. Aufl. 2013
Scholz/*Bearbeiter* GmbHG	Kommentar zum GmbH-Gesetz, 3 Bde., 11. Aufl. 2012ff.
Schr.	Schrifttum
Schramm/Hansmeyer/*Bearbeiter*	Schramm/Hansmeyer (Hrsg.), Transaktionen erfolgreich managen – Ein M&A Handbuch für die Praxis, 2010
Schricker/Löwenheim/*Bearbeiter*	Schricker/Löwenheim (Hrsg.), Urheberrecht. Kommentar, 4. Aufl. 2010.
SE	Societas Europaea (Europäische Aktiengesellschaft)
Seibt/*Bearbeiter*	Seibt (Hrsg.), Beck'sches Formularbuch Mergers & Acquisitions, 2. Aufl. 2011
Semler/Stengel/*Bearbeiter*	J. Semler/Stengel (Hrsg.), Umwandlungsgesetz mit SpruchG, Kommentar, 3. Aufl. 2012
Semler/Volhard ÜbernahmeHdb.	J. Semler/Volhard (Hrsg.), Arbeitshandbuch für Unternehmensübernahmen, Bd. 1 Unternehmensübernahme, Vorbereitung, Durchführung, Folgen, Ausgewählte Drittländer, 2001; Bd. 2 Das neue Übernahmerecht, 2003
SG	Sozialgericht
SGB	Sozialgesetzbuch
SGB III	Sozialgesetzbuch Drittes Buch – Arbeitsförderung
SGB V	Sozialgesetzbuch Fünftes Buch – Gesetzliche Krankenversicherung
SGB VI	Sozialgesetzbuch Sechstes Buch – Gesetzliche Rentenversicherung
SGB VII	Siebtes Buch Sozialgesetzbuch – Gesetzliche Unfallversicherung

Abkürzungsverzeichnis

SGB X	Zehntes Buch Sozialgesetzbuch – Sozialverwaltungsverfahren und Sozialdatenschutz
Slg.	Sammlung; bis 31.12.2011: Entscheidungen des EuGH, Amtliche Sammlung
Soergel/*Bearbeiter* BGB	Kommentar zum BGB, 12. Aufl. 1987 ff.; 13. Aufl. 2000 ff.
Sölch/Ringleb/*Bearbeiter*	Sölch/Ringleb, Umsatzsteuergesetz, Loseblatt, Stand: 74. EL 2015
sog	so genannt
sog.	sogenannte(r)
Sp.	Spalte
Spiegelberger/Schallmoser	Spiegelberger/Schallmoser, Die Immobilie im Zivil- und Steuerrecht, 2. Aufl. 2015
st.	ständig
st. Rspr.	ständige Rechtsprechung
Staub/*Bearbeiter* HGB	Canaris/Schilling/Ulmer (Hrsg.), Handelsgesetzbuch, Großkommentar, 4. Aufl. 1995 ff.
Staudinger/*Bearbeiter* BGB	J. v. Staudinger, Kommentar zum BGB, 13.-15. Aufl. 1993 ff.
StBerG	Steuerberatungsgesetz
Stbg.	Die Steuerberatung
StbJb.	Steuerberater-Jahrbuch
StBp	Die steuerliche Betriebsprüfung
Stellungn.	Stellungnahme
SteuerR	Steuerrecht
Stichw.	Stichwort
str.	streitig, strittig
Streck/*Bearbeiter* KStG	Streck (Hrsg.), Kommentar zum Körperschaftsteuergesetz, 7. Aufl. 2008
stRspr.	ständige Rechtsprechung
StuW	Steuer und Wirtschaft
Sudhoff/*Bearbeiter* GmbH & Co. KG	GmbH & Co. KG, 6. Aufl. 2005
Sudhoff/*Bearbeiter* Personengesellschaften	Personengesellschaften, 8. Aufl. 2005
Tax J.	Tax Journal
teilw.	teilweise
Thür., thür.	Thüringen, thüringisch
Tipke/Kruse/*Bearbeiter*	Tipke/Kruse, Kommentar zur Abgabenordnung, Finanzgerichtsordnung, Loseblatt, Stand: 139. EL März 2015
Tipke/Lang/*Bearbeiter*	Steuerrecht, 21. Aufl. 2013
Tz.	Textziffer
u.	und
ua	und andere, unter anderem
uÄ	und Ähnliches
UAbs.	Unterabsatz

Abkürzungsverzeichnis

uam	und anderes mehr
überarb.	überarbeitet
Überbl.	Überblick
überw.	überwiegend
udT.	unter dem Titel
uE	unseres Erachtens
Ulmer/Habersack/Löbbe GmbHG/*Bearbeiter*	s. GroßKommGmbHG
Ulmer/Habersack/Winter GmbHG/*Bearbeiter*	s. GroßKommGmbHG
Ulmer/Habersack/Henssler MitbestR/*Bearbeiter*	Mitbestimmungsrecht, hrsg. von Ulmer, Habersack, Henssler, 2. Aufl. 2006
Umf.	Umfang
umfangr.	umfangreich
umstr.	umstritten
UmwG	Umwandlungsgesetz
UmwStG	Umwandlungssteuergesetz
UmwSt-Erlass	BMF-Schreiben betr. Anwendung des Umwandlungssteuergesetzes i. d. F. des Gesetzes über steuerliche Begleitmaßnahmen zur Einführung der Europäischen Gesellschaft und zur Änderung weiterer steuerrechtlicher Vorschriften (SEStEG) v. 11.11.2011, BStBl. I 1314
unstr.	unstreitig
unveröff.	unveröffentlicht
unzutr.	unzutreffend
UR	Umsatzsteuer-Rundschau; Unternehmensregister; Urkundenrolle
Urt.	Urteil
UStG	Umsatzsteuergesetz
UStR	Umsatzsteuer-Richtlinien
usw	und so weiter
uU	unter Umständen
uvam	und viele(s) andere(s) mehr
uvm	und viele(s) mehr
v.	vom, von
va	vor allem
VAG	Gesetz über die Beaufsichtigung der privaten Versicherungsunternehmungen und Bausparkassen
Var.	Variante
Verf.	Verfasser, Verfassung
Verh.	Verhandlung(en)
Veröff.	Veröffentlichung(en)
Vfg.	Verfügung
vgl.	vergleiche

Abkürzungsverzeichnis

vH	von Hundert
VO	Verordnung
Vogel/*Bearbeiter* DBA	Vogel/Lehner (Hrsg.), Doppelbesteuerungsabkommen, Kommentar, 5. Aufl. 2008
Voraufl.	Vorauflage
Vorb.	Vorbemerkung
vorl.	vorläufig
Vorschr.	Vorschrift
vs.	versus
Wackerbarth/Eisenhardt	Gesellschaftsrecht II: Recht der Kapitalgesellschaften, 2013
Wandtke/Bullinger/*Bearbeiter*	Wandtke/Bullinger (Hrsg.), Praxiskommentar zum Urheberrecht: UrhG, 4. Aufl. 2014
Wenning-Morgenthaler	Wenning-Morgenthaler, Die Einigungsstelle – Leitfaden für die Praxis, 6. Aufl. 2012
WHSS/*Bearbeiter*	Willemsen/Hohenstatt/Schweibert/Seibt, Umstrukturierung und Übertragung von Unternehmen – Arbeitsrechtliches Handbuch, 4. Aufl. 2011
Widmann/Mayer/*Bearbeiter*	Widmann/Mayer, Umwandlungsrecht – Kommentar, Loseblatt, Stand: 149. EL April 2015
Wiedermann/*Bearbeiter* TVG	H. Wiedemann, Tarifvertragsgesetz: TVG, 7. Aufl. 2007
Wiedemann/Frey GesR	H. Wiedemann/Frey, Gesellschaftsrecht, 8. Aufl. 2012
Windbichler	Gesellschaftsrecht, 23. Aufl. 2013
Wj.	Wirtschaftsjahr
Wlotzke/Wißmann/Koberski/Kleinsorge/*Bearbeiter*	Wlotzke/Wißmann/Koberski/Kleinsorge, Mitbestimmungsrecht, 4. Aufl. 2011
WM	Wertpapier-Mitteilungen
WPg	Die Wirtschaftsprüfung
WP-Hdb.	Wirtschaftsprüfer-Handbuch
WPO	Wirtschaftsprüferordnung
WpPG	Wertpapier-Prospektgesetz
z. B.	zum Beispiel
z. T.	zum Teil
zahlr.	zahlreich
zB	zum Beispiel
ZfA	Zeitschrift für Arbeitsrecht
ZfB	Zeitschrift für Betriebswirtschaft
ZfgK	Zeitschrift für das gesamte Kreditwesen
ZGR	Zeitschrift für Unternehmens- und Gesellschaftsrecht
ZHR	Zeitschrift für das gesamte Handelsrecht
Zimmermann Personengesellschaft	Zimmermann/Hottmann/Kiebele/Schaeberle/Scheel, Die Personengesellschaft im Steuerrecht, 11. Aufl. 2013
ZInsO	Zeitschrift für das gesamte Insolvenzrecht

Abkürzungsverzeichnis

ZIP	Zeitschrift für Wirtschaftsrecht und Insolvenzpraxis
zit.	zitiert
ZPO	Zivilprozessordnung
zT	zum Teil
ZTR	Zeitschrift für Tarifrecht
zust.	zustimmend
zutr.	zutreffend
zw.	zweifelhaft
zzgl.	zuzüglich
zZt	zur Zeit

Glossar der wichtigsten (englischen) Fachbegriffe

Fachbegriff	Erklärung
Agreed Upon Procedures	Auftragsgemäß vereinbarte Untersuchungshandlungen des Wirtschaftsprüfers
Asset Deal	Unternehmenskauf in der Form des Kaufs einzelner Vermögensgegenstände (und ggf. Verbindlichkeiten)
Bottom-up Method/ Top-Down Method	Zuordnung von Vermögensgegenständen und Schulden zum Carve-out-Business ausgehend von einzelnen identifizierbaren Vermögensgegenständen des Carve-out-Business (Bottom-up Method) oder vom (Konzern-)Abschluss des übertragenden Unternehmens (Top-down Method)
Carve-out Financial Statements	Abschluss mit Finanzinformationen zum Carve-out-Business, auch als Carve-out-Abschluss bezeichnet
Carve-out-Business	Unternehmensteil, der Gegenstand der Carve-out-Transaktion ist
Carve-out-Transaktion	Sämtliche Schritte, die zum Verkauf und zur Übertragung des Carve-out-Business durchgeführt werden
Cash Pooling	Konzerninterner Liquiditätsausgleich durch ein zentrales (zumeist von der Konzernobergesellschaft als Cash-Pool-Führer gesteuertes) Finanzmanagement
Cash-Flow	Zu- oder Abgang von Zahlungsmitteln bei einem Unternehmen
Catch-all-Clause	Klausel im Unternehmenskaufvertrag, welche die Erfassung aller in einem bestimmten Geschäftsbereich verwendeten oder genutzten Vermögensgegenstände bezweckt, auch Schleppnetzklausel genannt
Change of Control Clause (CoC)	Klausel in kommerziellen Verträgen oder Finanzierungsverträgen, nach der bei einer Änderung der Kontroll- oder Mehrheitsverhältnisse bei einer Vertragspartei die andere Vertragspartei Informations- und/oder Kündigungsrechte hat
Change Requests	Erforderliche Anpassungen im Rahmen eines Transitional Services Agreement
Clean Team	Zur Vertraulichkeit verpflichtete Personen (z. B. Anwälte, Wirtschaftsprüfer), denen während einer Due Diligence-Prüfung wettbewerblich sensible Daten des Zielunternehmens (z. B. Preisinformationen in Kundenverträgen) nach Maßgabe des Kartellrechts offengelegt werden dürfen
Closing Accounts	Auf den Vollzugsstichtag aufgestellte Abrechnungsbilanz zum Zwecke der Kaufpreisanpassung im Unternehmenskaufvertrag
Closing Condition	Vollzugsvoraussetzung, die erfüllt oder auf deren Erfüllung verzichtet werden muss, damit der Unternehmenskaufvertrag vollzogen werden kann
Closing/Closing Date	Vollzug der Transaktion/Vollzugsstichtag

Glossar

Fachbegriff	Erklärung
Comfort Letter	Patronatserklärung
Common Control	Gemeinsame Beherrschung von Unternehmen oder Unternehmensteilen als Voraussetzung für die Einbeziehung in einen kombinierten Abschluss
Conduct of Business Clause (auch Handcuffs Clause)	Klausel im Unternehmenskaufvertrag, nach der der Verkäufer zwischen dem Unterzeichnungsund Vollzugsstichtag das Zielunternehmen lediglich im gewöhnlichen Geschäftsverkehr weiterführen darf und in diesem Zeitraum insbesondere bestimmte enumerativ aufgeführte Maßnahmen zu unterlassen bzw. durchzuführen hat
Core Business	Das Kerngeschäft des Unternehmens (in Abgrenzung zu bloßen Randbereichen)
Debt-Push-Down	Übertragung der Akquisitionsfinanzierung auf die Zielgesellschaft, z. B. durch Hinabverschmelzung der fremdfinanzierten Erwerbergesellschaft auf die Zielgesellschaft nach Durchführung des Unternehmenskaufes
Debt-to-Equity Swap	Transaktion, bei der eine notleidende Forderung gegen ein Unternehmen in eine Eigenkapitalbeteiligung an dem Unternehmen umgewandelt wird
Due Diligence	Risikoprüfung des Käufers beim Unternehmenskauf
Due Diligence Report	Bericht über die Risikoprüfung des Käufers beim Unternehmenskauf
Earn-In	Fortlaufender Erwerb von Unternehmensanteilen durch das Management als Teil der Managementvergütung
Effective Date	Wirtschaftlicher Stichtag für einen Unternehmenskaufvertrag bzw. für einen Gewinnabführungs- und Beherrschungsvertrag
Enterprise Value	Unternehmenswert ohne Berücksichtigung von Finanzverschuldung und Finanzmitteln
Equity Bridge	Überleitungsrechnung vom Enterprise Value auf den Equity Value
Equity Carve-out	Verkauf und Übertragung von Anteilen am Carve-out-Business im Rahmen einer Börsen- bzw. Kapitalmarkttransaktion
Equity Value	Eigenkapitalwert der Gesellschaftsanteile, der sich aus dem Enterprise Value nach dem Abzug der Finanzverschuldung sowie der Addition der Finanzmittel ergibt
Escrow Account	Treuhandkonto, auf das der Käufer beim Closing einen Teil des Kaufpreises zur Sicherung und Abwicklung eventueller Gewährleistungs- und/oder anderer Ansprüche des Käufers aus dem Unternehmenskaufvertrag zahlt
Exit Bonus	Zahlung durch den Verkäufer an (leitende) Mitarbeiter des Carve-out-Business für den Fall einer erfolgreichen Carve-out-Transaktion (Erfolgsbonus)
Financial Fact Book	Zusammenfassung der finanziellen Verhältnisse des Zielunternehmens, die im Auftrag und auf Veranlassung des Verkäufers erstellt wurde

Glossar

Fachbegriff	Erklärung
Framework SPA	Verklammerung einzelner lokaler Asset Deals durch einen globalen schuldrechtlichen Rahmenkaufvertrag bei internationalen Carve-out-Transaktionen
Future Service	In der Zukunft erdiente Steigerungen in den Versorgungsanwartschaften in der betrieblichen Altersversorgung
Golden Share	Vom Verkäufer zurückbehaltener Anteil an der Zielgesellschaft, der dem Verkäufer das Recht vermittelt, eine Veräußerung der Anteile an der Zielgesellschaft, deren Verschmelzung, Spaltung, Formwechsel oder sonstige Umwandlung oder deren Kapitalmaßnahmen zu blockieren
Hive Down	(Umwandlungsrechtliche) Ausgliederung
Impairment Testing	Obligatorischer Niederstwerttest nach US GAAP und IFRS zur Bewertung des Anlagevermögens
Individual Financial Statement	Einzeljahresabschluss
Industry Practice	Übliche Industriestandards im Rahmen von Transitional Services Agreements
Intercompany Agreement	Konzerninterner Vertrag
Intercompany Downstream Loan	Konzerninternes Darlehen einer Muttergesellschaft an ihre Tochtergesellschaft
Intercompany Loan	Konzerninternes Darlehen
Intercompany Upstream Loan	Konzerninternes Darlehen einer Tochtergesell-schaft an ihre Muttergesellschaft
Key Account	Schlüsselkunde eines Unternehmens aufgrund seiner Bedeutung für Umsatz und/oder Ertrag
Lead Counsel/Local Counsel	Anwaltskanzlei oder Juristenteam, das die Transaktion federführend leitet und verhandelt (in Abgrenzung zu den Anwaltskanzleien oder Juristenteams, die lediglich für die Beachtung rechtlicher Besonderheiten in den einzelnen betroffenen Jurisdiktionen verantwortlich sind)
Leveraged Buyout	Fremdfinanzierter Unternehmenskauf unter Ausnutzung des sog. Leverage-Effekts
Local Implementation Schedules	Umsetzungsverträge nach lokalem Recht, im Unternehmenskaufvertrag insbesondere Verträge zur dinglichen Übertragung des Kaufgegenstandes nach lokalem Recht
Local Transfer Agreement	Im Rahmen von internationalen Carve-out-Transaktionen vereinbarter Vollzugsvertrag zur Übertragung der in einer bestimmten Jurisdiktion befindlichen Vermögensgegenstände oder Unternehmensanteile des Carve-out-Business nach lokal geltendem Recht
Locked Box	Unternehmenskauf, bei dem ein Festkaufpreis auf der Basis eines Bewertungsstichtages in der Vergangenheit vereinbart wird
Management Buyout	Unternehmenskauf, bei dem das Management der Zielgesellschaft alle oder die Mehrheit der Anteile der Zielgesellschaft erwirbt

Glossar

Fachbegriff	Erklärung
Overhead	Tätigkeitsbereich eines Unternehmen, der nicht unmittelbar der eigentlichen Geschäftstätigkeit dient
Past Service	In der Vergangenheit erdiente Versorgungsanwartschaften in der betrieblichen Altersversorgung
Pre-Packaged Deal	Separierung des Carve-out-Business unter alleiniger Planung und Regie des Verkäufers im Vorfeld der Carve-out-Transaktion
Profit and Loss Pooling Agreement	Gewinnabführungsvertrag gemäß oder analog § 291 AktG
Profit Transfer Claim	Abzuführender Gewinn aus einem Gewinnabführungsvertrag
Project Management Office	Projektbüro als ein Teil des Projektmanagement-Teams, das innerhalb eines Projekts alle entwicklungsflankierenden und -betreuenden Aufgaben übernimmt
Purchase Price Allocation (PPA)	Aufteilung des Kaufpreises auf die einzelnen verkauften Vermögensgegenstände für steuerliche Zwecke
Reliance Letter	Schriftliche Bestätigung einer Anwaltskanzlei, dass sie gegenüber dem Empfänger der Bestätigung (z. B. die den Unternehmenskauf finanzierende Bank) für die Richtigkeit eines Dokumentes (z. B. des Legal Due Diligence-Berichts) haftungsrechtlich eintritt
Reporting Entity	Unternehmen, welches als Ersteller eines kombinierten Abschlusses bestimmt bzw. festgelegt wurde
Retained Businesses	Unternehmensteile, die nicht Gegenstand der Carve-out-Transaktion sind
Retention Bonus	Zahlung an (leitende) Mitarbeiter des Carve-out-Business, die gewährt wird, wenn der jeweilige Mitarbeiter während eines bestimmten Mindestzeitraums nach dem Vollzug der Carve-out-Transaktion im Carve-out-Business angestellt bleibt
Reverse Asset Deal	Verkauf der Gesellschaftsanteile eines Unternehmens mit sofortigem anschließenden Rückverkauf des Unternehmensteils, der nicht Gegenstand der Carve-out-Transaktion ist
Separation Issues	Die besonderen Problemstellungen, die sich aufgrund der Herauslösung des Carve-out-Business aus dem Gesamtunternehmen ergeben
Service Levels	Zu erfüllende Leistungsparameter in einem Transitional Services Agreement
Share Deal	Unternehmenskauf in der Form des Kaufs von Gesellschaftsanteilen
Shared Contract	Vertrag, der sowohl für das Carve-out-Business als auch für nicht verkaufte Unternehmensteile von Bedeutung ist
Shared Services	Konzerninterne Dienstleistungen, die für oder durch das Carve-out-Business erbracht werden
Signing/Signing Date	Unterzeichnung der Transaktion/Unterzeichnungsstichtag
Spin-off	Auslagerung von Betriebsfunktionen (z. B. der Forschungs- und Entwicklungsabteilung)

Glossar

Fachbegriff	Erklärung
Stakeholders	In Bezug auf ein Unternehmen alle Personengruppen, die von der unternehmerischen Tätigkeit direkt oder indirekt betroffen sind bzw. an dieser ein Interesse haben
Stand Alone	Selbständigkeit (des Carve-out-Business nach der Herauslösung aus dem Verkäuferkonzern)
Steering Committee	Lenkungsausschuss als das oberste beschlussfassende Gremium einer Projektorganisation
Step Up	Buchwertaufstockung durch Realisierung der in den Wirtschaftsgütern enthaltenen stillen Reserven
Sweet Equity	Erwerb von Unternehmensanteilen am Carve-out-Business durch das Management zu bevorzugten Konditionen
Target	Zielunternehmen
Transitional Services	Dienstleistungen, die vom Verkäufer während eines Übergangszeitraums nach dem Vollzugsstichtag für das Carve-out-Business erbracht werden
Transitional Services Agreement	Der Vertrag, in dem die übergangsweisen Dienstleistungen (Transitional Services) im Einzelnen geregelt werden
Treasury	Unternehmensabteilung, welche mit der Verwaltung und Anlage der vorhandenen oder zufließenden finanziellen Mittel betraut ist
Unfunded Pension Liabilities	Pensionsverpflichtungen, für deren Erfüllung keine Vermögenswerte spezifisch zugewiesen sind und die aus laufenden Einnahmen bedient werden.
Upstream/Downstream Loan	Aufsteigendes Darlehen der Tochter- an die Muttergesellschaft bzw. absteigendes Darlehen der Mutter- an die Tochtergesellschaft
Upstream/Downstream Security	Sicherheit, die von der Tochter- für Verbindlichkeiten der Muttergesellschaft bzw. von der Mutter- für die Tochtergesellschaft gestellt wird
Vendor Due Diligence (VDD)	Von dem Verkäufer in Auftrag gegebene unabhängige Due Diligence-Prüfung, deren Ergebnisse dem Käufer in Form eines schriftlichen Berichts zur Verfügung gestellt werden
Vendor Note	Verkäuferdarlehen
Working Capital	(Netto-)umlaufvermögen eines Unternehmens
Your Watch/My Watch-Principle	Abgrenzung der Verantwortlichkeit zwischen Verkäufer und Käufer im Rahmen des Unternehmenskaufvertrages nach dem Kriterium, ob die maßgeblichen Umstände vor oder nach dem Vollzugsstichtag liegen

Teil I:
Wirtschaftliche Grundlagen

Literatur:
Besen/Gronemeyer, Kartellrechtliche Risiken bei Unternehmenskäufen – Informationsaustausch und Clean Team, CCZ 2009, 67–70; *Besen/Gronemeyer*, Informationsaustausch im Rahmen von Unternehmenskäufen – Kartellrechtliche Entwicklungen und Best Practice, CCZ 2013, 137–144; *Ernst & Young*, Capturing value through carve-outs, 2011; *Gerhard/Hasler*, Rechtliche Fallstricke bei Carve-out Transaktionen, GesKR 2/2014, 221–245; *Farhadi/Haghani*, Can there be separation without pain?, in: think:act content von Roland Berger Strategy Consultants 2012; *Franzke*, Carve-outs erfolgreich gestalten: Eine gesamtheitliche Perspektive, M&A Review 1/2015, 2–8; *Fröhlich/Linke*, Gestaltungsoptionen für Vertraulichkeitsvereinbarungen bei Unternehmenstransaktionen, GWR 2014, 449–454; *Fubini/Park/Thomas*, Profitably parting ways: Getting more value from divestitures, Februar 2013; *Hathaway-Zapeda/Truitt*, Tackling Carve-Outs: Important Issues in Sales of Divisions and Subsidiaries, Gibson Dunn M&A Report Sommer 2013, 1–7; *Hörmann/Lambrich/Pupeter*, Carve-Out – Gesellschaftsrecht, Arbeitsrecht und Steuern, Präsentation vom 12.11.2013, abrufbar unter http://www.mma-forum.eu/pdf/11-MMA-Forum-Vortrag-Carve-out-Ges-recht-Arbeitsrecht-und-Steuern.pdf; *Mengen/Richter*, Exkurs: Carve-out in Transaktionen erfolgreich managen: ein M&A-Handbuch für die Praxis 2010, 278–299; *Ostling et al.*, in: Wachtell, Lipton, Rosen & Katz, Spin-Off Guide, März 2014; *Niemeyer/Ratka*, Finanzielle Aspekte und Best Practice beim Kauf und Verkauf von Unternehmensteilen, in: Best Practice bei Unternehmenstransaktionen, Deloitte 2014; *Peemöller/Gehlen*, Financial Due Diligence bei Carve-Out-Transaktionen, Bilanzrecht und Betriebswirtschaft 2015, 1139–1144; *Schroebler*, Informationssicherheit und IT-Compliance beim Carve-out, M&A Review 1/2015, 9–15; *Seyfahrt*, Rechtliche Implikationen von Carve out-Transaktionen, Präsentation vom 25./26.01.2015, abrufbar unter http://veranstaltungen.ruw.de/ver-anstaltungen/wirtschaftsrecht/ma-konferenz/download-center; *Waryjas*, Things to Remember Regarding the Acquisition of a Division or Subsidiary, 2010.

1. Einführung

M&A-Transaktionen im Allgemeinen sind durch den Interessengegensatz zwischen Verkäufer und Kaufinteressenten geprägt. Dabei werden die relevanten Themen meist durch bilaterale Verhandlungen gelöst. Bei Carve-out-Transaktionen im Speziellen ist zusätzlich eine **Herauslösung (*Carve-out*) eines Unternehmensteils**[1] aus einem Gesamtunternehmen durchzuführen. Diese Herauslösung kann vor, im Zuge und auch nach[2] Abschluss einer Unternehmenstransaktion durchgeführt werden, wobei für einzelne Elemente des Carve-out unterschiedliche Zeit-

1

---

[1] Dazu *Seyfarth*, Präsentation 2015, Folie Nr. 3.
[2] *Mengen/Richter*, 278 ff.

punkte gewählt werden können. Damit tritt zu dem erwähnten Spannungsverhältnis zwischen Verkäufer und Kaufinteressenten eine weitere Dimension hinzu, die der Disposition in den Verhandlungen zwischen Verkäufer und Kaufinteressenten weitgehend entzogen ist. Auch ohne Berücksichtigung einer Verkaufstransaktion ist die Herauslösung eines Unternehmensteils ein komplexes Projekt.[3] Die Komplexität ergibt sich vor allem aus der Vielzahl der Themenfelder, die im Zuge eines Carve-out zu bearbeiten sind, und aus der Notwendigkeit, neben Verkäufer und Kaufinteressenten weitere Stakeholder in die Transaktion einzubinden, wie etwa das Management, Mitarbeiter, Lieferanten und Kunden des Carve-out-Business.[4]

2 Die besondere Herausforderung eines Carve-out besteht somit darin, ein anspruchsvolles Projekt auf Basis eines multidisziplinären Verständnisses der Situation so durchzuführen, dass alle „technischen" Aspekte des Projektes vollständig, effizient und effektiv abgearbeitet werden und gleichzeitig die **Interessen der eigenen Seite** optimal gewahrt werden. Nach einer von Roland Berger Strategy Consultants zitierten Statistik der Universität Münster führen nur 25 % aller Unternehmen Carve-outs regelmäßig durch, daher besteht vielfach keine vertiefte Erfahrung mit solchen Vorgängen.[5] Einerseits darf nicht rein technokratisch vorgegangen werden, weil dadurch möglicherweise Kosten und Risiken anfallen, die bei geschickter Verhandlungsführung in die Sphäre der Gegenseite gefallen wären. Andererseits scheitert die alleinige Ausrichtung einer Carve-out-Transaktion auf die eigenen Interessen daran, dass ohne Kooperation und Entgegenkommen anderer Stakeholder für viele Bereiche überhaupt keine Lösungen gefunden werden können. Gelegentlich können einzelne Stakeholder eine Carve-out-Transaktion wesentlich verzögern oder erschweren (→ Rn. 36).

3 Zusammenfassend ist es entscheidend zu wissen, welche Themen bei einem Carve-out **wirtschaftlich bedeutsam** sind und welche Themen im Einzelfall geringere Bedeutung haben, um die Planung und Durchführung der Carve-out-Transaktion auf die wesentlichen Bereiche zu konzentrieren. Im vorliegenden Teil dieses Handbuchs werden bei Carve-out-Transaktionen typischerweise wesentliche Bereiche aus Verkäufersicht[6] vorgestellt.

---

[3] Wie in *Mengen/Richter*, 282, wird unter Komplexität ein hoher qualitativer und quantitativer Aufwand verstanden.
[4] Ostling *et al.* Spin-Off Guide 2014, 1 ff. und *Poemöller/Gehlen*, Financial Due Diligence bei Carve-out-Transaktionen, 2015, 1139.
[5] *Farhadi/Haghani*, Can there be separation without pain?, 2012, 2.
[6] Aus Gründen der didaktischen Vereinfachung wird die Sicht des Verkäufers in einer Carve-out-Transaktion eingenommen. Insbesondere können aus der Sicht des Verkäufers alle Aspekte von der Vorbereitung und Planung über die Durchführung bis hin zur Konfliktlösung in einem Guss abgedeckt werden. Insofern aus Käufersicht besondere Fragestellungen auftauchen, zB in der Unternehmensbewertung, wird auf diese im Einzelfall eingegangen.

2. Vorbereitung und Planung

a) Zielsetzung

Am Anfang einer Carve-out-Transaktion steht in der Regel die strategische Entscheidung der Unternehmensführung, sich von einem oder mehreren Geschäftsbereichen (*Carve-out-Business*) zu trennen. Ein Drittel bis die Hälfte aller M&A-Transaktionen sind Carve-out-Transaktionen in diesem Sinne.[7] Anders als im Fall eines vollständigen Verkaufs eines Unternehmensverbundes sind hier neben den üblichen Zielsetzungen einer Transaktion wie Erzielung eines hohen Verkaufserlöses, Transaktionssicherheit, Risikominimierung und rascher Durchführung auch die **Interessen der verbleibenden Unternehmensteile** (*Retained Businesses*) besonders zu berücksichtigen.

Diese Ziele sind in der Regel nicht alle gleichzeitig in gleichem Maße zu erreichen. Daher sind durch die Entscheidungsträger die **Zielprioritäten** klar festzulegen.[8] Bei Carve-out-Transaktionen stellen sich insbesondere die folgenden Zielkonflikte:

- Soll der **Wert des Carve-out-Business** auf Kosten der verbleibenden Unternehmensteile des Verkäufers optimiert werden (zB mit dem Ziel der Steigerung des Verkaufserlöses) oder umgekehrt (zB mit dem Ziel der Ertragssteigerung im verbleibenden Unternehmensteil des Verkäufers)?
- Ist **besondere Vertraulichkeit**[9] geboten (zB zur Vermeidung von Verunsicherung von Kunden, Mitarbeitern oder Lieferanten des verbleibenden Unternehmensteils) oder soll zur Vereinfachung des Carve-out-Prozesses das Verkaufsvorhaben frühzeitig angekündigt werden?
- Wieviel **Zeit** steht für die Vorbereitung der Carve-out-Transaktion zur Verfügung? Im Idealfall kann diese Zeit nicht nur für die organisatorische und rechtliche Verselbständigung des Carve-out-Business genutzt werden, sondern im Vorfeld auch das Geschäftsmodell des Carve-out-Business so attraktiv wie möglich für zukünftige Käufer gestaltet werden.

Zur Zusammenfassung der Zielprioritäten empfiehlt sich aus der Sicht des Verkäufers das Ausformulieren von grundlegenden **Erwartungen** und **Prinzipien**.[10] So verringert sich die Gefahr, angesichts von Zielkonflikten und einer breiten Fülle von Details die wesentlichen Punkte aus dem Blick zu verlieren.

---

[7] Ein Drittel bei *Franzke* M&A Review 2015, 2, bzw. knapp über die Hälfte mit steigender Tendenz bezogen auf US-amerikanische Transaktionen über USD100 Mio. Transaktionswert bei *Hathaway-Zapeda/Truitt*, Tackling Carve-Outs 2013, 1.
[8] *Mengen/Richter*, 286.
[9] Dazu *Seyfarth*, Präsentation 2015, Folie Nr. 5.
[10] *Franzke* M&A Review 2015, 8.

b) Projektorganisation und Ressourcenplanung

6 Bei einem Carve-out handelt es sich um ein klassisches Beispiel eines Projektes im betriebswirtschaftlichen Sinn.[11] Die Frage nach der geeigneten Projektorganisation zur Durchführung eines Carve-out wird nicht immer einheitlich beantwortet und sollte an jeden Einzelfall gezielt angepasst werden. Wesentliche Treiber für die Gestaltung der Projektorganisation und die Ressourcenplanung sind die **erwartete Komplexität** und der **Zeitplan** für den Carve-out.[12] IdR ist eine klassische Projektorganisation mit einem zentralen Projektbüro (*Project Management Office*), einem Lenkungsausschuss (*Steering Committee*) sowie mehreren Projektteams auf Arbeitsebene geeignet.

7 • *Project Management Office*: Seine Hauptverantwortungsbereiche sind die **Vorbereitung**, **Projektplanung und -koordination** sowie das **Berichtswesen** zum Projekt. Das *Project Management Office* ist somit für den Erfolg des Carve-out inhaltlich und prozessual verantwortlich. Operative Entscheidungen in der Abwicklung des Projektes werden im Rahmen des *Project Management Office* getroffen. Hier fällt typischerweise in allen Projektphasen die Hauptlast der Arbeit am Carve-out an. Je nach Komplexität und Zeitplan kann entweder mit internen Ressourcen (zB Beteiligungsmanagement, Stabstellen für Strategie und M&A, Rechtsabteilung) das Auslangen gefunden werden oder es werden auch externe Berater (oft Unternehmensberater) für die Projektsteuerung herangezogen. Eine ausschließliche Besetzung des *Project Management Office* durch externe Berater ist idR wegen deren mangelnder Kenntnis der betrieblichen Strukturen und Abläufe nicht zu empfehlen.

8 • *Steering Committee*: Das *Project Management Office* berichtet dem *Steering Committee* in festgelegten Intervallen, zweckmäßigerweise jedoch zumindest zu allen wichtigen Meilensteinen des Projektes, über den Projektfortschritt. Das *Steering Committee* behält sich in der Regel die **Entscheidung über Zielsetzungen** des Projektes und die **Beurteilung des Projekterfolges** vor. Außerdem werden in diesem Rahmen sämtliche Entscheidungen getroffen und **Zielkonflikte** gelöst, die auf Ebene des *Project Management Office* oder der Projektteams nicht getroffen oder gelöst werden können. In einer idealtypischen Projektorganisation ist das *Steering Committee* mit allen relevanten Entscheidungsträgern besetzt und hat das Mandat, alle für das Projekt relevanten Entscheidungen – ggf. unter Vorbehalt formal erforderlicher Zustimmung anderer Gremien – aus eigener Verantwortung zu treffen. Falls eine ausreichende Entscheidungskompetenz des *Steering Committee* nicht oder nicht in allen Punkten gegeben ist, besteht die Gefahr von Verzögerungen und gravierenden Fehlsteuerungen.

---

[11] Vgl DIN 69901, abrufbar unter http://www.ibim.de/projekt/1-2.htm.
[12] *Mengen/Richter*, 297 ff.

- **Projektteams** auf Arbeitsebene: Diese Teams bearbeiten einzelne **modularisierte Teilbereiche** des Carve-out-Projekts. Sie verantworten diese Teilbereiche inhaltlich, haben aber keine Gesamtverantwortung für den Projekterfolg. Hier bietet sich die Besetzung durch hausinterne Fachabteilungen (zB für Vertrieb, Einkauf, Steuern) bzw. Vertreter des betroffenen Geschäftsfeldes an. Neben Experten aus dem verbleibenden Unternehmensteil werden je nach Projektstadium, Vertraulichkeit, Größe und Komplexität des Carve-out auch entsprechende Experten aus dem Carve-out-Business für diese Teams nominiert. Auf dieser Ebene kann externe Unterstützung, zB durch Unternehmensberater, Anwälte oder Steuerberater, ebenfalls sinnvoll sein. Die Projektteams berichten dem *Project Management Office* regelmäßig über Ihren Arbeitsstand und Herausforderungen im Projektablauf.

9

Bei der Ressourcenplanung hat sich insbesondere für das *Project Management Office* in vielen Fällen ein **kleines Kernteam** aus wenigen Personen mit ausreichender Projekterfahrung bewährt. In größeren Teams steigt der laufende Abstimmungs- und Informationsbedarf überproportional an. Für den Einsatz von externen Beratern, die insbesondere die Erfahrung und die notwendigen Systeme zur Steuerung besonders komplexer Carve-out-Projekte beisteuern, ist ein entsprechendes Projektbudget festzulegen. Aus Sicht des Auftraggebers empfiehlt sich in diesem Fall ein fixes oder gedeckeltes Honorar, damit auch beraterseitig der Fokus auf die wesentlichen Themen erhalten bleibt.

10

Die Berufung ins *Steering Committee* erfordert in der Regel kein hohes Zeitbudget, jedoch eine entsprechende Prioritätensetzung, um eine regelmäßige Teilnahme an den Sitzungen dieses Gremiums zu ermöglichen. Je nach Projektumfang werden typischerweise zwischen 5 bis 10 Personen für ein *Steering Committee* nominiert. Bei größeren oder längeren Projekten ist zusätzlich die Benennung von Stellvertretern sinnvoll.

11

Die Gliederung und Besetzung der Projektteams auf Arbeitsebene ist entsprechend den Projektanforderungen im Einzelfall festzulegen. Auch hier empfiehlt sich beim Einsatz von Beratern eine fixe oder gedeckelte Honorarvereinbarung.

12

c) Ablauf- und Zeitplanung

Der Ablauf einer Carve-out-Transaktion unterscheidet sich nicht grundlegend von dem anderer Unternehmenstransaktionen. Zusätzlich zur Abwicklung der Unternehmenstransaktion i. e. S. kommen beim Carve-out der **Vorbereitung des Carve-out-Business** sowie der **Zusammenarbeit nach dem Carve-out** besondere Bedeutung zu.[13] Daher wird im Folgenden auf diese beiden genannten Aspekte besonders eingegangen.

13

---

[13] *Mengen/Richter*, 281 ff.

14 Der Kaufgegenstand ist bei jeder M&A-Transaktion vorzubereiten. Bei einem Carve-out geht es in der Vorbereitung nicht nur um preissteigernde Maßnahmen („die Braut schmücken"), sondern im Besonderen um die gezielte **Schaffung der Voraussetzungen** für einen erfolgreichen Carve-out. Typische Fragestellungen lauten im Zuge der Vorbereitung:

- Stehen den Entscheidungsträgern des Unternehmens und dem *Project Management Office* **ausreichende Informationen** über das Carve-out-Business zur Verfügung? Falls nicht, wer kann diese Informationen wann und wie beschaffen? (→ Rn. 22 ff.)
- Sind die **Verflechtungen** zwischen dem Carve-out-Business und dem verbleibenden Unternehmensteil ausreichend bekannt? (→ Rn. 35)
- Inwieweit müssen zwingende organisatorische und rechtliche **Rahmenbedingungen** für den Carve-out schon vor Einleitung des Carve-out-Prozesses ieS geschaffen werden und Übertragungshemmnisse geklärt werden? (→ Rn. 36)
- Wie ändern sich die **Struktur und die Prozesse** im verbleibenden Unternehmensteil im Zuge des Carve-out?
- Wie ist die Wechselwirkung zwischen dem Carve-out und anderen ggf. im Unternehmen laufenden **Projekten**?
- Ist der **Zeitpunkt** für die Durchführung des Carve-out aus der Sicht des verbleibenden Unternehmensteils überhaupt opportun?
- Welche **internen Entscheidungen** müssen zur Vorbereitung des Carve-out getroffen werden? Welche davon sind bereits vor Einleitung des Carve-out-Prozesses ieS umzusetzen?
- Welche **externen Entscheidungen, Genehmigungen oder Zustimmungen** müssen im Zuges des Carve-out-Prozesses eingeholt werden?[14]
- Gibt es **Termine und Fristen**, die im Zuge der Vorbereitung zu beachten sind?

Im Abschnitt 3. Wirtschaftliche Aufarbeitung (→ Rn. 35 ff.) wird gezeigt, wie diese Fragestellungen zur Vorbereitung der Carve-out-Transaktion entsprechend ihrer wirtschaftlichen Bedeutung systematisch abgearbeitet werden. Nach Vorliegen der wesentlichen Antworten wird ein Projektzeitplan erstellt.

15 Die Vorbereitung eines Carve-out kann zwischen einem Monat und mehreren Jahren dauern. Die Kernfrage zur Festlegung des Zeitplanes ist – neben nicht beeinflussbaren Terminen oder Fristen –, inwieweit zusätzlich eingesetzte Zeit zu einer erwarteten Verbesserung des Projekterfolges führt. Man kann davon ausgehen, dass Vorbereitungshandlungen für einen Carve-out im Unternehmen zumindest mittelfristig nicht unbemerkt bleiben. Sobald aber Gerüchte oder bestätigte Informationen über einen bevorstehenden Carve-out im Unternehmen oder sogar extern zirkulieren, sinkt die Wahrscheinlichkeit, dass Vorbereitungshandlungen

---

[14] Ostling *et al.* Spin-Off Guide 2014, 24 ff.

den Projekterfolg in einem Maß fördern, das die abnehmende Motivation und die zunehmenden Frustrationserscheinungen bei den Mitarbeitern des Carve-out-Business wesentlich übersteigt. Daher empfiehlt es sich in vielen Fällen, die **Vorbereitungsphase** so **straff** wie möglich zu gestalten.

Nach dem Vollzug (*Closing*) der Carve-out-Transaktion kommt es zur **Zusammenarbeit mit dem Käufer**. IdR wird die Zusammenarbeit zwischen dem Carve-out-Business und dem verbleibenden Unternehmensteil nicht mit dem Stichtag des *Closing* vollständig eingestellt, sondern es kommt vor und nach dem *Closing* zu einem vielschichtigen Ablösungsvorgang. Dabei handelt es sich typischerweise um:

- Einmalige Änderungen (zB die Umfirmierung, die Migration auf ein anderes IT-System)
- Durchführung von Übergangslösungen (zB Weiterleitung von auf ein Konto des verbleibenden Unternehmensteils eingegangenen Kundenzahlungen) (→ Teil VII, Rn. 8)
- Einführung neuer Geschäftsprozesse zwischen dem Carve-out-Business und dem verbleibenden Unternehmensteil (zB Formalisierung der vormalig konzerninternen Zusammenarbeit in der Form eines im Zuge der Carve-out-Transaktion ausgehandelten Liefervertrages zwischen dem Carve-out-Business und dem verbleibenden Unternehmensteil).

Neben dieser Zusammenarbeit sind der Käufer des Carve-out-Business und der Verkäufer durch den Unternehmenskaufvertrag, der regelmäßig im Zuge der Carve-out-Transaktion abgeschlossen wird, miteinander verbunden. Insbesondere die Geltendmachung von **Gewährleistungsforderungen** oder Freistellungen gegen den Verkäufer kann vom kommerziellen Interesse des Käufers bzw. des Carve-out-Business an einer reibungslosen Zusammenarbeit mit dem verbleibenden Unternehmensteil überlagert werden. Aus Käufersicht ist daher regelmäßig ein möglichst klar definierter und auch rechtlich und praktisch durchsetzbarer Anspruch auf **Unterstützung durch den Verkäufer** nach *Closing* zu fordern. Da sich solche Ansprüche vor allem in kompetitiven Verkaufsprozessen nicht immer erreichen lassen, sollte ein Käufer auch andere Lösungsansätze in Erwägung ziehen.

- Durch eine besondere gründliche **Due Diligence** kann der Käufer den Bedarf an Unterstützung durch den Verkäufer genauer eingrenzen. Ein somit geringerer Unterstützungsbedarf lässt sich in der Verhandlung mit dem Verkäufer voraussichtlich leichter durchsetzen.
- Während die Unterstützung durch den Verkäufer in vielen Fällen die naheliegendste Lösung für die Zeit nach dem *Closing* ist, kann eine besonders vorausschauende **Integrationsplanung** auch andere Optionen aufzeigen, zB die Unterstützung durch Dritte oder durch relevante Ressourcen aus dem Konzern des Käufers.

- Die Vereinbarung **besonders langer Gewährleistungsfristen** ersetzt zwar nicht die Unterstützung des Verkäufers, ermöglicht dem Käufer aber die Geltendmachung von Gewährleistungsforderungen zu einem Zeitpunkt, zu dem die Unterstützung des Verkäufers nicht mehr so dringend erforderlich ist wie unmittelbar nach dem *Closing*.

d) Identifikation der Stakeholder

18 Bei einem Carve-out handelt es sich um einen Veränderungsprozess, der nicht nur das Carve-out-Business, sondern auch den verbleibenden Unternehmensteil betrifft. Als Stakeholder kommen somit nicht nur solche des Carve-out-Business, sondern ggf. auch solche des verbleibenden Unternehmensteils in Frage. Unter **Stakeholdern** werden im Folgenden Gruppen verstanden, deren Interessen durch den Carve-out berührt werden bzw. die die Möglichkeit zur Einflussnahme auf den Ablauf und Erfolg des Carve-out haben.

19 Viele Unternehmen haben im Rahmen ihrer Unternehmenskultur (zB im Zuge der *Corporate Social Responsibility* oder im Zuge der Kommunikationspolitik) formalisierte **Richtlinien** für ihren Umgang mit Stakeholdern eingeführt. Daher müssen Zielsetzungen und Abläufe für den Umgang mit Stakeholdern im Zuge von Carve-out-Projekten idR nicht neu oder gar erstmals definiert werden. Wichtig ist es jedoch, alle Stakeholder des Carve-out-Projektes frühzeitig und vollständig zu identifizieren, um die richtigen Zielgruppen zum richtigen Zeitpunkt in der richtigen Weise zu informieren und einzubeziehen. Dabei werden gesetzlich oder vertraglich gebotene Informationspflichten idR weit über das Erforderliche hinaus erfüllt. Ein Hauptgrund dafür ist die Sicherstellung eines **reibungslosen Ablaufs**, da das Carve-out-Business während des Carve-out-Prozesses besonders störanfällig ist. Insbesondere Verzögerungen im Prozess oder Informationen, die inhaltlich unzutreffend oder verfrüht kommuniziert werden, steigern das Risiko, dass Beziehungen zu einzelnen Stakeholdern empfindlich gestört werden. Im Extremfall kann der Projekterfolg als Ganzes betroffen sein. Typische Beispiele sind eine erhöhte Fluktuation von Schlüsselmitarbeitern, verunsicherte Kunden bzw. gezielte Störaktionen durch Mitbewerber.

20 Als beispielhafte Richtschnur für die **Identifikation von Stakeholdern** dient folgende nicht abschließende Liste:

- Kunden
- Key Accounts. Die Besonderheit bei Key Accounts ist neben ihrer Größe und Bedeutung für das Carve-out-Business insbesondere die höhere Wahrscheinlichkeit, dass sie gleichzeitig auch Kunden des verbleibenden Unternehmensteils und somit von dem Carve-out auf beiden Seiten betroffen sind.
- Mitarbeiter
- Lieferanten
- Kapitalgeber

- Minderheitsaktionäre des (rechtlich selbständigen) Carve-out-Business
- Betriebsräte und Gewerkschaften
- Behörden
- Politische Kräfte, insbesondere Regierungen
- Presse
- Verbände
- Nichtregierungsorganisationen und Bürgerinitiativen

Nach der Identifikation der Stakeholder werden im nächsten Schritt ihre voraussichtlichen **Interessen, Zielsetzungen** und **Einflussmöglichkeiten** geklärt. Kritisch sind vor allem Stakeholder, die erhebliches Interesse am Zustandekommen oder der Verhinderung des Carve-out haben und die außerdem die Möglichkeit haben, den Prozess zeitlich oder inhaltlich zu beeinflussen (→ Rn. 36). 21

Ebenfalls beachtenswert sind Stakeholder, die lediglich erhebliches Interesse am Zustandekommen oder der Verhinderung des Carve-out haben, aber über keine direkten Einflussmöglichkeiten verfügen. Hier ist zu prüfen, ob eine indirekte Einflussnahme, zB durch die gezielte Beeinflussung anderer Stakeholder, zu erwarten ist.

Schließlich sind Stakeholder beachtlich, die dem Carve-out grundsätzlich neutral gegenüberstehen, aber dessen ungeachtet die Möglichkeit haben, den Prozess zeitlich oder inhaltlich zu beeinflussen. Oft können solche Stakeholder durch Bereitstellen geeigneter Informationen und Argumente für den Carve-out positiv beeinflusst werden.

e) Informationssammlung

Generell ist zu erwarten, dass in einem ordnungsgemäß geführten Unternehmen der zentralen Unternehmensführung alle wesentlichen Informationen über alle Geschäftsbereiche jederzeit vorliegen. Jedoch übersteigen selbst in straff zentral geführten Unternehmen die **Informationsanforderungen** für einen Carve-out-Prozess in erheblichem Ausmaß den Umfang der zentral vorliegenden Informationen. Die Schließung solcher Informationslücken ist ein wesentlicher Schritt bei der Vorbereitung einer Carve-out-Transaktion (→ Rn. 13 ff.). 22

Dem **Führungsteam** des Carve-out-Business kommt dabei in der Regel eine entscheidende Rolle zu, da diesem die benötigten Informationen idR am einfachsten zugänglich sind. Es gibt keine allgemein gültige Regel, wie die Informationssammlung effektiv und effizient durchzuführen ist. Es empfiehlt sich jedoch, folgende zum Teil widersprüchliche Gesichtspunkte zu berücksichtigen: 23

- **Geschwindigkeit:** Wie bereits mehrfach erwähnt, ist eine rasche Durchführung eines Carve-out idR wünschenswert. Daher sollte auch die Informationssammlung rasch abgewickelt werden. Eine sehr rasche Abwicklung erfordert jedoch Kompromisse im Bezug auf Vollständigkeit und/oder Vertraulichkeit, da 24 unter dem Gesichtspunkt der Geschwindigkeit möglichst nur die allerwichtigsten Informationen gesammelt und alle relevanten Informationsquellen parallel genutzt werden sollten.

25 • **Vollständigkeit**: Um den Carve-out gut planen und reibungslos umsetzen zu können, sollten alle relevanten Informationen über das Carve-out-Business vollständig vorliegen und stets auf aktuellem Stand gehalten werden. Das Ziel der Vollständigkeit wirkt sich negativ auf die Geschwindigkeit aus. Auch die Vertraulichkeit ist ein Hindernis für die Vollständigkeit, da unter dem Gesichtspunkt der Vollständigkeit jeder Informationsgeber über den Zweck der Informationssammlung Bescheid wissen sollte, damit er selbst besser beurteilen kann, ob er alle relevanten Informationen geliefert hat.

26 • **Vertraulichkeit**: Die Vorbereitung, Planung und Strukturierung einer Carve-out-Transaktion sowie die geordnete Kommunikation an alle Stakeholder erfordert zumindest in der Vorbereitungsphase die strikte Geheimhaltung des Vorhabens. Das gilt insbesondere in Situationen, in denen die Entscheidung zur Durchführung des Carve-out noch nicht endgültig getroffen wurde. In vielen Fällen ist zur Vermeidung von Nachteilen beim Carve-out-Business und/oder beim verbleibenden Unternehmensteil die Wahrung der Vertraulichkeit noch länger, nämlich bis zum Vollzug der der Carve-out-Transaktion wünschenswert.

27 Zur praktischen Durchführung der Informationssammlung unter Berücksichtigung der unterschiedlichen Zielsetzungen stehen mehrere Instrumente zur Verfügung. Zunächst können im Rahmen **fortlaufender Berichterstattung** Informationen vom Carve-out-Business abgefragt werden, ohne zunächst Mitarbeiter des Carve-out-Business über den Zweck dieser Abfragen zu informieren. Auch der Einsatz von unregelmäßig zum Einsatz kommenden Instrumenten, wie zB die Entsendung von Teams der **internen Revision** oder von konzerninternen Beratungsteams, kann in Erwägung gezogen werden. Ab einem gewissen Zeitpunkt wird es dann unumgänglich sein, **ausgewählte Führungskräfte** des Carve-out-Business einzubeziehen. Davor sollten spezielle Geheimhaltungserklärungen unterzeichnet werden. Der Kreis der einbezogenen Führungskräfte und Mitarbeiter des Carve-out-Business wird mit zunehmendem Projektfortschritt im unbedingt erforderlichen Ausmaß meist in mehreren Schritten erweitert. Schließlich kann eine gezielte Informationssammlung durch **interne Fachabteilungen** (zB Strategie, M&A, Rechtsabteilung) oder durch externe Berater in der Form von sogenannten *Fact Books* oder *Vendor Due Diligence Reports* durchgeführt werden. Letztere bieten neben der Schonung interner Ressourcen den Vorteil, dass Aussagen eines renommierten externen Beraters im folgenden Verkaufsprozess mehr Gewicht beigemessen wird als direkten Aussagen des Verkäufers, sowie ggf. die Möglichkeit, an Stelle von Gewährleistungen des Verkäufers dem Käufer die (meist eingeschränkte) Haftung des externen Beraters anzubieten.

f) Prioritätensetzung und sinnvolle Anreize

28 Bei einem Carve-out handelt es sich um einen einmaligen und idR komplexen Vorgang, der in jedem Einzelfall spezifisch zu planen ist. Angesichts der Vielzahl der auftauchenden Fragestellungen ist es leicht, die **Übersicht** und den Blick auf das Wesentliche zu verlieren. Daher ist das *Steering Committee* (→ Rn. 8) aufgefordert, die für den Projekterfolg relevanten **Prioritäten** (zB Verkaufserlös, Transaktionssicherheit) zu bestimmen. Dem *Project Mangement Office* kommt die Aufgabe zu, die zeitlichen und inhaltlichen Prioritäten der einzelnen Arbeitsfelder im Detail zu bestimmen und zu überwachen.

29 Dem **Führungsteam** des Carve-out-Business kommen im Zuge eines Carve-out verschiedene Rollen[15] zu: Zunächst bleibt es für die laufende Geschäftsführung des Carve-out-Business verantwortlich. Der aktuellen Geschäftslage kommt während des Carve-out-Prozesses eine besondere Bedeutung zu, da sie im Zuge der Carve-out-Transaktion unter genauer Beobachtung steht und die sich hieraus ergebenden Unternehmensergebnisse sowohl vom Verkäufer als auch vom Käufer als Argumentationshilfe bei Kaufpreisverhandlungen oder -nachverhandlungen herangezogen werden kann. Man darf auch nicht vergessen, dass die Umwälzungen eines Carve-out-Prozesses den laufenden Geschäftserfolg idR nicht begünstigen oder sogar behindern können.

30 Eine weitere Rolle der Mitglieder des Führungsteams des Carve-out-Business ist ihre Eigenschaft als **Mitarbeiter** des verkaufenden Unternehmens im weiteren Sinn. Hier liegt zu Beginn des Carve-out-Prozesses ihre Loyalität. Im Laufe eines Carve-out-Prozesses, insbesondere sobald sich ein potenzieller Kaufinteressent aus der Sicht des Führungsteams des Carve-out-Business als besonders wahrscheinlich oder auch nur als besonders wünschenswert herauskristallisiert, kommt es oft faktisch zu einer Rollensicht als **zukünftige Mitarbeiter des Käufers**. Es ist somit zu erwarten, dass sich die Loyalität des Führungsteams zu einem Zeitpunkt, der noch vor der Unterzeichnung oder dem Abschluss der Carve-out-Transaktion liegen kann, graduell zum Käufer verlagert. Jedenfalls besteht ein allseitiges Interesse daran, dass frühzeitig klar ist, inwiefern der Verbleib des Führungsteams des Carve-out-Business nach Abschluss der Carve-out-Transaktion von allen Beteiligten[16] gewünscht wird und welche Konditionen dafür gelten sollen.

31 Private Equity-Investoren und andere Finanzinvestoren treten häufig als Käufer in Carve-out-Transaktionen auf. Als Teil ihres Geschäftsmodells bieten sie dem Führungsteam des Carve-out-Business idR eine Form der Unternehmensbeteiligung an. Dabei kann es sich zB um ein einfaches Co-Investment mit einer Gesellschaftervereinbarung, um das Angebot zum Erwerb von Unternehmensanteilen am Carve-out-Business zu bevorzugten Konditionen (*Sweet Equity*), um einen

---

[15] Ostling *et al.* Spin-Off Guide 2014, 9 f.
[16] Gemeint sind insbesondere Käufer, Verkäufer und die betroffenen Führungskräfte.

Earn-In, dh den fortlaufenden Erwerb von Unternehmensanteilen als Teil des Arbeitsentgelts, oder um eine Beteiligung an einem zukünftigen, den Einstandspreis übersteigenden Verkaufserlös für das Carve-out-Business handeln. In jedem Fall ist es das Ziel, dem Führungsteam des Carve-out-Business die **Perspektive eines Anteilseigners** zu geben.

32 Daher sollte der Verkäufer frühzeitig festlegen, welche **Anreize** er dem Führungsteam des Carve-out-Business geben möchte, um seine Zielerreichung zu fördern. Da die Dokumentation einer Carve-out-Transaktion in der Regel vielen Stakeholdern zugänglich gemacht wird und solche Anreize zur Vermeidung von negativer Motivation der nicht damit bedachten Mitarbeiter nicht weithin bekannt werden sollen, werden sie oft in Nebenvereinbarungen (*Side Letters*) festgehalten. Als mögliche Instrumente kommen beispielhaft in Frage:

- **Treuebonus** (*Retention Bonus*): Dieser ist durch fortgesetzte Betriebszugehörigkeit zu erreichen. Es kann erwogen werden, dieses Element auch im Falle des Scheiterns eines Carve-out zu gewähren.
- **Erfolgsbonus** (*Exit Bonus*): Dieser ist durch den erfolgreichen Abschluss der Carve-out-Transaktion zu erreichen. Bei Bedarf können weitere Bedingungen festgelegt werden, wie zB ein spätester Zeitpunkt des Verkaufs oder ein Mindestverkaufspreis.[17]
- **Rückkehrmöglichkeit zum Verkäufer**: Eine Variante ist der Verbleib einzelner ausgewählter Führungskräfte des Carve-out-Business beim Verkäufer nach Abschluss des Carve-out. Solche Führungskräfte können im gesamten Prozessablauf die „Augen und Ohren" des Verkäufers im Carve-out-Business sein. Eine solche Konstellation ist dem Käufer unbedingt rechtzeitig offenzulegen, um Missverständnisse zu vermeiden. Eine abgeschwächte Variante ist ein befristetes Rückkehrrecht zum Verkäufer ohne Verpflichtung der Führungskraft oder des Käufers, eine solche Rückkehr in Anspruch zu nehmen. Eine verstärkte Variante wäre die Übertragung des Anstellungsverhältnisses der Führungskraft an einen verbleibenden Unternehmensteil des Verkäufers vor dem *Closing* der Carve-out-Transaktion verbunden mit einer temporären Entsendung in das Carve-out-Business.
- **Erhöhte Abfindungsverpflichtung**: Sollte absehbar sein, dass ein Käufer für eine Führungskraft des Carve-out-Business keine Verwendung haben dürfte, und gleichzeitig eine Rückkehr der Führungskraft zum Verkäufer nicht tunlich sein, kann eine erhöhte Abfindungsverpflichtung für den Fall einer Arbeitgeberkündigung die Interessen der Führungskraft wahren.

---

[17] Der *Exit Bonus* ist dem Käufer zur Vermeidung einer Haftung aus *culpa in contrahendo* in aller Regel vor der Unterzeichnung des Unternehmenskaufvertrages offenzulegen. Eine Offenlegung der Höhe nach kann uU unterbleiben, wenn die Zahlung nicht aus dem Carve-out-Business, sondern aus einem anderen Unternehmensteil des Verkäufers erfolgt.

g) Kommunikationsplan

Die geordnete Kommunikation über den Carve-out ist ein wesentlicher Erfolgsfaktor.[18] Die Kommunikation wird spezifisch für jeden Stakeholder ausformuliert und geplant, ausgehend von einer einheitlichen Sammlung der jeweiligen **Kernbotschaften** mit ihren wichtigsten Basisdaten (*Proof Points*) und internen Hintergrundinformationen. Dabei können zB proaktive Briefe, Präsentationen, Social Media-Aktivitäten oder Pressemitteilungen genutzt werden. IdR wird das Ablehnen einer Stellungnahme („*no comment*") wie eine Bestätigung der Anfrage gewertet. Daher wird bei aktiven Journalistenanfragen meist eine vordefinierte, knappe Auskunft (*Reactive Statement*) gegeben. Für Personen, die mit Stakeholdern in Kontakt kommen könnten, werden Antworten auf zu erwartende Fragen (*Q&A*) vorbereitet und ggf. durch nicht zu verwendende, rein interne Hintergrundinformationen ergänzt.

Neben den Inhalten wird häufig auch der **Ablauf** der Kommunikation definiert. Dabei wird sowohl die geplante Abfolge festgelegt als auch eine Eventualplanung für ungeplante Ereignisse und Anfragen. Meist wird eine zentrale, rund um die Uhr erreichbare Ansprechperson definiert, die binnen kürzester Frist die Antworten koordinieren und ggf. Freigaben einholen kann.

Als Vorsichtsmaßnahme können Reaktionen und Stellungnahmen besonders **kritischer Stakeholder laufend beobachtet** werden.

3. Wirtschaftliche Aufbereitung

Die beiden synallagmatischen Kernelemente jedes Unternehmenskaufvertrages sind der **Kaufgegenstand** und der Kaufpreis. Um den Kaufpreis in einer Carve-out-Transaktion verhandeln zu können, muss zunächst der Kaufgegenstand hinreichend genau definiert werden. Dazu ist – unabhängig von der Strukturierung als *Asset Deal* oder *Share Deal* – in erster Linie die Bestimmung der materiellen und immateriellen Vermögensgegenstände und Verbindlichkeiten nötig, die in die Carve-out-Transaktion einbezogen werden sollen.[19] Während das in erster Näherung meist einfach ist, zB durch Benennung einer Sparte eines Konzerns, finden sich in der Praxis viele Überschneidungen des Carve-out-Business mit den verbleibenden Geschäftsbereichen sowie Randbereichen, die schwer abzugrenzen sind (→ Teil II Rn. 28 ff.). Im Einzelfall kann von Verkäuferseite die Zurückbehaltung einzelner Vermögensgegenstände gewünscht sein, z.B. Immobilien oder Markenrechte.[20] In zweiter Linie sind sämtliche **wirtschaftlichen Verflechtun-**

---

[18] *Fubini/Park/Thomas*, Profitably parting ways: Getting more value from divestitures 2013, 5 ff.
[19] Ostling *et al.* Spin-Off Guide 2014, 11 ff.
[20] *Mengen/Richter*, 284.

gen zwischen dem Carve-out-Business und dem verbleibenden Unternehmensteil des Verkäufers zu erfassen. Auf dieser Basis ist insbesondere festzulegen, welche dieser wirtschaftlichen Verflechtungen in welchem Umfang und zu welchen Bedingungen nach Abschluss der Carve-out-Transaktion **fortgeführt** werden und welche dieser wirtschaftlichen Verflechtungen wann und wie **beendet** werden.[21]

36 Diese Ausarbeitung der **exakten Definition** des Kaufgegenstandes erfordert ein fundiertes wirtschaftliches Verständnis der betroffenen Branche kombiniert mit einem systematischen, strukturierten Vorgehen bei der Erstellung der Definition. Im Rahmen des vorliegenden Werkes kann nicht auf Einzelheiten einzelner betroffener Branchen eingegangen werden. Daher wird im Folgenden ausschließlich die alleinige Herangehensweise dargestellt.

Die **Zuordnung** von materiellen und immateriellen Vermögensgegenständen und Verbindlichkeiten entweder zum Carve-out-Business oder zum verbleibenden Unternehmensteil des Verkäufers hat wirtschaftlich die höchste Bedeutung. Sie ist jedoch idR in so hohem Maße von den Besonderheiten der betroffenen Branche und des Einzelfalls abhängig, dass allgemeine Aussagen dazu nur eingeschränkt sinnvoll sind. Einige grundlegende Gedanken dazu sind im ersten Unterabschnitt dieses Abschnitts angeführt (→ Rn. 41 ff.).

In manchen Fällen ist eine freie Zuordnung von Vermögensgegenständen und Verbindlichkeiten zum Carve-out-Business nicht möglich, da Verpflichtungen gegenüber Stakeholdern wie etwa Mitarbeitern, Kapitalgebern, Lieferanten, Mietern oder Behörden bestehen. Sofern diese Verpflichtungen die Gestaltung des Carve-out-Business beeinflussen, wird von Übertragungshemmnissen gesprochen.[22] Diese Übertragungshemmnisse müssen entweder frühzeitig im Carve-out-Prozess abgeklärt werden oder müssen in der Strukturierung des Carve-out so berücksichtigt werden, dass die Transaktion sowohl mit als auch ohne die finale Zustimmung der betreffenden Stakeholder möglich bleibt.

37 Dieser Abschnitt soll vor allem aufzeigen, welche wirtschaftlich wichtigen **Themenbereiche** bei der Vorbereitung und Durchführung einer Carve-out-Transaktion typischerweise berücksichtigt werden sollen. Dabei ist zu beachten, dass jeder Einzelfall einer Carve-out-Transaktion eine gesonderte und in einem gewissen Grad von der hier vorliegenden Darstellung abweichende Behandlung erfordert. Insbesondere ist im Einzelfall zu bestimmen, welche **Schwerpunkte** bei der wirtschaftlichen Aufbereitung gesetzt werden sollen. Außerdem ist zu prüfen, ob noch weitere, hier aus Gründen der Vereinfachung und Verallgemeinerung ausgelassene Themenbereiche relevant sein könnten.

38 Im Folgenden werden die zu betrachtenden Themenbereiche nach ihrer zu erwartenden Bedeutung im Rahmen einer Carve-out-Transaktion in wirtschaftliche Kernthemen und sonstige Themen eingeteilt. Als **wirtschaftliche Kernthemen**

---

[21] *Mengen/Richter*, 279.
[22] *Mengen/Richter*, 286.

3. Wirtschaftliche Aufbereitung

werden Themenbereiche eingestuft, die eine fundamentale Auswirkung auf die Preisfindung in einer Carve-out-Transaktion haben. Eine fundamentale Auswirkung auf die Preisfindung ist insbesondere dann gegeben, wenn ohne nähere Beschreibung des Themenbereichs der Kaufpreis schlechthin nicht bestimmbar ist. Dazu zählen vor allem Lieferbeziehungen, Transferpreise und *Shared Services*.[23]

Die übrigen Themenbereiche werden **funktional** gegliedert, um Anhaltspunkte für eine detaillierte und umfassende Strukturierung einer Carve-out-Transaktion zu geben. 39

Bei allen Themenbereichen geht es vor allem darum zu verstehen, inwieweit sich das Carve-out-Business im Zuge des Carve-out **verändert**. Das ist insbesondere deshalb wichtig, weil zunächst sämtliche vorliegenden Unterlagen über das Carve-out-Business (wie etwa Jahresabschlüsse oder interne Controllingberichte) den Status quo wiedergeben. Der Status quo ist aber nur von eingeschränktem Interesse. Der Käufer interessiert sich vor allem dafür, wie das **Carve-out-Business** nach dem Abschluss des Carve-out aussieht. Der Verkäufer interessiert sich vor allem für die Auswirkungen des Carve-out auf das **verbleibende Geschäft**. Beide interessieren sich für die von ihnen jeweils zu tragenden **Kosten des Carve-out**. 40

a) Zuordnung zum Carve-out-Business

Als grundlegendes Kriterium einer Zuordnung zum Carve-out-Business dient in erster Linie die **Notwendigkeit zum Betrieb** des Carve-out-Business. Das deckt sich mit der finanzmathematischen Sichtweise, wonach die bewertungsrelevanten Zahlungsströme mit Hilfe der betriebsnotwendigen Vermögensgegenstände erzielt werden. Aus Sicht des Käufers eines Carve-out-Business ist daher die **vollständige Übertragung** aller betriebsnotwendigen Vermögensgegenstände von entscheidender Bedeutung. 41

In Unternehmenskaufverträgen ergibt sich daher regelmäßig die Notwendigkeit, durch sorgfältige Analyse und Beschreibung des Carve-out-Business sicherzustellen, dass die verwendete Definition zumindest die betriebsnotwendigen Vermögensgegenstände möglichst vollständig[24] erfasst (→Teil II Rn. 25 ff.). 42

Praxisnahe beispielhafte Definitionen des Carve-out-Business: 43

- In einer Anlage aufgeführte Gesellschaftsanteile bestimmter Gesellschaften
- In einer Anlage einzeln aufgeführte Vermögensgegenstände bestimmter Standorte (Produktionswerke, Vertriebsbüros)
- Bestimmte Kundenverträge, die in einer Anlage näher aufgeschlüsselt sind
- Bestimmte Produktionsanlagen, die in einer Anlage näher aufgeführt sind

---

[23] *Mengen/Richter*, 283.
[24] *Hörmann/Lambrich/Pupeter*, Präsentation 2013, Folie Nr. 28 sowie *Mengen/Richter*, 284.

44 Diese Definitionen können sowohl positiv (Beschreibung einer Zugehörigkeit zum Carve-out-Business) als auch negativ (Ausschluss der Zugehörigkeit zum Carve-out-Business) verwendet werden (→ Teil II Rn. 28 ff.).

b) Wirtschaftliche Kernthemen

45 Eine fundamentale Auswirkung auf die Preisfindung haben vor allem wertmäßig bedeutende **Lieferbeziehungen**, *Shared Services* und **Transferpreise** im Allgemeinen. Diese Beziehungen werden im Folgenden aus der Sicht des Carve-out-Business beschrieben. Daher sind die Lieferbeziehungen iwS in Lieferungen aus dem beim Verkäufer verbleibenden Unternehmensteil in das Carve-out-Business („konzerninterne Lieferbeziehungen") und Lieferungen aus dem Carve-out-Business in den beim Verkäufer verbleibenden Unternehmensteil („konzerninterne Verkaufsbeziehungen") zu unterscheiden.[25] Geistiges Eigentum als wichtiger Sonderfall konzerninterner Lieferbeziehungen wird separat beschrieben.

aa) Konzerninterne Lieferbeziehungen

46 In Fällen einer wirtschaftlich bedeutsamen Lieferbeziehung zwischen dem beim Verkäufer verbleibenden Unternehmensteil als Lieferant und dem **Carve-out-Business als Kunde** besteht idR ein wechselseitiges Interesse daran, die konzerninterne Geschäftsbeziehung nach dem Carve-out zumindest für einen Übergangszeitraum fortzuführen.[26] In vielen Fällen strebt zumindest eine der Parteien im Zuge der Carve-out-Transaktion die Fortsetzung der Geschäftsbeziehung über einen längeren Zeitraum an.

47 Zu Beginn der Strukturierung muss die **Ausgangslage** erfasst und beschrieben werden:

- Welche Produkte oder Dienstleistungen werden derzeit geliefert?
- Wie wird die Liefermenge festgelegt?
- Welche wechselseitigen Abhängigkeiten gibt es? Insbesondere: Ist der verbleibende Unternehmensteil alleiniger Lieferant der betroffenen Produkte oder Dienstleistungen oder ist das Carve-out-Business alleiniger Abnehmer der Produkte oder Dienstleistungen?
- Wie werden die Preise festgelegt?
- Entsprechen die Preise dem Marktniveau?
- Wie lauten die Zahlungs- und Lieferbedingungen?
- Wie sind Gewährleistung und sonstige Haftungen des Lieferanten geregelt?

---

[25] *Mengen/Richter*, 285.
[26] *Gerhard/Hasler* GesKR 2014, 243.

3. Wirtschaftliche Aufbereitung

- Welche Maßnahmen zur dauerhaften Entwicklung der Geschäftsbeziehung sind geregelt? In Frage kommen zB Zertifizierungen, Audits, Produktentwicklung, gemeinsame kontinuierliche Verbesserungsprozesse.

Bei der Festlegung der angestrebten Situation nach dem Carve-out ist es zur Vereinfachung zielführend, zunächst vom **Status quo vor dem Carve-out** auszugehen. Diese Vorgehensweise erlaubt es insbesondere, die bereits vorhandenen Unterlagen über den finanziellen Status des Carve-out-Business als Grundlage für Verhandlung und Bewertung heranzuziehen. Jede Änderung des Status quo muss dann in der Bewertung und Beurteilung des Carve-out-Business ihren Niederschlag finden. 48

> Eine Verlängerung des Zahlungsziels zugunsten des Carve-out-Business führt zu einem zukünftig verringerten Finanzierungsbedarf im Carve-out-Business und einem entsprechend höheren Finanzierungsbedarf im verbleibenden Unternehmensteil des Verkäufers. Der erhöhte Finanzierungsbedarf im verbleibenden Unternehmensteil des Verkäufers entspricht bei Fortsetzung der Lieferbeziehung in finanzieller Hinsicht einer Verringerung des Kaufpreises für das Carve-out-Business.

In der Praxis ist zu beobachten, dass die vor einem Carve-out vorhandene rechtliche **Dokumentation** konzerninterner Lieferbeziehungen idR nicht alle Punkte umfasst, die für eine Geschäftsbeziehung zwischen unabhängigen Parteien von Bedeutung sind. Insbesondere die wichtigsten Punkte fehlen meist, dh die objektive und durchsetzbare Beschreibung von Preis- und Mengenbildung sowie eine klare Regelung von Gewährleistungen und des Haftungsregimes. 49

Bei der Gestaltung von Lieferbeziehungen nach dem Carve-out (→ Rn. 212 ff.) ist daher einerseits der Status quo in einer Form zu beschreiben, die als Grundlage für die Erstellung eines **Liefervertrages zwischen unabhängigen Dritten** dienen kann und die wirtschaftliche Situation vor dem Carve-out für einen gewissen Zeitraum nach dem Carve-out fortschreibt. Ein solcher Liefervertrag ist idR umfangreicher und detaillierter als konzerninterne Lieferverträge und gleichzeitig strikter als branchenübliche Lieferverträge. Inbesondere treten in solchen Verhandlungen Fragestellungen auf, die in den bisherigen konzerninternen Lieferbeziehungen oft durch konzerninterne Entscheidungsprozesse und nicht vertraglich geregelt waren sowie solche, die gerade zur nachhaltigen Absicherung der wirtschaftlichen Situation des Carve-out-Business oder des verbleibenden Unternehmensteils des Verkäufers notwendig sind: 50

- **Laufzeit:** Wie lange gilt der Vertrag? 51
- **Liefermenge:** Gibt es Mindestliefermengen? Gibt es Mindestabnahmemengen? Falls ja, werden diese als Bruchteil des Bedarfs, als Bruchteil der Erzeugung oder als absolute Menge definiert? Wie entwickelt sich die Menge über die Laufzeit des Vertrages?

- **Vertragsstrafen:** Wie wird die Einhaltung der vereinbarten Liefer- bzw. Abnahmemengen vertraglich abgesichert? Gibt es entsprechende Vertragsstrafen, pauschalierten Schadenersatz oder *take-or-pay* Verpflichtungen?
- **Preis:** Wird der Preis aus einem Marktindex, Wechselkurs oÄ abgeleitet? Falls ja, wie häufig wird der Preis angepasst? Gibt es Schwellenwerte, unterhalb derer keine Preisanpassung stattfindet? Gibt es Schwellenwerte, deren Überschreitung eine sofortige Preisanpassung noch vor dem nächsten regulären Anpassungstermin auslöst? Gibt es alternativ oder kumulativ zur Indexanpassung eine Anpassung auf der Basis von durch die Parteien beobachteten Marktpreisen? Gibt es eine Bestpreisklausel?
- **Neue Produkte:** Wie wird der Vertrag angepasst, wenn sich über die Laufzeit der Bedarf des Kunden verändert bzw. neue Produkte gewünscht werden?

52 Um eine langfristige Lieferbeziehung vertraglich wirksam abzusichern, sind vor allem die folgenden zwei Elemente entscheidend:

- Eine durch angemessene **Vertragsstrafen** abgesicherte **Mengenklausel**
- Eine **ausreichend bestimmte Preisformel**

Bei Fehlen eines dieser Elemente reduziert sich der Liefervertrag *de facto* auf eine nicht durchsetzbare Absichtserklärung. Das kann im Einzelfall von den Parteien durchaus so gewünscht sein. In diesem Fall wäre es aber falsch, dem Liefervertrag einen finanziellen Wert beizumessen oder ihn zur Planungsgrundlage zu machen. Vielmehr muss dann bei der wirtschaftlichen Beurteilung des Carve-out-Business statt des Status quo ein alternatives Szenario zu Grunde gelegt werden, bei dem die Lieferbeziehung entweder wegfällt oder sich nur in marktkonform reduziertem Umfang und zu marktkonformen Preisen fortsetzt.

53 Oft liegt es im Interesse beider Parteien, bei einem längerfristigen Liefervertrag die vereinbarte **Liefermenge** zum Vertragsende **nicht abrupt** auf Null zu reduzieren, sondern eine graduelle Übergangsregelung vorzusehen.

> Im ersten Jahr nach Ende der vollen Abnahmeverpflichtung sind noch zwei Drittel der ursprünglichen Menge abzunehmen, im zweiten Jahr noch ein Drittel und nach Ende des zweiten Jahres läuft die Abnahmeverpflichtung zur Gänze aus.

bb) Konzerninterne Verkaufsbeziehungen

54 Für konzerninterne Verkaufsbeziehungen, dh wirtschaftlich bedeutsame Lieferbeziehungen zwischen dem **Carve-out-Business als Lieferant** und dem beim Verkäufer verbleibenden Unternehmensteil als Kunde, gilt das oben für konzerninterne Lieferbeziehungen Gesagte entsprechend.

55 Das Interesse an einer Fortsetzung von konzerninternen Verkaufsbeziehungen liegt idR eher beim Käufer des Carve-out-Business, aus dessen Sicht die zukünftige Abnahme von Produkten und Dienstleistungen durch den beim Verkäufer verbleibenden Unternehmensteil wesentlich für die erfolgreiche Fortführung des Carve-out-Business ist. Der Verkäufer muss abwägen, inwieweit die Erzielung eines **höheren Kaufpreises** für das Carve-out-Business (durch einen langfristigen/umfangreichen Liefervertrag) oder die **zukünftige Flexibilität und Profitabilität** des bei ihm verbleibenden Unternehmensteils vorrangig ist.

cc) Geistiges Eigentum

Neben der Lieferung von Produkten und Dienstleistungen zwischen dem Carve-out-Business und dem verbleibenden Unternehmensteil ist je nach Branche auch die wechselseitige **Nutzung von Patenten** und anderem geistigen Eigentum ebenso ein wesentlicher Faktor für die wirtschaftliche Beurteilung eines Carve-out (→ Teil IV) wie der Themenbereich **Software**.

56

Zu Beginn der Strukturierung muss wiederum die **Ausgangslage** erfasst und beschrieben werden. Aus Vereinfachungsgründen stehen im Folgenden Patente stellvertretend für alle Formen geistigen Eigentums.

57

- Welche Patente werden derzeit vom **Carve-out-Business** genutzt? Wer ist Eigentümer dieser Patente? Bestehen zur Nutzung dieser Patente ausreichende Lizenzvereinbarungen?
- Welche Patente des Carve-out-Business werden derzeit **vom verbleibenden Unternehmensteil** genutzt? Bestehen zur Nutzung dieser Patente ausreichende Lizenzvereinbarungen?
- Halten die für die Nutzung aller Patente gezahlten Gebühren einem **Drittvergleich** stand?
- Stehen derzeit **nicht betriebsnotwendige** Patente im Eigentum des Carve-out-Business? Falls ja, sollen sie in der Carve-out-Transaktion mitveräußert werden? Falls ja, soll dafür ein gesondertes Entgelt vereinbart werden?
- Leistet oder empfängt das Carve-out-Business **Zahlungen** für die Nutzung von geistigem Eigentum, das nach dem Carve-out nicht mehr betriebsnotwendig sein wird?

Insbesondere die Bedeutung des letzten Punkts der obenstehenden Aufzählung ist in internationalen Konzernen nicht zu vernachlässigen. Vielfach werden im Rahmen von Konzernumlageverträgen konzerninterne Entgelte für die Nutzung von Marken oder Patenten erhoben, die nach dem Carve-out nicht mehr genutzt werden dürfen (→ Teil II Rn. 100).

58

> Eine Konzerngesellschaft, die nach dem Carve-out beim Verkäufer verbleibt, berechnet im Rahmen eines Konzernumlagevertrages Lizenzgebühren für die Nutzung einer im Verkäuferkonzern einheitlich verwendeten Marke an alle Konzerngesellschaften, darunter auch an das Carve-out-Business. Mit dem

Vollzug der Carve-out-Transaktion wird der Konzernumlagevertrag für das Carve-out-Business beendet, und das Carve-out-Business verliert das Recht zur Nutzung dieser Marke. Damit fällt auch die Verpflichtung zur Zahlung der Lizenzgebühr weg.

Der Wegfall der Lizenzgebühr führt im Carve-out-Business zu einer Erhöhung des laufenden Ertrags, im verbleibenden Unternehmensteil dagegen zu einer korrespondierenden Verringerung der Einnahmen. Je nach der Höhe der Lizenzgebühr kann dieser Vorgang eine bedeutende Auswirkung auf die Bewertung des Carve-out-Business und wirtschaftliche Beurteilung des Carve-out haben.

dd) Shared Services

59 Unter *Shared Services* werden im Folgenden alle Arten von **konzerninternen Dienstleistungen** verstanden. Es geht dabei nicht nur um gesonderte *Service Center*, zB in Übersee oder an Niedriglohnstandorten, sondern ganz allgemein um Dienstleistungen, die vom verbleibenden Unternehmensteil des Verkäufers an das Carve-out-Business oder umgekehrt erbracht werden. Dabei kommen insbesondere auch Dienstleistungen der **Konzernzentrale** für andere Konzerngesellschaften in Betracht.

60 Zur Aufarbeitung dieses Themenbereichs ist es wiederum wichtig, die **Ausgangslage** zu erfassen:
- Welche Shared Services bestehen?
- Wer ist jeweils Leistungserbringer?
- Wer ist jeweils Leistungsempfänger?
- Welche Kosten entstehen dem Leistungserbringer tatsächlich?
- Welche Preise werden gegenüber dem Leistungsempfänger berechnet? Sind die Preise vom tatsächlichen Ausmaß der Inanspruchnahme abhängig oder pauschaliert?
- Entsprechen die Preise dem Marktniveau?
- Wie wird die Qualität der Dienstleistung gemessen? Welche Folgen haben Qualitätsmängel?
- Bestehen besondere Haftungs- oder Gewährleistungsregelungen?

61 Auf dieser Grundlage sollte der Käufer eines Carve-out-Business einen **Vergleich** erstellen, der für jede einzelne Dienstleistung insbesondere folgende Überlegungen beinhaltet:
- In welchem Umfang ist die Dienstleistung nach dem Carve-out erforderlich (unverändert, mehr, weniger oder gar nicht)?
- Derzeitige Kosten für das Carve-out-Business (typischerweise ein an den beim Verkäufer verbleibenden Unternehmensteil geleistetes Entgelt)

3. Wirtschaftliche Aufbereitung

- Derzeitige Verrechnungsgrundlage (Pauschale, mengenbezogen, Weiterverrechnung externer Kosten, …)
- Zukünftige Kosten für das Carve-out-Business (zB Personalkosten, Sachkosten, Entgelt für externe Dienstleister, …)
- Zukünftige Verrechnungsgrundlage (zB zusätzlicher Arbeitnehmer, Pauschale, mengenbezogen, externe Kosten, …)

Jeder Unterschied zwischen den vor dem Carve-out verrechneten Entgelten und den Kosten nach dem Carve-out muss vom Käufer bei der wirtschaftlichen Beurteilung des Carve-out berücksichtigt werden.

Aus Verkäufersicht ist zu ermitteln, welche derzeit vom Carve-out-Business geleisteten Entgelte im Zuge des Carve-out wegfallen und welche **Kosten** im verbleibenden Unternehmensteil nach dem Carve-out **abgebaut** werden können. Sollte sich bei dieser Analyse ergeben, dass die Höhe der abzubauenden Kosten geringer ist als die der wegfallenden Entgelte, dann muss der **Fehlbetrag** vom Verkäufer bei der wirtschaftlichen Beurteilung des Carve-out berücksichtigt werden. Theoretisch könnte es auch zum umgekehrten Falls kommen, in dem die abzubauenden Kosten über den wegfallenden Entgelten liegen. Dieser Fall tritt jedoch in der Praxis sehr selten auf. 62

ee) Transferpreise und andere Integrationsvorteile

Alle im Zuge dieses Unterabschnitts genannten Themenbereiche, dh konzerninterne Lieferbeziehungen, geistiges Eigentum und Shared Services, wirken sich vor dem Carve-out auf Grund von **Transferpreisen** zwischen dem Carve-out-Business und dem beim Verkäufer verbleibenden Unternehmensteil auf die Ertragslage des Carve-out-Business aus. Es wurde bereits ausgeführt, dass **Unterschiede** vor allem in der **Preisgestaltung**, aber auch in der Menge vor und nach dem Carve-out in die wirtschaftliche Beurteilung des Carve-out einfließen müssen. 63

Darüber hinaus sind auch die Transferpreise für nach dem Carve-out **nicht mehr fortgeführte konzerninterne Beziehungen** zu beachten. Falls der Bedarf des Carve-out-Business für diese Produkte oder Dienstleistungen auch nach dem Carve-out fortbesteht, ist zu prüfen, ob die vor dem Carve-out verrechneten Transferpreise marktgerecht sind, insbesondere ob das Carve-out-Business seinen Bedarf nach dem Carve-out zu gleichen Preisen decken kann. Jede **Abweichung** muss in die wirtschaftliche Beurteilung des Carve-out einfließen. 64

Neben dem reinen Preisvergleich kommen für die wirtschaftliche Beurteilung des Carve-out uU auch andere Vor- und Nachteile aus der **Integration** in den Konzern des Verkäufers in Betracht. 65

> Der Raffineriebetrieb eines Erdölkonzern hat vor dem Carve-out bevorzugten Zugang zur Rohölversorgung durch die Sparte „Exploration" desselben Konzerns. Die konzerninterne Verrechnung des Rohöls erfolgt zu Marktpreisen.

> Nach dem Carve-out des Raffineriebetriebs kann sich dieser am freien Markt zu Marktpreisen eindecken. Da jedoch bei kurzfristigen Lieferengpässen oder Bedarfsschwankungen keine bevorzugte Versorgung mehr besteht, muss der Raffineriebetrieb einen höheren Lagerstand bei Rohöl sicherstellen und finanzieren oder fallweise den Ausstoss drosseln.

Andere denkbare Integrationsvorteile, die nicht durch Preise abzubilden sind, sind zB die gemeinsame Produktentwicklung über mehrere Stufen der Wertschöpfungskette oder die wechselseitige Unterstützung in der Bearbeitung ausländischer Märkte.

66 Dabei kommt nicht nur in Betracht, dass im Zuge des Carve-out nicht durch Preise abzubildende Vorteile der Integration des Carve-out-Business in den Konzern des Verkäufers wegfallen, sondern es können im Zuge des Carve-out auch **neue** nicht durch Preise abzubildende **Vorteile** durch die Integration in den Konzern des Käufers entstehen. Diese sind bei der wirtschaftlichen Beurteilung des Carve-out durch den Käufer entsprechend zu berücksichtigen.

Zudem besteht ein mit den historischen Transferpreisen sowie mit der Verfügbarkeit ordnungsgemäßer Dokumentation dieser Transferpreise verbundenes besonderes steuerliches Risiko (→ Teil V).

c) Beispielhafte Aspekte für einzelne Unternehmensfunktionen

67 Die nachfolgende Betrachtung der untenehmensfunktionalen Aspekte folgt zunächst grob dem betrieblichen Ablauf der Leistungserstellung (Einkauf, Produktion und Logistik, Marketing und Verkauf), gefolgt von wichtigen Querschnittsfunktionen (Finanzen und Controlling, IT, Personalwesen).

aa) Einkauf

68 Im Bereich des Einkaufs sind in einem Carve-out erstens die einschlägigen **Einkaufsprozesse** für das Carve-out-Business herauszutrennen und zweitens ist etwaigen **Unterschieden** in den Preisen, Konditionen und Verfügbarkeiten Rechnung zu tragen, die sich aus der Trennung ergeben.

aaa) Erhebung der aktuellen Gestaltung des Einkaufs

69 Zunächst muss die Gestaltung des Einkaufs vor dem Carve-out ermittelt werden. Bei der Analyse der **Einkaufsprozesse** wird üblicherweise zwischen dem strategischen Einkauf und dem operativen Einkauf unterschieden. Unter **strategischem Einkauf** versteht man zunächst die Festlegung grundlegender Parameter wie etwa die Bestimmung der relevanten Einkaufskategorien, die Auswahl der zentral, regional oder lokal zu betreuenden Kategorien, *make-or-buy* Entscheidungen,

3. Wirtschaftliche Aufbereitung

die angestrebte Breite des Lieferantenportfolios, die Ausschreibungsmethodik und die Häufigkeit von Ausschreibungsverfahren. Auch die Auswahl und Beurteilung von Lieferanten, die Durchführung von Ausschreibungen, Preis- und Vertragsverhandlungen sowie die Planung der Lieferkette fallen in diesen Bereich. Im Zuge eines Carve-out verbleibt der strategische Einkauf, zumindest soweit er in der Zentrale des verkaufenden Konzerns angesiedelt ist, idR beim Verkäufer und wird **nicht** im Rahmen der Carve-out-Transaktion mit **übertragen**. In einem solchen Fall muss der Käufer dafür sorgen, dass das Carve-out-Business nach dem Carve-out ausreichenden Zugang zu strategischen Einkaufsfunktionen hat.

Der **operative Einkauf** ist weitaus häufiger dezentral anzutreffen, dh im Carve-out-Business enthalten. Unter operativem Einkauf versteht man etwa die Stammdatenverwaltung, einzelne Bestellvorgänge, Abrufe bestellter Ware, Abwicklung der Eingangslogistik und die nachfolgende Vorratshaltung. Es ist jedoch insbesondere in größeren Konzernen denkbar, dass auch der operative Einkauf zentral abgewickelt wird und dem Carve-out-Business nach Durchführung des Carve-out nur rudimentäre Fähigkeiten zur Sicherstellung der Rohwarenversorgung verbleiben. 70

Neben dem Verständnis der Ablaufprozesse ist es erforderlich, sich einen genauen Überblick über die vor dem Carve-out verwendeten **Einkaufskonditionen** zu verschaffen. Bei der Erhebung der Konditionen ist zu bedenken, dass das bloße Abfragen der für das Carve-out-Business verwendeten Lieferverträge nicht ausreicht. Üblicherweise bestehen mit Lieferanten, die im Konzern des Verkäufers mehr als nur das Carve-out-Business beliefern, Rahmenverträge, deren Gegenpartei eine Gesellschaft ist, die beim Verkäufer verbleibt. Somit befinden sich diese **Rahmenverträge außerhalb des Transaktionsumfangs** (zur Vertragstechnik zur Aufspaltung von Verträgen → Teil II Rn. 66). Zusätzlich bestehen fallweise Einzelverträge mit einzelnen Konzerngesellschaften. Diese wären dann vom Transaktionsumfang der Carve-out-Transaktion zwar umfasst, aber möglicherweise ohne einen gültigen Rahmenvertrag nicht durchführbar. 71

In der Praxis ist es außerdem manchmal schwierig, die **exakten Einkaufskonditionen** aus den vorhandenen Verträgen zutreffend zu erfassen. Eine erste Problematik ist, dass solche Verträge gelegentlich nur im Entwurfsstadium vorliegen, nie unterzeichnet wurden und dennoch mit ihrer Erfüllung begonnen wurde. Somit stellen sich für den Carve-out diverse rechtliche Fragen, zB ob *Change-of-Control* Klauseln, die im Vertragsentwurf vorgesehen sind, nun gelten oder nicht, und ob das Carve-out-Business nach dem Carve-out auf der Basis gültiger Verträge seinen Betrieb weiterführen kann. Eine weitere Problematik ist, dass die **tatsächlich berechneten Preise** in den Verträgen nicht immer ausdrücklich festgehalten sind. Nachstehend sind einige Beispiele aus der Praxis aufgeführt. 72

- Preise finden sich nicht in den Einkaufsverträgen, sondern in **Nebendokumenten**, zB in Anhängen, Preislisten oder getrennt gesendeten E-mails.

- Die Preisbildung in Einkaufsverträgen kann **formel- oder indexbasiert** erfolgen. Zum Verständnis der tatsächlich geltenden Preise muss die Formel nachvollzogen werden.
- Seit der erstmaligen Formulierung des Vertrages bzw. der Preisbildung sind **inkrementelle Änderungen** auf Basis der jeweils vorangehenden Vertragslage vorgenommen worden. Es liegt somit die aktuell gültige Fassung nicht in Form eines einzigen Dokuments vor, sondern sie erschließt sich nur aus mühsamer Zusammenschau mehrerer, teilweise unzureichend dokumentierter Schritte.
- Ein ursprünglich gültiger Einkaufsvertrag ist **abgelaufen**. Die wesentlichen Konditionen werden jedoch von den Parteien weiterhin angewendet.
- Über die Laufzeit eines Einkaufsvertrages können die Preise **systematisch variiert** werden. So ist es etwa denkbar, dass *ceteris paribus* die Preise jedes Jahr um einen festgelegten Prozentsatz sinken müssen, damit laufende Effizienzsteigerungen aus kontinuierlichen Verbesserungsprozessen an den Käufer weitergegeben werden.
- Häufig werden in der Preisbildung **hierarchische Systeme** herangezogen. Grundpreise können zB um Zu- und Abschläge für bestimmte Bestimmungsorte, Produktausführungen, Spezifikationen oder Lieferzeiten variiert werden.
- **Skonti** können abhängig von der Zahlungsweise und der Ausnutzung eines bestimmten Zahlungsziels gewährt werden.
- **Rabatte** können entweder volumenabhängig oder kundenspezifisch gewährt werden. Je nach Branchenübung können Rabatte uU hohe zweistellige Prozentbeträge erreichen, so dass die Bedeutung der Festlegung des anzuwendenden Rabattes jene der Festlegung des Grundpreises übersteigt.
- Besonders berücksichtigt werden sollten **Rabatte**, die nicht an jene Konzerngesellschaft gewährt werden, bei der die Ware fakturiert wird, sondern **an eine andere**, beispielsweise übergeordnete **Gesellschaft**. Der wirtschaftliche Sinn einer solchen Struktur könnte zB darin liegen, dass die mit der Preisbildung im Vertrieb befassten Konzerngesellschaften die in Wahrheit günstigeren Einkaufskonditionen nicht kennen, damit dort gar nicht die Versuchung entsteht, diese auch nur teilweise an Kunden weiterzugeben.
- Neben sofort abzuziehenden Rabatten kommen auch **Jahresboni** in Betracht. Bei Jahresboni stellt sich im Carve-out die spezielle Problematik, dass sie idR vom konzernweiten Gesamtbezug und nicht nur vom Bezug im Rahmen des Carve-out-Business abhängig sind.

73 Schließlich ist auch die **verbleibende Laufzeit** bestehender Einkaufsverträge für die Beurteilung eines Carve-out sehr wichtig. Wenn Einkaufsverträge in der Zeit bis zur erwarteten Unterzeichnung der Carve-out-Transaktion zur Neuverhandlung anstehen, kann ggf. nach Wegen gesucht werden, auch ohne Offenlegung des bevorstehenden Carve-out vertragliche Lösungen mit dem Lieferanten zu vereinbaren, die einen späteren Carve-out erleichtern. Besonders kritisch ist die Zeit zwischen der Unterzeichnung (*Signing*) der Carve-out-Transaktion und dem Vollzug (*Closing*). In dieser Zeitspanne verbietet das idR anwendbare Vollzugsverbot des Kartellrechts eine gemeinsame Verhandlungsführung mit dem Lieferanten durch den Verkäufer und den Käufer in der Carve-out-Transaktion. Davon abgesehen bestehen zwischen dem beim Verkäufer verbleibenden Unternehmensteil und dem Carve-out-Business in diesem Zeitraum idR bereits unterschiedliche Zielsetzungen. Abhilfe ist hier kaum möglich. Ggf. ist es empfehlenswert, eine solche Situation bereits bei der Zeitplanung der gesamten Carve-out-Transaktion zu berücksichtigen, um zu verhindern, dass im erwarteten Zeitraum zwischen Unterzeichnung und Vollzug des Unternehmenskaufvertrages überhaupt Neuverhandlungen von wesentlichen Einkaufsverträgen anfallen.

bbb) Übergangszeitraum

Bei der Strukturierung des Einkaufs im Carve-out sind zunächst die Erfordernisse eines unterbrechungs- und **störungsfreien Betriebs** des Carve-out-Business zu beachten. Deshalb werden die Prozesse des strategischen und operativen Einkaufs, sofern sie nicht ohnehin im Carve-out-Business abgewickelt werden, im Rahmen eines *Transitional Services Agreement* für einen Übergangszeitraum weiterhin vom beim Verkäufer verbleibenden Unternehmensteil erbracht (→ Teil VII). 74

Im Zuge der Strukturierung der Carve-out-Transaktion sollte außerdem für jeden bedeutenden Einkaufsvertrag festgehalten werden, **bis wann** dieser unverändert **anwendbar** ist bzw. wann die Laufzeit des Vertrages oder die Anwendbarkeit einzelner Konditionen endet. Als Auslöser für Änderungen kommen insbesondere das Ausscheiden aus dem Konzernverbund oder das Ende der Laufzeit des aktuellen Einkaufsvertrages in Betracht. 75

Je nach der Struktur der Preisgestaltung ist es geboten, die Verteilung der Vorteile aus laufenden **Rabattstaffeln im Innenverhältnis** zu regeln. Im Rahmen einer vorausschauenden Vertragsgestaltung im Hinblick auf etwaige zukünftige Carve-outs könnte zB vorgesehen werden, dass im Falle eines Carve-outs die Schwellenwerte für Rabatte proportional zu kürzen sind oder dass während der Restlaufzeit eines Einkaufsvertrages auch nach einem Carve-out weiterhin die von dem verbleibenden Unternehmensteil und von dem Carve-out-Business kumulativ bezogenen Mengen maßgeblich bleiben. 76

Ein analoges Problem mit umgekehrtem Vorzeichen stellt sich nach einem Carve-out hinsichtlich der Erfüllung von **Mindestabnahmeverpflichtungen**. Für diesen Fall sind zB die Folgen einer Mindererfüllung im Innenverhältnis zu regeln. 77

ccc) Dauerhafte Auswirkungen nach dem Carve-out

78 Spätestens nach Ablauf der Laufzeit eines *Transitional Services Agreement* sind die Prozesse des strategischen Einkaufs und des operativen Einkaufs des Carve-out-Business **unabhängig** vom verbleibenden Unternehmensteil des Verkäufers durchzuführen. Dazu kann im Einzelfall der Aufbau einschlägiger Abteilungen, Prozesse und deren Unterstützung durch IT-Systeme im Carve-out-Business erforderlich sein.

79 Alle befristeten Einkaufsverträge laufen spätestens nach Vollzug der Carve-out-Transaktion ab. Daher muss der Käufer in einer Carve-out-Transaktion beurteilen, ob das Carve-out-Business voraussichtlich in der Lage sein wird, sich nach dem Carve-out langfristig zu **gleichen Konditionen** wie vor dem Carve-out einzudecken bzw. ab wann voraussichtlich welche Abweichungen eintreten werden. Auch der Verkäufer sollte sich die gleiche Frage stellen, da durch den Wegfall von Einkaufsmengen aus dem Carve-out-Business unter Umständen im verbleibenden Unternehmensteil eine **nachhaltige Verschlechterung** der Einkaufskonditionen eintritt. Beim Käufer eines Carve-out-Business kommt es hingegen idR durch den Mengenzuwachs zu einem positiven Synergieeffekt durch eine **nachhaltige Verbesserung** der Einkaufskonditionen. Alle soeben geschilderten Überlegungen werden in Fällen besonders kritisch, in denen – aus welchen Gründen auch immer – vor dem Carve-out **zu nicht marktgerechten Konditionen** eingekauft wurde.

80 Ein Sonderfall ist die Überlegung, ob eine **Einkaufsgemeinschaft nach dem Carve-out** für die beteiligten Parteien vorteilhaft und im Einzelfall auch kartellrechtlich zulässig ist. In ausgewählten Fällen (zB ein Private Equity-Investor kauft ein Carve-out-Business) kann diese Gestaltung sinnvoll sein, um eine Verschlechterung der Ertragslage des Carve-out-Business durch den Wegfall der gemeinsamen Einkaufskonditionen zu vermeiden.

bb) Produktion und Logistik

81 Produktion und Logistik sind idR absolute Kernbereiche der Leistungserstellung eines jeden Geschäftsfeldes. Dies gilt besonders für die Produktion physischer Waren, aber in analoger Weise auch für die Erstellung von Dienstleistungen, insbesondere solchen Dienstleistungen, deren Erstellung oder Erbringung an einem bestimmten, gleichbleibenden Ort erfolgt. Für die Strukturierung einer Carve-out-Transaktion ist daher davon auszugehen, dass Produktion und Logistik jedem Carve-out-Business **klar und eindeutig zuordenbar** und daher Teil des Kaufgegenstandes sind.

Unbeschadet dieser Grundannahme sollen im Folgenden beispielhaft Bereiche aufgezeigt werden, wo dennoch Überschneidungen des Carve-out-Business mit dem beim Verkäufer verbleibenden Unternehmensteil denkbar sind.

aaa) Produktionsplanung

Je nach Art und Umfang der Produktionstätigkeit des Carve-out-Business sowie des Konzerns des Verkäufers im Ganzen kann in der Ausgangslage eine **zentrale Produktionsplanung** vorliegen. Dies ist insbesondere dann wahrscheinlich, wenn der Konzern des Verkäufers eine Matrixorganisation aufweist, bei der die Produktion als eine der Dimensionen ausgestaltet ist. Zunächst ist im Zuge der Strukturierung der Carve-out-Transaktion sicherzustellen, dass zumindest für einen Übergangszeitraum und später auch nachhaltig die unterbrechungsfreie Funktion des Produktionsplanungsprozesses nachhaltig sichergestellt ist. **82**

Darüber hinaus ist zu hinterfragen, ob überhaupt eine **wirtschaftlich abschließende Definition** des Carve-out-Business vorliegt, wenn eine zentrale Stelle zur Produktionsplanung einen einzelnen Produktionsauftrag alternativ entweder dem Carve-out-Business oder einer Produktionsstätte aus dem verbleibenden Unternehmensteil des Verkäufers zuweisen kann. Zur Verdeutlichung: Wenn zwar klar definiert ist, welche Produktionsstandorte zum Carve-out-Business gehören, aber auf Grund einer sehr aktiven zentralen Produktionsplanung sich der Auftragsbestand, die Auslastung und die Art der an jedem Produktionsstandort durchgeführten Aufträge laufend ändert, dann steht es dem Verkäufer mangels abweichender Regelungen im Unternehmenskaufvertrag völlig frei, das Kundenportfolio und den aktuellen Auftragsstand des Carve-out-Business unabhängig von der allgemeinen Marktlage zu Gunsten oder zu Lasten des Carve-out-Business jederzeit zu verändern. Damit kann sich auch die Ertragslage des Carve-out-Business zum Closing erheblich von jener zum Zeitpunkt der Due Diligence unterscheiden. Eine solche Situation könnte außerdem darauf hinweisen, dass es für den verbleibenden Unternehmensteil uU sehr einfach sein könnte, nach dem Carve-out mit dem Carve-out-Business in **Wettbewerb** zu treten. **83**

bbb) Berichtswesen zur Produktion

Ein weiterer, häufig zentral abgewickelter Bereich im Konzern des Verkäufers ist das produktionsspezifische Berichtswesen. Dabei ist sowohl die mit einschlägigen Berichten befasste **Aufbauorganisation** als auch die verwendete **IT-Struktur** zu beachten. Neben der Sicherstellung einer unterbrechungsfreien Funktion des Berichtswesens ist im Zuge eines Carve-out auch die Verwendung von Benchmarking-Informationen nach Abschluss des Carve-out zu beachten. **84**

Benchmarking-Informationen liegen idR auf der Ebene von einzelnen Maschinen bzw. bei besonders komplexen Anlagen der Prozessindustrie auch pro Modul einer Anlage vor. Häufig werden einander gleichartige Maschinen und Anlagenteile aus dem gesamten Konzern des Verkäufers gegenübergestellt. Es liegen somit im Carve-out-Business **detaillierte Informationen** über die Leistung von Maschinen und Anlagen aus dem beim Verkäufer **verbleibenden Unternehmensteil** vor. Ebenso können im verbleibenden Unternehmensteil detaillierte Informa- **85**

tionen über die Leistung von Maschinen und Anlagen aus dem Carve-out-Business vorliegen. Wenngleich es sich in der Regel um historische Daten und nicht um Prognosewerte handelt, so könnten dennoch Teile solcher Benchmarking-Informationen als **wettbewerbsrechtlich sensitiv** eingestuft werden, falls das Carve-out-Business und der verbleibende Unternehmensteil des Verkäufers nach dem Carve-out im Wettbewerb stehen. Selbst ohne wettbewerbsrechtliche Notwendigkeit einer Regelung liegt es idR im wechselseitigen Interesse von Käufer und Verkäufer in einer Carve-out-Transaktion, den Zugriff auf solche Benchmarking-Informationen vertraglich so zu regeln, dass jede **ungerechtfertigte Verwendung** solcher Daten nach einem Carve-out vermieden wird.

Ähnliche Überlegungen gelten auch an anderer Stelle, zB im Bereich der Finanzberichterstattung, der IT-Infrastruktur oder des Vertriebs (zB in Form einer konzernweit verwendeten Datenbank zum *Customer Relationship Management*).

ccc) Resourcen zur Unterstützung des Produktionsprozesses und zur Abwicklung von Projekten

86 In größeren Konzernen werden zur Unterstützung des an den einzelnen Standorten stattfindenden Produktionsprozesses bestimmte **zentrale technische Ressourcen** vorgehalten. Es handelt sich um Expertenteams aus den Bereichen der Anlagenplanung, der Betreuung von Investitionsprojekten, der Wartung, der Qualitätssicherung, der effizienten Gestaltung der Wertschöpfungskette (*Lean Management*), eines Kontinuierlichen Verbesserungsprozesses uvam. Da diese Ressourcen häufig mehrere Geschäftsbereiche des Verkäufers abdecken, werden sie idR im Zuge einer Carve-out-Transaktion nicht mit übertragen.

87 Im Zuge der Strukturierung der Carve-out-Transaktion ist dieser Bereich idR nicht unmittelbar zeitkritisch, da viele dieser Bereiche eher die mittel- und langfristige Positionierung des Carve-out-Business als dessen kurzfristigen Erfolg beeinflussen. Zunächst ist festzulegen, wie der Käufer das Carve-out-Business in dieser Hinsicht nach dem Carve-out aufstellen möchte. Wenn man davon ausgeht, dass die Leistungsfähigkeit dieser unterstützenden Ressourcen nach dem Carve-out gleichwertig ist, dann liegt die Hauptfrage in der **Gegenüberstellung der Kosten** für das Carve-out-Business in der Ausgangslage und nach dem Carve-out.

ddd) Logistik und Transportplanung

88 Im Bereich der **Logistik und Transportplanung** fallen im Zuge eines Carve-out zahlreiche Problemkonstellationen an:

- Für extern zugekaufte Transport- und Logistikdienstleistungen stellen sich ähnliche Fragen wie in der Beschaffung im Allgemeinen (→ Rn. 68 ff.)
- Falls die Logistik zentral geplant, organisiert oder abgewickelt wird, treten ähnliche Fragen wie im Fall einer zentralen Produktionsplanung auf (→ Rn. 82 f.)

3. Wirtschaftliche Aufbereitung

- Gemeinsam genutzte IT-Plattformen zur Unterstützung der Logistik werfen ähnliche Fragen wie andere IT-Systeme auf (→ Rn. 144 ff.)
- Das Carve-out-Business und der verbleibende Unternehmensteil des Verkäufers könnten sich **Lagerhäuser** teilen

89 Da sich Logistikdienstleistungen gut für einen **zentralen Einkauf** eignen, ist im Zuge der Strukturierung einer Carve-out-Transaktion das Vorhandensein von **Rahmenverträgen** in diesem Bereich zu prüfen. In jedem Fall muss sichergestellt werden, dass auch nach dem Carve-out die notwendigen Dienstleistungen nahtlos zur Verfügung stehen.

90 Falls die interne **Planung** der Logistik oder auch der **Abwicklungsprozesse** hierfür (zB für den Export oder die Zollabfertigung) nicht durch das Carve-out-Business vorgenommen werden, sondern durch den verbleibenden Unternehmensteil des Verkäufers abgewickelt werden, muss im Zuge der Strukturierung der Carve-out-Transaktion eine zweckmäßige Übergangslösung gefunden werden, und nach dem Carve-out eine nachhaltige Dauerlösung geplant und implementiert werden.

91 **Lagerhäuser** außerhalb der Produktionsstätten ieS werfen im Zuge von M&A-Transaktionen ohnehin regelmäßig eine Reihe von Fragen auf. So ist generell etwa die Grundlage für die Nutzung (zB Eigentum, Mietvertrag, Werkvertrag), das Vorliegen aller erforderlichen Betriebsgenehmigungen sowie die Einhaltung aller Steuer- und Zollvorschriften zu prüfen, insbesondere auch im Bereich der Umsatzsteuer. Nicht immer sind alle diese Aspekte aus Sicht eines Käufers befriedigend dokumentiert. Darüber hinaus bestehen besondere Probleme bei gemeinsamer Nutzung solcher Lagerhäuser.

92 Bei der Strukturierung einer Carve-out-Transaktion sollte der Käufer zunächst das **zukünftige Logistikkonzept** des Carve-out-Business grob planen. Abhängig von dieser Planung und etwaigen bereits vorhandenen Lagerhäusern des Käufers könnte sich der **Bedarf an Lagerhäusern nach** dem Carve-out anders als davor darstellen. In diesem Fall ist es zielführend, diese Veränderung – soweit in der Verhandlung möglich – bereits bei der Festlegung des Umfanges des Kaufgegenstandes zu berücksichtigen. So könnte zB vermieden werden, dass Lagerhäuser in den Transaktionsumfang aufgenommen werden, für die im Carve-out-Business nach dem Carve-out keine Verwendung mehr besteht. Außerdem sollte bei der Festlegung des Transaktionsumfangs sichergestellt werden, dass keines der langfristig wichtigen Lagerhäuser vergessen wird. Das klingt zwar trivial, kann aber bei mangelnder und widersprüchlicher Dokumentation der Lagerhäuser und der Logistikabläufe eine Herausforderung sein.

93 Im nächsten Schritt sind **geeignete Übergangslösungen** festzulegen. Für gemeinsam genutzte Lagerhäuser ist die Sicherheit und wechselseitige Zutrittskontrolle zu regeln, und für nicht primär zuzuordnende Kosten sind Verrechnungsschlüssel festzulegen. Außerdem muss die Laufzeit solcher Übergangslösungen

geregelt werden. Für eine **nachhaltige Entflechtung** der Lagerhäuser ist festzulegen, welche Seite das gemeinsame Lager wann räumen und an eigenen Standort verlagern muss. Bei gemieteten Lagerhäusern muss auch geregelt werden, wer in welchem Zeitraum für Abnutzung und Schäden haftet, und wie der Zustand zu Beginn und Ende der gemeinsamen Nutzung jeweils dokumentiert wird.

cc) Marketing

94   Der **Marktauftritt** ist eines der zentralen Elemente des Carve-out-Business und in vielen Fällen auch für dessen wirtschaftlichen Wert ein entscheidender Faktor. Zusätzlich ist zu berücksichtigen, dass im Verlauf einer Carve-out-Transaktion neben den Mitarbeitern möglicherweise vor allem auch die **Kunden** des Carve-out-Business **verunsichert** sind, was die Zuverlässigkeit des Carve-out-Business als Lieferant und die langfristige strategische Perspektive für das Carve-out-Business betrifft. **Wettbewerber**, die von einem Carve-out erfahren, gehen gelegentlich gezielt auf die Kunden des Carve-out-Business zu, um möglichst große Geschäftsvolumina an sich zu bringen.

95   Daher ist die gründliche Planung und die reibungslose Durchführung der Umstellung im Marktauftritt für den Erfolg eines Carve-out schlechthin entscheidend. Während Anfangsfehler in anderen Bereichen wie zB der Produktionsplanung oder Finanzbuchhaltung möglicherweise ohne langfristige Folgen bleiben, kann ein vorübergehender Fehler beim Marktauftritt den **permanenten Verlust einer Kundenbeziehung** zur Folge haben.

aaa) Firmenbezeichnungen

96   IdR wird schon im Zuge der Verhandlung der Carve-out-Transaktion festgelegt, ob eine Weiterführung von Firmenbezeichnungen des Carve-out-Business oder eine **Neufirmierung** ab der Eingliederung in den Konzern des Käufers angestrebt wird. Letzteres ist bei Carve-outs die häufigste Lösung, da idR Firmenbezeichnungen des Carve-out-Business ein Namens- oder Markenelement des Verkäufers beinhalten.

bbb) Branding, Marken und Produktnamen

97   Die Markenpolitik eines Carve-out-Business ist von Fall zu Fall unterschiedlich. Für die vorliegende Darstellung ist es ausreichend, jene Fälle zu betrachten, in denen die Marken und Produktnamen des Carve-out-Business ein **Element** aufweisen, das dem **Verkäufer** bzw. dem bei ihm verbleibenden Unternehmensteil zuzuordnen ist. Bei der Strukturierung der Carve-out-Transaktion gibt es zwei grundsätzliche Möglichkeiten, mit solchen Fällen umzugehen: entweder die **Weiterführung** der bestehenden Marken und Produktnamen oder deren **Neupositionierung**.

3. Wirtschaftliche Aufbereitung

Im Fall einer angestrebten **Weiterführung** sind die **Lizenzierung** der Marken des Verkäufers für das Carve-out-Business und insbesondere auch die Möglichkeiten einer zukünftigen Weiterentwicklung der Marke auf Seiten des Carve-out-Business und auf Seiten des beim Verkäufer verbleibenden Unternehmensteils zu regeln. 98

Im Fall der **Neupositionierung** der im Carve-out-Business verwendeten Marken und Produktnamen ist idR ein Übergangszeitraum mit einer entsprechenden **temporären Lizenzierung** zu vereinbaren. Der Verkäufer hat idR ein Interesse daran, dass der Käufer eine klare Zusicherung abgibt, die Neupositionierung rasch und umfassend durchzuführen, damit nach Vollzug der Carve-out-Transaktion keine Rückwirkungen mehr auf den beim Verkäufer verbleibenden Unternehmensteil zu erwarten sind (→ Teil IV). 99

ccc) Neugestaltung von Marketingmaterialien

Die Neugestaltung von Marketingmaterialien hat für die Wahrnehmung des Carve-out aus **Kundensicht** besondere Bedeutung. Es empfiehlt sich daher, dieses Themenfeld vor dem Vollzug (*Closing*) der Carve-out-Transaktion nicht nur vollständig zu planen, sondern die neugestalteten **Materialien** auch schon zu produzieren und dem Carve-out-Business in Vorbereitung des Vollzuges zur Verfügung zu stellen. 100

Konkret sollten am sogenannten „Tag 1", dh am ersten Arbeitstag nach dem Vollzug der Carve-out-Transaktion, zumindest Firmenschilder, Firmenfahnen und Logos an den Firmengebäuden im neuen Markenauftritt des Carve-out-Business, dh idR in die Markenwelt des Käufers eingegliedert, zur Verfügung stehen. Speziell für Mitarbeiter und Kunden können geeignete **Willkommensgeschenke** im neuen Markenauftritt bereits am Tag 1 verteilt werden. Für Kunden kommt zusätzlich noch die gezielte Kommunikation unter Verwendung des neuen Markenauftritts in Frage (→ Rn. 33 f.). 101

In der Folge sind weitere Elemente des Marktauftritts sukzessive umzustellen, wie zum Beispiel: 102

- Branding der Produkte und Dienstleistungen
- Produktliteratur
- Foliensatz zur allgemeinen Unternehmenspräsentation
- Internetauftritt
- Präsenz in *Social Media*
- Kundenseitige IT-Systeme, va zur Bestellabwicklung, Rechnungslegung, Mahnung
- Arbeitskleidung der Mitarbeiter
- Werbebeschriftung von Fahrzeugen

103 Folgende Klausel im Unternehmenskaufvertrag hat sich zur Regelung des Übergangszeitraums bei Neupositionierung des Markenauftritts als zweckmäßig erwiesen:

> (a) Within [two] Banking Days after the Closing, Purchaser shall cause the name of the Company to be changed in order to remove the name [element of Seller's name] from the name of the Company.
> (b) Purchaser and its Affiliates may use the supply of product literature and advertising that is part of the inventories until such supply is exhausted or until the end of the period of one month after the Closing Date.
> (c) Purchaser and its Affiliates may sell and otherwise distribute the supply of products that is part of the inventories at Closing, even though the products bear the names [elements of Seller's name] until such supply is exhausted; provided, that any printing plates utilizing the name [element of Seller's name] may continue to be used for a period of three months after the Closing Date, and Purchaser and its Affiliates may sell and otherwise distribute the supply of any products printed during such period until such supply is exhausted.
> (d) Purchaser shall cause the Company to remove all [element of Seller's name] signs from the premises and equipment it acquires under this Agreement within six months after the Closing Date.
> (e) Other than as provided above in this Section, no use of [element of Seller's name], in logo form or in any other manner, shall be made by Purchaser or its Affiliates.

dd) Verkauf

104 Die Behandlung des Verkaufs im Carve-out ist ein besonders sensibler Bereich, da sich erstens die **Entscheidung eines Kunden** über den zukünftigen Bezug von Waren oder Dienstleistungen vom Carve-out-Business der Willensbildung sowohl des Verkäufers als auch des Käufers entzieht, und zweitens der wirtschaftliche **Erfolg des Carve-out-Business** nach Abschluss des Carve-out entscheidend von dem Erhalt der Kundenbeziehungen abhängt.

aaa) Behandlung überschneidender Kunden

105 Die größte Sensitivität besteht bei Kunden, die vor dem Carve-out sowohl vom Carve-out-Business als auch vom verbleibenden Unternehmensteil des Verkäufers bedient werden. Hier bestehen am ehesten **diametral entgegengesetzte Interessen** des Carve-out-Business und des verbleibenden Unternehmensteils, besondere wettbewerbsrechtliche Risiken und potenziell Anlass für Missverständnisse in der Abwicklung.

3. Wirtschaftliche Aufbereitung

(1) Erhebung der Ausgangslage

Die Ermittlung von Kunden, die sowohl vom verbleibenden Unternehmensteil des Verkäufers als auch vom Carve-out-Business beliefert werden, gestaltet sich aus der Sicht des Käufers schon deshalb schwierig, weil in der Regel aus Gründen des Wettbewerbsrechts **Wettbewerber keine Kundendaten austauschen dürfen**, nicht einmal wenn sie sich in ernsthaften Gesprächen über einen Carve-out befinden. Die Unzulässigkeit der Übermittlung von Kundenlisten des Käufers an den Verkäufer dürfte unstrittig sein. Ebenso ist die Übermittlung von Kundenlisten des Carve-out-Business (mit echten Namen und aktuellen Daten zur Geschäftsbeziehung unter Offenlegung der maßgeblichen Preise) an den Käufer nur sehr eingeschränkt möglich.[27] Selbst abseits rechtlicher Bedenken ist es wohl nicht im Interesse des Verkäufers, eine solche Übermittlung zu erlauben, da diese Daten nach Kenntnisnahme durch den Käufer ungeachtet anderslautender Vertraulichkeitserklärungen zumindest potenziell zum Schaden des Carve-out-Business eingesetzt werden könnten. Erst sobald Transaktionssicherheit ausreichend gegeben ist treten die wirtschaftlichen Bedenken in den Hintergrund.

106

Bei der Erhebung der Kundendaten sind nicht nur die tatsächlich erzielten Verkäufe von Interesse, sondern insbesondere auch die **vertragliche Gestaltung der Kundenbeziehung**. Kaufen Kunden ohne Bezugnahme auf langfristige (Rahmen-)Verträge stets per Einzelbestellung, dann tritt die Problematik einer Vertragsübernahme in den Hintergrund. Je detaillierter die Kundenbeziehung vertraglich geregelt ist, desto wichtiger wird die Analyse der wirtschaftlich relevanten Vertragsbedingungen wie etwa Laufzeit, Preisgestaltung, Mengenvereinbarung, Gewährleistungsregelungen, *Change-of-Control-Klauseln*.

107

Als Lösungsansatz zur zweckentsprechenden Ermittlung von Kundenüberschneidungen kommt in der Praxis vor allem ein sogenanntes *Clean Team* in Frage.[28] Dabei wird wettbewerbsrechtlichen Bedenken hinsichtlich der Weitergabe sensibler Daten zuerst dadurch begegnet, dass die mit der Auswertung der Daten befassten Personen andere sind als jene, die auf Basis dieser Daten Wettbewerbsentscheidungen treffen könnten. In der Folge muss auch sichergestellt werden, dass das *Clean Team* die Daten nur auf die anstehenden Entscheidungen bezogen aufbereitet. Dabei ist unter allen Umständen zu vermeiden, dass in Berichten oder Entscheidungsvorlagen sensible Daten an Personen außerhalb des *Clean Team* weitergegeben werden.

108

Ein zentrales **Ausschlusskriterium** für die Teilnahme am *Clean Team* würde dann vorliegen, wenn die betreffende Person Einfluss auf Entscheidungen hat, die das Wettbewerbsverhalten des Käufers gegenüber dem Carve-out-Business bestimmen. Dazu zählen typischerweise Verkäufer, Verkaufsleiter, Einkäufer,

109

---

[27] *Besen/Gronemeyer* CCZ 2013, 137.
[28] Dazu *Besen/Gronemeyer* CCZ 2009, 67; *Besen/Gronemeyer* CCZ 2013, 137; *Fröhlich/Linke* GWR 2014, 449.

Einkaufsleiter, Geschäftsfeldleiter oder Forschungsleiter. Es kommen also für das *Clean Team* zB Mitarbeiter des Käufers in Frage, die in anderen Geschäftsbereichen arbeiten oder in der Zentrale tätig sind und keinen Einfluss auf das Wettbewerbsverhalten des Käufers gegenüber dem Carve-out-Business haben. Noch unverfänglicher ist der Einsatz externer Berater. Bei letzteren gibt es idR keinen Anlass zur Annahme, dass sie auf Basis der sensiblen Daten Wettbewerbsentscheidungen treffen würden.

110 Beim Einsatz eines *Clean Team* empfiehlt es sich auf Verkäuferseite, **klare Regelungen** über die zulässigen Teilnehmer, deren Verhalten im Zuge der Datenerfassung und -verarbeitung sowie insbesondere über das zulässige Format der Berichterstattung an den Käufer durchzusetzen, zB durch den Abschluss gesonderter Vertraulichkeitserklärungen mit allen Mitgliedern des *Clean Team*. Auf Käuferseite empfiehlt es sich, das *Clean Team* gut auf die Aufgabenstellung vorzubereiten und sämtliche auf Käufersicht relevanten Basisinformationen zur Verfügung zu stellen, die das *Clean Team* zur Erfüllung seiner Aufgabe benötigt. Als relevante Inhalte kommen zB der allgemeine Hintergrund der Carve-out-Transaktion, die eigenen Kunden- und Preislisten des Käufers oder eine Auflistung möglicher kritischer Vertragsbestimmungen in Frage.

(2) Planung des Carve-out

111 Sobald die überschneidenden Kunden hinreichend bekannt sind, ist zunächst festzulegen, welcher Teil der Kundenbeziehung im Zuge des Carve-out auf das Carve-out-Business übergeht und welcher Teil beim Verkäufer verbleibt. Die **Abgrenzungskriterien** sind im Einzelfall sinnvoll festzulegen, wobei insbesondere Einfachheit, Klarheit und die Vermeidung potenzieller Missverständnisse zu berücksichtigen sind. Nur beispielhaft können folgende Kriterien genannt werden: Standort des Lieferanten, Standort des Kunden (jeweils bei mehreren in Frage kommenden Standorten), Produktgruppe, Produkt, Vertriebskanal.

112 Die bloße Festlegung, wer nach dem Carve-out welches Produkt an welchen Kunden liefern soll, ist jedoch aus wirtschaftlicher Sicht nicht ausreichend. Insbesondere im Fall **bestehender Kundenverträge** sind weitere Regelungen erforderlich. So muss je nach Vertragsgestaltung zB festgelegt werden, wie mit Mindestliefermengen, Preisklauseln, Kundenboni und ähnlichen Konditionen, die sich jeweils auf den gesamten Vertragsumfang vor dem Carve-out beziehen, umzugehen ist. Im Zuge der Planung stellt sich außerdem die Frage, ob und in welcher Form **Einverständniserklärungen von Kunden** zum Vertragsübergang erforderlich sind. Möglicherweise sind aus Vertraulichkeitsgründen und zur Erhöhung der Transaktionssicherheit Lösungen zu bevorzugen, die die Notwendigkeit solcher Einverständniserklärungen vermeiden oder zumindest ihre Einholung zu einem späten Zeitpunkt im Prozess ermöglichen, um Irritationen in der Kundenbeziehung zu vermeiden (→ Teil II Rn. 12). In jedem Fall ist frühzeitig zu planen, wer mit den betroffenen Kunden angemessen kommuniziert, was die Inhalte dieser

3. Wirtschaftliche Aufbereitung

Kommunikation sind, und wie mit eventuellen proaktiven Anfragen von Kunden vor der geplanten Bekanntgabe umzugehen ist.

Ein Punkt von allerhöchster Wichtigkeit aus Käufersicht ist die Abschätzung zu erwartender **Preisänderungen** und **Kundenverluste**. Dieser Punkt ist kein Spezifikum von Carve-out-Transaktionen, da dabei nicht die Kundenüberschneidung zwischen dem Carve-out-Business und dem verbleibenden Unternehmensteil des Verkäufers, sondern die Kundenüberschneidung zwischen dem Carve-out-Business und dem Käufer maßgeblich ist. Auf Grund der hohen wirtschaftlichen Auswirkung in der Unternehmensbewertung soll das Thema dennoch nicht unerwähnt bleiben. Kunden verstehen iA sehr gut, dass Käufer in Unternehmenskäufen Effizienzpotenziale zu heben beabsichtigen und verlangen daher häufig Verbesserungen in den Konditionen. Neben Effizienzpotenzialen sind zB unterschiedliche Preise des Carve-out-Business und des Käufers für vergleichbare Produkte ein Ansatzpunkt für die Verhandlungsposition des Kunden. Außerdem kaufen Kunden in den meisten Fällen nicht nur von einem Lieferanten, sondern haben zumindest einen und ggf. mehrere Zweitlieferanten. Insofern das Carve-out-Business und der Käufer vergleichbare Produkt an ein und denselben Kunden liefern, sollte vorab abgeschätzt werden, wie dieser Kunde reagieren wird und insbesondere welche Menge er ab wann an einen dritten Lieferanten vergeben wird. Der Verlust dieser Absatzmenge sowie eventuelle Verschlechterungen der Marge sollten unbedingt in der Planrechnung für die Transaktion berücksichtigt werden. Umgekehrt könnte es durch die Erhöhung der Marktmacht des Produzenten theoretisch auch Potenzial für Preiserhöhungen bzw. Margenverbesserungen geben. Die Fusionskontrollregeln des Kartellrechts zielen aber gerade auf die Vermeidung solcher Situationen ab. Daher ist in der Planung in der Regel davon auszugehen, dass solche Effekte nicht stattfinden werden.

113

Sofern wettbewerbsrechtlich zulässig, kann die gewählte Abgrenzung durch ein **Wettbewerbsverbot** abgesichert werden, das der Verkäufer zugunsten des Käufers abgibt. Ein Wettbewerbsverbot zugunsten des Verkäufers ist in der Regel wettbewerbsrechtlich unzulässig. Der Anwendungsbereich solcher Wettbewerbsverbote ist in der Regel sachlich (zB nach Produkten), örtlich und zeitlich eingeschränkt und nur insofern zulässig, als ein schutzwürdiges Interesse des Käufers besteht, etwa der Erhalt des Wertes des im Rahmen der Carve-out-Transaktion erworbenen Carve-out-Business.

114

Schließlich ist wirtschaftlich bedeutend, inwiefern sich durch den Carve-out das für den Betrieb des Carve-out-Business erforderliche *Working Capital* verändert. Wenn sich die Produktions- oder Lieferkette ändert, dann kann das Einfluss auf den erforderlichen Lagerbestand haben. Es ist auch denkbar, dass es zur Änderung von Zahlungszielen für den Kunden kommt, zB falls der Kunde mit dem Käufer generelle Konditionen vereinbart hat, die von den mit dem Carve-out-Business vereinbarten Konditionen abweichen. Schließlich könnte es dazu kommen, dass es für Teile des Lagerbestandes im Carve-out-Business nach dem Carve-out keine

115

Verwendung gibt, da die betreffenden Kunden bzw. Produkte beim Verkäufer verblieben sind. In jedem Fall sollte der Käufer die zu erwartende Veränderung des *Working Capital* in der Unternehmensbewertung berücksichtigen.

(3) Durchführung des Carve-out

116 In der praktischen Durchführung steht der **reibungslose Übergang aus Kundensicht** als Voraussetzung für den langfristigen Erhalt der Kundenbeziehung im Vordergrund. Im Ablauf steht daher die angemessene und – im Rahmen der zunächst gebotenen Vertraulichkeit – rechtzeitige Kommunikation mit den betroffenen Kunden im Vordergrund. Inhaltlich geht es dabei um Themen wie zB die Übergabe aktueller Projekte zur Produktentwicklung, die laufende Handhabung von Bestellungen, die Übergabe von Konsignationslagern, die Handhabung der Rechnungslegung, die Abwicklung von Reklamationen und schließlich die Zahlungsabwicklung.

117 Bei der **Bestellabwicklung** geht es ua darum, beim *Closing* offene Bestellungen ordnungsgemäß zu übergeben und die Verfügbarkeit von Ansprechpartnern und elektronischen Schnittstellen zu gewährleisten. Die **Zahlungsabwicklung** ist dann unproblematisch, wenn der Kunde durchgehend die gleiche Bankverbindung verwenden kann. Wird jedoch im Zuge des Carve-out ein Bankkonto des Verkäufers, das von Kunden des Carve-out-Business verwendet wird, nicht Teil des Carve-out-Business, dann muss im Unternehmenskaufvertrag klar geregelt werden, wie auf dem falschen Konto eingehende Zahlungen erfasst, dem Käufer mitgeteilt werden und in welchen Intervallen sie dem Käufer weitergegeben werden. Die Aufrechnung dieses Anspruchs auf Herausgabe von Kundenzahlungen mit anderen Ansprüchen aus dem Unternehmenskaufvertrag sollte ausdrücklich ausgeschlossen werden.

118 In der Praxis ist es zu empfehlen, besonders wichtige Kunden (zB Key Accounts oder Kunden, welche die Transaktion kritisch sehen könnten), bevorzugt, und soweit unter dem Gesichtspunkt der Vertraulichkeit der Transaktion möglich, frühzeitig zu **informieren**. Das kann bedeuten, dass solche Kunden noch vor den restlichen Kunden von der geplanten Transaktion erfahren.

bbb) Abgrenzung überschneidender Vertriebskanäle

119 Neben der Abgrenzung überschneidender Kunden ist in der Praxis auch die Abgrenzung überschneidender Vertriebskanäle von Bedeutung. In vielen Konzernorganisationen ist der Vertrieb abweichend von der Produktion organisiert, dh ein gegebener Absatzkanal vertreibt nicht nur Produkte eines einzigen Produktionsstandorts. Somit ist zu erwarten, dass zB Handelsvertreter, Vertriebsbüros und sogar einzelne Vertriebsmitarbeiter sowohl für das Carve-out-Business als auch für den beim Verkäufer verbleibenden Unternehmensteil des Verkäufers tätig sind.

120 Es gibt zur Auflösung dieser Überschneidungen kein allgemein gültiges Patentrezept. In erster Annäherung kann es sinnvoll sein, die **Vertriebskanäle nach**

3. Wirtschaftliche Aufbereitung

dem Überwiegen zuzuteilen. Wer über 50 % für das Carve-out-Business tätig ist, sollte dem Carve-out-Business zugeordnet werden und wer über 50 % für den verbleibenden Unternehmensteil des Verkäufers tätig ist, sollte dem verbleibenden Unternehmensteil des Verkäufers zugeordnet werden. Die solcherart festgelegte Aufteilung ist jedoch nicht zwingend sinnvoll und muss so angepasst werden, dass Vertriebsbüros und -abteilungen funktionsfähig bleiben und kosteneffizient arbeiten können. Außerdem sollte berücksichtigt werden, welche Vertriebskanäle dem Käufer zur Verfügung stehen. Unter Umständen hat der Käufer die Präferenz, gewisse Vertriebskanäle nicht als Teil des Carve-out-Business zu übernehmen, wenn er den Vertrieb durch eigene, bestehende Strukturen mit geringen Zusatzkosten ohnehin abdecken kann.

Die Problematik von nicht eindeutig zuzuordnenden Vertriebstrukturen wird in einer **Matrixorganisation** noch verschärft, da ein Carve-out hier nahezu zwingend Lücken in der Abdeckung aufreißt. Dabei kann es sich zB um die regionale bzw. lokale Dimension oder die Branchendimension des Vertriebs handeln. Im Ergebnis ist der Aufbau der Vertriebsorganisation in einem solchen Fall wohl vom Grund auf neu zu konzipieren. Die Auswirkung des Carve-out lässt sich dann durch einen Vergleich zwischen der alten und der neu konzipierten Organisation beschreiben. Zumindest ist ein Vergleich der Kosten und der Fähigkeiten der Vertriebsorganisation vor und nach dem Carve-out zu empfehlen. **121**

In der Unternehmensbewertung sind die Einmalkosten der Umstellung im Vertrieb zu berücksichtigen. Dazu zählen ua die ggf. notwendigen **Abfindungen** für freigesetzte Vertriebsmitarbeiter oder die Kosten für einen vorübergehenden Parallelbetrieb der alten und neuen Struktur. Insofern im Zuge des Carve-out auch Verträge mit Handelsvertretern beendet werden sollen, sind auch die vertraglich oder gesetzlich (§§ 89b ff. HGB) geschuldeten Abfindungen für die betroffenen Handelsvertreter in der Unternehmensbewertung anzusetzen. **122**

ee) Finanzen und Controlling

Der Bereich Finanzen und Controlling ist idR **stärker zentralisiert** als andere Unternehmensbereiche wie etwa Vertrieb oder Produktion. Das bringt für den Carve-out den Vorteil, dass hierüber viele Informationen schon früh im Carve-out-Prozess zentral verfügbar sind, was die Planung vereinfacht. Gleichzeitig sinkt aber die Wahrscheinlichkeit, dass das Carve-out-Business in Bezug auf Finanzen und Controlling ausreichend selbständig agiert. Somit müssen die notwendigen Strukturen im Carve-out-Business neu aufgebaut werden, sofern der Käufer nicht bereits entsprechende eigene Strukturen mitbringt, die er auf das Carve-out-Business anwenden kann. **123**

Außerdem werden in vielen größeren Konzernen für die Nutzung von Finanz- und Controllingleistungen **konzerninterne Umlagen** vorgenommen. Aus Verkäufersicht ist kritisch zu hinterfragen, welche Transferzahlungen aus dem Carve-out-Business im Zuge des Carve-out wegfallen werden und welche **124**

Einsparungen in den Zentralfunktionen nach dem Carve-out realistischerweise erzielt werden können. Aufgrund der Skaleneffekte, die idR die Rechtfertigung für die Einrichtung von Zentralfunktionen sind, ist davon auszugehen, dass (bei leistungsgerechter Verrechnung) der Betrag der wegfallenden Transfereinnahmen die Kosteneinsparungen übersteigt. Dieser Differenzbetrag ist vom Verkäufer in der Unternehmensbewertung zu berücksichtigen. Der Käufer hat eine spiegelbildliche Sichtweise: Er kann zunächst davon ausgehen, dass das Carve-out-Business die konzerninternen Transferzahlungen an den Verkäufer zur Gänze einstellt. In der Unternehmensbewertung muss der Käufer die Kosten in Abzug bringen, die nach dem Carve-out im Carve-out-Business zusätzlich anfallen, um die bisher vom Verkäufer erbrachten Finanz- und Controllingleistungen zu ersetzen.

Abschließend sei der Vollständigkeit halber erwähnt, dass natürlich auch der umgekehrte Fall denkbar ist, wonach das Carve-out-Business **Leistungen für den verbleibenden Unternehmensteil** des Verkäufers erbringt. Dabei gelten die obigen Überlegungen in umgekehrter Weise.

Im Folgenden werden – ohne Anspruch auf Vollständigkeit im Einzelfall – wesentliche Beispiele für Finanz- und Controllingleistungen dargestellt, deren Behandlung im Carve-out von Interesse ist.

aaa) Beispiele für Finanz- und Controllingleistungen

125 Im Zuge eines Carve-out sollten ua folgende Aspekte geprüft werden: Buchhaltung, Controlling und Berichtswesen, von oder für Zentralfunktionen erstellte Berichte, Auswertungen etc, Finanzberichte, Produktionsstatistiken und Benchmarking.

Bei der Planung des Carve-out sollte beachtet werden, dass diese Bereiche nicht nur an sich aus dem Konzern des Verkäufers herauszulösen sind, sondern dass sie nach dem *Closing* für die **Projektsteuerung** des Käufers von hoher Bedeutung sein können. So kann zB der Erfolg eines Carve-out nicht finanziell beurteilt werden, solange im Carve-out-Business kein angemessenes Controlling eingerichtet ist. Außerdem trifft den Käufer entweder im Zuge der gesetzlich vorgeschriebenen Buchhaltung und Rechnungslegung und/oder im Zuge der gebotenen Berichterstattung an Kapitalgeber die Pflicht, über seinen gesamten Konzern inklusive des soeben erworbenen Carve-out-Business zu berichten. Daher ist unter Umständen schon unmittelbar nach dem *Closing* der Carve-out-Transaktion ein nach dem Standard und den Richtlinien des Käufers **funktionierendes Berichtswesen** erforderlich. Erfahrene Käufer setzen daher idR im Carve-out-Business gerade in der ersten Phase erfahrene Controlling-Mitarbeiter ein, die sich zumindest in der Rolle eines Coaches um die zeitgerechte Erstellung der erforderlichen Berichte kümmern.

126 Im Übrigen gibt es im Berichtswesen idR auch Teilbereiche, deren Implementierung im Zuge des Carve-out vorerst zurückgestellt werden kann, insbesondere um in der Anfangsphase nach dem Carve-out die Konzentration auf die wichtigeren Themen zu ermöglichen.

bbb) Treasury

Das Treasury ist in den meisten Konzernen **zentralisiert** oder zumindest als Funktion außerhalb des Carve-out-Business angesiedelt. Sofern der Käufer ebenfalls ein Konzern ist, trifft auf ihn idR das Gleiche zu. In diesem Fall liegt der Schwerpunkt in der Planung des Carve-out auf der Überführung des Carve-out-Business aus dem Treasury des Verkäufers in jenes des Käufers. Diese Überführung führt idR zu keinen zeitlichen Engpässen. Sollte der Käufer jedoch über keine eigene Treasury-Funktion verfügen, dann kann die zeitgerechte Einrichtung einer Treasury-Funktion im Carve-out-Business durchaus problematisch sein. Der Grund dafür liegt in der Kombination aus dem Wunsch des Verkäufers, bereits unmittelbar ab *Closing* der Carve-out-Transaktion keine Verantwortung mehr für das Treasury des Carve-out-Business zu übernehmen, und der Notwendigkeit, die Funktionsfähigkeit des Treasury für das Carve-out-Business durchgehend sicherzustellen. Erschwerend kommt hinzu, dass die Mitwirkung von Banken erforderlich ist, deren Prozesse und Informationsanforderungen einen gewissen Zeitaufwand verursachen.

127

Dies soll nur an Hand einiger Beispiele verdeutlicht werden.

(1) Bankkonten

In Einzelfällen verfügt das Carve-out-Business über **keine eigenen Bankkonten**. Je nach Transaktionsstruktur kann es für den Käufer erforderlich sein, für das Carve-out-Business eigene Bankkonten neu zu eröffnen. Dieser Vorgang kann insbesondere bei im Zuge der Carve-out-Transaktion neu gegründeten Zweckgesellschaften umfangreiche Dokumentation erfordern und lange Zeit in Anspruch nehmen. Da idR die Entgegennahme und Leistung von Zahlungen für den Geschäftsbetrieb des Carve-out-Business kritisch ist, kann diese Kontoeröffnung im kritischen Pfad des Gesamtprojekts liegen.

128

(2) Cash-Pooling

Unter **Cash-Pooling** versteht man eine Lösung, bei der die Girokontosalden von Konzerngesellschaften regelmäßig – idR täglich – zu Gunsten bzw. zu Lasten eines zentralen Kontos auf null gestellt werden. Zum Ausgleich erhält die Konzerngesellschaft ein Guthaben bei der Gesellschaft, die das zentrale Konto innehat, bzw. sie geht eine Verbindlichkeit gegenüber dieser Gesellschaft ein. Der Vorteil einer solchen Struktur liegt darin, dass die externen Bankguthaben und -verbindlichkeiten aller teilnehmenden Konzerngesellschaften innerhalb des Cash-Pools ausgeglichen werden und nur der gemeinsame Saldo als externer Saldo gegenüber einer Bank verbleibt. Dadurch kommt es zu einer Verkürzung der Konzernbilanz und auf Grund des damit verbundenen Wegfalls der üblichen Zinsspannen von Banken idR zu einer Zinsersparnis im Konzern. Außerdem entfällt die Notwendigkeit, für jede einzelne Konzerngesellschaft kurzfristige Finanzierungslinien zu

129

vereinbaren. Stattdessen können konzernweite Finanzierungen verwendet werden. Der Cash-Pool lässt sich alternativ auch als konzerninterne Bank beschreiben, bei der die teilnehmenden Konzerngesellschaften ihre kurzfristigen Guthaben anlegen bzw. kurzfristige Finanzierungen erhalten. Der Cash-Pool verrechnet den teilnehmenden Konzerngesellschaften marktübliche Zinsen.

130 Banken, die Cash-Pooling als Dienstleistung anbieten, verlangen idR, dass alle teilnehmenden Bankkonten bei dem betreffenden Bankkonzern eröffnet werden und dass die teilnehmenden Gesellschaften solidarisch für eventuelle Verbindlichkeiten haften. Wenn das Carve-out-Business Cash-Pooling verwendet, dann müssen im Zuge der Carve-out-Transaktion diese strukturellen Maßnahmen rückgängig gemacht werden. Aus praktischen Gründen wird die Herauslösung aus dem Cash-Pool meist unmittelbar vor dem *Closing* der Carve-out-Transaktion durchgeführt.[29] Da sich die Änderungen im Kontosaldo idR nicht exakt vorhersagen lassen, empfiehlt es sich, entweder rechtzeitig einen Überziehungsrahmen mit der Bank zu vereinbaren oder alternativ die Gesellschaft im Rahmen eines Gesellschafterdarlehens mit einem **Liquiditätspolster** auszustatten[30], um Engpässe in der Finanzierung zu vermeiden. Solche Maßnahmen sind im Unternehmenskaufvertrag entsprechend zu berücksichtigen (→ Teil II Rn. 81 ff.)

(3) Zahlungsverkehr

131 Der Zahlungsverkehr wird in Konzernen idR auf der Basis elektronischer Schnittstellen zur kontoführenden Bank abgewickelt. Dabei sind die Zeichnungsberechtigungen meist nach sachlichen Zuständigkeiten und Beträgen gestaffelt. Im Zuge eines Carve-out ist zu hinterfragen, ob die Infrastruktur und Personalausstattung zur **Prüfung, Freigabe und Durchführung von Zahlungen** im Carve-out-Business vorhanden ist oder nicht. Die Frage nach der Behandlung elektronischer Systeme im Carve-out wird im Kapitel IT-Systeme (→ Rn. 144 ff.) behandelt. Gerade in stark zentralisierten Konzernen ist es aber nicht ausgeschlossen, dass zB Produktionsstandorte, die im Zuge eines Carve-out herausgelöst werden, nicht die nötige Personalausstattung und die nötigen Abläufe zur Durchführung des Zahlungsverkehrs aufweisen. Jedenfalls sind die Zeichnungsberechtigten bei der Bank im erforderlichen Ausmaß zu ändern.

ccc) Finanzierung

132 Die Finanzierung ist neben dem Zahlungsverkehr eine der Kernaufgaben des Treasury. An dieser Stelle soll nicht auf die allgemeine Behandlung von Finanzverbindlichkeiten bei M&A-Transaktionen eingegangen werden. Insbesondere die sehr wichtigen Überlegungen zur Akquisitionsfinanzierung an sich bleiben außer acht. Die folgenden **prozeduralen Überlegungen zur Sicherstellung**

---

[29] Dazu *Hörmann/Lambrich/Pupeter*, Präsentation 2013, Folien Nr. 21 ff.
[30] Dazu *Seyfarth*, Präsentation 2015, Folie Nr. 4.

3. Wirtschaftliche Aufbereitung

der Finanzierung im Zuge eines Carve-out sind jedoch für die Strukturierung einer Carve-out-Transaktion wichtig und sollten – einbettet in die allgemeinen Überlegungen zur Akquisitionsfinanzierung – beachtet werden.

(1) Konzerninterne Finanzierung

Im Fall einer konzerninternen Finanzierung sollte der Käufer in einer Carve-out-Transaktion zunächst die Art, den Umfang und die Verzinsung aller konzerninternen Finanzierungen erfassen. Sofern im Zuge der Strukturierung der Transaktion keine abweichenden Vereinbarungen getroffen werden (zB ein Verkäuferdarlehen – *Vendor Note*), werden konzerninterne Finanzierungen idR spätestens **bei *Closing* zurückgeführt**, verkauft oder abgelöst (→ Teil II Rn. 81 ff.). Das ist aus Sicht von Käufer und Verkäufer empfehlenswert. Der Käufer vermeidet durch die Ablösung die Abhängigkeit von einer Finanzierung durch den Verkäufer, und der Verkäufer vermeidet das Kreditrisiko des Carve-out-Business bzw. des Käufers. 133

Nach Rückführung der konzerninternen Finanzierung durch den Verkäufer muss diese **Finanzierung durch andere Mittel ersetzt** werden, zB durch eine konzerninterne Finanzierung durch den Käufer oder aber durch eine externe Finanzierung. 134

(2) Externe Finanzierung

Auch für externe Finanzierungen sollte der Käufer in einer Carve-out-Transaktion zunächst die Art, den Umfang und die Verzinsung aller Finanzierungen erfassen.[31] Eine Ablösung dieser Finanzierungen zum Closing der Carve-out-Transaktion ist im Gegensatz zu den konzerninternen Finanzierungen im Carve-out nicht per se zwingend, kann jedoch zB durch häufig vereinbarte *Change-of-Control*-Klauseln in den Finanzierungsverträgen ggf. vom Finanzgeber erzwungen werden (s. gleich unten). Darüber hinaus ist zu berücksichtigen, dass **Sicherheiten**, die gegenüber externen Finanzgebern vom Verkäufer für das Carve-out-Business bestellt wurden (oder ggf. auch umgekehrt), im Zuge der Carve-out-Transaktion durch entsprechende Sicherheiten des Käufers **abgelöst werden**[32] (→ Teil II Rn. 102 ff.). 135

Generell bedingen sich Finanzierungsgeber fast immer sogenannte *Change-of-Control* Klauseln aus, die bei einem direkten oder oft auch bei einem indirekten Eigentümerwechsel des Carve-out-Business dem Finanzierungsgeber ein Kündigungsrecht einräumen oder ein Recht, je nach Bonität des Käufers die Verzinsung erhöhen. Das kann sowohl auf Bankkredite als auch auf Unternehmensanleihen zutreffen. Unter Umständen wird bei einer solchen Kündigung eine Vorfälligkeitsentschädigung fällig. Schließlich kann eine bestehende externe Finanzierung aus Sicht eines Käufers mit guter Bonität selbst dann nachteilig sein, wenn sie nach dem 136

---

[31] Ostling *et al.* Spin-Off Guide 2014, 12 ff.
[32] Dazu *Hörmann/Lambrich/Pupeter*, Präsentation 2013, Folie Nr. 23.

Carve-out ohne Verschlechterung der Finanzierungsbedingungen fortbesteht. So könnte zB eine hoch verzinsliche Unternehmensanleihe für einen kapitalschwachen Verkäufer des Carve-out-Business eine attraktive Finanzierungsform darstellen, während sie für einen kapitalstarken Käufer des Carve-out-Business erhebliche Opportunitätskosten bringt, da für einen solchen Käufer eine wesentlich günstigere Refinanzierung möglich wäre. Im Zuge der Überleitung vom schulden- und bargeldfreien Unternehmenswert zum unmittelbar zahlungsrelevanten Eigenkapitalwert sind Fremdverbindlichkeiten grundsätzlich nicht zum Nominalwert, sondern zum Marktwert anzusetzen. Somit stellt sich im Carve-out regelmäßig die Frage, zu wessen Lasten **tatsächliche Kosten** oder **Opportunitätskosten** aus der **Fremdfinanzierung** gehen. Es ist insbesondere für den Käufer zu empfehlen, dazu eine klare Regelung im Kaufvertrag zu treffen.

137 Anders als bei konzerninternen Finanzierungen kann es bei externen Finanzierungen ua aus den gerade genannten wirtschaftlichen und rechtlichen Gründen durchaus unterschiedliche Interessenlagen geben, was die **Fortsetzung der Finanzierungsbeziehung nach dem Carve-out** betrifft. Dabei sind die Interessen der Finanzgeber, des Käufers und des Verkäufers zu berücksichtigen. Im Bewusstsein dessen bedingen sich manche Kapitalgeber in Finanzierungsverträgen die rechtzeitige Verständigung über den Kontrollwechsel aus, um auf die Perspektive eines neuen Eigentümers des Carve-out-Business angemessen reagieren zu können. Die Fortsetzung der Finanzierungsbeziehung ist, soweit sich aus den Finanzierungsverträgen die Vorgangsweise nicht mit ausreichender Klarheit ableiten lässt, in Dreiergesprächen zwischen Verkäufer, Käufer und Finanzgeber zu klären.

(3) Eventualverbindlichkeiten

138 Auch unabhängig von Finanzierungsgeschäften können vom oder für das Carve-out-Business Eventualverbindlichkeiten eingegangen worden sein. Dabei kann es sich zB um **Patronatserklärungen** (*Comfort Letters*) des Verkäufers handeln, aber auch um abstrakte **Garantieversprechen**, die zB zu Gunsten von Kunden, Lieferanten oder Behörden abgegeben wurden. Im Zuge der Planung des Carve-out sind diese Eventualverbindlichkeiten vollständig zu erfassen. Dabei sollte beachtet werden, dass auf Grund der Wesentlichkeitsschwellen nicht alle solchen Eventualverbindlichkeiten im Jahresabschluss des Carve-out-Business dargestellt sein müssen. Die zu Gunsten des Carve-out-Business eingegangenen Eventualverbindlichkeiten der Verkäufers sind ebenfalls nicht immer gesammelt aus einer einzigen Quelle zu erheben, sondern erfordern ggf. umfangreichere Abfragen. Im Zuge der Strukturierung der Carve-out-Transaktion muss die Ablösung jeder Eventualverbindlichkeit geplant werden. Dabei ist zu beachten, dass in vielen Fällen dazu das Einverständnis Dritter erforderlich ist (→ Teil II Rn. 102 ff.).

3. Wirtschaftliche Aufbereitung

ddd) Steuerwesen

Zu den steuerlichen Aspekten einer Carve-out-Transaktion sei im Einzelnen auf Teil V des Handbuches verwiesen. Im vorliegenden Abschnitt geht es somit nicht um die materiellen Steueraspekte, sondern um die Sicherstellung der fortlaufenden steuerrechtlichen Betreuung des Carve-out-Business. In manchen Fällen verfügt der Verkäufer über eine interne Steuerabteilung, die mit oder ohne externe Unterstützungen die **steuerlichen Agenden des Carve-out-Business** betreuen kann. Mit dem Carve-out muss diese Betreuung entweder an einen externen Steuerberater oder an die Steuerabteilung des Käufers übergeben werden. 139

Außerdem könnte der Verkäufer mit dem Carve-out-Business einen durch steuerliche Überlegungen getriebenen **Ergebnisabführungsvertrag** geschlossen haben, dessen Beendigung im Zuge der Carve-out-Transaktion geboten ist (→ Teil II Rn. 91 ff. sowie Teil V Rn. 116 ff.). Vergleichbare Konstruktionen gibt es auch außerhalb Deutschlands, wobei in manchen Ländern eine steuerliche Konsolidierung (*Tax Grouping*) auch ohne zivilrechtliche Ergebnisabführung (sondern zB nur mit dem Ausgleich eventuell erzielter Steuervorteile) vorgenommen werden kann. In solchen Fällen ist die sachgerechte **Beendigung dieser steuerlichen Konsolidierung** in gleich welcher Form zum *Closing* der Carve-out-Transaktion geboten. 140

(1) Erstellung von Steuererklärungen im Übergangszeitraum

Ein besonderes Problemfeld bei Carve-out-Transaktionen ist die Erstellung von Steuererklärungen für Steuerzeiträume, die teilweise vor und teilweise nach dem *Closing* liegen. Dieser Fall ist sehr häufig, da das *Closing* oft nicht mit dem Ende eines Steuerjahres zusammenfällt. Da durch diese Steuererklärungen sowohl Interessen des Verkäufers als auch solche des Käufers berührt werden, muss im Unternehmenskaufvertrag ein entsprechendes **Prozedere zur Erstellung und Abstimmung** dieser Steuererklärungen vereinbart werden. Ähnliches gilt für die Verrechnungspreisdokumentation für Vorgänge vor dem Stichtag der Steuerfreistellung (→ Teil V Rn. 170 ff.). 141

(2) Lizenz- und Managementverträge

In Konzernen gibt es neben Lieferbeziehungen für physische Waren regelmäßig auch Leistungen von gewissen Konzerngesellschaften an andere Konzerngesellschaften. Viele dieser Leistungen wurden schon an anderer Stelle behandelt. Aus steuerlicher Sicht besonders interessant sind **Managementleistungen** sowie **Lizenzzahlungen** für die Nutzung von Namensrechten, Markenrechten, Logos, internationalen Marketingprogrammen etc. 142

Im Zuge der Carve-out-Transaktion werden Managementleistungen des Verkäufers beendet und – insbesondere wenn sich der Marktauftritt des Carve-out-Business im Zuge des Carve-out ändert – auch die bestehenden Lizenzverträge zu beenden sein. Bei der Strukturierung der Carve-out-Transaktion ist daher die **ein-** 143 vernehmliche Beendigung der betreffenden Verträge vorzusehen und außerdem zu regeln, wie mit ggf. verbleibenden offenen Forderungen aus solchen Verträgen umzugehen ist. Dem Verkäufer wird vor allem daran gelegen sein, dass das Carve-out-Business alle bis zum *Closing* anfallenden Zahlungen noch vollständig leistet, selbst wenn das Zahlungsziel erst nach dem *Closing* liegen sollte.

ff) IT-Systeme

144   In nahezu allen Branchen ist die laufende IT-Unterstützung des operativen Geschäfts von so zentraler Bedeutung, dass selbst kurzfristige Leistungsstörungen oder Ausfälle im IT-Bereich erhebliche nachteilige Konsequenzen für das Geschäft bringen.[33] Die Bedeutung eines reibungslosen Carve-out der IT-Systeme kann daher gar nicht genug hervorgehoben werden. Gleichzeitig wird die Bereitstellung von IT-Systemen in vielen Konzernen zur besseren Nutzung von Skaleneffekten zentral betrieben. Somit ist im Carve-out-Fall keine simple Fortführung des Status quo möglich, sondern die **IT-Systeme** zur Unterstützung des Carve-out-Business **müssen idR neu aufgesetzt werden**. Erschwerend kommt hinzu, dass auch beim Käufer eines Carve-out-Business vielfach bereits bestehende IT-Systeme vorhanden sind, in die das Carve-out-Business mehr oder weniger rasch eingebunden werden soll. Aus der Kombination der hohen Wichtigkeit mit einer hohen Komplexität der Aufgabenstellung ergibt sich, dass die Integration der IT-Infrastruktur im Rahmen von Carve-outs regelmäßig zu einem arbeitsintensiven Brennpunkt wird.

145   Die Planung, Strukturierung und Durchführung eines IT-Carve-out erfordert den Einsatz einschlägiger Spezialisten in enger Zusammenarbeit mit dem Verkäufer, dem Käufer und dem Carve-out-Business selbst. Die gegenüber anderen betrieblichen Funktionen höhere Komplexität führt dazu, dass die **Planung** eines IT-Carve-out oft **in mehreren Stufen** konkretisiert wird.[34] Das hat zur Folge, dass sich auch die Einschätzung des Zeit- und Ressourcenaufwandes und der damit verbundenen Kosten ändert, solange die Planung verfeinert wird. Aus Sicht des Käufers ist es somit wichtig, bis spätestens zur Unterzeichnung des Unternehmenskaufvertrages ein **ausreichend belastbares Kosten- und Zeitbudget** zu erstellen. Überraschungen nach der Unterzeichnung des Unternehmenskaufvertrages gehen wirtschaftlich zu Lasten des Käufers, sofern nichts Abweichendes vereinbart wurde.

146   Der Anreiz für den Verkäufer, an der Lösung der Herausforderungen konstruktiv mitzuwirken, sinkt mit der Unterzeichnung des Unternehmenskaufvertrages schlagartig. Ein theoretisch sinnvoller Ansatz zur Lösung dieses Interessenkonflikts wäre es zB, alle **tatsächlichen Überschreitungen** des gemeinsam geplanten Kosten- und Zeitbudgets des IT-Carve-out **dem Verkäufer in Rechnung zu stellen**. So wäre sowohl vor Unterzeichnung des Unternehmenskaufvertrages

---

[33] *Schroebler* M&A Review 2015, 9 und *Peemöller/Gehlen*, Financial Due Diligence bei Carve-out-Transaktionen, 2015, 1140.

[34] Dazu *Schroebler* M&A Review 2015, 9f.

das Interesse des Verkäufers an der Erstellung eines umfassenden und belastbaren Budgets als auch die fortlaufende Unterstützung des Verkäufers bei der Umsetzung des IT-Carve-out sichergestellt. In der Praxis lehnen Verkäufer eine solche Verantwortlichkeit durchwegs ab, ua da das laufende Projektmanagement als wesentlicher Kostentreiber unstreitig beim Käufer liegt. Man einigt sich daher häufig auf *best efforts* Basis bei der Umsetzung des IT-Carve-out. Außerdem sollte der Käufer bis zur Unterzeichnung des Unternehmenskaufvertrages die Planung des IT-Carve-out weitgehend abgeschlossen haben und mit dem Verkäufer eine ausreichend detaillierte, durchsetzbare Vereinbarung über die Durchführung des IT-Carve-out getroffen haben.

Ein bei der Planung von IT-Carve-outs häufig unterschätzter Faktor ist die **notwendige Einbindung Dritter** in den Carve-out. Dabei kann es sich zB um Hardware- oder Software-Anbieter, Outsourcing-Partner oder externe Berater handeln, die das Projektmanagement oder andere Aspekte des IT-Carve-out durchführen. Ohne die Einholung belastbarer Angebote oder zumindest ausreichend detaillierter Kostenschätzungen ist es kaum möglich, ein seriöses Budget für den IT-Carve-out zu erstellen. 147

Die **rasche Durchführung** des IT-Carve-out liegt im Interesse aller Beteiligten. Der Verkäufer will die erhöhte Komplexität durch die Betreuung des Carve-out-Business möglichst rasch beenden und der Käufer will das Carve-out-Business unabhängig vom Verkäufer führen können und außerdem so rasch wie möglich die geplanten Synergien im IT-Bereich heben. Dennoch ist es im Interesse des Käufers, einen **ausreichend langen maximalen Übergangszeitraum** zu vereinbaren, um auch bei Verzögerungen bei der Durchführung des IT-Carve-out keinen Ausfall im Carve-out-Business befürchten zu müssen. Außerdem ist es im Interesse des Käufers, nach Möglichkeit schon **vorzeitig die Nutzung** von IT-Systemen des Verkäufers **beenden** zu dürfen, und das vorzugsweise auch für kleinere Teilbereiche, zB für einzelne IT-Systeme oder einzelne Standorte. Dadurch lassen sich die Kosten eines Parallelbetriebs möglichst frühzeitig vermeiden. Üblicherweise sind diese beiden Elemente (langer Übergangszeitraum, Möglichkeit zur teilweisen vorzeitigen Beendigung durch den Käufer) Teil der vertraglichen Vereinbarungen. 148

An dieser Stelle kann nicht auf die Besonderheiten des Projektmanagements im IT-Bereich eingegangen werden. Üblicherweise können im IT-Carve-out **Prioritäten** gesetzt werden, dh es werden nicht alle IT-Systeme mit gleicher Wichtigkeit behandelt und zum gleichen Zeitpunkt umgestellt, sondern entweder nach der Einfachheit der Umstellung oder nach ihrer Bedeutung für das Carve-out-Business gestaffelt. 149

Als Hilfestellung zur systematischen Identifizierung der im Anwendungsfall relevanten Themenbereiche werden im Folgenden beispielhaft einige IT-Systeme bzw. Teile von IT-Systemen aufgelistet, die im Zuge eines Carve-out wirtschaftlich von wesentlicher Bedeutung sind. 150

aaa) Zentrale Server und Datenbanken

151 Während *Workstations* und andere Endgeräte idR eindeutig dem Carve-out-Business zugeordnet werden können und dort unverändert verbleiben, müssen **zentrale Server** und weitere zentrale IT-Systeme, wie zB Datenbanken, Datenspeicher oder Back-up-Systeme im Zuge des Carve-out herausgelöst werden. Dabei kommen nicht nur IT-Systeme auf Konzernebene des Verkäufers in Betracht, sondern auch zB Systeme aus dem Unternehmensbereich bzw. der Sparte, der das Carve-out-Business beim Verkäufer angehörte. Vielfach werden solche IT-Systeme bei externen Anbietern betrieben, die in den Carve-out entsprechend einzubinden sind.

bbb) IT-Unterstützung und Wartung

152 Neben der reinen Hardware ist die IT-Unterstützung und Wartung (der sogenannte *Support*) für das praktische Funktionieren der IT-Systeme des Carve-out-Business entscheidend. Die IT-Unterstützung und Wartung kann ua lokale und zentrale Hardware betreffen (Server, Workstations etc.), aber und vor allem auch Software (Systeme, Anwendungen, Fertigungssysteme etc.). Sofern IT-Unterstützung und Wartung durch Mitarbeiter des Verkäufers erfolgt, ist zu prüfen, inwieweit sie gemeinsam mit dem Carve-out-Business auf den Käufer übergehen sollen. Bei IT-Unterstützung und Wartung durch externe Dienstleister ist der Carve-out idR weniger problematisch. Allenfalls ist zu klären, wie sich die Konditionen des externen Dienstleisters durch den Carve-out verändern.

153 Wesentlich problematischer ist der Sonderfall von durch den **Verkäufer selbst erstellten Softwarelösungen**. Meist ist das Wissen zur IT-Unterstützung und Wartung solcher Software nur bei wenigen Mitarbeitern des Verkäufers vorhanden – im Extremfall nur bei einem einzigen Mitarbeiter – und der Verkäufer ist idR kaum bereit, diese Schlüsselkräfte im Zuge des Carve-out an den Käufer abzugeben. Der Käufer kann die notwendigen Dienstleistungen anders als bei anderen Komponenten nicht am freien Markt zukaufen. Eine typische Lösung ist in diesem Fall die Migration auf marktgängige IT-Lösungen mit angemessener Unterstützung durch den Verkäufer während eines Übergangszeitraums.

ccc) Applikationen, Webservices und Intranet

154 Aus dem großen Bereich der Softwarelösungen sind im Zuge eines Carve-out besonders jene kritisch, die Daten enthalten und Prozessen dienen, die vor dem Carve-out sowohl im Carve-out-Business als **auch im verbleibenden Unternehmensteil** des Verkäufers Anwendung finden. Typische Beispiele dafür sind Produktkataloge, standortübergreifende Produktionsplanung, Lösungskataloge, Vorlagen, Bibliotheken, Kundendatenbanken oder die Abwicklung von Geschäftsprozessen im Intranet oder Internet.

Hier stellt sich ganz besonders die eingangs erwähnte Frage der systematischen und nachhaltigen Trennung von Daten, die den verbleibenden Unternehmensteil des Verkäufers betreffen, von solchen, die das Carve-out-Business betreffen. Eine Vermengung solcher Daten und Prozesse ist idR selbst für einen Übergangszeitraum inakzeptabel. Somit liegt der optimale Zeitpunkt für die Durchführung des Carve-out hier bereits vor dem *Closing* der Carve-out-Transaktion.

ddd) Infrastruktur

Unter **IT-Infrastruktur** fallen Systeme und Dienstleistungen wie zB die Bereitstellung eines Internetzugangs, WAN (*Wide Area Network*), LAN (*Local Area Network*), die Sicherung von IT-Systemen gegen unbefugten Zugriff (zB über *Firewalls*), die Zugangskontrolle zu IT-Systemen und die Vergabe von Berechtigungen sowie die Benutzerverwaltung im Allgemeinen. Der Carve-out der IT-Infrastruktur ist vor allem insofern kritisch, als er die Voraussetzung für die gerade beschriebene **Trennung von Systemen** des Carve-out-Business und des verbleibenden Unternehmensteils des Verkäufers darstellt oder eine Voraussetzung für die **Anbindung** des Carve-out-Business an die **IT-Systeme des Käufers** darstellt. So kann zB die Nutzung von Datenbanken des Käufers erst dann stattfinden, wenn die Netzwerkanbindung des Carve-out-Business an den Käufer ausreichend leistungsfähig und sicher ist.

155

eee) E-mail- und Telefondienste

Im geschäftlichen Alltag spielen zwei Arten von IT-Infrastruktur eine besonders wichtige Rolle: e-mail- und Telefondienste. Insbesondere **e-mails** werden im Außenauftritt des Carve-out-Business stark wahrgenommen. Abgesehen von der Sicherstellung der Kommunikationsfunktion an sich ist es für das Carve-out-Business idR aus Marketinggründen nicht wünschenswert, mit e-mail-Adressen im Markt aufzutreten, die noch den Namen des Verkäufers enthalten. Außerdem bieten e-mail-Dienste oft weitere wichtige Funktionalitäten wie zB Verteilerlisten, Adressbücher oder Authentifizierung für andere IT-Systeme.

156

Die Umstellung des Carve-out-Business auf das e-mail System des Käufers hat somit hohe Priorität, erfordert aber oft Vorbereitungen in der zugrunde liegenden Infrastruktur (zB Server, Netzwerkanbindung etc.) und kann daher oft nicht schon zum *Closing* umgesetzt werden. Als Ergänzung zu einer raschen Umstellung können **zusätzlich Übergangslösungen** wie zB die parallele Verwendung von e-mail-Adressen in einem Übergangszeitraum oder die Weiterleitung von e-mails eingesetzt werden.

157

Im Bereich der **Telefonsysteme** sind neben dem Festnetz auch der Mobilfunk sowie allenfalls mobile Datendienste zu berücksichtigen. Ebenso wie die Umstellung der e-mail-Adressen kann die Umstellung von Telefonsystemen weitergehende Auswirkungen haben. So müssen zB Visitenkarten, Briefpapier, Signaturen, Internetseiten uÄ entsprechend angepasst werden.

158

fff) Lizenzen

159 Zunächst wäre zu klären, ob sämtliche Software im Carve-out-Business ordnungsgemäß lizenziert ist. Sollte diese Voraussetzung nicht zutreffen, stellt sich die Frage nach der Haftung für **Lizenzverstöße in der Vergangenheit**. Diese Frage wird dadurch verschärft, dass im Zuge des Carve-out Lizenzfragen hinsichtlich des Carve-out-Business aktiv an die Lizenzgeber herangetragen werden und somit ein konkreter Anlass besteht, dass Diskrepanzen aus der Vergangenheit ans Licht kommen.

160 Die Übertragung von **Lizenzen Dritter** erfordert idR deren **Zustimmung**, da selbst bei einer Carve-out-Transaktion in Form eines Anteilsverkaufs *Change-of-control*-Klauseln in den Lizenzverträgen zur Anwendung kommen (→ Teil IV, insbesondere Rn. 21 f., Rn. 37 ff. und Rn. 65 ff.). Im Zuge solcher Übertragungen gibt es je nach Beziehung des Verkäufers und Käufers zum Lizenzgeber und der Geschäftspolitik des Lizenzgebers eine mehr oder weniger stark ausgeprägte Neigung des Lizenzgebers, im Zuge der Carve-out-Transaktion auch bei bisher völlig ordnungsgemäßer Lizenzierung von Software im Carve-out-Business erneute oder zusätzliche Zahlungen zu verlangen.[35] Dasselbe gilt für die Nutzung von Software für die Erfüllung eines *Transitional Services Agreement*, da in Lizenzverträgen auch die vorübergehende Nutzung von Software zur Erbringung von Dienstleistungen an Dritte idR ausgeschlossen wird.

Die rechtliche Ausgangslage für die Diskussion mit dem Lizenzgeber ist durch den Lizenzvertrag vorgegeben, aber die **wirtschaftliche Ausgangslage** kann aus Sicht des Käufers dadurch verbessert werden, dass die Diskussion mit dem Lizenzgeber rechtzeitig stattfindet. Das Drohpotenzial des Lizenzgebers ist ungleich höher, wenn er auf Grund eines bereits erfolgten Verstoßes gegen den Lizenzvertrag mit einer einstweiligen Verfügung drohen kann, die den Geschäftsbetrieb des Carve-out-Business zum Erliegen bringen würde. Im Vergleich dazu kann ein potenzieller Käufer vor Unterzeichnung des Kaufvertrages wesentlich entspannter mit dem Lizenzgeber verhandeln und zu diesem Zeitpunkt dabei auch noch eher als später auf die Unterstützung durch den Verkäufer zählen.

161 Ein Sonderfall stellt die durch den **Verkäufer eigenerstellte Software** dar. In diesem Fall sollte die Vereinbarung einer Lizenzierung im Zuge der Vertragsverhandlungen kein Problem sein. Allerdings stellt sich die Frage, ob der Verkäufer das Carve-out-Business auch in Zukunft an Weiterentwicklungen der Software teilhaben lassen möchte bzw. ob der Verkäufer überhaupt in der Lage ist, langfristig die professionelle IT-Unterstützung und Wartung für diese Software sicherzustellen.

---

[35] Dazu beispielhaft *Ernst & Young*, Capturing value through carve-outs, 2011, 1.

ggg) Sicherungskopien und Prüfungsanforderungen

Beim Carve-out von IT-Systemen stehen regelmäßig die laufende und die zukünftige Anwendung im Vordergrund. Die **Behandlung historischer Daten** sollte jedoch nicht vernachlässigt werden. Sie ist besonders dann problematisch, wenn im Zuge des Carve-out IT-Systeme eingeführt werden, die sich nach ihrer Art von den bisherigen so stark unterscheiden, dass eine Migration der Daten nicht problemlos möglich ist.

Aus **wirtschaftlicher Sicht** genügt oft eine informelle oder teilweise Migration von Daten aus Altsystemen. Die Sinnhaftigkeit von Einschränkungen in der Datenmigration kann dabei unter Ansatz von wirtschaftlichen Kosten-/Nutzenüberlegungen gelöst werden. Anders verhält es sich mit der Erfüllung gesetzlich vorgeschriebener Aufzeichnungs- und Dokumentationsverpflichtungen, zB zur ordnungsgemäßen Buchführung, für die Prüfung von Jahresabschlüssen oder insbesondere für **Steuerprüfungen**.

hhh) Zugangsrechte und Datenschutz

Neben der bereits erwähnten Betriebssicherheit während des Carve-out sind bei der Planung von IT-Carve-outs zwei wichtige Kostentreiber zu berücksichtigen: Erstens die **Umstellungskosten** als solche und zweitens die Kosten eines **vorübergehenden Parallelbetriebs** alter und neuer Systeme des Carve-out-Business. Der erste Punkt lässt sich vor dadurch beeinflussen, ob direkt vom alten IT-System auf das endgültige IT-System des Käufers umgestellt wird oder ob Zwischenschritte erforderlich sind. Der zweite Punkt hängt wesentlich von der Dauer der Übergangsphase ab.

Trotz der offensichtlichen Kostenersparnis ist die Umstellung der IT-Systeme in einem einzigen Schritt kein universeller Standard. Ein wesentlicher Grund dafür ist die Tatsache, dass die **Vertraulichkeit und Sicherheit** von Daten und IT-Systemen konzernintern zB durch Weisungen oder Administratoren geregelt werden kann. Sobald durch einen Carve-out die dem Carve-out-Business zugeordneten IT-Systeme unter die Kontrolle des Käufers kommen, genügen diese Standards nicht mehr den Anforderungen des Verkäufers (oder des Käufers). Diese Problematik wird noch verschärft, wenn Verkäufer und Carve-out-Business miteinander im Wettbewerb stehen, da in diesem Fall ein wechselseitiger detaillierter Zugriff auf sensitive Daten unzulässig ist. Somit ist zumindest eine Umstellung erforderlich, die den wechselseitigen Datenzugriff zwischen Verkäufer und Carve-out-Business unterbindet. Das lässt sich zB durch ein „**Klonen**" der bestehenden IT-Systeme des Carve-out-Business erreichen. Dabei wird dem Carve-out-Business eine getrennte Kopie der bestehenden IT-Systeme überlassen. Aus dieser Kopie können vertrauliche Daten des Verkäufers entfernt werden, und ein wechselseitiger Systemzugriff ist dann nicht mehr möglich.

165 Neben dem Klonen der bestehenden IT-Systeme können im Einzelfall auch andere, **weniger aufwendige Lösungen** in Frage kommen. So können zB physische Verbindungen soweit möglich eingeschränkt und durch Firewalls kontrolliert werden. Außerdem kann über eine Liste der jeweils Zugriffsberechtigen auf jeder Seite und die Überwachung und Aufzeichnung aller Zugriffe **Missbrauch** zwar nicht völlig ausgeschlossen, aber zumindest im Einzelfall **nachweisbar** gemacht werden.

gg) Personalwesen

166 Ein Carve-out stellt die betroffenen Mitarbeiter vor eine Reihe von **persönlichen Herausforderungen**. Eigentümerstruktur, Unternehmenskultur und Arbeitsabläufe ändern sich und dazu kommt die Sorge um den eigenen Arbeitsplatz. Nicht alle diese Herausforderungen können im Zuge der Planung eines Carve-out vorab gelöst werden. Umso wichtiger ist es, jene Aspekte vorab professionell zu lösen, die der Planung zugänglich sind. Um diese Arbeit für die betroffenen Mitarbeiter klar sichtbar zu machen, muss sie entsprechend breit, klar und rechtzeitig kommuniziert werden. Im Folgenden werden einige Beispiele für im Carve-out planbare Aspekte des Personalwesens dargestellt.

aaa) Abgrenzung der betroffenen Mitarbeiter

167 Die wirtschaftliche Zuordnung von Mitarbeitern zum Carve-out-Business ist oft nicht einfach.[36] Dabei ist noch gar nicht von komplexen Sonderfällen wie zB individueller Strukturierung von Dienstverträgen hochrangiger Manager oder konzerninterner Arbeitskräfteüberlassung im großen Stil die Rede (→ Teil III). Üblicherweise stehen in Konzernen die wirtschaftliche Effizienz aller Abläufe und die effektive Möglichkeit zur laufenden Steuerung dieser Abläufe im Vordergrund. Die gewählte Organisationsstruktur dient idR diesen Zielen. Es kommt zu Organisationsformen wie zB Mehrfachfunktionen von Mitarbeitern, doppelten Berichtslinien, Auseinanderfallen von fachlicher und disziplinarischer Unterstellung, vorübergehenden Projektorganisationen, Entsendungen, Matrixorganisationen etc., bei denen zahlreiche Mitarbeiter **Aufgaben** sowohl im Carve-out-Business als **auch im verbleibenden Unternehmensteil** des Verkäufers zu erfüllen haben.

Selbst wenn sich das Carve-out-Business durch rechtliche Einheiten abbilden lässt, kann es daher zu Situationen kommen, in denen entweder wirtschaftlich überwiegend dem Carve-out-Business zuzuordnende Mitarbeiter ihren Dienstvertrag mit rechtlichen Einheiten des verbleibenden Unternehmensteils des Verkäufers haben oder umgekehrt Mitarbeiter im Carve-out-Business angestellt sind, die überwiegend dem verbleibenden Unternehmensteil des Verkäufers zuzuordnen sind.

---

[36] *Niemeyer/Ratka*, Finanzielle Aspekte und Best Practice beim Kauf und Verkauf von Unternehmensteilen, 2014, 16.

Diese objektiven Schwierigkeiten bei der Zuordnung von Mitarbeitern werden noch verschärft, sofern die tatsächlichen Tätigkeiten von Mitarbeitern **unzureichend dokumentiert** sind. Typische Fälle unzureichender Dokumentation sind zB Verkaufsbüros, die für mehrere Konzernsparten tätig sind, IT, technisches Personal mit standortübergreifenden Aufgaben, Forschung und Entwicklung, Innovation sowie die informelle Zusammenarbeit benachbarter Werke aus verschiedenen Konzernsparten des Verkäufers. Außerdem spielen neben der objektiv „richtigen" Zuordnung von Mitarbeitern zum Carve-out-Business auch subjektive Kriterien eine entscheidende Rolle. So können sowohl Verkäufer als auch Käufer hinsichtlich einzelner Mitarbeiter des Carve-out-Business **positive oder negative Präferenzen** haben. Der Verkäufer könnte zB einen gerade erst in seinem Konzern ausgebildeten Trainee behalten wollen, auch wenn dieser gerade dem Carve-out-Business zugeordnet ist. Der Käufer könnte zB einen eindeutig dem Carve-out-Business zugeordneten Vertriebsmitarbeiter nicht übernehmen wollen, wenn beim Käufer bereits ein sehr guter Vertriebsmitarbeiter mit identischem Aufgabenbereich tätig ist und daher die Stelle des Vertriebsarbeiters aus dem Carve-out-Business im Zuge der Integration des Carve-out-Business in den Konzern des Käufers wegfallen würde. Nicht zuletzt haben auch die betroffenen Mitarbeiter möglicherweise persönliche Präferenzen hinsichtlich des Verbleibens beim Verkäufer oder des Übergangs auf den Käufer. **168**

Im Ergebnis sollte im Rahmen der datenschutzrechtlichen Grenzen der erwartete Mitarbeiterstand des Carve-out-Business zwischen Käufer und Verkäufer **detailliert, am besten mit namentlicher Nennung** der Mitarbeiter, vereinbart werden. Sofern datenschutz- bzw. arbeitsrechtlich erforderlich, sollte zum richtigen Zeitpunkt die **Zustimmung** der betroffenen Mitarbeiter bzw. ihrer Vertreter eingeholt werden. Aus Bewertungssicht des Käufers ist es wichtig, dass der mittelfristig erforderliche Mitarbeiterstand der Planungsrechnung zu Grunde liegt. Sofern es Abweichungen zum beim *Closing* übernommenen Mitarbeiterstand des Carve-out-Business gibt, sind entsprechende Kosten der Suche und Besetzung von fehlenden bzw. der Abfindung von überzähligen Mitarbeitern als Einmalkosten zu berücksichtigen. **169**

bbb) Konsequenzen in der Organisationsstruktur des Verkäufers

Neben der Klärung der Zugehörigkeit zum Carve-out-Business auf der Ebene einzelner Mitarbeiter ist es sehr wichtig, in der Planung und Beurteilung eines Carve-out für den Verkäufer auch festzulegen, wie sich die **Organisationsstruktur des verbleibenden Unternehmensteils** des Verkäufers durch den Carve-out verändert. Wenn zB von bisher drei Sparten eines Geschäftsbereichs im Zuge eines Carve-out ein bis zwei Sparten veräußert werden, kann es zur Verkleinerung oder gar zum Wegfall der Führungsmannschaft und/oder der Zentralfunktionen des nach dem Carve-out verkleinerten Geschäftsbereichs kommen. Unter Umständen kann ein Carve-out überhaupt eine breitere Umstrukturierung des verbleibenden **170**

Unternehmensteils des Verkäufers nach sich ziehen. Wie auch immer diese Maßnahmen ausfallen, sie sollten jedenfalls mit ihren Einmalkosten und nachhaltigen Kosteneinsparungen oder -erhöhungen in der Bewertung des Carve-out aus Sicht des Verkäufers berücksichtigt werden.

ccc) Konsequenzen in der Organisationsstruktur des Käufers

171 Auch auf Seiten des Käufers kann es im Zuge der Integration des Carve-out-Business zu Änderungen in der Organisationsstruktur kommen. Meistens werden – auch um negative Synergien zu vermeiden – im Zuge der Integration keine neuen Führungsebenen aufgebaut. Es kann jedoch durch den erhöhten Umfang und die ggf. erhöhte Komplexität der Organisation des Käufers nach der Integration notwendig sein, die Ressourcen in einzelnen Bereichen zu verstärken. Besonders prüfen sollte ein Käufer dabei jene Bereiche, in denen das Carve-out-Business **vor dem Carve-out Leistungen konzernintern** vom Verkäufer bezogen hat oder die das Carve-out-Business bisher durch Outsourcing abgedeckt hat. Außerdem kann es zu Änderungen in jenen Bereichen kommen, in denen sich die Aktivitäten des Carve-out-Business und des Käufers **überschneiden**, zB im Verkauf, in der Fertigung etc. Das sind idR jene Bereiche, in denen positive oder negative Synergien anfallen.

ddd) Betriebsvereinbarungen und allgemeine Richtlinien

172 Neben strukturellen Änderungen ist es auch denkbar, dass in allgemeinen Konzernrichtlinien und der gelebten Praxis kostenrelevante **Unterschiede zwischen dem Carve-out-Business und dem Käufer** bestehen. Wenn zB zusätzliche Urlaubsansprüche beim Käufer nach 25 Dienstjahren, beim Carve-out-Business jedoch schon nach 20 Dienstjahren entstehen, dann muss entweder die Anspruchslage im Carve-out-Business im Zuge der Integration geändert werden (wohl nicht ohne angemessene einmalige Kompensation für die betroffenen Mitarbeiter) oder die Anspruchslage beim Käufer insgesamt umgestellt werden, was mit entsprechend erhöhten laufenden Kosten verbunden ist. Ähnliche Fallbeispiele wären unterschiedliche Richtlinien über Dienstwagen, Firmenkreditkarten, Reisekostenabrechnungen, etc. Die wirtschaftliche Bedeutung ist im Gesamtzusammenhang in den meisten Fällen vermutlich überschaubar, aber der emotionale Einfluss solcher Änderungen auf die Beurteilung der gesamten Carve-out-Transaktion aus der Sicht der betroffenen Mitarbeiter ist nicht zu unterschätzen.

eee) Einzelarbeitsverträge

173 Vor allem in größeren Carve-out-Transaktionen ist es nicht tunlich, jeden einzelnen Arbeitsvertrag im Zuge der Due Diligence auf mögliche Folgen im Zuge des Carve-out zu prüfen. Üblicherweise behilft man sich durch einen **Überblick über die allgemeine Praxis und die verwendeten Standards** bei der Erstellung von Einzelarbeitsverträgen im Carve-out-Business:

3. Wirtschaftliche Aufbereitung

- Ist die Vertragspraxis einheitlich oder gibt es Untergruppen, zB nach Seniorität, Funktion (häufig haben zB Vertriebsmitarbeiter Einzelarbeitsverträge, die von denen der Verwaltungsmitarbeiter abweichen) oder aus der Historie vorangegangener Akquisitionen innerhalb des Carve-out-Business?
- Welche Laufzeiten (befristet, unbefristet) werden verwendet?
- Welche Kündigungsfristen und -termine sind anwendbar?
- Welche Standardklauseln werden verwendet? Gibt es besondere Regelungen für Kündigungsentschädigungen, Wettbewerbsklauseln, Arbeitnehmererfindungen, IT-Sicherheit und ähnliche Sachverhalte, die einzelvertraglich geregelt sind oder werden?

Basierend auf dieser Auswertung kann ein Abgleich mit der entsprechenden Vertragspraxis des Käufers erstellt werden. Daraus ergibt sich, ob die bestehenden Arbeitsverträge im Zuge der Integration unverändert übernommen werden können oder ob im Zuge der Integration des Carve-out-Business **Anpassungen der Einzelarbeitsverträge** erforderlich sind.

Zur Verdeutlichung nachfolgend einige Beispiele aus der Praxis, in denen Anpassungen der Einzelarbeitsverträge erforderlich sind: **174**

> Im Carve-out-Business arbeiten **Expatriates mit Rückkehrrechten** in den verbleibenden Unternehmensteil des Verkäufers. Sofern Konsens darüber besteht, dass diese Expatriates auch nach dem Carve-out im Carve-out-Business verbleiben sollen, muss eine Vereinbarung getroffen werden, die das Rückkehrrecht entweder ersatzlos aufhebt oder durch ein Rückkehrrecht in den Konzerns des Käufers vorsieht.
>
> Ein anderes Beispiel sind Mitarbeiter im Carve-out-Business mit vereinbartem **Heimarbeitsplatz**. Ungeachtet einer möglicherweise generell unterschiedlichen Einstellung zum Thema Heimarbeit zwischen dem Verkäufer und dem Käufer werden Heimarbeitsplätze generell oft dort eingesetzt, wo einzelne Mitarbeiter fernab eines Standortes tätig werden sollen, zB im Vertrieb. Im Zuge des Carve-out kann sich diese Situation aber ändern, zB weil der Käufer anders als der Verkäufer über einen nahen Standort verfügt.
>
> Schließlich gibt es häufig **Arbeitsplätze**, die zwar dem Carve-out-Business zuzurechnen sind, aber an **Standorten** liegen, die **beim Verkäufer verbleiben**. Hier ist im Zuge der Planung des Carve-out idR zunächst eine geeignete Übergangsregelung zu finden, zB durch eine provisorische räumliche Abtrennung, Zugangskontrolle etc. Langfristig wird hingegen oft eine endgültige räumliche Trennung anstrebt, dh idR wird ein neuer Standort für die betroffenen Mitarbeiter geschaffen oder es werden – vor allem falls nur einzelne Mitarbeiter betroffen sind – Heimarbeitsplätze eingerichtet.

fff) Boni, variable Vergütung, Aktien- und Optionsprogramme

Während Grundgehälter im Zuge eines Carve-out idR nicht angepasst werden, besteht bei **Bonusvereinbarungen, Aktien- und Optionsprogrammen** **175** aller Art oft ein größerer Handlungsbedarf, weil hier auf Grund der bestehenden Unterschiede zwischen dem Carve-out-Business und dem Käufer fast immer Anpassungen erforderlich sind.[37] Diese **Unterschiede** können zB in folgenden Punkten liegen:

- in der Art der Zielsetzung (quantitativ/qualitativ, persönlich/Organisationeinheit)
- in der Organisationseinheit, auf die Bezug genommen wird (zB die unmittelbare Organisationseinheit des Mitarbeiters und/oder die übergeordnete Organisationseinheit und/oder den Konzern)
- im Bezug auf einen Aktienkurs oder einen Unternehmenswert oder Eigenkapitalwert beim Exit (letzteres häufig bei Gesellschaften im Eigentum von Private Equity Investoren)
- im möglichen Auszahlungsgrad (wenn zB ein Bonus von 30 % des Grundgehalts vereinbart ist, werden in manchen Unternehmen max. 30 % ausgezahlt, in anderen aber ggf. auch weitaus mehr)
- im Verhältnis zwischen Zielerreichung und Auszahlungsgrad (bei manchen Unternehmen müssen Ziele zu mehr als 100 % erreicht werden, um auf den angegebenen Maximalwert des Bonus zu kommen)
- in der zeitlichen Verzögerung des Zuwachsens der Anspruchsanwartschaft (*Vesting Period*) bzw. der Auszahlung
- im Grad des Ermessens der Unternehmensleitung bei der Berechnung und Verteilung der Boni (von komplett formelgetrieben über die Berücksichtigung von Mitarbeitergesprächen bis hin zu völlig diskretionären Boni)

176 Aus **Sicht der betroffenen Mitarbeiter** sind vor allem drei Themen entscheidend: Die angegebene Höhe des Bonus in Prozent des Grundgehalts, die subjektiv erwartete Auszahlungswahrscheinlichkeit und schließlich etwaige Zeitverzögerungen (*Vesting Periods*) oder zusätzliche Bedingungen für die Auszahlung des Bonus. Diese Parameter sollten während der Planung des Carve-out erhoben werden und als Grundlage für folgende Entscheidungen dienen:

- Müssen **Zielwerte oder andere Parameter** im Carve-out-Business oder beim Käufer **angepasst** werden, um im Zuge der Integration eine faire und angemessen transparente Behandlung der betreffenden Mitarbeiter im Vergleich zu bestehenden Mitarbeitern des Käufers zu erreichen? Oft müssen zB am Unternehmensverkauf orientierte Incentive-Programme oder Aktienoptionsprogramme durch äquivalente Boni beim Käufer ersetzt werden, Bonushöhen angepasst werden oder bei den betroffenen Mitarbeitern Verständnis für abweichende Erwartungswerte geschaffen werden.

---

[37] Ausführlich und differenziert in Ostling *et al.* Spin-Off Guide 2014, 22 ff.

- Wie gestaltet man den Übergangszeitraum? Insbesondere wenn der Carve-out unterjährig erfolgt, sollte klargestellt werden, wer welchen Mitarbeitern welche Boni für den Teil des Arbeitsjahres bezahlt, der vom Jahresbeginn bis *Closing* dauert, und wie diese Boni berechnet werden. Gleiches gilt für den Zeitraum vom *Closing* bis zum Jahresende. Zur Vereinfachung der Berechnungsfrage werden manchmal Boni im Übergangszeitraum pauschaliert.

- Im Zuge des Carve-out werden manchmal für ausgewählte Mitarbeiter des Carve-out-Business **Erfolgsprämien für den Verkauf** fällig. Diese dienen idR der Angleichung der Interessenlage leitender oder sonst wichtiger Mitarbeiter an die Interessenlage des Verkäufers. Der Käufer muss entscheiden, ob und zu welchem Grad er die betreffenden Mitarbeiter zur Reinvestition dieser Erfolgsprämien verpflichten möchte. Eine solche Verpflichtung bedarf idR der Zustimmung der betreffenden Mitarbeiter. Außerdem wird der Käufer entscheiden müssen, ob solche Erfolgsprämien sich Kaufpreis mindernd auswirken. Hierbei ist nicht nur der reine Geldabfluss beim Carve-out-Business in Betracht zu ziehen, sondern auch, ob die Erfolgsprämien für den Verkauf Fehlanreize gesetzt haben, welche die Objektivität der Unternehmensführung bei der Erstellung der für die Unternehmensbewertung maßgeblichen Unternehmensplanung in Frage stellen.

- Schließlich kann es auch im Interesse des Käufers geboten sein, leitenden oder sonst wichtigen Mitarbeitern sogenannte **Retention Boni** anzubieten. Dabei handelt es sich um Zahlungen, die bei Erreichen gewisser Integrationsziele, häufig jedoch einfach durch Zeitablauf bei weiterhin bestehender Anstellung fällig werden und die dazu dienen sollen, den Verbleib der betreffenden Mitarbeiter des Carve-out-Business während der Integrationsphase sicherzustellen.[38]

ggg) Lohnverrechnung

Ein weiteres, aus Sicht wohl aller Mitarbeiter entscheidendes Thema beim Carve-out ist die pünktliche Auszahlung ihrer Löhne und Gehälter. Jeder Fehler in diesem sensiblen Bereich kann die allgemeine Wahrnehmung des Carve-out durch die Mitarbeiter für lange Zeit entscheidend prägen. Daher sollte der Carve-out der Lohnverrechnung **besonders sorgfältig geplant** werden. Dies auch deshalb, weil das *Closing* von Carve-out-Transaktionen häufig auf einen Monatsletzten fällt, dh in die zeitliche Nähe der monatlichen Lohnauszahlung, und häufig im Zuge eines *Closing* auch Bankkonten und Treasurysysteme umgestellt werden, über welche die Abwicklung der Auszahlungen erfolgt.

Zur Hebung konzerninterner Synergien wird die Lohnverrechnung oft zusammengefasst oder zentral zB durch die Konzernzentrale, einen übergeordneten Unternehmensbereich, ein konzerninternes Service Center oder durch Drittanbie-

---

[38] Dazu *Farhadi/Haghani*, Can there be separation without pain?, 2012, 6.

ter erbracht. Jedenfalls erfordert ein Carve-out idR eine **Umstellung** der Lohnverrechnung auf ein neues System und/oder einen neuen internen oder externen Dienstleister. Dabei ist neben der bereits erwähnten reibungslosen Abwicklung der monatlichen Lohnzahlungen auch auf eine vollständige Übergabe der Personal-, Zahlungs- und lohnsteuerlichen und sozialversicherungsrechtlichen Daten zu achten.

hhh) Heimarbeitsplätze

178 Im Zuge der Planung eines Carve-out ist auch die Übertragung von Heimarbeitsplätzen zu berücksichtigen. Neben der bereits beleuchten arbeitsrechtlichen Seite (→ Rn. 173 f. sowie Teil III) ist auch dafür zu sorgen, dass die entsprechende **Infrastruktur** am Heimarbeitsplatz weiterhin bereitgestellt wird. Ein erschwerender Faktor in der Planung ist die mangelnde Dokumentation dieser Infrastruktur, die oft im Einvernehmen zwischen Mitarbeiter und Vorgesetztem hergestellt wurde, ohne im Detail dokumentiert zu sein. Neben Hardware, deren Übergang im Zuge der Carve-out-Transaktion idR kein Problem sein sollte, ist vor allem der **Fernzugriff** vom Heimarbeitsplatz auf die Systeme des Carve-out-Business sicherzustellen.

179 In der finanziellen Planung des Carve-out sollte der Käufer darauf achten, dass die **Kosten** von Heimarbeitsplätzen dem Carve-out-Business korrekt zugerechnet werden.

d) Bedeutende Strukturveränderungen

180 Die nachfolgende Auflistung von Bereichen, die im Zuge eines Carve-out beachtet werden sollten, beschränkt sich auf **bedeutende Strukturveränderungen** im Zuge des Carve-out, die von der vorangehenden, funktional orientierten Gliederung nur unzureichend erfasst werden konnten.

Strukturelle Veränderungen im Carve-out-Business oder im bestehenden Geschäftsbereich des Käufers ergeben sich idR aus der **strategischen Zielsetzung der Carve-out-Transaktion** aus Käufersicht. Wenn das strategische Ziel zB der Ausbau der Kostenführerschaft ist, so kann es zu Restrukturierungen, Personalabbau, Werksschließungen und -verlagerungen kommen. Wenn das strategische Ziel in der Verbreiterung oder Vertiefung der Produktpalette des Käufers liegt, dann ist mit entsprechenden Anpassungen im Vertrieb oder Neuinvestitionen zu rechnen. Bei Carve-out-Transaktionen, die durch Zielsetzungen entlang der Wertschöpfungskette getrieben sind, kann es zB zum Insourcing der Produktion von Vormaterialien kommen. Umgekehrt kann eine Carve-out-Transaktion auch zu Outsourcing führen, wenn zB manche Hilfsfunktionen wie zB IT Infrastruktur im Carve-out-Business vorhanden sind, aber beim Käufer zur Zeit extern bezogen werden.

181 Außerdem führen Carve-out-Transaktionen oft zur Notwendigkeit von **Anpassungen im IT-Bereich** (→ Rn. 144 ff.), die je nach Branche auch so grundlegend sein können, dass sie als strukturelle Anpassung zu werten sind.

182 Im Falle struktureller Veränderungen werden die **unterschiedlichen Sichtweisen** von Käufer und Verkäufer auf eine Carve-out-Transaktion besonders deutlich: Während für die Preis- und Entscheidungsfindung des Verkäufers entscheidend ist, welche Elemente seines Konzerns er im Zuge des Carve-out aufgibt, ist für die Preis- und Entscheidungsfindung des Käufers diejenige Veränderung maßgeblich, die sein Konzern durch die Einbringung des Carve-out-Business inklusive aller geplanten Begleitmaßnahmen erfährt.

183 Der **Verkäufer** verliert in der Carve-out-Transaktion außer dem eigentlichen Carve-out-Business auch alle jene Erfolgs- oder Kostenbeiträge, die das Carve-out-Business zum verbleibenden Unternehmensteil des Verkäufers liefert, zB in Form einer teilweisen Tragung zentraler Verwaltungskosten des Verkäufers oder in Form der Abnahme von Vormaterialien des Verkäufers. Der Verkäufer berücksichtigt dabei jedoch nicht, welche strukturellen Veränderungen der Käufer mit dem Carve-out-Business vorhat.

184 Der **Käufer** hingegen erwirbt nicht nur das Carve-out-Business als solches, sondern berücksichtigt darüber hinaus alle Effekte, die das Carve-out-Business auf seine übrigen Geschäftsbereiche hat, zB wiederum in Form einer teilweisen Tragung zentraler Verwaltungskosten des Käufers oder in Form der Abnahme von Vormaterialien des Käufers. Darüber hinaus berücksichtigt der Käufer noch ganz allgemein positive und negative Synergien sowie Einmalkosten der Carve-out-Transaktion. Wenn es im Zuge des Carve-out zu strukturellen Veränderungen im Carve-out-Business kommt, dann berücksichtigt der Käufer solche Veränderungen in seiner Preis- und Entscheidungsfindung, zB in Form eines geänderten Filialnetzes oder in Form einer modifizierten Produktpalette.

4. Umsetzung in der Unternehmensbewertung

185 Die Überlegungen im letzten Teil des vorigen Kapitels (→ Rn. 180 ff.) leiten über zum Thema Unternehmensbewertung beim Carve-out, weil sie nochmals verdeutlicht haben, dass die Unternehmensbewertung immer subjektiv aus Sicht des Verkäufers oder des Käufers vorzunehmen ist.

Da bereits zahlreiche Literatur zum Thema Unternehmensbewertung im Allgemeinen vorliegt, auch unter besonderer Berücksichtigung von M&A-Transaktionen, soll im Folgenden nur auf solche Besonderheiten eingegangen werden, die sich spezifisch im Zuge eines Carve-out ergeben. Dazu wird in diesem Kapitel generell die **Sichtweise des Käufers** eingenommen, weil sich aus dessen Sichtweise die meisten zu beachtenden Herausforderungen und Besonderheiten ergeben.

Teil I: Wirtschaftliche Grundlagen

a) Aufbereitung der Finanzzahlen

186 Anders als beim Erwerb eines Gesamtunternehmens liegen im Falle eines Carve-out oft keine geprüften Jahresabschlüsse und keine historisch konsistenten Informationen vor, die das Carve-out-Business entsprechend dem zwischen den Parteien vereinbarten Transaktionsumfang abbilden. Man greift daher auf sogenannte **Pro-forma-Finanzzahlen**[39] zurück, die speziell für die Carve-out-Transaktion erstellt werden. Daraus ergeben sich einige Herausforderungen:

187 • Die **Verlässlichkeit** eines geprüften Jahresabschluss, die sich sowohl aus der Anwendung öffentlich bekannter, detailliert geregelter und kommentierter, jahrzehntelang verfeinerter **Regeln** zur Rechnungslegung als auch aus der **Prüfung** durch einen externen Wirtschaftsprüfer ergibt, fällt bei einer Carve-out-Transaktion idR weg, sofern nicht ein geprüfter Carve-out-Abschluss erstellt wird (→ Teil VI).[40] Alternativ können fallweise die Pro-forma-Finanzzahlen auf geprüfte Jahresabschlüsse des Verkäufers übergeleitet werden.[41] Dies ist jedoch nicht immer tunlich, weil dadurch Zahlen des verbleibenden Geschäfts des Verkäufers offengelegt werden.

188 • Wenn der Verkäufer und seine Berater nicht von der Möglichkeit der Erstellung eines geprüften Carve-out-Abschlusses Gebrauch machen, greifen sie bei einer Carve-out-Transaktion üblicherweise auf ungeprüfte Zahlen aus dem internen Berichtswesen zurück, auf deren Grundlage sie das Zahlenwerk des Carve-out-Business zusammenstellen. Das interne Berichtswesen ist aber idR auf **vereinfachte, zweckmäßige** und **vor allem rasche** laufende Information der Geschäftsführung ausgelegt, die diese Zahlen vor allem im Perioden- oder Plan-/Ist-Vergleich zur Unternehmenssteuerung heranzieht. Auf die absolute Richtigkeit von Details oder auf die genaue Übereinstimmung mit dem geprüften Jahresabschluss wird weniger Wert gelegt. Dementsprechend fehlen in diesen Zahlen regelmäßig wichtige Elemente eines geprüften Jahresabschlusses, wie zB:
  ○ Vollständige Gewinn- und Verlustrechnung: Das interne Rechnungswesen begnügt sich fallweise mit steuerungsrelevanten Kennzahlen wie EBITDA oder EBIT, ohne den Jahresüberschuss auszuweisen
  ○ Nicht selten werden zentrale Kosten, die ursächlich dem Carve-out-Business zuzurechnen sind, im internen Berichtswesen nicht erfasst, weil diese durch die Verantwortlichen im Carve-out-Business nicht zu beeinflussen sind und somit – dem Steuerungszweck folgend – im internen Berichtswesen störend wären

---

[39] *Mengen/Richter*, 288 ff. und *Peemöller/Gehlen*, Financial Due Diligence bei Carve-out-Transaktionen, 2015, 1141.
[40] *Ernst & Young*, Capturing value through carve-outs, 2011, 3 ff.
[41] *Peemöller/Gehlen*, Financial Due Diligence bei Carve-out-Transaktionen, 2015, 1141.

4. Umsetzung in der Unternehmensbewertung

- ○ Die richtige Zuordnung von Ertragssteuern findet im internen Rechnungswesen oft nur unzureichend statt, da eine der Voraussetzungen dafür ua die vollständige Aufstellung eines geprüften Jahresabschlusses wäre
- ○ Auf Grund der Notwendigkeit einer zeitnahen Erstellung der Zahlen des internen Berichtswesens wird auf Genauigkeit bei der Periodenabgrenzung verzichtet. Gelegentlich werden Schätzungen und Erfahrungswerte herangezogen
- ○ Für das monatliche Berichtswesen wird idR keine vollständige Inventur durchgeführt
- ○ Manchmal werden Bilanzzahlen nur grob abgeschätzt. Auf Genauigkeit wird insbesondere dort Wert gelegt, wo die Veränderung von Bilanzzahlen Auswirkungen auf den Cash-Flow hat, zum Beispiel im Working Capital. Andere Bilanzgrößen ohne Auswirkung auf den Cash-Flow, wie zB Rückstellungen oder Bewertungsreserven, werden fallweise weniger sorgfältig ermittelt.
- ○ Die Monatsberichte mehrerer Berichtseinheiten stehen idR gleichberechtigt nebeneinander. Wenn mehrere Berichtseinheiten gemeinsam das Carve-out-Business bilden sollen, dann fehlen daher die in der Buchhaltung üblichen Konsolidierungsbuchungen.

- Im alltäglichen Sprachgebrauch werden einige dieser Ungenauigkeiten mit dem Begriff **„13. Monat"** umschrieben. Im Allgemeinen werden unter diesem nicht genau definierten Begriff alle Buchungen verstanden, die im Zuge der Erstellung des Jahresabschlusses zur genauen Periodenabgrenzung und zur Korrektur unterjähriger Schätzungen durchgeführt werden.
- Im Einzelfall kann es sein, dass Zahlen aus dem internen Berichtswesen nicht den für den geprüften Jahresabschluss geltenden **Rechnungslegungsregeln** folgen. So ist es nicht untypisch, dass in US-amerikanischen Konzernen das interne Berichtswesen auch in Deutschland den Regeln von US GAAP folgt, während der geprüfte Jahresabschluss einer deutschen Gesellschaft idR nach HGB aufzustellen ist.[42]
- Zu den objektiven Nachteilen aus der Verwendung des internen Berichtswesens als Grundlage für die Aufbereitung der Finanzzahlen des Carve-out-Business kommt noch die **subjektive Interessenlage des Verkäufers**, der idR den Kaufpreis aus der Carve-out-Transaktion optimieren will. Ein Verkäufer nützt dabei oft die gegebenen Interpretations- und Gestaltungsspielräume, um die Finanz- und Ertragslage des Carve-out-Business im bestmöglichen Licht darzustellen. Insofern solche **verkäuferfreundlichen Annahmen und Definitionen** transparent gemacht werden und sie der Käufer in seiner Auswertung der Zahlen berücksichtigen kann, ist dagegen auch nichts einzuwenden. Ein typisches Beispiele dafür wäre die Zuordnung der Kosten für Leistungen, die

---

[42] *Mengen/Richter*, 292 ff.

teils dem Carve-out-Business und teils dem verbleibenden Unternehmensteil des Verkäufers zu Gute kommen, wie zB im Bereich Forschung und Entwicklung. Hier könnte ein Verkäufer leicht argumentierten, dass die Arbeit der Forschungs- und Entwicklungsabteilung überwiegend oder ausschließlich dem verbleibenden Unternehmensteil des Verkäufers zu Gute kommt und somit die Kosten dieser Abteilung nicht dem Carve-out-Business zuzurechnen sind. Diese Angabe lässt sich nur schwer objektivieren (weil Forschungs- und Entwicklungsergebnisse generell schwer wirtschaftlich fassbar sind) und noch schwerer überprüfen, weil verständlicherweise ein Verkäufer nicht das gesamte Portfolio und Leistungsspektrum seiner Forschungs- und Entwicklungsabteilung „nur" für den Zweck der Überprüfung der Finanzzahlen des Carve-out-Business dem Käufer offenlegen möchte.

191 • Neben dem soeben erwähnten Interpretations- und Gestaltungsspielräumen des Verkäufers gibt es mit dem Käufer ein weiteres subjektives Element, das bei der Zusammenstellung der Finanzzahlen des Carve-out-Business zu berücksichtigen ist. Mit anderen Worten, ohne Kenntnis der Identität des Käufers können **keine zutreffenden Finanzzahlen des Carve-out-Business** dargestellt werden.[43] Auf die Gründe dafür wird in der Folge noch detaillierter eingegangen, aber vorab ein illustratives Beispiel:

> Das Carve-out-Business betreibt vier Vertriebsbüros gemeinsam mit dem verbleibenden Unternehmensteil des Verkäufers. Zur Vereinfachung wird unterstellt, dass im Zuge des Carve-out keine strukturelle Veränderung im Vertrieb geplant ist und dass die Vertriebsbüros somit grundsätzlich an den bestehenden Standorten weiterzuführen sind. Aus Gründen der Vertraulichkeit ist nach dem Carve-out eine Übersiedlung der Vertriebsmitarbeiter des Carve-out-Business aus den bestehenden gemeinsamen Büros in neue, getrennte Büros vorgesehen, da an den bestehenden Standorten eine räumliche Trennung nicht möglich ist.
>
> Wenn nun Käufer A an keinem der Standorte ein Vertriebsbüro hat, dann müssen in der Darstellung der Finanzzahlen des Carve-out-Business erhöhte laufende Kosten vorgesehen werden, da für einen kleineren Bürostandort idR höhere Kosten pro Kopf anfallen.
>
> Wenn Käufer B an allen vier Standorten bereits Vertriebsbüros unterhält und nach dem Carve-out vergrößerte Vertriebsbüros unter Einschluss der Vertriebsmitarbeiter des Carve-out-Business betreiben will, müssen in der Darstellung der Finanzzahlen des Carve-out-Business je nach Größe der neuen Vertriebsbüros des Käufers im Vergleich zu den bestehenden Vertriebsbüros des Verkäufers höhere, gleich hohe oder geringere laufende Kosten vorgesehen werden, da für unterschiedlich große Bürostandorte idR unterschiedlich hohe Kosten pro Kopf anfallen.

---

[43] *Mengen/Richter*, 282 und *Peemöller/Gehlen*, Financial Due Diligence bei Carve-out-Transaktionen, 2015, 1143; die von der „vom Verkäufer angedachten Zielstruktur" sprechen.

4. Umsetzung in der Unternehmensbewertung

Die aus Sicht des Verkäufers „richtige" Darstellung auf Basis der derzeitigen anteiligen Kosten der Vertriebsbüros trifft somit idR auf keinen einzelnen Käufer zu, da es in Abhängigkeit von der Identität des Käufers immer zu Abweichungen kommt.

Angesichts der geschilderten Schwierigkeiten behelfen sich Verkäufer, indem sie zB bei der Erstellung der Finanzzahlen des Carve-out-Business von einem **„typischen" Käufer** ausgehen oder je nach Käufertyp unterschiedliche Annahmen treffen, zB für strategische Käufer und für Finanzinvestoren. Letztere Vorgehensweise wird auch von McKinsey empfohlen.[44] Dem Vorwurf einer zu starken Subjektivität kann der Verkäufer entgegentreten, indem er einen Dritten (zB eine bekannte Wirtschaftsprüfungsgesellschaft) mit der Erstellung der Finanzinformationen des Carve-out-Business (zB in Form eines sog. Carve-out-Abschlusses oder kombinierten Abschlusses) beauftragt. Das Ergebnis einer solchen Arbeit kann zB in ein sogenanntes *Financial Fact Book* oder bei umfangreicherer Ausarbeitung in einen *Financial Vendor Due Diligence Bericht* integriert werden. 192

b) Ableitung des normalisierten Cash-Flows

Zur Ableitung normalisierter Cash-Flows liegt bereits umfangreiche Literatur vor. Deshalb kann an dieser Stelle vorausgesetzt werden, dass der Begriff des **normalisierten (nachhaltig erzielbaren) Cash-Flows** und seine Relevanz für die Unternehmensbewertung in einem Ertragswertmodell bekannt sind. Es wird insbesondere die übliche Betrachtungsweise vorausgesetzt, dass im Zuge einer Unternehmensbewertung nicht nur der Cash-Flow des Zielunternehmens an sich ermittelt und berücksichtigt wird, sondern vielmehr die Veränderung im Cash-Flow des Käufers, die durch die Integration des Zielunternehmens – in unserem Fall: des Carve-out-Business – erzielt wird. Es sollen im Folgenden einige Hinweise auf Problemstellungen gegeben werden, die gerade und nur im Zuge einer Carve-out-Transaktion auftreten. 193

Unabhängig von der Vorarbeit des Verkäufers hat der Käufer Interesse daran, die bereitgestellten Zahlen aus dem internen Berichtswesen des Verkäufers so zu überarbeiten, dass sie den **Rechnungslegungsregeln des Käufers** möglichst nahe kommen. So lässt sich die erwähnte Veränderung im Cash-Flow des Käufers durch die Integration des Carve-out-Business am sinnvollsten darstellen. 194

aa) Konzerninterne Liefer- und Leistungsbeziehungen

Die richtige Berücksichtigung konzerninterner Liefer- und Leistungsbeziehungen ist die **wichtigste wirtschaftliche Besonderheit** einer Carve-out-Trans- 195

---

[44] *Fubini/Park/Thomas*, Profitably parting ways: Getting more value from divestitures, 2013, 3 f.

aktion.⁴⁵ Ohne genaues Verständnis der konzerninternen Liefer- und Leistungsbeziehungen lassen sich die Finanzzahlen des Carve-out-Business nicht sinnvoll interpretieren, und ohne Einigung über Natur, Umfang und Preissetzung der Liefer- und Leistungsbeziehungen zwischen dem Carve-out-Business und dem verbleibenden Unternehmensteil des Verkäufers nach dem Carve-out lässt sich kein **sinnvoller Kaufpreis** für das Carve-out-Business vereinbaren.

196 Die idR wichtigsten konzerninternen Liefer- und Leistungsbeziehungen sind die **Lieferung von Vormaterialien** durch den verbleibenden Unternehmensteil des Verkäufers an das Carve-out-Business sowie der **Verkauf von Fertigprodukten** des Carve-out-Business an oder über (als Vertriebskanal) den verbleibenden Unternehmensteil des Verkäufers. Folgendes Beispiel zur Illustration der Bedeutung:

> Bei einem industriellen Carve-out-Business mit 8 % EBIT-Marge bezieht das Carve-out-Business Vormaterialien im Umfang von 40 % des Umsatzes vom verbleibenden Unternehmensteil des Verkäufers. Eine Preisdifferenz von nur 5 % auf diese Vormaterialien würde die EBIT-Marge des Carve-out-Business um 2 Prozentpunkte bzw. 25 % beeinflussen! (Rechnung: (5 % * 40 %)/8 %)

197 Generell werden in konzerninternen Liefer- und Leistungsbeziehungen schon aus steuerlichen Gründen und aus Gründen der korrekten Unternehmenssteuerung **marktgerechte Preise und Konditionen** verwendet. Allerdings bietet das Steuerrecht hier einigen Interpretations- und Gestaltungsspielraum, der in der Praxis auch genützt wird. Daher kann für eine Unternehmensbewertung bei einem Carve-out weder vorausgesetzt werden, dass die bestehenden Preise und Konditionen exakt marktgerecht sind noch dass sie nach dem Carve-out unverändert bleiben.

198 Das Verständnis der vor dem Carve-out bestehenden konzerninternen Liefer- und Leistungsbeziehungen ist nur der Ausgangspunkt der Analyse. Viel wichtiger ist es, wie diese Liefer- und Leistungsbeziehungen **nach Durchführung des Carve-out** aussehen werden. Zur Herleitung dieser Sicht gibt es zwei grundsätzliche Varianten, die in der Praxis auch beide regelmäßig angewendet werden, häufig auch in Kombination:

199 (1) Abschluss von **Lieferverträgen**⁴⁶ zwischen dem Carve-out-Business und dem verbleibenden Unternehmensteil des Verkäufers (→ Rn. 46 ff. sowie Rn. 212 ff.). Diese Methode bietet sich schon deshalb an, weil es aus operativen Gründen idR ohnehin nicht ohne Weiteres möglich ist, das Carve-out-Business mit dem *Closing* schlagartig auf andere Lieferbeziehungen umzustellen. Für die

---

⁴⁵ Dazu *Seyfarth*, Präsentation 2015, Folie Nr. 5.
⁴⁶ Lieferverträge werden hier als vereinfachter Sammelbegriff für Einkaufsverträge (nach denen das Carve-out-Business Waren und/oder Dienstleistungen vom verbleibenden Unternehmensteil des Verkäufers einkauft) und Verkaufsverträge (nach denen das Carve-out-Business Waren und/oder Dienstleistungen an den verbleibende Unternehmensteil des Verkäufers verkauft) verwendet.

Unternehmensbewertung sind die Finanzzahlen des Carve-out-Business unter Berücksichtigung der Preis-, Mengen- und Konditionengestaltung aus den Lieferverträgen darzustellen.

(2) **Anpassung** der bestehenden konzerninternen Liefer- und Leistungsbeziehungen auf extern erzielbare **Marktpreise**. Diese Methode geht davon aus, dass die Liefer- und Leistungsbeziehungen mit dem verbleibenden Unternehmensteil des Verkäufers nach dem Carve-out nicht mehr fortgeführt werden und das Carve-out-Business seine Geschäfte nach dem Carve-out mit externen Marktteilnehmern machen wird. Für die Unternehmensbewertung relevant sind die erwarteten Marktpreise und Konditionen nach *Closing*. Die Finanzzahlen des Carve-out-Business sind unter deren Berücksichtigung darzustellen. **200**

Diese Ausführungen gelten natürlich nicht nur für die Lieferung von Waren, sondern auch für die wechselseitige Erbringung von **Dienstleistungen** zwischen dem Carve-out-Business und dem verbleibenden Unternehmensteil des Verkäufers. Weitaus überwiegend ist das Carve-out-Business dabei der Leistungsempfänger und der verbleibende Unternehmensteil des Verkäufers der Leistungserbringer. Für die Berücksichtigung in der Unternehmensbewertung ist es dabei irrelevant, ob die Dienstleistungen pauschal oder einzeln abgerechnet werden. Wichtig sind insbesondere zwei Fragestellungen: **201**

(1) In welchem Umfang wird die Dienstleistung **nach dem Carve-out benötigt**? Es ist im Interesse des Verkäufers zu argumentieren, dass die bisher konzernintern erbrachten Dienstleistungen nach dem Carve-out nicht mehr erforderlich sind, weil die dadurch wegfallenden Kosten die als Grundlage für die Unternehmensbewertung verwendeten Erträge erhöhen. Dem Käufer ist dagegen eine realistische Perspektive wichtig. Gelegentlich kann es vorkommen, dass der Verkäufer bisher konzerninterne Dienstleistungen erbracht, sie aber dem Carve-out-Business nicht verrechnet hat. Diese Dienstleistungen sind aus Käufersicht in der Kostenstruktur des Carve-out-Business zusätzlich zu berücksichtigen. **202**

(2) Sofern eine Dienstleistung nach dem Carve-out benötigt wird: Welche **Kosten** werden dem **Carve-out-Business** für diese Dienstleistung nach dem Carve-out entstehen? In der Praxis ist diese Frage etwas weniger kritisch als die erste, da idR die Kostenstrukturen vor und nach einem Carve-out nicht sehr stark unterschiedlich sind und konzerninterne Dienstleistungen oft nur einen geringen Anteil an der Kostenbasis des Carve-out-Business haben. **203**

bb) Besondere Sichtweise des Käufers

Der Käufer muss bei der Unternehmensbewertung – in der Regel getrennt von der sogenannten *Stand alone*[47] Bewertung – **positive und negative Synergien** aus dem Carve-out berücksichtigen. Diese Aufgabenstellung ist in Carve-out-Trans- **204**

---

[47] *Ernst & Young*, Capturing value through carve-outs, 2011, 4.

Teil I: Wirtschaftliche Grundlagen

aktionen aber nicht grundlegend anders ausgeprägt als bei Unternehmenstransaktionen im Allgemeinen. Daher kann hier auf die vorhandene Literatur verwiesen werden.[48]

205 Die Vorgehensweise bei der Ablösung von Finanzierungen im Zuge einer Carve-out-Transaktion wurde bereits beschrieben (→ Rn. 132 ff.). Für die Unternehmensbewertung ist von Interesse, inwieweit sich die **Finanzierungskonditionen** im Zuge des Carve-out ändern. Eine für den Verkäufer vorteilhafte Finanzierungsstruktur des Carve-out-Business kann für den Käufer eine finanzielle Belastung darstellen und umgekehrt. Viele Kapitalgeber sichern sich über sogenannte *Change-of-Control* Klauseln in ihren Finanzierungsverträgen ein wirtschaftliches Mitspracherecht zu den Finanzierungskonditionen nach einer Carve-out-Transaktion. Für die korrekte Abbildung der zukünftigen Finanzierungskonditionen in der Unternehmensbewertung sind diese entweder abzuschätzen oder – soweit tunlich – durch rechtzeitige Gespräche mit den Kapitalgebern zu konkretisieren.

cc) Besondere Sichtweise des Verkäufers

206 Spiegelbildlich zu der für die Unternehmensbewertung des Käufers relevanten Fragestellung, wie sich seine Cash-Flows durch die Integration des Carve-out-Business ändern, stellt sich für die Unternehmensbewertung des Verkäufers die Frage, wie sich seine **Cash-Flows durch den Verkauf des Carve-out-Business ändern**.[49] Der Verkäufer verliert dabei nicht genau den Cash-Flow des Carve-out-Business in der vor dem Carve-out erzielten Höhe, sondern idR einen abweichenden Betrag. Man spricht dann von **Remanenzkosten**.[50] Im Folgenden sind zwei typische Beispielsfälle für solche Abweichungen angeführt.

207 Wie bereits dargelegt, erbringen idR verschiedene Einheiten des verbleibenden Unternehmensteils des Verkäufers **Dienstleistungen für das Carve-out-Business**.[51] Dafür werden dem Carve-out-Business vereinbarte Kostensätze in Rechnung gestellt. In dieser Höhe entstehen beim Carve-out-Business Kosten und im verbleibenden Unternehmensteil des Verkäufers Erträge. Ohne weitere Maßnahmen würde der Verkäufer diese Erträge mit dem Carve-out zur Gänze verlieren, während die dem Verkäufer entstehenden Fixkosten für die Dienstleistungen zur Gänze bestehen bleiben. Als Ergebnis würden sich die Cash-Flows des Verkäufers um den Betrag der vor dem Carve-out vereinnahmten Kostensätze ver-

---

[48] Besonders übersichtlich in *Niemeyer/Ratka*, Finanzielle Aspekte und Best Practice beim Kauf und Verkauf von Unternehmensteilen, 2014, 19.
[49] U.a. durch den Verlust von vor dem Carve-out vorhandenen internen Synergien, vgl. Ostling *et al.* Spin-Off Guide 2014, 3, *Ernst & Young*, Capturing value through carve-outs, 2011, 5, und *Fubini/Park/Thomas*, Profitably parting ways: Getting more value from divestitures, 2013, 4f.
[50] *Mengen/Richter*, 285.
[51] *Niemeyer/Ratka*, Finanzielle Aspekte und Best Practice beim Kauf und Verkauf von Unternehmensteilen, 2014, 20.

ringern. Um diesen Effekt abzufedern, versucht der Verkäufer **nach dem Carve-out Kosteneinsparungen** umzusetzen. Da konzerninterne Dienstleistungen oft von fest angestellten Mitarbeitern erbracht werden, können solche Kosteneinsparungen nur begrenzt über die Einsparung variabler Kosten abgebildet werden, dh der Verkäufer muss soweit möglich und sinnvoll versuchen, nach dem Carve-out Fixkosten, zumeist im Personalbereich, einzusparen.

In der Unternehmensbewertung muss der Verkäufer somit den Unterschiedsbetrag zwischen den erzielbaren Kosteneinsparungen und den bisher dem Carve-out-Business in Rechnung gestellten Kostensätzen als Cash-Flow zusätzlich zu den Cash-Flows des Carve-out-Business i. e. S. einplanen.

Ein weiterer für den Verkäufer wichtiger Effekt aus einem Carve-out ist die **Veränderung von Einkaufskonditionen**. IdR lassen sich durch höhere Einkaufsmengen günstigere Einkaufskonditionen erzielen. Wenn das Einkaufsvolumen des Verkäufers durch den Carve-out sinkt, so verschlechtern sich dadurch die Einkaufskonditionen des verbleibenden Unternehmensteils des Verkäufers. Dieser Effekt lässt sich kaum vermeiden, aber die Auswirkungen können durch geeignete Maßnahmen wie zB die vorausschauende und mögliche Carve-out-Transaktionen bereits berücksichtigende Verhandlung von Einkaufsverträgen oder – sofern kartellrechtlich zulässig und betriebswirtschaftlich erwünscht – die Vereinbarung einer Einkaufsgemeinschaft mit dem Käufer des Carve-out-Business abgefedert werden. Jedenfalls müssen die veränderten Einkaufskonditionen im verbleibenden Unternehmensteil des Verkäufers in den für die Unternehmensbewertung der Carve-out-Transaktion maßgeblichen Cash-Flows berücksichtigt werden.

c) Einmalkosten

Schließlich sind in der Unternehmensbewertung auch die mit dem Carve-out verbundenen Einmalkosten zu berücksichtigen. Das ist dem Grunde nach aus Sicht des Käufers keine Besonderheit einer Carve-out-Transaktion, sondern deckt sich mit der Erfahrung aus anderen Unternehmenskäufen. Bei einer Carve-out-Transaktion sind jedoch im Vergleich zu anderen Unternehmenskäufen einige **zusätzliche Kostenpositionen** anzutreffen, insbesondere:

- Abtrennung der Informations- und Kommunikationstechnik
- Zusätzliche Lizenzkosten im IT-Bereich
- Vertriebsumstellung, z. B. Kündigung von Handelsvertretern oder Neustrukturierung der Vertriebsmannschaft
- Generelle Anpassung der im Carve-out übertragenen Mitarbeiterstruktur and die langfristig gewünschte
- Umfirmierung des Carve-out-Business
- Verlagerungskosten im Fall von bisher gemeinsam mit dem verbleibenden Unternehmensteil des Verkäufers genutzten Standorten

210   Eine weitere Besonderheit eines Carve-out ist, dass auch **aus Verkäufersicht Einmalkosten** (zusätzlich zu den üblichen Beratungskosten) anzusetzen sind. So entstehen dem Verkäufer regelmäßig Kosten aus der Abtrennung der Informations- und Kommunikationstechnik, die er zwar fallweise, aber nicht immer vollständig auf den Käufer abwälzen kann.

5. Vertragliche Umsetzung

211   Der vertraglichen Umsetzung von Carve-out-Transaktionen sind mehrere Kapitel gewidmet (→ insbesondere Teil II und Teil VII). Ergänzend dazu soll an dieser Stelle die **wirtschaftliche Bedeutung** ausgewählter Verträge beschrieben werden.

a) Lieferverträge

212   Bei den Lieferverträgen[52] handelt es sich wie bereits ausgeführt um die wirtschaftlich bedeutsamste Besonderheit von Carve-out-Transaktionen, die entscheidend für die Unternehmensbewertung und Kaufpreisfindung sind (→ Rn. 46 ff.). Wirtschaftlich besonders wichtig ist dabei die **Preisbildung** sowie, um die praktische Anwendung der vereinbarten Preise auch vertraglich abzusichern, Vereinbarungen über **Mindestabnahme- und -liefermengen**.

213   Bei der Festlegung der **Preise** in den Lieferverträgen setzt die Praxis oft auf den **vor dem Carve-out konzernintern gültigen Preislisten** auf. Das hat den Vorteil, dass hierdurch keine Anpassung der Finanzzahlen des Carve-out-Business notwendig wird und dass keiner Partei der Carve-out-Transaktion Vor- bzw. Nachteile aus veränderten Preisen im Zuge der Kaufpreisfindung abgegolten werden müssen. Da Lieferverträge bei Carve-out-Transaktionen oft längere Laufzeiten aufweisen, können die vereinbarten Preise nicht über die gesamte Laufzeit konstant bleiben, sondern müssen je nach **Markt- und Kostenentwicklung** angepasst werden. Dazu gibt es verschiedene Ansätze, zB die Verwendung veröffentlichter Preisindizes oder die Beobachtung von externen Marktpreisen des Lieferanten oder des Kunden außerhalb Liefervertrags. Von einem – auf den ersten Blick sogar recht naheliegenden – Ansatz ist jedoch jedenfalls abzuraten: Die Preisfindung sollte **nicht** letztendlich der **fortlaufenden Vereinbarung** der Parteien überlassen werden. Während eine solche Klausel als primäre Lösung durchaus sinnvoll ist und in der täglichen Zusammenarbeit der Parteien unter dem Liefervertrag idR sehr

---

[52] Lieferverträge werden hier als vereinfachter Sammelbegriff für Einkaufsverträge (nach denen das Carve-out-Business Waren und/oder Dienstleistungen vom verbleibenden Unternehmensteil des Verkäufers einkauft) und Verkaufsverträge (nach denen das Carve-out-Business Waren und/oder Dienstleistungen an den verbleibende Unternehmensteil des Verkäufers verkauft) verwendet.

lebensnahe ist, sollte sie keinesfalls die einzige Klausel zur Preisfindung sein. Vielmehr sollte der Liefervertrag für den Fall der Nichteinigung in der Verhandlung jedenfalls auf eine **objektive Preisformel** zurückgreifen.

Die Nutzung von **Preisformeln** wirft **über einen langen Zeitraum** besondere Probleme auf, insbesondere wenn die verwendeten Variablen die wahren Treiber der Preisentwicklung im Markt nicht ausreichend genau erfassen. Es gibt viele Gründe, warum das der Fall sein könnte, ua die schiere **Komplexität** mancher Märkte und Produkte, die sie einer formelmäßigen Preisgestaltung schwer zugänglich machen und die in der heutigen Zeit immer schnellere **strukturelle Veränderung von Märkten**, zB durch neue Technologien, neue Produkte, neue Marktteilnehmer etc. Trotz allem gibt es aus Sicht des Autors keine Alternative zur Verwendung von Preisformeln, wenn man einen Liefervertrag wirtschaftlich und rechtlich durchsetzbar ausgestalten möchte.

Wenn jedoch das Vertrauen der Parteien in die vereinbarte Preisformel nicht ausreichend ist, dann könnte als Kompromiss das Konzept eines „**Sicherheitsnetzes**" eingeführt werden. Dieses Sicherheitsnetz könnte zB in einer Klausel bestehen, welche jeder Partei des Recht einräumt, **Gespräche** mit der anderen Partei **über die Preisformel** zu führen, sobald aus Sicht der berechtigten Partei eine Abweichung zwischen dem Preis unter der Preisformel und dem allgemeinen Marktpreis auftritt. Eine solche Klausel führt zwar nicht unbedingt zu einer Veränderung der vertraglichen Rechtspositionen, da diese Gespräche nicht zwingend zu einem Ergebnis führen müssen und auch ohne eine solche Klausel in der gleichen Weise geführt werden können, aber bei Vorhandensein von gutem Willen beider Parteien kann eine solche Klausel durchaus konstruktiv genutzt werden. Eine andere Möglichkeit wäre, **Liefer- und Abnahmeverpflichtungen asymmetrisch** zu gestalten. Wenn zB der Lieferant unter dem Liefervertrag zu 100% liefern muss, aber den Kunden nur eine Abnahmeverpflichtung von 80% trifft, dann wird der Kunde die letzten 20% nur dann abnehmen, wenn der aktuelle Preis dafür auch aus seiner Sicht zufriedenstellend ist. Diese Variante lässt sich natürlich auch zu Gunsten des Lieferanten gestalten. Eine weitere Variante wäre die Begrenzung der Ergebnisse der primären Preisformel durch eine **sekundäre Preisformel**. So könnte zB der Ausgangspunkt der primären Preisformel eine Anpassung erfahren, wenn die Bruttomarge des Lieferanten über oder unter einem gewissen Schwellenwert liegt.

Ein weiteres erforderliches Merkmal eines rechtlich und wirtschaftlich durchsetzbaren Liefervertrages ist eine **klare Mengenvereinbarung**, sowohl die Liefermengen als auch die Abnahmemengen betreffend. Eine solche Mengenvereinbarung kann die Menge entweder genau (ohne mögliche Abweichung) oder als Mindestmenge festlegen, entweder in Form einer fixen Menge oder eines Anteils am Bedarf des Kunden. Auf Grund der unbekannten zukünftigen Mengenentwicklung bietet sich die Vereinbarung einer **Mindestmenge in % des Bedarfs des Kunden** an, die im Extremfall – im Rahmen des kartellrechtlichen Zulässigen – bis zu einer Exklusivitätsvereinbarung gehen kann.

217 Mengenvereinbarungen sind nur dann effektiv durchsetzbar, wenn bei Nichtabnahme bzw Nichtlieferung entsprechende **Vertragsstrafen- oder Schadensersatzregelungen** vorgesehen sind. Da der Schaden aus einer nicht erfolgten Lieferung oder Abnahme in einem streitigen Verfahren nur schwer bestimmbar ist (den Parteien müsste die Vornahme von Ersatzbeschaffungen bzw. -lieferungen unterstellt werden), bietet sich die Vereinbarung von Vertragsstrafen oder pauschaliertem Schadensersatz an. In der Praxis ist das regelmäßig ein sehr kontrovers diskutiertes Thema und in Verhandlungssituationen nicht immer durchsetzbar.

218 Das letzte wichtige Element eines Liefervertrages bei einer Carve-out-Transaktion ist die **Laufzeit**. Diese ist außer durch praktische Überlegungen im Hinblick auf Marktentwicklung und Preisformel uU auch kartellrechtlich beschränkt. In der Praxis enden langfristige Lieferverträge bei Carve-out-Transaktion oft mit einer Übergangsphase, bei der die gelieferten und bezogenen Mengen über den Zeitraum von einigen Jahre herabgesenkt werden.

b) Dauerhafte Nebenvereinbarungen

219 Neben *Transitional Services Agreements*[53] (→ Teil VII) mit begrenzten Laufzeiten kann es bei Carve-out-Transaktionen fallweise auch dauerhafte Nebenvereinbarungen geben. Wenn Standorte auch nach dem Carve-out gemeinsam von Carve-out-Business und Verkäufer genutzt werden sollen, sind entsprechende **Mietverträge**[54] und/oder andere Nutzungsrechte vorzusehen. Die Kosten des Mietvertrages muss der Käufer bei der Unternehmensbewertung berücksichtigen. Das ist insbesondere dann kritisch, wenn die Nutzung der Liegenschaft durch das Carve-out-Business bisher ohne gesondertes Entgelt erfolgt ist. Solche Mietverträge enthalten oft auch Sonderregelungen wie zB **Vorkaufsrechte** für die Liegenschaft oder eine **Kaufoption** am Ende der Laufzeit.

220 In der Praxis kommt es bei Liegenschaften, die auch nach dem Carve-out gemeinsam von Carve-out-Business und Verkäufer genutzt werden sollen, gelegentlich zu weiteren Vereinbarungen über **Shared Services**. So können zB Sicherheitsdienste gemeinsam beauftragt werden, die Kantine weiterhin gemeinsam benutzt werden oder umwelttechnische Anlagen wie zB zur Abwasser- oder Abluftreinigung weiterhin gemeinsam betrieben werden.

c) Konfliktlösung

221 Bei allen Verträgen, die über den Zeitpunkt des Vollzugs (*Closing*) der Carve-out-Transaktion Gültigkeit behalten, kommt der Konfliktlösung besondere Bedeu-

---

[53] Dazu *Hörmann/Lambrich/Pupeter*, Präsentation 2013, Folie Nr. 23 sowie Ostling et al. Spin-Off Guide 2014, 31 f.
[54] *Gerhard/Hasler* GesKR 2014, 243 ff.

tung zu. Bei den langfristig gültigen Verträgen bei einer Carve-out-Transaktion ist idR weder eine konfliktorientierte Problemlösung tunlich – wie zB bei Unternehmenskaufverträgen, deren Parteien sich oft nur einmalig gegenüberstehen – noch ist eine Konfliktvermeidung durch Kündigung und Partnerwechsel möglich wie bei normalen Kunden- und Lieferantenbeziehungen. Daher sollten schon bei der Vertragsgestaltung und nicht erst im Streitfall zusätzlich zu der jedenfalls gebotenen Gerichtsstands- oder Schiedsklausel geeignete **Eskalationsmechanismen** vorgesehen werden. Dazu zählen je nach Einzelfall eine Eskalation des Problems innerhalb der **Hierarchieebenen** der beteiligten Parteien bis hinauf zur Geschäftsführung oder ein **Mediationsverfahren** durch eine geeignete Stelle.

6. Sonderproblematik Management Buy-out

Abschließend soll auf den Sonderfall des **Erwerbs eines Carve-out-Business durch dessen Management** eingegangen werden. Diese Variante kommt vor allem bei kleineren und/oder weniger leicht an externe Käufer verkäuflichen Geschäftsbereichen in Frage. Die Vor- und Nachteile dieser Variante der Carve-out-Transaktion gegenüber dem Verkauf an einen externen Käufer sind sorgfältig abzuwiegen. Außerdem ist zu beachten, dass sich ein *Management Buy-out* (MBO) idR nicht mit einem Verkaufsprozess, an welchem auch externe Käufer teilnehmen, vereinbaren lässt. 222

a) Vor- und Nachteile

Das Management des Carve-out-Business hat von allen Beteiligten die wohl **beste Kenntnis** des Carve-out-Business. Der Verkäufer sollte daher bei einem MBO idR in der Lage sein, **weniger umfangreiche Haftungszusagen** machen zu müssen und kann eine **schnellere Due Diligence** mit weniger Überraschungen erwarten. Außerdem ist das Management des Carve-out-Business dem Verkäufer persönlich bekannt und der Verkäufer kann die **Vertrauenswürdigkeit und Zuverlässigkeit** eines Angebotes des MBO-Teams idR besser einschätzen als bei einem Angebot eines unbekannten externen Käufers. 223

Der limitierende Faktor hinsichtlich geringer Haftungszusagen und schnellerer Due Diligence sind die **Kapitalgeber** des Managements, die sich idR nicht nur auf das meist **sehr geringe Eigenkapital** des Managements als Risikopuffer verlassen wollen, sondern zusätzlich auch vom Verkäufer Haftungszusagen im marktüblichen Umfang verlangen. **Mangels ausreichender Transaktionserfahrung** unterschätzt das Management in einem MBO oft die Anforderungen von Fremdkapitalgebern und andere aufwändige Aspekte des Carve-out-Prozesses. Das führt in der weitaus überwiegenden Anzahl der Fälle dazu, dass die **erste Finanzierungsrunde** 224 eines MBO scheitert und ggf. erst die zweite Runde zu einer Finanzierungszusage führt. Außerdem kennt das Management sehr genau alle **verborgenen Risiken** des Carve-out-Business, was im Vergleich zu einem unbefangenen oder gar optimistischen Käufer ein Nachteil sein kann. Im Ergebnis lässt sich festhalten, dass ein MBO – sofern er überhaupt Erfolgsaussichten hat – eher die Transaktionsgeschwindigkeit optimiert als die Transaktionssicherheit und sehr wahrscheinlich **keinen herausragenden Kaufpreis** aus Verkäufersicht erbringen wird.

b) Abfolge in der Planung

225   Bei der Abwicklung eines MBO sollte berücksichtigt werden, dass schon die Diskussion über einen MBO einen **potenziellen Interessenkonflikt** beim Management des Carve-out-Business hervorruft. Das Management muss dann nicht nur das Carve-out-Business führen, den Carve-out inhaltlich vorbereiten und Informationen über das Carve-out-Business für den Verkäufer aufbereiten, sondern sich auch aus der Perspektive eines potenziellen Käufers mit dem Carve-out-Business auseinandersetzen. Da in einer Unternehmenstransaktion die Interessen von Käufer und Verkäufer in vielerlei Hinsicht diametral entgegengesetzt sind, steigert die bloße Option eines MBO die Gefahr selektiver Informationsweitergabe an den Verkäufer oder sogar von Handlungen, die dem Interesse des Verkäufers aktiv schaden.

226   Aus diesem Grund sollte sich der Verkäufer **noch vor Beginn** eines Carve-out-Prozesses eine abschließende Meinung bilden, ob ein MBO angedacht wird oder nicht. Diese Entscheidung sollte dann dem Management des Carve-out-Business offengelegt werden.

Ein Verkaufsprozess für ein Carve-out-Business, der sich **parallel als MBO** an das Management des Carve-out-Business **und an externe Käufer** richtet, verschäft den beschriebenen Interessenkonflikt noch wesentlich. In einem solchen Szenario muss das Management des Carve-out-Business – zusätzlich zu den geschilderten Interessenkonflikten mit dem Verkäufer – trotz seiner Rolle als potenzieller Käufer des Carve-out-Business Mitbewerbern im Rennen um das Carve-out-Business nicht nur Informationen zukommen lassen, sondern ihnen sogar gegen das eigene Interesse den Erwerb des Carve-out-Business attraktiv erscheinen lassen. Gleichzeitig soll sich das Management des Carve-out-Business in seiner Rolle als potenzielle zukünftige Mitarbeiter anderen potenziellen Kaufinteressenten präsentieren. Daher wird empfohlen, in einem Verkaufsprozess für ein Carve-out-Business niemals einen MBO parallel mit einem Verkauf an einen externen Käufer zu verhandeln.

Teil II:
Carve-out-spezifische Themen im Unternehmenskaufvertrag

Literatur:
Blasche, Vinkulierungsklauseln in GmbH-Gesellschaftsverträgen, RhNotZ 2013, 515–534; *Bruski*, Kaufpreisbemessung und Kaufpreisanpassung im Unternehmenskaufvertrag, Special Nr. 7 zu BB Heft 30/2005, 19–29; *Bünning*, Handelsbilanzielle Abwicklung der unterjährigen Beendigung von Gewinnabführungsverträgen, BB 2015, 2795–2798; *Bungert*, Ausgliederung durch Einzelrechtsübertragung und analoge Anwendung des Umwandlungsgesetzes (zugleich Anm. zu LG Karlsruhe, Beschluss vom 6.11.1997 – O 43/97 KfH I), NZG 1998, 367–370; *Deilmann*, Die Beendigung des Beherrschungs- und/oder Gewinnabführungsvertrags in den MRA-Transaktionen, 2015, 460–463; *Derlin*, BGH: Zur Stimmberechtigung bei Kündigung eines Beherrschungs- und Gewinnabführungsvertrags (zugleich Anm. zu BGH, Urteil vom 31.5.2011 – II ZR 109/10), BB 2011, 2066–2068; *Enderle/Rehs*, Die Übertragung bergrechtlicher Rechtspositionen – Praxisprobleme beim Betrieb unterirdischer Gasspeicheranlagen, NVwZ 2012, 338–343; *Ettinger/Wolff*, Veräußerung von Anteilen an einer deutschen GmbH & Co.KG im Rahmen grenzüberschreitender Unternehmenskäufe, GmbHR 2002, 890–898; *Feldhaus*, Der Verkauf von Unternehmensteilen einer Aktiengesellschaft und die Notwendigkeit einer außerordentlichen Hauptversammlung, BB 2009, 562–570; *Franzke*, Carve-outs erfolgreich gestalten: Eine gesamtheitliche Perspektive, M&A Review 2015, 2; *Gerhard/Hasler*, Rechtliche Fallstricke bei Carve-out Transaktionen, GesKR 2014, 221–245; *Goldschmidt/Laeger*, Risiken aus der Beendigung von Unternehmensverträgen beim Verkauf der Untergesellschaft, NZG 2012, 1201–1209; *Groß*, Zuständigkeit der Hauptversammlung bei Erwerb und Veräußerung von Unternehmensbeteiligungen, AG 1994, 266–276; *Haas*, Adressatenkreis und Rechtsnachfolge bei subordinierten Gesellschafterdarlehen, NZG 2013, 1241–1247; *Hasselbach/Jakobs*, Internationale Asset Deals – Transaktionsstrukturierung und rechtliche Besonderheiten aus Käufersicht, DB 2014, 2092–2098; *Hoenike/Giebel*, Die Besicherung von Krediten an Telekommunikationsunternehmen – Eine Bestandsaufnahme unter der Geltung des neuen TKG, MMR 2005, 217–222; *Hofer*, Negativer Kaufpreis beim Unternehmenskauf – Gestaltungsmöglichkeiten zur Absicherung der Verkäuferinteressen, BB 2013, 972–977; *Joussen*, Die Kündigung von Beherrschungsverträgen bei Anteilsveräußerungen, GmbHR 2000, 221–227; *King*, Die Bilanzgarantie beim Unternehmenskauf, 2010; *Lappe/Schmitt*, Risikoverteilung beim Unternehmenskauf durch Stichtagsregelungen, DB 2007, 153–157; *Lappe/Stafflage*, Fairness Opinions im Transaktionsgeschäft, CF 2010, S. 312–318; *Lauster*, Behandlung von Gesellschafterdarlehen im Rahmen von M&A-Transaktionen im Lichte der jüngsten Rechtsprechung des Bundesgerichtshofs, WM 2013, 2155–2160; *Leitzen*, Die analoge Anwendung von § 179a AktG auf Gesellschaften mit beschränkter Haftung und Personengesellschaften in der Praxis, NZG 2012, 491–496; *Liebscher*, Die Erfüllung des Verlustausgleichsanspruchs nach § 302 AktG, ZIP 2006, 1221–1229; *Lutter*, Organzuständigkeiten im Konzern, FS Stimpel, 1985, S. 825–854; *Lutter/Leinekugel*, Kompetenzen von Hauptversammlung und Gesellschafterversammlung beim Verkauf von Unternehmensteilen, ZIP 1998, 225–232; *Menkel*, Der Gewinnvortrag als „gleichgestellte Forderung" gemäß §§ 39 I Nr. 5, 135 I InsO, NZG 2014, 982–985; *Meyding/Adolphs*, Veräußerung von Konzernteilen im Rahmen von M&A-Transaktionen, BB 2012, 2383–2389; *Pentz*, Abgetretene Forderungen aus Gesellschafterdarlehen und Zurechnung in der Insolvenz, GmbHR 2013, 393–404; *Petersen/Zwirner/Brösel*, Handbuch Unternehmensbewertung, 2013; *Philippi/Neveling*, Unterjährige Beendigung von Gewinnabführungsverträgen im

GmbH-Konzern – Beendigungsgründe und Rechtsfolgen, BB 2003, 1685–1691; *Reinhardt/Schützler*, Anfechtungsrisiko für den Unternehmensverkäufer aus der Veräußerung von Gesellschafterdarlehen?, ZIP 2013, 1898–1904; *Schaefer/Wind/Mager*, Beendigung und Begründung von Organschaften beim Unternehmenskauf, DStR 2013, 2399–2406; *Schreier/Leicht*, Übertragung von Verträgen bei Carve-Outs, NZG 2011, 121–126; *Schwarz*, Beendigung von Organschaftsverträgen anläßlich der Veräußerung der Beteiligung an der hauptverpflichteten Gesellschaft mbH, DNotZ 1996, 68–84; *Sickinger*, Die Abspaltung vinkulierter GmbH-Anteile, DB 2014, 1976; *Sturm/Liekefett*, § 89b HGB und Unternehmenskauf – Ausgleichsansprüche von Handelsvertretern nach Betriebsveräußerung durch Asset Deal, BB 2004, 1009–1015; *Thiele/König*, Die Anforderungen an die Bezeichnung der zu übertragenden Gegenstände des Aktiv- und Passivvermögens gem. § 126 Abs. 1 Nr. 9 UmwG, NZG 2015, 178–185; *Wallner*, Der Unternehmensgegenstand der GmbH als Ausdruck der Unternehmensfreiheit, JZ 1986, 721–731; *Wilhelm*, BGH: Insolvenzanfechtung gegenüber mittelbarem Gesellschafter bei Abtretung einer Darlehensforderung an Dritten (zugleich Anm. zu BGH, Urteil 21.2.2013 – IX ZR 32/12), BB 2013, 1103–1107; *v. Woedtke*, Behandlung von Gesellschafterdarlehen im Rahmen von M&A-Transaktionen im Lichte der aktuellen Rechtsprechung, GmbHR 2014, 1018–1023; *Wollburg/Gehling*, Umgestaltung des Konzerns – wer entscheidet über die Veräußerung von Beteiligungen einer Aktiengesellschaft?, FS Lieberknecht, 1997, S. 135.

1. Überblick

1 Bei Carve-out-Transaktionen erfolgt eine rechtliche, wirtschaftliche und administrative **Trennung** des im Verkäuferkonzern nicht mehr zum **Kerngeschäft** *(Core Business)* zählenden Carve-out-Business von Unternehmensteilen, die nach der Desinvestition im Konzern des Verkäufers verbleiben. Das Carve-out-Business stellt häufig als eigene wirtschaftliche Einheit einen „**Geschäftsbereich**" oder eine „Sparte" im Sinne der divisionalen Organisation bzw. ein „Segment" im Sinne der Segmentberichterstattung dar. Eine Sonderform bildet die Ausgründung bzw. Auslagerung *(Outsourcing)* von Betriebsfunktionen wie bspw. der Forschungs- und Entwicklungsabteilung eines Unternehmens, deren Besonderheiten hier nicht näher behandelt werden. Je nachdem, ob der zur Veräußerung stehende Geschäftsbereich auch eine selbständige **rechtliche Einheit** bildet oder bislang von Konzerngesellschaften des Verkäufers gemeinsam mit nicht zu veräußernden Geschäftsbereichen betrieben wurde, bestehen in der Carve-out-Transaktion unterschiedliche rechtliche Schwerpunkte. Ein Carve-out ist daher – plastisch gesprochen – „der Überbegriff für die Abspaltung von Unternehmensbereichen oder Tochtergesellschaften".[1] Im Folgenden wird zunächst auf Carve-out-Transaktionen zum Verkauf rechtlich unselbständiger Einheiten eingegangen (→ Rn. 2 ff.), bevor Besonderheiten des Verkaufs rechtlich selbständiger Unternehmensteile betrachtet werden (→ Rn. 80 ff.). Im Anschluss werden vertrags- und gesellschaftsrechtliche Fragestellungen dargestellt, die bei sämtlichen Carve-out-Transaktionen unabhängig von der rechtlichen Struktur des Carve-out-Business eine zentrale Rolle spielen (→ Rn. 102 ff.).

---

[1] *Franzke* M&A Review 2015, 2.

2. Der Verkauf rechtlich unselbständiger Geschäftsbereiche

Bei dem Verkauf rechtlich unselbständiger Geschäftsbereiche stehen Fragen der Trennung von Unternehmensteilen im Wege des (internationalen) *Asset Deal*[2] im Vordergrund.

a) Separierung der Geschäftsbereiche

aa) Strukturierungsmöglichkeiten

Sofern das Carve-out-Business im Zeitpunkt der Vorbereitung seiner Veräußerung bereits vollständig in einer oder mehreren Konzerngesellschaften rechtlich verselbständigt ist, wird die Carve-out-Transaktion typischerweise durch den Verkauf von Gesellschaftsanteilen durchgeführt (*Share Deal*). Schwieriger ist die Umsetzung, wenn sich das Carve-out-Business auf eine oder mehrere Gesellschaften im In- und Ausland verteilt, die jeweils Inhaber von Vermögensgegenständen, Verbindlichkeiten und Vertragspositionen des Carve-out-Business sind, und die darüber hinaus Inhaber von im Verkäuferkonzern verbleibenden Unternehmensteilen sind. Hier muss zunächst eine **Separierung** und rechtliche Verselbständigung des Carve-out-Business erfolgen.

Als **Transaktionsstruktur** kommt hierfür die Durchführung externer ***Asset Deals*** in Betracht, d. h. jede Landesgesellschaft veräußert ihren Teil des Carve-out-Business unmittelbar an die vom Käufer für das jeweilige Land benannte Akquisitionsgesellschaft. Ein derartiger unmittelbarer Verkauf von Vermögensgegenständen, Verbindlichkeiten und Verträgen kommt vor allem dann in Betracht, wenn für den Verkäuferkonzern – wie häufig – aus Zeitgründen keine Möglichkeit einer vorgelagerten rechtlichen Restrukturierung des Carve-out-Business besteht.[3] Die einzelnen lokalen *Asset Deals* werden bei internationalen Carve-out-Transaktionen durch einen globalen schuldrechtlichen **Rahmenkaufvertrag** oder *Framework SPA* miteinander verklammert. Der dingliche Vollzug des Rahmenkaufvertrags erfolgt am Vollzugsstichtag durch **Übertragungsverträge nach lokalem Recht** (*Local Transfer Agreements*) (näher → Rn. 147). Insbesondere wenn bei einer Landesgesellschaft das Carve-out-Business den weitaus überwiegenden Teil des Geschäfts ausmacht, oder wenn die Herauslösung des Carve-out-Business im Wege eines *Asset Deal* rechtlich oder steuerlich nachteilig ist, kann alternativ der Verkäufer die Gesellschaftsanteile an der Landesgesellschaft veräußern und zeitgleich zum Vollzugsstichtag nicht zu verkaufende Unternehmensteile zurückerwerben (**Reverse Asset Deal**).[4]

---

[2] Zu internationalen *Asset Deals* vgl. *Hasselbach/Jakobs* DB 2014, 2092 ff.
[3] Vgl. zu den Gründen des Zeitmangels näher *Hasselbach/Jakobs* DB 2014, 2092.
[4] Hansmeyer/*Richter/Mengen,* 279 bezeichnen dies als „Bereinigungsfall".

5   Lässt der verfügbare Zeitrahmen der Transaktion dies zu, so sollte geprüft werden, ob im Vorfeld eine interne Separierung des Carve-out-Business erfolgt. Hierfür kommen die **Einzel- oder Gesamtrechtsnachfolge** in Betracht.[5] Bei der Einzelrechtsnachfolge werden die Bestandteile des Carve-out-Business (Vermögensgegenstände, Verbindlichkeiten, Vertragspositionen) durch separate Übertragungsakte nach den jeweils auf sie anwendbaren Bestimmungen übertragen. Demgegenüber gehen bei der Gesamtrechtsnachfolge sämtliche Vermögensteile des übertragenden Unternehmens durch einen Rechtsakt auf das übernehmende Unternehmen über.[6] Die Gestaltung des Übertragungsvorganges unterscheidet sich nicht grundsätzlich voneinander.[7] Sowohl bei der Einzel- als auch bei der Gesamtrechtsnachfolge müssen insbesondere die zu übertragenden Gegenstände des Aktiv- und Passivvermögens aufgrund des **Bestimmtheitsgrundsatzes** eindeutig erfasst werden (für die Einzelrechtsnachfolge bei beweglichen Sachen → Rn. 44).[8] Allerdings sind die Anforderungen an die Bestimmtheit bei der Gesamtrechtsnachfolge weniger streng als bei der Einzelrechtsnachfolge. So reichen bei der Gesamtrechtsnachfolge die bloße Bestimmbarkeit des Übertragungsgegenstandes anhand außerhalb des Vertrages liegender Umstände und damit auch so genannte „**Catch-all-Klauseln**" aus, die sämtliche Gegenstände erfassen, die zu einem Geschäftsbereich oder Segment gehören.[9] Bei einer Separierung des Carve-out-Business durch Gesamtrechtsnachfolge sind daher im zugrunde liegenden Spaltungs- und Übernahmevertrag Regelungen wie die folgende üblich und ausreichend:

> Übertragen werden sämtliche zum „Geschäftsbereich Baumaschinen" gehörenden Gegenstände des Anlagevermögens, insbesondere die in Anlage ■ aufgeführten Anlagegüter.
> [...]

6   Zur Herbeiführung einer auf das Carve-out-Business beschränkten teilweisen Gesamtrechtsnachfolge kennt das deutsche Recht die Spaltung gem. §§ 123 ff. UmwG.[10] Die Verkäufergesellschaft kann das Carve-out-Business damit insbesondere nach § 123 Abs. 3 UmwG auf eine bestehende oder neu zu gründende Tochtergesellschaft **ausgliedern** oder nach § 123 Abs. 2 UmwG auf eine bestehende oder neu zu gründende Schwestergesellschaft **abspalten.** Im Anschluss werden an den Käufer die Gesellschaftsanteile der übernehmenden Gesellschaft verkauft. Bei einer Ausgliederung bzw. Abspaltung zur Neugründung entsteht eine neue

---

[5] Vgl. *Gerhard/Hasler* GesKR 2014, 221, 228 ff.; Hansmeyer/*Richter/Mengen,* 280 f.
[6] Widmann/Mayer/*Schwarz* § 123 4.1.3.
[7] Insofern irreführend Hansmeyer/*Richter/Mengen,* 280.
[8] Ausführlich zu den Anforderungen an die Bezeichnung im Rahmen einer Spaltung *Thiele/König* NZG 2015, 178 ff.
[9] *Thiele/König* NZG 2015, 178, 184.
[10] Holzapfel/Pöllath Rn. 936. Eine Reihe anderer europäischer Rechtsordnungen kennt vergleichbare Instrumentarien, vgl. *Gerhard/Hasler* GesKR 2014, 221, 229.

2. Der Verkauf rechtlich unselbständiger Geschäftsbereiche

Konzerngesellschaft (*NewCo*), deren Eröffnungsbilanz ausschließlich das Carve-out-Business umfasst.[11] Aus Praktikersicht ist zu beachten, dass der Spaltungs- und Übernahmevertrag mit sämtlichen Anlagen zum Handelsregister einzureichen ist. Hierdurch wird für einen zentralen Teil der Dokumentation der Carve-out-Transaktion **Registerpublizität** hergestellt. Von der Registerpublizität unberührt bleibt der Unternehmenskaufvertrag mit seinen (übrigen) Anlagen.

Der Unternehmenskaufvertrag ist mit der Spaltungsdokumentation zu synchronisieren. Gem. § 126 Abs. 1 Nr. 6 UmwG muss der Spaltungs- und Übernahmevertrag insbesondere einen **Spaltungsstichtag** enthalten. Der Spaltungsstichtag ist der Zeitpunkt, von dem an die Handlungen des übertragenden Rechtsträgers als für Rechnung des übernehmenden Rechtsträgers vorgenommen gelten. Er sollte daher mit dem wirtschaftlichen Stichtag im Unternehmenskaufvertrag (*Effective Date*) abgestimmt werden. Soweit die Separierung des Carve-out-Business beim Abschluss des Unternehmenskaufvertrages (*Signing*) noch nicht erfolgt ist, kann der Unternehmenskaufvertrag an den Spaltungsvorgang in der Präambel grundsätzlich wie folgt anknüpfen:

> Seller will transfer the Carve-out-Business into a separate legal entity (**NewCo**) by way of a hive down (the **Hive Down**) pursuant to Section 123 para. 3 no. 1 of the German Transformation Act (*Umwandlungsgesetz*) on the basis of a hive down plan (*Ausgliederungsplan*) substantially in the form attached hereto as Exhibit ■ (the **Hive Down Plan**). Seller wishes to sell and transfer, and Purchaser wishes to purchase and acquire, all shares in NewCo, and thereby indirectly the Carve-out-Business, on the terms and conditions of this Agreement.

Die Eintragung der Spaltungsmaßnahme in den Handelsregistern stellt in diesem Fall eine **Vollzugsvoraussetzung** (*Closing Condition*) des Unternehmenskaufvertrages dar:

> The obligations of the Parties to perform the Closing Actions shall be subject to the following Closing Conditions:
> (a) […]
> (b) The Hive Down substantially in the form as described above or if amended as agreed to by Purchaser (such consent not to be unreasonably withheld, in particular if the amendments are requested by a competent commercial register) has become effective by virtue of registration in the relevant commercial registers.

Wenn die im Verkäuferkonzern verbleibenden Unternehmensteile einen verhältnismäßig kleinen Teil des Gesamtgeschäfts der jeweiligen Verkäufergesellschaft

---

[11] *Gerhard/Hasler* GesKR 2014, 221, 229.

ausmachen, oder wenn sich im Hinblick auf die Übertragung des Carve-out-Business rechtliche Nachteile ergeben, ist zu überlegen, zur Separierung umgekehrt die im Verkäuferkonzern verbleibenden Unternehmensteile gem. § 123 Abs. 2 UmwG auf eine Konzerngesellschaft abzuspalten[12] und anschließend die **Gesellschaftsanteile der bereinigten Verkäufergesellschaft** an den Käufer zu veräußern.[13] Diese Vorgehensweise bietet sich auch an, wenn vermieden werden soll, dass durch die Transaktion für ein in Deutschland belegenes Grundstück des Carve-out-Business **zweifach Grunderwerbsteuer** anfällt, zum einen bei der Spaltung und zum anderen beim anschließenden Anteilsverkauf (näher → Teil V Rn. 162 ff.).

9   Die Verkäufergesellschaft kann das Carve-out-Business auch im Wege der Einzelrechtsnachfolge durch Sachgründung, Sachkapitalerhöhung oder als Erhöhung der Kapitalrücklage in eine neu gegründete oder bereits bestehende Tochtergesellschaft einbringen (sog. **wirtschaftliche Ausgliederung**).[14] Sofern im Zuge der wirtschaftlichen Ausgliederung neue Anteile geschaffen werden und das einzubringende Carve-out-Business einen Betrieb oder Teilbetrieb darstellt, kann dies wie bei der umwandlungsrechtlichen Ausgliederung zu Buchwerten erfolgen (→ Teil V Rn. 140 ff.). In diesem Fall kann eine steuerschädliche **Aufdeckung stiller Reserven** durch den reinen Einbringungsvorgang vermieden werden.

Zu beachten ist schließlich, dass eine Barkapitalerhöhung und ein anschließender interner Verkauf des Carve-out-Business an die kapitalerhöhende Konzerngesellschaft als Lösung zu meiden sind, da ein solches Vorgehen zu einer **verdeckten Sacheinlage** führen würde.

bb) Nachhaftung nach § 133 UmwG

10   Erfolgt die Separierung des Carve-out-Business durch umwandlungsrechtliche Spaltung, so haften der übernehmende und der übertragende Rechtsträger **gesamtschuldnerisch** für Altverbindlichkeiten des übertragenden Rechtsträgers: Nach § 133 UmwG haftet der übernehmende Rechtsträger im Außenverhältnis für Altverbindlichkeiten, die nach dem Spaltungs- und Übernahmevertrag ausschließlich dem übertragenden Rechtsträger zugewiesen sind. Voraussetzung ist, dass diese Altverbindlichkeiten innerhalb von fünf Jahren – bzw. im Falle von Verbindlichkeiten aus betrieblicher Altersversorgung innerhalb von zehn Jahren – nach Eintragung der Spaltungsmaßnahme im Handelsregister fällig werden (§ 133 Abs. 3 UmwG). Umgekehrt wird der übertragende Rechtsträger im Außenverhältnis von Altverbindlichkeiten des Carve-out-Business, die nach dem Spaltungs- und

---

[12] *Meyding/Adolphs* BB 2012, 2383 sprechen insoweit von einem „Carve-in".
[13] Vgl. Hansmeyer/*Richter*/*Mengen,* 279; *Gerhard*/*Hasler* GesKR 2014, 221, 229 bezeichnen diese Technik als „*Reverse Spin-off*".
[14] Siehe hierzu im Einzelnen Semler/Stengel/*Schlitt* UmwG Anh § 173 Rn. 1 ff.

Übernahmevertrag dem übernehmenden Rechtsträger zugewiesen sind, erst nach fünf bzw. zehn Jahren befreit.[15]

Die Zuweisung einer Verbindlichkeit im Spaltungs- und Übernahmevertrag hat daher hauptsächlich Bedeutung für das Innenverhältnis zwischen übertragendem und übernehmendem Rechtsträger. Der übernehmende Rechtsträger kann aufgrund des Spaltungs- und Übernahmevertrags beim übertragenden Rechtsträger Rückgriff für Verbindlichkeiten nehmen, die nicht dem Carve-out-Business zugewiesen sind. Der übertragende Rechtsträger kann umgekehrt Regress beim übernehmenden Rechtsträger suchen, wenn er für Verbindlichkeiten des Carve-out-Business in Anspruch genommen wurde. Unbeschadet des möglichen Innenausgleichs auf der Grundlage des Spaltungs- und Übernahmevertrages empfiehlt es sich, wechselseitige Freistellungsansprüche zusätzlich auf der Ebene des Unternehmenskaufvertrages zu vereinbaren:

> By way of a contract in favor of third parties (*echter Vertrag zugunsten Dritter*), Seller indemnifies NewCo for any liability under Section 133 of the German Transformation Act (*Umwandlungsgesetz*) with respect to obligations not assumed by NewCo under the Hive Down Agreement. Conversely, Purchaser indemnifies Seller for any liability under Section 133 of the German Transformation Act with respect to obligations assumed under the Hive Down Agreement, provided however that this shall not limit any claims Purchaser may have against Seller under any other provision of this Agreement.

Die Verjährung der Freistellungsansprüche im Unternehmenskaufvertrag sollte sich an der fünfjährigen Enthaftungsfrist in § 133 Abs. 3 UmwG orientieren.

b) Mitwirkung Dritter bei der Separierung

Da die wirtschaftliche Ausgliederung unabhängig von den formalen Anforderungen des Umwandlungsgesetzes erfolgt (z. B.: Schlussbilanz, Spaltungsbericht, Einbeziehung des Betriebsrats, Zustimmungserfordernisse auf Gesellschafterebene, Eintragung im Handelsregister), ist sie in der Regel weniger kosten- und zeitaufwändig als die umwandlungsrechtliche Ausgliederung. Für eine Separierung des Carve-out-Business im Wege der umwandlungsrechtlichen Ausgliederung spricht demgegenüber vor allem, dass sich auf diese Weise **Mitwirkungserfordernisse Dritter** minimieren lassen. Dies kann zur **Transaktionssicherheit** beitragen. Im Folgenden wird ein kurzer Überblick über die Mitwirkung wesentlicher *Stakeholder* wie Kunden, Lieferanten oder Mitgesellschafter bei der Separierung des Carve-out-Business gegeben und skizziert, inwieweit sich eine Einbeziehung der

---

[15] Zu den Gründen vgl. Semler/Stengel/*Maier-Reimer* § 133 Rn. 1.

Stakeholder durch eine Gestaltung der Transaktion nach dem Umwandlungsgesetz vermeiden lässt.

12 – **Kunden und Lieferanten:** Bei der Herauslösung des Carve-out-Business sind insbesondere Kunden- und Lieferantenverträge zu übertragen. Hierbei ist regelmäßig eine Übertragung der Vertragsverhältnisse in ihrer Gesamtheit unter Austritt der übertragenden Gesellschaft als Vertragspartei und Eintritt der übernehmenden Gesellschaft als neuer Vertragspartei beabsichtigt (zum Regelungsbedarf im Unternehmenskaufvertrag → Rn. 57 ff.).[16] Sofern der jeweils maßgebliche Vertrag keine abweichenden Regelungen enthält, ist für eine Übertragung im Wege der Einzelrechtsnachfolge die **Zustimmung** des Kunden bzw. Lieferanten erforderlich.[17] Nach den üblichen Vertragsbestimmungen sind konzerninterne Übertragungen allerdings häufig zustimmungsfrei. Während daher der erste Schritt der Einbringung des Vertrages in eine Konzerngesellschaft zustimmungsfrei sein kann, wird in der Regel die Vertragsauslegung ergeben, dass die Gesamttransaktion – unter Einbeziehung der anschließenden Übertragung der Anteile der übernehmenden Gesellschaft an einen konzernfremden Käufer – gleichwohl zustimmungsbedürftig ist.

Demgegenüber lassen sich bei einer Spaltung nach dem Umwandlungsgesetz Verträge ohne Drittzustimmung auf den übernehmenden Rechtsträger übertragen.[18] Allerdings kann der einzelne Vertrag wegen einer Änderung der Beteiligungs- oder Kontrollverhältnisse an dem Vertragspartner ausdrücklich ein Kündigungsrecht des Kunden oder Lieferanten vorsehen (sog. **Change-of-Control-Klausel**). Ein solches Kündigungsrecht kann unwirksam sein, wenn es durch AGB vereinbart wurde.[19] Wenn keine Change-of-Control-Klausel besteht, greift lediglich in eng umgrenzten Sonderkonstellationen ein **Lösungsrecht wegen Unzumutbarkeit** der Fortführung des Vertragsverhältnisses ein.[20] Zumindest in Fällen, in denen das Carve-out-Business einen **Teilbetrieb im steuerlichen Sinne** darstellt, ist das praktische Risiko der Anwendbarkeit eines solchen Lösungsrechts gering.[21] Die Kunden und Lieferanten sind stattdessen auf die gesamtschuldnerische Haftung der an der Spaltung beteiligten Rechtsträger nach § 133 UmwG sowie auf das Recht verwiesen, nach §§ 22, 125 UmwG Sicherheiten zu verlangen. Die umwandlungsrechtliche Ausgliederung stellt daher eine praktisch wichtige Gestaltungsalternative dar, um die

---

[16] Zur Vertragsübertragung durch Einzelrechtsnachfolge *Schreier/Leicht* NZG 2011, 121 ff.
[17] *Schreier/Leicht* NZG 2011, 121.
[18] Semler/Stengel/*Schlitt* UmwG § 20 Rn. 12 ff.; *Schreier/Leicht* NZG 2011, 121, 123.
[19] So BGH VIII ZR 214/83, BGHZ 93, 29 = NJW 1985, 623, 625 im Falle eines einschränkungslosen Kündigungsrechtes in einem Vertragshändlervertrag.
[20] Dogmatisch beruht das Lösungsrecht auf der Lehre von der Geschäftsgrundlage bzw. bei Dauerschuldverhältnissen auf dem Kündigungsrecht aus wichtigem Grund, vgl. *Schreier/Leicht* NZG 2011, 121, 125.
[21] *Schreier/Leicht* NZG 2011, 121, 125.

Einbeziehung wesentlicher Kunden und Lieferanten in die Verhandlung der Carve-out-Transaktion zu vermeiden und damit die Transaktionssicherheit für die Kaufvertragsparteien zu erhöhen.

– **Gläubiger:** Für eine Übertragung von **Verbindlichkeiten** durch befreiende Schuldübernahme bedarf es nach §§ 414, 415 BGB der **Zustimmung der betroffenen Gläubiger**. Ohne die Zustimmung der Gläubiger liegt grundsätzlich lediglich eine Erfüllungsübernahme vor (§ 415 Abs. 3 BGB). Nur bei einer durch Hypothek oder Grundschuld[22] gesicherten Schuld wird eine solche Zustimmung gesetzlich fingiert, wenn der Gläubiger nicht innerhalb von sechs Monaten nach ordnungsgemäßer Anzeige seine Zustimmung ausdrücklich verweigert (§ 416 BGB). Bei der umwandlungsrechtlichen Gesamtrechtsnachfolge ist eine Zustimmung nicht erforderlich.[23] Allerdings führt die Übertragung von Verbindlichkeiten durch Gesamtrechtsnachfolge wegen der Vorschrift des § 133 UmwG im Ergebnis zu ähnlichen Rechtsfolgen wie eine Erfüllungsübernahme im Rahmen der Einzelrechtsnachfolge. 13

– **Mitgesellschafter:** Insbesondere im Rahmen größerer Carve-out-Transaktionen kann das Carve-out-Business Beteiligungen des Verkäuferkonzerns an anderen Unternehmen, insbesondere GmbH-Beteiligungen, umfassen. Sofern es sich hierbei nicht um hundertprozentige Konzernbeteiligungen handelt, erfordert die Separierung des Carve-out-Business im Wege der Einzelrechtsnachfolge bei Bestehen einer gesellschaftsvertraglichen **Vinkulierungsklausel** die Zustimmung der Mitgesellschafter.[24] Selbst wenn sich die Beteiligung aufgrund einer Konzernklausel zunächst zustimmungsfrei auf eine Tochtergesellschaft übertragen lässt, greift die Vinkulierungsklausel ein, sofern im engen zeitlichen und sachlichen Zusammenhang mit der Einbringung des Carve-out-Business in die Tochtergesellschaft die Anteile der Tochtergesellschaft veräußert werden.[25] 14

Das OLG Hamm hat in einem Urteil aus dem Jahr 2013 entschieden, dass sich nach dem Inkrafttreten des zweiten Gesetzes zur Änderung des UmwG vom 19.04.2007 die Anteile an einer GmbH trotz satzungsmäßiger Vinkulierung **zustimmungsfrei** gem. § 131 Abs. 1 Nr. 1 UmwG abspalten lassen.[26] Die Begründung des OLG Hamm lässt sich auf die umwandlungsrechtliche Ausgliederung übertragen. Teilweise wird freilich erwogen, dass sich das Urteil des OLG Hamm aufgrund des zivilrechtlichen Umgehungsschutzes nicht auf Fälle bezieht, in denen ausschließlich ein oder mehrere Geschäftsanteile

---

[22] Die h. M. wendet § 416 BGB auch auf die Grundschuld an, OLG Braunschweig 622 U 29/61, MDR 1962, 762; MünchKommBGB/*Bydlinski* § 416 Rn. 4.
[23] Semler/Stengel/*Kübler* § 20 Rn. 15.
[24] Ausführlich zu Vinkulierungsklauseln *Blasche* RhNotZ 2013, 515 ff.
[25] *Blasche* RhNotZ 2013, 515, 531.
[26] OLG Hamm 8 U 82/13, RhNotZ 2014, 507 ff. Dies entspricht der herrschenden Literaturansicht vor dem Urteil, statt vieler Lutter/*Grunewald* UmwG § 20 Rn. 17; Kallmeyer/*Marsch-Barner* UmwG § 20 Rn. 7.

abgespaltet werden.[27] Diese Vorbehalte treffen von vornherein auf Carve-out-Transaktionen nicht zu, bei denen ein oder mehrere Geschäftsbereiche veräußert werden.[28]

Ebenso lassen sich Anteile an einer Personengesellschaft (oHG, Kommanditgesellschaft, stille Gesellschaft, GbR) auch ohne gesellschaftsvertragliche Gestattung der Übertragbarkeit und ohne Zustimmung der Mitgesellschafter durch umwandlungsrechtliche Ausgliederung oder Abspaltung übertragen, es sei denn, die Übertragung ist im Gesellschaftsvertrag eindeutig ausgeschlossen.[29] Auch bei Carve-out-Transaktionen im Wege der partiellen Gesamtrechtsnachfolge können Vorkaufs- oder Vorerwerbsrechte von Mitgesellschaftern zu berücksichtigen sein.

15 – **Mitarbeiter:** Der Übergang von Rechten und Pflichten aus Arbeitsverhältnissen des Carve-out-Business richtet sich im Rahmen der Einzelrechtsnachfolge nach den Regelungen des **Betriebsüberganges** gemäß § 613a BGB (→ Teil III Rn. 67 ff.). Dies bedeutet, dass der Arbeitnehmer ein Widerspruchsrecht hat, und dass bei Ausübung des Widerspruchsrechts das Arbeitsverhältnis mit sämtlichen Rechten und Pflichten beim Verkäufer verbleibt. Das Widerspruchsrecht bleibt allerdings auch dann bestehen, wenn das Carve-out-Business im Wege der umwandlungsrechtlichen Spaltung separiert wird. Bei § 324 UmwG handelt es sich um eine Rechtsgrundverweisung auf § 613a BGB.[30]

16 – **Behörden:** Öffentlich-rechtliche Erlaubnisse und Genehmigungen, die an den Umfang einer Tätigkeit anknüpfen oder das Vorhandensein eines bestimmten Know-how oder einer besonderen Qualifikation oder Zuverlässigkeit beim Rechtsträger voraussetzen (unternehmens- bzw. personenbezogene Genehmigungen), müssen vom übernehmenden Rechtsträger bei der zuständigen Behörde neu beantragt werden, wenn beim übernehmenden Rechtsträger diese Genehmigungen nicht vorliegen (→ Rn. 53). Beispiele hierfür sind Erlaubnisse für das Betreiben von Bank- und Finanzdienstleistungsgeschäften (§ 1 KWG) bzw. von Versicherungsgeschäften (§ 1 VAG). Dies gilt sowohl für die Einzelrechtsnachfolge als auch für die partielle Gesamtrechtsnachfolge. Insoweit bietet die Gesamtrechtsnachfolge keine Vorteile gegenüber der Einzelrechtsnachfolge.

c) Zeitpunkt der Separierung

17 Wenn der Verkäufer das Carve-out-Business nicht unmittelbar durch *Asset Deal* an den Käufer veräußert, überträgt er das Geschäft zur Vorbereitung der Transak-

---

[27] *Sickinger* DB 2014, 1976.
[28] Zum Kriterium eines Teilbetriebs siehe auch bereits LG Mönchengladbach 9 O 34/04, NJOZ 2006, 2762 ff.
[29] Semler/Stengel/*Schröer* § 131 Rn. 25.
[30] Semler/Stengel/*Schröer/Simon* § 131 Rn. 45 f.

tion zunächst durch wirtschaftliche oder umwandlungsrechtliche Spaltung oder im Wege eines internen *Asset Deal* auf eine oder mehrere Konzerngesellschaften. Der Verkäufer kann alternativ auch umgekehrt die sonstigen Unternehmensteile durch Spaltung oder interne *Asset Deals* aus den Verkäufergesellschaften herauslösen. Die Anteile der übernehmenden Konzerngesellschaften bzw. der um das Carve-out-Business bereinigten Konzerngesellschaften werden daraufhin an den Käufer veräußert. Zur Durchführung der internen Übertragung des Carve-out-Business bestehen zwei Vorgehensmöglichkeiten: Entweder erfolgt die Übertragung unter alleiniger Planung und Regie des Verkäufers im **Vorfeld der Transaktion** oder aber unter Einbeziehung des Käufers unmittelbar nach Unterzeichnung (*Signing*), aber vor Vollzug (*Closing*) des Unternehmenskaufvertrages. Im ersten Fall, in dem der Verkäufer die rechtliche Dokumentation zur Durchführung der Separierung nicht mit dem Käufer abstimmt und verhandelt, könnte man in Anlehnung an die insolvenzrechtliche Terminologie von einem **Pre-Packaged-Deal** sprechen.

Sofern dem Verkäufer genügend Vorbereitungszeit zur Verfügung steht,[31] kann es aus seiner Sicht taktisch vorteilhaft sein, die Carve-out-Transaktion als Pre-Packaged-Deal zu organisieren. Auf diese Weise kann der Verkäufer den genauen Umfang des Carve-out-Business alleine bestimmen und bestimmte Bestandteile (z. B. „sämtliche unbekannten Verbindlichkeiten"), die weder ausschließlich dem Carve-out-Business oder sonstigen Geschäftsbereichen des Verkäufers zuzuordnen sind, in die Transaktion einbeziehen oder aus ihr ausklammern. Durch Beurkundung des Spaltungs- und Übernahmevertrages zu einem Zeitpunkt, zu dem das Verfahren für den Verkauf des Carve-out-Business noch nicht begonnen hat, stellt er den Käufer vor vollendete Tatsachen. Der Käufer kann in einem solchen Fall in die Aufteilung nur noch auf der Ebene des Unternehmenskaufvertrages eingreifen und dort die Freistellung von bestimmten Verbindlichkeiten oder die Rückübertragung bestimmter Vermögensgegenstände fordern, die durch den Spaltungs- und Übernahmevertrag dem übernehmenden Rechtsträger zugewiesen wurden. Die Verhandlungsposition des Käufers ist jedoch faktisch durch den bereits durchgeführten internen Übertragungsvorgang geschwächt.

18

Andererseits geht der Verkäufer gerade in einem Auktionsverfahren mit einem Pre-Packaged-Deal das Risiko ein, nicht flexibel auf die Anforderungen einzelner Bieter reagieren zu können. Die einzelnen Bieter haben vor dem Hintergrund individueller Business-Pläne unterschiedliche Anforderungen an Strukturierung und Umfang des Carve-out-Business. Daher kann es erforderlich sein, dass der Verkäufer mit verschiedenen Bietern **maßgeschneiderte Pakete** verhandelt. In einem solchen Fall wird sich der genaue Umfang des Carve-out-Business erst im Laufe des Auktionsverfahrens ergeben. Ein Pre-Packaged-Deal würde dann die Handlungsmöglichkeiten des Verkäufers einschränken. Hinzu kommt, dass im Vorfeld der geplanten Transaktion wenig Transaktionssicherheit besteht, und der

19

---

[31] *Hasselbach/Jakobs* DB 2014, 2092 weisen zu Recht darauf hin, dass dies häufig nicht der Fall ist.

Verkäufer bei einem Pre-Packaged-Deal das Risiko eingeht, dass die Transaktion nicht zustande kommt. In einem solchen Fall würde eine Separierung des Carve-out-Business stattfinden, die für den Verkäufer ohne die geplante Transaktion sinnlos ist, und durch die ggf. insbesondere steuerliche Festlegungen erfolgen, die sich im Nachhinein als schädlich erweisen.[32] Zudem steigt bei einer Separierung im Vorfeld der Carve-out-Transaktion das Risiko, dass Informationen über das Projekt an die Öffentlichkeit gelangen (*Leakage*) und die **Vertraulichkeit** der geplanten Carve-out-Transaktion nicht gewahrt bleibt.

d) Verkauf und Übertragung des Carve-out-Business beim *Asset Deal*

20 Soweit keine vorherige Separierung des Carve-out-Business erfolgt, ist eine der maßgeblichen Weichenstellungen die **Festlegung des Kaufgegenstandes** im Unternehmenskaufvertrag. Anders als beim *Share Deal* ist der Kaufgegenstand beim *Asset Deal* nicht bereits aufgrund der Bündelung des zu verkaufenden Unternehmens in der Gesellschaft vorgegeben. Die genauen Bestandteile des zu verkaufenden Geschäftsbereichs müssen hier zunächst von den Parteien ermittelt, sodann im Unternehmenskaufvertrag als Kaufgegenstand definiert und zuletzt im Rahmen des Vollzugs des Unternehmenskaufvertrages durch „Herausschneiden" aus dem vom Verkäufer betriebenen Gesamtunternehmen übertragen werden. Hierdurch entstehen wirtschaftliche und rechtliche **Schnittstellen**, die die eigentliche Problematik einer Carve-out-Transaktion darstellen. Im Nachfolgenden geht es um die Gesichtspunkte, die im Unternehmenskaufvertrag bei der Festlegung des Kaufgegenstandes, bei dessen Übertragung auf den Käufer sowie bei der Bewältigung der Schnittstellen zu beachten sind.

21 Bei einem Unternehmenskaufvertrag nach deutschem Recht ist es erforderlich, zwischen dem schuldrechtlichen (Unternehmens-)Kaufvertrag und dessen Vollzug durch die mit dinglicher Wirkung erfolgende Übertragung des Kaufgegenstandes auf den Käufer zu unterscheiden.[33] Dafür gibt es sowohl rechtliche als auch praktische Gründe:

22 – Zwischen dem Abschluss des Unternehmenskaufvertrages (*Signing*) und dem Vollzugsstichtag (*Closing Date*) wird oft eine beträchtliche Zeitspanne liegen. Die Länge des Zeitraums hängt von den vereinbarten Vollzugsvoraussetzungen (*Closing Conditions*) ab wie z.B. der Zustimmung der zuständigen Kartellbehörden oder den für die Durchführung der Trennung der Geschäftsbereiche erforderlichen Maßnahmen. Da es sich bei dem verkauften Geschäftsbereich um ein lebendes Unternehmen handelt, wird dessen Zusammensetzung am

---

[32] Vgl. Hansmeyer/*Richter*/*Mengen*, 281.
[33] Seibt/*Bastuck* D.I. Anm. 2.

Vollzugsstichtag zwangsläufig anders sein als am Tage des Abschlusses des Unternehmenskaufvertrages. In dieser Zwischenperiode wird der Verkäufer seine Produkte oder Dienstleistungen teilweise an Kunden verkauft haben, Kundenforderungen eingezogen, Bestellungen bei Lieferanten vorgenommen und deren Rechnungen bezahlt haben. Auch wird er sonstige neue Verträge eingegangen und bestehende Verträge beendet oder erfüllt haben. Bei den zu übertragenden Vermögensgegenständen (*Sold Assets*), den zu übertragenden Verträgen (*Sold Contracts*) und den vom Käufer zu übernehmenden Verpflichtungen (*Assumed Liabilities*) wird es also zwangsläufig zu **Zu- und Abgängen** kommen. Aufgrund dessen muss bei der Festlegung des Kaufgegenstandes im schuldrechtlichen Teil des Unternehmenskaufvertrages zumindest zum Teil auf eine **abstrakte Beschreibung des zu übertragenden Carve-out-Business** zurückgegriffen werden, um auch solche Zu- und Abgänge zu erfassen.

– Eine abstrakte Beschreibung genügt jedoch nicht immer den **rechtlichen Anforderungen** an die Übertragung bzw. Übereignung von **beweglichen Sachen**. Wie nachfolgend noch näher auszuführen sein wird (→ Rn. 44 ff.), müssen zu übereignende bewegliche Sachen in einer dem **Bestimmtheitsgrundsatz** genügenden Weise im Zeitpunkt des Vollzugs der Transaktion genau identifiziert sein. Die Vereinbarung der Parteien darüber, was der Kaufgegenstand ist und welche Unternehmensbestandteile vom Verkäufer auf den Käufer zu übertragen sind, kann daher nicht immer vollständig für den Vertrag über die Übertragung des Kaufgegenstandes verwendet werden. Hierfür sind ein oder mehrere gesonderte **dingliche Vollzugsverträge** zur Übertragung des Kaufgegenstandes erforderlich, deren Form und wesentlicher (aber nicht vollständiger) Inhalt im Anhang zum Unternehmenskaufvertrag oftmals vorgegeben wird (sog. *Transfer Agreements*).

23

– Bei einem **internationalen Asset Deal** kann ein weiterer Grund für den separaten Abschluss von unterschiedlichen Vollzugs- oder Übertragungsverträgen am Vollzugsstichtag darin liegen, dass für die Übertragung der in den verschiedenen Ländern liegenden Bestandteile des verkauften Unternehmensteils oftmals verschiedene rechtliche Anforderungen bestehen. Um diesen Anforderungen zu genügen, ist es erforderlich, lokale Übertragungsverträge (**Local Transfer Agreements**) zu haben, die in unterschiedlicher Sprache, in unterschiedlicher Beurkundungsform und vor dem Hintergrund des jeweiligen lokalen Rechts mit unterschiedlichen rechtlichen Akzentuierungen abgefasst sind (→ Rn. 147).[34]

24

aa) Das Carve-out-Business als Kaufgegenstand

Bei der **Festlegung des Kaufgegenstandes** ist zunächst von der grundsätzlichen schuldrechtlichen Verpflichtung des Verkäufers zur Übertragung des Carve-out-Business auszugehen. Bei der Formulierung dieser Verpflichtung wird der zu

25

---

[34] *Hasselbach/Jakobs* DB 2014, 2092, 2096.

übertragende Kaufgegenstand häufig zunächst in einem plakativen Sammelbegriff (hier: *Carve-Out-Business*) zusammengefasst und an anderer Stelle des Unternehmenskaufvertrages näher definiert, wobei sich der Kaufgegenstand in der Regel aus zu übertragenden Aktiva (*Sold Assets*), zu übertragenden Verträgen (*Sold Contracts*) und zu übernehmenden Verpflichtungen (*Assumed Liabilities*) zusammensetzt. Die zu übertragenden gewerblichen Schutzrechte (*Sold IP*) sollten gesondert erfasst werden, da die IP-Regelungen im Unternehmenskaufvertrag zweckmäßigerweise in einer eigenständigen Regelung gebündelt werden (→ Teil IV Rn. 6). Im nachfolgenden Beispiel wird unterstellt, dass es sich beim Verkäufer um einen Hersteller von Textil- und Baumaschinen handelt, der den „Geschäftsbereich Baumaschinen" (*Construction Machinery Business*) an den Käufer verkaufen will. Eine entsprechende Formulierung im Unternehmenskaufvertrag könnte dann wie folgt aussehen:

> Seller hereby sells to Purchaser and, subject to the fulfillment or waiver of the Closing Conditions, shall transfer and assign to Purchaser the Carve-Out-Business at the Closing Date. Purchaser hereby purchases from Seller and, subject to the fulfillment or waiver of the Closing Conditions, shall pay the Purchase Price and acquire the Carve-Out-Business at the Closing Date including the assumption of the Sold Contracts and Assumed Liabilities.
>
> **Carve-Out-Business** means the [construction machinery] business carried out by Seller which comprises the Sold Assets, the Sold IP, the Sold Contracts and the Assumed Liabilities except for the Excluded Assets, the Excluded IP, the Excluded Contracts and the Excluded Liabilities.

26 Da auch zu übertragende Verträge (*Sold Contracts*) und zu übernehmende Verpflichtungen (*Assumed Liabilities*) Teil des Kaufgegenstandes sind, hat der Käufer nicht nur das Recht, sich das Carve-out-Business übertragen zu lassen, sondern er muss sich auch selbst rechtlich binden, die Verträge und Verpflichtungen zu übernehmen. Voraussetzung ist jeweils, dass die Vollzugsvoraussetzungen erfüllt sind.

27 Die hier verwendete Definition des Carve-Out-Business verweist nun ihrerseits auf weitere definierte Begriffe für die zu übertragenden Aktiva (*Sold Assets* bzw. *Sold IP*), die zu übertragenden Verträge (*Sold Contracts*) und die zu übernehmenden Verpflichtungen (*Assumed Liabilities*), wobei klargestellt wird, dass bestimmte Aktiva (*Excluded Assets* bzw. *Excluded IP*), Verträge (*Excluded Contracts*) und Verpflichtungen (*Excluded Liabilities*) nicht zu übertragen bzw. zu übernehmen sind. Im Nachfolgenden geht es um die möglichst **zweckmäßige Definition** dieser acht Begriffe im Unternehmenskaufvertrag, wodurch der Kaufgegenstand Carve-out-Business festgelegt wird. Zur besseren Lesbarkeit der Formulierungen im Unternehmenskaufvertrag wird hierbei häufig wiederum auf definierte Begriffe zurückgegriffen, wenngleich dies zu einer **Verschachtelung der Definitionen** und damit zu einer erhöhten **Komplexität** der Regelungen führt. Es ist wichtig, dass die definierten Begriffe in widerspruchsfreier Weise möglichst nahe das von den Parteien wirtschaftlich Gewollte widerspiegeln und, soweit keine besonderen

wirtschaftlichen Vorstellungen der Parteien bestehen, möglichst zweckmäßig und einfach formuliert werden.

Als Teil der Vorbereitung der Carve-out-Transaktion müssen die Parteien zunächst identifizieren, welche Aktiva, Verträge und Verpflichtungen des Verkäufers dem Carve-out-Business einerseits und den beim Verkäufer verbleibenden Geschäftsbereichen (*Retained Businesses*) andererseits zugeordnet werden können (**Identifikation**), und sich in einem zweiten Schritt darauf wirtschaftlich einigen, welche der dem Carve-out-Business zugeordneten Aktiva, Verträge und Verpflichtungen trotz dieser Zuordnung nicht übertragen bzw. übernommen werden sollen (**Modifikation**). Das Ergebnis dieser Zuordnung sollte dann in insgesamt acht Listen festgehalten werden, wobei die erste Gruppe von Listen jeweils die zu übertragenden bzw. zu übernehmenden Aktiva, Verträge und Verpflichtungen enthält (**Positiv-Listen**) und die zweite Gruppe die nicht zu übertragenden bzw. nicht zu übernehmenden Aktiva, Verträge und Verpflichtungen betrifft (**Negativ-Listen**). Insbesondere bei großvolumigen Carve-out-Transaktionen kann teilweise nicht bzw. nicht abschließend auf Listen zurückgegriffen werden, da eine abschließende Aufführung sämtlicher zu übertragender Aktiva, Verträge und Verpflichtungen praktisch nicht durchführbar ist. In diesen Fällen ist in Betracht zu ziehen, den Kaufgegenstand beispielsweise unter Bezugnahme auf Konten im Buchführungssystem des Verkäufers zu individualisieren, auf denen die einzelnen Gegenstände des Aktiv- und Passivvermögens individuell und hinreichend bestimmt erfasst sind; denn häufig wird der zu übertragende Geschäftsbereich in der Buchführung des Verkäufers in einem **eigenen Kontenkreis** verselbständigt sein. Von diesen Grundüberlegungen ausgehend sind bei der Definition der verwendeten Begriffe Regelungen dahingehend vorzunehmen, dass

– Zu- und Abgänge von Aktiva, Verträgen und Verpflichtungen zwischen dem Tag der Unterzeichnung des Unternehmenskaufvertrages (*Signing Date*) und dem Vollzugsstichtag (*Closing Date*) berücksichtigt werden (**Öffnungsklausel**),
– Kriterien aufgenommen werden, die die Zuordnung nicht konkret identifizierter Aktiva, Verträge oder Verpflichtungen zu einer der Parteien ermöglichen (**Schleppnetz-**[35] oder **Catch-All-Klausel**[36]) und
– Aktiva, Verträge oder Verpflichtungen, die keiner der Parteien allein zustehen sollen (**Schnittstellen**), zwischen diesen aufgeteilt werden oder durch übergangsweise Dienstleistungen des Verkäufers (*Transitional Services Agreements*) (→ Teil VII) dem Käufer zugutekommen.

In diesem Zusammenhang ist die Erstellung von **Negativ-Listen** nicht nur zur Erzielung zusätzlicher Rechtssicherheit zwischen den Parteien zweckmäßig, sondern aufgrund zahlreicher **gesetzlicher Vermutungen** über den Umfang des

---

[35] *Gerhard/Hasler* GesKR 2014, 221, 226.
[36] *Meyding/Adolphs* BB 2012, 2383.

Kaufgegenstandes auch rechtlich geboten.[37] So wird beim Verkauf einer Sache im Zweifel auch deren **Zubehör** mitverkauft (§ 311c BGB). Wird daher im Rahmen der Carve-out-Transaktion ein Betriebsgrundstück verkauft, so kann es je nach dauernder Einrichtung des Betriebsgrundstückes sein, dass auch der dort befindliche Maschinen- und Fuhrpark und die dortige Geschäftsausstattung mitverkauft wurden (§§ 97, 98 Nr. 1 BGB), es sei denn die Parteien haben ihren anderslautenden Willen im Unternehmenskaufvertrag zum Ausdruck gebracht. Ähnliche Vermutungen gelten für **Marken** (§ 27 Abs. 2 MarkenG) und **Designs** (§ 29 Abs. 2 DesignG), die ebenfalls im Zweifel zusammen mit dem zugehörigen Unternehmen verkauft werden, wobei die Vermutungen auch bei Carve-out-Transaktionen eines selbständigen Geschäftsbereichs zur Anwendung kommen.[38] Für den Käufer ist es zudem wichtig, mithilfe von Negativ-Listen klarzustellen, dass er bestimmte Aktiva, Verträge oder Verpflichtungen nicht zu übernehmen bereit ist, auch wenn diese als zum zu übertragenden Geschäftsbereich zugehörig anzusehen sind.

Bevor im Folgenden jeweils ein Formulierungsbeispiel für die Begriffe *Sold Assets*, *Sold Contracts* und *Assumed Liabilities* vorgestellt wird, vorab einige Bemerkungen zu Gesichtspunkten, die mehrere Definitionen gemeinsam haben:

— Alle nachfolgend verwendeten Definitionen verweisen auf Positiv- und Negativ-Listen (z. B. „The assets listed in Exhibit ■;"), die als Ausgangspunkt für die Festlegung des Carve-out-Business dienen. Zudem wird klargestellt, dass ein anderweitiger Einschluss oder Ausschluss im Unternehmenskaufvertrag das Gleiche bewirkt (z. B. „Any Assets which are expressly otherwise reserved to Seller under this Agreement.").

— Die Definitionen für *Sold Assets*, *Assumed Liabilities* und *Sold Contracts* bzw. *Excluded Assets*, *Excluded Liabilities* und *Excluded Contracts* enthalten eine **Öffnungsklausel** für Zu- und Abgänge in der Zeit zwischen Unterzeichnung des Unternehmenskaufvertrages (*Signing*) und dem Vollzugsstichtag (*Closing Date*). Gemeinsames Merkmal dieser Öffnungsklausel ist, dass sie nur dann greift, wenn der jeweilige Zu- oder Abgang den verkauften Unternehmensteil (*Construction Machinery Business*) betrifft und zudem auch sonst in Übereinstimmung mit dem Unternehmenskaufvertrag erfolgt ist. Dies setzt voraus, dass der Unternehmenskaufvertrag – wie weitgehend üblich – einschränkende Regelungen über die Unternehmensführung durch den Verkäufer für die Zeit zwischen Unterzeichnung des Unternehmenskaufvertrages und Vollzugsstichtag enthält (sog. **Conduct of Business-Klauseln** oder **Handcuff-Klauseln**).

— Eine ähnliche Regelung kann auch für Aktiva und Verträge vereinbart werden, die zwar nicht ausdrücklich in den Positiv- oder Negativ-Listen aufgeführt sind, aber dem verkauften Unternehmensteil (*Construction Machinery Business*) zugeordnet werden können (**Schleppnetz- oder Catch-All-Klausel**). Je

---

[37] Seibt/*Bastuck* D.I. Anm. 2.
[38] Fezer § 29 Rn. 57.

2. Der Verkauf rechtlich unselbständiger Geschäftsbereiche

nach Vereinbarung der Parteien ist Voraussetzung bei einer Schleppnetzklausel, dass der betreffende Aktivposten oder Vertrag entweder **ausschließlich** („exclusively") oder **vorwiegend** („exclusively or primarily") im verkauften Geschäftsbereich verwendet wird. Bei der ersten Variante verbleiben von beiden Geschäftsbereichen verwendete Aktiva oder Verträge beim Verkäufer. Eine hier nicht verwendete käuferfreundliche Variante dieser Art von Klausel sieht vor, dass unabhängig von der ausschließlichen oder vorwiegenden Verwendung alle solchen Aktiva und Verträge vom Verkäufer übertragen werden, die für die **Fortführung** des Carve-out-Business durch den Käufer **notwendig** sind („necessary for the management and the carrying on of the [construction machinery] business"). Diese Variante setzt damit voraus, dass der betreffende Vermögensgegenstand auch beim Verkäufer tatsächlich vorhanden ist. Für den Verkäufer hat diese Regelung den Nachteil, dass Aktiva und Verträge, die sowohl für die Fortführung des verkauften Carve-out-Business als auch des verbleibenden Geschäftsbereiches objektiv erforderlich sind, an den Käufer verkauft sind, und er es nun ist, der sich darum kümmern muss, wie die Fortführungsfähigkeit des verbleibenden Geschäftsbereiches wiederhergestellt wird. Die Fortführungsfähigkeit des Carve-out-Business sollte daher besser über eine Garantie des Verkäufers sichergestellt werden (→ Rn. 40).

Hiernach kann die Definition für die verkauften Aktiva (*Sold Assets*) im Unternehmenskaufvertrag wie folgt formuliert werden: **30**

Sold Assets means:
a) The real properties as set out in the real property sale and purchase agreement attached as Exhibit ■ (the **Sold Real Properties**) into which the Parties shall enter on the Signing Date;
b) The Assets listed in Exhibit ■;
c) Any Receivables under the Sold Contracts and which, in case of long term Sold Contracts (*Dauerschuldverhältnisse*), relate to periods after the Closing Date;
d) The Assets which have been acquired by Seller in the conduct of the [construction machinery] business in accordance with this Agreement during the period between the Signing Date and the Closing Date; and
e) All other Assets which are exclusively [or primarily] used by Seller for the purpose of the [construction machinery] business;

but excluding (the **Excluded Assets**):
1. The Assets and Receivables listed in Exhibit ■;
2. The firm name of the Seller;
3. Any Assets which have been disposed of by Seller in accordance with this Agreement during the period between the Signing Date and the Closing Date;

4. Any Receivables for the refund of Taxes;
5. Any shares and interests in any companies or partnerships except for those listed in Exhibit ∎;
6. Any cash on hand, deposits with banks or other cash equivalents held by or on behalf of the Seller on the Closing Date;
7. Any Books and Records (whether in hard copy or electronic format) which are required to be retained by Seller under any law or regulation applicable to Seller;
8. Any Assets and Receivables which are related to any Excluded Contract; and
9. Any Assets which are expressly otherwise reserved to Seller under this Agreement.

Assets means the Goodwill, the Governmental Permits, the Movable Assets, the Inventory and the Books and Records.

Goodwill means lists of and any other information about customers, suppliers and other contract parties.

Governmental Permits means all transferable licenses, permits and authorizations granted or deemed to be granted by a governmental organization or by a third party with governmental authority.

Movable Assets means all plant, factory, machinery, vehicles, spare parts, tools, equipment, tangible chattels, furniture, fixtures and fittings (to the extent they are not included in the Sold Real Properties) and anything of the aforementioned under construction.

Inventory means all raw materials, other supplies, stock-in-trade, work-in-progress and finished goods.

Receivables means any amounts owed to the Seller whether or not yet due or payable (such as trade debts, deposits, prepayments, rebates and overpayments, claims under an insurance policy, rights under manufacturers' or vendors' warranties) including any costs and interest payable on such amounts and the benefit of all securities, guarantees, indemnities and rights relating to those amounts.

Books and Records means all books, records, drawings, manuals, sales and promotional material and other data and documents.

31 Für den Verkauf von Grundstücken verweist die Beispielsformulierung auf einen gesonderten, in einer Anlage befindlichen **Grundstückskaufvertrag**, den die Parteien im Nachgang abschließen. Eine solche Absonderung des Grundstückskaufvertrages ist rechtlich nicht zwingend erforderlich, aber zweckmäßig, da für den Grundstückskaufvertrag in vielen Rechtsordnungen besondere Anforderungen bestehen. So sind etwa bei in Deutschland belegenen Grundstücken für die Zwecke der Ermittlung der Grunderwerbsteuer ein für das Grundstück gesondert ausgewiesener Kaufpreis sowie eine deutsche Übersetzung erforderlich.

2. Der Verkauf rechtlich unselbständiger Geschäftsbereiche

Vom Umfang der verkauften Aktiva (*Sold Assets*) ausgeschlossen werden oftmals der Firmenname des Verkäufers, Steuererstattungsansprüche, Unternehmensbeteiligungen sowie solche **Geschäftsunterlagen**, die der Verkäufer aufgrund einer rechtlichen Verpflichtung zurückbehalten muss (vgl. § 257 HGB). Dies gilt selbst dann, wenn sich die Geschäftsunterlagen vorwiegend oder sogar ausschließlich auf das Carve-out-Business beziehen. Der Käufer muss sich dann gesondert das Recht zum Zugang zu solchen Geschäftsunterlagen sowie zur Anfertigung von Kopien einräumen lassen. 32

Die zu übertragenden Verträge (*Sold Contracts*) lassen sich wie folgt definieren: 33

Sold Contracts means:

a) The Contracts listed in Exhibit ■;
b) Any Contracts which have been offered, received or entered into by Seller in the conduct of the [construction machinery] business in accordance with this Agreement during the period between the Signing Date and the Closing Date.
c) Any other Contracts which are exclusively [or primarily] used by seller for the purpose of the [Construction Machinery Business];

but excluding (the **Excluded Contracts**):

1. The Contracts listed in Exhibit ■;
2. Any Contracts which have been completely fulfilled, terminated or otherwise disposed of by Seller in accordance with this Agreement during the period between the Signing Date and the Closing Date;
3. Any Contracts with any of Seller's Affiliates including any guarantees, suretyships and indemnifications with third parties granting any security for obligations or liabilities of any of Seller's Affiliates [except for those Contracts which are listed in Exhibit ■];
4. Any loan agreements and other instruments of financing including financial instruments within the meaning of Sec. 1 para. 11 of the German Banking Act (*Gesetz über das Kreditwesen*) [except for those loan agreements or other instruments of financing which are listed in Exhibit ■]; and
5. Any Contracts which are expressly otherwise reserved to Seller under this Agreement.

Contracts means all contracts, agreements, undertakings, arrangements, orders and other offers (received or made) to the extent remaining to be completed or performed as at the Closing Date excluding any employment contracts.

Die übergehenden **Arbeitsverträge** sollten in einer separaten arbeitsrechlichen Klausel des Unternehmenskaufvertrages behandelt werden, da hierfür insbesondere nach § 613a BGB und den vergleichbaren Regelungen in den anderen europäischen Ländern Sondervorschriften gelten (Klauselbeispiel in → Teil III Rn. 70). 34

35 Bei den zu übertragenden Verträgen (*Sold Contracts*) werden in der Regel Verträge mit **verbundenen Unternehmen** des Verkäufers ausgeschlossen, da diese möglicherweise nicht zu Marktbedingungen abgeschlossen sind, oder aber die wirtschaftliche Bewertung der Transaktion durch die Parteien andere Konditionen voraussetzt (→ Teil I Rn. 46 ff.). Für Verträge mit verbundenen Unternehmen, die nachweislich zu marktüblichen Konditionen durchgeführt werden und die nach dem Willen der Parteien übernommen werden sollen, kann eine Rückausnahme vorgesehen werden. Sollte der Käufer bezüglich der aus der Carve-out-Transaktion ausgeklammerten Verträge mit verbundenen Unternehmen dennoch auf Lieferungen oder Leistungen dieser Unternehmen angewiesen sein, so sollten diese im Rahmen neu abzuschließender Liefer- oder Dienstleistungsverträge oder als Teil der übergangsweisen Dienstleistungen des Verkäufers (***Transitional Services Agreements***) gesondert vereinbart werden. Ebenfalls ausgeschlossen werden in der Regel Verträge mit Dritten über Personalsicherheiten zugunsten von verbundenen Unternehmen des Verkäufers.

36 **Darlehen** und andere **Finanzierungsverträge** sowie Verträge über **Derivate** und andere **Finanzinstrumente** werden ebenfalls ausgeklammert. Eine Rückausnahme („except for those loan agreements or other instruments of financing which are listed in Exhibit ■") kommt für solche Verträge in Betracht, die der Finanzierung oder Absicherung (*Hedging*) eines übertragenen Vermögensgegenstandes (*Sold Assets*) oder Vertrages (*Sold Contracts*) dienen und in einer Anlage gesondert aufgeführt sind.

37 Das Formulierungsbeispiel für die zu übernehmenden Verpflichtungen (*Assumed Liabilities*) könnte im Unternehmenskaufvertrag wie folgt lauten:

> **Assumed Liabilities** means:
> a) The Liabilities listed in Exhibit ■;
> b) Any Liabilities under the Sold Contracts and which, in case of long term Sold Contracts (*Dauerschuldverhältnisse*), relate to periods after the Closing Date;
> c) Any Liabilities which are expressly assumed by Purchaser under any other provision of this Agreement;
>
> but excluding (the **Excluded Liabilities**):
> 1. The Liabilities listed in Exhibit ■;
> 2. Any Liabilities which have been fulfilled during the period between the Signing Date and the Closing Date;
> 3. Any Liabilities towards any of Seller's Affiliates;
> 4. Any financial debt of Seller;
> 5. Any Liabilities exclusively relating to businesses retained by Seller;
> 6. Any Liabilities in respect of Taxes;
> 7. Any Liabilities relating to or in connection with an Excluded Asset or an Excluded Contract;

2. Der Verkauf rechtlich unselbständiger Geschäftsbereiche

8. Any Liabilities which, if assumed by Purchaser, would give rise to a breach of any of the guarantees or warranties set forth in Section ■ of this Agreement; and
9. Any Liabilities which are expressly otherwise reserved to Seller under this Agreement.

Liabilities means all obligations and liabilities (whether present or future, actual or contingent) including any costs and interest in connection therewith except for any pension obligations which are more specifically dealt with in Section ■.

Die zu übernehmenden Verpflichtungen bedürfen einer besonders ausführlichen Regelung. Der Käufer wird regelmäßig nur solche Verpflichtungen übernehmen wollen, die auf dem **operativen Geschäft** des Carve-out-Business beruhen. Neben den in der Anlage zum Unternehmenskaufvertrag gesondert aufgeführten Verpflichtungen sind dies daher nur solche aus den übernommenen Verträgen (*Sold Contracts*). Hierbei handelt es sich insbesondere um Verbindlichkeiten aus Lieferung und Leistung. Verbindlichkeiten aus übertragenen Dauerschuldverhältnissen werden nur übertragen, soweit sie sich auf Zeitperioden nach dem Vollzugsstichtag beziehen. Die kraft Gesetzes übergehenden Pensionsverpflichtungen werden häufig gesondert im arbeitsrechtlichen Teil des Unternehmenskaufvertrages behandelt (→ Teil III Rn. 223 ff.). 38

Neben den üblichen Ausschlüssen für Steuerverpflichtungen, Verpflichtungen gegenüber verbundenen Unternehmen des Verkäufers sowie für Verpflichtungen im Zusammenhang mit *Excluded Assets* oder *Excluded Contracts* gibt es noch einen weiteren Ausschluss für solche Verpflichtungen, deren Übernahme zu einer **Verletzung des Garantien- bzw. Gewährleistungskataloges** führen würden. Damit wird bewirkt, dass der Käufer nicht vertragsgemäße Verpflichtungen erst gar nicht übernimmt oder von diesen freigestellt wird. Wenn zum Beispiel der Verkäufer im Unternehmenskaufvertrag garantiert, dass keine Gewährleistungsverpflichtungen oder Produkthaftungsverbindlichkeiten aus Kaufverträgen mit Kunden des Carve-out-Business bestehen, so würde aus dieser Bestimmung ein spezifischer Freistellungsanspruch des Käufers resultieren. 39

bb) Regelungen zur Sicherstellung der Fortführungsfähigkeit des Carve-out-Business

Auch wenn im Unternehmenskaufvertrag die einzelnen Bestandteile des Carve-out-Business durch deren Umschreibung und Aufführung in den Anlagen (*Exhibits*) möglichst genau definiert wurden, besteht für den Käufer weiterhin die Unsicherheit, ob das Carve-out-Business alle für die **Fortführung** des Betriebes **erforderlichen Bestandteile** hat und damit **lebensfähig** ist. Für den Verkäufer stellt sich das gleiche Problem bezüglich des bei ihm verbleibenden Geschäftsbereiches. Da 40 beim *Asset Deal* die Trennung der beiden Geschäftsbereiche erst zum Vollzugsstichtag (*Closing Date*) erfolgt, gibt es dafür naturgemäß keine Erfahrungswerte aus der Vergangenheit, auf die die Parteien zurückgreifen könnten. Allerdings dürfte in den meisten Fällen der Verkäufer besser einschätzen können, ob das im Unternehmenskaufvertrag definierte Carve-out-Business überlebensfähig ist, da er dieses aus der Vergangenheit kennt. Falls die im Unternehmenskaufvertrag verwendete Schleppnetz- oder Catch-All-Klausel nur auf die ausschließliche oder vorwiegende Verwendung der zu übertragenden Aktiva (*Sold Assets*) und Verträge (*Sold Contracts*) abstellt (→ Rn. 29), wird der Käufer daher versuchen, vom Verkäufer eine Gewährleistung in Bezug auf die **Fortführungsfähigkeit** des Carve-out-Business zu erhalten.[39] Falls sich der Verkäufer dazu entschließt, eine solche Garantie oder Gewährleistung abzugeben, wird er versuchen, diese in mehrfacher Hinsicht einzuschränken. Zum einen wird der Verkäufer klarstellen wollen, dass die Fortführungsfähigkeit des Carve-out-Business nur unter der Voraussetzung von übergangsweisen Dienstleistungen des Verkäufers (*Transitional Services*) gilt. Zum zweiten wird er klarstellen wollen, dass die Gewährleistung nur für den bei Unterzeichnung des Unternehmenskaufvertrages (*Signing*) bestehenden Zustand und Umfang des Carve-out-Business gelten soll. Das Risiko einer vom Verkäufer kaum einschätzbaren Erweiterung oder Neuausrichtung geht dann zu Lasten des Käufers. Drittens wird der Verkäufer versuchen, die Gewährleistung im Unternehmenskaufvertrag auf Kenntnis oder fahrlässige Unkenntnis der fehlenden Fortführungsfähigkeit einzuschränken:

> [To the knowledge of Seller,] the Sold Assets and the Sold Contracts [together with the assets, rights and licenses provided or granted under the Transitional Services Agreements] comprise all the Assets and Contracts necessary for the management and the carrying on of the Carve-Out-Business as of the Closing Date [in the manner in, and to the extent to, which it is presently conducted].

cc) Heilungsklausel für irrtümliche Übertragungen

41 Trotz aller Sorgfalt bei der Vorbereitung und Zusammenstellung der dinglichen Vollzugsverträge für die Übertragung des Carve-out-Business wird es vorkommen, dass auch Gegenstände des verbleibenden Geschäftsbereiches versehentlich oder irrtümlich an den Käufer übertragen wurden. Dies kommt insbesondere dann vor, wenn in den dinglichen Übertragungsverträgen die zu übertragenden beweglichen Gegenstände des Carve-out-Business durch räumliche Abgrenzung bestimmt wurden, wie es der im deutschen Recht geltende **Bestimmtheitsgrundsatz** regelmäßig erfordern wird. Zum Beispiel würde ein Laptop, der eigentlich

---

[39] *Gerhard/Hasler* GesKR 2014, 221, 226.

beim bestehenden Geschäftsbereich verbleiben sollte, der aber am Vollzugsstichtag (*Closing Date*) zufällig in der dem Carve-out-Business zugewiesenen räumlichen Zone liegengelassen wurde, beim Vollzug (*Closing*) rechtlich wirksam an den Verkäufer übereignet werden, ohne dass dieses Ergebnis von einer der Parteien gewollt war. Der Unternehmenskaufvertrag sollte daher für solche **irrtümlichen Übertragungen** eine **Rückübertragungspflicht** des Käufers vorsehen, wobei man sich dabei auf die beweglichen Sachen (*Movable Assets* und *Inventory*) beschränken kann:

> If after the Closing Date any Movable Asset or Inventory not forming part of the Carve-out-Business is found to have been transferred to Purchaser in error, Purchaser shall without undue delay retransfer such Movable Asset or Inventory (and any related liability which is an Assumed Liability) to Seller. To the extent such Movable Asset or Inventory was reflected in the Closing Accounts, Seller shall pay as consideration an amount equal to that at which it (together with any such related liability) was reflected in the Closing Accounts and has increased the Purchase Price.

Das obige Klauselbeispiel stellt klar, dass eine **Ausgleichszahlung** an den Käufer erfolgen muss, sofern der zurück zu übertragende Vermögensgegenstand in der **Stichtagsbilanz** (*Closing Accounts*) kaufpreiserhöhend Berücksichtigung gefunden hat.

dd) Die Übertragung des Carve-out-Business

Soweit sämtliche Vollzugsvoraussetzungen (*Closing Conditions*) erfüllt sind oder die Parteien hierauf verzichtet haben, kann das Carve-out-Business am Vollzugsstichtag (*Closing Date*) vom Verkäufer an den Käufer übertragen werden. Hierzu werden gesonderte (dingliche) Vollzugsverträge abgeschlossen, deren Form und Inhalt sich maßgeblich nach den rechtlichen Anforderungen der Länder richten, in denen die entsprechenden Bestandteile des Carve-out-Business belegen sind (→ Rn. 147). Nachfolgend finden sich einige grundlegende Erwägungen zur Abfassung des Vollzugsvertrages für in Deutschland belegene Bestandteile des Carve-out-Business. 42

aaa) Übertragung von Grundstücken

Befinden sich bei den zu übertragenden Vermögensgegenständen in Deutschland belegene **Grundstücke**, so müssen diese zur Übereignung vor einem Notar oder einer anderen geeigneten Stelle aufgelassen (§ 925 BGB) und die Auflassung im Grundbuch eingetragen werden (§ 873 Abs. 1 BGB). Da aufgrund der erforderlichen Eintragung im Grundbuch eine punktgenaue Übereignung am Vollzugsstichtag nicht möglich sein wird, sollten die Regelungen für den Verkauf und die Auflassung von Grundstücken sinnvollerweise in einer separaten und auf Deutsch abgefassten Anlage zum Unternehmenskaufvertrag erfolgen (siehe auch 43

→ Rn. 147). Häufig wird als Vollzugsvoraussetzung des Unternehmenskaufvertrages vereinbart, dass zugunsten des Käufers eine **Vormerkung** im Grundbuch eingetragen worden ist (§ 883 BGB). Diese schützt den Käufer vor vertragswidrigen Zwischenverfügungen des Verkäufers oder für den Fall, dass der Verkäufer im Zeitraum zwischen Vollzugsstichtag und Eigentumsübergang des Grundstückes insolvent wird (§ 106 InsO). Für die für Eintragung von Vormerkung und Auflassung im Grundbuch erforderliche Eintragungsbewilligung des Verkäufers ist eine **grundbuchspezifische Bezeichnung** des Grundstücks erforderlich (§ 28 GBO), weshalb eventuelle Catch-All- oder Schleppnetzklauseln bei Grundstücken nicht zum Tragen kommen. Zu beachten ist, dass sämtliches, auch bewegliches **Zubehör** der zu übertragenden Grundstücke wie Maschinen- oder Fuhrpark im Zweifel an den Käufer mitübereignet wird, wenn es dem Verkäufer gehört (§ 926 Abs. 1 BGB). Selbst Zubehör, das dem Verkäufer nicht gehört, kann bei Übergang des Grundstückseigentums in das Eigentum des Käufers übergehen, sofern dieser bei Besitzerwerb gutgläubig war (§ 926 Abs. 2 BGB). Will der Verkäufer also bestimmte Zubehörstücke zurückbehalten, so sollte er diese in einer **Negativ-Liste** zum Grundstückskaufvertrag aufführen, oder die Auflassung sollte klarstellen, dass das Zubehör insgesamt nicht von der Auflassung umfasst sein soll. Das Zubehör kann dann – wie die anderen beweglichen Sachen auch – durch Einigung und Übergabe (§§ 929 ff. BGB) am Vollzugsstichtag gesondert übereignet werden. Da eine Unterscheidung zwischen Zubehör und anderen auf dem verkauften Grundstück befindlichen beweglichen Sachen nicht immer zweifelsfrei und einfach ist, dürfte diese Vorgehensweise am zweckmäßigsten sein, zumal die **Ausklammerung von Zubehör** aus dem Grundstückskaufvertrag auch verhindert, dass auf einen das Zubehör umfassenden Grundstückskaufpreis Grunderwerbsteuer anfällt (vgl. § 2 Abs. 1 GrEStG).

bbb) Übertragung von beweglichen Sachen

44   Technisch nicht immer ganz einfach ist bei Carve-out-Transaktionen die Übereignung der verkauften **beweglichen Sachen**.[40] Gemäß dem hierfür geltenden **Bestimmtheitsgrundsatz** müssen sich die zu übereignenden beweglichen Sachen allein aufgrund der vertraglichen Abreden der Parteien ermitteln lassen. Nach der Rechtsprechung des BGH können die Parteien hierbei auf ein ausreichend detailliertes **Inventarverzeichnis** Bezug nehmen, wenn das Verzeichnis bei Abschluss des Vollzugsvertrages tatsächlich existiert und Bestandteil des Vollzugsvertrags geworden ist.[41] Ein solches Inventarverzeichnis muss dabei nicht einmal mit der Vollzugsvertragsurkunde körperlich verbunden sein, wenn sich die Parteien nur über die Übereignung der dort aufgeführten Sachen einig sind.[42] Allerdings –

---

[40] *Thiele/König* NZG 2015, 178.
[41] BGH IX ZR 96/06, NJW 2008, 3142 (3144).
[42] BGH IX ZR 96/06, NJW 2008, 3142 (3144).

2. Der Verkauf rechtlich unselbständiger Geschäftsbereiche

und dies ist der entscheidende Punkt – werden die in der betrieblichen Realität vorhandenen Inventarverzeichnisse den Anforderungen des BGH im Hinblick auf den erforderlichen Detaillierungsgrad häufig nicht gerecht. Der BGH fordert nämlich, dass die betreffenden Sachen in dem Inventarverzeichnis unter **genauer Angabe individueller Merkmale** (Gegenstand, Menge, Stoff, Fabriknummer, Lieferant etc.) konkret umschrieben werden.[43] Zum Beispiel genügt ein Verzeichnis, welches die zu übereignenden Sachen lediglich nach Gewicht und Gattung („Bleche", „Formstahl", „Rohre") beschreibt und daneben nur die Angabe des Lagerhalters sowie einer Order-Nummer enthält, die ohne den Rückgriff auf weitere Geschäftsbücher keinen Aussagegehalt besitzt, nicht zur Spezifizierung.[44] Das Inventarverzeichnis ist daher hauptsächlich zur Übereignung von Maschinen und Fahrzeugen geeignet, die in der Regel über eine Fabrik- oder Fahrzeugnummer verfügen. Es versagt aber bei eher geringwertigen Gütern des Anlagevermögens (z.B. Hammer, Schraubenzieher und andere Standardwerkzeuge) und bei Roh-, Hilfs- und Betriebsstoffen (z.B. Heizöl, Stahlbleche, Kupferrohre, Schrauben, Schreibutensilien für das Büro), wenn diese Gegenstände ihrer Art nach sowohl im verbleibenden Geschäftsbereich des Verkäufers als auch im zu übertragenden Carve-out-Business vorkommen.

Diese Gegenstände lassen sich am besten durch eine vor Übereignung vorzunehmende gesonderte **Markierung** (bei Stapelware) oder durch eine **räumliche Abgrenzung** übereignen. Im letzteren Fall können dann wieder durch eine ausreichend spezifizierte **Negativ-Liste** bestimmte Sachen von der Übertragung an den Käufer ausgenommen werden. Die im Unternehmenskaufvertrag bei der Definition des Kaufgegenstandes oft verwendeten und dort auch zweckmäßigen Catch-All- oder Schleppnetzklauseln helfen bei in beiden Geschäftsbereichen verwendeten beweglichen Sachen für den dinglichen Vollzugsvertrag nicht weiter. Eine Formulierung, die etwa auf die Übereignung „aller im Unternehmensbereich X verwendeten" Maschinen, Fahrzeuge, Werkzeuge etc. abstellt, würde dem Bestimmtheitsgrundsatz in der spezifischen Ausprägung der BGH-Rechtsprechung gerade nicht genügen (vgl. aber → Rn. 5 zur Zulässigkeit von Catch-All-Klauseln im Spaltungs- und Übernahmevertrag bei einer vorgeschalteten Umwandlungsmaßnahme).[45] Nur wenn <u>alle</u> beweglichen Sachen des Verkäufers einer bestimmten Art oder Gattung übertragen oder nicht übertragen werden sollen, kann auf solche Catch-All- oder Schleppnetzklauseln zurückgegriffen werden,[46] z.B. wenn man „alle fertiggestellten oder im Bau befindlichen Baumaschinen" an den Käufer übereignen will.

Vorsicht walten lassen muss man auch bei Formulierungen, die danach differenzieren, ob der Verkäufer Volleigentum oder – etwa aufgrund eines Eigentumsvor-

---
[43] BGH IX ZR 149/90, NJW 1991, 2144 (2146).
[44] BGH IX ZR 96/06, NJW 2008, 3142 (3144); BGH IX ZR 149/90, NJW 1991, 2144 (2146).
[45] Vgl. dazu auch *Thiele/König* NZG 2015, 178, 181.
[46] BGH II ZR 156/92, NJW 1994, 133 (134).

behalts des Lieferanten – nur **Anwartschaftsrechte** an den beweglichen Sachen hat. Die Übereignung nur solcher Sachen, die im Volleigentum des Verkäufers stehen, scheitert nämlich regelmäßig am Bestimmtheitsgrundsatz.[47] Demgegenüber ist es unschädlich, wenn die Parteien vereinbaren, dass in erster Linie das Vollrecht und subsidiär das Anwartschaftsrecht übertragen wird.[48] Dies dürfte auch regelmäßig dem Interesse der Parteien entsprechen, denen nicht daran gelegen sein dürfte, dass unter Eigentumsvorbehalt stehende Sachen des Carve-out-Business beim Verkäufer verbleiben.

47 Je nach den Umständen des Einzelfalls ist den Parteien des Unternehmenskaufvertrages somit anzuraten, im dinglichen Vollzugsvertrag auf tatsächlich vorhandene und ausreichend individualisierte **Inventarverzeichnisse**, auf **Markierungen** der zu übereignenden Sachen, auf deren **räumliche Belegenheit** oder auf eine Kombination all dieser Instrumentarien Bezug zu nehmen:

> Subject to the payment of the Preliminary Purchase Price and with effect as of the Closing Date, Seller hereby transfers to Purchaser, and Purchaser hereby accepts such transfer, the title or, as the case may be, the expectancy rights (*Anwartschaftsrecht*) to the following Sold Assets:
>
> a) The Movable Assets listed in <u>Exhibit ■</u>, <u>Exhibit ■</u> and <u>Exhibit ■</u>;
>
> b) The Inventory of Seller which is stored on the storage premises (*Lagerhalle*) of ■ in ■;
>
> c) The Goodwill, Know How and Books and Records at Seller's headquarter in ■-Stadt which are stored in containers marked with a sticker „Geschäftsbereich Baumaschinen"; and
>
> d) All Movable Assets and Inventory located on the Sold Real Properties but excluding the Assets listed in <u>Exhibit ■</u>.
>
> To the extent Seller is not in direct possession (*unmittelbarer Besitz*) of any of the above transferred Assets as of the Closing Date, Seller hereby transfers and assigns, and Purchaser accepts such transfer and assignment, its delivery claims (*Herausgabeanspruch*) against the person having such direct possession pursuant to Section 931 of the German Civil Code (*BGB*).

48 Die Problematik des Bestimmtheitsgrundsatzes relativiert sich bei solchen beweglichen Sachen, deren Übereignung mit einer Übertragung des **unmittelbaren Besitzes**, d. h. der **tatsächlichen Gewalt** über die Sache (§ 854 Abs. 1 BGB), an den Käufer verbunden ist, da sich dann allein schon hieraus eine ausreichende Individualisierung ergibt.[49] Allerdings ist eine formelle Übergabe des Besitzes vom Verkäufer an den Käufer bei Unternehmenskäufen eher die Ausnahme, da am Vollzugsstichtag (*Closing Date*) neben der Unterzeichnung der Vollzugsver-

---

[47] BGH IX ZR 88/85, NJW 1986, 1985 (1986).
[48] BGH IX ZR 88/85, NJW 1986, 1985 (1986).
[49] MünchKommBGB/*Oechsler* § 929 Rn. 25.

träge allenfalls ein Handschlag der Parteien im Konferenzraum erfolgt.[50] Ob dies dann für die Erlangung der tatsächlichen Gewalt ausreicht, ist durch die Rechtsprechung noch nicht entschieden worden. Gerade bei Carve-out-Transaktionen werden Betriebsgrundstücke oft weiterhin gemeinsam genutzt (zumindest für eine Übergangszeit), was dann den Nachweis für den Übergang der tatsächlichen Gewalt über die verkauften beweglichen Sachen zusätzlich erschwert. Soweit die verkauften beweglichen Sachen sich im unmittelbaren Besitz eines Dritten, etwa eines Lagerhalters, Transporteurs, Leasingnehmers oder Mieters, befinden und daher durch Einigung und Abtretung des gegen diesen Dritten gerichteten Herausgabeanspruches übereignet werden (§ 931 BGB), verbleibt es ohnehin bei der oben geschilderten Problematik des Bestimmtheitsgrundsatzes.

ccc) Übertragung von Forderungen und anderen Rechten

Anders als bei der Übereignung von beweglichen Sachen reicht es bei der Übertragung von Forderungen (§§ 398 ff. BGB) und anderen Rechten (§§ 413; 398 ff. BGB)[51] aus, wenn diese lediglich nach Art und Umfang **bestimmbar** sind. Dabei sind nach der Rechtsprechung insbesondere solche Forderungen bestimmbar, die einem bestimmten Geschäftsbereich des Gläubigers zugeordnet werden können. Somit kann für solche Rechte bei der Abfassung des Vollzugsvertrages in der Regel auf den schuldrechtlichen Teil des Unternehmenskaufvertrages verwiesen werden. Soweit die verkauften Forderungen im Rahmen eines verlängerten Eigentumsvorbehaltes oder einer Globalzession abgetreten sind, sollte im Vollzugsvertrag zusätzlich vereinbart werden, dass ersatzweise die Rechte des Verkäufers gegen den Sicherungsnehmer abgetreten werden:[52]

49

> Subject to the payment of the Preliminary Purchase Price and with effect as of the Closing Date, Seller hereby assigns to Purchaser, and Purchaser hereby accepts such assignment, all Receivables which are a Sold Asset (the **Sold Receivables**) under the sale and purchase agreement dated ■ between Seller and Purchaser. To the extent any Sold Receivables have been assigned to suppliers or creditors of the Seller, Seller hereby assigns to Purchaser, and Purchaser hereby accepts such assignment, all present and future rights of Seller against such creditors to fully or partly reclaim such Sold Receivables, as well as all rights to claim the proceeds of the realization, exceeding the debts secured, of the said Sold Receivables.

Bereits im Unternehmenskaufvertrag sollte sich der Käufer das Recht einräumen lassen, dass am Vollzugsstichtag (*Closing Date*) die Parteien eine deutschsprachi-

50

---

[50] Seibt/*Bastuck* D.II. Anm. 12, der als Beispiel für die Erlangung der tatsächlichen Gewalt über die übereignete Sache die Betriebsversammlung mit Hissen der Landesfahne des Käufers am Werkstor anführt.
[51] Hierzu vgl. *Thiele/König* NZG 2015, 178, 181.
[52] Beisel/Klumpp Rn. 34.

ge **öffentlich beglaubigte Abtretungsurkunde** über die in einer separaten Liste aufgeführten verkauften Forderungen erstellen (§ 403 BGB) und der Verkäufer dem Käufer für jede abgetretene Forderung einzeln eine von ihm unterzeichnete **schriftliche Abtretungsanzeige** aushändigt, die der Käufer dann an den Drittschuldner absenden kann. Dadurch kann zum einen der Gutglaubensschutz für Leistungen des Drittschuldners an den Verkäufer zeitnah zum Vollzugsstichtag (*Closing Date*) eingeschränkt werden (§§ 406, 407 BGB), und zum anderen wird durch die Abtretungsurkunde die gerichtliche Geltendmachung (§ 410 BGB) und vollstreckungsrechtliche Durchsetzung (§ 727 Abs. 1 ZPO) der abgetretenen Forderung durch den Käufer wesentlich erleichtert.

> On the Closing Date Seller shall execute and hand over to Purchaser:
> a) an assignment agreement (*Abtretungsvereinbarung*) for the Receivables sold under this Agreement in the form of the draft attached hereto as Exhibit ■, authenticated by a German notary (*notariell beglaubigt*) and
> b) for each of the Receivables sold under this Agreement separately, a duly signed and executed debtor notification (together with a duly addressed envelope) in the form of the draft attached hereto as Exhibit ■.

51   Auch wenn die Forderungen aus Lieferung und Leistung auf den Käufer bereits durch die Übernahme des zugrunde liegenden operativen Vertrages übergehen, kann im Einzelfall eine selbständige Abtretung der Forderungen sinnvoll sein, da der Käufer auf diese Weise unabhängig von der Zustimmung des Vertragspartners zu der Vertragsübernahme rechtlicher Forderungsinhaber wird.

Soweit es keine spezialgesetzlichen Regelungen gibt, gelten die Regeln für die Abtretung von Forderungen entsprechend für die **Übertragung von anderen Rechten** (§ 413 BGB). Solche gesonderten gesetzlichen Regelungen bestehen insbesondere für **gewerbliche Schutzrechte** (→ Teil IV Rn. 26 ff.).

52   Zu beachten ist, dass für die Übertragung mancher Rechte besondere Voraussetzungen bestehen. So ist für die Übertragung von Mitgliedschaften in Personengesellschaften die Zustimmung der anderen Gesellschafter erforderlich, wenn im Gesellschaftsvertrag nichts anderes bestimmt ist, bedarf die Übertragung eines Nießbrauchs oder einer persönlichen Dienstbarkeit im Rahmen eines *Asset Deal* der Zustimmung der zuständigen Landesbehörde (§§ 1059a, 1092 Abs. 2 BGB), oder ist die Übertragung einer Firma nur dann möglich, wenn entweder das gesamte Handelsgeschäft oder zumindest der Unternehmenskern[53] oder eine selbständige Zweigniederlassung[54] des Verkäufers mitverkauft wird (§ 23 HGB). Sofern eine **Zustimmung Dritter** einzuholen ist, sollten die Parteien bereits im Unternehmenskaufvertrag regeln, ob das entsprechende Recht für den Käufer eine

---

[53] BGH II ZR 237/75, DB 1977, 1452.
[54] BGH IV ZR 2/57, DB 1957, 893 = WM 1957, 1152, 1154.

2. Der Verkauf rechtlich unselbständiger Geschäftsbereiche

so wesentliche Bedeutung hat, dass die Zustimmung zu dessen Übertragung als **Vollzugsvoraussetzung** (*Closing Condition*) zu behandeln ist:

> The obligations of the Parties to perform the Closing Actions shall be subject to the following Closing Conditions:
> [...]
> d) Seller has obtained the other partners' irrevocable and unconditional consent to the transfer of Seller's interest in the German civil law partnership (*Gesellschaft bürgerlichen Rechts*) named ■ to Purchaser;

ddd) Übertragung von öffentlich-rechtlichen Genehmigungen und Rechtspositionen

Bei öffentlich-rechtlichen Genehmigungen ist zunächst zwischen objektbezogenen Genehmigungen (Realkonzessionen) und unternehmens- bzw. personenbezogenen Genehmigungen zu unterscheiden. **Objektbezogene Genehmigungen** (z. B. die Baugenehmigung für ein Grundstück oder die Zulassung eines Arzneimittels[55]) gehen meist ohne weiteres mit der Übertragung des betreffenden Gegenstandes auf den Käufer über. Dagegen können **unternehmens- bzw. personenbezogenen Genehmigungen**, insbesondere solche, die an die Zuverlässigkeit des Unternehmens bzw. seiner Organe anknüpfen (z. B. eine Erlaubnis zum Betreiben von Bank- oder Versicherungsgeschäften), überhaupt nicht übertragen werden.[56] Wenn es zur Übertragung von öffentlich-rechtlichen Genehmigungen überhaupt Regelungen im Unternehmenskaufvertrag gibt, dann häufig nur dergestalt, dass die Rechtslage hierzu wiedergegeben wird, und der Verkäufer dem Käufer seine Unterstützung bei der Einholung von unternehmens- bzw. personenbezogenen Genehmigungen verspricht.[57]

Vereinzelt finden sich öffentlich-rechtliche Genehmigungen bzw. Rechtspositionen, deren Übertragbarkeit gesondert gesetzlich geregelt ist, wie z B bergrechtliche Erlaubnisse oder Bewilligungen (§ 22 BBergG)[58], telekommunikationsrechtliche Frequenzen oder Frequenznutzungsrechte (§ 55 Abs. 8 TKG)[59] oder Genehmigungen zur Personenbeförderung (§ 2 Abs. 2 und 3 PBefG). In den meisten Fällen bedarf es dann zur Übertragung dieser öffentlich-rechtlichen Genehmigungen der **Zustimmung der zuständigen Behörde**. Zivilrechtlich wird überwiegend angenommen, dass die Übertragung durch Abtretung nach den §§ 413, 398 ff. BGB erfolgt.

53

---

[55] Vgl. dazu Dieners/Reese/*Lenz/Witte*, § 21 Rn. 97.
[56] Seibt/*Bastuck* D.I. Anm. 22.
[57] Ein Formulierungsbeispiel hierfür findet sich bei Seibt/*Bastuck* D.I. § 12.
[58] Vgl. dazu *Enderle/Rehs* NVwZ 2012, 338.
[59] Vgl. dazu *Hoenike/Giebel* MMR 2005, 217.

eee) Übertragung von Goodwill, Know-how und technologischem Wissen

54 In den meisten Fällen erfolgt die Übertragung von Goodwill und Know-how durch die Übereignung der entsprechenden Unterlagen oder elektronischen Datenträger, welche diesen Goodwill bzw. dieses Know-how verkörpern. Es gelten für diese daher die für die Übereignung von beweglichen Sachen dargestellten Grundsätze (→ Rn. 44 ff.).

55 Eine im Unternehmenskaufvertrag oder im Vollzugsvertrag zu regelnde Frage ist jedoch, ob und inwieweit der Verkäufer auch nach dem Vollzugsstichtag berechtigt sein soll, den übertragenen Goodwill bzw. das übertragene Know-how weiter zu nutzen und deren Geheimhaltung zu wahren. Während eine entsprechende **Geheimhaltungsverpflichtung** des Verkäufers häufig bereits Bestandteil eines nachvertraglichen Wettbewerbsverbotes ist,[60] wird sich der Verkäufer nicht immer dazu bereit erklären, die eigene **Nutzung** des an den Käufer übertragenen Goodwill und Know-how zu unterlassen. Ob dies der Fall ist, hängt von den betrieblichen Erfordernissen des Verkäufers bezüglich des bei ihm verbleibenden Unternehmensteils ab. Nachfolgend ein entsprechendes Formulierungsbeispiel für den Vollzugsvertrag:

> Subject to the payment of the Preliminary Purchase Price and with effect as of the Closing Date, Seller hereby covenants with Purchaser that Seller and Seller's Affiliates shall not, directly or indirectly, [use,] disclose or otherwise make available to any third party any Know How or Goodwill which has been transferred to Purchaser under this Agreement.

56 Bei der Übertragung des Know-how ist aus Verkäufersicht insbesondere zu beachten, dass dessen Übertragung möglicherweise einer **behördlichen Genehmigung** bedarf, wenn es sich bei dem Käufer um ein ausländisches Unternehmen handelt. So bedarf die Übertragung von Know-how, welches auch im Bereich Militär- und Rüstungstechnik eingesetzt werden kann, unter Umständen der Genehmigung durch das **Bundesamt für Wirtschaft und Ausfuhrkontrolle**, etwa nach der **Außenwirtschaftsverordnung** (§§ 8 ff. AWV) oder nach der **Dual-Use-Verordnung** der EU (Verordnung (EG) Nr. 1334/2000 des Rates vom 22.6.2000). Der Verkäufer wird sich in diesen Fällen durch eine entsprechende Vollzugsvoraussetzung (*Closing Condition*) im Unternehmenskaufvertrag schützen müssen:

> The obligations of the Parties to perform the Closing Actions shall be subject to the following Closing Conditions:
> [...]

---

[60] Ein Formulierungsbeispiel für eine Geheimhaltungsverpflichtung im Rahmen eines Wettbewerbsverbotes findet sich in Kästle/Oberbracht, 273 Ziffer 13.1.

c) Seller has obtained an approval or no-action letter (*Nullbescheid*[61]) from the German Export Control Body (*Bundesamt für Wirtschaft und Ausfuhrkontrolle*) (**BAFA**) for the export of technology related to ■, including the Know How listed in Exhibit ■ and for the export of manufacturing assets of ■, including the manufacturing assets listed in Exhibit ■ under this Agreement;

fff) Übertragung von Vertragsverhältnissen

Von einigen wenigen Ausnahmen abgesehen werden in der Regel alle verkauften Verträge des Carve-out-Business im Rahmen des Vollzugsvertrages auf den Käufer übertragen. Zu den wenigen Verträgen, die **kraft Gesetzes** mit der Übertragung des Carve-out-Business auf den Käufer übergehen, gehören in erster Linie: 57

— Arbeitsverträge, wenn das zu übertragende Carve-out-Business einen Betrieb oder einen Betriebsteil darstellt (§ 613a BGB),
— Pacht- oder Mietverträge, wenn im Rahmen des *Asset Deal* an Dritte vermietete Grundstücke übertragen werden (§§ 581 Abs. 2, 578, 566 BGB) und
— Sachversicherungsverträge in Bezug auf veräußerte Sachen (§ 95 VVG), Pflichtversicherungsverträge in Bezug auf die der Pflichtversicherung unterliegenden Sachen (§§ 122, 95 VVG) sowie Betriebshaftpflichtversicherungsverträge (§ 102 Abs. 2 VVG), sofern das zu übertragende Carve-out-Business einen Betrieb oder zumindest einen Betriebsteil[62] darstellt.

In allen anderen Fällen müssen die Parteien des Unternehmenskaufvertrages die zu übertragenden Verträge (*Sold Contracts*) durch Vereinbarung auf den Käufer übertragen, wobei es zweckmäßig ist, auch den Übergang solcher Verträge im Vollzugsvertrag zu regeln, deren Übergang auf den Käufer kraft Gesetzes erfolgt:

> Seller hereby transfers and assigns to Purchaser, and Purchaser hereby assumes from Seller, all of Seller's present and future rights, benefits and obligations under the Sold Contracts by way of assumption of the contract with full discharge of Seller (*befreiende Vertragsübernahme*).

Bei der Übertragung der Verträge sind die maßgeblichen Formvorschriften zu beachten. Wird etwa bei der Übertragung eines Mietvertrages, bei welchem der Verkäufer seine Mieterposition auf den Käufer überträgt, das besondere **Schriftformerfordernis** des § 550 Satz 1 BGB nicht beachtet, so kann es sein, dass nach der Übertragung des Mietvertrages die Mindestlaufzeit nicht mehr besteht und der Mietvertrag nunmehr mit gesetzlicher Kündigungsfrist gekündigt werden kann. 58

---

[61] Ein Nullbescheid ist eine Bestätigung des BAFA, dass eine bestimmte Ware nicht in der Ausfuhrliste erfasst ist bzw. ein bestimmtes Ausfuhrvorhaben nicht genehmigungsbedürftig ist.
[62] Zur Anwendung des § 102 Abs. 2 VVG auf Betriebsteile Prölss/Martin/*Lücke* VVG § 102 Rn. 21.

Die bloße Auflistung des Mietvertrages in einer Anlage zum Unternehmenskaufvertrag reicht zur Beachtung des mietrechtlichen Schriftformerfordernisses nicht aus, wenn sich aus dieser Bezugnahme für einen möglichen Grundstückserwerber (§ 566 BGB) nicht zweifelsfrei Gegenstand, Parteien und Bedingungen des Mietvertrages entnehmen lassen.[63]

59 Sofern der jeweilige Vertrag keine abweichende Regelung enthält, bedarf die Übertragung von Verträgen nach deutschem Recht der **Zustimmung des jeweiligen anderen Vertragspartners**. Daher sollten die Parteien des Unternehmenskaufvertrages die Information der anderen Vertragspartei über den Verkauf des Carve-out-Business und die Einholung von deren Zustimmung zur Übertragung des Vertrages regeln. Eine solche Zustimmung kann im Voraus (Einwilligung – § 183 BGB) oder im Nachhinein (Genehmigung – § 184 Abs. 1 BGB) erklärt werden und bedarf nicht der für den Vertrag geltenden (§ 182 Abs. 2 BGB) oder vereinbarten[64] Form. Im Unternehmenskaufvertrag sollte ggf. klargestellt werden, dass die Parteien nicht zu irgendwelchen Leistungen verpflichtet sind, um die Zustimmung zu erreichen.

> As soon as practicable after the Signing Date, Seller shall arrange for the dispatch to all other parties to the Sold Contracts of a circular letter substantially in the form as attached in Exhibit ∎ announcing the sale of the Carve-Out-Business by Seller and introducing Purchaser as its successor as from the Closing Date. The Parties shall use reasonable efforts to obtain from the other parties of the Sold Contracts the written consent to the transfer of the Sold Contracts to Purchaser provided, however, such efforts shall not include the transfer of any money or assets or the consent to any material amendment to the terms and conditions of any Contract.

Wird die Zustimmung erteilt, geht der betreffende Vertrag auf den Käufer über. Für diesen Fall sollte der Unternehmenskaufvertrag die Verantwortungsbereiche der beiden Parteien dergestalt abgrenzen, dass Gefahren und Lasten ab dem Vollzugsstichtag auf den Käufer übergehen:

> Seller shall not become liable vis-à-vis Purchaser or any third party for claims and demands and for costs and damages in respect of any fault, defect or error of any kind arising from goods supplied or services provided by Purchaser after the Closing Date. If and to the extent Seller becomes jointly and severally liable for the due and timely performance of any obligations (or fulfilling of any duty) by or on behalf of Purchaser under any actually transferred Sold Contract, Purchaser shall indemnify Seller for such claim and furthermore reimburse Seller for any of its costs incurred in relation to any such claim made.

---

[63] BGH XII ZR 137/12, BeckRS 2014, 01950.
[64] BGH VIII ZR 149/94, BB 1996, 238.

2. Der Verkauf rechtlich unselbständiger Geschäftsbereiche

ggg) Übertragung von Verbindlichkeiten

Ebenso wie bei der Übertragung von Verträgen bedarf es auch bei der Übertragung einer Verbindlichkeit bzw. einer Schuld der **Zustimmung** des Dritten, also des Gläubigers (§ 415 Abs. 1 BGB). Solange die Genehmigung des Gläubigers aussteht oder diese verweigert wird, ist im Zweifel der Käufer gegenüber dem Verkäufer verpflichtet, den Gläubiger zu befriedigen (§ 415 Abs. 3 BGB). Es gelten also im Prinzip die gleichen Grundsätze wie bei der Übernahme von Verträgen. Bei der Übertragung einer Verbindlichkeit bzw. einer Schuld ist insbesondere die Freistellung des Verkäufers von den übernommenen Verbindlichkeiten (*Assumed Liabilities*) sowie des Käufers von nicht übernommenen Verbindlichkeiten (*Excluded Liabilities*) zu regeln.

60

> Seller hereby transfers to Purchaser all Assumed Liabilities and, except for any Excluded Liabilities, Purchaser assumes and accepts the transfer of all Assumed Liabilities and all corresponding present and future obligations in connection therewith.
>
> Purchaser agrees to duly and punctually pay, satisfy, discharge, perform or fulfil the Assumed Liabilities and shall indemnify Seller for:
>
> a) All Assumed Liabilities and any liability incurred by Seller arising from the conduct by Purchaser of the Carve-Out-Business after the Closing Date including any such liability which becomes a liability of Seller by virtue of any applicable law; and
>
> b) Any damages or losses which Seller may suffer by reason of Seller taking any reasonable action to avoid, resist or defend against any Assumed Liability.
>
> Seller shall indemnify Purchaser for:
>
> a) Any Excluded Liability; and
>
> b) Any damages or losses which Purchaser may suffer by reason of Purchaser taking any reasonable action to avoid, resist or defend against any Excluded Liability.

Bei einer Schuldübernahme kann der Käufer dem Gläubiger zwar sämtliche **Einwendungen** des Verkäufers entgegensetzen, die sich aus dem Rechtsverhältnis zwischen Gläubiger und Verkäufer ergeben (§ 417 BGB Abs. 1 S. 1 BGB), dies gilt aber nicht für **Gestaltungsrechte** wie Anfechtung, Rücktritt oder Kündigung etc.[65] Diese Rechte sollte sich der Käufer daher **gesondert mitübertragen** lassen.

61

> Purchaser shall be entitled to the benefit of the same remedies, defenses and conditions as the Seller enjoyed including rights of annulment (*Unwirksamkeit*), contestation (*Anfechtung*), revocation (*Widerruf*), rescission (*Rücktritt*), price reduction (*Minderung*), termination (*Kündigung*), retention (*Zurückbehaltung*) and set-off (*Aufrechnung*) with own claims.

---

[65] Palandt/*Grüneberg* § 417 Rn. 2.

ee) Vermögensgegenstände und Verträge, die sowohl dem Carve-out-Business als auch nicht übertragenen Unternehmensteilen dienen

62   Ein besonderes Merkmal, das fast alle Carve-out-Transaktionen zum Verkauf rechtlich noch nicht verselbständigter Geschäftsbereiche gemeinsam haben, ist, dass eine bestimmte Anzahl von Vermögensgegenständen oder Verträgen sowohl dem beim Verkäufer verbleibenden Geschäft (*Retained Businesses*) als auch dem Carve-out Business dienen. In diesem Fall besteht eine im Unternehmenskaufvertrag gesondert zu regelnde Schnittstelle. Hierfür gibt es zwei mögliche rechtliche Wege: die **Realteilung** des betreffenden Vermögensgegenstandes bzw. Vertrages oder aber die Begründung eines **Nutzungsverhältnisses** zwischen den Parteien, aufgrund dessen der Käufer den betreffenden Vermögensgegenstand oder Vertrag mit nutzen darf.

aaa) Realteilung

63   Sofern der betreffende Vermögensgegenstand oder Vertrag geteilt werden kann, stellt die **Realteilung** die einfachste Lösung dar.

64   Eine **Realteilung bei Sachen** kommt insbesondere für betriebsnotwendige Grundstücke in Betracht. Werden beispielsweise das beim Verkäufer verbleibende Unternehmen und das Carve-out-Business auf ein und demselben Betriebsgrundstück, aber in zwei verschiedenen, voneinander getrennten Betriebsgebäuden betrieben, so kann das Betriebsgrundstück, wenn es dem Verkäufer gehört, entsprechend der Lage dieser Betriebsgebäude geteilt, und der betreffende Grundstücksteil an den Käufer verkauft werden. Voraussetzung für eine solche Teilung ist zunächst, dass diese baurechtlich zulässig ist (§ 19 BauGB). Sodann sind die mit dem Gesamtgrundstück verbundenen Berechtigungen (Wegerechte, Rechte aus Dienstbarkeiten) und Lasten (Grundpfandrechte, Pflichten aus Dienstbarkeiten) zwischen den Parteien des Unternehmenskaufvertrages aufzuteilen. Dies erfordert häufig die Zustimmung von dritten Personen. Zuletzt müssen sich Verkäufer und Käufer über den Zugang und die Erschließung (Strom, Gas, Wasser) für die beiden Grundstückshälften einigen und dies gegebenenfalls durch die Eintragung von entsprechenden Dienstbarkeiten absichern.[66] Auf dem beim Verkäufer verbleibenden Grundstücksteil befindet sich häufig noch an den Käufer veräußerte Betriebsausstattung, welche noch abgebaut und auf den vom Käufer gekauften Grundstücksteil transportiert werden muss. In einem solchen Fall müssen die Parteien im Unternehmenskaufvertrag eine Regelung über den Abbau und den Transport der Betriebsausstattung und die damit verbundenen Kosten vereinbaren:

> Seller shall de-install any Sold Assets which are currently located on its ■ property and Purchaser shall relocate them for its use on the Sold Real Estate in ■. Within 4 weeks after the Signing Date Seller and Purchaser shall agree on

---

[66] *Gerhard/Hasler* GesKR 2014, 221, 245.

a de-installation and relocation plan. Seller shall perform the de-installation and packaging and Purchaser shall perform the relocation as set forth in the de-installation and relocation plan, in accordance with any applicable laws and regulations and without unduly interfering with Seller's ordinary course of operations on its ■ property. Any costs and expenses for the de-installation and packaging shall be borne by Seller. Any costs and expenses for the relocation shall be borne by Purchaser.

Obgleich dies seltener vorkommt, können auch **Rechte** realgeteilt werden. So kann zum Beispiel ein Markenrecht dergestalt geteilt werden, dass Verkäufer und Käufer dieselbe Marke nutzen können, aber jeder jeweils nur für bestimmte Waren oder Dienstleistungen (§ 27 Abs. 4 MarkenG).

Gibt es Verträge, die nicht nur dem Carve-out Business, sondern auch dem beim Verkäufer verbleibenden Unternehmensteil zuzurechnen sind (*Shared Contracts*)[67], können auch diese mit Zustimmung des anderen Vertragsteils geteilt werden (**reale Vertragsteilung**).[68] Hat zum Beispiel der Verkäufer das von dem verbleibenden Unternehmensteil und von dem Carve-out-Business genutzte Betriebsgrundstück nur von einem Dritten gemietet, so können die Parteien versuchen, die Zustimmung des Vermieters zur Aufteilung des Mietvertrages auf Verkäufer und Käufer zu erwirken. Hierbei wird die erforderliche Zustimmung des Dritten häufiger verweigert bzw. häufiger von einer kommerziellen Gegenleistung abhängig gemacht als bei einer Übernahme des gesamten Vertrages durch den Käufer.[69] Dies hat unter anderem seinen Grund darin, dass eine Vertragsteilung für den anderen Vertragsteil eine Verdoppelung der Monitoring- und Abwicklungskosten zur Folge hat. Die hierdurch erforderliche Neuverhandlung der Konditionen des zu teilenden Vertrages wie Mindestbestellvolumina oder Rabattkennziffern[70] hat dann wiederum zusätzliche Verhandlungskosten aller involvierten Parteien zur Folge (siehe zu Rahmenverträgen auch → Teil I Rn. 71). Die vertraglichen Bestimmungen des Unternehmenskaufvertrages zur Vertragsteilung beziehen sich meistens auf einen konkreten Vertrag. Die nachfolgende generische Musterformulierung zur Vertragsteilung kann daher im Unternehmenskaufvertrag allenfalls für Standardliefer- und Leistungsverträge herangezogen werden:

In respect of the Contracts listed in Exhibit ■ (the **Shared Contracts**), the Parties shall use commercially reasonable efforts to procure the respective third party's consent in writing to a split of such contracts to the effect that any deliveries or services exclusively provided by or to the Carve-Out-Business shall be eliminated from the respective Shared Contract and shall become the subject matter of a separate agreement to be concluded be-

---

[67] *Hasselbach/Jakobs* DB 2014, 2092.
[68] *Schreier/Leicht* NZG 2011, 121, 123.
[69] *Schreier/Leicht* NZG 2011, 121, 123; *Hasselbach/Jakobs* DB 2014, 2092.
[70] *Schreier/Leicht* NZG 2011, 121, 123.

tween the respective third party and Purchaser with equivalent terms and conditions. Unless and until the respective third parties consent to the split, the respective Shared Contracts shall remain with Seller, but if and to the extent that such Shared Contracts relate to deliveries or services provided by the Carve-Out-Business, Seller shall perform such Shared Contracts for the account of Purchaser.

bbb) Begründung von Nutzungsverhältnissen zwischen den Parteien des Unternehmenskaufvertrages

67 Ist die Realteilung eines Vermögensgegenstandes oder Vertrages nicht möglich oder unwirtschaftlich, können die Parteien ein **Nutzungsverhältnis** begründen[71]. Wenn etwa eine Teilung des Betriebsgrundstückes aus baurechtlichen Gründen nicht möglich ist, kann der Verkäufer den betreffenden Grundstücksteil an den Käufer langfristig vermieten oder verpachten.[72] In einem solchen Fall wird der entsprechende Mietvertrag in aller Regel dem Unternehmenskaufvertrag als Entwurf beigefügt. Sofern das Betriebsgrundstück dem Verkäufer nicht gehört, ist zu beachten, dass die Begründung eines Untermietverhältnisses der Zustimmung des Vermieters bedarf (§ 540 Abs. 1 BGB). Der Hauptanwendungsfall der Einräumung solcher Nutzungsrechte ist die Gewährung von Lizenzen oder Unterlizenzen über die gewerblichen Schutzrechte des Verkäufers, die dann häufig auch Gegenstand von übergangsweisen Dienstleistungen (*Transitional Services Agreement*) des Verkäufers sind (→ Teil VII Rn. 21 ff.).

ff) Vorgehensweise bei nicht übertragbaren Vermögensgegenständen und Verträgen

68 Stellt sich nach Unterzeichnung des Unternehmenskaufvertrages heraus, dass bestimmte Vermögensgegenstände oder Verträge nicht auf den Käufer übertragen werden können, etwa weil es an der erforderlichen Zustimmung eines Dritten fehlt, gibt es grundsätzlich drei Möglichkeiten, wie die Parteien damit umgehen können:

69 Die Parteien können vereinbaren, dass sie sich im **Innenverhältnis** so stellen, als ob der betreffende Vermögensgegenstand oder Vertrag übertragen worden wäre. Es bleibt also bei der Rechtsposition des Verkäufers im Außenverhältnis, und die daraus entstehenden Nutzen und Lasten werden auf den Käufer übertragen. Diese Vorgehensweise wird im Unternehmenskaufvertrag insbesondere bei zu übertragenden Verträgen angewendet, bei denen die Zustimmung des Dritten noch aussteht:

> To the extent that no consent to the transfer of a Sold Contract has been obtained by the Closing Date, Seller shall to the extent legally possible and until such consent has been obtained give all reasonable assistance to Purchaser

---

[71] *Gerhard/Hasler* GesKR 2014, 221, 231, die von einem Untervertrag sprechen.
[72] *Gerhard/Hasler* GesKR 2014, 221, 244 f.

to put Purchaser economically in the same position it would have been in had such consent been obtained, including:

a) Entering into any sub-licensing, sub-leasing or sub-contracting with Purchaser;

b) Exercising any rights under and fulfilling any obligations in respect of such Sold Contract in consultation with Purchaser;

c) Transferring all existing and future benefits of the relevant Sold Contract to Purchaser including any payments received by Seller; and

d) Delivering to Purchaser any offers, orders, requests and other communication relating to any Sold Contract or otherwise to the Carve-Out-Business.

In such event Purchaser shall:

a) Compensate Seller for any and all costs made with the consent of the Purchaser; and

b) Indemnify Seller for all actions, proceedings, costs, damages, claims and demands in respect of any failure on the part of the Purchaser to perform those obligations.

Gerade bei Verträgen ist eine Abwicklung im Innenverhältnis manchmal jedoch rechtlich unmöglich, zum Beispiel weil die Leistungserbringung oder die Berechtigung zum Erhalt der Leistung nicht übertragbar ist (so etwa bei Dienstverträgen – § 613 BGB). In anderen Fällen ist sie auf Dauer mit erheblichem Aufwand verbunden. In beiden Fällen wird der Verkäufer dann die Möglichkeit haben, sich von dem zu übertragenden Vertrag durch Kündigung oder anderweitige Beendigung zu lösen, sofern dies nach dem betreffenden Vertrag möglich ist.[73] Ist die Abwicklung im Innenverhältnis zumindest rechtlich möglich, wird der Käufer häufig darauf bestehen, dass die **Beendigung des nicht übertragbaren Vertrages** erst nach einer zu vereinbarenden **Übergangszeit** erfolgt. Dies ermöglicht es ihm, sich nach anderen Alternativen umzusehen. Daneben müssen sich die Parteien auch darüber einigen, wer die mit einer vorzeitigen Vertragsbeendigung verbundenen Kosten zu tragen hat[74]:

To the extent it is legally not possible to put Purchaser economically in the same position it would have been in, had a third party consent to the transfer of a Sold Contract been obtained, Seller shall discuss with Purchaser any possible action to minimize any adverse consequences for the continuation of the Carve-Out-Business and be entitled to terminate the relevant Sold Contract in accordance with its terms.

To the extent that consent to the transfer of a Sold Contract has been rejected, Seller shall:

---

[73] Seibt/*Bastuck* D.I. Anm. 12; *Hasselbach/Jakobs* DB 2014, 2092; *Schreier/Leicht* NZG 2011, 121, 122.
[74] *Schreier/Leicht* NZG 2011, 121, 122.

> a) Notify Purchaser of such rejection and, in consultation with the Purchaser, discuss any possible action to nevertheless obtain such consent and to minimize any adverse consequences of the rejection for the continuation of the Carve-Out-Business; and
>
> b) Be entitled to terminate the relevant Sold Contract in accordance with its terms and with such termination taking effect not earlier than ■ months after the Closing Date.
>
> Upon such termination the obligations of the Parties under this Agreement in relation to such Sold Contract shall cease forthwith [and Purchaser shall indemnify Seller for all damages and losses incurred in connection with the termination of such Sold Contract].

Das oben beschriebene Vorgehen kann in entsprechender Weise auch bei nicht übertragbaren Vermögensgegenständen angewendet werden.

70 Ist eine Übertragung der mit einem nicht übertragbaren Vermögensgegenstand oder Vertrag verbundenen Nutzen und Lasten rechtlich nicht möglich oder wirtschaftlich nicht sinnvoll, so können die Parteien den Kaufpreis entsprechend anpassen. Eine solche **Kaufpreisanpassung** setzt einerseits voraus, dass der betreffende Vermögensgegenstand oder Vertrag separat bewertet werden kann, und andererseits, dass der Käufer dennoch ein weiteres Interesse an der Durchführung des Unternehmenskaufvertrages hat. Hat der Vermögensgegenstand einen Bilanzwert, der dem Marktwert entspricht, so erfolgt eine solche Anpassung sogar automatisch, wenn im Unternehmenskaufvertrag eine Kaufpreisanpassungsklausel vereinbart wurde. Schwebende Verträge (etwa ein noch laufender Miet- oder Lizenzvertrag) werden jedoch in aller Regel nicht bilanziert. Es ist daher erforderlich, dass die Parteien auch unabhängig von der Stichtagsbilanz (*Closing Accounts*) einen Mechanismus zur Bewertung des betreffenden Vermögensgegenstandes oder Vertrages finden. Hierbei kann in entsprechender Weise auf den Mechanismus für die Schlichtung eines Streites über die Stichtagsbilanz (*Closing Accounts*) zurückgegriffen werden:

> In the event it is legally not possible to put Purchaser economically in the same position it would have been in had a third party consent to the transfer of a Sold Contract been obtained or in the event Seller has terminated a Sold Contract in accordance with Section ■, Seller shall repay to Purchaser the amount of the consideration ascribed to such Sold Contract in <u>Exhibit</u> ■ or if no amount is ascribed, such amount as may be agreed within two weeks by Seller and Purchaser, or, failing such agreement, as determined by the Neutral Auditor on the application of Seller or Purchaser to be its value. Section ■ shall apply *mutatis mutandis* to the engagement and determination of the Neutral Auditor pursuant to this Section.

Ist auch eine Preisanpassung nicht möglich oder wirtschaftlich sinnvoll, so verbleibt den Parteien als letzte Möglichkeit der **Rücktritt vom Unternehmenskaufvertrag**. Dies setzt voraus, dass die Parteien die Zustimmung des Dritten als Vollzugsvoraussetzung (*Closing Condition*) vereinbart haben. Die Vereinbarung einer Vollzugsvoraussetzung (*Closing Condition*) werden die Parteien jedoch nur für solche Vermögensgegenstände oder Verträge wollen, die für die Fortführung des Carve-out-Business wirtschaftlich essentiell wichtig sind.[75] Dies kann etwa der Fall sein, wenn der Vermieter des Betriebsgrundstückes weder einer Übertragung des Mietvertrages noch einer Untervermietung zustimmt. Die zu übertragenden Verträge, bei denen das Vorliegen der Zustimmung des anderen Vertragspartners bis zum Vollzugsstichtag (*Closing Date*) eine Vollzugsvoraussetzung (*Closing Condition*) darstellt, werden daher in aller Regel nur einen kleineren Teil der insgesamt zu übertragenden Verträge ausmachen und sollten demgemäß separat im Anhang markiert werden:

71

> The obligations of the Parties to perform the Closing Actions shall be subject to the following Closing Conditions:
> [...]
> d) Seller has obtained the other partners' irrevocable and unconditional consent to the transfer of Seller's interest in the German civil law partnership (*Gesellschaft bürgerlichen Rechts*) named ■ to Purchaser;
> e) The third party consents to the transfer of all Sold Contracts listed in Exhibit ■ and marked with an asterisk (*) have been obtained in written form;

e) Transaktions- und Haftungsrisiken

Bei Carve-out-Transaktionen im Wege eines *Asset Deal* können für Verkäufer und Käufer verschiedene **Transaktions- und Haftungsrisiken** entstehen, die sich wie folgt einteilen lassen:

72

1. **Gesamtschuldnerische Haftung** für Verbindlichkeiten, die der jeweils anderen Vertragspartei zugeordnet sind (§ 25 Abs. 1 S. 1 HGB, Käuferhaftung nach § 613a Abs. 1 BGB, Verkäuferhaftung nach § 613a Abs. 2 BGB),
2. **Dingliche Haftung** mit den übernommenen Vermögensgegenständen für Verbindlichkeiten der anderen Vertragspartei wie zum Beispiel die Haftung des Betriebsübernehmers nach § 75 Abs. 1 AO (→ Teil V Rn. 60 ff.), gesetzliche Pfandrechte von Vermietern (§§ 562 ff. BGB), Werkunternehmern (§ 647 BGB), Lagerhaltern (§ 475b HGB), Kommissionären (§ 397 HGB), Spediteuren (§ 464

---

[75] *Hasselbach/Jakobs* DB 2014, 2092.

HGB) etc. sowie die dingliche Haftung für im Haftungsverband von Grundpfandrechten befindliche Sachen (§§ 1120 ff. BGB), und
3. Transaktionsrisiken aufgrund von Auswirkungen auf **vertragliche Beziehungen mit Dritten**. So kann zum Beispiel der Verkauf des Carve-out-Business dazu führen, dass Handelsvertreter des Verkäufers den Handelsvertretervertrag kündigen können mit der Folge, dass diesen ein Handelsvertreterausgleichsanspruch nach § 89b Abs. 1 u. 2 HGB zusteht.

aa) Transaktions- und Haftungsrisiken des Käufers

73   Das für den Käufer sicherlich bedeutendste Haftungsrisiko im Rahmen eines Carve-out durch externen *Asset Deal* durchergibt sich aus der Vorschrift des § 25 Abs. 1 S. 1 HGB, welche eine gesamtschuldnerische Haftung des Unternehmenserwerbers bei Fortführung der Firma des Verkäufers vorsieht. Hierbei reicht es nach höchstrichterlicher Rechtsprechung zum einen aus, dass nur der **wesentliche Bestand** bzw. **Kern des Unternehmens** des Verkäufers übertragen und fortgeführt wird,[76] und zum anderen, dass sich der **Kern der Firmenbezeichnungen** von Käufer und Verkäufer gleichen.[77] Zur Übertragung des wesentlichen Bestandes bzw. Kerns des Unternehmens des Veräußerers kann es genügen, dass nur ein wesentlicher, den **Schwerpunkt bildender Unternehmensteil**[78], nur die Hauptniederlassung oder nur eine selbständige, d. h. mit eigener Buch- und Rechnungsführung ausgestattete Zweigniederlassung übertragen wird.[79] Bei der Fortführung einer im Kern identischen Firma durch den Käufer kommt es darauf an, ob nach der Verkehrsauffassung der prägende Teil der Firma des Verkäufers auch in der neuen Firma des Käufers enthalten ist.[80] Es muss sich jedoch um die Fortführung der Firma im handelsrechtlichen Sinne handeln, die Fortführung einer **Geschäftsbezeichnung** reicht nicht aus, um den Haftungstatbestand zu erfüllen.[81]

Eine Haftung des Käufers nach § 25 Abs. 1 Satz 1 HGB kommt somit auch bei Carve-out-Transaktionen in Betracht. Dies macht es aus Sicht des Käufers erforderlich, haftungsbegrenzende Maßnahmen zu ergreifen. Die Möglichkeit hierzu ergibt sich aus § 25 Abs. 2 HGB, wonach die Haftung des Käufers für beim Verkäufer verbleibende Verbindlichkeiten (*Excluded Liabilities*) dadurch ausgeschlossen werden kann, dass der Ausschluss entweder dem Gläubiger vom Verkäufer oder

---

[76] BGH VIII ZR 192/06, WM 2008, 2273; BGH II ZR 355/03, NJW 2006, 1001; BGH II ZR 85/91, NJW 1992, 911; BGH II ZR 166/81, NJW 1982, 1648.

[77] BGH VIII ZR 192/06, WM 2008, 2273; BGH II ZR 355/03, NJW 2006, 1001; BGH II ZR 324/01, WM 2004, 1178; BGH II ZR 85/91, NJW 1992, 911.

[78] OLG Düsseldorf 18 U 36/08, NZG 2009, 314; OLG Koblenz 10 U 1325/04, NJW-RR 2006, 408; OLG Schleswig 11 U 124/01, NJW-RR 2004, 417.

[79] BGH II ZR 123/78, DB 1979, 1033.

[80] BGH VIII ZR 192/06, WM 2008, 2273; BGH II ZR 355/03, NJW 2006, 1001; BGH II ZR 324/01, WM 2004, 1178; BGH II ZR 85/91, NJW 1992, 911.

[81] BGH II ZR 140/13, NZG 2014, 459; ebenso BFH VII R 46/13, NZG 2014, 1239.

2. Der Verkauf rechtlich unselbständiger Geschäftsbereiche

Käufer mitgeteilt oder der Haftungsausschluss **im Handelsregister eingetragen und bekanntgemacht** wurde. Wichtig ist hierbei, dass die Vereinbarung vor oder spätestens unverzüglich nach dem Vollzugsstichtag (*Closing Date*) dem Gläubiger mitgeteilt oder dem Handelsregister zur Eintragung angemeldet wurde, da die Haftungsbeschränkung ansonsten unwirksam ist.[82] Aus Vorsichtsgründen ist es dem Käufer daher zu empfehlen, im Unternehmenskaufvertrag die Eintragung der Haftungsbeschränkung im Handelsregister als **Vollzugsvoraussetzung** (*Closing Condition*) zu vereinbaren:

> The obligations of the Parties to perform the Closing Actions shall be subject to the following Closing Conditions:
> [...]
> d) The commercial register (*Handelsregister*) of the local court (*Amtsgericht*) at ■ being competent for Seller has registered and published a statement according to Section 25 para. 2 of the German Commercial Code (*Handelsgesetzbuch*) pursuant to which (i) Purchaser has not assumed any of Seller's liabilities based on the continuation by Purchaser of the Carve-out-Business under Seller's commercial or firm name except for the Assumed Liabilities and (ii) Seller has not transferred any of its claims or other rights based on the continuation by Purchaser of the Carve-out-Business under Seller's commercial or firm name except for those claims or other rights which are to be explicitly transferred to Purchaser under this Agreement;

Die am besten von Verkäufer und Käufer gemeinsam abzugebende **Anmeldung des Haftungsausschlusses beim Handelsregister** kann wie folgt formuliert werden:

> Handelsregisteranmeldung
>
> An das Amtsgericht ■
> – Handelsregister –
>
> betreffend die Textil- und Baumaschinen AG – HRB ■
>
> Zur Eintragung in das Handelsregister wird angemeldet:
> 1. Die Textil- und Baumaschinen AG hat den Geschäftsbereich Baumaschinen an die Baumaschinen GmbH, mit Geschäftsadresse ■, eingetragen im Handelsregister beim Amtsgericht ■ unter HRB ■ verkauft.
> 2. Die Baumaschinen GmbH führt den Geschäftsbereich Baumaschinen unter seiner Firma fort.
> 3. Die Haftung der Baumaschinen GmbH für die im Betrieb des Geschäfts begründeten Verbindlichkeiten der Textil- und Baumaschinen AG sowie

---

[82] BGH II ZR 114/83, NJW 1984, 1186; BGH II ZR 238/57, NJW 1959, 241.

der Übergang der in dem Betrieb begründeten Forderungen der Textil- und Baumaschinen AG auf die Baumaschinen GmbH sind ausgeschlossen.

Begründung:
Aufgrund der Ähnlichkeit der beiden Firmenbezeichnungen und ihres identischen Firmenkerns kommt eine Haftung nach § 25 Abs. 1 HGB zumindest ernsthaft in Betracht, so dass ein Haftungsausschluss nach ständiger obergerichtlicher Rechtsprechung grundsätzlich einzutragen ist (vgl. OLG Hamm, NJW-RR 1994, 1119 und NJW-RR 1999, 396; OLG Düsseldorf, NZG 2003, 774; BayObLG, NJW-RR 2003, 757; OLG Frankfurt a. M., NZG 2005, 846; OLG München, NJW-RR 2010, 1559).

Ort, Datum

(Unterschriften der gesetzlichen Vertreter der Textil- und Baumaschinen AG)

(Unterschriften der gesetzlichen Vertreter der Baumaschinen GmbH)

75 Der **Haftungsausschluss nach § 25 Abs. 2 HGB** gilt nur für die Haftung aus § 25 Abs. 1 Satz 1 HGB (§ 25 Abs. 3 HGB). Sofern also noch andere haftungsbegründende Tatbestände vorliegen, etwa eine Haftung gegenüber Arbeitnehmern aufgrund eines Betriebsüberganges nach § 613a BGB oder gegenüber den Steuerbehörden nach § 75 AO, so ist hierfür jeweils eine gesonderte Haftungsfreistellung durch den Verkäufer im Unternehmenskaufvertrag zu vereinbaren (→ Teil V Rn. 63 für die Haftung nach § 75 AO und → Teil III Rn. 73 für die Haftung nach § 613a BGB).

76 Die **dingliche Haftung** der übernommenen Vermögensgegenstände (*Sold Assets*) des Käufers ist im Unternehmenskaufvertrag zusammen mit der Ablösung aller anderen Sicherheiten zu regeln (→ Rn. 104).

Sofern auch **Handelsvertreterverträge** oder **Vertragshändlerverträge** zu den übernommenen Verträgen (*Assumed Contracts*) gehören, sollte im Unternehmenskaufvertrag geregelt werden, wer in welchem Umfang später entstehende **Ausgleichsansprüche nach § 89b HGB** bei späterer Beendigung des Handelsvertreter- bzw. Vertragshändlervertrages zu tragen hat.[83] Grundsätzlich muss der den Handelsvertreter- bzw. Vertragshändlervertrag übernehmende Käufer bei dessen späterer Beendigung einen Ausgleichsanspruch nicht nur für solche Kunden entrichten, die der Handelsvertreter/Vertragshändler originär während seiner Tätigkeit für den Käufer erworben hat, sondern auch für solche Kunden, die der Handelsvertreter/Vertragshändler noch während seiner Tätigkeit für den Verkäufer geworben hat.[84] Hierbei spielt es keine Rolle, ob der Käufer ohne Neuabschluss eines Vertrages mit dem Handelsvertreter/Vertragshändler in den mit dem

---

[83] Siehe dazu *W. Sturm/Liekefett* BB 2004, 1009.
[84] BGH VIII ZR 222/10, NJW 2012, 304 (305).

Verkäufer bestehenden Vertrag eintritt oder ob zwischen Käufer und Handelsvertreter/Vertragshändler ein neuer Vertrag geschlossen wird.[85] Ohne eine besondere Berücksichtigung im Unternehmenskaufvertrag müsste der Käufer dann evtl. zweimal ein Entgelt für vom Handelsvertreter/Vertragshändler für den Verkäufer geworbene Kundenbeziehungen entrichten müssen: zum einen gegenüber dem Verkäufer im Rahmen des Kaufpreises für den Erwerb des Carve-out-Business und zum anderen gegenüber dem Handelsvertreter/Vertragshändler bei der Berechnung des Ausgleichsanspruches bei späterer Beendigung des Handelsvertreter- bzw. Vertragshändlervertrages. Da unsicher ist, ob und wann es überhaupt zu einem gegen den Käufer gerichteten Ausgleichsanspruch des Handelsvertreters/Vertragshändlers nach § 89b HGB kommt, ist dieser Gesichtspunkt am besten bei der Berechnung des Kaufpreises zu berücksichtigen. Demgegenüber ist eine vertragliche Regelung zwischen dem Handelsvertreter/Vertragshändler einerseits und dem Verkäufer und/oder Käufer andererseits mit erheblichen rechtlichen Risiken behaftet, da jegliche im Voraus getroffene Regelung, die einen solchen Handelsvertreteranspruch ausschließt oder einschränkt, rechtlich unwirksam ist (§ 89b Abs. 4 HGB).

bb) Transaktions- und Haftungsrisiken des Verkäufers

Beim *Asset Deal* hat der Verkäufer nur wenige Transaktions- und Haftungsrisiken zu tragen. Ein solches Haftungsrisiko ist die **gesamtschuldnerische Haftung des Verkäufers** nach § 613a Abs. 2 BGB für solche Ansprüche der vom Betriebsübergang betroffenen Arbeitnehmer, die vor dem Vollzugsstichtag (*Closing Date*) entstanden sind und innerhalb eines Jahres nach diesem Zeitpunkt fällig werden (→ Teil III Rn. 81). Handelt es sich bei diesen Ansprüchen der Arbeitnehmer um vom Käufer übernommene Verbindlichkeiten (*Assumed Liabilities*), sollte er im Falle einer Inanspruchnahme vom Käufer freigestellt werden. Obwohl sich diese Rechtsfolge im Zweifel bereits aus der gesetzlichen Regelung des Gesamtschuldnerausgleichs in § 426 BGB in Verbindung mit dem Unternehmenskaufvertrag ergibt („ ... soweit nicht ein anderes bestimmt ist."), ist eine dementsprechende Klarstellung im Unternehmenskaufvertrag empfehlenswert.

77

§ 25 HGB enthält nicht nur eine Vorschrift über die Haftung des Käufers für die nicht übernommenen Verbindlichkeiten (*Excluded Liabilities*) des Verkäufers zugunsten dessen Gläubiger, sie enthält auch eine (widerlegliche) **Vermutung** des Übergangs aller Forderungen des Verkäufers auf den Käufer (§ 25 Abs. 1 Satz 2 HGB). Aufgrund dieser Regelung könnte der Drittschuldner einer nicht auf den Käufer übergehenden Forderung des Verkäufers mit befreiender Wirkung an den Käufer leisten. In gleicher Weise wie die gesamtschuldnerische Haftung nach § 25 Abs. 1 Satz 1 HGB kann auch diese Vermutung durch eine entsprechende Mitteilung an den Drittschuldner bzw. durch **Eintragung und Bekanntmachung einer**

78

---

[85] MünchKommHGB/*v. Hoyningen-Huene* § 89b Rn. 42.

79 Sofern zum Carve-out-Business gehörende **Handelsvertreter-** oder **Vertragshändlerverträge** nicht vom Käufer übernommen werden (*Excluded Contracts*), können diese vom Verkäufer oder vom Handelsvertreter/Vertragshändler beendet werden mit der Folge, dass dem Handelsvertreter/Vertragshändler ein **Ausgleichsanspruch nach § 89b HGB** zusteht.[86] Der für die Entstehung eines solchen Ausgleichsanspruches erforderliche erhebliche Vorteil des Verkäufers aus den vom Handelsvertreter/Vertragshändler geworbenen Kundenbeziehungen wird dann in dem erhöhten Kaufpreis gesehen, welcher sich aus der Veräußerung des Kundenstammes an den Käufer ergibt. Dieser erhöhte Kaufpreis wird von der Rechtsprechung grundsätzlich vermutet[87] und muss zur Berechnung des Ausgleichsanspruches gegebenenfalls geschätzt werden. Da der Verkäufer für einen solchen, allein in seiner Sphäre liegenden Ausgleichsanspruch schwerlich eine Freistellung vom Käufer verlangen kann, hat er dies bei der Berechnung des Kaufpreises entsprechend zu berücksichtigen.

Teil II: Carve-out-spezifische Themen im Unternehmenskaufvertrag

abweichenden Vereinbarung im Handelsregister ausgeschlossen werden. Das Formulierungsbeispiel unter → Rn. 74 sieht auch diesen Fall vor.

3. Der Verkauf rechtlich selbständiger Geschäftsbereiche

80 Auch wenn durch die Carve-out-Transaktion Geschäftsbereiche aus dem Konzern herausgelöst werden, die bereits eine rechtlich selbständige Einheit bilden, ergeben sich aufgrund vielfältiger Verflechtungen der Zielgesellschaften mit dem Konzern des Verkäufers dennoch typische Probleme bei der Trennung (*Separation Issues*). Rechtlich selbständige Geschäftsbereiche werden idR im Rahmen eines *Share Deal* aus dem Konzern des Verkäufers herausgelöst. In Deutschland stehen bei der Vertragsgestaltung in gesellschaftsrechtlicher Hinsicht die Ablösung der Konzernfinanzierung und die Beendigung von Unternehmensverträgen im Vordergrund. Allerdings sind im Zuge der Herauslösung letztlich sämtliche vertraglichen Beziehungen zwischen dem Verkäuferkonzern auf der einen Seite und den Zielgesellschaften auf der anderen Seite zu überprüfen.

a) Ablösung der konzerninternen Finanzierung

aa) Grundsätzliche Gestaltung

81 Der Konzern des Verkäufers ist mit dem durch die Carve-out-Transaktion herauszulösenden Geschäftsbereich regelmäßig über verschiedene **konzerninterne Finanzierungsbeziehungen** verbunden. Dabei handelt es sich in rechtlicher

---
[86] MünchKommHGB/*v. Hoyningen-Huene* § 89b Rn. 42; *W. Sturm/Liekefett* BB 2004, 1009.
[87] BGH VIII ZR 116/95, NJW 1996, 1752 (1753).

3. Der Verkauf rechtlich selbständiger Geschäftsbereiche

Hinsicht um Darlehen, die die Verkäufergesellschaften an die Zielgesellschaften und/oder umgekehrt die Zielgesellschaften an die Verkäufergesellschaften gewährt haben. Zudem sind die Zielgesellschaften oft als Teil des Gesamtkonzerns in einen übergeordneten **Cash-Pool** eingebunden (hierzu auch → Teil I Rn. 129 f.). Sofern dies der Fall ist, wird der Unternehmenskaufvertrag den Verkäufer zunächst dazu verpflichten, den Cash-Pool vor dem Vollzug der Transaktion (*Closing*) zu beenden und dafür zu sorgen, dass die Zielgesellschaften aus dem Haftungsverbund entlassen werden.[88] Außerdem kann es erforderlich sein, dass der Verkäufer der Zielgesellschaft zur Deckung des Liquiditätsbedarfs für die Zeit ab Beendigung des Cash-Pool bis zum Vollzug der Carve-out-Transaktion einen Überbrückungskredit gewährt. Die Abrechnungssalden, die sich aus der Aufhebung des Cash-Pool ergeben, und der Überbrückungskredit bilden einen Teil der wechselseitigen Darlehensforderungen. Diese konzerninternen Finanzierungsbeziehungen sind im Unternehmenskaufvertrag an geeigneter Stelle zu definieren:

> Intercompany Downstream Loans and Intercompany Upstream Loans shall each have the following meaning in this Agreement:
>
> (a) **Intercompany Downstream Loans** means the financial indebtedness owing, including in respect of interest accrued on all such amounts, from the Target Company or the Target Group Companies[89] to any member of Seller's Group[90], including the financial indebtedness under the financing arrangements specified in Exhibit ■.
>
> (b) **Intercompany Upstream Loans** means the financial indebtedness owing, including in respect of interest accrued on all such amounts, from any member of the Seller's Group to the Target Group Companies, including the financial indebtedness under the financing arrangements specified in Exhibit ■.

Mit dem Ausscheiden der Zielgesellschaften aus dem Konzernverbund verlieren die konzerninternen Finanzierungsverhältnisse ihre Legitimation. Sie sind spätestens am Vollzugsstichtag abzulösen. Ein **physischer Ausgleich** der einzelnen Forderungen durch Zahlung vor dem Vollzug dürfte bei größeren Carve-out-Transaktionen bereits wegen der Vielfalt der Finanzierungsbeziehungen und der für die Rückführung erforderlichen Liquidität praktisch ausscheiden. Insbesondere aber verbietet sich aus Verkäufersicht eine Rückzahlung des *Intercompany Downstream Loan*[91]

82

---

[88] Vgl. das Muster einer Aufhebungsvereinbarung bei Jaletzke/Henle/*Koch,* 239 ff. (IV. Ziffer 4).
[89] Die Definition umfasst sämtliche direkten und indirekten Tochtergesellschaften der Company (= die Obergesellschaft der Zielgesellschaften), die gemeinsam mit der Target Company die Zielgesellschaften bilden.
[90] Die Definition von „*Seller's Group*" umfasst sämtliche Gesellschaften der Verkäufergruppe unter Ausklammerung der Zielgesellschaften.
[91] Siehe zum Begriff die Definition im Formulierungsbeispiel oben (= Forderungen der Gesellschaften der Verkäufergruppe gegenüber den Zielgesellschaften).

innerhalb eines Jahres vor dem Vollzug der Transaktion (*Closing*) wegen des **Risikos einer Haftung aufgrund einer Insolvenzanfechtung** der Rückzahlung gem. § 135 Abs. 1 Nr. 2 InsO i. V. mit § 39 Abs. 1 Nr. 5 InsO.[92] Dies gilt unabhängig davon, ob die Zielgesellschaft den Forderungsbetrag unmittelbar an den Verkäufer zurückzahlt, oder ob der Käufer den Betrag namens der Zielgesellschaft gem. § 267 BGB beim Vollzug an den Verkäufer bezahlt.[93] Teilweise wird daher vorgeschlagen, dass der Verkäufer das *Intercompany Downstream Loan* vor dem Vollzug gem. § 272 Abs. 2 Nr. 4 HGB in die Kapitalrücklage der Zielgesellschaft einbringen soll, etwa durch Abschluss von **Erlassverträgen** bezüglich der jeweiligen Forderungen.[94] Eine solche Umwandlung der Forderung in Eigenkapital (*Debt-to-Equity-Swap*) ist bei den gängigen vertraglichen Kaufpreisermittlungsmodellen[95] von der Kaufpreislogik grundsätzlich nachvollziehbar.[96] Aber auch bei der Rückführung eines Gesellschafterdarlehens nach Umwandlung in Eigenkapital ist ein Anfechtungsrisiko nach § 135 Abs. 1 Nr. 2 InsO nicht mit Sicherheit auszuschließen.[97] So vertritt das OLG Koblenz die Ansicht, dass zumindest im Falle eines Alleingesellschafter-Geschäftsführers die Ausschüttung von Gewinnvorträgen oder Gewinnrücklagen der Rückführung eines Gesellschafterdarlehens wirtschaftlich entsprechen kann und demzufolge der Insolvenzanfechtung nach § 135 InsO unterliegt.[98] Zu beachten ist zudem, dass die Einbringung bei der Zielgesellschaft zu **steuerlichem Ertrag** führt, soweit die einzubringende Forderung nicht vollwertig ist.[99]

83   Insbesondere bei komplexen Carve-out-Transaktionen mit vielfältigen Finanzierungsbeziehungen wird in der Praxis häufig ein Modell gewählt, nach dem die Verkäufergruppe zwischen Unterzeichnung und Vollzug der Transaktion die wechselseitigen Forderungen sämtlicher beteiligter Konzerngesellschaften im Wege einer vorgelagerten Restrukturierung dahingehend **konsolidiert** und miteinander **verrechnet**, dass lediglich eine einzige Forderung des Verkäufers gegen die Obergesellschaft der Zielgesellschaften (*Target*) oder aber umgekehrt eine einzige Forderung der Obergesellschaft der Zielgesellschaften gegen den Verkäufer übrig bleibt.[100] Hierbei ist zu prüfen, ob der Restrukturierung im Hinblick auf einzelne Forderungen steuerliche Bedenken oder rechtliche Hindernisse – z. B. aus Finanzierungsverträgen mit Banken – entgegenstehen. Steuerliche Bedenken ergeben sich insbesondere, soweit eine der beteiligten Forderungen nicht werthaltig ist. In diesem Fall ist bei Kapitalgesellschaften darüber hinaus zu prüfen, ob sich die

---

[92] Kästle/Oberbracht, 51; *Reinhardt/Schützler* ZIP 2013, 1898; *Lauster* WM 2013, 2155.
[93] Anders offenbar Kästle/Oberbracht, 51.
[94] *Reinhardt/Schützler* ZIP 2013, 1898, 1902 ff.; *Lauster* WM 2013, 2155.
[95] Die Formel lautet: *Cash/debt-free* Preis +/- Nettofinanzverschuldung +/- Abweichung des *Working Capital* von einer definierten Referenzgröße, → Rn. 112.
[96] *Reinhardt/Schützler* ZIP 2013, 1898, 1903.
[97] Anderer Ansicht Kästle/Oberbracht, 51; *Lauster* WM 2013, 2155.
[98] OLG Koblenz 3 U 635/13, NZG 2014, 998; kritisch hierzu *Menkel* NZG 2014, 982.
[99] Vgl. etwa *Lauster* WM 2013, 2155.
[100] Vgl. das Netting-Modell bei Seibt/*Schrader* C.II.1. (Anm. 24).

3. Der Verkauf rechtlich selbständiger Geschäftsbereiche

Restrukturierung der Forderungen zivilrechtlich mit den Kapitalerhaltungsregeln gem. §§ 30, 31 GmbHG bzw. mit dem Verbot der Einlagenrückgewähr gem. § 57 AktG vereinbaren lässt. Die Restrukturierung der Konzernfinanzierung lässt sich im Unternehmenskaufvertrag wie folgt abbilden:

> Seller shall ensure that immediately prior to the Scheduled Closing Date
> (a) All Intercompany Downstream Loans that are not owed to Seller are sold and transferred to Seller by the relevant member of Seller's Group;
> (b) All Intercompany Downstream Loans that are not owed by the Target Company are purchased and assumed by the Target Company with relieving and discharging effect (*externe befreiende Schuldübernahme*) for the relevant Target Company's Subsidiary;
> (c) All Intercompany Upstream Loans that are not owed by Seller are purchased and assumed by Seller with relieving and discharging effect (*externe befreiende Schuldübernahme*) for the relevant member of Seller's Group;
> (d) All Intercompany Upstream Loans that are not owed to the Target Company are sold and transferred to the Target Company by the relevant Target Company's Subsidiary;
> (e) The Intercompany Upstream Loans and Intercompany Downstream Loans so consolidated with Seller and the Target Company are set off against, and netted with, each other, to the effect that either only one Intercompany Downstream Loan or one Intercompany Upstream Loan will remain.

Sofern es sich bei der verbleibenden Forderung um ein *Intercompany Downstream Loan* handelt, **verkauft** der Verkäufer diese Saldoforderung zum Nennwert an den Käufer und tritt sie beim Vollzug der Transaktion (*Closing*) an den Käufer ab.[101] Bleibt hingegen ein *Intercompany Upstream Loan* übrig, so übernimmt der Käufer die entsprechende Verbindlichkeit des Verkäufers im Wege der **befreienden Schuldübernahme** unter Anrechnung ihres Nennwertes auf den Kaufpreis. Das abgetretene *Intercompany Downstream Loan* ist zugleich als Teil der Finanzverbindlichkeiten und das übernommene *Intercompany Upstream Loan* ist als Teil der Barmittel in den *Closing Accounts* zu berücksichtigen.[102]

84

Damit tritt der Käufer in die interne Finanzierungsstruktur des Verkäuferkonzerns ein. Dies kann insbesondere bei einem **fremdfinanzierten Unternehmenskauf (*Leveraged Buyout*)** ausdrücklich angestrebt sein: Hier übernimmt die Zielgesellschaft im Rahmen eines *Debt-Push-Down* vom Käufer schuldbefreiend die Akquisitionsfinanzierung bis zur Höhe des *Intercompany Downstream Loan*,

85

---

[101] Statt der Abtretung der Forderung kommt auch die Übernahme des Darlehensvertrages durch den Käufer in Betracht, vgl. *Reinhardt/Schützler* ZIP 2013, 1898 (Fn. 1).
[102] Siehe zur Behandlung konzerninterner Forderungen und Verbindlichkeiten im Zusammenhang der Kaufpreisanpassung auch unten → Rn. 114.

das der Käufer zuvor vom Verkäufer erworben hat.[103] Die Verbindlichkeit der Zielgesellschaft aus dem *Intercompany Downstream Loan* wird sodann mit dem Aufwendungsersatzanspruch der Zielgesellschaft aus der Übernahme der Akquisitionsfinanzierung verrechnet. Damit wird der Akquisitionskredit auf die Ebene der Zielgesellschaft gezogen. Diese Konstruktion kann allerdings gegen eine vom Käufer zu übernehmende Negativverpflichtung verstoßen,[104] das Gesellschafterdarlehen nicht innerhalb eines Jahres nach dem Vollzug der Transaktion zu tilgen (→ Rn. 88).

86 Soweit die Transaktion nicht fremdfinanziert ist, und die Zielgesellschaft nicht über nutzbare Verlustvorträge für körperschafts- und gewerbesteuerliche Zwecke verfügt, kann es für den Käufer andererseits gerade unter steuerlichen Gesichtspunkten schwierig sein, die übernommene Konzernverschuldung nach dem Vollzug der Transaktion durch Umwandlung in Eigenkapital **bilanziell zu bereinigen**. Der Verkäufer wird daher unter Umständen auf Druck des Käufers die Konsolidierung und Verrechnung der einzelnen Forderungen zwischen Unterzeichnung und Vollzug des Unternehmenskaufvertrages durchführen müssen, ohne den Finanzierungssaldo beim Vollzug der Transaktion auf den Käufer zu übertragen. Dann ist es je nach den Umständen auch denkbar, dass der Verkäufer ein *Intercompany Upstream Loan* nach der Verrechnung (*Netting*) als **Sachdividende** an sich ausschüttet bzw. ein verbleibendes *Intercompany Downstream Loan* vor dem Vollzug der Transaktion in die Kapitalrücklage der Zielgesellschaft einbringt. Für negative steuerliche Folgen einer solchen Vorfeldbereinigung haftet nach den üblichen Steuerfreistellungsklauseln der Verkäufer (siehe auch insolvenzrechtlich → Rn. 82).

bb) Zusätzliche Absicherungsstrategien des Verkäufers als Reaktion auf die neuere BGH-Rechtsprechung

87 Der BGH hat in einem neueren Urteil entschieden, dass bei der Abtretung einer Darlehensforderung aus einem Gesellschafterdarlehen der Gesellschafter und Zedent mit dem Zessionar **gesamtschuldnerisch** gem. § 135 Abs. 1 Nr. 2 InsO haftet, wenn innerhalb eines Jahres seit der Abtretung des Darlehens über das Gesellschaftsvermögen Insolvenzantrag gestellt wird, und die Gesellschaft die Darlehensforderung zwischenzeitlich tilgt.[105] Ebenso haftet laut BGH im Rahmen einer Anteilsabtretung der Inhaber des Gesellschafterdarlehens und ehemalige Gesellschafter, sofern über das Vermögen der Gesellschaft innerhalb eines Jahres seit der Übertragung der Gesellschaftsanteile Insolvenzantrag gestellt wird, und das Darlehen in der Zwischenzeit getilgt wird.[106] Bislang ungeklärt ist, ob diese Recht-

---

[103] Zum *Debt-Push-Down* vgl. Diem § 49 Rn. 57 ff.
[104] *v. Woedtke* GmbHR 2014, 1018, 1023.
[105] BGH IX ZR 32/12, NZI 2013, 308 ff.; dazu allgemein *Haas* NZG 2013, 1241 ff.; *Pentz* GmbHR 2013, 393 ff.
[106] BGH IX ZR 196/13, ZIP 2015, 1130; BGH IX ZR 32/12, NZI 2013, 308.

3. Der Verkauf rechtlich selbständiger Geschäftsbereiche

sprechung auf die oben beschriebene Ablösung konzerninterner Finanzierung im Rahmen von Carve-out-Transaktionen übertragbar ist. In der juristischen Literatur wird überwiegend die Auffassung vertreten, dass die BGH-Rechtsprechung auf einen Anteilsverkauf (*Share Deal*) unanwendbar sei, bei dem der Verkäufer sowohl das Gesellschafterdarlehen als auch seine Gesellschafterstellung abgibt.[107] Denn die für die Haftung charakteristische Finanzierungsfolgenverantwortung greift im Falle der gleichzeitigen Forderungs- und Anteilsveräußerung nicht ein.[108]

Angesichts der bestehenden Unsicherheit muss der Verkäufer im Unternehmenskaufvertrag Risikovorsorge betreiben.[109] Soweit sich dies mit den Plänen des Käufers zur Restrukturierung der internen Finanzierung nach dem Vollzug der Transaktion vereinbaren lässt, empfiehlt sich hierzu zunächst die Aufnahme einer Unterlassungsverpflichtung (**Negative Covenant**), dass ein am Vollzugsstichtag auf den Käufer übertragenes Gesellschafterdarlehen innerhalb der kritischen Jahresfrist nicht getilgt werden darf[110]: **88**

> Within twelve (12) months from the Closing Date (i) Purchaser will ensure that the Target Company shall not repay or in any other way settle the Intercompany Downstream Loan; (ii) Purchaser will not, and will ensure that all its affiliates will not, accept any such repayment or settlement of the Intercompany Downstream Loan by or on behalf of the Target Company; and (iii) Purchaser will not transfer or assign the Intercompany Downstream Loan to a third party.

Da eine Insolvenz der Zielgesellschaft nach Vollzug der Transaktion ausschließlich der Risikosphäre des Käufers zuzuordnen ist, sollte sich der Verkäufer zusätzlich vom Käufer vom **Risiko der Insolvenzanfechtung** des Gesellschafterdarlehens **freistellen** lassen[111]: **89**

> With respect to any Intercompany Downstream Loan, Purchaser indemnifies Seller for any obligations, liabilities, losses and damages caused by a set aside or avoidance of claims (*Anfechtungsanspruch*) pursuant to Section 135 of the German Insolvency Code (*Insolvenzordnung*) or Section 6 of the German Avoidance of Transactions Act (*Anfechtungsgesetz*).

In dem Freistellungsanspruch liegt zugleich die Klarstellung, dass der Gesamtschuldnerausgleichsanspruch gem. § 426 Abs. 1 Satz 1 BGB ausschließlich dem

---

[107] *Lauster* WM 2013, 2155; *Reinhardt/Schützler* ZIP 2013, 1898, 1900.
[108] *Reinhardt/Schützler* ZIP 2013, 1898, 1901.
[109] *V. Woedtke* GmbHR 2014, 1018, 1021.
[110] Vgl. *Reinhardt/Schützler* ZIP 2013, 1898, 1901; *Lauster* WM 2013, 2155; *v. Woedtke* GmbHR 2014, 1018, 1022.
[111] Vgl. *Wilhelm* BB 2013, 1103, 1107; *Lauster* WM 2013, 2155; *Reinhardt/Schützler* ZIP 2013, 1898, 1901.

Verkäufer zusteht. Aus Käufersicht sollte klargestellt werden, dass sich die Haftung des Käufers nicht auf erfolgte Anfechtungen aufgrund von Sachverhalten bezieht, die eine Gewährleistungsverletzung durch den Verkäufer darstellen.[112] Darüber hinaus sind vergleichbare Regelungen für **sonstige Verbindlichkeiten** erforderlich, die keine *Intercompany Downstream Loans* sind, aber durch den Verkäufer oder eine seiner Konzerngesellschaften **besichert** sind, da nach § 135 Abs. 2 InsO auch deren Rückzahlung zu Anfechtungsansprüchen gegen die betreffende Verkäufergesellschaft führen kann.

90 Weil der Insolvenzverwalter oder im Falle der Eigenverwaltung der Sachwalter (§ 280 InsO) den Verkäufer nur dann in Anspruch nehmen wird, wenn der Käufer vermögenslos ist, kann es für den Verkäufer entscheidend sein, dass seine Ansprüche hinreichend **gesichert** sind.[113] Hierfür kann bei der Veräußerung des Carve-out-Business an einen Käuferkonzern eine **Garantie durch die Konzernobergesellschaft** eine praktikable Lösung darstellen. Denkbar ist auch, dass der Käufer im Unternehmenskaufvertrag gegenüber dem Verkäufer die Verpflichtung übernimmt, die Zielgesellschaft nach dem Vollzug der Transaktion so **auszustatten** und zu finanzieren, dass bei dieser während der kritischen Jahresfrist keine Insolvenz eintritt. Darüber hinaus ist an eine Barhinterlegung auf einem **Treuhandkonto** (*Escrow Account*) zugunsten des Verkäufers zu denken. Schließlich kommt die Stellung einer **Bankbürgschaft** durch den Käufer für ein Jahr ab dem Vollzugsstichtag in Betracht. Je nach dem Umfang der abzulösenden konzerninternen Finanzierung werden sich insbesondere Finanzinvestoren mit sämtlichen Sicherungsmitteln schwer tun, jedenfalls sofern sich hierdurch der kurzzeitige Fremdfinanzierungsbedarf für die Transaktion maßgeblich erhöht. Auch dies kann dazu führen, dass die Restrukturierung der konzerninternen Verschuldung im Ergebnis vor dem Vollzug der Transaktion durch den Verkäufer durchzuführen ist (→ Rn. 86).

b) Beendigung von Unternehmensverträgen

aa) Beendigung des Unternehmensvertrages vor dem Vollzug der Transaktion

91 Häufig sind die aus dem Konzern herauszulösenden Gesellschaften über einen Ergebnisabführungs- oder sonstigen Unternehmensvertrag (§§ 291 ff. AktG) mit dem Verkäuferkonzern verflochten. Dieses konzernrechtliche Verhältnis zwischen Verkäufer und Zielgesellschaft ist spätestens beim Vollzug der Transaktion zu beenden, da ansonsten bspw. der Verkäufer weiterhin die Abführung der Gewinne der Zielgesellschaft an sich verlangen kann und/oder die Verluste der Zielgesellschaft übernehmen muss (zu den steuerlichen Aspekten der Beendigung der Organschaft

---

[112] *v. Woedtke* GmbHR 2014, 1018, 1022.
[113] Siehe etwa *Wilhelm* BB 2013, 1103, 1107; *v. Woedtke* GmbHR 2014, 1018, 1022.

3. Der Verkauf rechtlich selbständiger Geschäftsbereiche

→ Teil V Rn. 116 ff.). Die **Beendigung** des Ergebnisabführungsvertrages richtet sich nach den Vorschriften der §§ 295 ff. AktG, die für die GmbH entsprechend gelten. Sofern der Ergebnisabführungsvertrag für den Fall der Anteilsveräußerung eine Kündigung des Vertrages aus wichtigem Grund vorsieht, kann die Beendigung des Vertrages durch **außerordentliche Kündigung** auf den Zeitpunkt der Übertragung der Gesellschaftsanteile erfolgen.[114] Anderenfalls ist zu erwägen, den Ergebnisabführungsvertrag im Vorfeld der Transaktion entsprechend abzuändern (vgl. §§ 295, 294 AktG). Bei einer außerordentlichen Kündigung des Vertrages ist aus allgemeinen zivilrechtlichen Gründen darauf zu achten, dass die Kündigung der Organgesellschaft erst im Anschluss an das Entstehen des wichtigen Grundes – d. h. nach dem Übergang der Gesellschaftsanteile auf den Käufer – zugehen darf.[115] Die Notwendigkeit eines notariellen Zustimmungsbeschlusses der Gesellschafterversammlung der Organgesellschaft lässt sich dadurch vermeiden, dass nicht die zu verkaufende Zielgesellschaft, sondern die verkaufende Obergesellschaft die Kündigung ausspricht.[116]

Alternativ kann der Ergebnisabführungsvertrag durch den Abschluss eines **Aufhebungsvertrages** beendet werden.[117] Eine Vertragsaufhebung ist auch im GmbH-Konzern analog § 296 Abs. 1 Satz 1 AktG **nicht unterjährig**, sondern lediglich zum Ende des Geschäftsjahres der Organgesellschaft oder zum Ende des sonst vertraglich bestimmten Abrechnungszeitraums zulässig.[118] Auch aus steuerlicher Sicht sollte eine unterjährige Beendigung vermieden werden, da die unterjährige Beendigung gem. § 14 Abs. 1 Nr. 3 Satz 3 KStG steuerlich auf den Beginn des Wirtschaftsjahres zurückwirkt. Ein Auseinanderfallen der steuerlichen Organschaft und der korporationsrechtlichen Pflicht zur Gewinnabführung würde steuerlich zu einer verdeckten Gewinnausschüttung führen (**verunglückte Organschaft**).[119] Sofern das Geschäftsjahr der Zielgesellschaft nicht kurz vor dem Vollzug der Transaktion (*Closing*) endet, muss daher unter Umständen unabhängig davon, ob der Ergebnisabführungsvertrag durch Aufhebung oder außerordentliche Kündigung beendet wird, zwischen Unterzeichnung und Vollzug ein **Rumpfgeschäftsjahr** gebildet werden. Der Unternehmensvertrag wird sodann zum Abschluss des Rumpfgeschäftsjahres aufgehoben.[120]

Hierbei kann es zweckmäßig sein, das Ende des Rumpfgeschäftsjahres auf den Vollzugsstichtag zu legen, insbesondere um dem Käufer zu ermöglichen,

92

---

[114] Statt vieler *Joussen* GmbHR 2000, 221 ff.
[115] *Seibt/Schrader* C.II.1. (Anm. 14); a. A. *Deilmann* NZG 2015, 460, 462 („reiner Formalismus").
[116] Zum ansonsten bestehenden Zustimmungserfordernis jetzt grundlegend BGH II ZR 109/10, BB 2011, 2066; dazu *Derlin* BB 2011, 2066, 2067.
[117] Zu den neben dem Abschluss eines notariellen Aufhebungsvertrages maßgeblichen formalen Beendigungsvoraussetzungen im GmbH-Konzern statt aller *Schwarz* DNotZ 1996, 68, 73 ff.
[118] So jetzt ausdrücklich BGH II ZR 384/13, DB 2015, 1771; OLG München 31 Wx 70/12, NZG 2012, 590; *Philippi/Neveling* BB 2003, 1685.
[119] Vgl. *Meyding/Adolphs* BB 2012, 2383, 2387; näher zu den steuerlichen Folgen → Teil V Rn. 126.
[120] Vgl. BGH II ZR 384/13, DB 2015, 1771.

die Zielgesellschaft nahtlos nach dem Vollzugsstichtag in eine eigene steuerliche Organschaft zu überführen (zu den steuerlichen Voraussetzungen näher → Teil V Rn. 119). Auf der Zeitachse ist zu berücksichtigen, dass die für die Bildung des Rumpfgeschäftsjahres erforderliche Satzungsänderung vorsichtshalber vor dem Ablauf des Rumpfgeschäftsjahres im Handelsregister eingetragen sein sollte.[121] In steuerlicher Hinsicht ist hierfür die **Zustimmung der Finanzverwaltung** erforderlich, sofern das neue Geschäftsjahr vom Kalenderjahr abweicht. Wenn ein Rumpfgeschäftsjahr auf den Vollzugsstichtag gebildet werden soll, lässt sich die Pflicht des Verkäufers zur Beendigung des Ergebnisabführungsvertrages im GmbH-Konzern im Unternehmenskaufvertrag wie folgt regeln:

> Prior to Closing and immediately after the satisfaction or waiver of the last of the Closing Conditions (save for the Closing Condition regarding the Approval and registration of the Shortened Business Year) Seller shall (i) ensure that the Target Company applies for the approval by the appropriate taxation authorities (the **Approval**) to amend its business year and create a shortened business year (the **Shortened Business Year**) ending on the last day of the month, 24:00 hrs CET, on which Closing will reasonably likely occur; (ii) ensure that a duly convened shareholders' meeting of the Target Company is held at which the Target Company's articles of association are amended to implement the Shortened Business Year; and (iii) use reasonable efforts to accomplish registration of the so amended articles of association with the Target Company's commercial registry and to obtain the Approval before the end of the Shortened Business Year. If the registration of the Shortened Business Year cannot be accomplished, or the Approval cannot be obtained, prior to the end of the Shortened Business Year, Purchaser shall use reasonable efforts to obtain the Approval and create a new Shortened Business Year ending on the last day of the month following the end of the original Shortened Business Year, 24:00 hrs CET.

93 Damit einhergehend sollte der Unternehmenskaufvertrag die Zustimmung des Finanzamtes zur Änderung des Geschäftsjahres sowie die Eintragung der Satzungsänderung zur Einführung des Rumpfgeschäftsjahres im Handelsregister vor dem Ende des Rumpfgeschäftsjahres als Vollzugsvoraussetzungen (*Closing Conditions*) vorsehen. Für den Vollzugstag ist auf Seiten des Verkäufers im Unternehmenskaufvertrag insbesondere die Aufhebung des Ergebnisabführungsvertrages als Vollzugshandlung (*Closing Action*) vorzusehen:

> At Closing, Seller will deliver to Purchaser (i) a notarized agreement whereby the profit and loss pooling agreement between Seller and the Target Company dated ■ (the **PLPA**) is terminated with effect of the Closing Date; (ii) a notarized shareholders' resolution of the Target Company approving the termination of the PLPA; (iii) a written shareholders' resolution of Seller

---

[121] Siehe etwa Kästle/Oberbracht, 54.

approving the termination of the PLPA; and (iv) by precaution, a written extraordinary notice of termination for cause by Seller in accordance with Section ■ of the PLPA, effective as of the Closing Date, which will be delivered by Purchaser to the Target Company immediately upon the transfer of the shares of the Target Company to Purchaser.

Die zugleich vorsorglich erfolgende Kündigung des Ergebnisabführungsvertrages aus wichtigem Grund empfiehlt sich dann, wenn der Ergebnisabführungsvertrag weniger als fünf Zeitjahre bestanden hat. In diesem Fall könnte wegen des Wortlauts des § 14 Abs. 1 Satz 1 Nr. 3 KStG ein Restrisiko bestehen, dass die Aufhebung steuerschädlich ist.[122] Die Eintragung der Beendigung des Ergebnisabführungsvertrages im Handelsregister ist lediglich deklaratorisch und muss daher nicht vor dem Vollzug der Transaktion erfolgen. Die Eintragung sollte im Hinblick auf die Verpflichtung des Verkäufers, Sicherheit für die Gläubiger der Zielgesellschaft zu leisten (§ 303 AktG), jedoch zeitnah nach dem Vollzugsstichtag nachgeholt werden.

bb) Behandlung des Gewinnabführungs- und Verlustübernahmeanspruchs

Grundsätzlich lassen sich zwei Grundmuster zum Umgang mit dem Gewinnabführungs- bzw. Verlustübernahmeanspruch im Unternehmenskaufvertrag unterscheiden. Die Parteien können vor Unterzeichnung des Unternehmenskaufvertrages die Höhe des voraussichtlichen Gewinnabführungs- bzw. Verlustübernahmespruches schätzen und im Kaufvertrag zum Vollzugsstichtag eine (vorläufige) **Vorabgewinnabführungszahlung** der Zielgesellschaft an den Verkäufer bzw. umgekehrt eine (vorläufige) **Vorabverlustausgleichszahlung** des Verkäufers an die Zielgesellschaft vereinbaren (hier sog. Vorabtilgungsmodell).[123] Der Käufer kann hierbei zur Vereinfachung der Zahlungsströme am Vollzugsstichtag die vereinbarte (vorläufige) Vorabgewinnabführungszahlung für Rechnung der Zielgesellschaft an den Verkäufer leisten.[124] Diese Zahlung tilgt bei einer entsprechenden Tilgungsbestimmung der Zielgesellschaft die zukünftig geschuldete Gewinnabführung. Für den Fall einer Gewinnabführung kann daher die folgende Zahlungsklausel in den Unternehmenskaufvertrag aufgenommen werden:

94

At Closing, Purchaser shall pay to Seller on account of the Target Company's obligation to settle the profit transfer claim under the PLPA (the **Profit Transfer Claim**) a preliminary amount of EUR ■ (the **Preliminary Profit**

---

[122] Vgl. *Deilmann* NZG 2015, 460, 463; näher dazu Teil V Rn. 120.
[123] Vgl. *Schaefer/Wind/Mager* DStR 2013, 2399, 2403; Seibt/*Schrader* C.II.1 (Anm. 18); *Liebscher* ZIP 2006, 1221, 1227.
[124] Vgl. das Beispiel bei Kästle/Oberbracht, 66.

> **Transfer Payment**). The Parties shall ensure that such payments to Seller will be designated as payments in satisfaction of the Target Company's future profit transfer obligations.

Zur Ermittlung der Höhe des Gewinnabführungs- bzw. Verlustübernahmeanspruchs wird der Käufer im Unternehmenskaufvertrag verpflichtet, im Anschluss an den Vollzug der Transaktion die Aufstellung, ggf. die Prüfung sowie die Feststellung eines handelsrechtlichen Zwischenabschlusses der Organgesellschaft zum Beendigungsstichtag zu veranlassen. Dieser **Einzelabschluss nach HGB** ist von der **Stichtags-Bilanz zum Vollzugsstichtag** (*Closing Accounts*) zu unterscheiden, die bei internationalen Carve-out-Transaktionen oftmals nach IFRS oder US GAAP erstellt wird (zur Stichtags-Bilanz → Rn. 111 ff.).[125]

> In order to determine the Profit Transfer Claim for the business year ending on the effective date of the termination of the PLPA, prior to the Closing Date Seller shall ensure, and following the Closing Date Purchaser shall ensure, that the Target Company prepares as soon as reasonably practicable financial statements under German GAAP of the Target Company as of the effective date of the termination of the PLPA (the **Individual Financial Statements**), to have the Individual Financial Statements audited, and to have them approved (*feststellen*) by a duly adopted shareholders' resolution. For the avoidance of doubt, the Individual Financial Statements have the sole purpose of determining the Profit Transfer Claim.

95 Sobald nach dem HGB-Einzelabschluss die Höhe des Gewinnabführungs- bzw. Verlustübernahmeanspruchs feststeht, erfolgt zur Korrektur der vorläufigen Gewinnabführungs- oder Verlustübernahmezahlung eine **Ausgleichszahlung** von der Zielgesellschaft an den Verkäufer bzw. von dem Verkäufer an die Zielgesellschaft.[126]

> If the Profit Transfer Claim is greater than the Preliminary Profit Transfer Payment, then Purchaser will ensure that within five Business Days from the approval (*Feststellung*) of the Individual Financial Statements the Target Company pays the exceeding amount plus interest to Seller. If the Profit Transfer Claim is lower than the Preliminary Profit Transfer Payment, then Seller will within five Business Days from the approval (*Feststellung*) of the Individual Financial Statements pay the Target Company the exceeding amount plus interest.

Diese Ausgleichszahlung sollte Zug um Zug mit einer Ausgleichszahlung auf der Grundlage einer Kaufpreisanpassungsklausel erfolgen.

---

[125] Kästle/Oberbracht, 55 f.
[126] *Schaefer/Wind/Mager* DStR 2013, 2399, 2403; Kästle/Oberbracht, 67.

3. Der Verkauf rechtlich selbständiger Geschäftsbereiche

Bei der zweiten Abwicklungsmöglichkeit wandelt der Verkäufer zunächst einen künftigen Gewinnabführungsanspruch in ein **Gesellschafterdarlehen** um (hier sog. Darlehensmodell). Hierdurch wird das steuerliche Erfordernis der tatsächlichen Durchführung der Organschaft gewährleistet (§ 14 Abs. 1 S. 1 Nr. 3 KStG). Sodann **verkauft** der Verkäufer die Forderung aus dem Gesellschafterdarlehen gegen die Zielgesellschaft zum Nennwert an den Käufer und tritt die Forderung beim Vollzug der Transaktion an den Käufer ab. Umgekehrt übernimmt der Käufer am Vollzugsstichtag einen zukünftigen Verlustübernahmeanspruch der Zielgesellschaft **im Wege der Schuldübernahme** unter Abzug des Nennwertes dieses Anspruchs vom Kaufpreis.[127] Der Nennwert des Gewinnabführungs- bzw. Verlustübernahmeanspruchs wird vor der Unterzeichnung des Unternehmenskaufvertrages geschätzt. Sobald der HGB-Einzelabschluss zur Ermittlung der endgültigen Höhe des Gewinnabführungs- bzw. Verlustübernahmeanspruchs aufgestellt ist, erfolgt eine Ausgleichszahlung zwischen Verkäufer und Käufer.

96

Für die gesellschaftsrechtliche Zulässigkeit einer **befreienden Schuldübernahme** des Verlustübernahmeanspruchs gem. § 302 Abs. 3 AktG ist Voraussetzung, dass die Erfüllung der zukünftigen Verlustübernahmeverpflichtung durch den Käufer als sicher erscheint.[128] Sofern dies nicht der Fall ist, kommt ein **Schuldbeitritt** des Käufers in Betracht. Bei einem Schuldbeitritt bleibt der Verkäufer für die Erfüllung des Verlustübernahmeanspruchs im Außenverhältnis haftbar,[129] und der Verkäufer kann sich durch den Käufer lediglich im Innenverhältnis von dem Verlustübernahmeanspruch freistellen lassen. Die zweite Abwicklungsmöglichkeit birgt für den Verkäufer darüber hinaus das Risiko, dass die Begleichung der Gewinnabführungsforderung im Falle der Insolvenz der Zielgesellschaft binnen Jahresfrist nach Vollzug **angefochten** wird (→ Rn. 87).

97

Bei beiden Varianten ist im Rahmen einer **Kaufpreisanpassungsklausel** im Unternehmenskaufvertrag darauf zu achten, dass in der Stichtagsbilanz *(Closing Accounts)* ein Gewinnabführungsanspruch des Verkäufers zu den **Finanzverbindlichkeiten** der Zielgesellschaft und ein Verlustübernahmeanspruch zu den **Barmitteln** zählt.[130] Die Höhe des Gewinnabführungs- bzw. Verlustübernahmeanspruchs ergibt sich anders als die übrigen kaufpreisrelevanten Bilanzpositionen nicht aus den *Closing Accounts*, sondern aus dem parallel zu erstellenden HGB-Einzelabschluss der Organgesellschaft, der auch für die oben erwähnte Ausgleichszahlung maßgeblich ist.[131] Bei der ersten Abwicklungsvariante ist darüber hinaus sicherzustellen, dass die Zahlungen der Zielgesellschaft, des Käufers oder des Verkäufers zur Vorauser-

98

---

[127] *Schaefer/Wind/Mager* DStR 2013, 2399, 2403; Seibt/*Schrader* C.II.1 (Anm. 18).
[128] Schmidt/Lutter/*Stephan* § 302 Rn. 69; Seibt/*Schrader* C.II.1 (Anm. 18); a. A. MünchKommAktG/ Altmeppen § 302 Rn. 86; zur Parallelproblematik der Abtretbarkeit des Verlustausgleichsanspruchs Goldschmidt/*Laeger* NZG 2012, 1201, 1204.
[129] Vgl. *Schaefer/Wind/Mager* DStR 2013, 2399, 2403.
[130] Vgl. z. B. Seibt/*Schrader* C.II.1.
[131] Kästle/Oberbracht, 56.

füllung des Gewinnabführungs- bzw. Verlustübernahmeanspruchs am Vollzugsstichtag nicht zu einer doppelten Berücksichtigung des Gewinnabführungs- oder Verlustübernahmeanspruchs in den *Closing Accounts* führen.

cc) Pflicht zur Durchführung der Organschaft und Freistellungen

99 Der zur Feststellung des Gewinnabführungs- bzw. Verlustausgleichsanspruchs verwendete Jahres- bzw. Zwischenabschluss ist für die Höhe des Anspruchs in gesellschaftsrechtlicher Hinsicht **nicht bindend**. Maßgeblich ist vielmehr, welche Gewinne oder Verluste bei objektiv ordnungsgemäßer Bilanzierung zum Bilanzstichtag angefallen wären.[132] Dabei sind wertaufhellende Tatsachen, die erst nach dem Abschlussstichtag aufgetreten sind, zeitlich uneingeschränkt zu berücksichtigen.[133] Eine unrichtige handelsbilanzielle Ermittlung des Gewinns oder Verlustes für Wirtschaftsjahre vor dem Vollzugsstichtag kann in der Praxis insbesondere anlässlich einer steuerlichen Betriebsprüfung aufgedeckt werden. Sofern dann zwischen dem Organträger und der Organgesellschaft keine nachträgliche Ausgleichszahlung erfolgt, ist zugleich die Durchführung der Organschaft gefährdet (zum steuerlichen Erfordernis der Durchführung der Organschaft → Teil V Rn. 125). Die Kaufvertragsparteien sollten sich daher vorsorglich verpflichten sicherzustellen, dass der Ergebnisabführungsvertrag auch nach dem Vollzug der Transaktion durchgeführt wird. Andererseits sollten sie sich im Innenverhältnis wechselseitig von hieraus folgenden Zahlungsansprüchen sowie von Rückforderungsansprüchen bezüglich überhöhter Gewinnabführungen und Verlustübernahmen in der Vergangenheit freistellen.[134]

Darüber hinaus besteht für den Verkäufer das Risiko, dass Gläubiger gem. § 303 AktG die Stellung einer **Sicherheit** für Verbindlichkeiten der Zielgesellschaft verlangen, die vor Eintragung der Beendigung des Unternehmensvertrages im Handelsregister begründet wurden. Ein Risiko besteht insbesondere für Verbindlichkeiten aus Dauerschuldverhältnissen (z. B. Miete, Pacht und Arbeitsverhältnisse).[135]

Zur Abdeckung dieser Risiken kann die folgende Klausel verwendet werden:

> Notwithstanding the termination of the PLPA, (i) the Parties will ensure that any obligations under the PLPA which continue after the Closing Date (the **Contingent PLPA Obligations**) will be properly fulfilled, (ii) Seller will indemnify Purchaser and the Target Group Companies for any Contingent PLPA Obligations and other obligations in connection with the PLPA to-

---

[132] BGH II ZR 120/98, BGHZ 142, 382 = NJW 2000, 210; zur unterschiedslosen Geltung für Gewinne und Verluste Bünning BB 2015, 2795, 2798.
[133] *Goldschmidt/Laeger* NZG 2012, 1201, 1202.
[134] Vgl. auch Seibt/*Schrader* C.II.1 (Anm. 19); Kästle/Oberbracht, 56; *Goldschmidt/Laeger* NZG 2012, 1201 f., die alle zu Unrecht das Freistellungserfordernis alleine auf Risiken aus der Verkäufersicht verkürzen.
[135] *Goldschmidt/Laeger* NZG 2012, 1201, 1204.

wards Seller's Group, and (iii) Purchaser will indemnify Seller's Group for any Contingent PLPA Obligations and other obligations in connection with the PLPA towards Purchaser and the Target Group Companies except if this would conflict with any indemnity or warranty by Seller in this Agreement or with any other provision of this Agreement. For the avoidance of doubt, any Contingent PLPA Obligations and other obligations in connection with the PLPA (other than the Profit Transfer Claim) will be disregarded in the Closing Accounts, and this Section ■ does not apply to an adjustment to the Preliminary Profit Transfer Payment which is comprehensively dealt with in Section ■.

Purchaser indemnifies Seller for any obligation towards creditors of the Target Company pursuant to Section 303 of the German Stock Corporation Act to provide security for liabilities of the Target Company.

c) Sonstige vertragliche Beziehungen zwischen dem Verkäuferkonzern und den Zielgesellschaften

Im Hinblick auf alle übrigen Verträge zwischen dem Verkäuferkonzern und den Zielgesellschaften (*Intercompany Agreements* oder *Intra-group Agreements*) lassen sich die folgenden drei Fallgruppen bilden:

100

– Konzerninterne Verträge, die bis zum Vollzugsstichtag (*Closing*) zu **beenden** sind. Die Einordnung eines Vertrages in diese Kategorie kann insbesondere daraus folgen, dass die Konditionen der fraglichen Liefer- oder Leistungsbeziehung einem Fremdvergleich nicht standhalten, oder dass die wirtschaftliche Bewertung der Verträge durch die Parteien andere Vertragskonditionen voraussetzt. Neben der Verpflichtung des Verkäufers, den Vertrag bis zum Vollzugsstichtag zu beenden und den Käufer von eventuell fortbestehenden Verpflichtungen aus dem Vertrag freizustellen, ist in der Steuerklausel des Unternehmenskaufvertrages das Risiko von zu niedrigen bzw. zu hohen historischen Verrechnungspreisen abzudecken (zu weiteren Aspekten → Teil V Rn. 170 ff.). In die Kategorie von bis zum Vollzug zu beendenden konzerninternen Verträgen gehören auch sog. **Konzernumlageverträge**, auf deren Grundlage nach einem internen Schlüssel die Kosten für im Konzern erbrachte Dienstleistungen bzw. für die Nutzung von im Konzern vorgehaltenem geistigen Eigentum auf die Zielgesellschaften als Teil des Verkäuferkonzerns verteilt werden. Ausstehende Abrechnungssalden aus Konzernumlageverträgen werden nach den Regeln für die Ablösung konzerninterner Finanzverschuldung behandelt (→ Rn. 81 ff.).

– Konzerninterne Verträge, die nach dem Vollzugsstichtag **im gewöhnlichen Geschäftsverkehr weitergeführt** werden. Sofern einem konzerninternen Vertrag fremdübliche Konditionen zugrunde liegen, besteht prinzipiell kein Grund, den Vertrag anders als Verträge mit fremden Dritten zu behandeln.

Vielmehr kann der Vertrag nach den bisherigen Konditionen weitergeführt werden, und die Forderungen bzw. Verbindlichkeiten aus Lieferung und Leistung werden ohne spezifischen Regelungsbedarf im Unternehmenskaufvertrag im gewöhnlichen Geschäftsverkehr abgewickelt. Wird das Umlaufvermögen zum Vollzugsstichtag in einer Stichtagsbilanz erfasst, so sind daher die entsprechenden Forderungen und Verbindlichkeiten aus Lieferung und Leistung mit zu berücksichtigen.

– Neue oder abgeänderte langfristige Liefer- und Leistungsverträge zwischen dem Verkäuferkonzern und den Zielgesellschaften für die Zeit nach dem Vollzugsstichtag oder Verträge, die für eine Übergangszeit nach dem Vollzugsstichtag zwischen dem Verkäuferkonzern und dem Carve-out-Business abgeschlossen werden (**Transitional Services**). Der Abschluss dieser Verträge stellt typischerweise eine Vollzugsvoraussetzung (*Closing Condition*) für den Unternehmenskaufvertrag dar (siehe für das *Transitional Services Agreement* auch → Teil VII Rn. 3).

101 Für konzerninterne Verträge, die Teil der ersten Fallgruppe sind, sollte die folgende Klausel in den Unternehmenskaufvertrag aufgenommen werden:

> Seller shall ensure that the contracts between Seller's Group and the Target Group Companies set forth in Exhibit ■ shall be terminated with legal effect of the Closing Date. Seller indemnifies the Target Group Companies for all obligations and liabilities under such contracts.

4. Ablösung von Sicherheiten (*Asset* und *Share Deal*)

102 Vergleichbar zur Ablösung der konzerninternen Finanzierung beim *Share Deal* (→ Rn. 81 ff.) sind im Unternehmenskaufvertrag auch Regelungen zur Ablösung von Sicherheiten zwischen dem Verkäufer und dessen verbundenen Unternehmen einerseits sowie dem Carve-out-Business andererseits aufzunehmen. Die Ablösung der konzerninternen Finanzierung ist allerdings nur beim *Share Deal* besonders regelungsbedürftig, weil beim *Asset Deal* die Zuordnung der entsprechenden Verbindlichkeiten zum Verkäufer bzw. zum Carve-out-Business bereits bei der Festlegung des Kaufgegenstandes erfolgt (→ Rn. 36 ff.). Demgegenüber besteht die Notwendigkeit von Regelungen zur **Ablösung von Sicherheiten** des Carve-out-Business für den Verkäufer (und umgekehrt) sowohl beim *Share Deal* als auch beim *Asset Deal*, wobei jeweils zwei verschiedene Fallgestaltungen denkbar sind.

Beim ***Asset Deal*** handelt es sich hierbei um die folgenden beiden Fallgruppen:

– Ein mit dem Verkäufer verbundenes bei ihm verbleibendes Unternehmen hat einem Dritten für eine vom Käufer übernommene Verbindlichkeit des Carve-out-Business eine **Personalsicherheit** (z.B. eine Bürgschaft, Garantie oder

4. Ablösung von Sicherheiten (Asset und Share Deal)

Patronatserklärung) oder eine **dingliche Sicherheit** (z. B. eine Grundschuld oder ein Pfandrecht) gewährt.
– Ein Vermögensgegenstand des Carve-out-Business dient einem Dritten als dingliche Sicherheit für eine Verbindlichkeit des Verkäufers oder eines mit ihm verbundenen bei ihm verbleibenden Unternehmens.

Die Gewährung einer **Personalsicherheit** durch das Carve-out-Business für eine Verbindlichkeit einer Gesellschaft des Verkäufers ist nicht regelungsbedürftig, da der zugrunde liegende Vertrag bzw. die entsprechende Verbindlichkeit bei der Definition des Kaufgegenstandes dem Verkäufer zugeordnet werden kann (sog. *Excluded Contracts* bzw. *Excluded Liabilities*). Des Weiteren ist die nicht dem Verkäufer selbst, aber seinen verbundenen Unternehmen zugutekommende Vorschrift des § 418 BGB zu beachten. Hiernach erlöschen eine durch ein verbundenes Unternehmen des Verkäufers genutzte Bürgschaft, ein Pfandrecht oder eine Hypothek, wenn der Drittgläubiger in die Übernahme einer Schuld (hier: einer *Assumed Liability*) durch einen Dritten (hier: Käufer) eingewilligt hat, ohne dass der Sicherungsgeber (hier: das verbundene Unternehmen des Verkäufers) seinerseits der weiteren Haftung zugestimmt hat. Die Vorschrift findet auf vergleichbare Sicherheiten wie die Grundschuld und andere nicht-akzessorische Sicherheiten wie die Sicherungsübereignung oder Sicherungsabtretung entsprechende Anwendung.[136]

Im Falle von beweglichen Gegenständen, die dem **Haftungsverband von Grundstücken** unterliegen und die an den Käufer ohne Entfernung vom Grundstück übereignet werden, gilt eine Besonderheit. Ihre dingliche Haftung für einen Drittgläubiger kann selbst mit Zustimmung des Grundpfandgläubigers nicht abgelöst werden.[137] Der BGH hat dies damit begründet, dass die Regelung des Hypothekhaftungsverbandes ein über das Verhältnis zwischen Grundstückseigentümer und etwaigen vorhandenen Grundpfandgläubigern hinausreichendes Ordnungsgefüge darstellt, welches nicht allein diesen zur Disposition steht.[138] Damit hätten vertragliche Vereinbarungen nur Wirkung zwischen den Beteiligten, nicht aber für einen etwaigen Ersteher des Grundstücks aus einer Zwangsversteigerung oder für einen persönlichen Gläubiger, der die Zwangsversteigerung betreibt.[139] Insoweit kann sich der Verkäufer also auch nicht verpflichten, eine Ablösung zu erwirken, und im Falle einer Inanspruchnahme des Käufers ist nur eine **Freistellung durch den Verkäufer** möglich. Diese Besonderheit ist für all die Fälle von Bedeutung, in denen der Käufer die Betriebseinrichtung und die Maschinen vom Verkäufer erwirbt, das Betriebsgrundstück aber beim Verkäufer belässt und von diesem zur Betriebsfortführung mietet oder pachtet.

103

Eine Ablöse- und Freistellungsklausel im Unternehmenskaufvertrag könnte für den *Asset Deal* wie folgt lauten:

104

---

[136] BGH XI ZR 186/90, NJW 1992, 110; BGH IX ZR 161/91, WM 1992, 1312.
[137] BGH IX ZR 181/94, BB 1996, 397.
[138] BGH IX ZR 181/94, BB 1996, 397; RG V 258/28, RGZ 125, 362 (365).
[139] BGH IX ZR 181/94, BB 1996, 397.

Purchaser shall make reasonable endeavors to ensure that as from the Closing Date or, to the extent not done by the Closing Date, as soon as reasonably practicable thereafter, Seller and Seller's Affiliates are released from all guarantees, indemnities and other contingent liabilities within the meaning of Section 251 of the German Commercial Code (*Handelsgesetzbuch*) (the **Seller Guarantees**) and from all security interests over any of their assets other than Sold Assets (the **Seller Security Interests**), in each case given by or binding upon any of them in respect of any of the Assumed Liabilities, including, without limitation, those Seller Guarantees and Seller Security Interests listed in Exhibit ■. Pending its release Purchaser shall indemnify Seller or such Seller's Affiliate, as the case may be, for all liabilities which are secured by the Seller Guarantees and Seller Security Interests.

Except for any Moveable Assets which are fixtures of a real estate plot (*Zubehör im Haftungsverband von Grundstücken*), Seller shall make reasonable endeavors to procure that as from the Closing Date or, to the extent not done by the Closing Date, as soon as reasonably practicable thereafter, Purchaser will be released from all security interests over any of the Sold Assets which secure a liability other than an Assumed Liability (the **Purchaser Security Interests**), including, without limitation, the security interests listed in Exhibit ■. Pending its release Seller shall indemnify Purchaser for all liabilities which are secured by the Purchaser Security Interests including any security interests on Moveable Assets which are fixtures of a real estate plot (*Zubehör im Haftungsverband von Grundstücken*).

105   Beim ***Share Deal*** sind demgegenüber folgende zwei Fallgestaltungen denkbar:

- Der Verkäufer oder ein bei ihm verbleibendes verbundenes Unternehmen haben einem Dritten für Verbindlichkeiten der Zielgesellschaft oder eines mit ihr verbundenen Unternehmens eine Personalsicherheit (z. B. eine Bürgschaft, Garantie oder Patronatserklärung) oder eine dingliche Sicherheit (z. B. eine Grundschuld oder ein Pfandrecht) gewährt (sog. ***Downstream Security***).

- Die Zielgesellschaft oder ein mit ihr verbundenes Unternehmen haben einem Dritten für Verbindlichkeiten des Verkäufers oder dessen sonstigen verbundenen Unternehmen eine Personalsicherheit (z. B. eine Bürgschaft, Garantie oder Patronatserklärung) oder eine dingliche Sicherheit (z. B. eine Grundschuld oder ein Pfandrecht) gewährt (sog. ***Upstream Security***).

Die Ablöse- und Freistellungsklausel im Unternehmenskaufvertrag lautet dann wie folgt:

Purchaser shall make reasonable endeavors to ensure that as from the Closing Date or, to the extent not done by the Closing Date, as soon as reasonably practicable thereafter, Seller and Seller's Affiliates are released from all guarantees, indemnities and other contingent liabilities within the meaning of Section 251 of the German Commercial Code (*Handelsgesetzbuch*) (the **Seller Guarantees**) and from all security interests over any of their assets (the **Seller Security Interests**), in each case given by or binding upon any of them in respect of any liabilities of the Target Company or any of the Target Group Companies, including, without limitation, those Seller Guarantees and Seller Security Interests listed in Exhibit ■. Pending its release Purchaser shall indemnify Seller or such Seller's Affiliate, as the case may be, for all liabilities which are secured by those Seller Guarantees and Seller Security Interests.

Seller shall make reasonable endeavors to ensure that as from the Closing Date or, to the extent not done by the Closing Date, as soon as reasonably practicable thereafter, the Target Company and the Target Group Companies are released from all guarantees, indemnities and other contingent liabilities within the meaning of Section 251 of the German Commercial Code (*Handelsgesetzbuch*) (the **Purchaser Guarantees**) and from all security interests over any of their assets (the **Purchaser Security Interests**), in each case given by or binding upon any of them in respect of any liabilities of the Seller or Seller's Affiliates, including, without limitation, those Purchaser Guarantees and Purchaser Security Interests listed in Exhibit ■. Pending its release Seller shall indemnify such Target Company or Target Group Company, as the case may be, for all liabilities which are secured by those Purchaser Guarantees and Purchaser Security Interests.

Wie sich aus den Beispielsformulierungen ergibt, sollten sich Verkäufer und Käufer bemühen, als Anlage zum Unternehmenskaufvertrag eine Liste der zum Kaufvertragsabschluss bekannten Sicherheiten beizufügen, um insoweit die Ablöse- und Freistellungsverpflichtung der jeweils anderen Seite außer Frage zu stellen. Auch wird der Verkäufer schon deshalb auf einer solchen Liste bestehen, um eventuelle kaufvertragliche Garantie- und Gewährleistungsansprüche des Käufers aufgrund der Offenlegung im Unternehmenskaufvertrag auszuschließen (siehe auch den entsprechenden Ausschluss für gesetzliche Gewährleistungsansprüche in § 442 Abs. 1 S. 1 BGB).

Die Ablösung einer Sicherheit setzt im Regelfall die **Zustimmung des am Kaufvertragsabschluss nicht beteiligten Sicherungsnehmers** voraus. So erfolgt beispielsweise die Ablösung einer Bankgarantie, die ursprünglich der Verkäufer für eine Verbindlichkeit der Zielgesellschaft in Auftrag gegeben und gestellt hat, dadurch, dass der Sicherungsnehmer eine neue äquivalente Bankgarantie akzeptiert, die der Käufer über seine finanzierende Bank stellt. Aus diesem Grund kann sich der jeweils zur Ablösung Verpflichtete nur im Rahmen **angemessener Bemühungen** (*reasonable endeavors*) zur Ablösung verpflichten. Soweit und solange eine Ablösung der betreffenden Sicherheit nicht gelingt, besteht subsidiär eine Verpflichtung zur Schadloshaltung und Freistellung durch den Ablöseverpflichteten.

5. Carve-out-Abschluss und Stichtagsbilanz

a) Bilanzgarantie

107   Auch bei einer Carve-out-Transaktion bildet die Bilanzgarantie die zentrale Verkäufergewährleistung im Unternehmenskaufvertrag, da sie eine Vielzahl von Transaktionsrisiken abdeckt. Für den Käufer ist die Bilanzgarantie deshalb wichtig, weil sie die Informationen aus der *Financial Due Diligence* als wesentliche **Bewertungsgrundlage** für das Carve-out-Business rechtlich absichert.[140] Die Gestaltung der Bilanzgarantie unterliegt keinen Besonderheiten, wenn sie sich beim Verkauf eines rechtlich selbständigen Geschäftsbereichs auf eine oder mehrere rechtliche Einheiten bezieht. In diesem Fall gibt der Verkäufer die Bilanzgarantie nach den üblichen Grundsätzen auf zurückliegende – ggf. konsolidierte – **Jahresabschlüsse** der Zielgesellschaften ab.

108   Schwieriger stellt sich die Lage dar, wenn ein rechtlich unselbständiger Geschäftsbereich verkauft wird. Sofern der rechtlich unselbständige Geschäftsbereich Gegenstand einer Segmentberichterstattung ist, kommt eine Bilanzgarantie auf das entsprechende Segment im Jahresabschluss in Betracht.[141] Ansonsten wird teilweise eine **Bilanzgarantie auf die interne Rechnungslegung** abgegeben, mit deren Hilfe der Geschäftsbereich zum Zwecke der Unternehmenssteuerung abgegrenzt wird.[142] Allerdings besteht bei einer Bilanzgarantie auf die interne Rechnungslegung keine Absicherung des Verkäufers durch eine externe Revision oder Abschlussprüfung.[143] Zudem ist die Garantie aufgrund der ausschließlichen Bezugnahme auf das konzerninterne Rechnungswesen aus Sicht des Käufers nur eingeschränkt aussagekräftig (zu den Gründen → Teil I Rn. 188). Soll dennoch eine solche Garantie abgegeben werden, so ließe sie sich wie folgt ausgestalten:

> Seller has delivered to Purchaser a copy of the internal financial statements of operations of the [Constuction and Machinery Business] for the twelve month ended ■ (the **Internal Financial Statements**). The [Construction and Machinery Business] is not a separately reported unit of Seller. As a result, the Internal Financial Statements were not prepared as part of Seller's normal reporting process. Instead, the Internal Financial Statements have been compiled by management of the [Construction and Machinery Business] from source documentation subject to the controls and procedures of Seller's accounting systems. This source documentation was prepared in accordance with accounting principles set forth on <u>Exhibit</u> ■ (the **Accounting Principles**), [except that no allocation of cost has been made to reflect Seller's corporate overhead, general and administrative expenses and services]. Except as set

---

[140] Vgl. allgemein Kästle/Oberbracht S. 172.
[141] Vgl. *King* Rn. 134.
[142] So *King* Rn. 134.
[143] *King* Rn. 233.

forth on Exhibit ■ or in the Internal Financial Statements, the Internal Financial Statements (i) have been prepared in conformity, in all material respects, with the Accounting Principles, and (ii) present fairly, in all material respects, the results of operations of the [Construction and Machinery Business] for the time period specified therein.

Insbesondere bei großvolumigen bzw. komplexen Carve-out-Transaktionen wird der Verkäufer die Möglichkeit aufgreifen, unter Einschaltung von Wirtschaftsprüfern speziell für die Transaktion einen **Carve-out-Abschluss** bzw. **kombinierten Abschluss** erstellen und ggf. prüfen zu lassen, und dem Käufer den Abschluss im Rahmen der *Financial Due Diligence* zugänglich machen (näher zu Carve-out und kombinierten Abschlüssen → Teil VI Rn. 13 ff. u. 18 ff.). Damit kann sich die Bilanzgarantie im Unternehmenskaufvertrag auf den vorgelegten Carve-out-Abschluss bzw. kombinierten Abschluss beziehen. Der Carve-out-Abschluss wird oft zu einem Zeitpunkt erstellt und geprüft, zu dem das zu übertragende Carve-out-Business mangels Einbeziehung des Käufers und Endverhandlung der Vertragsdokumentation noch nicht final festgelegt ist. Dann ist es zweckmäßig, die Bilanzgarantie in zwei Bereiche zu unterteilen. Der erste Teil der Garantie bezieht sich auf den historischen Carve-out-Abschluss, wie er dem Käufer in der *Due Diligence* zur Verfügung gestellt wurde, während sich der zweite Teil auf Anpassungen des Carve-out-Abschlusses durch die Geschäftsleitung des Verkäufers bezieht, die auf der endgültigen Zuordnung von Vermögensgegenständen und Verbindlichkeiten zum Carve-out-Business oder zu den zurückbehaltenen Unternehmensteilen im Unternehmenskaufvertrag beruhen. Eine Bilanzgarantie auf den Carve-out-Abschluss kann in diesem Fall wie folgt lauten:

109

Seller has delivered to Purchaser (i) audited carve-out financial statements for the [Construction and Machinery Business] for the twelve month periods ended ■, ■ and ■ copies of which are attached hereto as Exhibit ■ (the **Historical Carve-out Financial Statements**), and (ii) unaudited carve-out financial statements based on certain adjustments to the Historical Carve-out Financial Statements copies of which are attached as Exhibit ■ (the **Unaudited Carve-out Financial Statements**).

The Historical Carve-out Financial Statements have been prepared in accordance with German GAAP consistently applied. They present, in all material respects, a true and fair view of the assets and liabilities, financial position and earnings position of the [Construction and Machinery Business] as of ■, ■ and ■ or the periods then ended and were derived from the books and records of Seller and its Affiliates.

The Unaudited Carve-out Financial Statements have been prepared based on adjustments to the Historical Carve-out Financial Statements, such adjustments representing management's good faith estimate (determined using reasonable judgment) of the Sold Assets, Sold IP, Assumed Liabilities, Assumed Contracts, Excluded Assets, Excluded IP, Excluded Liabilities, and Excluded Contracts, as contemplated by this Agreement.

Alternativ kann der Carve-out-Abschluss dem Käufer im Stadium der *Due Diligence* lediglich im Entwurf vorgelegt und offengehalten werden, bis der Unternehmenskaufvertrag final verhandelt ist, so dass keine Anpassungen des geprüften Abschlusses nach Abschluss der Vertragsverhandlungen erforderlich sind.

110 Wird die Carve-out-Transaktion im Rahmen eines Auktionsverfahrens durchgeführt, so hat sich im letzten Jahrzehnt in Europa die Durchführung einer Verkäufer-Due-Diligence (**Vendor Due Diligence**) am Markt etabliert. Wenn die Wirtschaftsprüfungsgesellschaft, die den *Financial Vendor Due Diligence Report* auf Basis des geprüften Carve-out- oder kombinierten Abschlusses erstellt, zugunsten des Käufers einen **Reliance Letter** ausfertigt,[144] relativiert sich im Unternehmenskaufvertrag die Bedeutung der Bilanzgarantie.[145]

b) Stichtagsbilanz (*Closing Accounts*)

111 Bei einer Carve-out-Transaktion stellt sich daneben wie bei anderen M&A-Transaktionen die Frage, ob es sachgerecht ist, bei Vertragsunterzeichnung mit einem **variablen Kaufpreis** zu arbeiten, der auf der Grundlage einer Abgrenzungs- oder **Stichtagsbilanz** zum Vollzugsstichtag (*Closing Accounts*) angepasst wird. Alternativ kann ein **Festkaufpreis** vereinbart werden (sog. *Locked Box*).[146] Ein **Locked-Box-Verfahren**, das auf verlässlichen Finanzinformationen für den Kaufgegenstand zu einem zwischen den Parteien vereinbarten historischen Bewertungsstichtag beruht, kommt bei Carve-out-Transaktionen aufgrund der typischerweise starken Verflechtung des Carve-out-Business mit dem Verkäuferkonzern nur ausnahmsweise in Betracht,[147] insbesondere in den folgenden Situationen:

— Das Carve-out-Business ist in einer oder mehreren rechtlichen Einheiten verselbständigt. Zu diesen Zielgesellschaften wurden in der *Due Diligence* geprüfte historische Jahresabschlüsse vorgelegt.

— Der Verkäufer hat dem Käufer im Rahmen des Verkaufsprozesses einen (geprüften) Carve-out-Abschluss bzw. kombinierten Abschluss für den (rechtlich) unselbständigen Geschäftsbereich zur Verfügung gestellt (→ Rn. 109).

112 In allen anderen Fällen liegt kein **hinreichend belastbarer Abschluss** für das Carve-out-Business vor, auf den das Locked Box-Verfahren aufsetzen könnte, so dass eine Kaufpreisermittlung nach dem Locked-Box-Verfahren aus Käufersicht grundsätzlich nicht akzeptabel ist.[148] Vorzuziehen ist hier vielmehr eine variable Kaufpreisklausel mit anschließender Kaufpreisanpassung.[149] Die variablen Kauf-

---

[144] Zur Haftung gegenüber Dritten im Zusammenhang mit einem Reliance Letter *Lappe/Stafflage* CF 2010, 312, 317f.
[145] *Gerhard/Hasler* GesKR 2014, 221, 239.
[146] Vgl. Göthel/*ders.* § 2 Rn. 157; ausführlich Kiem/*ders.* § 6.
[147] Siehe zu diesem Aspekt auch Kiem/*ders.* § 6 Rn. 7.
[148] Aus Käufersicht großzügiger Kiem/*ders.* § 6 Rn. 8.
[149] Zu undifferenziert *Gerhard/Hasler* GesKR 2014, 221, 241.

5. Carve-out-Abschluss und Stichtagsbilanz

preisklauseln knüpfen zum Zwecke der Überleitung des Unternehmenswertes (*Enterprise Value*)[150] auf den Eigenkapitalwert (*Equity Value*) überwiegend an die **Nettofinanzverschuldung** des Carve-out-Business zum Vollzugsstichtag (*Closing Date*) an (sog. *Equity Bridge*).[151] Darüber hinaus wird zum Ausschluss von Manipulationsmöglichkeiten durch den Verkäufer und zur Sicherstellung des *Working Capital* auch auf das **Nettoumlaufvermögen** des Carve-out-Business zum Vollzugsstichtag abgestellt[152]:

1. The purchase price for the Carve-out Business to be paid by Purchaser (the **Purchase Price**) shall be
   (a) EUR ■ (the **Cash/Debt Free Price**);
   (b) less the Financial Debt of the Carve-out Business as of the Closing Date (the **Closing Date Financial Debt**);
   (c) plus the Cash of the Carve-out Business as of the Closing Date (the **Closing Date Cash**);
   (d) less the amount, if any, by which the Working Capital of the Carve-out Business as of the Closing Date (the **Closing Date Working Capital**) falls short of EUR ■ (the **Reference Working Capital**);
   (e) plus the amount, if any, by which the Closing Date Working Capital surpasses the Reference Working Capital.

2. On the Scheduled Closing Date, Purchaser shall pay to Seller an amount of EUR ■ (the **Preliminary Purchase Price**), i. e. the Cash/Debt Free Price less an estimate of the Closing Financial Debt in the amount of EUR ■ plus an estimate of the Closing Cash in the amount of EUR ■ less EUR ■ which is an estimate of the amount by which the Closing Working Capital falls short of the Reference Working Capital.

3. If on the basis of the Closing Accounts the Purchase Price exceeds the Preliminary Purchase Price, Purchaser shall pay to Seller by way of adjustment to the Preliminary Purchase Price within five (5) Banking Days after the Closing Accounts have become final and binding the amount by which the Purchase Price exceeds the Preliminary Purchase Price.

4. If on the basis of the Closing Accounts the Preliminary Purchase Price exceeds the Purchase Price, Seller shall pay to Purchaser by way of adjustment to the Preliminary Purchase Price within five (5) Banking Days after the Closing Accounts have become final and binding the amount by which the Preliminary Purchase Price exceeds the Purchase Price. Any such adjustment under Section 3 or 4 shall be referred to as Purchase Price Adjustment.

---

[150] Zur Ableitung des Equity Value vom Enterprise Value vgl. Petersen/Zwirner/Brösel/*Mugler/Zwirner* Kapitel C.5. Rn. 7 ff.

[151] *Bruski* BB-Special Nr. 7 zu Heft 30/2005, 19, 24; Ettinger/Jaques/*Jaques* Kap. D Rn. 94; Kiem/Koesling § 7 Rn. 4; vgl. auch die Klauselbeispiele bei Seibt/*Schrader* C.II.1 (§ 5.1) und Kästle/Oberbracht S. 60 (Ziffer 4.1.2).

[152] Vgl. Ettinger/Jaques/*Jaques* Kap. D Rn. 100; *Meyding/Adolphs* BB 2012, 2383, 2385; siehe auch das Klauselbeispiel bei Kiem/*ders.* § 7 Rn. 268.

113 Teilweise sind in einer Carve-out-Transaktion die Übernahme der **Finanzverschuldung** und die Übernahme von **Cash-Positionen** durch den Käufer ausgeklammert. Darüber hinaus wird in einigen Fällen vereinbart, dass die vor dem Vollzugsstichtag entstandenen Forderungen und Verbindlichkeiten aus Lieferung und Leistung wirtschaftlich beim Verkäufer verbleiben. In diesen Fällen ist die Kaufpreisklausel entsprechend zu bereinigen, ggf. kann eine Kaufpreisanpassung in Bezug auf die Nettofinanzverschuldung und das Nettoumlaufvermögen sogar ganz entfallen. Allerdings bleibt zu berücksichtigen, dass nach den anwendbaren lokalen Rechtsvorschriften verschiedene Verschuldungspositionen wie insbesondere **Pensions- und Steuerverbindlichkeiten** von Gesetzes wegen auf den Käufer übergehen können.

114 Der Kaufvertrag sollte eine unmissverständliche Definition enthalten, welche Bilanzpositionen von der Nettofinanzverschuldung und dem Nettoumlaufvermögen umfasst sind.[153] Hierbei sind im Rahmen einer Carve-out-Transaktion im Wege des *Share Deal* bei der Beendigung von Gewinnabführungsverträgen insbesondere auch eventuelle Gewinnabführungs- bzw. Verlustübernahmeansprüche zu berücksichtigen (→ Rn. 98). Im Rahmen der Ablösung konzerninterner Verschuldung ist darüber hinaus ein *Intercompany Downstream Loan* als Finanzverbindlichkeit und ein *Intercompany Upstream Loan* als Teil der Barmittel zu erfassen (→ Rn. 84). Im Unternehmenskaufvertrag ist schließlich das **Verfahren** zu regeln, wie der Stichtagsabschluss zur Ermittlung der Nettofinanzverschuldung und des Nettoumlaufvermögens des Carve-out-Business zum Vollzugsstichtag aufgestellt wird:[154]

> 1. The Closing Date Financial Debt, Closing Date Cash and Closing Date Working Capital (collectively, the **Closing Date Financials**) shall be determined on the basis of combined financial statements for the Carve-out-Business as of the Closing Date which shall be prepared by Seller (the **Closing Accounts**).
>
> 2. For the preparation of the Closing Accounts (i) the accounting principles specifically designated by the Parties for the transactions contemplated hereunder attached as Exhibit ■ (the **Specific Accounting Principles**); (ii) the same accounting and valuations methods as previously applied, including, without limitation, the same degree of prudence as previously applied in assessing the relevant values and risk exposure; and (iii) the relevant generally accepted accounting principles for combined financial statements under [IFRS]/[US GAAP] shall apply in the hierarchy set out in this sentence.
>
> 3. The calculation of the Closing Date Financials shall be based on the Closing Accounts, and the Closing Accounts shall in this respect become the final and binding Closing Accounts, to the extent Purchaser does not within thirty (30) days after the receipt of the Closing Accounts provide

---

[153] Göthel/*ders.* § 2 Rn. 160; ausführlich Kiem/*Koesling* § 7 Rn. 14 ff. und § 8 Rn. 37 ff.
[154] Ausführlich Kiem/*Koesling* § 12; *Lappe/Schmitt* DB 2007, 153, 157.

Seller with a written report asserting that the Closing Accounts received from Seller do not meet the provisions of this Agreement by way of stating specific objections to that effect (the **Objections**).
4. If, after Purchaser having raised within in due time and form its Objections, Seller and Purchaser cannot agree on the changes to the Closing Accounts within thirty (30) days following the delivery of the Objections, each of Seller and Purchaser shall be entitled to request the accounting firm ■ (the **Neutral Auditor**) to decide on the issues in dispute. The Neutral Auditor shall act as expert (*Schiedsgutachter*). The Neutral Auditor shall give Seller and Purchaser adequate opportunity to present their views in writing at a hearing or hearings to be held in presence of the Parties and their advisors. If and to the extent the Parties agree on positions, the Closing Date Financials shall be based on such agreement, and the Closing Accounts shall in this respect become the final and binding Closing Accounts. The Neutral Auditor shall (i) not be bound to any of the positions asserted by the Parties, (ii) be entitled to decide on the interpretation of this Agreement, and (iii) decide on the costs and expenses incurred in accordance with the principles laid down in Section 91 of the German Code of Civil Procedure (*Zivilprozessordnung*).

6. Auflagen und Mitgift durch den Verkäufer

Handelt es sich bei dem Verkäufer um ein bekanntes Großunternehmen oder um ein alteingesessenes Traditions-Familienunternehmen, so steht bei der Carve-out-Transaktion oftmals nicht allein die Maximierung des Kaufpreises im Vordergrund, sondern es spielen auch andere Zielsetzungen eine Rolle. Häufig muss ein **Großunternehmen** die Beziehungen zu seinen anderen *Stakeholdern* wie Mitarbeitern, Kunden und Lieferanten sowie die Auswirkungen auf die öffentliche Meinung im Blickfeld haben, wenn es einen Geschäftsbereich veräußern will. Die gleichen Zielsetzungen, jedoch aus anderen Motiven heraus, können bei **Familienunternehmen** bestehen, die – nicht zuletzt aufgrund persönlicher Verbundenheit – ihrer unternehmerischen Verantwortung gegenüber Mitarbeitern, Kunden und Lieferanten nachkommen wollen. In all diesen Fällen kann es vorkommen, dass sich der Verkäufer verpflichtet fühlt, die Interessen der *Stakeholder* auch nach Vollzug der Carve-out-Transaktion durch **Auflagen an den Käufer** sicherzustellen. Im Wesentlichen kann es sich hierbei um Auflagen zur Aufrechterhaltung des Unternehmens und des Standortes, der Produktion und Investition sowie zur Aufrechterhaltung der Beschäftigungsbedingungen der Arbeitnehmer handeln. Sehr oft besteht daneben ein konkretes finanzielles Interesse des Verkäufers an einer Aufrechterhaltung des Carve-out-Business, etwa wenn auch nach Vollzug der Transaktion eventuelle Liefer- und Leistungsbeziehungen zwischen dem Verkäufer und dem Carve-out-Business fortgesetzt werden sollen, oder wenn im Falle einer

115

Insolvenz der Verkäufer Sorge vor eventuellen Risiken aus einer Anfechtung von Liefer- und Leistungsbeziehungen der Vergangenheit hat.[155]

116 Da eine Vielzahl von Unternehmensverkäufen durch Großunternehmen Carve-out-Transaktionen sind, stellen sich insbesondere bei Carve-out-Transaktionen Fragestellungen im Zusammenhang mit Verkäuferauflagen. Für den Käufer sind solche Auflagen in der Regel nur unter Einräumung eines beträchtlichen **Kaufpreisabschlages** zu akzeptieren, da sie zum einen die zukünftige Unternehmensführung und Integration in die Käufer-Unternehmensgruppe behindern und zum anderen auch eine eventuelle Fremdfinanzierung des Kaufpreises erschweren. Handelt es sich bei dem Carve-out-Business um einen Sanierungsfall, kann es sogar sein, dass vom Verkäufer an den Käufer eine „**Mitgift**" bzw. ein „**negativer Kaufpreis**" gezahlt wird.[156] Handelt es sich um einen *Asset Deal* und wird ein solcher „negativer Kaufpreis" gezahlt, stellt dies nach Ansicht des LAG München einen atypischen und bemerkenswerten Umstand dar, der im Rahmen einer ordnungsgemäßen Unterrichtung der von dem Betriebsübergang betroffenen Arbeitnehmer gemäß § 613a Abs. 5 BGB erläutert werden muss (ausführlich zur ordnungsgemäßen Unterrichtung nach § 613a Abs. 5 BGB → Teil III Rn. 76 ff.).[157]

117 Die nachfolgenden Klauselbeispiele können nur eine kleine Auswahl dessen darstellen, was im Hinblick auf mögliche Auflagen des Verkäufers vorstellbar ist. Kaufvertragsklauseln zu Verkäuferauflagen werden in abgeänderter Weise auch bei der **Privatisierung von Staatsunternehmen** eingesetzt, bei denen die Interessenlage oft ähnlich ist.[158]

a) Auflagen zur Aufrechterhaltung des Unternehmens und seiner wirtschaftlichen Identität

118 Verkäuferauflagen im Unternehmenskaufvertrag, die der Sicherstellung des Bestehens und der Erhaltung der **rechtlichen und wirtschaftlichen Identität** des Carve-out-Business dienen, kommen regelmäßig nur beim *Share Deal* vor, da beim *Asset Deal* das Carve-out-Business durch den Käufer selbst fortgeführt wird. Entsprechende Auflagen könnten wie folgt formuliert werden:

---

[155] Vgl. *Hofer* BB 2013, 972.
[156] Vgl. die negativen Kaufpreise bei folgenden Transaktionen Solarworld/Bosch: Euro 130 Mio. (Handelsblatt vom 14.12.2014 „Solarworld belebt Bosch-Fabrik wieder"); SCP Solar/Bosch: Euro 31 Mio. (Handelsblatt vom 05.02.2014 „Bosch verkauft Solartochter für einen Euro"); Arques/Siemens: Euro 50 Mio. (Handelsblatt vom 24.02.2009 „Gigaset will Breitbandgeschäft verkaufen"); BluO/Metro (Handelsblatt vom 13.02.2009 „Metro findet Käufer für Adler-Modemärkte"); The Gores Group/Siemens: Euro 175 Mio. (Handelsblatt vom 29.07.2008 „Siemens gibt Mehrheit der Sparte SEN ab").
[157] LAG München 4 Sa 411/08, BeckRS 2009, 63349.
[158] Zu deutschsprachigen Klauselbeispielen in Privatisierungsverträgen siehe Seibt/*Berenbrok* H.II.

Purchaser hereby accepts the following social commitments in relation to the Carve-out-Business (the **Social Commitments**) and will implement, or will ensure the Carve-out-Business' implementation, of such Social Commitments for a period of ■ years following the Closing Date:

a) Purchaser will maintain the corporate existence of the Target Company.

b) Purchaser will maintain the registered office of the Target Company in ■, Germany.

c) At least 80 % of the employees of the Target Company must remain employed in the construction machinery business or related business areas and, on a consolidated basis, either at least 80 % of the revenues (*Umsatzerlöse*) are generated from the production and sale of construction machines or at least 80 % of the fixed assets (excluding loans to affiliated companies) consist of shareholdings in construction machinery companies.

d) Purchaser will not sell or transfer any shares in the Target Company or any of its affiliates without prior written approval by Seller.

e) Without prior written approval by Seller Purchaser will not implement any capital increases and/or measures under the German Transformation Act (*Umwandlungsgesetz*), in case such transaction results in a third party (i.e., any party not being a subsidiary of the Carve-out-Business) becoming a shareholder in the Target Company or any of its affiliates.

f) Purchaser will not implement any enterprise agreements (*Unternehmensverträge*) within the meaning of Sec. 292 et seq. of the German Stock Corporation Act (*Aktiengesetz*) between the Target Company or any of its affiliates on the one hand and any third party (including Purchaser or any of its affiliated companies) on the other hand without prior written approval by Seller.

Für den Käufer ist insbesondere die Verpflichtung zur Aufrechterhaltung der Existenz des Carve-out-Business eine nur schwer zu akzeptierende Auflage, da eine solche Auflage ihn letztendlich zur **Abwendung einer Insolvenz** des Carve-out-Business zwingt.[159] Im wirtschaftlichen Ergebnis kommt dies einer für eine bestimmte Laufzeit unkündbaren harten Patronatserklärung gleich.

b) Auflagen zur Aufrechterhaltung des Produktionsstandortes und des Produktionsvolumens sowie zu zukünftigen Investitionen in das Carve-out-Business

Weitere Verkäuferauflagen im Hinblick auf das Produktionsvolumen kommen insbesondere dann in Betracht, wenn weiterhin **Liefer- und Leistungsbeziehungen** zwischen dem Carve-out-Business und dem Verkäufer bestehen bleiben sollen,

---

[159] *Hofer* BB 2013, 972.

etwa weil der Verkäufer – zumindest für eine Übergangszeit – auf Lieferungen und Leistungen des Carve-out-Business für seine verbliebenen Geschäftsbereiche abhängig ist. Hat der Verkäufer einen niedrigeren oder sogar einen negativen Kaufpreis akzeptiert, weil er möchte, dass der Käufer einen bestimmten Mindestbetrag in das Carve-out-Business investiert, so muss er den Umfang und die zeitliche Verteilung dieser Investitionen im Unternehmenskaufvertrag regeln. Sowohl das **Mindestproduktionsvolumen** als auch die **verabredeten Investitionen** richten sich im Regelfall nach dem Geschäftsplan des Carve-out-Business:

> Purchaser hereby accepts the following social commitments in relation to the Carve-out-Business (the **Social Commitments**) and will implement, or will ensure the Carve-out-Business' implementation, of such Social Commitments for a period of ■ years following the Closing Date:
> [...]
> a) The Carve-out-Business will not terminate the operations at its factories in ■ and ■.
> b) The Carve-out-Business and each of its affiliates taken as a whole will maintain at least
>   i. 80 % of the production volume and of the amount of capital expenditures set out in the adopted annual budget for the fiscal year ■ which is attached hereto as <u>Exhibit</u> ■; and
>   ii. 60 % of the production volume and of the amount of capital expenditures set out in the strategic development and business operation plan for the following 2–5 years which is attached hereto as <u>Exhibit</u> ■.
> c) For a period of three fiscal years following the end of the year of the Closing Date the total amount of Purchaser's investments into the Carve-out-Business will be at least EUR ■ which shall not be less than:
>   i. EUR ■ in the first fiscal year;
>   ii. EUR ■ in the second fiscal year; and
>   iii. EUR ■ in the third fiscal year.

c) Auflagen zur Aufrechterhaltung der Beschäftigungsbedingungen der Arbeitnehmer

120   Verkäuferauflagen zur **Absicherung der Beschäftigungsbedingungen** der Arbeitnehmer des Carve-out-Business kommen insbesondere dann in Betracht, wenn der Verkäufer befürchten muss, dass der Käufer nach dem Vollzug des Unternehmenskaufvertrages die Einhaltung der Verkäuferstandards beenden wird. Dies kann sich insbesondere dann nachteilig für den Verkäufer auswirken, wenn er weitere Carve-out-Transaktionen plant und bei diesen mit erhöhtem Widerstand seiner Arbeitnehmer rechnen muss. Nachfolgend hierzu eine mögliche Auswahl von Klauseln:

> Purchaser hereby accepts the following social commitments in relation to the Carve-out-Business (the **Social Commitments**) and will implement, or will ensure the Carve-out-Business' implementation, of such Social Commitments for a period of ■ years following the Closing Date:
>
> […]
>
> a) The Carve-out-Business and each of its affiliates will not terminate any employment agreements on the basis of operational requirements (*aus betrieblichen Gründen*).
>
> b) The Carve-out-Business and each of its affiliates will uphold their current membership in the employer's association (*Arbeitgeberverband*) ■.
>
> c) The Carve-out-Business and each of its affiliates will not unilaterally terminate any of their pension plans set out in Exhibit ■.
>
> d) The Carve-out-Business and each of its affiliates will continue the existing employee bonus programs (*Mitarbeiter-Erfolgsbeteiligungsprogramme*) set out in Exhibit ■.

d) Sicherstellung der Erfüllung der Auflagen

Ein wichtiger Dreh- und Angelpunkt der Regelungen zu den Verkäuferauflagen ist die **Sicherstellung der Erfüllung der Auflagen**. Presseberichten zufolge hat es in den letzten Jahren einige Carve-out-Transaktionen gegeben, in denen zwar ein negativer Kaufpreis vereinbart wurde, dieser aber letztlich nicht dem verkauften Carve-out-Business zugutegekommen ist.[160]

Zunächst einmal bedarf es für den Zeitraum, in welchem Verkäuferauflagen bestehen, einer Regelung über die Kontrolle und Überwachung, ob diese Auflagen vom Käufer tatsächlich eingehalten werden. Sofern der Verkäufer sich hierbei nicht auf die Angaben des Käufers verlassen will und seinerseits nicht selbst zumindest jährlich Einblick in die Bücher und Unterlagen des Käufers bzw. des Carve-out-Businesses nehmen will, kann er dem Käufer im Unternehmenskaufvertrag beispielsweise auferlegen, die Einhaltung der Auflagen durch Vorlage einer jährlichen **Wirtschaftsprüferbestätigung** nachzuweisen:

121

> For a period of ■ years following the Closing Date Purchaser shall deliver to Seller an opinion by a German auditor (*Wirtschaftsprüfer*) which confirms its compliance with and its performance of the Social Commitments, such opinion to be delivered within 6 months after the end of each relevant fiscal year.

Weiter ist zu beachten, dass im Falle eines Vertragsbruches des Käufers ein Schaden des Verkäufers nur schwer nachweisbar ist. Es empfiehlt sich für den Verkäufer

122

---

[160] Vgl. den Fall Siemens/BenQ Mobile, in dem angeblich Euro 350 Millionen negativer Kaufpreis entrichtet wurde.

daher, die Einhaltung der Verkäuferauflagen durch **Vertragsstrafen** abzusichern. Handelt es sich bei dem Käufer nur um eine schwach kapitalisierte Gesellschaft oder ist es mit deren Kreditwürdigkeit aus anderen Gründen nicht zum Besten bestellt, muss sich der Verkäufer die Erfüllung der Vertragsstrafen in üblicher Weise durch eine gesamtschuldnerische Haftung oder Bürgschaft der Konzernobergesellschaft des Käufers, durch Bankbürgschaften oder – im Falle eines „negativen Kaufpreises" – durch dessen teilweisen oder vollständigen Einbehalt absichern.

Nur sehr selten wird es bei Carve-out-Transaktionen dagegen zur Zurückbehaltung eines „goldenen Anteils" (*Golden Share*) durch den Verkäufer kommen, der dem Verkäufer das Recht gibt, eine Veräußerung der Anteile an der Zielgesellschaft, die das Carve-out-Business hält, deren Verschmelzung, Spaltung, Formwechsel oder sonstige Umwandlung oder deren Kapitalmaßnahmen zu blockieren.

7. Gesellschaftsrechtliche Zustimmungserfordernisse beim Verkäufer

123   Der Verkäufer hat bei jeder Carve-out-Transaktion das Vorliegen von gesellschaftsrechtlichen Zustimmungserfordernissen zu prüfen. Ein **gesellschaftsrechtliches Zustimmungserfordernis** kann zum einen bestehen, weil das handelnde Gesellschaftsorgan im Außenverhältnis nicht über die erforderliche **Vertretungsmacht** zum Verkauf und zur Übertragung des Carve-out-Business verfügt. Zum anderen kann sich ein Zustimmungserfordernis aber auch aus der **Pflichtenbindung** des handelnden Organs der Verkäufergesellschaft gegenüber dieser bzw. deren Gesellschaftern ergeben, insbesondere wenn die Pflichtverletzung im gesellschaftsrechtlichen Innenverhältnis Unterlassungs- und/oder Schadensersatzpflichten des handelnden Organs nach sich ziehen könnte.

124   Je nach Rechtsform des Verkäufers kommen unterschiedliche Zustimmungserfordernisse mit jeweils verschiedenen Voraussetzungen und Rechtsfolgen in Betracht. Hierbei spielt es grundsätzlich keine Rolle, ob es sich um einen *Asset* oder *Share Deal* handelt.

a) Gesellschaftsrechtliche Zustimmungserfordernisse bei der Aktiengesellschaft

aa) Zustimmung der Hauptversammlung

125   Bei der **Aktiengesellschaft** werden im Wesentlichen drei verschiedene Fallgruppen diskutiert, bei denen eine Zustimmung der **Hauptversammlung** zur Veräußerung von Unternehmensteilen erforderlich werden kann:[161]

---

[161] Vgl. hierzu ausführlich *Feldhaus* BB 2009, 562 sowie *Hölters/T. Hölters/W. Hölters* Teil X, Rn. 101.

7. Gesellschaftsrechtliche Zustimmungserfordernisse beim Verkäufer

aaa) Verpflichtung zur Übertragung des ganzen oder des nahezu ganzen Gesellschaftsvermögens (§ 179a AktG)

Nach dem Wortlaut des § 179a AktG besteht eine Zustimmungspflicht der Hauptversammlung bei Eingehung einer Verpflichtung zur Übertragung des ganzen Gesellschaftsvermögens. Rechtsprechung und Literatur wenden die Vorschrift auch dann an, wenn nur **nahezu das ganze Gesellschaftsvermögen** übertragen werden soll, so dass nur unwesentliches Vermögen bei der verkaufenden Aktiengesellschaft zurückbleibt.[162] Die Rechtsprechung des BGH stellt hierbei darauf ab, dass die verkaufende Aktiengesellschaft mit dem zurückbehaltenen Betriebsvermögen noch ausreichend in der Lage sein muss, ihre in der Satzung festgelegten Unternehmensziele weiterhin, wenn auch in eingeschränktem Umfang, selbst zu verfolgen.[163] Bei den meisten Carve-out-Transaktionen dürfte daher im Ergebnis keine Zustimmungspflicht nach § 179a AktG bestehen. Die Veräußerung des ganzen Gesellschaftsvermögens stellt keine Carve-out-Transaktion dar, und wenn bei einer Carve-out-Transaktion die Mehrheit des Gesellschaftsvermögens veräußert wird, so ist das Restvermögen typischerweise noch ausreichend, um die in der Satzung festgelegten Unternehmensziele zumindest in eingeschränktem Umfang weiterverfolgen zu können.

126

Sofern in Ausnahmefällen dennoch eine Zustimmungspflicht nach § 179a AktG besteht, so ist der Hauptversammlung der vollständige Unternehmenskaufvertrag einschließlich aller zusammenhängenden schuldrechtlichen Abreden zur Zustimmung vorzulegen, die rechtsverbindlich die Beziehungen der Vertragschließenden bestimmen sollen, gleichgültig, ob diese mit verschiedenen Partnern vereinbart oder in verschiedenen Vertragsurkunden niedergelegt sind.[164] Die Vorlage eines abänderbaren Entwurfes reicht nicht aus.[165] Wird ein solcher Vertrag ohne Zustimmung der Hauptversammlung mit satzungsändernder Mehrheit abgeschlossen, so ist das schuldrechtliche Geschäft[166] – der Unternehmenskaufvertrag – unwirksam, da insoweit die **Geschäftsführungs- und Vertretungsmacht** des Vorstands im Außenverhältnis durch § 83 AktG beschränkt wird.[167]

127

bbb) Zustimmungserfordernis der Hauptversammlung nach den Grundsätzen der Holzmüller/Gelatine-Entscheidungen des BGH

Ein weiteres ungeschriebenes Zustimmungserfordernis der Hauptversammlung – und damit eine korrespondierende Vorlagepflicht des Vorstandes an die Haupt-

128

---

[162] BGH II ZR 174/80, BGHZ 83, 122 (128) = NJW 1982, 1703 – Holzmüller; Hüffer/*Koch* AktG § 179a Rn. 5.
[163] BGH II ZR 174/80, BGHZ 83, 122 (128) = NJW 1982, 1703 – Holzmüller.
[164] BGH II ZR 150/80, BGHZ 82,188 = NJW 1982, 933 – Hoesch/Hoogovens.
[165] Hölters/*T. Hölters/W. Hölters* Teil X, Rn. 101.
[166] Hölters/*T. Hölters/W. Hölters* Teil X, Rn. 101.
[167] BGH II ZR 150/80, BGHZ 82,188 = NJW 1982, 933 – Hoesch/Hoogovens.

versammlung – wird von Teilen der unterinstanzlichen Rechtsprechung[168] und der Literatur[169] für solche Unternehmensverkäufe vertreten, die unter die Grundsätze der **Holzmüller/Gelatine-Entscheidungen**[170] des BGH fallen.

Mit seinem sog. Holzmüller-Urteil hatte der BGH im Jahr 1982 ein gesetzlich ungeschriebenes Zustimmungserfordernis der Hauptversammlung eingeführt, wenn Geschäftsführungsmaßnahmen des Vorstandes in den „**Kernbereich der Unternehmenstätigkeit**" eingreifen. Dem Urteil lag die **Ausgliederung** eines organisatorisch selbständigen Teilbetriebs, der ca. 80% des Gesamtvermögens darstellte, auf eine Tochtergesellschaft zu Grunde. Eine der maßgebenden Erwägungen hierbei war, dass die Rechtstellung der Aktionäre geschwächt wird, wenn wesentliche Teile des Betriebsvermögens auf eine Tochtergesellschaft übertragen werden, und zwar selbst dann, wenn sämtliche Anteile in den Händen der Obergesellschaft verbleiben (sog. **Mediatisierungseffekt**). Insbesondere verlieren die Aktionäre die Möglichkeit, im Rahmen der Befugnisse, die gem. § 119 AktG der Hauptversammlung vorbehalten sind, den Einsatz des abgespaltenen Betriebskapitals, das Risiko seines Verlusts und die Verwendung seiner Erträge unmittelbar zu beeinflussen. Denn alle Gesellschafterrechte im Tochterunternehmen übt bei hundertprozentiger Beteiligung der Vorstand der Obergesellschaft aus, für den hierbei formal – unbeschadet seiner Verantwortlichkeit gem. § 93 AktG – weder die Satzung der Tochtergesellschaft noch verschärfte Mehrheitserfordernisse ein unüberwindbares Hindernis bilden, und der auch bei der Verwendung des Jahresüberschusses praktisch keinen Beschränkungen unterliegt. Darüber hinaus besteht die Gefahr, dass der Vorstand namentlich durch Unternehmensverträge mit einem Dritten oder durch Aufnahme fremder Gesellschafter die Mitgliedschaftsrechte der Aktionäre in der Obergesellschaft aushöhlt.[171] Die Maßnahme des Vorstandes würde daher so sehr in das im Anteilseigentum verkörperte **Vermögensinteresse der Aktionäre** eingreifen, dass der Vorstand vernünftigerweise nicht annehmen kann, er dürfe sie in ausschließlich eigener Verantwortung treffen, ohne die Hauptversammlung zu beteiligen. In solchen Fällen verletzt der Vorstand seine Sorgfaltspflicht, wenn er von der Möglichkeit des § 119 Abs. 2 AktG keinen Gebrauch macht und diese Frage

---

[168] OLG Stuttgart 20 U 31/02, AG 2003, 527; OLG Karlsruhe 8 U 295/00, AG 2003, 388; OLG Celle 9 U 137/00, AG 2001, 357; OLG München 24 U 1036/93, AG 1995, 232; LG Duisburg 21 O 106/02, AG 2003, 390; LG Hannover 26 O 79/98, WM 2000, 720; LG Frankfurt/Main 3/5 O 162/95, NJW-RR 1997, 1464; dagegen jedoch BGH II ZR 226/05, NZG 2007, 234 (*obiter dictum*); OLG Köln 18 U 205/07, ZIP 2009, 1469; OLG Hamm 8 U 216/07, NZG 2008, 155 sowie zweifelnd OLG Stuttgart 20 U 1/05, AG 2005, 693 jeweils mit der Begründung, dass es beim Unternehmens- oder Beteiligungsverkauf nicht zu einem Mediatisierungseffekt kommt.

[169] MünchKommAktG/*Kubis* § 119 Rn. 63; Hüffer/*Koch* AktG § 119 Rn. 18; *Lutter* FS Stimpel, 1985, S. 825, 851.

[170] BGH ZR II 155/02, NJW 2004, 1860 – Gelatine I; BGH II ZR 154/02, NZG 2004, 575 – Gelatine II; BGH II ZR 174/80, BGHZ 83, 122 = NJW 1982, 1703 – Holzmüller.

[171] BGH II ZR 174/80, NJW 1982, 1703 (1706) – Holzmüller.

7. Gesellschaftsrechtliche Zustimmungserfordernisse beim Verkäufer

nicht der Hauptversammlung zur Entscheidung vorlegt (Ermessensreduzierung auf Null).[172]

Diese Rechtsprechungsgrundsätze wurden dann 2004 in den beiden sog. **Gelatine-Entscheidungen**[173] dahingehend weiter präzisiert, dass eine Mitwirkungsbefugnis der Hauptversammlung für Maßnahmen der Geschäftsführung nur dann in Frage kommt, wenn die Auswirkungen der Maßnahmen einem Zustand entsprechen, der allein durch eine Satzungsänderung herbeigeführt werden kann.[174] Dementsprechend folgerichtig hatte der BGH dann auch eine **satzungsändernde Drei-Viertel-Mehrheit** für einen zustimmenden Hauptversammlungsbeschluss verlangt. Als Orientierungsmaßstab für das Vorliegen von Auswirkungen, die einem Zustand entsprechen, der allein durch eine Satzungsänderung herbeigeführt werden kann, verwies der BGH auf die **Größenordnung der Ausgliederung**, wie sie dem sog. Holzmüller-Urteil zugrunde lag, also 80 % des Vermögens der übertragenden Aktiengesellschaft.[175] Seitdem werden in der Literatur allgemein 70 % bis 80 % des Vermögenswertes der Aktiengesellschaft als die für die Praxis relevanten **Schwellenwerte** genannt.[176]

129

Noch ungeklärt ist jedoch, welche **Parameter** und welcher **Vergleichszeitraum** heranzuziehen sind, um ein Erreichen oder Überschreiten der Schwellenwerte feststellen zu können. In den beiden Gelatine-Entscheidungen wurden vom BGH der Anteil des auszugliedernden Unternehmensteils am Gesamtumsatz, am Gesamtjahresergebnis vor Steuern, an der Bilanzsumme, am Eigenkapital sowie qualitative Kriterien wie die (Schlüssel-)Stellung des betroffenen Unternehmensteils im Gesamtunternehmen herangezogen.[177] In der Literatur wurden noch weitere Parameter wie Anteil am Gesamtanlagevermögen, am Gesamtjahresüberschuss sowie Zahl der Mitarbeiter genannt, wobei sämtliche Parameter in eine – nicht näher definierte – Gesamtbetrachtung einfließen sollen.[178] Auch in zeitlicher Hinsicht gibt es Vorschläge, die Wesentlichkeitsschwelle anhand von Durchschnittswerten über die letzten drei Jahre zu ermitteln.[179]

130

---

[172] II ZR 174/80, NJW 1982, 1703, 1706 – Holzmüller.
[173] BGH ZR II 155/02, NJW 2004, 1860 – Gelatine I; BGH II ZR 154/02, NZG 2004, 575 – Gelatine II.
[174] BGH ZR II 155/02, NJW 2004, 1860 – Gelatine I; BGH II ZR 154/02, NZG 2004, 575 – Gelatine II.
[175] BGH ZR II 155/02, NJW 2004, 1860 – Gelatine I; BGH II ZR 154/02, NZG 2004, 575 – Gelatine II.
[176] *Feldhaus* BB 2009, 562; Schluck-Amend/Meyding/*Meyding*/*Meckbach* Teil IX, Rn. 11.
[177] BGH ZR II 155/02, NJW 2004, 1860 – Gelatine I; BGH II ZR 154/02, NZG 2004, 575 – Gelatine II.
[178] Hölters/*T. Hölters*/*W. Hölters* Teil X, Rn. 145; *Feldhaus* BB 2009, 562; Schluck-Amend/Meyding/*Meyding*/*Meckbach*, Teil IX, Rn. 11.
[179] so *Feldhaus* BB 2009, 562, der darüber hinaus auch auf den Trend der Entwicklung über die letzten drei Geschäftsjahre abstellen will.

131 Die Verletzung einer eventuellen Pflicht zur Einholung der Zustimmung der Hauptversammlung beeinträchtigt nicht die **Vertretungsmacht** des Vorstandes im Außenverhältnis, so dass zumindest für den Käufer – abgesehen von Fällen des Missbrauchs der Vertretungsmacht des Vorstandes[180] – Rechtssicherheit besteht. Dies hat der BGH nunmehr in den beiden Gelatine-Entscheidungen nochmals klargestellt.[181] Eine Verletzung der Vorlagepflicht ist daher lediglich im **Innenverhältnis** pflichtwidrig und kann gegebenenfalls auch zu Unterlassungsansprüchen der Aktionäre gegen die betreffende Geschäftsführungsmaßnahme des Vorstandes führen.[182] Zur Gewährleistung von Transaktionssicherheit sind die Holzmüller/Gelatine-Grundsätze daher indirekt auch vom Käufer im Blick zu behalten.

132 Entscheidend ist letztlich jedoch die Frage, ob die Grundsätze der Holzmüller/Gelatine-Entscheidungen des BGH überhaupt auf den Verkauf von Geschäftsbereichen oder Beteiligungen im Rahmen einer Carve-out-Transaktion anwendbar sind. Obgleich sich eine Reihe von Oberlandesgerichten und Landgerichten sowie ein Teil der Literatur für eine solche Anwendung auf Carve-out-Transaktionen ausgesprochen haben, sind diesbezüglich immer mehr Zweifel aufgekommen, nachdem sich in 2006 der BGH in einem *obiter dictum* im Rahmen eines Beschlusses gegen eine solche Anwendung bei einem Beteiligungsverkauf ausgesprochen hat, weil es an einem **Mediatisierungseffekt** fehle.[183] Diese Zweifel wurden dann noch durch einen Nichtannahmebeschluß des Bundesverfassungsgerichtes aus dem Jahre 2011 verstärkt, in dem es das BVerfG als von Verfassung wegen nicht geboten ansah, zum Schutz von Minderheitaktionären eine ungeschriebene Hauptversammlungskompetenz stets schon dann anzunehmen, wenn ein Unternehmensteil veräußert wird. Wegen etwaiger Kompensationsansprüche verwies es den Verfassungsbeschwerdeführer auf das gesetzliche Ausgleichsystem der §§ 311 ff. AktG.[184] Die Entwicklung der höchstrichterlichen Rechtsprechung zeigt die Tendenz, die Grundsätze der Holzmüller/Gelatine-Entscheidungen des BGH nicht auf Unternehmens- oder Beteiligungsverkäufe anzuwenden.[185] Insbesondere fehlt es bei allen Carve-out-Transaktionen an einem solchen Mediatisierungseffekt, gleich ob es sich um einen *Asset* oder *Share Deal* handelt, es sei denn, der Verkäufer bringt das Carve-out-Business zur Vorbereitung zunächst im Rahmen einer wirtschaftlichen oder umwandlungsrechtlichen Ausgliederung in eine Konzerngesellschaft ein (→ Rn. 3 ff.). Dennoch ist für die Praxis des Unternehmenskaufs zu empfehlen, die Grundsätze der Holzmüller/Gelatine-Entscheidungen des BGH „vorsichtshalber"

---

[180] MünchKommAktG/*Kubis* § 119 Rn. 97.
[181] BGH ZR II 155/02, NJW 2004, 1860 – Gelatine I; BGH II ZR 154/02, NZG 2004, 575 – Gelatine II.
[182] BGH II ZR 174/80, NJW 1982, 1703 (1706) – Holzmüller.
[183] BGH II ZR 226/05, NZG 2007, 234.
[184] BVerfG 1 BvR 1460/10, NJW-Spezial 2012, 80 – Strabag – zur Entscheidung des OLG Köln 18 U 205/07, ZIP 2009, 1469.
[185] So auch Hölters/*T. Hölters/W. Hölters* Teil X, Rn. 135.

7. Gesellschaftsrechtliche Zustimmungserfordernisse beim Verkäufer

weiterhin anzuwenden und im Zweifelsfall einen zustimmenden Beschluss der Hauptversammlung einzuholen.[186] Daher sollte in den Unternehmenskaufvertrag über die Carve-out-Transaktion bei einem Überschreiten der maßgeblichen Schwellenwerte vorsorglich eine entsprechende **Vollzugsvoraussetzung** (*Closing Condition*) aufgenommen werden:

> The obligations of the Parties to perform the Closing Actions shall be subject to the following closing conditions:
> [...]
> a) The general shareholders' meeting of Seller has approved the entering into, execution, performance and consummation (*Vollzug*) of this Agreement;
> [...]

Im Falle einer **Anfechtungsklage** gegen den Hauptversammlungsbeschluss wird der Vorstand nach **pflichtgemäßem Ermessen** entscheiden, ob er die Carve-out-Transaktion dennoch vollziehen will, was in seiner Macht läge, da weder eine Handelsregistereintragung erforderlich ist noch die Außenvertretungsmacht beschränkt wird. Hierbei hat der Vorstand die Risiken der Transaktion sowie die Erfolgsaussichten der Anfechtungsklage sorgfältig zu prüfen und gegeneinander abzuwägen.[187] Um eventuelle Haftungsrisiken zu vermeiden, ist dem Vorstand zu empfehlen, entsprechende Gutachten einer Anwaltskanzlei über die Erfolgsaussichten der Anfechtungsklage einzuholen.[188]

Entscheidet man sich für einen Beschluss der Hauptversammlung, so ist gemäß § 124 Abs. 2 Satz 2 AktG (zumindest) auch der wesentliche Inhalt des Unternehmenskaufvertrages in der Einladung zur Hauptversammlung bekannt zu machen.[189] Nicht völlig geklärt ist, ob der gesamte Wortlaut des Unternehmenskaufvertrages in der späteren Hauptversammlung – notfalls in einer in die deutsche Sprache übersetzten Version[190] – ausgelegt werden muss. Während ein Teil der Rechtsprechung[191] und Literatur[192] dies für erforderlich hält, gibt es vermehrt Stimmen aus der Praxis, welche eine solche Offenlegung für bedenklich halten, da dies zu einem Risiko für das Zustandekommen der Carve-out-Transaktion führen könnte.[193] Zumindest wird man zugestehen müssen, dass Angaben, die einerseits

133

134

---

[186] *Feldhaus* BB 2009, 562; Schluck-Amend/Meyding/*Meyding*/*Meckbach* Teil IX, Rn. 12.
[187] MünchKommAktG/*Hüffer* § 243 Rn. 123.
[188] Hölters/*T. Hölters*/*W. Hölters* Teil X, Rn. 221.
[189] BGH II ZR 124/99, BGHZ 146, 288 = NJW 2001, 1277 – Altana/Milupa.
[190] LG München 5 HK O 23950/00, BB 2001, 1648.
[191] OLG Frankfurt 5 U 193/97, AG 1999, 378; OLG München 23 U 4586/95, NJW-RR 1997, 544; LG Frankfurt 3/5 ZR 162/95, NZG 1998, 113.
[192] MünchKommAktG/*Kubis* § 119 Rn. 52; Schmidt/Lutter/*Spindler* § 119 Rn. 44.
[193] Hölters/*T. Hölters*/*W. Hölters* Teil X, Rn. 191; *Bungert* NZG 1998, 367; wohl auch Hüffer/*Koch* AktG § 119 Rn. 19.

aus daten- und persönlichkeitsschutzrechtlichen Gründen besonders sensibel sind aber andererseits für das Verständnis des Vertragswerkes unwesentlich sind, geschwärzt werden können und gegebenenfalls auch müssen.[194]

135 Im Unternehmenskaufvertrag über die Carve-out-Transaktion ist im Falle der Aufnahme einer Vollzugsvoraussetzung (*Closing Condition*), nach der die Hauptversammlung dem Vertrag zustimmen muss, für die damit erforderliche Offenlegung Vorsorge zu treffen. Üblicherweise enthalten die Kaufverträge Geheimhaltungsbestimmungen, wonach die Weitergabe oder Offenlegung von Informationen über die Carve-out-Transaktion der Vertraulichkeit unterliegt und nicht gestattet ist. Bei der Aufnahme einer entsprechenden Ausnahmeregelung im Unternehmenskaufvertrag wird der Verkäufer darauf Wert legen, dass die Einschätzungsprärogative, ob eine Offenlegung rechtlich erforderlich ist oder nicht, bei ihm liegt, da er bzw. dessen handelnde Organe auch die Folgen eines nichtigen oder anfechtbaren Hauptversammlungsbeschlusses zu tragen hätten:

> This Agreement shall not prohibit disclosure or use of any information if and to the extent that:
> [...]
> a) the disclosure or use is [in the reasonable opinion of Seller] required for the purpose of obtaining the approval of Seller's shareholders' meeting for the entering into, execution, performance and consummation (*Vollzug*) of this Agreement;
> [...]

ccc) Zustimmungserfordernis der Hauptversammlung aufgrund Unterschreitung des satzungsmäßigen Unternehmensgegenstandes

136 Neben den Grundsätzen der Holzmüller/Gelatine-Entscheidungen des BGH ist in den letzten Jahren zunehmend das Erfordernis einer Änderung des satzungsmäßigen Unternehmensgegenstandes bei der Durchführung von Carve-out-Transaktionen in den Blickpunkt der Diskussion geraten. Hierbei stellen sich im Wesentlichen zwei Fragen. Erstens: Muss aufgrund der Carve-out-Transaktion überhaupt der satzungsmäßige Unternehmensgegenstand der verkaufenden Aktiengesellschaft geändert werden? Und zweitens: Muss die Änderung des satzungsmäßigen Unternehmensgegenstandes der verkaufenden Aktiengesellschaft vor Abschluss der Transaktion erfolgen, oder kann dies auch nachträglich geschehen? Bei der Beantwortung dieser Fragen ist zu beachten, dass – anders als beim zustimmenden Hauptversammlungsbeschluss nach den Holzmüller/Gelatine-Grundsätzen des BGH – die Änderung des satzungsmäßigen Unternehmensgegenstandes der verkaufenden Aktiengesellschaft zusätzlich noch der Eintragung der Satzungsänderung im Handelsregister bedarf, um rechtliche Wirkung zu entfalten (§ 181

---

[194] Hölters/T. Hölters/W. Hölters Teil X, Rn. 192.

7. Gesellschaftsrechtliche Zustimmungserfordernisse beim Verkäufer

Abs. 3 AktG). Das Freigabeverfahren nach § 246a AktG steht für einen solchen satzungsändernden Hauptversammlungsbeschluss nicht zur Verfügung, da es sich weder um eine Maßnahme der Kapitalbeschaffung oder Kapitalherabsetzung noch um einen Unternehmensvertrag handelt (§ 246a Abs. 1 Satz 1 AktG). Damit wäre die Carve-out-Transaktion im besonderen Maße dem Risiko von (u. U. auch erpresserischen oder mutwilligen) **Anfechtungsklagen** ausgesetzt, da es in einem solchen Fall im pflichtgemäßen Ermessen des Registergerichtes steht, ob es die Eintragung der Satzungsänderung durchführt oder bis zur Entscheidung über die Anfechtungsklage nach §§ 21 Abs. 1, 381 FamFG aussetzt.[195]

Was die erste Frage angeht, ob nämlich überhaupt der satzungsmäßige Unternehmensgegenstand der verkaufenden Aktiengesellschaft aufgrund der Carve-out-Transaktion geändert werden muss, so hängt dies sowohl von der **Auslegung** der entsprechenden Satzungsbestimmung als auch von den konkreten Umständen der Carve-out-Transaktion und den Plänen des Vorstandes ab. Ergibt die Auslegung der fraglichen Satzungsbestimmung, dass es nicht im (pflichtgemäßen) Ermessen des Vorstandes stehen soll, ob und in welchem Ausmaß der Unternehmensgegenstand verfolgt wird, so besteht nach einer beachtlichen Meinung der unterinstanzlichen Rechtsprechung und Literatur eine korrespondierende Pflicht zur Ausfüllung und Verfolgung sämtlicher in der Satzung genannten Unternehmensgegenstände.[196] Folgt man dieser Ansicht, hängt es dann im Weiteren davon ab, ob nach Durchführung der Carve-out-Transaktion der betreffende Unternehmensgegenstand noch weiterbetrieben oder zumindest in nicht allzu ferner Zukunft weiterverfolgt wird.[197] Für die verkaufende Aktiengesellschaft ist bei der Verhandlung des Unternehmenskaufvertrages in jedem Fall darauf zu achten, dass das üblicherweise vereinbarte **Wettbewerbsverbot** eine solche Tätigkeit auch weiter zulässt.[198] Hierbei ist ein Kompromiss zwischen den berechtigten Interessen des Käufers und den rechtlichen Bindungen des Verkäufers zu finden:

137

> Seller shall refrain from competing, directly or indirectly, within the scope and territory of the Carve-Out-Business for a period of two years after the Closing Date except that this restriction shall not prohibit Seller from:
> [...]
> (b) carrying on or being engaged in or being economically interested in any business which is of the same or of a similar type to the Carve-Out-Business in each case only to such extent and only for such time period as

---

[195] Hüffer/*Koch* AktG § 181 Rn. 17.
[196] OLG Köln 18 U 205/07, ZIP 2009, 1469; OLG Stuttgart 20 U 31/02, AG 2003, 527; LG Köln 82 O 214/06, AG 2008, 331; Lutter/Leinekugel ZIP 1998, 225; Groß AG 1994, 266; Wallner JZ 1986, 721; mit Einschränkungen auch Hüffer/*Koch* AktG § 179 Rn. 9a (wenn das geschichtlich geprägte Erscheinungsbild der AG nicht mehr gewahrt wird).
[197] Das OLG Köln 18 U 205/07, ZIP 2009, 1469 ließ hierfür auch reine Abwicklungstätigkeiten genügen.
[198] *Feldhaus* BB 2009, 562.

> Seller is [in the reasonable opinion of Seller's Executive Board] required to pursue its line of business (*Unternehmensgegenstand*) as set out in section ■ of its Articles of Associations (*Satzung*);
> […]

138   Falls der Käufer eine solche Regelung akzeptiert, wird er im Gegenzug darauf drängen, dass der Verkäufer sobald wie möglich den Unternehmensgegenstand in seiner Satzung anpasst:

> As soon as reasonably practicable after the Closing Date, Seller shall use reasonable endeavors to change its Articles of Association (*Satzung*) such that the line of business (*Unternehmensgegenstand*) of its Articles of Association (*Satzung*) no longer includes any direct or indirect activities or interests which are within the scope of the Carve-Out-Business.

139   Ist eine Unterschreitung des satzungsmäßigen Unternehmensgegenstandes nicht zu vermeiden, etwa weil der Käufer auf einem strikten Wettbewerbsverbot besteht, so kommt es zur weiteren Frage, ob für den Verkäufer auch eine **nachträgliche** Anpassung des Unternehmensgegenstandes der Satzung ausreicht. Weder in der Rechtsprechung noch in der Literatur hat sich diesbezüglich bisher ein klares Meinungsbild entwickelt.[199]

Richtigerweise wird man angesichts folgender Überlegung eine nachträgliche Satzungsanpassung ausreichen lassen müssen: Man stelle sich vor, dass die verkaufende Aktiengesellschaft tatsächlich den Unternehmensgegenstand vor Vollzug der Carve-out-Transaktion rechtswirksam angepasst hat, die Transaktion aber aus irgendwelchen Gründen, etwa weil der Kaufpreis vom Käufer nicht gezahlt werden konnte, endgültig scheitert. In diesen Fällen würde der Vorstand den satzungsmäßigen Unternehmensgegenstand überschreiten und wäre mangels anderer Verkaufsmöglichkeit zur Abwicklung des Carve-out-Business gezwungen. Dass dies dem Unternehmensinteresse diametral entgegensteht, liegt auf der Hand. Eine statische Ausrichtung der Unternehmenstätigkeit an den Unternehmensgegenstand in der Satzung ist weder praktisch möglich, noch wäre dies mit dem übergeordneten Unternehmenszweck der Gewinnerzielung eines jeden Handelsgewerbes vereinbar. Neue Geschäftsfelder könnten so kaum unter Ausnutzung der sich wandelnden Marktgegebenheiten entwickelt werden, noch könnten günstige Gelegenheiten zum Ausstieg aus unrentablen Geschäftsbereichen genutzt werden. Dem Vorstand

---

[199] Dafür OLG Stuttgart 20 U 1/05, AG 2005, 693; *Wollburg/Gehling* FS Lieberknecht, 1997, S. 135, 142 ff.; dagegen *Lutter/Leinekugel* ZIP 1998, 225; OLG Köln 18 U 205/07, ZIP 2009, 1469 (es sei denn eine vorherige Entscheidung der Hauptversammlung sei nicht möglich und eine Zustimmung der Hauptversammlung erscheine sicher).

In OLG Köln 18 U 205/07, ZIP 2009, 1469 wurden hierfür auch reine Abwicklungstätigkeiten als genügend angesehen.

7. Gesellschaftsrechtliche Zustimmungserfordernisse beim Verkäufer

ist vielmehr ein Übergangszeitraum von etwa zwei Jahren zuzubilligen, in welchem er den Aktionären vorschlagen kann, den Unternehmensgegenstand in der Satzung entsprechend anzupassen. Erst wenn dieser Zeitraum ohne eine entsprechende Anpassung abgelaufen ist, ist der Vorstand verpflichtet, im Hinblick auf die Ausfüllung des Unternehmensgegenstandes wieder aktiv zu werden, notfalls durch entsprechende Neuinvestitionen in dem betroffenen Geschäftsbereich. Eine solche zeitweilige Abweichung vom satzungsmäßigen Unternehmensgegenstand ist auch nicht außergewöhnlich. Denn auch unmittelbar nach der Gründung einer Aktiengesellschaft oder nach einer Erweiterung ihres Unternehmensgegenstandes ist es dieser nicht möglich, den Unternehmensgegenstand vom ersten Tag an auszufüllen.[200]

Sofern die Carve-out-Transaktion mit Hilfe einer Umwandlungsmaßnahme vorbereitet wird (dazu näher → Rn. 5 ff.), bietet es sich an, bei dieser Gelegenheit die Satzung der verkaufenden Aktiengesellschaft dergestalt zu ändern, dass ein Verkauf der durch die Umwandlung entstehenden gesellschaftsrechtlichen Beteiligung nicht zu einer Unterschreitung des satzungsmäßigen Unternehmensgegenstandes der verkaufenden Aktiengesellschaft führt. Ein entsprechender Beschlussvorschlag könnte wie folgt aussehen:

140

> Beschlussfassung über die Änderung des Unternehmensgegenstandes in der Satzung
>
> Im Rahmen der Neuordnung der Seller AG soll der Geschäftsbereich Baumaschinen in die im Alleinbesitz der Seller AG stehende Tochtergesellschaft „Seller Baumaschinen GmbH" im Rahmen einer Ausgliederung nach dem Umwandlungsgesetz ausgegliedert werden (siehe dazu Tagesordnungspunkt ■). Der Geschäftsbereich Textilmaschinen soll bei der Seller AG verbleiben. Es ist vorgesehen, die neu entstehende Tochtergesellschaft „Seller Baumaschinen GmbH" im Rahmen eines strukturierten Verkaufsprozesses zu veräußern.
>
> Mit der Ausgliederung des Geschäftsbereichs Baumaschinen wird eine Neufassung des Gegenstands des Unternehmens der Gesellschaft in § ■ der Satzung verbunden (Punkt Z der Tagesordnung). § ■ der Satzung der Gesellschaft lautet derzeit wie folgt:
>
>> „(1) Gegenstand des Unternehmens der Gesellschaft ist die Forschung und Entwicklung, die Produktion sowie der Handel und Vertrieb von Textilmaschinen und Baumaschinen.
>>
>> (2) Die Gesellschaft ist befugt, gleichartige oder ähnliche Unternehmen zu erwerben, sich an solchen zu beteiligen, deren persönliche Haftung und Vertretung zu übernehmen, Zweigniederlassungen im In- und Ausland zu errichten sowie alle Geschäfte zu betreiben, die geeignet sind, die Unternehmungen der Gesellschaft zu fördern."

---

[200] *Feldhaus* BB 2009, 562.

> Vorstand und Aufsichtsrat schlagen vor, folgenden Beschluss zu fassen:
> In § ■ der Satzung der Gesellschaft wird einer neuer Absatz 3 eingefügt, und die Bestimmung wird wie folgt neu gefasst:
> „(1) Gegenstand des Unternehmens der Gesellschaft ist die Forschung und Entwicklung, die Produktion sowie der Handel und Vertrieb von Textilmaschinen und Baumaschinen.
> (2) Die Gesellschaft ist befugt, gleichartige oder ähnliche Unternehmen zu erwerben, sich an solchen zu beteiligen, deren persönliche Haftung und Vertretung zu übernehmen, Zweigniederlassungen im In- und Ausland zu errichten sowie alle Geschäfte zu betreiben, die geeignet sind, die Unternehmungen der Gesellschaft zu fördern.
> (3) Die Gesellschaft kann ihren Gegenstand auch ganz oder teilweise mittelbar verwirklichen. Ferner kann sie ihre Tätigkeit auch auf einen Teil der in Abs. 1 genannten Tätigkeiten beschränken oder einen Teil der in Abs. 1 genannten Tätigkeiten zeitweilig oder dauerhaft aufgeben."

bb) Zustimmung des Aufsichtsrates

141   Gemäß § 111 Abs. 4 Satz 2 AktG kann sich (sowohl für den Verkäufer als auch für den Käufer) aus der Satzung, der Geschäftsordnung für den Vorstand oder aufgrund von Beschlüssen des Aufsichtsrates eine Zustimmungspflicht des Aufsichtsrates zur Carve-out-Transaktion ergeben. Abgesehen hiervon besteht kein weiteres gesetzliches Erfordernis zur Zustimmung des Aufsichtsrates. Allerdings dürfte in der Praxis in den meisten Fällen aufgrund von weitverbreiteten Bestimmungen in der Satzung oder der Geschäftsordnung des Vorstandes ein solches Zustimmungserfordernis gemäß § 111 Abs. 4 Satz 2 AktG bestehen.

b) Gesellschaftsrechtliche Zustimmungserfordernisse bei der Gesellschaft mit beschränkter Haftung

142   Obwohl gesetzlich nicht ausdrücklich geregelt, bedarf nach herrschender Meinung auch bei der GmbH der Verkauf aller oder nahezu aller Vermögensgegenstände der Zustimmung der Gesellschafterversammlung mit **Drei-Viertel-Mehrheit** der Stimmen entsprechend § 179a AktG.[201] Rechtlich nicht vollständig geklärt ist lediglich, ob der Gesellschafterbeschluss entsprechend den Vorschriften zur Satzungsänderung nach § 53 Abs. 2 GmbHG ebenfalls der notariellen Beurkundung bedarf. Die wohl herrschende Meinung spricht sich hierfür aus.[202] Allein schon aus Vorsichtsgründen ist daher eine **notarielle Beurkundung** des entsprechen-

---

[201] Baumbach/Hueck/*Zöllner*/*Noack* GmbHG § 53 Rn. 26; Ulmer/Habersack/Winter GmbHG/ *Ulmer* § 53 Rn. 165.
[202] So MünchKommGmbHG/*Harbarth* § 53 Rn. 229; Scholz/*Priester*/*Veil* GmbHG § 53 Rn. 176; MünchHdb. GesR III/*Marquardt* § 22 Rn. 90; aA Michalski/*Hoffmann* GmbHG § 53 Rn. 160.

den Gesellschafterbeschlusses anzuraten, wenn Vermögensgegenstände in einem solchen Umfang veräußert werden, dass die verkaufende GmbH mit dem zurückbehaltenen Betriebsvermögen nicht mehr ausreichend in der Lage ist, ihre in der Satzung festgelegten Unternehmensziele wenigstens in eingeschränktem Umfang selbst zu verfolgen.[203]

Sofern eine Carve-out-Transaktion zu einer **Unterschreitung des satzungsmäßigen Unternehmensgegenstandes** der GmbH führt, sind die für die Aktiengesellschaft geltenden Grundsätze auch bei der GmbH entsprechend anwendbar.[204] 143

Auch wenn nicht nahezu alle Vermögensgegenstände der GmbH verkauft werden, und auch wenn keine Unterschreitung des satzungsmäßigen Unternehmensgegenstandes vorliegt, bedarf der **Verkauf wesentlicher Unternehmensteile** der GmbH im Innenverhältnis der Zustimmung der Gesellschafterversammlung, da in diesen Fällen ein ungewöhnliches Geschäft vorliegt, welches nach § 49 Abs. 2 GmbHG auch ohne ausdrückliche Satzungsbestimmung der Gesellschafterversammlung zu unterbreiten ist.[205] Ein solcher Gesellschafterbeschluss bedarf dann allerdings nach der gesetzlichen Regelung in § 47 Abs. 1 GmbHG nur der einfachen Mehrheit, wenn die Satzung nichts anderes vorschreibt.[206] Im Außenverhältnis verbleibt es in jedem Fall bei der unbeschränkten Vertretungsmacht der Geschäftsführung (§ 37 GmbHG).[207] 144

c) Gesellschaftsrechtliche Zustimmungserfordernisse bei Personenhandelsgesellschaften

Wie bei der AG und der GmbH bedarf auch bei den Personenhandelsgesellschaften (OHG oder KG) der Verkauf aller oder nahezu aller Vermögensgegenstände entsprechend § 179a AktG der Zustimmung der Gesellschafter.[208] Mangels anderweitiger gesellschaftsvertraglicher Regelung bedarf es hierbei der Zustimmung **aller** Gesellschafter (§ 119 Abs. 2 HGB).[209] Da es sich um ein Grundlagengeschäft handelt, fehlt dem geschäftsführenden Gesellschafter ohne einen zustimmenden Beschluss der Gesellschafter die **Außenvertretungsmacht** für den – zur Geschäftsveräußerung verpflichtenden schuldrechtlichen – Unternehmenskaufvertrag.[210] 145

---

[203] *Leitzen* NZG 2012, 491, 493.
[204] Schluck-Amend/Meyding/*Meyding*/*Meckbach* Teil IX, Rn. 16.
[205] OLG Hamburg, 11 U 148/90, DB 1991, 1871 = GmbHR 1992, 43; Baumbach/Hueck/*Zöllner*/*Noack* GmbHG § 37 Rn. 11; Schluck-Amend/Meyding/*Meyding*/*Meckbach* Teil IX, Rn. 16; jeweils offen gelassen in BGH II ZR 236/03, DStR 2005, 1066 (Vorliegen einer Regelung in der Satzung) und BGH II ZR 139/70, NJW 1973, 1039 (betreffend den Kauf von Unternehmensanteilen).
[206] AA Schluck-Amend/Meyding/*Meyding*/*Meckbach* Teil IX, Rn. 16: gesellschaftsvertragsändernde Mehrheit, soweit es sich um Maßnahmen entsprechend den aktienrechtlichen Grundsätzen der Holzmüller/Gelatine-Entscheidungen des BGH handelt.
[207] Schluck-Amend/Meyding/*Meyding*/*Meckbach* Teil IX, Rn. 17.
[208] BGH II ZR 24/94, NJW 1995, 596.
[209] *Leitzen* NZG 2012, 491, 494.
[210] BGH II ZR 24/94, NJW 1995, 596.

Liegt lediglich ein Verkauf wesentlicher Unternehmensteile der Personenhandelsgesellschaft vor, so ist im Innenverhältnis eine Zustimmung der Gesellschafterversammlung erforderlich, da in diesen Fällen regelmäßig ein **ungewöhnliches Geschäft** im Sinne der §§ 116 Abs. 1, 161 Abs. 2, 164 HGB vorliegt[211], welches der Zustimmung **sämtlicher Gesellschafter** bedarf (§§ 116 Abs. 2, 161 Abs. 2, 164 HGB), sofern nicht eine anderweitige gesellschaftsvertragliche Regelung über die erforderliche Stimmenmehrheit besteht.

8. Besonderheiten bei internationalen Carve-out-Transaktionen

146   Internationale Carve-out-Transaktionen sind dadurch gekennzeichnet, dass die Vermögensgegenstände des zu veräußernden Geschäftsbereichs auf verschiedene Landesgesellschaften eines international operierenden Konzerns verteilt sind. Deshalb weist die Transaktion Berührungspunkte zu verschiedenen Rechtsordnungen auf. Durch das Ineinandergreifen verschiedener Jurisdiktionen ergeben sich besondere Herausforderungen für das Transaktionsmanagement und die Vertragsstrukturierung.

147   Für internationale Carve-out-Transaktionen ist zunächst charakteristisch, dass die Parteien sämtliche Eckpunkte der Transaktion in einem umfassenden schuldrechtlichen **Rahmenkaufvertrag** regeln.[212] Der schuldrechtliche Rahmenkaufvertrag unterliegt nach kollisionsrechtlichen Grundsätzen der **freien Rechtswahl** der Parteien. Besonderheiten der lokalen Rechtsordnungen werden über **lokale Umsetzungsverträge** (*Local Implementation Schedules*) berücksichtigt, insbesondere über Verträge zur Übertragung der jeweiligen Vermögensgegenstände, Verbindlichkeiten und Verträge nach lokalem Recht (*Local Transfer Agreements*). Die lokalen Übertragungsverträge sind in der maßgeblichen Form am Vollzugsstichtag abzuschließen. Dem Rahmenkaufvertrag werden Entwürfe dieser Verträge in abgestimmter Form als Anlagen beigefügt. Eine entsprechende Regelung im Rahmenkaufvertrag kann daher wie folgt lauten:

> The transfer, assignment, conveyance and delivery of the Carve-out-Business to Purchaser is not meant to be effected by this Agreement but rather by means of local transfer agreements attached hereto in agreed form as Exhibit ■ (the **Local Transfer Agreements**) which are to be executed on the Scheduled Closing Date in accordance with Section ■.

---

[211] Vgl. jeweils zur GmbH BGH II ZR 236/03, DStR 2005, 1066 ; OLG Hamburg, 11 U 148/90, DB 1991, 1871 = GmbHR 1992, 43.

[212] Vgl. *Ettinger/Wolff* GmbHR 2002, 890, 891; *Hasselbach/Jakobs* DB 2014, 2092, 2093.

8. Besonderheiten bei internationalen Carve-out-Transaktionen

Die lokalen Übertragungsverträge werden von der federführenden Kanzlei (*Lead Counsel*) vor der Unterzeichnung des Rahmenkaufvertrages im Einzelnen mit vor Ort eingeschalteten Anwälten (*Local Counsel*) abgestimmt, um Besonderheiten der einzelnen Rechtsordnungen und Formerfordernissen nach lokalem Recht gerecht zu werden. Dies sollte auf Basis eines **einheitlichen Mustervertrages** geschehen, den der *Lead Counsel* zentral vorgibt.[213] Dieser Mustervertrag wird häufig aus Vereinfachungsgründen auf zentrale Regelungen und Definitionen des Rahmenkaufvertrages **verweisen**. Teilweise ist es allerdings erforderlich, dass einzelne lokale Übertragungsverträge aus sich heraus verständlich sind, weil ansonsten lokalen Behörden der gesamte Rahmenkaufvertrag offengelegt werden müsste.[214] So ist etwa ein Einbringungsvertrag nach deutschem Recht zur Umsetzung einer Sachkapitalerhöhung beim zuständigen Handelsregister einzureichen. Nicht sinnvoll wäre es, aufgrund von Verweisungen im Einbringungsvertrag auch den Inhalt des Rahmenkaufvertrages publik zu machen.

Es kann zweckmäßig sein, dass die einzelnen Beteiligungsgesellschaften, die auf Verkäuferseite Inhaber der zu übertragenden Vermögensgegenstände sind (*Asset Selling Subsidiaries*), nicht selbst Vertragsparteien des Rahmenkaufvertrages werden.[215] Vielmehr verpflichtet sich häufig die **Konzernobergesellschaft** des Verkäufers**, als globaler Vertragspartner** darauf hinzuwirken, dass die jeweiligen Tochtergesellschaften am vereinbarten Vollzugsstichtag (*Scheduled Closing Date*) Umsetzungsverträge nach lokalem Recht abschließen. Teilweise wird im Rahmenkaufvertrag auch vereinbart, dass die jeweiligen Landesgesellschaften beim Vollzug statt bloßer Übertragungsverträge kurz gehaltene Kauf- und Übertragungsverträge (*Local Sale and Transfer Agreements*) nach lokalem Recht unterzeichnen[216]:

148

> 1.1 On the Scheduled Closing Date Seller shall cause the Asset Selling Subsidiaries to sell, assign, transfer, convey and deliver to Purchaser and/or to the Purchaser Designees, and Purchaser shall accept and/or cause the Purchaser Designees to accept the sale, assignment, transfer, conveyance and delivery from the Asset Selling Subsidiaries, of all their right, title and interest in, to and under the Sold Assets in accordance with the Local Sale and Transfer Agreements.
>
> 1.2 [...]

Daneben ist oft beim Abschluss des Rahmenkaufvertrages die Akquisitionsstruktur auf Käuferseite nicht abschließend geklärt. Insbesondere sind zu diesem Zeitpunkt in vielen Fällen die lokalen Käufergesellschaften des Käufers noch nicht rechtswirksam gegründet.[217] Die Klausel sieht daher vor, dass die Holdinggesell-

---

[213] *Hasselbach/Jakobs* DB 2014, 2092, 2094.
[214] *Hasselbach/Jakobs* DB 2014, 2092, 2094.
[215] Vgl. *Ettinger/Wolff* GmbHR 2002, 890, 891.
[216] Siehe auch das Klauselbeispiel bei Jaletzke/Henle/*Jaletzke/Ziegler*, S. 198 ff. (III. APA, Ziffer 2).
[217] *Hasselbach/Jakobs* DB 2014, 2092, 2095.

schaft des Käufers den Rahmenkaufvertrag als globaler Vertragspartner abschliesst, und die lokalen Kauf- und Übertragungsverträge beim Vollzug von sog. „*Purchaser Designees*" unterzeichnet werden. Zur Umsetzung dieses Konzepts sieht der Rahmenkaufvertrag auf Käuferseite ein vor dem Vollzugsstichtag auszuübendes **Eintritts- und Benennungsrecht** vor:

> 1.1 [...]
>
> 1.2 Purchaser is entitled to designate by written notice substantially in the form of Exhibit ■ one or more of its Affiliates as purchasing and acquiring companies. Such notice must be received by Seller at least three (3) Business Days prior to the Scheduled Closing Date. The relevant Affiliate of Purchaser can only acquire the whole, and not part only, of the Sold Assets, Sold IP, Sold Contracts and Assumed Liabilities of the relevant Asset Selling Subsidiary. The Asset Selling Subsidiaries will confirm in the Local Sale and Transfer Agreements that they will be jointly and severally liable with Seller for the due fulfillment of all obligations of Seller under this Agreement.

Gehören in Deutschland belegene Grundstücke mit zum Carve-out-Business, ist jedoch zu prüfen, ob das Benennungsrecht des Käufers **grunderwerbsteuerschädlich** ist.[218] Der Käufer sollte daher ggf. die Gründung der lokalen Käufergesellschaften bzw. den Erwerb entsprechender Vorratsgesellschaften möglichst frühzeitig starten, um bei grunderwerbsteuerlichen Schwierigkeiten den Gründungsprozess bereits vor Unterzeichnung des Rahmenkaufvertrages beendet zu haben.

149   Der Rahmenkaufvertrag trifft sämtliche inhaltliche Abreden zwischen den Parteien abschließend und geht den lokalen Umsetzungsverträgen bei Widersprüchen **hierarchisch** vor. Deshalb ist durch eine Bestimmung im Rahmenkaufvertrag insbesondere sicherzustellen, dass zwingende Gewährleistungsansprüche durch Regelungen im Rahmenkaufvertrag verdrängt werden:

> If any of the provisions of the Local Sale and Transfer Agreements or any other local implementation schedules conflict with this Agreement, the provisions of this Agreement shall prevail (as between Seller and Seller's Affiliates on the one hand and Purchaser and Purchaser's Affiliates on the other hand), save where such other agreement expressly states that it (or any part of it) is to override this Agreement in any respect. Specifically, Purchaser herewith undertakes not to, and shall cause the Purchaser Designees not to, raise or assert any warranty claims under or in connection with the Local Sale and Transfer Agreements.

---

[218] Vgl. den Fall des FG Köln 5 K 235/11, DStR 2014, 2292.

8. Besonderheiten bei internationalen Carve-out-Transaktionen

Der *Lead Counsel* steuert und koordiniert federführend die weiteren Abschnitte des Rahmenkaufvertrages, bei denen die Mitwirkung von Anwälten auf lokaler Ebene erforderlich ist. Hierzu zählen bei internationalen *Carve-out-Transaktionen* insbesondere die arbeits- und pensionsrechtlichen Bestimmungen im Rahmenkaufvertrag (zum Betriebsübergang in ausländischen Rechtsordnungen → Teil III Rn. 124 ff.) sowie die Steuerklausel. Häufig empfiehlt sich für diese Klauseln die Unterteilung in einen „Allgemeinen Teil", in dem das wirtschaftliche und rechtliche Grundkonzept der Klausel dargestellt wird, und einen „Besonderen Teil", der sich mit notwendigen Abweichungen nach lokalem Recht befasst.

150

Der Rahmenkaufvertrag enthält daneben die grundsätzlichen Regelungen zur Bestimmung des Kaufpreises. Hier ist gerade bei internationalen Carve-out-Transaktionen zu berücksichtigen, dass die **Aufteilung des Gesamtkaufpreises** (*Purchase Price Allocation*) auf die einzelnen zu übertragenden Vermögensgegenstände und zu übernehmenden Verbindlichkeiten in den unterschiedlichen Ländern von erheblicher **steuerlicher Bedeutung** ist (zur Kaufpreisallokation bei Carve-out-Transaktionen → Teil V Rn. 23 ff.). Der Verkäufer hat grundsätzlich ein Interesse daran, steuerliche Gewinne aus der Transaktion in Länder mit niedrigen Steuersätzen oder auf Gesellschaften mit hohen Verlustvorträgen zu verlagern, während der Käufer in der Regel hohe Abschreibungsvolumina in Ländern mit hohen Steuersätzen generieren möchte.

151

Wird eine Vielzahl von Vermögensgegenständen in verschiedenen Ländern erworben, so richtet sich die Aufteilung des Gesamtkaufpreises auf die einzelnen Vermögensgegenstände grundsätzlich nach dem **Willen der Parteien**.[219] Sofern der Rahmenkaufvertrag eine Aufteilung des Gesamtkaufpreises auf die einzelnen verkauften Vermögensgegenstände und übernommenen Verbindlichkeiten vorsieht, werden die Finanzbehörden dieser Aufteilung folgen, solange sie wirtschaftlich vernünftig und **nicht willkürlich** erscheint.[220] Bei der Aufteilung des Gesamtkaufpreises auf das Carve-out-Business haben sich die Parteien an den **Zeitwerten** der zu übertragenden Vermögensgegenstände und zu übernehmenden Verbindlichkeiten zu orientieren.[221] Sofern der Gesamtkaufpreis die Summe der Zeitwerte der Vermögensgegenstände abzüglich des Verkehrswerts der Verbindlichkeiten übersteigt, ist der Unterschiedsbetrag beim Käufer als *Goodwill* zu aktivieren (siehe auch → Teil V Rn. 23 ff.). Nach diesen Prinzipien kann im Rahmenkaufvertrag eine Aufteilung des Gesamtkaufpreises nach folgender Regelung erfolgen:

> The Preliminary Purchase Price is allocated to the Sold Assets, Sold IP, Sold Contracts and Assumed Liabilities as set forth by the Parties in Exhibit ■. Once the Final Purchase Price has been determined, the Parties will adjust this allocation by mutual agreement.

---

[219] Beck'scher BilKomm/*Schubert/Gadek* § 255 Rn. 79.
[220] Beck'scher BilKomm/*Schubert/Gadek* § 255 Rn. 80.
[221] Adler/Düring/Schmalz Rechnungslegung § 255 Anm. 106.

152 Darüber hinaus kann sich bei internationalen Carve-out-Transaktionen eine Notwendigkeit ergeben, den Vollzug der Gesamttransaktion zeitlich **abzustufen**. Dies ist insbesondere dann der Fall, wenn der Vollzug der Transaktion in einzelnen Ländern auf besondere Schwierigkeiten stößt. So besteht etwa die Möglichkeit, dass an einem „Vollzugsstichtag I" die Transaktion vollzogen wird, jedoch mit Ausnahme der Vermögensgegenstände, Verbindlichkeiten und Verträge, deren Übertragung kartellrechtlich noch nicht zulässig ist und die daher erst an einem „Vollzugsstichtag II" übertragen werden. Hängen diese Vermögensgegenstände, Verbindlichkeiten und Verträge unter einer Gesellschaft, deren Anteile am Vollzugsstichtag auf den Käufer übertragen werden, so ist die folgende Treuhandstruktur denkbar:

> If on the Scheduled Closing Date the merger control approval or clearance required under the applicable code in [Portugal] (the **Portuguese Clearance**) has not been obtained, the Target Company shall hold in trust and as agent for Seller the Carve-out-Business in Portugal (the **Portuguese Business**), and the Parties shall ensure that on the Scheduled Closing Date the Target Company and Seller enter into a trust agreement substantially in form of Exhibit ■. Upon receipt of the Portuguese Clearance, the trust over the Portuguese Business will terminate in accordance with the trust agreement. As soon as it is evident that the Portuguese Clearance can finally not be obtained, the Parties shall ensure that the Target Company and Seller will enter into an agreement substantially in form of Exhibit ■ under which (i) the Target Company will transfer and assign the Portuguese Business to Seller, and (ii) Seller will make a payment therefor to the Target Company.

Die Anforderungen an den Treuhandvertrag ergeben sich aus dem jeweils maßgeblichen Kartellrecht.

Teil III:
Arbeitsrechtliche Aspekte und Pensionen

Literatur:
Annuß, Der Betriebsübergang nach „Ayse Süzen", NZA 1998, 70–77; *Blechmann*, Die Zuleitung des Umwandlungsvertrags an den Betriebsrat, NZA 2005, 1143–1149; *Boecken*, Unternehmensumwandlungen und Arbeitsrecht, 1996; *Cisch/Hock*, Konzernbetriebsvereinbarungen zur betrieblichen Altersversorgung im Lichte eines Share Deal, BB 2012, 2113–2118; *Engelmeyer*, Die Informationsrechte des Betriebsrats und der Arbeitnehmer bei Strukturänderungen, DB 1996, 2542–2546; *Fleischer*, Reichweite und Grenzen der Unterrichtungspflicht des Unternehmens gegenüber dem Wirtschaftsausschuss nach §§ 106 Abs. 2 Satz 2, Abs. 3 Nr. 9a, 109a BetrVG, ZfA 2009, 787–824; *Franzen/Gallner/Oetker*, Kommentar zum europäischen Arbeitsrecht, 2016; *Gaul*, Wirtschaftliche Vertretbarkeit eines Sozialplans, DB 2004, 1498–1504; *Gaul/Otto*, Konsequenzen einer Spaltung nach § 123 UmwG für Firmentarifverträge, BB 2014, 500–505; *Gussen*, Zur Weitergeltung von Vereinbarungen des Konzernbetriebsrats beim Betriebsübergang und § 613a BGB, in: FS Leinemann, 2006, S. 207–222; *Henssler*, Aktuelle Rechtsprobleme des Betriebsübergangs, NZA 1994, 913–924; *Kania/Joppich*, Der Interessenausgleichsversuch und sein Scheitern, NZA 2005, 749–752; *Kern*, Störfälle im Anwendungsbereich von Konzernbetriebsvereinbarungen, NZA 2009, 1313–1318; *Kreutz*, Die Errichtung eines Konzernbetriebsrats durch den einzigen Gesamtbetriebsrat (oder Betriebsrat) im Konzern, NZA 2008, 259–263; *Krüger/Kalbfleisch*, Due Diligence bei Kauf und Verkauf von Unternehmen – Rechtliche und steuerliche Aspekte der Vorprüfung beim Unternehmenskauf, DStR 1999, 174–180; *Lindemann/Simon*, Ablösung und Bestandsschutz von Altersversorgungsregelungen beim Betriebsübergang, BB 2003, 2510–2516; *Mengel*, Umwandlungen im Arbeitsrecht, 1997; *Miloni*, Für welche Forderungen besteht die Solidarhaftung nach Art. 333 Abs. 3 OR?, erschienen 2002 als Nr. 85 der Reihe DISKUSSIONSPAPIERE des Forschungsinstituts für Arbeit und Arbeitsrecht an der Universität St. Gallen; *Müller*, Umwandlung des Unternehmensträgers und Betriebsvereinbarung, RdA 1996, 287–293; *Neef*, Die Neuregelung des Interessenausgleichs und ihre praktischen Folgen, NZA 1997, 65–69; *Pfaff*, Dispositivität der Betriebsratsunterrichtung im Umwandlungsverfahren, DB 2002, 686–689; *Reichel/Schmandt*, Betriebliche Altersversorgung bei Unternehmenskauf und Umstrukturierung, 2006; *Schröder/Falter*, Die Unterrichtung des Wirtschaftsausschusses bei Unternehmensübernahmen nach Inkrafttreten des Risikobegrenzungsgesetzes, NZA 2008, 1097–1101; *Thüsing*, Beteiligungsrechte von Wirtschaftsausschuss und Betriebsrat bei Unternehmensübernahmen, ZIP 2008, 106–109; *Uckermann/Fuhrmanns/Ostermayer/Doetsch*, Das Recht der betrieblichen Altersversorgung, 2014; *Wank*, Die Geltung von Kollektivvereinbarungen nach einem Betriebsübergang, NZA 1987, 505–510; *Wiedemann/Arnold*, Tarifkonkurrenz und Tarifpluralität in der Rechtsprechung des Bundesarbeitsgerichts (Teil 1), ZTR 1994, 399–410; *Willemsen*, Erneute Wende im Recht des Betriebsübergangs – ein „Christel Schmidt II"-Urteil des EuGH?, NZA 2009, 289–294; *Willemsen*, Die Beteiligung des Betriebsrats im Umwandlungsverfahren, RdA 1998, 23–37; *Willemsen*, Die Kündigung wegen Betriebsübergangs, ZIP, 1983, 411–418; *Windbichler*, Arbeitsrecht im Konzern, 1989; *Wißmann/Schneider*, Europa hat gesprochen: Betriebsübergang ohne Erhalt der organisatorischen Einheit!, BB 2009, 1126–1129.

Teil III: Arbeitsrechtliche Aspekte und Pensionen

1. Überblick

1   Die Separierung und Veräußerung des Carve-out-Business hat je nach den Umständen des Einzelfalls eine Vielzahl unterschiedlicher Folgen für die dort beschäftigten Arbeitnehmer. Zunächst ist grundsätzlich zu überlegen, ob die im Carve-out-Business beschäftigten Arbeitnehmer nach der Trennung beim Verkäufer oder beim Carve-out-Business verbleiben. Beim *Asset Deal* müssen die zum Carve-out-Business gehörenden und ggf. auf den Käufer übergehenden Arbeitnehmer identifiziert werden. Weiter stellt sich hier die Frage, mit welchen Rechten und Pflichten die Arbeitnehmer beim Käufer weiter zu beschäftigen sind. Die Rechte und Pflichten werden auch wesentlich durch Betriebsvereinbarungen und Tarifverträge definiert, sodass zu klären ist, inwiefern die Rechte aus diesen kollektiven Vereinbarungen erhalten bleiben. Auch die betrieblichen Arbeitnehmervertretungen können gemeinsam mit dem Carve-out-Business auf den Käufer übergehen, und die Carve-out-Transaktion kann darüber hinaus die betrieblichen Arbeitnehmervertretungen der übergeordneten Einheiten (Unternehmen, Konzern) auf Verkäufer- und Käuferseite verändern. Schließlich ist die gesetzlich vorgesehene Beteiligung von Arbeitnehmervertretungen sowie die Information der einzelnen Arbeitnehmer in den Ablauf der Transaktion zu integrieren.

2   Bei der Betrachtung der arbeitsrechtlichen Auswirkungen der Carve-out-Transaktion ist zu beachten, dass der Carve-out in arbeitsrechtlicher Hinsicht viele verschiedene Formen annehmen kann. Das Carve-out-Business kann rechtlich selbständig sein, sodass es im Wege einer Veräußerung sämtlicher Gesellschaftsanteile übertragen werden kann. Auch bei rechtlicher Selbständigkeit kann aber ein *Asset Deal* durchgeführt werden, sodass aus arbeitsrechtlicher Sicht der gesamte Betrieb oder ggf. sämtliche Betriebe eines Unternehmens übertragen werden. Die Carve-out-Transaktion erfolgt auch dann im Wege der Übertragung eines oder mehrerer Betriebe, wenn das Carve-out-Business in arbeitsrechtlicher Hinsicht in der Form eines oder mehrerer selbständiger Betriebe organisiert ist, die vom Verkäufer neben anderen Betrieben geführt werden. Dabei können die Betriebe über mehrere Gesellschaften verteilt sein. Schließlich kann das Carve-out-Business Teil einer größeren betrieblichen Organisation sein. In diesem Fall führt die Carve-out-Transaktion aus arbeitsrechtlicher Sicht zu einer Betriebsspaltung und ggf. zu einem Betriebsteilübergang. Zwischen diesen unterschiedlichen arbeitsrechtlichen Formen der Trennung und Übertragung des Carve-out-Business ist im Folgenden zu unterscheiden, wenn die Folgen der Transaktion im Hinblick auf den Übergang von Arbeitnehmern und Arbeitnehmervertretungen sowie der Rechte und Pflichten der Arbeitnehmer aus ihren Arbeitsverhältnissen im Einzelnen betrachtet werden.

2. Information und Beteiligung von Arbeitnehmern und Arbeitnehmervertretern im Rahmen einer Carve-out-Transaktion

a) *Share Deal*

aa) Unterrichtung des Wirtschaftsausschusses und Beratung

aaa) Unterrichtung des Wirtschaftsausschusses

Ist das Carve-out-Business beim Verkäufer rechtlich selbständig und wird es im Wege eines *Share Deal* übertragen, so ist darüber ein bei der Zielgesellschaft gebildeter Wirtschaftsausschuss zu unterrichten (§ 106 Abs. 2, 3 Nr. 9a BetrVG). 3

Dabei sind Angaben über den potentiellen Erwerber zu machen sowie über dessen Absichten im Hinblick auf die künftige Geschäftstätigkeit des Unternehmens einschließlich der sich daraus ergebenden Auswirkungen auf die Arbeitnehmer (§ 106 Abs. 2 Satz 2 BetrVG). Diese Informationen sind in der Form der Vorlage von **Unterlagen** zu erteilen. 4

Rechtliche und praktische Probleme können sich daraus ergeben, dass die Veräußerung der Anteile an der Zielgesellschaft ein Vorgang zwischen dem aktuellen Anteilseigner und dem potentiellen Käufer ist. Die Geschäftsführung der Zielgesellschaft ist über diesen Vorgang nicht notwendig informiert und selbst die aktuellen Anteilseigner haben möglicherweise **keine Informationen** über die Absichten des Käufers in Bezug auf die Planungen zur Geschäftspolitik und die Auswirkungen auf die Personalplanung. 5

Wie sich dieser Umstand auf die Informationspflichten auswirkt, ist noch nicht durch höchstrichterliche Rechtsprechung entschieden, sodass hier Rechtsunsicherheit besteht. Es wird vertreten, dass in dieser Situation die Geschäftsführung der Zielgesellschaft dem Wirtschaftsausschuss nur diejenigen Informationen erteilen müsse, über die sie selbst verfügt.[1] Eine Gegenansicht nimmt einen vollen Informationsanspruch des Wirtschaftsausschusses gegen die Zielgesellschaft an, wobei diese einen Auskunftsanspruch gegen den Gesellschafter habe.[2] Weiterhin wird vertreten, dass der Wirtschaftsausschuss einen Durchgriffsanspruch gegen den Gesellschafter auf Unterrichtung habe.[3] 6

Das Problem stellt sich in der Praxis in der Mehrzahl der Fälle nicht, soweit es um die Information zur Veräußerung der Zielgesellschaft an sich und um den potentiellen Käufer geht. In die Planung der Veräußerung ist die Geschäftsführung der Zielgesellschaft häufig eingebunden; zumindest ist sie in der Regel darüber 7

---

[1] Richardi/*Annuß* BetrVG § 106 Rn. 26a; *Schröder/Falter* NZA 2008, 1097.
[2] Fitting BetrVG § 106 Rn. 100.
[3] DKKW/*Däubler* § 106 Rn. 91; LAG Niedersachsen 1 TaBV 63/09 Rn. 25, NZA-RR 2010, 142 (143) hält einen Durchgriff auf den Gesellschafter für denkbar.

informiert. Soweit diese Einbindung bzw. Information nicht ohnehin in der Planung des Ablaufs der Carve-out-Transaktion vorgesehen ist, sollte der Verkäufer die Geschäftsführung der Zielgesellschaft jedenfalls vor Unterzeichnung des Unternehmenskaufvertrages (→ Rn. 10) über die geplante **Veräußerung als solche** und die **Person des potentiellen Käufers** informieren und auf eine Unterrichtung des Wirtschaftsausschusses hinwirken.

8   Soweit es um die Planungen des potentiellen Käufers bezüglich der **künftigen Geschäftstätigkeit** und die **Auswirkungen auf die Arbeitnehmer** geht, führen Überlegungen zu einem Informationsanspruch der Geschäftsführung der Zielgesellschaft gegen den Gesellschafter oder zu einem direkten Durchgriffsanspruch gegen den Gesellschafter nicht weiter, wenn die Informationen auch dort nicht vorliegen. Der Erwerber, der außerhalb des Verkäuferkonzerns steht und zu dem über die Anbahnung des Unternehmenskaufvertrags hinaus keine Rechtsbeziehung besteht, ist unter keinem Gesichtspunkt zur Auskunft gegenüber den Arbeitnehmervertretern der Zielgesellschaft – und sei es mittelbar über deren Geschäftsführung – verpflichtet. Insoweit ist also die Unterrichtungspflicht gegenüber dem Wirtschaftsausschuss der Zielgesellschaft auf diejenigen Informationen beschränkt, die bei deren Geschäftsführung vorliegen.

bbb) Beratung

9   Das Gesetz sieht vor, dass die Veräußerung der Anteile der Zielgesellschaft von deren Geschäftsführung mit dem Wirtschaftsausschuss zu beraten ist. In der Regel hat die Geschäftsführung der Zielgesellschaft einer Carve-out-Transaktion **keine Einflussmöglichkeiten** auf die Entscheidung über die Veräußerung oder gar auf die Pläne des Käufers zur künftigen Geschäftspolitik. In diesem Fall ergibt eine Beratung dieser Gegenstände keinen Sinn[4], sodass diese Pflicht entfällt.[5] Es gibt aber Situationen, in denen die Geschäftsführung der Zielgesellschaft in die Planung der Veräußerung eingebunden ist und mit dem potentiellen Käufer gemeinsam die künftige Geschäftspolitik bespricht oder gar festlegt.[6] In diesen Fällen kann auch eine Beratung mit dem Wirtschaftsausschuss Sinn ergeben, sodass die vom Gesetz vorgesehene Pflicht zur Beratung tatsächlich eingreift.[7]

ccc) Zeitpunkt der Unterrichtung

10 Der Zeitpunkt, zu dem die Unterrichtung des Wirtschaftsausschusses spätestens zu erfolgen hat, hängt von den Umständen des Einzelfalles ab.[8] Soweit eine Beratung des Gegenstandes Sinn ergibt und zu erfolgen hat (→ Rn. 9), muss die

---

[4] *Thüsing* ZIP 2008, 106, 106 f.
[5] Richardi/*Annuß* BetrVG § 106 Rn. 26e.
[6] *Fleischer* ZfA 2009, 787, 795; Seibt/*Seibt* B.VIII.2 Anm. 3.
[7] Fitting BetrVG § 106 Rn. 103.
[8] Fitting BetrVG § 106 Rn. 103; WHSS/*Schweibert* C Rn. 403d.

2. Information und Beteiligung von Arbeitnehmern und Arbeitnehmervertretern

Unterrichtung so frühzeitig erfolgen, dass der Wirtschaftsausschuss Gelegenheit hat, sich mit dem Thema zu befassen, sich eine Meinung zu bilden und diese mit der Geschäftsführung so zu erörtern, dass diese die Ansichten bei ihren Handlungen berücksichtigen kann.[9] Soweit aber eine Beratung keinen Sinn ergibt, fällt dieser Gesichtspunkt für die Bestimmung des Zeitpunktes weg. In diesem Fall sollte die Unterrichtung aber allgemeinen Grundsätzen folgend dennoch erfolgen, bevor eine **bindende Entscheidung** über die Veräußerung gefallen ist.[10] Dies ist in der Regel erst mit Abschluss des Unternehmenskaufvertrages (Signing) der Fall. Eine Unterrichtung kurze Zeit (wenige Tage) vor diesem Schritt ist ausreichend, aber auch ratsam, selbst wenn keine sinnvolle Beratung erfolgen kann.

ddd) Betriebs- und Geschäftsgeheimnisse

11 Die Unterrichtungspflicht ist insoweit eingeschränkt, als durch eine Unterrichtung Betriebs- und Geschäftsgeheimnisse gefährdet werden (§ 106 Abs. 2 Satz 1 BetrVG). Für eine Verweigerung der Unterrichtung genügt es nicht, dass der Gegenstand der Unterrichtung ein Betriebs- oder Geschäftsgeheimnis ist. Vielmehr muss die Unterrichtung – trotz Geheimhaltungspflicht für die Mitglieder des Wirtschaftsausschusses – zu einer **Gefährdung** führen. Eine solche kann sich aus der Bedeutung der völligen Geheimhaltung einer bestimmten Tatsache für den Bestand oder die Entwicklung des Unternehmens ergeben oder aus persönlichen Umständen eines oder mehrerer Mitglieder des Wirtschaftsausschusses.[11]

eee) Unternehmen ohne Wirtschaftsausschuss

12 In Unternehmen, in denen kein Wirtschaftsausschuss besteht, ist der Betriebsrat über die Veräußerung sämtlicher Geschäftsanteile nach den oben dargestellten Regeln zu unterrichten, und die Angelegenheit ist mit diesem zu beraten (§ 109a BetrVG).

fff) Beteiligung des Wirtschaftsausschusses von Verkäufer, Käufer und Tochtergesellschaften der Zielgesellschaft

13 Eine Pflicht zur Unterrichtung des jeweiligen Wirtschaftsausschusses des Verkäufers und des potentiellen Käufers ist im Gesetz nicht generell vorgesehen. Die Wirtschaftsausschüsse dieser Unternehmen sind nur dann zu beteiligen, wenn die Veräußerung bzw. der Erwerb der Anteile an der Zielgesellschaft und damit im Zusammenhang stehende Maßnahmen die **wirtschaftliche Lage** dieser Unternehmen beeinflussen und sich dies auf die **Interessen der Arbeitnehmer** auswirken kann. Die Unterrichtungs- und Beratungspflicht ergibt sich in diesen Fällen aus

---

[9] Löwisch/Kaiser § 106 Rn. 42.
[10] Fitting BetrVG § 106 Rn. 30.
[11] BAG 1 ABR 43/99, Rn. 66, NZA 2001, 402 (405).

der Generalklausel zur Beteiligung eines Wirtschaftsausschusses in wirtschaftlichen Angelegenheiten (§ 106 Abs. 3 Nr. 10 BetrVG).[12] Eine solche Situation kann sich etwa auf Seiten des Verkäufers ergeben, wenn das Carve-out-Business ein wichtiger konzerninterner Lieferant oder Abnehmer von Halbfertigprodukten im Verkäuferkonzern ist und die Veräußerung Auswirkungen auf Produktion oder Absatz haben kann. Auf Seiten des Käufers kann sich der Erwerb des Carve-out-Business etwa dadurch auswirken, dass die im Carve-out-Business erbrachten Leistungen die Leistungen von bereits vorhandenen Betrieben ersetzen sollen.

14   Nach der Generalklausel zur Beteiligung des Wirtschaftsausschusses ist auch ein bei einer Tochtergesellschaft der Zielgesellschaft gebildeter Wirtschaftsausschuss im Wege der Unterrichtung und Beratung zu beteiligen, wenn die Veräußerung der Anteile an der Zielgesellschaft Auswirkungen auf die wirtschaftliche Lage der Tochtergesellschaft und auf die Interessen von deren Arbeitnehmern haben kann.

15   Eine Unterrichtungs- und Beratungspflicht bei Verkäufer, Käufer und Tochtergesellschaften auf der Grundlage der Generalklausel zur Beteiligung des Wirtschaftsausschusses besteht aber nur, wenn bei diesen Unternehmen ein Wirtschaftsausschuss gebildet ist. Ist dies nicht der Fall, ist bei diesen Gesellschaften **nicht ersatzweise der Betriebsrat** zu beteiligen, da die Vorschrift zur Beteiligung des Betriebsrats nicht auf die Generalklausel, sondern nur auf die Beteiligung des Wirtschaftsausschusses bei Veräußerung von Anteilen der Gesellschaft selbst anwendbar ist (§ 109a BetrVG).

bb) Unterrichtung des Sprecherausschusses und Beratung

16   Ist bei der Zielgesellschaft ein Sprecherausschuss für die Vertretung der leitenden Angestellten gebildet, so ist auch dieser über die Veräußerung der Anteile zu unterrichten (§ 32 SprAuG, § 106 Abs. 3 Nr. 9a BetrVG). Im Hinblick auf den Umfang der Unterrichtung, einschließlich der Begrenzung bei Gefährdung von Betriebs- und Geschäftsgeheimnissen, gelten die Ausführungen zum Wirtschaftsausschuss entsprechend (→ Rn. 11).

17   Die gesetzliche Bestimmung über die Beteiligung des Sprecherausschusses bei wirtschaftlichen Angelegenheiten sieht keine Verpflichtung zur Vorlage von **Unterlagen** oder zur **Beratung** der Angelegenheit mit dem Sprecherausschuss vor. Der Sprecherausschuss kann aber gemäß der Generalklausel zu seinen Beteiligungsrechten (§ 25 SprAuG)[13] die Vorlage von Unterlagen verlangen und jederzeit die Initiative ergreifen und eine Beratung fordern.[14] Daher gelten auch insoweit die Ausführungen zur Beteiligung des Wirtschaftsausschusses entsprechend (→ Rn. 3–9).

18   Das Gesetz sieht vor, dass der Arbeitgeber den Sprecherausschuss einmal jährlich über wirtschaftliche Angelegenheiten unterrichtet. Dies schließt aber eine

---

[12] WHSS/*Schweibert* C Rn. 404.
[13] *Hromadka/Sieg* § 32 Rn. 52; *Löwisch* SprAuG § 32 Rn. 21.
[14] *Löwisch* SprAuG § 32 Rn. 20.

anlassbezogene Unterrichtung außerhalb dieses Turnus nicht aus.[15] Nach dem Grundsatz der vertrauensvollen Zusammenarbeit zwischen Arbeitgeber und Sprecherausschuss darf der Arbeitgeber diesen nicht vor vollendete Tatsachen stellen,[16] sodass auch zum Zeitpunkt der Unterrichtung die Grundsätze zur Beteiligung des Wirtschaftsausschusses entsprechend gelten (→ Rn. 10).

Auch für die Beteiligung der Sprecherausschüsse des Verkäufers, des potentiellen Käufers und von Tochtergesellschaften der Zielgesellschaft gelten die Ausführungen zur Beteiligung der entsprechenden Wirtschaftsausschüsse entsprechend (→ Rn. 13–15). 19

cc) Unterrichtung des Europäischen Betriebsrats und Beratung

Besteht beim Verkäuferkonzern oder beim Käuferkonzern ein Europäischer Betriebsrat, so sind diese unter den Voraussetzungen und nach den Regeln des EBRG über die Veräußerung der Anteile an der Zielgesellschaft zu unterrichten und anzuhören. 20

Die gesetzliche Regelung zum Europäischen Betriebsrat gibt für gemeinschaftsweit tätige Unternehmen (§ 3 EBRG) einem von der Arbeitnehmerseite gebildeten Verhandlungsgremium und dem Management der Unternehmensgruppe die Möglichkeit, die Zusammensetzung sowie die Beteiligungsrechte des Europäischen Betriebsrats im Rahmen gesetzlicher Mindestvorgaben auszuhandeln und zu vereinbaren (§§ 8 bis 20 EBRG). Nur wenn derartige Vereinbarungen nicht zustande kommen, gelten Auffangregeln zur Zusammensetzung und den Beteiligungsrechten (§§ 21 bis 33 EBRG). Darüber hinaus sieht die gesetzliche Regelung grundsätzlich vor, dass europäische Arbeitnehmervertretungen, die noch vor dem 22. September 1996 (dem Ablauf der Umsetzungsfrist der ersten EBR-Richtlinie) durch Vereinbarung zwischen Arbeitgeber und Arbeitnehmervertretern gebildet worden sind, weiterhin in ihrer Zusammensetzung und mit ihren Beteiligungsrechten bestehen bleiben, bis die Vereinbarung endet (§ 41 EBRG, Artikel 13, 14 der EBR-Richtlinie 94/45/EG). Aufgrund dieser gesetzlichen Bestimmungen sind die **Beteiligungsrechte europäischer Arbeitnehmervertretungen sehr vielfältig** und es soll hier nicht auf Einzelheiten eingegangen werden. 21

Soweit die Carve-out-Transaktion ein Beteiligungsrecht für einen Europäischen Betriebsrat auslöst, müssen dieser grundsätzlich zeitgleich mit nationalen Arbeitnehmervertretungen unterrichtet und angehört werden (§ 1 Abs. 7 EBRG). Die Unterrichtung muss also **gleichzeitig** mit der Unterrichtung des Wirtschaftsausschusses (→ Rn. 10) erfolgen. 22

---

[15] *Hromadka/Sieg* § 32 Rn. 51; *Löwisch* SprAuG § 32 Rn. 19.
[16] *Hromadka/Sieg* § 32 Rn. 51.

b) *Asset Deal*

23   Bei einer Carve-out-Transaktion im Wege eines *Asset Deal* sind grundsätzlich dieselben Arbeitnehmervertretungen zu beteiligen wie bei einem *Share Deal* (→ Rn. 3–23), wobei einige wenige Abweichungen zu beachten sind (→ Rn. 25–34). Darüber hinaus sind bei einem *Asset Deal*, der zu einem Betriebsübergang im Sinne von § 613a BGB führt, die Arbeitnehmer direkt zu informieren (→ Rn. 76–78).

24   Eine Carve-out-Transaktion in Form eines *Asset Deal* kann insbesondere zu einer Spaltung eines beim Verkäufer bestehenden Betriebes führen. In diesem Fall hat der Verkäufer mit dem Betriebsrat über einen Interessenausgleich zu verhandeln und einen Sozialplan abzuschließen. Dasselbe gilt für den Käufer, wenn das Carve-out-Business einen Betrieb oder Betriebsteil darstellt, der beim Käufer mit einem bereits bestehenden Betrieb zusammengelegt wird (→ Rn. 36–55).

aa) Unterrichtung des Wirtschaftsausschusses und Beratung

25   Die Veräußerung eines Geschäftsbereichs kann zum Übergang von Arbeitsverhältnissen nach den Regeln über den Betriebsübergang oder andernfalls zum Wegfall von Arbeitsplätzen führen. Dies ist ein Vorgang, der die Interessen der Arbeitnehmer betrifft und damit eine wirtschaftliche Angelegenheit im Sinne der Generalklausel zur Beteiligung des Wirtschaftsausschusses (§ 106 Abs. 2, 3 Nr. 10 BetrVG).[17]

26   Das heißt, der Wirtschaftsausschuss ist über den geplanten *Asset Deal* zu unterrichten, und dieser Gegenstand ist mit ihm zu beraten. Im Unterschied zu der Beteiligung im Falle eines *Share Deal* handelt bei einem *Asset Deal* die **Geschäftsführung** der Gesellschaft, die das Carve-out-Business betreibt, **unmittelbar selbst**. Sie muss den Unternehmenskaufvertrag in Vertretung der Gesellschaft abschließen. Daher stellen sich die Fragen nach dem Umfang der Informationen, die der Geschäftsführung zur Verfügung stehen, und nach den Einflussmöglichkeiten nicht und die Unterrichtungs- und Beratungspflicht ist unter diesen Gesichtspunkten nicht begrenzt (→ Rn. 3–9).

27   Da in jedem Fall eine Pflicht zur Beratung besteht, muss die Unterrichtung zu einem Zeitpunkt erfolgen, zu dem der Wirtschaftsausschuss noch Gelegenheit hat, sich mit dem Thema zu befassen, eine Meinung zu entwickeln und diese mit der Geschäftsführung so zu erörtern, dass diese die Ansichten der Geschäftsführung noch **berücksichtigen** kann.[18]

28   Die Unterrichtungspflicht besteht nicht, soweit eine Information zu einer Gefährdung von **Betriebs- und Geschäftsgeheimnissen** führen würde (→ Rn. 11).

---

[17] BAG 1 ABR 38/89 Rn. 21, NZA 1991, 649 (650).
[18] BAG 1 ABR 43/99 Rn. 59, NZA 2001, 402 (405).

2. Information und Beteiligung von Arbeitnehmern und Arbeitnehmervertretern

Im Unterschied zur Beteiligung der Arbeitnehmervertreter beim *Share Deal* besteht beim *Asset Deal* keine Pflicht, **ersatzweise den Betriebsrat** zu beteiligen, wenn im Unternehmen kein Wirtschaftsausschuss besteht. In diesem Fall entfällt diese Beteiligungspflicht ersatzlos. 29

Ebenso wie die Veräußerung eines Geschäftsbereichs die Interessen der Arbeitnehmer des Verkäufers betrifft, berührt er auch die Interessen der Arbeitnehmer der **Käufers**. Beim Käufer wird entweder ein zusätzlicher Betrieb geführt oder es werden Betriebsmittel und Arbeitnehmer in den bestehenden Betrieb eingegliedert. Daher löst dieser Vorgang auch für den Käufer die Pflicht aus, seinen Wirtschaftsausschuss nach den oben genannten Grundsätzen zu beteiligen.[19] 30

Es ist auch denkbar, dass das Ausscheiden eines Geschäftsbereichs aus einem Konzern Auswirkungen auf **andere Konzerngesellschaften** hat, die auch die Interessen der Arbeitnehmer berühren und daher eine Pflicht zur Beteiligung des Wirtschaftsausschusses nach der Generalklausel mit sich bringen. Dasselbe gilt für andere Konzerngesellschaften des Käuferkonzerns. Die Beispiele, die für die Veräußerung im Wege eines *Share Deal* genannt sind (→ Rn. 13), treffen auch auf die Veräußerung des Carve-out-Business im Wege eines *Asset Deal* zu. Ob die Veräußerung des Carve-out-Business eine Beteiligungspflicht bei anderen Konzerngesellschaften auslöst, ist eine Frage des Einzelfalls. 31

bb) Beteiligung des Sprecherausschusses und des Europäischen Betriebsrats

Da die Veräußerung eines Carve-out-Business im Wege eines *Asset Deal* eine **wirtschaftliche Angelegenheit** im Sinne des Betriebsverfassungsrechts ist (→ Rn. 25), ist auch der Sprecherausschuss zu beteiligen (§ 32 SprAuG, § 106, Abs. 3 Nr. 10 BetrVG). Es gelten grundsätzlich dieselben Regeln wie bei der Beteiligung im Falle eines *Share Deal* (→ Rn. 16–22), wobei auch hier der Unterschied zu beachten ist, dass die Geschäftsführung der Gesellschaft, die das Carve-out-Business betreibt, bei der Veräußerung unmittelbar selbst handelt. Daher ergeben sich keine Beschränkungen der Informations- und Beratungspflicht, die beim *Share Deal* dadurch entstehen, dass die Geschäftsführung der Zielgesellschaft nur begrenzte Informationen und Einflussmöglichkeiten hat. 32

Führt der *Asset Deal* zu einer **Betriebsänderung** (→ Rn. 36–39), die wesentliche Nachteile für die leitenden Angestellten mit sich bringen kann, ist der Sprecherausschuss rechtzeitig und umfassend über die Maßnahme zu unterrichten. Weiterhin ist mit dem Sprecherausschuss über den Ausgleich oder die Milderung wirtschaftlicher Nachteile zu beraten (§ 32 Abs. 2 BetrVG). 33

Auch eine Pflicht zur Beteiligung eines **Europäischen Betriebsrats** des Verkäuferkonzerns und des Käuferkonzerns kommt je nach Ausgestaltung der Beteiligungsrechte im Einzelfall (→ Rn. 21) in Betracht. 34

---

[19] WHSS/*Schweibert* C Rn. 404.

cc) Information der einzelnen Arbeitnehmer im Falle eines Betriebsübergangs

35 Wenn die Veräußerung des Carve-out-Business im Wege eines externen *Asset Deal* einen Betriebsübergang zur Folge hat, sind sämtliche davon betroffenen Arbeitnehmer auch individuell in Textform zu informieren (→ Rn. 76–78).

dd) Interessenausgleich und Sozialplan im Falle der Spaltung oder einer Zusammenlegung von Betrieben

36 Ist das Carve-out-Business beim Verkäufer ein Teil eines Betriebs, so führt die Veräußerung des Geschäftsbereichs im Wege eines *Asset Deal* zu einer Spaltung des Betriebs. Betriebsspaltungen sind **Betriebsänderungen** im Sinne des Betriebsverfassungsrechts, die für den Verkäufer die Pflicht zur Verhandlung über einen Interessenausgleich und zum Abschluss eines Sozialplans führen. Stellt das Carve-out-Business einen Betrieb oder Betriebsteil dar und führt der Käufer dieses mit einem bei ihm bestehenden Betrieb zusammen, so ist auch dies eine Betriebsänderung, die dieselben Pflichten für den Käufer mit sich bringt (§ 111 Satz 3 Nr. 3, § 112 BetrVG).

aaa) Betriebsänderung im Sinne von § 111 BetrVG

37 Die Beteiligungsrechte des Betriebsrats wegen der Spaltung oder der Zusammenlegung von Betrieben hängen nicht davon ab, dass dadurch **wesentliche Nachteile für die Arbeitnehmer** entstehen. Bei diesen Vorgängen, die in § 111 Satz 3 BetrVG ausdrücklich als Betriebsänderungen genannt sind, wird der Eintritt von wesentlichen Nachteilen fingiert. Die Pflicht zur Verhandlung über einen Interessenausgleich tritt daher auf jeden Fall ein. Inwieweit tatsächlich Nachteile für die Arbeitnehmer infolge der Maßnahme eintreten, ist dann im Rahmen der Verhandlung über den Sozialplan – oder der Aufstellung des Sozialplans durch die Einigungsstelle – zu prüfen.[20]

38 Für eine Zusammenlegung von Betrieben im Sinne von § 111 Satz 3 Nr. 3 BetrVG kommt es nicht darauf an, dass der hinzukommende Betrieb – also das Carve-out-Business – eine gewisse **Mindestgröße** hat. Stellt das Carve-out-Business einen Betrieb im Sinne des Betriebsverfassungsrechts dar, so ist seine Hinzufügung zu einem anderen Betrieb immer eine Betriebsänderung, selbst wenn es sich bei dem Carve-out-Business nur um einen Kleinstbetrieb handelt.[21]

39 Auch bei der Beurteilung der Abspaltung des Carve-out-Business als Betriebsänderung im Sinne von § 111 Satz 3 Nr. 3 BetrVG kommt es nicht darauf an, dass das Carve-out-Business einen **„wesentlichen" Betriebsteil** darstellt.[22] Auch die

---

[20] BAG 1 ABR 1/99 Rn. 33 f., NZA 2000, 1069 (1070).
[21] Fitting BetrVG § 111 Rn. 85; WHSS/*Schweibert* C Rn. 55.
[22] BAG 1 ABR 32/96 Rn. 25, NZA 1997, 898 (899); BAG 1 ABR 77/06 Rn. 12, NZA 2008, 957 (958).

2. Information und Beteiligung von Arbeitnehmern und Arbeitnehmervertretern

Abspaltung von sehr kleinen Einheiten kann daher eine Interessenausgleichs- und Sozialplanpflicht auslösen. Eine Betriebsspaltung im Sinne des Betriebsverfassungsrechts setzt aber nach der Rechtsprechung voraus, dass eine „veräußerungsfähige Einheit" abgetrennt wird, die in der Regel eine „wirtschaftliche relevante Größenordnung" und eine **„abgrenzbare und eigenständige Struktur"** erfordert.[23] Diese abstrakten Begriffe der Rechtsprechung können im Allgemeinen zu schwierigen Abgrenzungen zwischen einer Betriebsänderung und einer mitbestimmungsfreien „Bagatellspaltung" führen. Bei der Abtrennung und Veräußerung eines Geschäftsbereichs – wie typischerweise bei einer Carve-out-Transaktion – liegt aber in jedem Fall eine ausreichend große Einheit vor, um von einer mitbestimmungspflichtigen Betriebsänderung auszugehen.

bbb) Interessenausgleichs- und Sozialplanpflicht des Verkäufers

Liegt nach diesen Grundsätzen eine Spaltung eines Betriebs vor, muss der Verkäufer einen Interessenausgleich dazu abschließen oder die Verhandlungen mit dem Betriebsrat darüber müssen endgültig scheitern, bevor der Verkäufer die Spaltung vollziehen darf. Ein Interessenausgleich ist eine Vereinbarung über **das „Ob" und das „Wie"** der Betriebsänderung. Hierin wird geregelt, ob der Arbeitgeber die Maßnahme durchführen darf, in welchem Umfang und zu welchem Zeitpunkt.[24] Da das Mitbestimmungsrecht bei Betriebsänderungen die unternehmerische Gestaltungsfreiheit nicht grundsätzlich beeinträchtigen soll, ist der Arbeitgeber nicht gezwungen, sich über diese Punkte mit dem Betriebsrat zu einigen.[25] Er kann auch auf der Durchführung der Maßnahme in genau der Form, die er geplant hat, bestehen.[26] Er muss aber alle **Möglichkeiten zur Einigung voll ausgeschöpft** haben, bevor er ohne Einigung die Maßnahme vollzieht.[27]

40

Das heißt konkret, dass der Verkäufer vor Vollzug der Spaltung ohne Einigung mit dem Betriebsrat auf jeden Fall die **Einigungsstelle** angerufen haben muss. Dieser Schritt ist ein grundsätzlich möglicher Weg zu einer Einigung, der auch genutzt werden muss.[28] Die Einigungsstelle kann aber nur auf die Parteien in Richtung einer Einigung einwirken.[29] Sie kann nicht den Interessenausgleich durch einen Einigungsstellenspruch ersetzen[30], da dies die unternehmerische Gestaltungsfreiheit hinsichtlich der Maßnahme letztlich beseitigen würde.

41

---

[23] BAG 1 ABR 32/96 Rn. 25, NZA 1997, 898 (898).
[24] BAG 10 AZR 186/93 Rn. 21, NZA 1995, 89 (90); Fitting BetrVG §§ 112, 112a Rn. 13.
[25] Richardi/Annuß § 112 Rn. 23.
[26] BAG 1 AZR 97/01 Rn. 15, NZA 2002, 992 (993).
[27] BAG 1 AZR 493/03 Rn. 22, NZA 2005, 237 (238).
[28] BAG 1 AZR 176/82 Rn. 19, NZA 1985, 400 (401); BAG 1 AZR 97/01 Rn. 15, NZA 2002, 992 (993); Fitting BetrVG §§ 112, 112a Rn. 33.
[29] BAG 1 AZR 44/10 Rn. 13, AP Nr. 55 zu § 113 BetrVG 1972.
[30] Fitting BetrVG §§ 112, 112a Rn. 21.

42 Sind die Verhandlungen über einen Interessenausgleich endgültig gescheitert, ist für den Verkäufer der Weg zum Vollzug der Spaltung frei. Die Festlegung dieses Zeitpunktes ist jedoch ausgesprochen schwierig. Das endgültige Scheitern der Verhandlungen muss nicht von der Einigungsstelle durch Beschluss festgestellt werden.[31] Eine **einseitige Erklärung des Scheiterns** der Verhandlungen durch den Arbeitgeber ist möglich, wenn tatsächlich alle Verhandlungsmöglichkeiten ausgeschöpft sind.[32] Jedoch besteht bei diesem Vorgehen immer die Gefahr, dass gerade diese Frage von einem Gericht anders beurteilt wird. Ein ausreichend sicherer Anhaltspunkt für das Scheitern der Verhandlungen liegt immer vor, wenn der Einigungsstellenvorsitzende dies im Protokoll feststellt.[33]

43 Für den Ablauf der Carve-out-Transaktion ist dabei wichtig, dass die Spaltung des Betriebs beim Verkäufer nicht vor Abschluss der Verhandlungen über einen Interessenausgleich **vollzogen** werden darf. Die Spaltung des Betriebes wird in der Regel durch die dingliche Übertragung des Betriebs (*Closing*) auf den Käufer vollzogen, da der Unternehmenskaufvertrag in der Regel vorsieht, dass zeitgleich mit dem Übergang der dinglichen Rechte an den Vermögensgegenständen auch die tatsächliche Kontrolle und Nutzungsmöglichkeit übergehen. Der Erwerb der **tatsächlichen Kontrolle über die Betriebsmittel** durch den Käufer führt zum Übergang der betrieblichen Leitungsmacht über das Carve-out-Business und damit zur Betriebsspaltung. Demzufolge darf die Carve-out-Transaktion nach den arbeitsrechtlichen Regeln zur Betriebsänderung nicht vollzogen werden, bevor die Verhandlungen über den Interessenausgleich zur Betriebsspaltung beim Verkäufer abgeschlossen sind.

44 Wenn der Verkäufer die Spaltung des Betriebs ohne Abschluss der Interessenausgleichsverhandlungen vollzieht, ist die Rechtslage im Hinblick auf die Rechtsfolgen unübersichtlich und im Einzelfall letztlich nicht mit Sicherheit aufklärbar. Eindeutig gesetzlich geregelt ist, dass die Arbeitnehmer einen Anspruch auf Ausgleich wirtschaftlicher Nachteile für einen Zeitraum von zwölf Monaten haben (§ 113 Abs. 2 BetrVG). Da wirtschaftliche Nachteile der Arbeitnehmer als Folge einer Betriebsspaltung häufig gering sind, ist diese Rechtsfolge jedoch in vielen Fällen unbedeutend. Auch aus diesem Grund haben einzelne Landesarbeitsgerichte für den Fall des Vollzugs einer Betriebsänderung vor Abschluss der Interessenausgleichsverhandlungen dem Betriebsrat einen **Unterlassungsanspruch** zugesprochen, der mit Hilfe einer **einstweiligen Unterlassungsverfügung** durchsetzbar ist.[34] Andere Landesarbeitsgerichte lehnen einen solchen Anspruch ab.[35]

---

[31] BAG 1 AZR 44/10 Rn. 13, AP Nr. 55 zu § 113 BetrVG 1972.
[32] *Kania/Joppich* NZA 2005, 749, 752.
[33] So der Sachverhalt bei BAG 1 AZR 44/10, AP Nr. 55 zu § 113 BetrVG 1972.
[34] Z.B. LAG Berlin 10 TaBV 5/95, 10 TaBV 9/95, NZA 1996, 1284; LAG Hamburg 6 TaBV 5/97, NZA-RR 1997, 296; LAG Hamm 10 TaBVGa 3/12, BeckRS 2012, 70259.
[35] Z.B. LAG Baden-Württemberg 20 TaBVGa 1/09, BeckRS 2010, 66550; LAG Düsseldorf 12 TaBV 60/05, LAGE § 111 BetrVG 2001 Nr. 4; LAG Köln 2 TaBVGa 7/09, BeckRS 2009, 66807.

2. Information und Beteiligung von Arbeitnehmern und Arbeitnehmervertretern

Höchstrichterliche Rechtsprechung gibt es zu dieser Frage nicht, da Verfahren über einstweilige Verfügungen nicht in die dritte Instanz gebracht werden können (§ 72 Abs. 4 ArbGG). In der Literatur ist die Frage eines Unterlassungsanspruchs des Betriebsrats heftig umstritten.[36] Auch wenn das für den Betrieb des Carve-out-Business zuständige Landesarbeitsgericht einen Unterlassungsanspruch bisher abgelehnt hat, kann man sich nicht darauf verlassen, dass es diese Rechtsprechung fortsetzen wird. Denn es kann in Zukunft eine andere Kammer dieses Gerichts über den Antrag des Betriebsrats entscheiden.[37] Wegen der fehlenden höchstrichterlichen Rechtsprechung ist unvorhersehbar, welchen Weg dieser Spruchkörper gehen wird. Eine Unterlassungsverfügung, die die Betriebsspaltung untersagt und damit den Vollzug des Unternehmenskaufvertrages verhindert, kann aufgrund ihrer öffentlichen Wirksamkeit einen Reputationsschaden verursachen und bei den Arbeitnehmern zu erheblicher Verunsicherung führen. Ein Vollzug der Betriebsspaltung vor Abschluss der Verhandlungen über einen Interessenausgleich sollte daher vermieden werden.

Völlig anders als die Interessenausgleichspflicht ist die Pflicht des Arbeitgebers bezüglich eines Sozialplans ausgestaltet. Ein Sozialplan regelt den **Ausgleich und die Milderung der Folgen**, die eine Betriebsänderung für die Arbeitnehmer hat (§ 112 Abs. 1 Satz 2 BetrVG). Dieser ist **erzwingbar**, das heißt, dass ein Sozialplan von einer Einigungsstelle durch Einigungsstellenspruch aufgestellt werden kann, wenn keine Einigung zwischen Arbeitgeber und Betriebsrat zustandekommt und eine der beiden Seiten die Einigungsstelle angerufen hat (§ 112 Abs. 4 BetrVG). Ein Sozialplan muss auch nicht vor Vollzug der Maßnahmen zustande gekommen sein. Der Arbeitgeber ist frei, nach Zustandekommen eines Interessenausgleichs oder Scheitern der Verhandlungen darüber die Maßnahme durchzuführen und über einen Sozialplan erst danach (weiter) zu verhandeln.[38]

Diese sehr unterschiedliche Ausgestaltung der beiden Instrumente führt aber in der Praxis nicht dazu, dass über Interessenausgleich und Sozialplan getrennt nach den jeweils eigenen Regeln verhandelt wird.[39] Vielmehr führt das Zusammenwirken der Regeln zu einer **einheitlichen Verhandlung über beide Gegenstände**, wobei faktisch häufig darüber verhandelt wird, wie viel der Arbeitgeber an Sozialplanleistungen geben muss, um einen Interessenausgleich zu erhalten. Ein Scheitern der Verhandlungen vor einer Einigungsstelle setzt einen länger währenden Prozess voraus, der aus direkten Verhandlungen zwischen den Parteien, dem Verfahren zur Bildung der Einigungsstelle und schließlich dem Ausschöpfen aller Gesprächsmöglichkeiten in der Einigungsstelle besteht. Dieser Prozess kann sich über mehrere Monate hinziehen in extremen Fällen bis zu einem Jahr[40] und die

---

[36] Übersicht bei GK-BetrVG/*Oetker* § 111 Rn. 276.
[37] GK-BetrVG/*Oetker* § 111 Rn. 271, 273.
[38] Fitting BetrVG §§ 112, 112a Rn. 98; Richardi/*Annuß* § 112 Rn. 67.
[39] Wenning-Morgenthaler Rn. 913; Fitting BetrVG §§ 112, 112a Rn. 126.
[40] Übersicht über den zeitlichen Ablauf bei Bauer/Haußmann/Krieger S. 28.

Dauer ist letztlich nicht vorhersehbar. Meist haben die Parteien des Unternehmenskaufvertrages einen Zeitplan aufgestellt, der die volle Verhandlungsdauer bis zum Scheitern der Verhandlungen nicht beinhaltet. Daher kann der Betriebsrat mit der ihm zur Verfügung stehenden Möglichkeit, sich einem Interessenausgleich schlicht zu verweigern, den Verkäufer erheblich unter Druck setzen.[41] Diese Art der Verknüpfung der Zustimmung zu einem Interessenausgleich mit der Forderung nach Sozialplanleistungen ist auch rechtlich nicht zu beanstanden.[42] Der Verkäufer sollte also versuchen, den Betriebsrat durch ein attraktives Paket von Ausgleichsleistungen im Sozialplan zum Abschluss des Interessenausgleichs zu bewegen. Die beiden Vereinbarungen werden dann in der Regel in einem Zug – häufig sogar integriert in einem Dokument – abgeschlossen.

ccc) Interessenausgleichs- und Sozialplanpflicht des Käufers

47 Auch für den Interessenausgleich und den Sozialplan, den ein Käufer im Falle einer **Zusammenlegung von Betrieben** abschließen muss, gelten dieselben Regeln. Die Auswirkungen auf den Ablauf der Carve-out-Transaktion sind aber nicht notwendig gleich. Während die dingliche Übertragung des Carve-out-Business nebst Übertragung der tatsächlichen Kontrolle über die Betriebsmittel auf den Käufer beim Verkäufer zwingend zur Betriebsspaltung führt, hat der Käufer die Möglichkeit, den Betrieb zunächst eigenständig weiterzuführen, bevor er ihn betrieblich in bei ihm bestehende Einheiten integriert. Der Käufer hat also rechtlich grundsätzlich die Möglichkeit, den Erwerb des Carve-out-Business und die Betriebsänderung zeitlich auseinanderzuziehen. Ob dies auch praktisch ein gangbarer Weg ist, ist eine Frage des Einzelfalles. Steht dieser Weg dem Käufer auch unter praktischen Erwägungen offen, so kann er ohne Zeitdruck über die betriebliche Zusammenlegung des Carve-out-Businsess mit bei ihm bestehenden Betrieben verhandeln, da der Vollzug der Carve-out-Transaktion auch schon vor Abschluss der Verhandlungen über einen Interessenausgleich stattfinden kann.

ddd) Behandlung der Interessenausgleichspflicht im Unternehmenskaufvertrag

48 Infolge des Verbots des Vollzugs einer Betriebsspaltung bzw. Betriebszusammenlegung vor Abschluss der Verhandlungen über einen Interessenausgleich sollte im Unternehmenskaufvertrag dieser Abschluss als **Vollzugsbedingung** aufgenommen, wenn der Vollzug des Unternehmenskaufvertrages den Vollzug der Betriebsänderung zwingend mit sich bringt.

> This Agreement shall be closed (*vollzogen*) only if the following closing conditions (the **Closing Conditions**) have been duly fulfilled or effectively waived:

---

[41] So auch für Verhandlungen über Interessenausgleich und Sozialplan bei Betriebsstilllegung WHSS/*Schweibert* C Rn. 129; *Neef* NZA 1997, 65, 66.
[42] Richardi/*Annuß* § 112 Rn. 24.

(a) Conclusion of an agreement between Seller and its works council on a reconciliation of interests (*Interessenausgleich*) with regard to the consequences of this Agreement for the operation of the Seller or decision of the reconciliation committee that negotiations about such reconciliation of interests have finally failed; [...]

eee) Inhalt von Interessenausgleich und Sozialplan

Der Interessenausgleich sollte den Inhalt der Maßnahme hinreichend genau beschreiben und zweifelsfrei die Zustimmung des Betriebsrats zu dieser Maßnahme zum Ausdruck bringen.

49

PRÄAMBEL

(A) Verkäufer betreibt neben anderen geschäftlichen Aktivitäten in München die Herstellung und den Vertrieb von Baumaschinen (das **Baumaschinengeschäft**).

(B) Verkäufer hat sich vorbehaltlich einer Einigung mit dem Betriebsrat über einen Interessenausgleich dazu entschlossen, sich vom Baumaschinengeschäft zu trennen. Zu diesem Zweck haben Verkäufer und Käufer einen Kaufvertrag geschlossen, aufgrund dessen Verkäufer dazu verpflichtet ist, die Betriebsmittel des Baumaschinengeschäfts auf den Käufer zu übertragen. Diese Übertragung führt zu einem Übergang eines Betriebsteils vom Verkäufer auf den Käufer im Sinne von § 613a BGB, was zur Folge hat, dass die Arbeitsverhältnisse sämtlicher Arbeitnehmer, die im Baumaschinengeschäft tätig sind, auf den Erwerber übergehen, soweit die betroffenen Arbeitnehmer nicht dem Übergang ihrer Arbeitsverhältnisse widersprechen. Dieser Vorgang bringt eine Spaltung des Betriebs des Verkäufers im Sinne von § 111 Satz 3 BetrVG mit sich. Daher steht der Kaufvertrag zwischen Verkäufer und Käufer unter dem Vorbehalt einer Einigung zwischen Verkäufer und Betriebsrat über einen Interessenausgleich.

(C) Verkäufer hat den Betriebsrat über den geplanten Verkauf des Baumaschinengeschäfts im Vorfeld informiert und mit dem Betriebsrat über die Folgen der Betriebsspaltung sowie einen Ausgleich möglicher Nachteile für die betroffenen Arbeitnehmer verhandelt. Die Verhandlungen sind abgeschlossen und die Parteien vereinbaren den folgenden Interessenausgleich.

1. ÜBERTRAGUNG DES BAUMASCHINENGESCHÄFTS

Verkäufer wird das Baumaschinengeschäft aufgeben. Verkäufer wird gemäß dem zwischen Verkäufer und Käufer bestehenden Kaufvertrag Betriebsmittel zum Betrieb des Baumaschinengeschäfts auf Käufer übertragen.

2. ÜBERGANG DER ARBEITSVERHÄLTNISSE UND WEGFALL DER ARBEITSPLÄTZE

2.1 Die Parteien gehen übereinstimmend davon aus, dass aufgrund der Übertragung der Betriebsmittel die Arbeitsverhältnisse der Arbeitneh-

> mer, die im Baumaschinengeschäft tätig sind, gemäß §613a BGB auf Käufer übergehen werden, soweit die Arbeitnehmer nicht dem Übergang ihrer Arbeitsverhältnisse widersprechen; eine Liste der von dem Betriebsübergang betroffenen Arbeitnehmer ist in der **Anlage** enthalten.
> 2.2 Verkäufer wird die betroffenen Arbeitnehmer vor der Übertragung der Betriebsmittel nach Ziffer 1 über diese und über den Übergang der Arbeitsverhältnisse sowie die sonstigen Rechtsfolgen informieren. Zwischen dieser Information und der Übertragung der Betriebsmittel wird eine Frist von mindestens 30 Tagen liegen.
> 2.3 Mit der Übertragung der Betriebsmittel von Verkäufer auf Käufer fallen die Arbeitsplätze im Baumaschinengeschäft bei Verkäufer weg.
> 3. INKRAFTTRETEN
> Dieser Interessenausgleich tritt mit Unterzeichnung in Kraft.

50 Die Regelungen im Sozialplan hängen von den Umständen des Einzelfalls ab, insbesondere vom Inhalt der Arbeitsverhältnisse und dem sich daraus ergebenden Regelungsbedarf.

51 Bei der Gestaltung des Sozialplans ist darauf zu achten, dass die Betriebsparteien nicht unmittelbar die Arbeitsbedingungen für die **Zeit nach dem Betriebsübergang** regeln dürfen. Durch Betriebsvereinbarung geregelte Arbeitsbedingungen, die beim Verkäufer gelten, können nach den allgemeinen Regeln des Betriebsverfassungsrechts oder nach den Regeln zum Betriebsübergang auch beim Käufer gelten (→ Rn. 177–190). Verkäufer und Betriebsrat können aber nicht Arbeitsbedingungen spezifisch für die Zeit nach dem Betriebsübergang durch Betriebsvereinbarung festlegen, da ihnen hierfür die Kompetenz fehlt; diese Regelungen sind dem Käufer und dem Betriebsrat vorbehalten.[43] Daher ist z. B. eine – in der Praxis durchaus anzutreffende und auch in Sozialplanverhandlungen vorgeschlagene – Regelung unwirksam, wonach betriebsbedingte Kündigungen von übergegangenen Arbeitsverhältnissen für einen bestimmten Zeitraum nach Betriebsübergang ausgeschlossen sind oder bestimmte Abfindungsansprüche auslösen. Dieser Grundsatz schränkt den Kreis von möglichen Regelungen aus Anlass einer Betriebsspaltung, die mit einem Betriebsübergang einhergeht, stark ein.

fff) Behandlung der Sozialplanpflicht im Unternehmenskaufvertrag

52 Da der Sozialplan in der Regel gemeinsam mit dem Interessenausgleich nach Unterzeichnung des Unternehmenskaufvertrages und vor dessen Vollzug abgeschlossen wird und auch Lasten für den Käufer erzeugen kann, muss er bei der Gestaltung des Unternehmenskaufvertrages berücksichtigt werden.

---

[43] BAG 4 AZR 77/86 Rn. 41, NZA 1987, 593 (595); BAG 1 ABR 54/01 Rn. 58, NZA 2003, 670 (675).

2. Information und Beteiligung von Arbeitnehmern und Arbeitnehmervertretern

Der Sozialplan gehört nicht zum Bestand der Vereinbarungen zwischen Verkäufer und Betriebsrat, der Gegenstand der *Due Diligence* war und von den **Verkäufergarantien** abgedeckt ist. Daher muss der Verkäufer darauf achten, dass die Verkäufergarantie zur vollständigen Auflistung aller für das Carve-out-Business gültigen Vereinbarungen mit dem Betriebsrat insoweit einen Vorbehalt enthält, dass der noch abzuschließende Sozialplan noch hinzukommt. Ansonsten besteht für den Verkäufer das Risiko, dass er die Lasten, die dem Käufer durch den Sozialplan entstehen, als Folge der Gewährleistung übernehmen muss. Weiterhin muss der Verkäufer darauf achten, dass in einer Regelung zur Führung des Geschäfts zwischen Abschluss des Unternehmenskaufvertrags und dessen Vollzug (**Conduct-of-Business-Klausel**) der Abschluss des Sozialplans vorgesehen ist.

53

Der Käufer muss darauf achten, dass ihm der Verkäufer nicht durch Sozialplanregelungen unbegrenzte Lasten aufbürdet. Das Ergebnis von Sozialplanverhandlungen ist nicht prognostizierbar, da die Betriebsparteien in der Frage, in welchem Maß Nachteile für Arbeitnehmer auszugleichen sind, grundsätzlich frei sind.[44] Sollte die Einigungsstelle angerufen werden, hat diese bei der Aufstellung des Sozialplans einen weiten Ermessensspielraum.[45] In dieser Situation bietet sich eine **Risikoverteilung** zwischen den Parteien des Unternehmenskaufvertrags an, etwa in der Weise, dass Lasten, die aus dem Sozialplan für den Käufer entstehen und über einen bestimmten Betrag hinausgehen, vom Verkäufer zu tragen sind, und zwar per Abzug vom Kaufpreis oder durch Ausgleichszahlung an den Käufer.

54

> Seller negotiates an agreement (reconciliation of interests and social compensation plan) with its works council with regard to the consequences of this Agreement for the operation of Seller. In the event that this agreement leads to an increase of Employment Liabilities (→ Rn. 82) Seller shall pay to Purchaser an amount equal to the increase relating to 24 months following the Closing Date.

Bei diesem Klauselbeispiel erfolgt die Lastenverteilung in der Weise, dass der Verkäufer die Steigerung der Personalkosten durch den Sozialplan für die ersten zwei Jahre nach Vollzug der Carve-out-Transaktion tragen muss, während der Käufer die Lasten für die Zeit danach übernimmt. Die Berechnung der Personalkostensteigerung kann durchaus komplex sein und kann in der Weise geregelt werden, dass eine Wirtschaftsprüfungsgesellschaft den Betrag in einem bindenden Schiedsgutachten (analog § 317 BGB) bestimmt.

Der Unternehmenskaufvertrag kann auch vorsehen, dass der Käufer über die Verhandlungen über den Sozialplan zu informieren ist und Vorschläge über dessen Gestaltung unterbreiten darf.

55

---

[44] Fitting BetrVG §§ 112, 112a Rn. 134; Richardi/Annuß § 112 Rn. 82.
[45] BAG 1 ABR 11/02 Rn. 44, NZA 2004, 108 (110); BAG 1 ABR 23/03 Rn. 26, NZA 2005, 302 (305); BAG 1 ABR 97/09 Rn. 18, NZA 2001, 1112 (1113); *Gaul* DB 2004, 1498, 1504.

c) Separierung des Carve-out-Business durch Gesamtrechtsnachfolge

aa) Information und Beteiligung nach allgemeinen Regeln zu *Asset Deal* und *Share Deal*

56 Im Falle einer Übertragung des Carve-out-Business auf einen eigenständigen Rechtsträger im Wege der partiellen Gesamtrechtsnachfolge durch eine Spaltung mit anschließender Veräußerung dieses Rechtsträgers im Wege eines *Share Deal* sind im Zuge der Spaltung die Arbeitnehmer und Arbeitnehmervertretungen nach denselben Grundsätzen zu informieren und zu beteiligen wie bei einem *Asset Deal* (→ Rn. 23–55). Für die Beteiligung des Wirtschaftsausschusses besteht neben der Generalklausel für wirtschaftliche Angelegenheiten (§ 106 Abs. 2, 3 Nr. 10 BetrVG) noch eine weitere Rechtsgrundlage; der Wirtschaftsausschuss ist auch unter dem Gesichtspunkt der Spaltung des Unternehmens zu beteiligen (§ 106 Abs. 2, 3 Nr. 8 BetrVG). Dies verändert jedoch weder den Umfang der Beteiligungsrechte noch das Verfahren zur Beteiligung.

57 Die Spaltung des Unternehmens nach Umwandlungsrecht führt nicht notwendig zu einer Spaltung eines **Betriebs im Sinne des Betriebsverfassungsrechts**. Je nachdem, wie das Carve-out-Business neben anderen Geschäftsbereichen beim Verkäufer betrieblich organisiert ist, kann die Übertragung auf einen eigenständigen Rechtsträger die Übertragung eines vollständigen Betriebs oder eines Betriebsteils sein und nur im letzteren Fall liegt eine Betriebsspaltung vor. Es gelten also auch insoweit alle Ausführungen zum *Asset Deal* auch für die Spaltung.

58 Auch bei dem an die Spaltung anschließenden *Share Deal* sind Arbeitnehmervertretungen nach denselben Regeln zu beteiligen wie bei einem *Share Deal*, bei dem das Carve-out-Business von Anfang an rechtlich selbständig war.

bb) Inhalt des Spaltungsvertrags und Zuleitung des Entwurfs an den Betriebsrat

59 Zusätzlich zu den allgemeinen Pflichten zur Information und Beteiligung von Arbeitnehmern und Arbeitnehmervertretungen bestehen im Falle der Spaltung noch besondere Pflichten nach Umwandlungsrecht. In den Entwurf des Spaltungsvertrages ist ein Abschnitt mit einer Beschreibung der **Folgen der Spaltung für die Arbeitnehmer und ihre Vertretungen** sowie die insoweit vorgesehenen Maßnahmen aufzunehmen (§ 126 Abs. 1 Nr. 11 UmwG). Der Entwurf des Spaltungsvertrags oder – wenn der Vertragsschluss vor der Beschlussfassung durch die Gesellschafterversammlungen erfolgt – der Vertrag muss spätestens einen Monat vor dem Tag, an dem die Gesellschafterversammlungen der beteiligten Rechtsträger (Verkäufer und ggf. Veräußerungsvehikel) über den Spaltungsvertrag beschließen, den **Betriebsräten der beteiligten Rechtsträger zugeleitet** werden (§ 126 Abs. 3 UmwG). Dabei ist den Betriebsräten der gesamte Vertragstext zu

2. Information und Beteiligung von Arbeitnehmern und Arbeitnehmervertretern

übermitteln, nicht nur der Abschnitt, der sich mit den arbeitsrechtlichen Folgen befasst.[46]

60 Ein Nachweis der rechtzeitigen Zuleitung an die Betriebsräte ist Teil der Unterlagen, die bei der Anmeldung der Spaltung zum Handelsregister einzureichen sind (§ 125, § 17 Abs. 1 UmwG). Der Nachweis der Zuleitung ist **Eintragungsvoraussetzung**[47] und damit Voraussetzung dafür, dass die Spaltung wirksam wird (§ 131 UmwG). Um den Nachweis erbringen zu können, sollte der Betriebsratsvorsitzende (§ 26 Abs. 2 BetrVG) aufgefordert werden, eine Empfangsquittung auszustellen.[48]

61 Fraglich ist, welchem der im Betriebsverfassungsrecht vorgesehenen Gremien der Spaltungsvertrag zuzuleiten ist. Diese Frage stellt sich nicht, wenn ein Rechtsträger nur einen Betrieb und damit nur einen Betriebsrat hat und nicht Teil eines Konzerns ist, für den ein Konzernbetriebsrat gebildet ist. In diesem Fall hat die Zuleitung an den bestehenden **Betriebsrat** zu erfolgen. Ist aber ein **Gesamtbetriebsrat** und/oder ein **Konzernbetriebsrat** gebildet, besteht hinsichtlich der Zuständigkeit Rechtsunsicherheit. Es spricht viel dafür, wegen des Bezugs des Umwandlungsvorgangs zum Unternehmen den Spaltungsvertrag immer dem Gesamtbetriebsrat zuzuleiten, wenn ein solcher besteht.[49] Dagegen wird eingewandt, dass der Vorgang auf betrieblicher Ebene spezifisch einen oder mehrere Betriebe betreffen kann, sodass in diesem Fall nur deren Betriebsräte für den Empfang des Spaltungsvertrages zuständig sind.[50] Schließlich wird die Ansicht vertreten, dass auch der Konzernbetriebsrat zuständig sein kann, wenn eine Maßnahme mehrere Konzerngesellschaften betrifft.[51] Dies ist bei einer Übertragung des Carve-out-Business auf einen eigenständigen Rechtsträger der Fall, da auch der übernehmende Rechtsträger zunächst eine Konzerngesellschaft ist, bevor er im Wege des *Share Deal* veräußert wird. Da diese Frage nicht durch Rechtsprechung geklärt ist und die Zuleitung zwingende Voraussetzung für Wirksamkeit der Carve-out-Transaktion ist, sollte hier der sicherste Weg beschritten werden. Der Spaltungsvertrag bzw. dessen Entwurf sollte allen in Betracht kommenden Gremien zugeleitet werden[52] und die Nachweise über sämtliche Zuleitungen sollten der Anmeldung der Spaltung zum Handelsregister beigefügt werden.

62 Ist bei einem Rechtsträger **kein Betriebsrat** gebildet, so entfällt die Zuleitungspflicht. Dies muss allerdings dem Registergericht im Rahmen der Anmeldung der Spaltung gemäß § 17 UmwG nachgewiesen werden. Hierfür genügt eine einfache schriftliche Erklärung der Geschäftsführung des betroffenen Rechtsträgers.[53]

---

[46] WHSS/*Willemsen* C Rn. 356.
[47] Lutter/*Decher* UmwG § 17 Rn. 2; Kallmeyer/*Kallmeyer/Sickinger* UmwG § 126 Rn. 68.
[48] Kallmeyer/*Zimmermann* UmwG § 17 Rn. 3.
[49] *Boecken* Unternehmensumwandlungen S. 222.
[50] *Blechmann* NZA 2005, 1143, 1147 f.
[51] *Engelmeyer* DB 1996, 2542, 2545; *Mengel* Umwandlungen S. 338.
[52] WHSS/*Willemsen,* C, Rn. 357.
[53] Lutter/*Decher* UmwG § 17 Rn. 4; Kallmeyer/*Willemsen* UmwG § 5 Rn. 79; Semler/Stengel/*Simon* § 5 Rn. 148.

Demgegenüber verlangt das Amtsgericht Duisburg in ständiger Rechtsprechung, dass eine eidesstattliche Versicherung der gesetzlichen Vertreter des betroffenen Rechtsträgers innerhalb der Acht-Monats-Frist des § 17 Abs. 2 Satz 4 UmwG beigebracht werden muss.[54] Wegen der Bedeutung der Eintragung für die Carve-out-Transaktion sollte diese Frage im Zuge der Planung des zeitlichen Ablaufs mit dem zuständigen Registerrichter abgestimmt werden.

63 Der Betriebsrat kann auf die **Einhaltung der Monatsfrist** für die Zuleitung des Spaltungsvertrages **verzichten**.[55] Er kann aber nicht auf die **Zuleitung als solche verzichten**[56], da hierin die Aufgabe eines Beteiligungsrechts läge, die den allgemeinen Grundsätzen der Beteiligung von Betriebsräten widerspräche.[57] Daher muss auch im Falle des Verzichts auf die Monatsfrist die Zuleitung noch zu einem Zeitpunkt geschehen, der dem Betriebsrat die Möglichkeit zu einer sinnvollen Durchsicht des Dokuments vor der Beschlussfassung durch die Anteilseigner eröffnet. Um der Nachweispflicht bei der Anmeldung der Spaltung beim Handelsregister nachkommen zu können, muss der Verzicht **schriftlich** erklärt werden.[58]

64 Im Hinblick auf die Vollständigkeit und Richtigkeit der die Arbeitnehmer betreffenden Angaben im Spaltungsvertrag (§ 125 Abs. 1 Nr. 11 UmwG) hat das Registergericht zumindest ein **formelles Prüfungsrecht**. Das Registergericht prüft also zumindest, ob überhaupt nachvollziehbare Angaben im Spaltungsvertrag enthalten sind.[59] Fehlt es daran, lehnt das Registergericht die Eintragung ab, sodass die Carve-out-Transaktion nicht wirksam werden kann.[60]

65 Die Angaben im Spaltungsvertrag zu den Folgen der Spaltung für die Arbeitnehmer und Arbeitnehmervertretungen sowie die vorgesehenen Maßnahmen (§ 126 Abs. 1 Nr. 11 UmwG) müssen jedenfalls auf alle Folgen mit Bezug auf die **Kerngebiete des Arbeitsrechts** eingehen, wie etwa den Übergang von Arbeitsverhältnissen, Haftungsfolgen, Veränderungen der betriebsverfassungsrechtlichen Struktur, Einfluss auf die Tarifbindung, Auswirkungen auf die Geltung von Betriebsvereinbarungen und Tarifverträgen, Veränderungen im Kündigungsschutz und Folgen für die betriebliche Altersversorgung.[61] Um dem Registergericht die Prüfung der Vollständigkeit der Angaben zu ermöglichen und eine Beanstandung zu vermeiden, empfiehlt es sich, in Bezug auf die Kerngebiete eine **„Negativerklä-**

---

[54] AG Duisburg 23 HRB 4942, 23 HRB 5935, GmbHR 1996, 372.
[55] OLG Naumburg 7 Wx 6/02, Rn. 25, NZG 2004, 734 (734); LG Stuttgart 4 KfH T 17/99, 4 KFH T 18/99, GmbHR 2000, 622; *Pfaff* DB 2002, 686, 688; Lutter/*Drygala* UmwG § 5 Rn. 148; Kallmeyer/*Willemsen* UmwG § 5 Rn. 77b; Semler/Stengel/*Simon* § 5 Rn. 145.
[56] OLG Naumburg 7 Wx 6/02, Rn. 25, NZG 2004, 734 (734); *Pfaff* DB 2002, 686, 688; Lutter/*Drygala* UmwG § 5 Rn. 148; Kallmeyer/*Willemsen* UmwG § 5 Rn. 77b.
[57] *Willemsen* RdA 1998, 23, 33.
[58] Kallmeyer/*Willemsen* UmwG § 5 Rn. 77b; Kölner Kommentar-UmwG/*Hohenstatt/Schramm* § 5 Rn. 256.
[59] Kölner Kommentar-UmwG/*Hohenstatt/Schramm* § 5 Rn. 214.
[60] OLG Düsseldorf 3 Wx 156/98, Rn. 17, NZA 198, 766 (767).
[61] Kallmeyer/*Willemsen* UmwG § 5 Rn. 77b.

rung" abzugeben, wenn die Spaltung keine Auswirkungen hat[62]. Sind z. B. weder der Verkäufer noch das Veräußerungsvehikel Mitglied in einem Arbeitgeberverband und haben die beiden Rechtsträger auch keine Firmentarifverträge geschlossen, so sollte dieser Umstand erwähnt werden, verbunden mit dem Hinweis, dass daher eine Veränderung im Hinblick auf die Geltung von Tarifverträgen nicht in Betracht kommt.

cc) Erfordernis der Zustimmung des Aufsichtsrats des Gesellschafters des Verkäufers nach Mitbestimmungsrecht

Für die Spaltung, die die Übertragung des Carve-out-Business vom Verkäufer auf das Veräußerungsvehikel herbeiführt, bedarf es eines Beschlusses der Anteilseigner des Verkäufers, der in einer Gesellschafterversammlung zu fassen ist (§ 125, § 13 UmwG). Soweit die Anteilseigner Kapitalgesellschaften sind, werden sie bei der Beschlussfassung durch ihre Vertretungsorgane (Vorstand, Geschäftsführung) vertreten. Dieser Beschluss kann einer Regelung des MitbestG unterworfen sein. Wenn der Verkäufer nach den Regeln des MitbestG mitbestimmt ist und ein Anteilseigner, der mindestens 25 % der Anteile hält, ebenfalls nach diesen Regeln mitbestimmt ist, dann darf das Vertretungsorgan des Anteilseigners der Spaltung in der Gesellschafterversammlung des Verkäufers nur zustimmen, wenn es eine entsprechende Weisung von seinem Aufsichtsrat erhalten hat (§ 32 MitbestG). Die **Weisung des Aufsichtsrats** ist bindend.[63] Der Aufsichtsratsbeschluss bezüglich dieser Weisung bedarf nur der Mehrheit der Stimmen der Anteilseigner (§ 32 Abs. 1 Satz 2 MitbestG).

66

3. Betriebsübergang

Bei einer Carve-out-Transaktion übernimmt der Käufer typischerweise einen Geschäftsbereich des Verkäufers. Erfolgt die Separierung des Carve-out-Business durch einen externen *Asset Deal*, so werden in der Regel die übertragenen Vermögensgegenstände eine organisatorische Einheit darstellen, die aus arbeitsrechtlicher Sicht einen Betrieb oder Betriebsteil bildet. Der Inhaberwechsel bei diesem Betrieb oder Betriebsteil ist im arbeitsrechtlichen Sinn ein Betriebsübergang, der grundsätzlich den automatischen Übergang der Arbeitsverhältnisse aller zum Betrieb oder Betriebsteil gehörenden Arbeitnehmer auf den Käufer bei gleichbleibenden Bedingungen zur Folge hat. Daneben ergeben sich aus dem Betriebsübergang Verpflichtungen zur Information von Arbeitnehmern (→ Rn. 76–78). Ein Betriebsübergang

67

---

[62] Kallmeyer/*Willemsen* UmwG § 5 Rn. 59.
[63] Wlotzke/Wißmann/Koberski/Kleinsorge/*Koberski* § 32 Rn. 22; Raiser/Veil/Jacobs/*Raiser* § 32 MitbestG Rn. 23.

kann auch bei der Separierung des Carve-out-Business durch Gesamtrechtsnachfolge eintreten, wenn im Zuge der Spaltung zum Carve-out-Business gehörende Vermögensgegenstände oder Arbeitnehmer auf das Veräußerungsvehikel übertragen werden.

a) Überblick über die Voraussetzungen und Rechtsfolgen eines Betriebsübergangs

68 Ein Betriebsübergang im Sinne des § 613a BGB setzt einen Übergang eines Betriebs oder Betriebsteils voraus, also den Wechsel der Person, die eine wirtschaftliche Einheit führt, wobei diese Einheit auch nach dem Wechsel ihre Identität wahren muss (→ Rn. 84–103).

aa) Übergang der Arbeitsverhältnisse der Arbeitnehmer des Betriebs

69 Als Folge des Betriebsübergangs gehen die Arbeitsverhältnisse aller dem übergehenden Betrieb oder Betriebsteil zuzuordnenden Arbeitnehmer (→ Rn. 112–120) auf den Käufer über. Der Übergang erfolgt auf der Grundlage der **gesetzlichen Anordnung** und es bedarf hierfür keiner vertraglichen Regelung zwischen den Parteien (§ 613a Abs. 1 BGB). Allerdings haben die Arbeitnehmer das Recht, dem Übergang ihrer Arbeitsverhältnisse zu widersprechen. Machen sie von diesem Recht Gebrauch, verbleibt ihr Arbeitsverhältnis beim Verkäufer. Der **Widerspruch** kann nur innerhalb einer Frist von einem Monat nach Erhalt der schriftlichen Information seitens der Arbeitgeber (→ Rn. 76–78) erfolgen (§ 613a Abs. 6 BGB).

70 Bei der Behandlung des Übergangs von Arbeitnehmern in einem **Unternehmenskaufvertrag**, der Grundlage eines internationalen *Asset Deal* ist, ist zu berücksichtigen, dass das Bestehen eines Widerspruchsrechts und die Rechtsfolgen eines Widerspruchs in verschiedenen Rechtsordnungen, die den automatischen Übergang von Arbeitsverhältnissen beim Betriebsübergang vorsehen, unterschiedlich geregelt sind (→ Rn. 127). Die folgende Beispielsklausel bezieht sich auf den Erwerb von Assets von drei verschiedenen Verkäufergesellschaften in Deutschland, Großbritannien und der Schweiz und berücksichtigt auch Unterschiede in den verschiedenen Rechtsordnungen im Hinblick auf den Übergang von Pensionsverpflichtungen (→ Rn. 128).

> The Parties acknowledge and agree that the employment contracts of the employees who are employed in the Carve-out-Business at the Closing Date under an employment contract with either
>
> (a) the Swiss Seller (the **Swiss Employees**); or
> (b) the German Seller (the **German Employees**); or
> (c) the UK Seller (the **UK Employees**)

(collectively and anonymously listed in Exhibit 1.1, the **European Employees**) will transfer to Purchaser with all rights and obligations by operation of law, except for

(i) those German Employees and UK Employees who duly object to the transfer of their employment contracts, and with respect to the UK Employees further except in so far as those rights and obligations relate to any occupational pension scheme, as that term is used in regulation 10 of the Transfer of Undertakings (Protection of Employment) Regulations 2006; and

(ii) those Swiss Employees who duly object to the transfer of their employment contracts and whose notice periods lapse prior to Closing.

The German Employees, UK Employees and Swiss Employees who do not duly object and the Swiss Employees who duly object but whose notice periods do not lapse prior to Closing are together referred to as the **Transferred European Employees** and individually for each jurisdiction as the **Transferred German Employees**, the **Transferred UK Employees** and the **Transferred Swiss Employees**. Purchasers shall refrain from inducing the European Employees in any way whatsoever to object to the transfer of their employment relationships as described above.

bb) Kündigung von Arbeitnehmern im Falle eines Widerspruchs

Macht ein Arbeitnehmer von seinem Widerspruchsrecht Gebrauch und verbleibt sein Arbeitsverhältnis beim Verkäufer, so besteht für den Arbeitnehmer grundsätzlich die Gefahr, dass ihm aus betriebsbedingten Gründen gekündigt wird. Die Kernvoraussetzung einer betriebsbedingten Kündigung nach § 1 Abs. 2 KSchG der **Wegfall des Arbeitsplatzes** wird durch den Betriebsübergang beim Verkäufer herbeigeführt. Der Arbeitsplatz besteht nach dem Vollzug (*Closing*) der Carve-out-Transaktion in einem Betrieb, den der Arbeitgeber nicht mehr führt. Hat der Verkäufer noch einen oder mehrere weitere Betriebe, so muss er zunächst **freie Arbeitsplätze** im Unternehmen, auf denen der Arbeitnehmer einsetzbar ist, anbieten, soweit es sich nicht um „Beförderungsstellen" handelt.[64] Wenn freie Arbeitsplätze nicht vorhanden sind oder nur im Wege einer Änderungskündigung angeboten werden müssen und der Arbeitnehmer das Änderungsangebot nicht annimmt, kommt eine Beendigung des Arbeitsverhältnisses im Wege der Kündigung in Betracht (§ 1 Abs. 2 KSchG).

71

War das Carve-out-Business beim Verkäufer ein eigenständiger Betrieb im Sinne des Kündigungsschutzrechts, muss der Verkäufer keine **Sozialauswahl** mit vergleichbaren Arbeitnehmern anstellen, die im Unternehmen verbleiben. Denn eine Sozialauswahl nach § 1 Abs. 3 KSchG ist nur in den Grenzen des Betriebs gefordert.[65] In diesem Fall kann eine Kündigung gegenüber dem ursprünglich

72

---

[64] BAG 2 AZR 132/04 Rn. 28, NZA 2005, 1289 (1291); KR/*Griebeling* § 1 KSchG Rn. 217.
[65] BAG 2 AZR 276/06 Rn. 16, NZA 2008, 33 (34); KR/*Griebeling* § 1 KSchG Rn. 608.

im Carve-out-Business beschäftigen Arbeitnehmer ausgesprochen werden. Dies ist anders, wenn das Carve-out-Business nur ein Betriebsteil war. Dann ist eine betriebsbedingte Kündigung ausgeschlossen, wenn vergleichbare Arbeitnehmer in den verbleibenden Teilen des Betriebs im Sinne von § 1 Abs. 3 KSchG sozial stärker sind.[66]

73 Im **Unternehmenskaufvertrag** können die Lasten und Risiken, die sich aus dieser Rechtslage ergeben, wie folgt geregelt werden.

> If employment relationships of German Employees with German Seller continue with German Seller after the Closing Date for whatever reason (e. g., because employees have objected to the transfer of their employment relationship) German Seller shall terminate such employment relationships effective at the earliest date that is possible under applicable law. Purchasers shall indemnify and hold harmless German Seller from and against any obligations and liabilities arising from such employment relationships after the Closing Date (including continuation of the employment relationship after reinstatement as a result of dismissal protection proceedings) or from the termination of such employment relationships including but without limitation to salaries, wages, severance costs and contributions payable in respect of the employment under any contractual or statutory obligation (including all income or withholding tax or national or social insurance contributions under applicable law) provided, however, that no such liability of Purchasers shall arise to the extent that severance costs that have been agreed between German Seller and a German Employee after the Closing Date exceed the amount of half of a monthly salary per year of service or EUR [75,000] (whichever is the lower) if the agreement has been concluded without the prior written consent of Purchaser.

In diesem Klauselbeispiel werden die Lasten aus den Arbeitsverhältnissen der widersprechenden Arbeitnehmer ab Vollzug der Carve-out-Transaktion einschließlich der Risiken aus dem Kündigungsschutz auf den Käufer übertragen. Der Käufer hat die Möglichkeit durch Zustimmung zu einer – ggf. hohen – Abfindungszahlung auf eine Beendigung des Arbeitsverhältnisses hinzuwirken.

cc) Kündigung und Neuregelung des Arbeitsverhältnisses

74 Eine Kündigung, die sich in der Begründung auf den Betriebsübergang als solchen stützt, ist immer unwirksam (§ 613a Abs. 4 BGB). Diese Vorschrift hat jedoch im Rahmen des strengen und detailliert geregelten allgemeinen Kündigungsschutzrechts nur geringe Bedeutung.[67]

75 Bedeutsamer als das Kündigungsverbot sind die Grenzen für aus Anlass eines Betriebsübergangs erfolgende arbeitsvertragliche Neuregelungen. Aus Anlass eines

---

[66] KR/*Griebeling* § 1 KSchG Rn. 611.
[67] *Willemsen* ZIP, 1983, 411, 413: Komplementärfunktion.

3. Betriebsübergang

Betriebsübergangs abgeschlossene Aufhebungsverträge zwischen dem Verkäufer und den Arbeitnehmern sind unwirksam, wenn diese Verträge im Zusammenhang mit neuen Arbeitsverträgen mit dem Käufer abgeschlossen werden, sofern die neuen Verträge für die Arbeitnehmer **ungünstigere Arbeitsbedingungen** beinhalten.[68] Weiterhin sind Vereinbarungen zwischen dem Verkäufer oder dem Käufer und den Arbeitnehmern unwirksam, die zwar die Fortsetzung des Arbeitsverhältnisses nach Betriebsübergang unberührt lassen, die aber das Ziel haben zu verhindern, dass der Käufer in alle Rechte und Pflichten aus dem Arbeitsverhältnis eintritt.[69] Dies ist z. B. der Fall bei Verträgen zwischen dem Verkäufer und den Arbeitnehmern unmittelbar vor Betriebsübergang, mit denen die Arbeitnehmer auf Rechte verzichten, wenn ein solcher Verzicht aus Anlass des Betriebsübergangs erfolgen soll. Ein solcher Zusammenhang wird etwa dadurch deutlich, dass der Verzicht unter der Bedingung steht (§ 158 BGB), dass ein Betriebsübergang erfolgen wird.[70]

dd) Pflicht zur Information der Arbeitnehmer über den Betriebsübergang

Die betroffenen Arbeitnehmer sind vor dem Betriebsübergang gemäß § 613a Abs. 5 BGB zu informieren, und zwar über 76

– den Zeitpunkt oder den geplanten Zeitpunkt des Übergangs,
– den Grund für den Übergang,
– die rechtlichen, wirtschaftlichen und sozialen Folgen des Übergangs für die Arbeitnehmer sowie
– die hinsichtlich der Arbeitnehmer in Aussicht genommenen Maßnahmen.

Die Unterrichtung muss in **Textform** erfolgen. Diese Verpflichtung trifft **sowohl den Verkäufer als auch den Käufer** der Carve-out-Transaktion. Die Parteien können für die Erfüllung dieser Verpflichtung zwei verschiedene Wege gehen. Sie können ein Unterrichtungsschreiben gemeinsam abstimmen und dann als gemeinsame Verlautbarung an die Arbeitnehmer ausgeben. Sie können aber auch im Unternehmenskaufvertrag regeln, dass eine der beiden Seiten diese Verpflichtung zu erfüllen hat. Wichtig ist es in beiden Fällen, im Unternehmenskaufvertrag zu regeln, dass sich die Parteien gegenseitig die für die Unterrichtung notwendigen Informationen zukommen lassen (→ Rn. 78). Denn für eine ausreichende Unterrichtung sind sowohl Verhältnisse beim Verkäufer als auch beim Käufer relevant. 77

Die ordnungsgemäße Unterrichtung hat für Verkäufer und Käufer eine erhebliche Bedeutung. Die **Frist für den Widerspruch der Arbeitnehmer** (→ Rn. 69) beginnt erst zu laufen, wenn die ordnungsgemäße Unterrichtung erfolgt ist (§ 613a 78

---

[68] BAG 8 AZR 523/04, Rn. 27, NZA 2006, 145 (147); BAG 8 AZR 917/06, Rn. 43, NZA-RR 2008, 367 (370).
[69] BAG 8 AZR 722/07, Rn. 26, NZA 2009, 1091 (1093).
[70] BAG 8 AZR 722/07, Rn. 29, NZA 2009, 1091 (1094).

Abs. 6 BGB). Dafür verlangt die Rechtsprechung eine inhaltlich vollständige und fehlerfreie Unterrichtung.[71] Mängel des Unterrichtungsschreibens führen also dazu, dass Arbeitnehmer noch lange Zeit nach dem Vollzug des Carve-out dem Übergang ihrer Arbeitsverhältnisse widersprechen können, mit der Folge, dass sie so zu behandeln sind, als sei ihr Arbeitsverhältnis nie übergegangen.[72] Dies kann zu praktischen Problemen in der Abwicklung führen, die über die Regeln des fehlerhaften Arbeitsverhältnisses und die Regeln über den Annahmeverzug zu lösen sind.[73] Vor allem aber wird der Verkäufer auf diese Weise wieder Arbeitgeber von Arbeitnehmern, für die er in der Regel infolge der Veräußerung des Geschäftsbereichs keine Verwendung mehr hat. Kündigungen sind dann unter den oben genannten Voraussetzungen möglich (→ Rn. 71–73). Der Verkäufer muss jedoch jedenfalls während der Kündigungsfrist weiterhin die Vergütung zahlen. Wegen der großen wirtschaftlichen Bedeutung einer inhaltlich vollständigen und richtigen Unterrichtung sollten neben dem Informationsaustausch zwischen Verkäufer und Käufer auch die Rechtsfolgen von Mängeln dieser Informationen im Unternehmenskaufvertrag geregelt werden.

> Each of the Sellers will have obligations to inform and consult with, to the extent required under applicable law, (i) the European Employees and other employees who are employed in the Carve-out-Business at the relevant time under an employment contract with any of the Swiss Seller, the German Seller and the UK Seller; (ii) the representatives of the relevant employees; and (iii) governmental agencies in connection with the transactions contemplated hereunder, and agrees to comply with such obligations. The relevant Purchaser shall reasonably provide each of the Sellers with such information and support as is required in order to comply with their information and consultation obligations in a timely manner. Purchasers shall indemnify and hold harmless each of the Sellers from and against any and all costs suffered or incurred as a result of any failure by the relevant Purchaser to timely provide such information and/or support.

ee) Umfang des Übergangs der Rechte und Pflichten und Nachhaftung des Verkäufers

79 Der Übergang des Arbeitsverhältnisses führt dazu, dass der Käufer in alle Rechte und Pflichten gegenüber dem Arbeitnehmer eintritt. Er übernimmt das Vertragsverhältnis „so wie es steht und liegt". Der Käufer übernimmt insbesondere auch solche Verpflichtungen, die sich auf die Abgeltung von Arbeitsleistung

---

[71] BAG 8 AZR 305/05, Rn. 34, NZA 2006, 1268 (1272); BAG 8 AZR 538/08, Rn. 18, NZA 2010, 89 (91); BAG 8 AZR 430/10, Rn. 23, NJOZ 2012, 860 (863); BAG 2 AZR 783/13, Rn. 25, NZA 2015, 866 (868).

[72] BAG 8 AZR 305/05, Rn. 39, NZA 2006, 1268 (1272); BAG 8 AZR 199/07, Rn. 51, AP BGB § 613a Nr. 360.

[73] BAG 8 AZR 382/05, Rn. 40, NZA 2006, 1406 (1410); LAG Köln 12 Sa 374/04, Rn. 25, ZIP 2005, 591; WHSS/*Willemsen*, G, Rn. 154.

3. Betriebsübergang

beziehen, die der Arbeitnehmer beim Verkäufer erbracht hat.[74] Das gilt etwa für **Gehaltsrückstände**, aber auch für zeitanteilige Vergütungen, die für längere Perioden gezahlt werden, wenn der Betriebsübergang in eine solche Periode fällt. Der Käufer muss also auch den vollen **Jahresbonus** zahlen, wenn das Arbeitsverhältnis innerhalb des maßgeblichen Jahres übergegangen ist. Aus diesen Gründen ist es erforderlich, die Lastenverteilung zwischen Verkäufer und Käufer im Unternehmenskaufvertrag abzugrenzen (→ Rn. 82).

Große wirtschaftliche Bedeutung hat in diesem Zusammenhang die **betriebliche Altersversorgung**. Der Käufer muss gegenüber den übergegangen Arbeitnehmern die vollständigen Verpflichtungen zur betrieblichen Altersversorgung erfüllen, und zwar auch für Dienstzeiten, die der Arbeitnehmer beim Verkäufer zurückgelegt hat. Dieser Gesichtspunkt wird in einem gesonderten Abschnitt behandelt (→ Rn. 223–253).

80

Während der Verkäufer in Folge des Betriebsübergangs grundsätzlich von allen Verpflichtungen aus dem Arbeitsverhältnis frei wird, sieht das Gesetz eine zeitlich begrenzte **Nachhaftung des Verkäufers** für solche Verpflichtungen vor, die vor dem Betriebsübergang entstanden sind. Der Verkäufer haftet neben dem Käufer als Gesamtschuldner gegenüber dem Arbeitnehmer für Verpflichtungen, die vor dem Betriebsübergang entstanden sind und entweder schon bei Betriebsübergang fällig waren oder innerhalb des ersten Jahres nach Betriebsübergang fällig werden. Sofern die Verpflichtungen erst nach dem Übergang fällig werden, haftet der Verkäufer aber nur für denjenigen Teil der Verpflichtung, der sich auf die Periode vor dem Betriebsübergang bezieht (§ 613a Abs. 2 BGB).

81

> Der Betrieb A des Verkäufers gehört zum Carve-out-Business. Nach den beim Verkäufer bestehenden Arbeitsverträgen erhalten die Arbeitnehmer im Dezember eine Zusatzvergütung in Höhe von EUR 600. Infolge des Carve-out des Betriebs durch *Asset Deal* und eines damit verbundenen Betriebsübergangs gehen die Arbeitsverhältnisse mit Wirkung zum 1. September auf den Käufer über. Der Käufer hat die volle Zusatzvergütung für das gesamte Kalenderjahr zu zahlen, auch denjenigen Anteil, der sich auf die Dienstzeit vor dem 1. September bezieht. Dies ist die allgemeine Folge des Übergangs des Arbeitsverhältnisses mit allen Rechten und Pflichten. Der Verkäufer haftet gegenüber den Arbeitnehmern – als Gesamtschuldner neben dem Käufer – auf die Zahlung von EUR 400. Dabei handelt es sich um den Anteil an der Zusatzvergütung, der sich auf die Dienstzeit beim Verkäufer bezieht.

Wegen der Nachhaftung ist die Abgrenzung der Verpflichtungen gegenüber den übergehenden Arbeitnehmern im **Unternehmenskaufvertrag** auch für den Verkäufer von Bedeutung. Bei der Gestaltung der Klausel ist zu berücksichtigen, dass langfristige Verbindlichkeiten auch von einer Kaufpreisanpassungsklausel erfasst sein können.

82

---

[74] Staudinger/*Annuß* BGB § 613a Rn. 158.

> The relevant Purchaser shall carry out, perform and discharge all salaries, wages and other liabilities and all contributions payable in respect of any of the Transferred European Employees under any contractual or statutory obligation (including all income or withholding tax or national or social insurance contributions under applicable law, and all other employment costs in respect of the Transferred European Employees) (the **Employment Liabilities**) for periods after the Closing Date, and Purchasers shall indemnify and hold harmless each of the Sellers from and against any and all costs, penalties and liabilities suffered or incurred as a result of any failure by the relevant Purchaser to carry out, perform and discharge such Employment Liabilities or as a result of a termination of a Transferred European Employee. The relevant Seller shall carry out, perform and discharge all Employment Liabilities for periods before the Closing Date, and the Sellers shall indemnify and hold harmless each of the Purchasers from and against any and all costs, penalties and liabilities suffered or incurred as a result of any failure by the relevant Seller to carry out, perform and discharge such Employment Liabilities. Any Employment Liabilities payable periodically shall be apportioned by charging, or allowing for any part of a payment period, a proportion of the payment based on the proportion of the period attributable to that Party. No duty to indemnify Purchasers under this Section applies with regard to any liability under (i) retention bonus agreements, (ii) bonus payment obligations, (iii) accrued holidays (*Urlaubsrückstände*), (iv) anniversary payments (*Jubiläumsaufwendungen*), (v) positive balances from flexible work-time accounts (*Verfügungszeiten aus flexibler Arbeitszeit*), (vi) outstanding wages and (vii) with regard to Pension liabilities vis-à-vis German Employees.

ff) Folgen des Betriebsübergangs im kollektiven Arbeitsrecht

83   Die Auswirkungen einer Carve-out-Transaktion im Wege eines *Asset Deal* auf betriebliche Interessenvertretungen, Betriebsvereinbarungen und Tarifverträge werden in gesonderten Abschnitten behandelt (→ Rn. 136–164, 176–190, 203–215).

b) Übergang eines Betriebs oder Betriebsteils

84   Ein Betriebsübergang im Sinne von § 613a BGB ist ein Wechsel des Inhabers eines Betriebs oder Betriebsteils. Den Begriffen „Betrieb oder Betriebsteil" kommt dabei zentrale Bedeutung zu. Zum einen definieren sie, welche Einheiten überhaupt als Objekt eines Betriebsübergangs in Betracht kommen. Zum anderen beinhaltet der Begriff des „Übergangs", dass dieses Objekt vor und nach diesem Vorgang dasselbe sein muss[75], also der Betrieb nach dem Übergang seine **Identität wahren** muss. Auch hierfür sind die Merkmale der Begriffe „Betrieb oder Betriebsteil" ausschlaggebend.

---

[75] HWK/*Willemsen* § 613a BGB Rn. 88.

3. Betriebsübergang

aa) Gesamtbetrachtung der Rechtsprechung

Nach der Rechtsprechung des Europäischen Gerichtshofs und des Bundesarbeitsgerichts ist ein Betrieb oder Betriebsteil eine **„wirtschaftliche Einheit"**, definiert als organisatorische Gesamtheit von Personen und/oder Sachen zur auf Dauer angelegten Ausübung einer wirtschaftlichen Tätigkeit mit eigener Zielsetzung. Die Frage, ob eine solche Einheit unter Wahrung ihrer Identität auf einen neuen Inhaber übergeht, ist durch eine **Gesamtwürdigung aller Umstände** des konkreten Einzelfalles zu beantworten. Dabei sind insbesondere die folgenden sieben Kriterien zu betrachten, denen je nach der ausgeübten Tätigkeit und je nach den Produktions- oder Betriebsmethoden unterschiedliches Gewicht zukommt:

85

(1) die Art des betreffenden Betriebs,
(2) der Übergang materieller Betriebsmittel wie bewegliche Güter und Gebäude,
(3) der Wert immaterieller Aktiva im Zeitpunkt des Übergangs,
(4) die Übernahme der Hauptbelegschaft durch den neuen Inhaber,
(5) der Übergang von Kundschaft und Lieferantenbeziehungen,
(6) der Grad der Ähnlichkeit zwischen den vor und nach dem Übergang verrichteten Tätigkeiten und
(7) die Dauer einer Unterbrechung dieser Tätigkeit.[76]

Der Verweis der Rechtsprechung auf eine Gesamtbetrachtung einer offenen Vielzahl von Kriterien führt notwendig zumindest in Randbereichen zu **Rechtsunsicherheit**. In der Praxis gibt es daher Fälle, in denen der Eintritt der Rechtsfolgen eines Betriebsübergangs als Konsequenz einer Carve-out-Transaktion nicht sicher vorausgesagt werden kann.

86

Die Frage, ob bei einer Carve-out-Transaktion ein Betriebsübergang im Sinne des § 613a BGB vorliegt, ist in der Regel dann unproblematisch zu beantworten, wenn der Geschäftsbereich, der herausgelöst und veräußert werden soll, in einer oder mehreren getrennten Gesellschaften organisiert ist. Werden in einem solchen Fall sämtliche Vermögensgegenstände der Gesellschaft bzw. Gesellschaften im Wege eines *Asset Deal* übernommen und wird der Geschäftsbereich dann selbständig fortgeführt, so liegt ein Betriebsübergang vor. Weiterhin sind diejenigen Fälle in der Regel unproblematisch, in denen das Carve-out-Business zwar neben anderen Geschäftsbereichen in derselben Gesellschaft (oder mehreren Gesellschaften) organisiert ist, in denen aber eine klare räumliche und organisatorische Trennung der Geschäftsbereiche mit getrennten Führungen, eigenen Berichtslinien und eigener Personalverwaltung vorhanden ist. Auch in diesem Fall wird die Übernahme aller Vermögensgegenstände des zu verkaufenden Geschäftsbereichs in aller Regel zu einem Betriebsübergang führen.

87

---

[76] Ständige Rechtsprechung, siehe nur: EuGH C-24/85, Rn. 13, Slg. 1986, 1119; EuGH C-13/95, Rn. 14, Slg. 1997, I-1259; EuGH C-232/04, Rn. 32 f., Slg. 2005, I-11237; BAG 8 AZR 1019/08, Rn. 21, NZA 2010, 499 (501); BAG 8 AZR 434/11, Rn. 24, NZA 2012, 1161 (1164).

88 Problematisch sind die Fälle, in denen das Carve-out-Business neben anderen Geschäftsbereichen in einer Gesellschaft organisiert ist und die verschiedenen Geschäftsbereiche organisatorisch schwächer voneinander abgetrennt sind. Hier verbleiben Fälle, in denen sich Rechtsunsicherheit letztlich nicht beheben lässt. Jedoch lässt sich das Problem anhand einiger Eckpunkte eingrenzen (→ Rn. 90–103).

89 Verbleibt auch nach eingehender Prüfung Unsicherheit darüber, ob ein Betriebsübergang vorliegt, kann man dies dadurch beheben, dass in Verträgen mit den einzelnen Arbeitnehmern geregelt wird, dass die Arbeitsverhältnisse auf den Käufer übergehen oder nicht übergehen (→ Rn. 121–123). Hierfür ist allerdings die Zustimmung der Arbeitnehmer erforderlich.

bb) Eckpunkte für die Prüfung

aaa) Definition des Gegenstands des Betriebsübergangs

90 Damit ein Betriebsteil die in der Rechtsprechung beschriebene wirtschaftliche Einheit bilden kann, muss er schon **beim Verkäufer eine selbständig abtrennbare organisatorische Einheit** sein, die innerhalb des betrieblichen Gesamtzwecks einen Teilzweck verfolgt.[77] Es genügt also nicht, dass die eigenständige Organisation erst nach Abtrennung hergestellt wird.

> Ein Forschungs- und Entwicklungsunternehmen FE GmbH mit 120 Arbeitnehmern arbeitet an der Entwicklung von Produkten im Auftrag von Herstellern. Ein Team A von 40 Arbeitnehmern innerhalb dieser Abteilung arbeitet ausschließlich an der Entwicklung einer bestimmten Produktgruppe. Dieses Team hat einen eigenen Teamleiter, der die Arbeitsabläufe in seinem Team koordiniert, für die Teamentwicklung zuständig ist und über Stand und Ergebnisse der Arbeit an den Abteilungsleiter berichtet. Dieses Team wird in der Regel einen Betriebsteil im Sinne von § 613a BGB darstellen, sodass das Herauslösen und die Veräußerung des Bereichs im Wege eines externen *Asset Deals* einen Betriebsübergang darstellen können.

91 Hat man die wirtschaftliche Einheit definiert, die Gegenstand eines Betriebsübergangs sein kann, so kann die Problematik des Betriebsübergangs mit den folgenden Überlegungen eingrenzen, bevor man in die Gesamtbetrachtung nach den von der Rechtsprechung aufgestellten Kriterien eintritt:

bbb) Kein Betriebsübergang durch reine Betriebsmittelübertragung und durch reine Funktionsnachfolge

92 Ein Betriebsübergang im Sinne des § 613a BGB tritt nicht allein dadurch ein, dass ein Käufer alle Betriebsmittel eines Betriebs oder Betriebsteils übernimmt,

---

[77] BAG 8 AZR 1019/08, Rn. 17, NZA 2010, 499 (500).

3. Betriebsübergang

wenn nicht der Käufer mit den übernommenen Vermögensgegenständen eine gleiche oder gleichartige Geschäftstätigkeit aufnimmt.[78]

Umgekehrt liegt ein Betriebsübergang aber auch nicht allein dadurch vor, dass der Käufer mit einer betrieblichen Organisation dieselben Aufgaben wahrnimmt, die bisher von einem anderen Betrieb wahrgenommen wurden, ohne dass eine Übertragung von Betriebsmitteln oder Arbeitnehmern von diesem Betrieb stattfindet (sogenannte **Funktionsnachfolge**).[79]

93

> In dem oben genannten Beispiel kommt ein Betriebsübergang nicht allein dadurch zustande, dass ein anderes Unternehmen die Entwicklungsaufträge der Hersteller übernimmt, die bisher vom Team A bearbeitet wurden. Übernimmt dieses andere Unternehmen keinerlei Betriebsmittel oder Arbeitnehmer, die bisher im Team A eingesetzt waren, liegt eine reine Funktionsnachfolge vor, die nicht die Rechtsfolgen des § 613a BGB bewirkt.

ccc) Übernahme von Betriebsmitteln oder Arbeitnehmern als Ausgangspunkt

Ausgangspunkt einer Prüfung, ob eine Carve-out-Transaktion einen Betriebsübergang darstellt, ist also immer die Übernahme von Betriebsmitteln oder Arbeitnehmern durch einen Käufer. Betriebsmittel müssen dabei aber nicht körperliche Gegenstände sein. Auch die bei vielen Carve-outs im Vordergrund stehenden Schutzrechte bzw. Lizenzen (→ Teil IV) können wesentliche Betriebsmittel einer wirtschaftlichen Einheit sein.

94

Durch die Übernahme von Arbeitnehmern wird ein Betriebsübergang dann bewirkt, wenn die Übernommenen nach **Zahl und Sachkunde** für den Betrieb wesentlich sind.[80] Ein Betriebsübergang kann also auch durch die Übernahme einer Minderheit der Arbeitnehmer bewirkt werden, wenn es sich dabei um alle Know-how-Träger des Betriebs handelt, und diese Arbeitnehmer den Betrieb prägen. Die Übernahme von Arbeitnehmern, die den Betrieb nicht aufgrund ihrer Sachkunde wesentlich prägen, kann nur zu einem Betriebsübergang führen, wenn die Mehrzahl der Arbeitnehmer übernommen wird, wobei die Rechtsprechung hier keine klaren Grenzen nennt. Die reine Übernahme einer größeren Anzahl von Arbeitnehmern – aber eben nicht aller Arbeitnehmer – ist eine Fallgruppe, die in der Praxis häufig zu einer letztlich nicht zu beseitigenden Unsicherheit im Hinblick auf die Rechtsfolgen eines Betriebsübergangs führt.

95

> Werden in dem oben genannten Beispiel alle zwölf Ingenieure des Teams A übernommen, so wird dies in der Regel zu einem Betriebsübergang führen,

---

[78] HWK/*Willemsen* § 613a BGB Rn. 92.
[79] EuGH C-13/95, Rn. 15, Slg. 1997, I-1259; BAG 8 AZR 158/07 Rn. 16, NZA 2009, 905 (906); BAG 8 AZR 317/05 Rn. 26, NZA 2007, 1287 (1289); BAG 8 AZR 150/14 Rn. 20, DB 2015, 2030.
[80] BAG 8 AZR 150/14 Rn. 19, DB 2015, 2030.

auch wenn das Team in seiner Mehrheit aus Zuarbeitern mit einer geringeren Qualifikation besteht. Übernimmt ein Käufer alle Mitarbeiter des Teams A bis auf zwei Ingenieure, wird in der Regel ebenfalls ein Betriebsübergang vorliegen. Problematisch kann der Fall sein, in dem acht der zwölf Ingenieure und 13 der 18 Zuarbeiter übernommen werden. Hier wird man u. U. auch nach einer sehr genauen Betrachtung aller Umstände des Falles nicht sicher vorhersagen können, ob ein Gericht im Falle eines Rechtsstreits einen Betriebsübergang bejahen würde.

96   Übernimmt ein Käufer Arbeitnehmer im Wege des Abschlusses neuer Arbeitsverträge, setzt er einerseits die Voraussetzungen eines Betriebsübergangs, nimmt aber andererseits die Rechtsfolge im Kern gleichsam vorweg, denn er bewirkt ja gerade den Übergang der Arbeitsverhältnisse. Der Käufer bewirkt aber dennoch zwei Rechtsfolgen, die er zu beachten hat. Zum einen gehen auch diejenigen Arbeitnehmer, die er nicht durch Arbeitsvertrag übernommen hat, aufgrund gesetzlicher Anordnung automatisch auf den Käufer über. Zum anderen bleiben die Arbeitsbedingungen aller übergehenden Arbeitnehmer unverändert, und verschlechternde Neuregelungen aus Anlass des Betriebsübergangs sind unzulässig. Diese Beibehaltung des Besitzstands gilt auch für diejenigen Arbeitnehmer, die der Käufer per Arbeitsvertrag eingestellt hat, wodurch der Betriebsübergang erst ausgelöst wurde.

ddd) Zugriff auf die Produktionsfaktoren und Verfügungsmacht über deren Nutzung

97   Liegt dem Betriebsübergang eine Übertragung von Betriebsmitteln zugrunde, muss der Käufer als Folge der Carve-out-Transaktion auf diese Zugriff erlangen, also über deren Nutzung entscheiden können, sodass er zur **Führung des Betriebs** im Stande ist.[81] Dabei ist unerheblich, auf welcher Rechtsgrundlage er diese Möglichkeit erlangt. Insbesondere muss der Käufer kein Eigentum an den Betriebsmitteln erlangen.[82] Es genügt jede Rechtsposition, die die Möglichkeit der Nutzung vermittelt wie z. B. Miete oder Pacht.[83]

eee) Einsatz der Betriebsmittel und Arbeitnehmer für gleiche Tätigkeit und Beibehaltung der organisatorischen und funktionellen Verknüpfung

98   Die Betriebsmittel oder Arbeitnehmer, die der Käufer übernommen hat, müssen für eine gleiche oder gleichartige wirtschaftliche Tätigkeit eingesetzt werden. Fehlt es daran, scheidet ein Betriebsübergang aus.

---

[81] BAG 8 AZR 202/05 Rn. 46, 58, 62, NZA 2006, 597 (601, 603).
[82] EuGH C-232/04 Rn 37, Slg. 2005, I-11237.
[83] BAG 8 AZR 350/03 Rn. 33, NZA 2004, 1383 (1387); BAG 8 AZR 201/07 Rn. 49, NZA 2009, 29 (33).

3. Betriebsübergang

Dabei ist aber für einen Betriebsübergang auch Voraussetzung, dass der Käufer die Betriebsmittel und Arbeitnehmer unter Beibehaltung des **organisatorischen und funktionellen Zusammenhangs** einsetzt.[84] Wenn ein Betrieb eine „organisierte Zusammenfassung von Ressourcen" ist, ist es für die Wahrung der Identität des Betriebes nach dem Übergang wesentlich, dass die Organisation als solche erhalten bleibt.

Sehr schwierig zu beantworten ist die Frage, in welchem Grad die Organisation des Betriebes beim Verkäufer nach dem Übergang beibehalten werden muss. Die Rechtsprechung beantwortet diese Frage mit einer Formel, deren Übertragung auf den Einzelfall sehr häufig zu eindeutigen Ergebnissen führt, aber auch große Unsicherheit bereiten kann. Ausgangspunkt ist, dass allein die bei vielen Carve-out-Transaktionen nach dem Closing stattfindende **Eingliederung** des Carve-out-Business in die Organisation des Käufers noch nicht dazu führt, dass ein Betrieb oder Betriebsteil seine Identität verliert.[85] Voraussetzung für die Identitätswahrung ist nach der Rechtsprechung, dass „die funktionelle Verknüpfung der Wechselbeziehung und gegenseitigen Ergänzung der übertragenen Produktionsfaktoren" beibehalten wird, wobei es aber nicht erforderlich ist, dass die konkrete Organisation der verschiedenen übertragenen Produktionsfaktoren beibehalten wird.[86] Vereinfachend formuliert, müssen also die vom Käufer übernommenen Betriebsmittel auch in dessen Organisation weiter zusammenwirken, aber eben nicht in genau der Weise, wie das beim Verkäufer der Fall war. Die schwierige Frage dabei ist, wie weit die Organisation beim Käufer von der beim Verkäufer abweichen darf. Die Beschreibung des erforderlichen Grades der Beibehaltung des organisatorischen und funktionellen Zusammenhangs zwischen den Produktionsfaktoren in der Rechtsprechung hat letztlich begrenzte Aussagekraft.[87]

> Übernimmt in dem oben genannten Beispiel der Käufer alle Mitarbeiter in Team A und setzt er sie unter Beibehaltung der Arbeitsaufgaben eines jeden einzelnen sowie unter Beibehaltung der Arbeitsströme untereinander und der Berichtslinien ein, so ist ein Betriebsübergang zu bejahen. Dabei ist es unerheblich, dass er dieses in seiner inneren Organisation beständige Team in eine neue Abteilung eingliedert, und der Leiter von Team A an den Abteilungsleiter berichtet. Umgekehrt liegt kein Betriebsübergang vor, wenn der Käufer zwar alle Arbeitnehmer aus Team A übernimmt, das Team aber nach dem Vollzug des Carve-out „atomisiert", indem er die Mitarbeiter einzeln auf verschiedene Abteilungen verteilt, sodass diese überhaupt nicht mehr zusammenarbeiten. In allen zwischen diesen Extremen liegenden Fällen ist die Grenzziehung schwierig, und es kann im Einzelfall Rechtsunsicherheit verbleiben.

---

[84] BAG 8 AZR 268/07 Rn. 42, NZA 2008, 1314 (1317); BAG 8 AZR 683/11 Rn. 20, NJW 2013, 2379 (2380); Staudinger/*Annuß* BGB § 613a Rn. 60; HWK/*Willemsen* § 613a Rn. 89.
[85] EuGH C-466/07 Rn. 48, Slg. 2009, I-803.
[86] EuGH C-466/07 Rn. 47, Slg. 2009, I-803; BAG 8 AZR 683/11 Rn. 20, NJW 2013, 2379 (2380).
[87] *Wißmann/Schneider* BB 2009, 1126, 1129; *Willemsen* NZA 2009, 289, 292 f.

fff) Möglichkeit der Betriebsfortführung und tatsächliche Betriebsfortführung durch den Käufer

101 Aus den oben genannten Voraussetzungen, dass der Käufer Zugriff auf die Betriebsmittel haben muss und diese für eine gleiche oder gleichartige wirtschaftliche Tätigkeit einsetzen muss, ergibt sich bereits, dass der Käufer die Möglichkeit haben muss, den Betrieb fortzuführen, wobei diese reine Möglichkeit aber noch nicht ausreicht; der Käufer muss von der Möglichkeit auch tatsächlich Gebrauch machen, also tatsächlich fortführen.[88]

ggg) Gesamtbetrachtung

102 Liegen alle oben genannten Voraussetzungen vor, so kommt ein Betriebsübergang in Betracht, und es ist eine Gesamtbetrachtung anhand der von der Rechtsprechung aufgestellten Kriterien vorzunehmen (→ Rn. 85). Bei der Gewichtung der Kriterien sind insbesondere zwei Fallgruppen zu unterscheiden: Bei Betrieben, die sehr stark von der Nutzung von **Betriebsmitteln geprägt** sind, wie insbesondere Produktionsbetrieben, kommt der Übernahme der Betriebsmittel besonderes Gewicht zu. Bei Betrieben, die sehr stark vom **Einsatz von Arbeitskraft geprägt** sind, wie insbesondere Dienstleistungsbetrieben, kommt der Übernahme von Arbeitnehmern besonderes Gewicht zu.[89]

> Will in den oben genannten Beispiel die FE GmbH die Tätigkeit im Bereich der vom Team A bearbeiteten Produktgruppe einstellen und veräußert die FE GmbH die vom Team A genutzte Büroausstattung (aber keine Schutzrechte, kein Know-how und keine Kundenverträge) vollständig an ein anderes Unternehmen, das ebenfalls Forschung und Entwicklung betreibt, so führt dies allein noch nicht zu einem Betriebsübergang. Umgekehrt wird die Übernahme des Teamleiters und sämtlicher Entwickler des Teams häufig zu einem Betriebsübergang führen.
> Veräußert ein Hersteller von Textil- und Baumaschinen die gesamte der Herstellung von Baumaschinen dienende Produktionsanlage an einen Käufer, der mit der Anlage dieselben oder ähnliche Produkte herstellt, so wird dies in der Regel zu einem Betriebsübergang führen. Umgekehrt führt die Abwerbung der Mitarbeiter, die die Maschinen in dieser Anlage bedienen (ohne Mitarbeiter in den darüber liegenden Hierarchieebenen), durch ein anderes Unternehmen, das diese Mitarbeiter in einer andersartigen Produktion einsetzt, nicht zu einem Betriebsübergang.

---

[88] BAG 8 AZR 159/98 Rn. 33, NZA 1999, 704 (705); BAG 8 AZR 1019/08 Rn. 20, NZA 2010, 499 (501).
[89] BAG 8 AZR 350/03 Rn. 22, NZA 2004, 1383 (1386); BAG 8 AZR 150/14 Rn. 19, DB 2015, 2030.

3. Betriebsübergang

Im Übrigen ist vor allem im Wege einer vergleichenden Gesamtschau der Grad der Ähnlichkeit der wirtschaftlichen Tätigkeit vor und nach der Transaktion abzuwägen.

103

cc) Handlungsoptionen bei verbleibender Unsicherheit über Betriebsübergang

Die Frage, ob eine Carve-out-Transaktion einen Betriebsübergang im Sinne des § 613a BGB herbeiführt, hat zunächst für den Käufer erhebliche Bedeutung. Er muss im Vorfeld klären, ob er durch die Übernahme des Carve-out-Business automatisch Arbeitgeber aller Arbeitnehmer wird, die in dem Bereich tätig sind. Der Käufer muss seine **Personalplanung** darauf einstellen und die möglicherweise vorgegebenen **Personalkosten** durch die Übernahme der beim Verkäufer geltenden Arbeitsbedingungen bei seiner wirtschaftlichen Planung berücksichtigen.

104

Die Frage, ob ein Betriebsübergang eintritt, ist aber auch für den Verkäufer wichtig. Der Verkäufer einer Carve-out-Transaktion wird zumindest für den größten Teil der im Carve-out-Business tätigen Arbeitnehmer keine Verwendung mehr haben. Führt die Transaktion nicht zu einem Betriebsübergang, muss der Verkäufer den Betrieb rechtzeitig schließen, um den weiteren Anfall der Personalkosten nach dem Vollzug (*Closing*) der Transaktion zu verhindern.

105

Dabei kann für den Verkäufer die Situation entstehen, dass sich nicht mit Sicherheit bestimmen lässt, ob die Carve-out-Transaktion zu einem Betriebsübergang führen wird, eben weil die Kriterien der Rechtsprechung nicht immer für Rechtssicherheit sorgen (→ Rn. 86–88). Als weiterer Unsicherheitsfaktor kann hinzukommen, dass der Verkäufer keine ausreichenden Informationen darüber hat, wie der Käufer den Betrieb fortführen wird, was für die Frage des Betriebsübergangs ebenfalls von Bedeutung ist (→ Rn. 92). In einem solchen Fall der Unsicherheit über einen Betriebsübergang sollte der Verkäufer allen Arbeitnehmern, bei denen ein Übergang auf den Käufer nach § 613a BGB infolge der Carve-out-Transaktion in Betracht kommt, **vorsorglich kündigen**. Führt die Anzahl der Kündigungen dazu, dass eine Betriebsstilllegung oder Betriebseinschränkung im Sinne des § 111 Satz 3 Nr. 1. BetrVG vorliegt, muss der Verkäufer einen **Interessenausgleich** mit dem Betriebsrat versuchen und einen Sozialplan abschließen. Dabei ist auch ein **vorsorglicher Sozialplan** zulässig, der für den Fall abgeschlossen wird, dass die geplante Transaktion keinen Betriebsübergang im Sinne des § 613a BGB darstellt.[90]

106

c) Vom Betriebsübergang betroffene Personen

Alle Arbeitnehmer, die im Zeitpunkt des Betriebsübergangs einen laufenden Arbeitsvertrag mit dem Verkäufer haben und dem übergehenden Betrieb oder

107

---

[90] BAG 10 ABR 17/97 Rn. 37, NZA 1998, 768 (770).

Teil III: Arbeitsrechtliche Aspekte und Pensionen

Betriebsteil zuzuordnen sind (→ Rn. 112–119), gehen mit dem Betriebsübergang auf den Käufer über.

108 Das heißt negativ, dass Arbeitnehmer im **Ruhestand**, die vor ihrem Ausscheiden im übergehenden Betrieb oder Betriebsteil tätig waren, nicht vom Betriebsübergang betroffen sind. Dies ist relevant im Hinblick auf deren Ansprüche aus betrieblicher Altersversorgung. Diese Ansprüche richten sich auch nach dem Betriebsübergang gegen den Verkäufer.

109 Demgegenüber gehen **langfristig freigestellte** Arbeitnehmer und Arbeitnehmer, deren Arbeitsverhältnisse ruhen, im Falle eines Betriebsübergangs auf den Käufer über, wenn sie auf ihrem letzten Arbeitsplatz vor der Freistellung bzw. Ruhendstellung in den übergehenden Betrieb oder Betriebsteil eingegliedert waren.[91]

110 Nicht vom Betriebsübergang betroffen sind Dienstverhältnisse, die aufgrund fehlender sozialer Abhängigkeit der Dienstnehmer keine Arbeitsverhältnisse sind.[92] Aus diesem Grund erfasst ein Betriebsübergang auch nicht **GmbH-Geschäftsführer** und **Vorstände** von Aktiengesellschaften. [93]

111 Dies dürfte auch angesichts neuerer Entwicklungen bei der Anwendung arbeitsrechtlicher Bestimmungen auf Organmitglieder von Kapitalgesellschaften aufgrund **europarechtlicher Vorgaben** unverändert bleiben. Nach neuerer Rechtsprechung des EuGH sind GmbH-Geschäftsführer, die selbst keine Anteile an der Gesellschaft halten, aufgrund ihrer Weisungsunterworfenheit gegenüber der Gesellschafterversammlung als Arbeitnehmer im Sinne des unionsrechtlichen Arbeitnehmerbegriffs anzusehen.[94] Allerdings ist im Rahmen der Auslegung und Anwendung der Betriebsübergangsrichtlinie, auf der die nationalen gesetzlichen Regelungen beruhen, der nationale Arbeitnehmerbegriff maßgeblich (Artikel 2 Abs. 1 der Betriebsübergangsrichtlinie 2001/23/EG).[95] Daher ist nicht zu erwarten, dass Entwicklungen des europäischen Arbeitsrechts den Anwendungsbereich der gesetzlichen Regelungen zum Betriebsübergang beeinflussen werden.

d) Zuordnung der Arbeitnehmer zum übergehenden Betrieb oder Betriebsteil

112 Tritt im Zuge einer Carve-out-Transaktion ein Betriebsübergang ein, so stellt sich die Frage, welche Arbeitnehmer im Einzelnen gemäß § 613a BGB auf den Käufer übergehen, wobei regelmäßig zwei Situationen der Klärung bedürfen. Erstens stellt sich die Frage, wann Arbeitnehmer im *Overhead*, also in den admi-

---

[91] BAG 8 AZR 27/07 Rn. 37–50, NZA 2008, 705 (707 f.).
[92] BAG 8 AZR 59/02 Rn. 32, NZA 2003, 854 (856).
[93] BAG 8 AZR 654/01 Rn. 36, NZA 2003, 552 (554).
[94] EuGH C-229/14 Rn. 48, NZA 2015, 861 (863), im Hinblick auf die Anwendung der Massenentlassungsrichtlinie 98/59/EG; in diese Richtung auch schon EuGH C-232/09 zur Anwendung arbeitsrechtlicher Richtlinien auf die Geschäftsführerin einer lettischen Kapitalgesellschaft.
[95] Franzen/Gallner/Oetker/*Winter* RL 2001/23/EG Art. 2 Rn. 9.

nistrativen Funktionen wie Finanzen, Buchhaltung, Personal, Recht, Steuern und IT, im Zuge eines Betriebsübergangs mit zum Käufer übergehen. Diese Frage ist für die Strukturierung der Carve-out-Transaktion – etwa für die Planung der Parteien, welche Dienstleistungen des Verkäufers in ein *Transitional Services Agreement* aufzunehmen sind – von zentraler Bedeutung. Zweitens kann ein Arbeitnehmer Tätigkeiten in **mehreren Geschäftsbereichen**, also beispielsweise sowohl im Carve-out-Business als auch in einem der zurückbehaltenen Bereiche (*Retained Businesses*), ausüben.

Die Frage, welche Arbeitnehmer bei einem Betriebsübergang zum Käufer übergehen, ist danach zu beantworten, welche Arbeitnehmer beim Verkäufer tatsächlich in den übergehenden Betrieb oder Betriebsteil **eingegliedert** waren.[96] Dieser Grundsatz führt zu folgenden Überlegungen:

aa) Arbeitnehmer in administrativen Funktionen

Ist das Carve-out-Business beim Verkäufer neben einem oder mehreren anderen Geschäftsbereichen in einer oder mehreren Gesellschaften organisiert, so wird der Käufer häufig die administrativen Funktionen wie Finanzen, Buchhaltung, Personal, Recht, Steuern und IT nicht mit erwerben wollen. Aber auch in dem Fall, in dem das Carve-out-Business in einer oder mehreren Gesellschaften separat organisiert ist, kann der Käufer daran interessiert sein, ausschließlich das eigentliche Business und nicht den *Overhead* zu übernehmen, etwa wenn er das Business in eine eigene Organisation eingliedern will, in der alle administrativen Funktionen ausreichend vorhanden sind. In beiden Fällen lässt sich das vom Käufer gewünschte Ergebnis durch entsprechende Gestaltung der Carve-out-Transaktion erzielen.

Nach den gesetzlichen Regeln des Betriebsübergangs gehen nur diejenigen Arbeitnehmer auf den Käufer über, die dem übertragenen Betrieb oder Betriebsteil angehören. Nicht maßgeblich ist, dass die Arbeitnehmer Arbeiten für diesen Betrieb oder Betriebsteil verrichten.[97]

Die administrativen Funktionen eines Geschäftsbereichs werden in aller Regel als **Teilbetrieb** organisiert sein, bei größeren Unternehmen insbesondere mit mehreren Geschäftsbereichen ist auch eine Organisation als **eigener Betrieb** denkbar. Die administrativen Aufgaben sind Teilzweck des gesamten Betriebes und werden von Arbeitnehmern bearbeitet, die sich ausschließlich diesen Angelegenheiten widmen. Der *Overhead* hat in der Regel auch eine eigene Leitung. Damit sind zumindest die Anforderungen an einen Teilbetrieb erfüllt. In dieser Situation ist es für die Frage des Übergangs der Arbeitnehmer in den administrativen Funktionen unerheblich, ob diese Tätigkeit für einen übergehenden Betrieb oder Betriebsteil

---

[96] BAG 8 AZR 375/96 Rn. 48 f., NZA 1998, 249 (251); BAG 2 AZR 134/02 Rn. 23, AP BGB § 613a Nr. 260.

[97] BAG 8 AZR 375/96 Rn. 48 f., NZA 1998, 249 (251); BAG 8 AZR 556/05 Rn. 28, NJOZ 2007, 5216 (5221).

verrichten. Selbst wenn einzelne Arbeitnehmer ausschließlich für das Carve-out-Business tätig sind, spielt dies für die Frage des Übergangs des Arbeitsverhältnisses keine Rolle. Arbeitnehmer, die dem „Betriebsteil *Overhead*" angehören, gehen im Zuge eines Betriebsübergangs nur auf den Käufer über, wenn auch dieser Betriebsteil übertragen wird, sei es durch die Übertragung von Betriebsmitteln, sei es durch die Übertragung von Arbeitnehmern.[98] Nehmen also die Parteien der Carve-out-Transaktion eine klare Trennung der Betriebsmittel und Arbeitnehmer des eigentlichen Business gegenüber dem *Overhead* vor, so können sie den Übergang der Arbeitnehmer des *Overhead* vermeiden. Umgekehrt können sie natürlich auch den Übergang des Personals des *Overhead* nach § 613a BGB gezielt herbeiführen.

> In dem oben genannten Beispiel ist die Personalabteilung der FE GmbH so organisiert, dass unter der Führung eines Personalleiters einzelne Personalreferenten ausschließlich für bestimmte Teams arbeiten. Dieser Umstand führt nicht dazu, dass der für das Team A zuständige Personalreferent auf den Käufer übergeht, wenn das Team A von einem Betriebsübergang betroffen ist. Seine Arbeit für das Team ist für die rechtliche Beurteilung irrelevant. Entscheidend ist, dass er nicht in das Team eingegliedert ist. Er geht nur über, wenn auch Betriebsmittel oder Arbeitnehmer der Personalabteilung (oder der gesamten Administration, wenn nur diese ein Betriebsteil ist) auf den Käufer übertragen werden.

117   In denjenigen Fällen, in denen eine Abtrennbarkeit des *Overhead* als Betriebsteil nicht gegeben ist (was bei kleinen Betrieben der Fall sein kann), gehen die Arbeitnehmer in den administrativen Funktionen über, wenn der Betrieb übernommen wird. Dabei muss bedacht werden, dass die Abtrennbarkeit schon beim Verkäufer gegeben sein muss (→ Rn. 90).

bb) Tätigkeit in mehreren Geschäftsbereichen

118   Ist das Carve-out-Business beim Verkäufer neben anderen Geschäftsbereichen in derselben Gesellschaft (oder mehreren Gesellschaften) organisiert, können einzelne Arbeitnehmer Tätigkeiten im Carve-out-Business und in den anderen Geschäftsbereichen verrichten. In diesem Fall ist eine **quantitative Betrachtung** anzustellen. Entscheidend ist, wo der Schwerpunkt der Tätigkeit lag.[99]

119   Problematisch sind die Fälle, in denen sich ein Schwerpunkt nicht ermitteln lässt. Die Rechtsprechung gibt für diese Problemfälle keine klare Antwort.[100]

---

[98] BAG 8 AZR 583/01 Rn. 41–44, NZA 2003, 315 (318).
[99] BAG 8 AZR 350/03 Rn. 43, NZA 2004, 1383; ähnlich BAG 3 AZR 254/83 Rn. 27, NZA 1986, 93 (94); *Annuß* NZA 1998, 70, 77.
[100] Unklar BAG 3 AZR 254/83 Rn. 27, NZA 1986, 93 (94), wonach der „Wille der Beteiligten" maßgeblich sein soll, wobei aber nicht erläutert wird, welche der drei (!) Beteiligten maßgeblich sein sollen und wie bei abweichendem Willen verfahren werden soll.

3. Betriebsübergang

Verschiedene Stimmen in der Literatur wollen entweder dem Arbeitnehmer oder dem Verkäufer ein Wahlrecht zusprechen.[101] Richtig ist es, diesen Fall – ähnlich einer Überlegung zur Darlegungs- und Beweislast im Prozess – mit einer Betrachtung von **Regel- und Ausnahmefall** zu beurteilen. Ein Arbeitsverhältnis entsteht zwischen den Parteien, die den Arbeitsvertrag abschließen, und es besteht zwischen diesen Parteien weiter, bis es (beendet oder) übertragen wird. Lässt sich ein Übertragungstatbestand nicht feststellen, verbleibt das Arbeitsverhältnis beim bisherigen Arbeitgeber. Das heißt, dass das Arbeitsverhältnis von Gesetzes wegen beim Verkäufer verbleibt, wenn sich nicht feststellen lässt, dass sein Schwerpunkt in demjenigen Betrieb oder Betriebsteil liegt, der gemäß § 613a BGB übergeht, auch wenn in dieser Frage Unsicherheit verbleibt. Für ein Wahlrecht besteht kein Raum. Es gibt auch keinen wertungsmäßigen Anhaltspunkt für ein Wahlrecht einer der beiden Parteien des Arbeitsvertrages. Möchte der Arbeitnehmer nicht übergehen, kann er dem Übergang problemlos vorsorglich widersprechen (§ 613a Abs. 6 BGB). Bei dieser Willensrichtung des Arbeitnehmers ist seinen Bedürfnissen ohnehin Rechnung getragen und eine entgegenstehende Wahl des Arbeitgebers würde letztlich ohnehin nicht effektiv eingreifen können. Ist der Arbeitnehmer mit einem Übergang einverstanden und stimmen auch Verkäufer und Käufer dem zu, so kann man dieses Ergebnis durch einen Vertrag herbeiführen bzw. absichern (→ Rn. 123). Möchte aber der Arbeitnehmer gegen den Willen der Arbeitgeber zum Käufer wechseln und kann er den Tatbestand des Übergangs seines Arbeitsverhältnisses aufgrund von § 613a BGB nicht eindeutig dartun – eben dies ist der Fall bei fehlender Feststellbarkeit des Schwerpunkts – so muss er beim Verkäufer verbleiben.

cc) Regelung im Vertrag mit dem Arbeitnehmer

120 Soweit sich die Zuordnung von Mitarbeitern zum übergehenden Betrieb oder Betriebsteil nicht abschließend klären lässt, etwa wegen Schwierigkeiten bei der Ermittlung des Schwerpunkts des Arbeitsplatzes, kann man die Rechtsunsicherheit dadurch beheben, dass man in einem Vertrag mit dem betroffenen Mitarbeiter regelt, dass sein Arbeitsverhältnis auf den Käufer übergeht oder nicht übergeht (→ Rn. 121–123). Hierfür ist die Zustimmung des Arbeitnehmers erforderlich.

e) Regelung des Übergangs von Arbeitsverhältnissen durch Vertrag unter Einbeziehung der Arbeitnehmer

121 Wie oben dargestellt, kann im Rahmen einer Carve-out-Transaktion Rechtsunsicherheit in der Frage verbleiben, ob ein Arbeitnehmer aufgrund eines Betriebsübergangs auf den Käufer übergeht, und zwar aus zwei Gründen. Es kann unsicher sein, ob die Transaktion einen **Betriebsübergang** gemäß § 613a BGB

---

[101] Überblick über den Meinungsstand bei Staudinger/*Annuß* BGB § 613a Rn. 145.

herbeiführt (→ Rn. 86–88) und es kann ungewiss sein, ob das Arbeitsverhältnis bestimmter Arbeitnehmer dem übergehenden Betrieb oder Betriebsteil **zuzuordnen** ist (→ Rn. 112–119).

122 In beiden Fällen lässt sich bei Einigkeit aller Beteiligter die Situation bereinigen, indem man per dreiseitigem Vertrag den Übergang des Arbeitsverhältnisses auf den Käufer herbeiführt oder ausschließt. Will der Arbeitnehmer beim Verkäufer bleiben, hat er allerdings auch die Möglichkeit, dem Übergang seines Arbeitsverhältnisses zu widersprechen, was er im Falle von Rechtsunsicherheit auch vorsorglich tun kann. Bei dieser Willensrichtung ist er also nicht auf die Zustimmung von Verkäufer und Käufer angewiesen. Wollen alle drei Beteiligten den Verbleib des Arbeitnehmers beim Verkäufer, müssen sie daher auch nicht den aufwendigeren Weg eines Vertrages gehen, sondern können allein mit dem **Widerspruch** des Arbeitnehmers dieses Ergebnis herbeiführen.

123 Ein **dreiseitiger Vertrag** zwischen Verkäufer, Käufer und Arbeitnehmer, der den Übergang des Arbeitsverhältnisses auf den Käufer absichert, kann wie folgt gestaltet werden:

> PRÄAMBEL
>
> (A) Verkäufer möchte bestimmte Fertigungsanlagen in München für die Produktion von Baumaschinen (die **Fertigungsanlagen**) zu den in einem Kaufvertrag festgehaltenen Bedingungen und Konditionen verkaufen und übertragen. Käufer möchte die Fertigungsanlagen kaufen und erwerben (die **Transaktion**).
>
> (B) Die Parteien gehen davon aus, dass das Arbeitsverhältnis zwischen dem Arbeitnehmer und Verkäufer im Zusammenhang mit der Übertragung der Fertigungsanlagen im Verlauf der Transaktion kraft Gesetzes gemäß § 613a BGB auf Käufer mit Wirkung zum 15. Februar 2016 übergeht.
>
> Um den Übergang des Arbeitsverhältnisses sicherzustellen, treffen die Parteien die folgende Vereinbarung:
>
> 1. VERZICHT AUF WIDERSPRUCHSRECHT
>   Für den Fall, dass die Transaktion einen Betriebsteilübergang darstellt, verzichtet der Arbeitnehmer auf sein Recht, dem Übergang seines Arbeitsverhältnisses nach § 613a Abs. 6 BGB zu widersprechen.
> 2. ÜBERTRAGUNG DES ARBEITSVERHÄLTNISSES
> 2.1 Für den Fall, dass die Transaktion – aus welchem Grund auch immer – keinen Betriebsteilübergang darstellt, wird das zwischen dem Arbeitnehmer und Verkäufer bestehende Arbeitsverhältnis mit dem Inhalt wie im Arbeitsvertrag vom 3. August 2014 (der **Arbeitsvertrag**) hiermit auf Käufer mit Wirkung zum 15. Februar 2016 rechtsgeschäftlich übertragen.
> 2.2 Alle Rechte und Pflichten von Verkäufer gemäß dem Arbeitsvertrag werden hiermit unverändert auf Käufer übertragen. Der soziale Besitzstand des Arbeitnehmers wird durch die Übertragung nicht angetastet.

3. Betriebsübergang

2.3 Beim Verkäufer zurückgelegte Beschäftigungszeiten werden für das Arbeitsverhältnis mit Käufer vollumfänglich anerkannt. Bestehende Urlaubsansprüche und Zeitguthaben werden auf Käufer übertragen.

2.4 Es besteht Einigkeit darüber, dass alle rechtlichen Beziehungen zwischen dem Arbeitnehmer und Verkäufer mit der Übertragung des Arbeitsverhältnisses auf Käufer enden.

f) Betriebsübergang in ausländischen Rechtsordnungen

aa) Prinzip des automatischen Übergangs von Arbeitsverhältnissen

Die gesetzliche Regelung zum Betriebsübergang beruht auf einer europäischen Richtlinie, nämlich der der Betriebsübergangsrichtlinic (2001/23/EG). Diese Richtlinie gilt für alle Mitgliedsstaaten der **Europäischen Union** und gemäß Nr. 32d in Anhang XVIII zum EWR-Abkommen auch für alle anderen Staaten des **Europäischen Wirtschaftsraums** und wurde in allen diesen Staaten in nationales Recht umgesetzt. Da die Betriebsübergangsrichtlinie in Einzelfragen Gestaltungsräume belässt, ist aber das Recht zum Betriebsübergang nicht im gesamten Europäischen Wirtschaftsraum voll vereinheitlicht.

124

Die **Schweiz** ist nicht Mitglied des Europäischen Wirtschaftsraums und somit nicht verpflichtet, die Betriebsübergangsrichtlinie in nationales Recht umzusetzen. Sie hat jedoch im Rahmen einer Initiative zur Angleichung des schweizerischen Arbeitsrechts an europäisches Gemeinschaftsrecht im Jahr 1993 („Swisslex") eine Regelung erlassen, die das Prinzip des automatischen Übergangs von Arbeitsverhältnissen im Falle eines Betriebsübergangs übernimmt (Artikel 333 Obligationenrecht).[102] Eine Regelung mit diesem Inhalt gilt seit 2003 auch in der **Türkei** (Artikel 6 des Arbeitsgesetzbuches Nummer 4857).

125

Damit gelten im gesamten Europäischen Wirtschaftsraum, in der Schweiz und in der Türkei ähnliche Regelungen zum Betriebsübergang jedoch mit Abweichungen in Einzelfragen.

126

bb) Unterschiedliche Regelungen zu Einzelfragen

Die Betriebsübergangsrichtlinie regelt nicht, ob den Arbeitnehmern ein **Widerspruchsrecht** gegen den Übergang ihrer Arbeitsverhältnisse zusteht. In dieser Frage ist die Rechtslage international uneinheitlich. Während einige Rechtsordnungen vorsehen, dass die Arbeitnehmer ein Widerspruchsrecht haben und im Falle der Ausübung beim Verkäufer verbleiben (→ Rn. 69), kennen andere ein Widerspruchsrecht überhaupt nicht, wie z. B. die Regelung in Polen. Eine weitere anzutreffende Regelung ist, dass den Arbeitnehmern ein Widerspruchsrecht gegen den Übergang

127

---

[102] *Miloni* S. 3.

ihres Arbeitsverhältnisses zusteht, wobei das Arbeitsverhältnis bei Ausübung des Widerspruchsrechts automatisch am Tag des Übergangs des Betriebs auf den Käufer endet; diese Regelung gilt etwa in Großbritannien. Davon abweichend gilt in der Schweiz, dass im Falle eines Widerspruchs seitens des Arbeitnehmers sein Arbeitsverhältnis nach Ablauf der für ihn geltenden Kündigungsfrist endet. Das heißt, das Arbeitsverhältnis kann auch trotz Widerspruchs noch für eine Restdauer übergehen, wenn der Zeitpunkt des Betriebsübergangs in die Kündigungsfrist fällt. Es gibt auch Rechtsordnungen, in denen die **Folgen eines Widerspruchs** gesetzlich nicht geregelt sind und keine klare höchstrichterliche Rechtsprechung dazu besteht; so ist die Situation etwa in Rumänien, wo ein Widerspruchsrecht anerkannt ist, aber keine Regelung und keine einheitliche Praxis zu der Frage besteht, ob der Widerspruch zur Beendigung des Arbeitsverhältnisses oder zu dessen Verbleib beim Verkäufer führt.

128 Die Betriebsübergangsrichtlinie eröffnet die Möglichkeit, den Übergang von Verpflichtungen aus **betrieblichen Pensionssystemen** auf den Käufer auszuschließen (Art 3 Abs. 4 der Betriebsübergangsrichtlinie). Von dieser Möglichkeit hat etwa Großbritannien Gebrauch gemacht, wo der Käufer die Pensionsverpflichtungen des Verkäufers nicht übernimmt, während z. B. die deutsche Regelung den vollständigen Übergang sämtlicher Verpflichtungen auch in diesem Bereich vorsieht (→ Rn. 228).

129 Da die Betriebsübergangsrichtlinie nur einen **Mindeststandard** zum Schutz der Arbeitnehmer vorschreibt (Artikel 8 der Betriebsübergangsrichtlinie), können die Mitgliedsstaaten des Europäischen Wirtschaftsraums zugunsten der Arbeitnehmer über die Regelungen der Richtlinie hinausgehen. So hat etwa die Regelung zum Betriebsübergang in Großbritannien einen weiteren Anwendungsbereich als von der Richtlinie vorgesehen. In Großbritannien treten die Rechtsfolgen eines Betriebsübergangs auch dann ein, wenn eine organisierte Gruppe von Arbeitnehmern eine bestimmte Dienstleistung erbringt und wenn diese Aufgabe als solche von einem Unternehmen auf ein anderes übertragen wird, sei es im Wege des **Outsourcing**, **Insourcing** oder durch die **Neuvergabe eines Auftrags** von einem externen Dienstleister auf einen anderen (*service provision change*, Abschnitt 3.(1)(b) der Transfer of Undertakings (Protection of Employment) Regulations 2006). Die Rechtsfolgen eines Betriebsübergangs werden dabei in Bezug auf die zu der Dienstleistung eingesetzten Arbeitnehmer auch dann ausgelöst, wenn allein die Aufgabe übergeht, ohne dass Arbeitnehmer oder Betriebsmittel übertragen werden. Dies ist eine Abweichung von dem Grundsatz der Richtlinie, dass eine bloße Funktionsnachfolge keinen Betriebsübergang herbeiführt (→ Rn. 93).

cc) Andere Arten der arbeitsrechtlichen Regulierung des Verkaufs eines Betriebs

130 Außerhalb des Europäischen Wirtschaftsraums, der Schweiz und der Türkei sind Regelungen zum Betriebsübergang, die der Betriebsübergangsrichtlinie vergleichbar sind, weitgehend unbekannt. Insbesondere gibt es in den Vereinigten Staaten

3. Betriebsübergang

von Amerika, Russland, der Ukraine und den Staaten des westlichen Balkan keine gesetzlichen Regelungen, die den automatischen Übergang von Arbeitnehmern im Falle eines Betriebsübergangs vorsehen.

Die Abwesenheit eines Regimes zum Betriebsübergang heißt allerdings nicht, dass es keine Regulierung gibt, die im Falle einer Carve-out-Transaktion zu beachten ist. So gibt es etwa in den Vereinigten Staaten von Amerika eine Regelung, wonach ein Arbeitgeber, der mindestens 100 Arbeitnehmer beschäftigt, 60 Tage vor einer Massenentlassung eine **Anzeige an die zuständige Behörde** erstatten muss; tut er dies nicht, sieht das Gesetz finanzielle Verpflichtungen für den Arbeitgeber vor (Worker Adjustment and Retraining Notification Act – kurz WARN genannt). Diese Regelungen greifen aber nicht, wenn nach einer Veräußerung eines Betriebs der Käufer die Arbeitnehmer weiterbeschäftigt. Der Verkäufer hat also hier an der Weiterbeschäftigung ein Interesse und sollte bei Carve-out-Transaktionen eine Regelung dieser Frage im Unternehmenskaufvertrag anstreben.

131

> The provisions of this Section shall only apply to the US Employees:
>
> (a) Before the Closing Date, US Purchaser shall offer employment (as defined below) to all employees who are employed in the Carve-out-Business at the Closing Date by US Seller (the **US Employees**). Each US Employee shall be offered a position with US Purchaser that involves duties and responsibilities which are substantially comparable to the duties and responsibilities of the US Employee's position with the US Seller immediately before the Closing Date. The US Employees who accept such offers of employment shall be referred to as the **US Transferred Employees**. US Seller shall terminate the employment of all US Employees (except for Inactive Employees) effective immediately before the Closing Date. Subject to the indemnification provisions set forth in paragraphs (b) and (c) of this Section US Seller shall pay to such US Employees any and all liabilities relating to or arising out of their employment with US Seller, including any payments and benefits due to such US Employees pursuant to accrued wages, salary, bonus, vacation or other forms of compensation and benefits, and shall otherwise retain any obligation or liability of any kind that arises in whole or in part from employment, compensation or benefit covenants extended to (or on behalf of) the US Employees by US Seller. For US Employees not actively at work on the Closing Date (other than by reason of vacation) (the **Inactive Employees**), the offer of employment will become effective upon such employee's release to resume work, so long as such release to resume work occurs within 60 days following the Closing Date, and will expire 10 days after such release (or such longer period during which the Inactive Employee has the right to re-employment under applicable law). An Inactive Employee will be considered a US Transferred Employee when such employee's offer of employment becomes effective.
>
> (b) US Purchaser shall be responsible for the Worker Adjustment and Retraining Notification Act and any other similar applicable domestic law,

regulation or ordinance (the **US WARN Act**) and shall assume any and all obligations, financial and otherwise, with regard to the US WARN Act for the US Employees arising on or after the Closing Date. US Purchaser shall cooperate with US Seller in making any timely notices required by the US WARN Act prior to the Closing Date in respect of the US Employees, including by timely notifying the US Seller of any anticipated post-Closing action that would require such notices to be made and shall make any such notices on or after the Closing Date.

(c) In the event that US Purchaser does not offer employment to all US Employees, or such employment offers are extended to US Employees and rejected, in a fashion that potentially creates US WARN Act obligations and obligations under the severance policies of US Seller, in particular, without limitation, since the offers of employment extended by US Purchaser fail to have substantially comparable terms and conditions, Purchasers shall indemnify and hold harmless US Seller from and against any obligations and liabilities under the US WARN Act and under the severance policies of US Seller irrespective of whether or not US Seller has complied with its US WARN ACT obligations. In the event that any obligation of US Seller arises under the US WARN Act or under the severance policy of US Seller because of a post-Closing action of US Purchaser, Purchasers shall indemnify and hold harmless the US Seller from and against any obligations under the US WARN Act and under the severance policies of US Seller.

(d) As from the Closing Date, Purchasers shall be solely responsible for any liabilities arising in connection with any actual or constructive termination of the US Transferred Employees on or after the Closing Date. If Purchasers (i) terminate US Employees on or after the Closing Date or (ii) for any other reason a liability of Sellers arises in connection with a termination of US Employees, Purchasers shall indemnify Sellers from all severance costs, liabilities and expenses to the extent such cost, liabilities and expenses do not arise out of Sellers' failure or breach of any obligation under this Agreement.

4. Schicksal der betrieblichen Interessenvertretungen bei Carve-out-Transaktionen

132   Die Herauslösung des Carve-out-Business kann Auswirkungen auf den Bestand der betrieblichen Interessenvertretungen des BetrVG im Verkäuferkonzern haben und auch Veränderungen im Käuferkonzern mit sich bringen. Die einzelnen Folgen unterscheiden sich je nach rechtlicher Selbständigkeit des Carve-out-Business und nach der Transaktionsstruktur. Weiterhin ist zwischen den Auswirkungen auf Betriebsrat, Gesamtbetriebsrat und Konzernbetriebsrat zu differenzieren.

4. Schicksal der betrieblichen Interessenvertretungen bei Carve-out-Transaktionen

a) Schicksal der betrieblichen Interessenvertretungen beim *Share Deal*

Soweit das Carve-out-Business beim Verkäufer bereits rechtlich selbständig ist und im Wege eines *Share Deal* übertragen wird, ergeben sich keine Auswirkungen auf den Betriebsrat und Gesamtbetriebsrat. Die Veränderung auf **Gesellschafterebene** lässt die betrieblichen Strukturen und damit auch den Betriebsrat sowie den Gesamtbetriebsrat unberührt. 133

Jedoch kann der *Share Deal* Auswirkungen auf den **Konzernbetriebsrat** des Verkäuferkonzerns haben. Ein Konzernbetriebsrat ist zwar eine Daureinrichtung, dessen Amt nicht dadurch endet, dass ein oder mehrere Unternehmen in den Konzern eintreten oder ihn verlassen.[103] Der Austritt eines Konzernunternehmens berührt jedoch die Zusammensetzung des Konzernbetriebsrats (§ 55 BetrVG). Wichtiger ist, dass die Veräußerung eines Konzernunternehmens dazu führen kann, dass die Voraussetzungen für die Errichtung eines Konzernbetriebsrats wegfallen, sodass das Amt des Konzernbetriebsrats endet.[104] Dies ist sicher der Fall, wenn ein Mutterunternehmen das einzige Tochterunternehmen veräußert, sodass kein Konzern mehr vorhanden ist. Letztlich ungeklärt ist, ob die Voraussetzungen für die Errichtung eines Konzernbetriebsrats entfallen, wenn in dem verbleibenden Konzern durch den Carve-out nur noch in einem Konzernunternehmen ein Betriebsrat (oder Gesamtbetriebsrat) besteht. Das Bundesarbeitsgericht geht in einer bislang vereinzelt gebliebenen Entscheidung davon aus, dass in diesem Fall kein Konzernbetriebsrat gebildet bzw. weitergeführt werden kann.[105] In dem entschiedenen Fall kam es jedoch auf diese Frage im Ergebnis nicht an, und es ist durchaus zweifelhaft, ob die Rechtsprechung bei dieser Position bleiben wird. Die Literatur geht überwiegend davon aus, dass ein Konzernbetriebsrat auch dann bestehen kann, wenn nur ein Konzernunternehmen einen Betriebsrat (oder Gesamtbetriebsrat) hat. Auch diesem Betriebsrat müsse die Vertretung der Interessen auf Konzernebene ermöglicht werden, wenn der Betriebsrat mehr als die Hälfte der im Konzern beschäftigten Arbeitnehmer vertritt (§ 54 Abs. 1 BetrVG).[106] Sollte die Carve-out-Transaktion dazu führen, dass im Verkäuferkonzern nur noch in einem Konzernunternehmen ein Betriebsrat oder Gesamtbetriebsrat besteht, und geht der Konzernbetriebsrat seinerseits davon aus, dass er – mit veränderter Zusammensetzung – weiterbesteht, ist es für die Konzernmutter aufgrund der bestehenden Unsicherheit ratsam, diese Frage im **arbeitsgerichtlichen Beschlussverfahren** (§§ 80 ff. ArbGG) klären zu lassen. So lässt sich Gewissheit über den rechtlichen Bestand der mit dem Konzernbetriebsrat getroffenen Vereinbarungen erreichen. 134

---

[103] BAG 7 ABR 51/05 Rn. 47, AP BetrVG § 54 Nr. 12; Fitting BetrVG § 54, Rn. 50 f.
[104] BAG 7 ABR 51/05, Rn. 47, AP BetrVG § 54 Nr. 12; GK-BetrVG/*Franzen* § 54 Rn. 61.
[105] BAG 7 ABR 56/03, NZA 2005, 647 (650 f.).
[106] *Kreutz* NZA 2008, 259 (261 ff.); GK-BetrVG/*Franzen* § 54 Rn. 47; Fitting BetrVG § 54 Rn. 39; ErfK/*Koch* § 54 BetrVG Rn. 6.

> **Antrag im Beschlussverfahren**
> Es wird festgestellt, dass ein Konzernbetriebsrat für die Unternehmen X AG und die X GmbH nicht besteht.

135 Spiegelbildlich zu den Auswirkungen auf den Konzernbetriebsrat im Verkäuferkonzern wirkt sich der Erwerb des Carve-out-Business auf die Zusammensetzung eines bereits bestehenden Konzernbetriebsrats im Käuferkonzern aus (§ 55 BetrVG). Sofern im Käuferkonzern die Voraussetzungen für die Errichtung eines Konzernbetriebsrats vor dem Erwerb des Carve-out-Business nicht vorlagen, können sie durch die Carve-out-Transaktion eintreten. Fordert man für die Errichtung eines Konzernbetriebsrats das Bestehen von mindestens zwei Gesamtbetriebsräten oder funktionell zuständigen (§ 54 Abs. 2 BetrVG) Betriebsräten, so bewirkt der Erwerb des Carve-out-Business die Konzernbetriebsratsfähigkeit, wenn nach dem Erwerb erstmals zwei Gesamtbetriebsräte bzw. funktionell zuständige Betriebsräte vorhanden sind. Nimmt man hingegen an, dass diese Voraussetzung nicht besteht (→ Rn. 134), so bewirkt der Erwerb des Carve-out-Business durch den Käuferkonzern die Konzernbetriebsratsfähigkeit, wenn durch den Erwerb ein Konzern mit einem Betriebsrat entsteht und dieser Betriebsrat mehr als die Hälfte der im Konzern beschäftigten Arbeitnehmer vertritt. Auch hier gilt, dass, eine Klärung über den rechtlichen Bestand des Konzernbetriebsrats im arbeitsgerichtlichen Beschlussverfahren herbeigeführt werden sollte, sofern bei Errichtung eines Konzernbetriebsrats nur ein Gesamtbetriebsrat oder funktionell zuständiger Betriebsrat besteht (→ Rn. 134).

b) Schicksal der Betriebsräte beim *Asset Deal*

136 Soweit das Carve-out-Business beim Verkäufer nicht rechtlich selbständig ist und im Wege eines externen *Asset Deal* separiert und veräußert wird (→ Teil II Rn. 4), kann die Veräußerung Auswirkungen auf die betriebliche Situation beim Verkäufer und damit auf den Bestand des Betriebsrats haben. Die Auswirkungen beim Verkäufer hängen davon ab, ob der Carve-out einen vollständigen Betrieb oder nur einen Betriebsteil umfasst. Die Auswirkungen beim Käufer hängen darüber hinaus davon ab, ob der veräußerte Betrieb bzw. Betriebsteil mit anderen Betriebsmitteln und Arbeitnehmern zu einem neuen Betrieb zusammengefasst, in einen bestehenden Betrieb integriert oder selbständig weitergeführt wird.

137 Bei diesen betriebsverfassungsrechtlichen Auswirkungen, die im Folgenden näher beleuchtet werden, kommt es mehrfach darauf an, ob ein Betrieb im Anschluss an den Vollzug der Carve-out-Transaktion und zwar nach einem Herauslösen aus einer größeren betrieblichen Organisation oder nach einer Verbindung mit einer anderen betrieblichen Organisation seine **Identität wahrt**. Hier ist zu beachten, dass diese Überlegungen im Folgenden auf den betriebsverfassungsrechtlichen Be-

4. Schicksal der betrieblichen Interessenvertretungen bei Carve-out-Transaktionen

triebsbegriff bezogen sind. Die Wahrung der Identität des Betriebs spielt auch im Recht des Betriebsübergangs eine entscheidende Rolle. Dort ist jedoch ein anderer Betriebsbegriff zugrundezulegen.[107] Das führt dazu, dass in einem Einzelfall ein Betrieb, der in einen anderen eingegliedert wird, im Sinne des Betriebsübergangsrechts seine Identität wahrt (→ Rn. 100), während die Identität des Betriebs im Betriebsverfassungsrecht in diesem Fall verloren gehen kann.

aa) Erwerb und selbständige Weiterführung eines vollständigen Betriebs

Umfasst der Carve-out einen vollständigen Betrieb, der als eigenständiger Betrieb weitergeführt wird, so bleibt das Amt des Betriebsrats unberührt.[108] Der Betriebsrat vertritt nach der Veräußerung die Interessen der Arbeitnehmer gegenüber dem Käufer, ohne dass sich sonstige Veränderungen im Mandat ergeben. Auch wenn ein Teil der Arbeitnehmer dem Übergang ihrer Arbeitsverhältnisse widerspricht und dann vom Verkäufer entlassen wird, hat der Betriebsrat kein Restmandat im Hinblick auf eine mögliche Betriebsänderung oder personelle Einzelmaßnahmen im Verhältnis zum Verkäufer.[109]

138

Für alle übrigen Konstellationen ist eine getrennte Betrachtung der Vorgänge beim Verkäufer und beim Käufer erforderlich.

139

bb) Auswirkungen der Spaltung eines Betriebs beim Verkäufer

Die Veräußerung eines Teils eines Betriebs führt dazu, dass dieser Teil der Leitung des Käufers unterstellt wird. Die Überführung eines Teils des Betriebs zu einem neuen Leitungsapparat bedeutet, dass der Betrieb gespalten wird.[110] Das führt nicht notwendig dazu, dass der **Betrieb untergeht**. Wenn ein nach Organisationsstruktur und Anzahl der Arbeitnehmer bedeutsamer Teil weiterhin einem einheitlichen Leitungsapparat unterstellt ist (dies kann der Leitungsapparat des Verkäufers oder des Käufers sein), so bewahrt dieser Teil die Identität des Ursprungsbetriebs und der Betriebsrat bleibt für diesen Teil im Amt. Inwieweit bei einem Spaltungsvorgang ein Teilbetrieb die Identität wahrt oder der Betrieb untergeht, ist im Wege einer wertenden Betrachtung festzustellen.[111]

140

Die Folgen der Spaltung eines Betriebs sind in § 21a Abs. 1 BetrVG angesprochen. In dieser Vorschrift ist allgemein vorgesehen, dass im Falle einer Spaltung für beide Spaltungsprodukte ein **Übergangsmandat** des Betriebsrats des Ursprungsbetriebs besteht. Damit werden jedoch Spaltungsvorgänge zu weit erfasst. Die Fälle, in denen ein Spaltungsprodukt die Identität des Ursprungsbetriebs wahrt,

141

---

[107] Staudinger/*Annuß* BGB § 613a Rn. 45.
[108] BAG 7 ABR 17/01, NZA 2003, 336 (336f.).
[109] BAG 2 AZR 62/11, Rn. 53–56, NZA 2013, 277 (282).
[110] Fitting BetrVG § 21a Rn. 10.
[111] BAG 2 AZR 62/11, Rn. 49, NZA 2013, 277 (282); *Müller* RdA 1996, 287, 289.

sind für diesen Teil nach allgemeinen Regeln zu beurteilen, während nur bei dem anderen Teil die Rechtsfolge des § 21a Abs. 1 BetrVG eingreift.[112] Dies führt im Einzelnen beim Verkäufer zu folgenden Ergebnissen:

142 Veräußert der Verkäufer einen Teil eines Betriebs dergestalt, dass durch die Spaltung des Betriebs der Betrieb untergeht (keiner der Teile wahrt bei wertender Betrachtung die Identität des ursprünglichen Betriebs), so hat der Betriebsrat des ursprünglichen Betriebs für den beim Verkäufer verbleibenden Teil ein Übergangsmandat (§ 21a Abs. 1 BetrVG). Die Rechtsprechung bezeichnet diesen Fall – wohl in Anlehnung an die Begriffe des Umwandlungsrechts – als **Betriebsaufspaltung**.[113]

143 Veräußert der Verkäufer den Teilbetrieb so, dass durch die Spaltung des Betriebs der bei ihm verbleibende Teil die Identität des Ursprungsbetriebs wahrt, so verbleibt der Betriebsrat für den beim Verkäufer verbleibenden Teil im Amt, und es ergeben sich insoweit keine Veränderungen.

144 In den beiden vorgenannten Fällen übt der Betriebsrat für den übergehenden Teil ein Übergangsmandat aus, sofern der übergehende Teil nicht in einen anderen Betrieb eingegliedert wird oder mit einem anderen – größeren – Betrieb oder Betriebsteil zu einem neuen Betrieb zusammengefasst wird.

145 Wahrt nach der Spaltung der beim Verkäufer verbleibende Teil nicht die Identität des Ursprungsbetriebs, so verbleibt der Betriebsrat jedenfalls nicht bei diesem Teil. Sofern der veräußerte Teil beim Käufer so fortgeführt wird, dass er die Identität des Ursprungsbetriebs wahrt, geht der Betriebsrat mit diesem Teil mit und hat für den beim Verkäufer verbleibenden Teil ein Übergangsmandat.

146 Die Rechtsprechung bezeichnet die Fälle, in denen einer der Teile seine Identität wahrt, als **Betriebsabspaltung**.[114]

cc) Auswirkungen des Erwerbs eines Betriebs oder Betriebsteils beim Käufer

147 Im Hinblick auf die Folgen des Erwerbs eines Betriebs oder Teils eines Betriebs auf der Seite des Käufers ist es nicht nur bedeutsam, ob diejenigen Betriebsmittel und Arbeitnehmer, die übernommen werden, bisher einen eigenständigen Betrieb oder Betriebsteil gebildet haben, und ob diese Einheit unter Wahrung der betrieblichen Identität fortgeführt werden könnte. Hier kommt es auch darauf an, wie der Käufer mit dem Carve-out-Business verfährt. Er kann die Betriebsmittel und Arbeitnehmer in Form eines **selbständigen Betriebes weiterführen** oder er kann sie mit einem bestehenden Betrieb **zusammenführen**. Im letztgenannten Fall kann die Zusammenführung die Konsequenz haben, dass ein völlig neuer Be-

---

[112] Zu eng insoweit die Formulierung bei Fitting BetrVG § 21a Rn. 9 sowie bei Richardi/*Thüsing* § 21a Rn. 4 und 6 wonach die Vorschrift überhaupt nur dann Anwendung findet, wenn der Betrieb seine Identität verliert; präziser GK-BetrVG/*Kreutz* § 21a Rn. 19.
[113] BAG 2 AZR 62/11, Rn. 48, NZA 2013, 277 (282).
[114] BAG 2 AZR 62/11, Rn. 48, NZA 2013, 277 (282).

4. Schicksal der betrieblichen Interessenvertretungen bei Carve-out-Transaktionen

trieb entsteht oder dass eines der beiden Elemente, die zusammengeführt werden unter Wahrung seiner betrieblichen Identität bestehen bleibt, während das andere Element in diese bestehende Einheit eingegliedert wird und darin aufgeht. Die Beurteilung, ob nach der Zusammenführung von Betriebsmitteln und Arbeitnehmern ein Betrieb unter Wahrung seiner Identität fortbesteht, ist – ebenso wie bei der Spaltung von Betrieben (→ Rn. 140) – durch eine wertende Betrachtung anhand der Kriterien des Betriebsbegriffs vorzunehmen.[115] Im Einzelnen ergeben sich die folgenden Konstellationen und damit zusammenhängenden Fragen.

aaa) Weiterführung von Betrieben und Betriebsteilen als eigenständige Betriebe

Wie bereits erwähnt führt der Erwerb eines Betriebes, der ohne wesentliche betriebliche Veränderungen fortgeführt wird, dazu, dass der bestehende Betriebsrat unverändert im Amt bleibt (→ Rn. 138). Hierzu sind auch solche Fälle zu rechnen, in denen ein Betriebsteil vom Käufer übernommen wird, der nach wertender Betrachtung so beschaffen ist und in der Weise fortgeführt wird, dass er die Identität des Ursprungsbetriebs wahrt. Wird aber ein Teil eines Betriebes übernommen, der die Identität des beim Verkäufer bestehenden Ursprungsbetriebes nicht wahrt, und wird dieser Teil dann als selbständiger Betrieb weitergeführt, so hat der Betriebsrat des Ursprungsbetriebs ein Übergangsmandat und führt Neuwahlen in der neu entstandenen Einheit herbei (entsprechend § 21a Abs. 1 BetrVG).

148

bbb) Zusammenführung von Betrieben oder Betriebsteilen oder von nicht betrieblich verbundenen Betriebsmitteln mit Einheiten des Käufers

In dem Fall, in dem die erworbenen Betriebsmittel und die übernommenen Arbeitnehmer mit einem beim Käufer bestehenden Betrieb zusammengeführt werden und dadurch ein neuer Betrieb entsteht, verlieren die gegebenenfalls bestehenden Betriebsräte der zusammengeführten Elemente ihr Amt. Eine solche Bildung eines neuen Betriebes kann nicht nur durch die im Gesetz geregelte (§ 21a Abs. 2 BetrVG) und in der Literatur viel diskutierte **Zusammenfassung** von bestehenden Betrieben und Betriebsteilen erfolgen. Auch wenn ein Käufer bei einer Carve-out-Transaktion in einem größeren Umfang Betriebsmittel erwirbt und Arbeitnehmer übernimmt, ohne dass diese beim Verkäufer (oder den Verkäufern) einen eigenständigen Betrieb oder Betriebsteil gebildet hätten, kann durch die Zusammenführung mit einem bestehenden Betrieb ein völlig neues betriebliches Gebilde entstehen, wodurch der Betriebsrat des bestehenden Betriebes sein Amt verliert und Neuwahlen erforderlich werden. Die in § 21a Abs. 2 BetrVG geregelte Fallgruppe der „Zusammenfassung" von Betrieben oder Betriebsteilen ist also nur ein Teil der möglichen Konstellationen, in denen ein neuer Betrieb entsteht.

149

---

[115] WHSS/*Hohenstatt* D Rn. 69 ff.; kritisch GK-BetrVG/*Kreutz* § 21a Rn. 62.

150 In denjenigen Fällen, in denen Betriebe oder Betriebsteile, für die jeweils ein Betriebsrat besteht, zu einem neuen Betrieb zusammengefasst werden, hat der Betriebsrat des nach der Zahl der wahlberechtigten Arbeitnehmer größeren Betriebs oder Betriebsteils ein **Übergangsmandat** für die Wahrnehmung der Interessen aller Arbeitnehmer des neuen Gebildes. Die wichtigste Aufgabe ist hierbei die Einleitung neuer Betriebsratswahlen (§ 21a Abs. 2 BetrVG). Das Mandat des nach Zahl der wahlberechtigten Arbeitnehmer kleineren Betriebs oder Betriebsteils endet.

151 Unklar ist die Rechtslage, wenn bei der Bildung eines neuen Betriebs durch Zusammensetzung mehrerer Elemente (Betriebe, Betriebsteile oder Betriebsmittel und Arbeitnehmer, die keine Einheit dieser Art darstellen) nur für einen Betrieb oder Betriebsteil ein Betriebsrat besteht. Für diesen Fall gehen die Ansichten über das Bestehen eines Übergangsmandats für diesen Betriebsrat auseinander[116] und die höchstrichterliche Rechtsprechung hatte noch keine Gelegenheit, diese Frage zu klären. Nach richtiger Ansicht hat dann, wenn nur für einen Betrieb oder Betriebsteil, die mit anderen Elementen zusammengeführt werden, ein Betriebsrat besteht, dieser ein Übergangsmandant, und zwar unabhängig von der Größe dieses Betriebs oder Betriebsteils im Verhältnis zu den anderen Elementen. Dass hier Arbeitnehmer von einem Betriebsrat im Wege eines Übergangsmandats vertreten werden, die diesen Betriebsrat nicht gewählt haben, ergibt sich auch in den gesetzlich ausdrücklich geregelten Fällen der Zusammenfassung von Betrieben. Es ist sachgerecht und steht im Einklang mit der gesetzgeberischen Wertung, der Kontinuität der Interessenvertretung durch den bestehenden Betriebsrat Vorrang einzuräumen.[117]

152 Nehmen der Betriebsrat und der Käufer in einer solchen Situation die Position ein, dass ein Übergangsmandat besteht, können sie dies nicht in einem **arbeitsgerichtlichen Beschlussverfahren** klären, da ohne konträre Positionen in dieser Frage das Rechtsschutzinteresse für einen Feststellungsantrag fehlt. Nimmt allerdings der Käufer den Standpunkt ein, dass kein Übergangsmandat besteht, und fordert der Betriebsrat unter Behauptung eines Übergangsmandats den Käufer auf, Verhandlungen über Betriebsvereinbarungen aufzunehmen, kann der Käufer den Bestand des Mandats in einem Beschlussverfahren klären lassen (§§ 80 ff. ArbGG).

> **Antrag im Beschlussverfahren**
> Es wird festgestellt, dass dem Beteiligten zu 2) kein Übergangsmandat gemäß § 21a BetrVG in Bezug auf den Betrieb der Beteiligten zu 1) <bei mehreren Betrieben genaue Bezeichnung> zusteht.

153 Alternativ kann der Käufer warten, bis die Betriebsratswahlen für den neu entstandenen Betrieb abgeschlossen sind, und mit dem dann gebildeten Betriebsrat die bisher, im Zuge des Übergangsmandats geschlossenen Betriebsvereinbarungen vorsorglich durch **erneuten Abschluss** bestätigen.

---

[116] Zum Meinungsstand: Richardi/*Thüsing* § 21a Rn. 11; GK-BetrVG/*Kreutz* § 21a Rn. 68.
[117] Richardi/*Thüsing* § 21a Rn. 11.

4. Schicksal der betrieblichen Interessenvertretungen bei Carve-out-Transaktionen

Erwirbt der Käufer im Zuge einer Carve-out-Transaktion einen Betrieb oder einen Betriebsteil oder übernimmt er eine Anzahl nicht betrieblich zusammengefasster Arbeitnehmer und integriert er diese Elemente in einen bei ihm bereits bestehenden Betrieb in der Weise, dass dieser Betrieb seine Identität wahrt, so bleibt der Betriebsrat dieses Betriebs im Amt und vertritt die Interessen der neu aufgenommenen Arbeitnehmer mit. Die Literatur bezeichnet die Fallgruppe der Integration in einen fortbestehenden Betrieb als **Eingliederung**.[118]

154

Auch bei der Eingliederung ist die Rechtslage unklar, wenn der Betrieb, in den ein Betrieb oder Betriebsteil eingegliedert wird, keinen Betriebsrat hat, während der eingegliederte Betrieb einen Betriebsrat hat bzw. der eingegliederte Betriebsteil das Spaltungsprodukt eines Betriebs ist, in dem ein Betriebsrat besteht oder bis zur Spaltung bestand. Auch für diese Fälle – die dem Fall ähneln, in dem ein Betrieb ohne Betriebsrat mit einem anderen Betrieb zusammengefasst wird (→ Rn. 151) – werden unterschiedliche Ansichten zum Bestehen eines Übergangsmandats vertreten[119], ohne dass diese Frage höchstrichterlich geklärt ist. Nach richtiger Ansicht besteht kein Übergangsmandat des Betriebsrats, der bisher für die eingegliederten Arbeitnehmer zuständig war.[120] Der Umstand, dass ein Betrieb identitätswahrend fortgeführt wird, führt dazu, dass sich dessen betriebsverfassungsrechtliche Verhältnisse nicht ändern. Dabei muss auch berücksichtigt werden, dass der eingegliederte Betrieb oder Betriebsteil von untergeordneter Bedeutung sein muss, weil ansonsten seine Integration nicht ohne wesentliche und damit identitätsändernde Wirkung auf den anderen Betrieb möglich wäre. Auch hier sollte der Käufer zum Zwecke der Klärung der Rechtslage ein arbeitsgerichtliches Beschlussverfahren einleiten, falls der für die eingegliederten Arbeitnehmer bisher zuständige Betriebsrat ein Übergangsmandat geltend macht.

155

Schließlich kann im Rahmen eines Carve-out noch der umgekehrte Fall der Eingliederung auftreten, in dem der Käufer einen Betrieb übernimmt und identitätswahrend weiterführt, während er einen bei ihm bereits bestehenden Betrieb, einen Betriebsteil oder sonst Arbeitnehmer und Betriebsmittel in diesen fortbestehenden Betrieb integriert. Hier gilt das oben Gesagte entsprechend, das heißt, der Betriebsrat des übernommenen Betriebes bleibt unverändert im Amt, und er hat für den Betrieb einschließlich der neu hinzugekommenen Arbeitnehmer ein fortlaufendes Mandat. Besteht aber in dem identisch fortgeführten Betrieb kein Betriebsrat, so bleibt diese Einheit betriebsratslos, und es entsteht auch kein Übergangsmandat für einen Betriebsrat eines Betriebes oder Betriebsteils, der integriert wird.

156

In allen Fällen, in denen ein übergehender Betrieb oder Betriebsteil unter Wahrung der Identität des Ursprungsbetriebs beim Käufer fortgeführt wird, sodass der Betriebsrat im Amt bleibt und gleichsam mit zum Käufer übergeht, können die Betriebsratsmitglieder – wie alle Arbeitnehmer – dem Übergang ihres Arbeits-

157

---

[118] Richardi/*Thüsing* § 21a Rn. 10; GK-BetrVG/*Kreutz* § 21a Rn. 60; Fitting BetrVG § 21a Rn. 11a.
[119] Zum Meinungsstand: Richardi/*Thüsing* § 21a Rn. 10; GK-BetrVG/*Kreutz* § 21a Rn. 63.
[120] Richardi/*Thüsing* § 21a Rn. 10; GK-BetrVG/*Kreutz* § 21a Rn. 63; Löwisch/Kaiser § 21a Rn. 23.

verhältnisses **widersprechen** mit der Folge, dass sie Arbeitnehmer des Verkäufers bleiben, § 613a Abs. 6 BGB (→ Rn. 69). Machen sie von dieser Möglichkeit Gebrauch, so **endet ihre Mitgliedschaft im Betriebsrat** infolge des Ausscheidens aus dem Betrieb. Führt der Widerspruch mehrerer Betriebsratsmitglieder dazu, dass auch nach Eintreten sämtlicher Ersatzmitglieder nicht mehr die vorgeschriebene Anzahl von Betriebsratsmitgliedern vorhanden ist (§ 13 Abs. 2 Nr. 2 i. V. m. §§ 9, 11 BetrVG), so hat der Restbetriebsrat unverzüglich Neuwahlen einzuleiten[121] und sein Amt endet mit Bekanntgabe des Wahlergebnisses (§ 13 Abs. 2 Nr. 2 i. V. m. §§ 21, 22 BetrVG). Widersprechen alle Betriebsratsmitglieder und Ersatzmitglieder dem Übergang ihres Arbeitsverhältnisses, so besteht der Betriebsrat nicht mehr; Neuwahlen sind nach den allgemeinen Regeln einzuleiten (§ 13 Abs. 2 Nr. 6, § 17 BetrVG bzw. §§ 14a, 17a BetrVG). Der bisherige Betriebsrat hat in diesem Fall auch kein Übergangsmandat in entsprechender Anwendung von § 21a Abs. 1 BetrVG.[122]

c) Schicksal von Gesamtbetriebsräten und Konzernbetriebsräten beim *Asset Deal*

158   Wird die Carve-out-Transaktion als *Asset Deal* durchgeführt, so ist das Schicksal von Gesamtbetriebsräten und Konzernbetriebsräten ebenfalls getrennt aus Verkäufer- und aus Käufersicht zu betrachten.

aa) Auswirkungen auf Gesamtbetriebsrat und Konzernbetriebsrat beim Verkäufer

159   Die Veräußerung eines Betriebes hat beim Verkäufer Auswirkungen auf die Zusammensetzung eines **Gesamtbetriebsrats** (§ 47 Abs. 2 bis 9 BetrVG). Führt die Veräußerung eines Betriebs oder Betriebsteils dazu, dass ein Unternehmen nicht mehr mindestens zwei Betriebe mit Betriebsräten hat, so führt dies zur Beendigung des Bestehens des Gesamtbetriebsrats.[123] Ein solcher Wegfall eines Betriebs mit Betriebsrat bei dem Unternehmen des Verkäufers kann dadurch eintreten, dass der Verkäufer den Betrieb in seiner Gesamtheit veräußert, dass er nur einen Teil des Betriebs veräußert, der aber durch die Spaltung nur so unwesentlich verändert wird, dass er identitätswahrend auf den Käufer übergeht oder dass der Verkäufer einen Teil eines Betriebs veräußert und durch die Spaltung der Betrieb untergeht.

160   Ein Carve-out im Wege eines *Asset Deal* kann auch Auswirkungen auf einen beim Verkäuferkonzern bestehenden **Konzernbetriebsrat** haben. Durch den Wegfall eines Betriebs mit Betriebsrat (→ Rn. 138) können die Voraussetzungen für die Bildung eines Konzernbetriebsrats entfallen, was zur Beendigung des Bestehens des

---

[121] Vgl. Hessisches LAG 9 TaBV 88/05, Rn. 32, AuR 2006, 253.
[122] A. A. Fitting BetrVG § 1 Rn. 140.
[123] Fitting BetrVG § 47 Rn. 26.

4. Schicksal der betrieblichen Interessenvertretungen bei Carve-out-Transaktionen

Konzernbetriebsrats führt. Wie bereits erwähnt (→ Rn. 134), sind die Voraussetzungen für die Bildung eines Konzernbetriebsrats nicht geklärt. Verlangt man das Bestehen von mindestens zwei Gesamtbetriebsräten oder funktionell zuständigen Betriebsräten (§ 54 Abs. 2 BetrVG) für die Bildung eines Konzernbetriebsrates, so endet dieser, wenn mit einer Veräußerung eines Betriebs oder Betriebsteils der vorletzte Betriebsrat im Konzern wegfällt. Hält man es für die Bildung eines Konzernbetriebsrats dagegen für ausreichend, dass in einem Konzern ein Betriebsrat besteht, der mehr als die Hälfte der im Konzern beschäftigten Arbeitnehmer vertritt, so fällt der Konzernbetriebsrat erst weg, wenn durch die Veräußerung eines Betriebs oder Betriebsteils dieser einzige Betriebsrat des Konzerns wegfällt.

bb) Auswirkungen auf Gesamtbetriebsrat und Konzernbetriebsrat beim Käufer

Beim Käufer des Carve-out-Business kann der Erwerb eines Betriebs, der identitätswahrend fortgeführt wird und damit einen Betriebsrat „mitbringt", zur Bildung eines **Gesamtbetriebsrats** führen, wenn durch den hinzugekommenen Betriebsrat erstmals zwei Betriebsräte im Unternehmen bestehen. 161

Spiegelbildlich zu den Auswirkungen eines *Asset Deal* auf den **Konzernbetriebsrat** des Verkäuferkonzerns kann das Hereinkommen eines Betriebs mit Betriebsrat in den Käuferkonzern dazu führen, dass hier erstmals die Voraussetzungen zur Bildung eines Konzernbetriebsrats erfüllt sind (→ Rn. 134). 162

Werden im Rahmen eines *Asset Deal* alle Betriebe eines Unternehmens auf ein anderes Unternehmen übertragen, das bis dahin keinen Betrieb hat, und werden die Betriebe beim Käufer unter Wahrung der Identität der einzelnen Betriebe fortgeführt, so ist unklar, ob auch der Gesamtbetriebsrat mit übergeht und sich dessen Mandat beim Käufer nahtlos fortsetzt. Dies hat die höchstrichterliche Rechtsprechung mehrfach offen gelassen.[124] Sollte in einer derartigen Situation eine neuer Gesamtbetriebsrat nicht gebildet werden und der bisherige Gesamtbetriebsrat Beteiligungsrechte geltend machen, so hat der Käufer die Möglichkeit, die Rechtslage in einem arbeitsrechtlichen Beschlussverfahren klären zu lassen; er muss sich dafür auf den Standpunkt stellen, dass der Gesamtbetriebsrat nicht übergangen ist, sondern hätte neu gebildet werden müssen. 163

> **Antrag im Beschlussverfahren**
> Es wird festgestellt, dass ein Gesamtbetriebsrat für das Unternehmen X GmbH nicht besteht.

---

[124] BAG 7 ABR 17/01, Rn. 20, NZA 2003, 336 (336 f.); BAG 1 ABR 54/01 Rn. 45, NZA 2003, 670 (674); zum Meinungsstand in der Literatur: Richardi/*Thüsing* § 47 Rn. 27; GK-BetrVG/*Kreutz* § 47 Rn. 55.

164 Ein Übergang des Gesamtbetriebsrats kommt nur in Betracht, wenn der Käufer sämtliche Betriebe des Verkäufers übernimmt. Ein Übergang des Gesamtbetriebsrats in dem Fall, in dem mehrere, aber nicht alle Betriebe übernommen werden, würde voraussetzen, dass diese Betriebe „die Identität der Gesamtheit der Betriebe" wahren. Eine solche Betrachtung ist aber nicht möglich. Das Ensemble von Betrieben, für die ein Gesamtbetriebsrat gebildet ist, ist nicht Bezugsobjekt der Handlungen eines Gesamtbetriebsrats. Die von einem Gesamtbetriebsrat abgeschlossenen Gesamtbetriebsvereinbarungen und seine sonstigen Handlungen wirken immer nur in den einzelnen Betrieben; ihr **Bezugsobjekt** ist nicht etwa ein **„Gesamtbetrieb"**. Daher kann von einer „Wahrung der Identität des Gesamtbetriebs" nicht die Rede sein.[125] Dies zeigt sich auch darin, dass beim Erwerb einer Mehrzahl von Betrieben der Gesamtbetriebsrat dennoch beim Verkäufer im Amt verbleibt, solange dieser nur zwei Betriebe mit Betriebsräten hat, und zwar unabhängig von Überlegungen zu einer identitätswahrenden Fortführung der Gesamtheit der Betriebe. Dies verbietet einen Übergang des Gesamtbetriebsrats auf den Käufer einer Mehrzahl aber nicht der Gesamtheit der Betriebe.

d) Schicksal der betrieblichen Interessenvertretungen bei Separierung des Carve-out-Business durch Gesamtrechtsnachfolge

165 Wird das Carve-out-Business zunächst durch einen Spaltungsvorgang im Wege der partiellen Gesamtrechtsnachfolge auf einen eigenständigen Rechtsträger übertragen, der dann an den Käuferkonzern im Wege des *Share Deal* veräußert wird, so gelten für den Spaltungsvorgang sämtliche Überlegungen zum *Asset Deal* entsprechend.

166 Je nachdem, ob das Carve-out-Business bereits im Vorfeld der Carve-out-Transaktion in selbständigen Betrieben organisiert war oder aber in Betrieben, in denen auch andere Geschäftsbereiche des Verkäufers (*Retained Businesses*) bearbeitet werden, kann der umwandlungsrechtliche Spaltungsvorgang zum Zwecke der Separierung des Carve-out-Business zur Übertragung von Betrieben im Ganzen oder auch zur Spaltung von Betrieben führen. In der Regel wird das Carve-out-Business vom übernehmenden Rechtsträger, der später veräußert werden soll, selbständig weitergeführt werden, ohne mit anderen Betriebsmitteln oder Arbeitnehmern zusammengeführt zu werden. Die Auswirkungen auf die betrieblichen Interessenvertretungen entsprechen den Fallgruppen beim *Asset Deal*.

167 Für den anschließenden *Share Deal* gelten keine Besonderheiten gegenüber der Veräußerung des Carve-out-Business im Wege eines *Share Deal*, bei dem das Carve-out-Business von Anfang an rechtlich selbständig war.

---

[125] BAG 1 ABR 54/01, Rn. 54, NZA 2003, 670 (675).

5. Auswirkungen der Carve-out-Transaktion auf Vereinbarungen des Betriebsverfassungsrechts

Wird das Carve-out-Business aus dem Unternehmen des Verkäufers herausgelöst und auf den Käufer übertragen, stellt sich die Frage, wie sich dieser Vorgang auf die für das Carve-out-Business bisher geltenden Betriebsvereinbarungen sowie die Gesamt- und Konzernbetriebsvereinbarungen auswirkt. Ebenso wie bei den Auswirkungen auf die betrieblichen Interessenvertretungen (→ Rn. 132–167) hängt dies davon ab, ob das Carve-out-Business beim Verkäufer rechtlich verselbständigt ist. Weiterhin ist bedeutsam, inwiefern durch die Transaktionsstruktur in die betriebliche Situation des Carve-out-Business eingegriffen wird. 168

a) Auswirkungen eines Carve-out durch *Share Deal*

Da ein *Share Deal* lediglich Veränderungen auf **Gesellschafterebene** mit sich bringt, lässt er sowohl die betrieblichen Strukturen als auch die von der Zielgesellschaft getroffenen Vereinbarungen unberührt. Dies gilt auch für die Betriebsvereinbarungen und Gesamtbetriebsvereinbarungen. Die Vereinbarungen gelten für die Zielgesellschaft unverändert fort, und ihre wirtschaftlichen Auswirkungen treffen den Käufer in seiner Eigenschaft als neuen Anteilsinhaber. 169

Dies gilt auch für diejenigen Vereinbarungen, die ein Konzernbetriebsrat im Auftrag eines Gesamtbetriebsrats oder funktionell zuständigen Betriebsrats geschlossen hat (§§ 58 Abs. 2, 54 Abs. 2 BetrVG). Diese folgen allen Regeln über Gesamtbetriebsvereinbarungen bzw. Betriebsvereinbarungen (Geltungsbereich, Durchführungsanspruch, Beendigung). Auch diese Vereinbarungen gelten nach einem Ausscheiden der Zielgesellschaft aus dem Konzernverbund unverändert fort. 170

aa) Weitergeltung von Konzernbetriebsvereinbarungen beim Käufer

Da ein Carve-out im Wege eines *Share Deal* dazu führt, dass die Zielgesellschaft mit dem Carve-out-Business aus dem Konzern, dem sie bisher angehört hat, herausgelöst wird, stellt sich allerdings die Frage nach den Auswirkungen auf Konzernbetriebsvereinbarungen. Diese gelten nach einem *Share Deal* bei der Zielgesellschaft **normativ** – also unmittelbar und zwingend – weiter. Hat die Zielgesellschaft mehrere Betriebe, so gelten die Konzernbetriebsvereinbarungen als **Gesamtbetriebsvereinbarungen** weiter. Hat die Zielgesellschaft nur einen Betrieb, so haben die Konzernbetriebsvereinbarungen den Status von **Einzelbetriebsvereinbarungen**.[126] Während diese Frage nicht durch höchstrichterliche Rechtsprechung geklärt ist, ergibt sich dieses Ergebnis aus der Funktion von Konzernbetriebsver- 171

---

[126] GK-BetrVG/*Franzen* § 58 Rn. 58; *Cisch/Hock* BB 2012, 2113, 2115; *Kern* NZA 2009, 1313, 1317; a. A. WHSS/*Hohenstatt* E Rn. 70.

einbarungen und aus den Grundsätzen der Rechtsprechung zu Gesamtbetriebsvereinbarungen beim Betriebsübergang[127]. Konzernbetriebsvereinbarungen gehören zum Normenbestand der Betriebe des Verkäuferkonzerns. Ihr Sinn ist es, Fragen mit einem kollektiven Bezug einheitlich auf der Ebene des Betriebs[128] zu regeln. Eine Geltung auf der Ebene einzelner Arbeitsverträge widerspräche diesem Sinn und dem Bezug zum Betrieb. § 613a Abs. 1 Satz 2 BGB ist nicht anwendbar, da bei einem Carve-out eines Geschäftsbereichs im Wege eines *Share Deal* kein Betriebsübergang stattfindet. Aus diesen Gründen ergibt nur eine normative Weitergeltung der Konzernbetriebsvereinbarungen Sinn; in ihrem Rang fallen sie auf die nächste Stufe herab, sodass sie je nach den betrieblichen Strukturen des Unternehmens als Gesamtbetriebsvereinbarungen oder Einzelbetriebsvereinbarungen wirken.

172 Dieser Grundsatz ist allerdings für diejenigen Fälle einzuschränken, in denen Konzernbetriebsvereinbarungen so auf die Verhältnisse im Verkäuferkonzern zugeschnitten sind, dass sie – jedenfalls mit den Inhalten, die sie haben – nur bei **Zugehörigkeit des Carve-out-Business zum Verkäuferkonzern** Sinn ergeben. Nach einer vereinzelten Aussage in der Rechtsprechung kann die Fortgeltung von Konzernbetriebsvereinbarungen daran scheitern, dass eine Regelung die Zugehörigkeit zum bisherigen Konzern zwingend voraussetzt und nach einem Ausscheiden des Betriebs aus dem Konzern gegenstandslos ist.[129] Man muss hier unterscheiden:

173 Es sind Regelungen in Konzernbetriebsvereinbarungen möglich, die nach Ausscheiden der Zielgesellschaft aus dem Verkäuferkonzern **unanwendbar** werden und ersatzlos wegfallen. Dies ist beispielsweise der Fall bei Regelungen zur konzernweiten internen Stellenausschreibung für alle offenen Stellen des Konzerns, bei Regelungen zur Verwendung von IT-Systemen zur Kontrolle von Arbeitnehmern, soweit diese Systeme nur im Verkäuferkonzern genutzt werden, oder bei Regelungen über Uniformen als Dienstkleidung (Fluglinien, Bahnbetriebe). Diese Regelungen enden schlicht mit Ausscheiden des Arbeitgebers aus dem Konzern. Andere Konzernbetriebsvereinbarungen verlieren zwar nicht nach ihrem Gegenstand, aber nach ihrem konkreten Inhalt ihren Sinn. Dies trifft z. B. auf eine Bonusregelung zu, die sich am Konzernergebnis orientiert. Hier wird man die Konzernbetriebsvereinbarung – dann in der Form und nach den Regeln einer Gesamtbetriebsvereinbarung oder Betriebsvereinbarung – nach den Grundsätzen über den **Wegfall der Geschäftsgrundlage** neu verhandeln müssen.[130]

174 Schwieriger sind solche Regeln zu beurteilen, die nach ihrem Gegenstand nicht mehr angewandt werden können, die aber wirtschaftlich wesentliche Zuwendungen an die Arbeitnehmer beinhalten und daher nicht schlicht wegfallen

---

[127] Dazu BAG 1 ABR 54/01, Rn. 40 ff., NZA 2003, 670 (674 ff.).
[128] BAG 1 ABR 6/09, Rn. 20, NZA 2010, 1433 (1434).
[129] Zur Gesamtbetriebsvereinbarung BAG 1 ABR 54/01, Rn. 51, NZA 2003, 670 (674).
[130] Zur Gesamtbetriebsvereinbarung WHSS/*Hohenstatt*, E, Rn. 67; zur Anwendbarkeit der Grundsätze über den Wegfall der Geschäftsgrundlage auf Betriebsvereinbarungen BAG 10 ABR 61/93, Rn. 59 ff., NZA 1995, 314 (317).

können. Hier ist insbesondere an Aktienoptionsprogramme zu denken, die bei wirtschaftlicher Betrachtung eine wesentliche Vergütungserwartung bewirken und in dieser Weise einen wesentlichen Teil der Gesamtvergütung ausmachen. Auch hier dürfte eine **Neuverhandlung** der Regelung der richtige Weg sein, wobei die alte Regelung entweder durch eine neue Vergütungsform ersetzt oder gegen eine **Abfindung** beendet werden kann. Schließlich sind nicht mehr durchführbare Vergütungsregelungen denkbar, die wirtschaftlich gesehen nur eine geringe Bedeutung haben, wie etwa wirtschaftlich unbedeutende Aktienoptionen oder eine verbilligte Kantinennutzung. Hier dürfte nach den Grundsätzen über den Wegfall der Geschäftsgrundlage eine Regelung in Form einer Beendigung gegen Abfindung der richtige Weg sein.

bb) Auswirkung auf Konzernbetriebsvereinbarungen beim Verkäufer

Das Ausscheiden eines Unternehmens aus dem Verkäuferkonzern kann dort zum Wegfall des Konzernbetriebsrats führen (→ Rn. 134). Dies hat zur Folge, dass die Konzernbetriebsvereinbarungen in Unternehmen mit Gesamtbetriebsrat als Gesamtbetriebsvereinbarungen weitergelten, ansonsten als Betriebsvereinbarungen. Dies folgt dem Grundsatz, dass der Wegfall betriebsverfassungsrechtlicher Organe nicht zur Beendigung der von diesen geschlossenen Normenverträge führt.[131]

175

b) Auswirkungen eines Carve-out durch *Asset Deal* auf Betriebsvereinbarungen

Ein Carve-out im Wege eines *Asset Deal* kann Auswirkungen auf die betriebliche Situation beim Verkäufer und beim Käufer und damit auch auf die Geltung von Betriebsvereinbarungen haben.

176

aa) Geltung von Betriebsvereinbarungen beim Käufer nach allgemeinen Regeln

Die Auswirkungen eines *Asset Deal* auf Betriebsvereinbarungen sind für einen Teilbereich in der gesetzlichen Vorschrift zum Betriebsübergang geregelt (§ 613a Abs. 1 Satz 2 bis 4 BGB). Diese gesetzliche Regelung ist jedoch nur ein **Auffangtatbestand** für diejenigen Situationen, in denen sich die Weitergeltung von Betriebsvereinbarungen nicht aus allgemeinen Grundsätzen ergibt.[132]

177

---

[131] BAG 1 ABR 54/01, Rn. 47 f., NZA 2003, 670 (674); GK-BetrVG/*Franzen* § 58 Rn. 55.
[132] BAG 1 ABR 32/90, Rn. 71 f., NZA 1991, 639 (642); BAG 4 AZR 280/08, Rn. 29, NZA 2010, 238 (241).

Teil III: Arbeitsrechtliche Aspekte und Pensionen

178 Betriebsvereinbarungen gelten nach den **allgemeinen Regeln** des Betriebsverfassungsrechts für den Betrieb unverändert weiter, wenn ein Betrieb in der Weise vom Käufer übernommen und fortgeführt wird, dass er bei wertender Betrachtung seine Identität wahrt.[133] Die Betriebsvereinbarungen gelten nach der Rechtsprechung aber auch dann nach allgemeinen Regeln weiter, wenn der Käufer nur Betriebsteile übernimmt und diese als eigenständige Betriebe weiterführt.[134]

179 Noch nicht in der höchstrichterlichen Rechtsprechung behandelt ist der Fall, in dem der Carve-out durch *Asset Deal* die Aufspaltung eines Betriebes zur Folge hat, wenn also weder der beim Verkäufer verbleibende noch der veräußerte Teil eines Betriebs bei wertender Betrachtung die Identität des ursprünglichen Betriebs wahrt (→ Rn. 140). Soweit in einem solchen Fall die aus der Spaltung entstandenen Betriebsteile als selbständige Betriebe weitergeführt werden, so gelten auch in diesen neuen Betrieben die Betriebsvereinbarungen nach den allgemeinen Regeln des Betriebsverfassungsrechts weiter.[135] Dieser Fall ist in jeder Hinsicht – sowohl für den Teil, der übertragen wird, also auch für den beim Verkäufer verbleibenden Teil – so zu betrachten wie jener, in dem ein Betriebsteil abgespalten wird und in dem die Rechtsprechung von der uneingeschränkten Weitergeltung der Betriebsvereinbarungen nach allgemeinen Regeln ausgeht (→ Rn. 178). Mit derselben Begründung gelten Betriebsvereinbarungen auch dann in einem abgespalten und beim Verkäufer verbleibenden Betriebsteil weiter, wenn der ansonsten die Identität wahrende Betrieb auf den Käufer übertragen wird.

180 Entgegen einer in Teilen der Literatur vertretenen Auffassung[136] gelten Betriebsvereinbarungen nicht nach allgemeinen Regeln weiter, wenn ein Käufer einen übernommenen Betrieb oder Betriebsteil in einen bei ihm bestehenden Betrieb **eingliedert**, und den übernommenen Betrieb oder Betriebsteil aber auch nach dem Zusammenschluss in räumlicher oder organisatorischer Hinsicht abgegrenzt weiterführt.[137] Geht die Integration im Anschluss an den Carve-out so weit, dass die übergehenden Betriebsmittel und Arbeitnehmer in dem beim Käufer bestehenden Betrieb aufgehen, gibt es keine Veranlassung für getrennte Betriebsvereinbarungen im Betrieb des Käufers. Mögliche praktische Schwierigkeiten, die daraus resultieren können, dass die Betriebsvereinbarungen des beim Käufer bestehenden Betriebes nicht auf die Arbeitsverhältnisse der Arbeitnehmer des übernommenen Betriebs oder Betriebsteils passen, sind leicht durch Anpassungen dieser Betriebsvereinbarungen zu lösen, die der Betriebsrat des Käufers mit diesem vereinbart. Diese Betriebsparteien sind auch von Gesetzes wegen gezwungen, sich über diese Fragen Gedanken zu machen, denn der Zusammenschluss ist eine Betriebsänderung, die eine Pflicht zur Verhandlung eines Interessenausgleichs und zum

---

[133] BAG 1 ABR 32/90, Rn. 71, NZA 1991, 639 (642); Staudinger/*Annuß* BGB § 613a Rn. 203.
[134] BAG 1 ABR 54/01, Rn. 57, NZA 2003, 670 (675).
[135] GK-BetrVG/*Kreutz* § 77 Rn. 404.
[136] Fitting BetrVG § 77 Rn. 164; GK-BetrVG/*Kreutz* § 77 Rn. 406.
[137] WHSS/*Hohenstatt* E Rn. 27 bis 32.

5. Auswirkungen der Carve-out-Transaktion auf Vereinbarungen des Betriebsverfassungsrechts

Abschluss eines Sozialplans zur Folge hat, § 111 Satz 3 Nr. 3 BetrVG (→ Rn. 36). Der Käufer und der bei ihm bestehende Betriebsrat beraten und verhandeln also ohnehin über die Folgen der Aufnahme des Carve-out-Business und können in diesem Zuge passende Betriebsvereinbarungen, die beim Verkäufer bestanden, für den übernommenen Betrieb oder Betriebsteil übernehmen oder die beim Käufer bestehenden Betriebsvereinbarungen anpassen. Dies muss aber eben das Ergebnis von Verhandlungen des Käufers mit dem für seinen Betrieb gebildeten Betriebsrat sein, wobei die Betriebsparteien auch **Vereinheitlichungsinteressen** ausreichend berücksichtigen können.

In den Fällen der Weitergeltung von Betriebsvereinbarungen nach allgemeinen Grundsätzen sind die jeweiligen Betriebsvereinbarungen ohne Veränderung beim Käufer anwendbar. Im Hinblick auf **Geltungsgrund, Abänderbarkeit, Beendigung** und das **Verhältnis zu Arbeitsverträgen** gelten die allgemeinen Regeln des Betriebsverfassungsrechts.

181

bb) Geltung von Betriebsvereinbarungen beim Käufer nach Regeln für den Betriebsübergang

Soweit die Betriebsvereinbarungen des Betriebs des Verkäufers nicht nach allgemeinen Regeln weitergelten, kommt eine Geltung beim Käufer nach der gesetzlichen Regelung zum Betriebsübergang in Betracht (§ 613a Abs. 1 Satz 2 bis 4 BGB). Diese Vorschrift greift in zwei Fällen ein:

182

Wird im Rahmen der Carve-out-Transaktion ein Betrieb oder Betriebsteil vom Käufer in einen bei ihm bestehenden Betrieb in einer Weise **eingegliedert**, dass dieser bei wertender Betrachtung seine Identität wahrt, und besteht in diesem Betrieb kein Betriebsrat, gelten die Betriebsvereinbarungen nach § 613 Abs. 1 Satz 2 bis 4 BGB weiter. Dasselbe gilt, wenn ein Betrieb oder Betriebsteil nach Übernahme durch den Käufer mit anderen Betriebsmitteln und Arbeitnehmern (Betriebe, Betriebsteile oder auch bisher nicht betrieblich zusammengefasste Betriebsmittel) so zusammengefasst wird, dass ein **neuer Betrieb** entsteht.[138]

183

aaa) Eingeschränkt kollektivrechtliche Fortgeltung

Ob Betriebsvereinbarungen nach allgemeinen Regeln oder nach den gesetzlichen Regeln zum Betriebsübergang in § 613a Abs. 1 Satz 2 bis 4 BGB weitergelten, hat insbesondere Auswirkungen auf die Möglichkeit, in Arbeitsverträgen mit den einzelnen Arbeitnehmern abweichende Vereinbarungen zum Nachteil der Arbeitnehmer zu treffen. Auch im Anwendungsbereich von § 613a Abs. 1 Satz 2 bis 4 BGB gelten die Betriebsvereinbarungen beim Käufer **normativ**, also unmittelbar und einseitig zwingend.[139] Von ihnen kann zunächst nicht durch einzelvertragli-

184

---

[138] Staudinger/*Annuß* BGB § 613a Rn. 203; Richardi/*Richardi* § 77 Rn. 216.
[139] Grundlegend zu Tarifverträgen BAG 4 AZR 100/08, Rn. 62–81, NZA 2010, 41 (46–48); Staudinger/*Annuß* BGB § 613a Rn. 198.

che Vereinbarungen mit Arbeitnehmern zu deren Nachteil abgewichen werden. Nach Ablauf eines Jahres nach dem Übergang des Betriebs auf den Käufer gelten die Betriebsvereinbarungen weiterhin unmittelbar, aber nicht mehr zwingend, das heißt ab diesem Zeitpunkt sind auch Vereinbarungen mit Arbeitnehmern zu deren Nachteil möglich.

185 Diese eingeschränkt kollektivrechtliche Fortgeltung der Betriebsvereinbarung ist **statisch**. Im Falle eines Übergangs eines Betriebs oder Betriebsteils haben Änderungen der Betriebsvereinbarungen beim Verkäufer nach Betriebsübergang keine Wirkungen für die übergangenen Arbeitsverhältnisse. Für diese gelten die Betriebsvereinbarungen in der Form, die sie im Zeitpunkt des Betriebsübergangs hatten.[140]

186 Die eingeschränkt kollektivrechtliche Fortgeltung nach § 613a Abs. 1 Satz 2 bis 4 BGB endet, wenn die **Betriebsvereinbarung endet**, sei es durch Zeitablauf oder durch eine Kündigung, die von einer der Betriebsparteien des Betriebes des Verkäufers erklärt wird.[141] Betriebsvereinbarungen, die zu Fragen im Bereich der zwingenden Mitbestimmung geschlossen wurden (§ 87 Abs. 1 BetrVG), wirken auch nach ihrem Ende nach, können aber durch einzelvertragliche Vereinbarungen mit den Arbeitnehmern geändert werden (§ 77 Abs. 6 BetrVG). Andere Betriebsvereinbarungen fallen ersatzlos weg.[142]

187 Die eingeschränkt kollektivrechtliche Fortgeltung erfasst nur die vom Verkäufer auf den Käufer übergangenen Arbeitnehmer, also weder die anderen Arbeitnehmer des Betriebs, zu denen die übergangenen hinzugekommen sind, noch diejenigen Arbeitnehmer, die nach dem Betriebsübergang in den Betrieb neu eingestellt werden.[143]

bbb) Ablösung der Betriebsvereinbarungen durch beim Käufer geltende Regelungen

188 Die eingeschränkt kollektivrechtliche Fortgeltung der Betriebsvereinbarungen endet, wenn in dem Betrieb des Käufers ein Betriebsrat gebildet wird und mit diesem Regelungen zu denselben Fragen getroffen werden (§ 613a Abs. 1 Satz 3 BGB). In diesem Fall lösen die Regelungen in der Betriebsvereinbarung des Betriebs des Käufers die bis dahin fortgeltenden Regelungen der Betriebsvereinbarung des Betriebs des Verkäufers ab.[144]

---

[140] BAG 1 ABR 64/03, Rn. 36, NZA 2006, 383 (385); zu Tarifverträgen BAG 4 AZR 100/08, Rn. 79, NZA 2010, 41 (48).

[141] MünchKommBGB/*Müller-Glöge* § 613a Rn. 157; zu Tarifverträgen BAG 4 AZR 100/08, Rn. 71, NZA 2010, 41 (47).

[142] WHSS/*Hohenstatt* E Rn. 41.

[143] WHSS/*Hohenstatt* E Rn. 39.

[144] Zum Ablöseprinzip für Betriebsvereinbarungen im Rahmen von § 613a Abs. 1 Satz 2 bis 4 BGB: BAG 1 AZR 604/02, Rn. 29 f., NZA 2004, 803 (806); BAG 1 AZR 213/04, Rn. 22, NJOZ 2005, 5080 (5084).

5. Auswirkungen der Carve-out-Transaktion auf Vereinbarungen des Betriebsverfassungsrechts

Auch in dem Fall, in dem ein Betrieb oder Betriebsteil nach Übernahme durch den Käufer in einen bei ihm bestehenden Betrieb eingegliedert wird, dieser Betrieb seine Identität wahrt und dort ein Betriebsrat besteht, verlieren die mit dem Betriebsrat des Verkäufers geschlossenen Betriebsvereinbarungen insoweit ihre Geltung, als dieselben Fragen in bestehenden Betriebsvereinbarungen des Betriebes des Käufers geregelt sind (§ 613a Abs. 1 Satz 3 BGB).

189

Eine solche ablösende Wirkung entfalten aber nicht Regelungen in beim Käufer geltenden **Tarifverträgen**. Selbst wenn Tarifverträge und Betriebsvereinbarungen im Einzelfall dieselben Fragen regeln können, sind die beiden Arten von Normenverträgen dennoch nach den sie abschließenden Parteien, derer Regelungsmacht und der rechtlichen Rahmenbedingungen so unterschiedlich, dass sie sich nicht gegenseitig ablösen können. Betriebsvereinbarungen beruhen auf der Ausgangssituation, dass der Arbeitgeber etwas regeln will, z.B. eine Leistung gewähren will, dies aber nicht kann, ohne dass der Betriebsrat bei dem Schema, nach dem die Leistung unter den Arbeitnehmern verteilt wird, mitbestimmt. Demgegenüber beruht ein Tarifvertrag darauf, dass eine Gewerkschaft mit Druckfähigkeit und Durchsetzungskraft eine Leistung in einer bestimmten Höhe erfolgreich einfordert. Aufgrund der Unterschiede zwischen Betriebsvereinbarung und Tarifvertrag sieht auch die Rechtsprechung eine „**Überkreuzablösung**" zwischen diesen beiden Normenverträgen skeptisch.[145] Wenn die Frage auch noch nicht abschließend in der Rechtsprechung entschieden wurde, so ist doch davon auszugehen, dass eine Ablösung von Tarifverträgen durch Betriebsvereinbarungen und umgekehrt (→ Rn. 213) nicht möglich ist.

190

c) Auswirkungen eines Carve-out durch *Asset Deal* auf Gesamtbetriebsvereinbarungen und Konzernbetriebsvereinbarungen

aa) Auswirkungen auf Gesamtbetriebsvereinbarungen

Auch Gesamtbetriebsvereinbarungen können als solche unverändert beim Käufer weitergelten. Dies ist generell der Fall, wenn der **Käufer vor dem Carve-out keine Betriebe** hat und alle Betriebe des Verkäufers übernimmt und in einer Weise fortführt, dass diese ihre Identität wahren.[146] Dasselbe gilt, wenn der Käufer zwar nicht alle Betriebe des Verkäufers, aber eine gesamtbetriebsratsfähige Anzahl von Betrieben übernimmt. Auch in diesem Fall gelten die Gesamtbetriebsvereinbarungen in den übernommenen Betrieben als solche fort. Dafür ist nicht Voraussetzung, dass der Gesamtbetriebsrat auf den Käufer mit übergeht[147] (→ Rn. 163 f.).

191

---

[145] BAG 1 ABR 64/03, Rn. 67 f., NZA 2006, 383 (388 f.).
[146] BAG 1 ABR 54/01, Rn. 45, NZA 2003, 670 (674).
[147] BAG 1 ABR 54/01, Rn. 52, NZA 2003, 670 (674).

192 Die Fortgeltung von Gesamtbetriebsvereinbarungen als Einzelbetriebsvereinbarungen tritt auch dann ein, wenn der **Käufer bereits vor dem Übergang mehrerer Betriebe eigene Betriebe hatte**.[148] Auch für diesen Fall gilt, dass die Gesamtbetriebsvereinbarungen zum Normenbestand der übernommenen Betriebe gehören und dass ihr Bezugsobjekt die einzelnen Betriebe sind. Daraus folgt die normative Weitergeltung der Gesamtbetriebsvereinbarungen. Diese können sich jedoch nicht auf die beim Käufer vor der Transaktion bereits vorhandenen Betriebe erstrecken[149], weil es hierfür an einer Legitimation fehlt und es zu unauflösbaren Kollisionen mit bereits geltenden betriebsverfassungsrechtlichen Normen käme. Daher gelten die Gesamtbetriebsvereinbarungen als **Einzelbetriebsvereinbarungen** weiter.

193 Übernimmt der Käufer nur einen **einzelnen Betrieb**, so gelten die beim Verkäufer geltenden Gesamtbetriebsvereinbarungen in diesem Betrieb als Einzelbetriebsvereinbarungen weiter.[150] Dasselbe gilt, wenn der Käufer zwar mehrere Betriebe übernimmt, sie aber in verschiedenen Unternehmen jeweils einzeln weiterführt.

194 Nach der Rechtsprechung gelten diese Ergebnisse unverändert, wenn der Käufer nicht ganze Betriebe, sondern nur Betriebsteile übernimmt und dann als eigenständige Betriebe weiterführt.[151]

bb) Auswirkungen auf Konzernbetriebsvereinbarungen

195 Die höchstrichterliche Rechtsprechung hat sich noch nicht mit der Weitergeltung von Konzernbetriebsvereinbarungen im Fall eines *Asset Deal* befasst. Hier sind die Wertungen zur Weitergeltung von Gesamtbetriebsvereinbarungen zu übertragen. Einerseits gehören die Konzernbetriebsvereinbarungen zum Normenbestand der übergehenden Betriebe, was dafür spricht, dass sie mit unveränderter – normativer – Wirkung in den übernommenen Betrieben weitergelten.[152] Allerdings ist eine Kollision mit betriebsverfassungsrechtlichen Normen beim Käufer zu vermeiden.

196 Daraus folgt, dass bei Übernahme von mehreren Betrieben und Weiterführung in einem Unternehmen, das ansonsten keine Betriebe hat, die Konzernbetriebsvereinbarungen als **Gesamtbetriebsvereinbarungen** weitergelten.[153] Hat aber das die Betriebe aufnehmende Unternehmen des Käufers bereits vor der Carve-out-Transaktion einen oder mehrere Betriebe, so gelten die Konzernbetriebsvereinbarungen als **Einzelbetriebsvereinbarungen** weiter. Dies gilt auch, wenn

---

[148] BAG 1 AZR 763/13, Rn. 46, ZIP 2015, 1748 (1751).
[149] Staudinger/*Annuß* BGB § 613a Rn. 205.
[150] BAG 1 ABR 54/01, Rn. 48, NZA 2003, 670 (674).
[151] BAG 1 ABR 54/01, Rn. 57, NZA 2003, 670 (675).
[152] *Gussen* FS Leinemann, 2006, S. 207, 220.
[153] GK-BetrVG/*Franzen* § 58 Rn. 57.

nur ein einzelner Betrieb übernommen wird[154] oder wenn zwar mehrere Betriebe übernommen werden, aber in verschiedenen Unternehmen einzeln weitergeführt werden.

cc) Einschränkung der Grundsätze

Diese Grundsätze sind einzuschränken, wenn die Gesamtbetriebsvereinbarungen bzw. Konzernbetriebsvereinbarungen so auf die Verhältnisse im Unternehmen des Verkäufers zugeschnitten sind, dass ihre Anwendung beim Käufer keinen Sinn mehr ergibt. Hier ist – wie bei der Weitergeltung von Konzernbetriebsvereinbarungen beim Carve-out durch *Share Deal* (→ Rn. 172–174) – im Einzelfall zu prüfen, ob ein Anspruch einer Betriebspartei auf Anpassung der Vereinbarung nach den Grundsätzen über den Wegfall der Geschäftsgrundlage in Betracht kommt. Unter Umständen kann eine Gesamt- bzw. Konzernbetriebsvereinbarung auch ersatzlos wegfallen.

197

d) Auswirkungen der Separierung durch Gesamtrechtsnachfolge auf Betriebsvereinbarungen, Gesamtbetriebsvereinbarungen und Konzernbetriebsvereinbarungen

In dem Fall, in dem das Carve-out-Business aufgrund Spaltungsvorgangs im Wege der partiellen Gesamtrechtsnachfolge auf einen eigenständigen Rechtsträger übertragen wird, um diesen dann an den Käuferkonzern in einem *Share Deal* zu veräußern, folgt die Weitergeltung von Betriebsvereinbarungen nach der Spaltung den oben dargestellten Regeln zum *Asset Deal*. Dasselbe gilt im Hinblick auf die Weitergeltung von Gesamtbetriebsvereinbarungen und Konzernbetriebsvereinbarungen.

198

Im Zuge des Spaltungsvorgangs kann es zur Übertragung ganzer Betriebe auf das Veräußerungsvehikel oder auch zur Spaltung von Betrieben kommen. Beim übernehmenden Rechtsträger wird das Carve-out-Business in der Regel selbständig weitergeführt werden. Diese Vorgänge sind nach denselben Regeln zu beurteilen, wie die Übertragung von Betrieben oder Betriebsteilen im Wege eines *Asset Deal*.

199

Auch der anschließende *Share Deal* folgt denselben Regeln wie die Veräußerung eines Carve-out-Business durch *Share Deal*, wenn das Carve-out-Business von Anfang an rechtlich selbständig war.

200

---

[154] GK-BetrVG/*Franzen* § 58 Rn. 57.

6. Auswirkungen der Carve-out-Transaktion auf Tarifverträge

a) Auswirkungen eines Carve-out durch *Share Deal*

201 Ein *Share Deal* bewirkt lediglich eine Veränderung auf der **Gesellschafterebene** und lässt die Rechtsverhältnisse der Zielgesellschaft unberührt. Dies gilt auch für die Mitgliedschaft in einem Arbeitgeberverband[155] und für Tarifverträge, die die Zielgesellschaft direkt mit Gewerkschaften abgeschlossen hat. Damit hat ein *Share Deal* keine Auswirkungen auf die Geltung von Tarifverträgen, die vor der Carve-out-Transaktion bei der Zielgesellschaft bestanden. Diese gelten auch nach der Veräußerung der Zielgesellschaft für die Arbeitsverhältnisse der Zielgesellschaft mit ihren Arbeitnehmern unverändert weiter.

202 Besonderheiten können sich ergeben, wenn die Zielgesellschaft Vertragspartei eines konzernweiten **mehrgliedrigen Tarifvertrags** ist, also eines Tarifvertrags, den alle Konzernunternehmen gleichförmig abgeschlossen haben.[156] In diesem Fall ist es denkbar, dass das Ausscheiden eines Unternehmens aus dem Konzernverbund einen wichtigen Grund für eine außerordentliche Kündigung darstellt. Dies hängt im Einzelfall von der Ausgestaltung und der Auslegung des Tarifvertrages ab.[157]

b) Auswirkungen eines Carve-out durch *Asset Deal*

203 Bei einer Separierung eines rechtlich nicht selbständigen Carve-out-Business im Zuge eines *Asset Deal* im Wege der Einzelrechtsnachfolge (→ Teil II Rn. 4) geht weder die Mitgliedschaft des Verkäufers in einem Arbeitgeberverband[158] noch die Parteistellung in einem Firmentarifvertrag[159] auf den Käufer über. Die beim Verkäufer geltenden Tarifverträge können aber nach den allgemeinen Regeln des Tarifvertragsrechts oder aber nach den gesetzlichen Regeln über den Betriebsübergang in § 613a Abs. 1 Satz 2 bis 4 BGB beim Käufer gelten.

aa) Geltung von Tarifverträgen beim Käufer nach allgemeinen Regeln

204 Nach allgemeinen Regeln des Tarifvertragsrechts gilt ein Verbandstarifvertrag in derselben Weise beim Käufer wie beim Verkäufer, wenn Käufer und Verkäufer

---

[155] Löwisch/Rieble § 3 Rn. 166.
[156] Zur Zulässigkeit des mehrgliedrigen Tarifvertrags BAG 4 AZR 407/92, Rn. 20, NZA 1994, 564 (565).
[157] *Windbichler* Arbeitsrecht im Konzern S. 472.
[158] BAG 4 AZR 208/97, Rn. 28, NZA 1998, 1346 (1347 f.); Wiedemann/Oetker TVG § 3 Rn. 225.
[159] BAG 4 AZR 295/00, Rn. 32, NZA 2002, 517 (518); BAG 4 AZR 132/05, Rn. 20, AP Nr. 9 zu § 2 TVG; Wiedemann/Oetker TVG § 3 Rn. 200.

6. Auswirkungen der Carve-out-Transaktion auf Tarifverträge

Mitglieder desselben Arbeitgeberverbands sind[160] und in denselben betrieblichen Anwendungsbereich der von diesem geschlossenen Tarifverträge fallen. Der Käufer ist dann gemäß § 3 Abs. 1 TVG an dieselben Tarifverträge gebunden. Die gleiche Wirkung tritt ein, wenn der Verkäufer an einen Firmentarifvertrag gebunden ist und der Käufer mit der Gewerkschaft einen gleichlautenden Firmentarifvertrag oder eine Vereinbarung über die **Übernahme des Firmentarifvertrages** schließt.[161] Schließlich gilt ein Tarifvertrag auch dann nach allgemeinen Regeln des Tarifvertragsrechts beim Käufer weiter, wenn er beim Verkäufer nach den Regeln über die **Allgemeinverbindlichkeit** gilt (§ 5 TVG) und auch der Käufer nach diesen Regeln unter denselben Tarifvertrag fällt.

Bei einer Veräußerung eines Geschäftsbereichs an ein anderes Unternehmen wird der Käufer häufig in einem anderen Industriezweig tätig sein als der Verkäufer, sodass er jedenfalls nicht demselben Arbeitgeberverband angehört und auch nicht unter denselben allgemeinverbindlichen Tarifvertrag fällt. Ein Firmentarifvertrag wird häufig auf die Gesamtsituation beim Verkäufer zugeschnitten sein und damit nicht speziell auf das Carve-out-Business und natürlich schon gar nicht auf das Unternehmen des Käufers. Aus diesen Gründen liegen die Voraussetzungen für die Weitergeltung von Tarifverträgen nach Carve-out und Veräußerung gemäß den allgemeinen Regeln des Tarifvertragsrechts häufig nicht vor.

bb) Geltung von Tarifverträgen beim Käufer nach Regeln für den Betriebsübergang

In denjenigen Fällen, in denen beim Verkäufer ein Verbands- oder ein Firmentarifvertrag gilt und das Carve-out-Business durch einen *Asset Deal* im Wege eines Betriebsübergangs oder Betriebsteilübergangs auf den Käufer übergeht – ohne dass der Tarifvertrag nach den allgemeinen Regeln weitergilt – gelten die Tarifverträge des Verkäufers gemäß den Regeln über den Betriebsübergang nach § 613a Abs. 1 Satz 2 bis 4 BGB eingeschränkt kollektivrechtlich weiter.

aaa) Eingeschränkt kollektivrechtliche Fortgeltung

Die eingeschränkt kollektivrechtliche Fortgeltung von Tarifverträgen nach § 613a Abs. 1 Satz 2 bis 4 BGB folgt grundsätzlich denselben Regeln wie die Weitergeltung von Betriebsvereinbarungen nach dieser Norm (→ Rn. 184–190). Auch Tarifverträge gelten nach den Regeln des Betriebsübergangs beim Käufer **normativ**, also unmittelbar und einseitig zwingend.[162] Zunächst ist es also nicht möglich, von Tarifvertragen durch einzelvertragliche Vereinbarungen mit den Arbeitnehmern zu deren Nachteil abzuweichen. Die zwingende Wirkung endet nach Ablauf eines

---
[160] MünchHdb. ArbR/*Wank* § 102 Rn. 163 f.
[161] BAG 4 AZR 295/00, Rn. 26, NZA 2002, 517 (518); Staudinger/*Annuß* BGB § 613a Rn. 200.
[162] Grundlegend BAG 4 AZR 100/08 Rn. 62–81, NZA 2010, 41 (46–48); Staudinger/*Annuß* BGB § 613a Rn. 198.

208 Diese eingeschränkt kollektivrechtliche Fortgeltung der Tarifverträge ist **statisch**. Änderungen der Tarifverträge beim Verkäufer nach Betriebsübergang haben für die übergegangenen Arbeitsverhältnisse keine Wirkung. Die Tarifverträge gelten für die übergegangenen Arbeitsverhältnisse mit demjenigen Inhalt, den sie im Zeitpunkt des Betriebsübergangs hatten.[163]

209 **Endet der Tarifvertrag**, z. B. durch Zeitablauf oder durch Kündigung seitens einer der Tarifvertragsparteien, endet damit auch die eingeschränkt kollektivrechtliche Fortgeltung nach § 613a BGB.[164] In diesem Fall gilt der Tarifvertrag für die Arbeitsverhältnisse so lange, bis er durch eine andere Regelung ersetzt wird. Die ersetzende Regelung kann durch Arbeitsvertrag oder Betriebsvereinbarung getroffen werden. War in dem Tarifvertrag die Nachwirkung von vornherein ausgeschlossen, so führt das Ende des Tarifvertrags zu dessen ersatzlosen Wegfall.[165]

210 Von der eingeschränkt kollektivrechtlichen Fortgeltung sind nur die im Zuge eines Betriebsübergangs auf den Käufer übergegangenen Arbeitnehmer erfasst, nicht also die anderen Arbeitnehmer des Betriebs, zu denen die übergegangenen hinzugekommen sind, und auch nicht diejenigen Arbeitnehmer, die nach dem Betriebsübergang in den Betrieb neu eingestellt werden.[166]

bbb) Ablösung der Tarifverträge durch beim Käufer geltende Regelungen

211 Soweit der Käufer tarifgebunden ist, gelten nach § 613a Abs. 1 Satz 3 BGB statt der Regelungen in den beim Verkäufer bestehenden Tarifverträgen diejenigen Bestimmungen in den Verbands- oder Firmentarifverträgen beim Käufer, die dieselben Fragen regeln. Dies gilt aber nur für die Arbeitsverhältnisse derjenigen Arbeitnehmer, die ihrerseits an die Tarifverträge des Käufers kraft Zugehörigkeit zur tarifschließenden Gewerkschaft tarifgebunden sind.[167] Wenn aber der Käufer des Carve-out-Business einem anderen Industriezweig und damit einem anderen Arbeitgeberverband angehört als der Verkäufer, sind die Arbeitnehmer in aller Regel jedenfalls im Zeitpunkt des Betriebsübergangs nicht Mitglied derjenigen Gewerkschaft, die die für den Käufer geltenden Tarifverträge abgeschlossen hat. Werden sie später **Mitglied in dieser Gewerkschaft**, so lösen von diesem Zeitpunkt an die Regelungen dieser Tarifverträge die entsprechenden Regelungen der beim Verkäufer bestehenden Verbands- oder Firmentarifverträge ab. Insoweit gilt nicht das **Günstigkeitsprinzip**; die ablösende Wirkung tritt auch dann ein, wenn die beim Käufer geltenden Regelungen für die Arbeitnehmer ungünstiger sind. Die

---

[163] BAG 4 AZR 100/08 Rn. 79, NZA 2010, 41 (48); BAG 4 AZR 332/00 Rn. 52, NZA 2002, 513 (514); *Wank* NZA 1987, 505, 506.
[164] BAG 4 AZR 100/08 Rn. 71, NZA 2010, 41 (48).
[165] BAG 4 AZR 100/08 Rn. 76, NZA 2010, 41 (48).
[166] BAG 4 AZR 100/08 Rn. 80, NZA 2010, 41 (48).
[167] BAG 4 AZR 581/99 Rn. 25, NZA 2001, 510 (511).

ablösende Wirkung tritt weiterhin auch dann ein, wenn ein beim Käufer geltender Tarifvertrag eine bestimmte Frage in der Weise regelt, dass hierzu keine tariflichen Bestimmungen gelten sollen. Auch eine solche „Negativregelung" tritt an die Stelle der beim Verkäufer bestehenden Regelungen zu den entsprechenden Fragen.[168]

Die ablösende Wirkung von Tarifverträgen, die im Betrieb des Käufers gelten, ist vom Käufer auch in seiner Planung zu berücksichtigen, soweit dies möglich ist. Ist etwa der Käufer (noch) nicht Mitglied in einem Arbeitgeberverband, und erwägt er den Erwerb eines Betriebes, für den kraft Verbandszugehörigkeit ein Flächentarifvertrag und gleichzeitig ein Firmentarifvertrag mit niedrigerer Vergütung gilt, so sollte der Käufer nicht in den Arbeitgeberverband eintreten, wenn er von dem Firmentarifvertrag Gebrauch machen will. Ein vom Flächentarifvertrag aus Sicht der Arbeitnehmer „nach unten" abweichender Firmentarifvertrag ist insbesondere in der Form eines Sanierungstarifvertrages anzutreffen, wird von Gewerkschaften aber auch zur Berücksichtigung regionaler Besonderheiten, Aufbauszenarien oder sonstiger besonderer Bedingungen akzeptiert. Nach dem **Grundsatz der Spezialität** setzt sich der Firmentarifvertrag gegenüber dem mit derselben Gewerkschaft geschlossenen Flächentarifvertrag durch.[169] Besteht ein solcher Firmentarifvertrag beim Verkäufer und ist der Käufer seinerseits an den Flächentarifvertrag gebunden, so besteht das Risiko, dass die Arbeitsgerichte den Arbeitnehmern nach dem Betriebsübergang die in dem Flächentarifvertrag niedergelegten Bedingungen zusprechen würden. Das mag zwar dem Gedanken der kollektivrechtlichen Fortgeltung des Firmentarifvertrags nach § 613a Abs. 1 Satz 2 bis 4 BGB widersprechen, ist aber wohl das Ergebnis des Bundesarbeitsgerichts, wie einer Entscheidung in einem ähnlich gelagerten Fall zu entnehmen ist.[170] Bleibt hingegen der Käufer dem Verband fern, gilt der für ihn günstigere Firmentarifvertrag.[171] Der Käufer sollte dies bei einer **Entscheidung über den Beitritt zum Arbeitgeberverband** berücksichtigen. Ist der Käufer bereits Verbandsmitglied, so sollte er erwägen, den Betrieb über eine neu zu gründende Tochtergesellschaft zu erwerben, die ihrerseits nicht Verbandsmitglied wird. Alternativ kann der Käufer natürlich versuchen, mit der Gewerkschaft über einen Firmentarifvertrag über die Anwendung des beim Verkäufer geltenden Firmentarifvertrags zu verhandeln.

Eine Ablösung von Tarifverträgen gemäß § 613a Abs. 1 Satz 3 BGB kann nicht durch beim Käufer geltende **Betriebsvereinbarungen** erfolgen. Wegen der unterschiedlichen Rechtsnatur von Betriebsvereinbarung und Tarifvertrag können sich diese Normenverträge nicht gegenseitig ablösen (→ Rn. 190).

Die Regelungen des beim Verkäufer geltenden Tarifvertrags können auch dadurch abgelöst werden, dass der Käufer mit den Arbeitnehmern eine Vereinbarung

---
[168] Staudinger/*Annuß* BGB § 613a Rn. 224.
[169] BAG 5 AZR 8/08 Rn. 12, NZA 2009, 98 (99); *Wiedemann/Arnold* ZTR 1994, 399, 408.
[170] BAG 4 AZR 1023/08 Rn. 32, NZA-RR 2011, 30 (33).
[171] BAG 4 AZR 280/08 Rn. 17, NZA 2010, 238 (240).

trifft, wonach ein Tarifvertrag, in dessen Anwendungsbereich das Arbeitsverhältnis fällt, insgesamt angewendet werden soll.

ccc) Eingeschränkt kollektivrechtliche Fortgeltung von allgemeinverbindlichen Tarifverträgen

215 Die Grundsätze über die eingeschränkt kollektivrechtliche Fortgeltung von Verbands- und Firmentarifverträgen beim Käufer nach den Regeln über den Betriebsübergang gelten auch dann, wenn beim Verkäufer ein Tarifvertrag nach den Regeln über die Allgemeinverbindlichkeit gilt (§ 5 TVG) und der Käufer nach diesen Regeln nicht unter denselben Tarifvertrag fällt.

c) Auswirkungen der Separierung durch Gesamtrechtsnachfolge auf Tarifverträge

216 Erfolgt die Separierung des Carve-out-Business in der Weise, dass es durch einen Spaltungsvorgang im Wege der partiellen Gesamtrechtsnachfolge auf einen eigenständigen Rechtsträger übertragen wird, der dann an den Käuferkonzern im Wege eines *Share Deal* veräußert wird (→ Teil II Rn. 4), ist die Weitergeltung von Tarifverträgen für beide Schritte getrennt zu betrachten.

217 Die Weitergeltung von Tarifverträgen nach der Spaltung beim Veräußerungsvehikel kann – grundsätzlich wie beim *Asset Deal* – entweder nach den allgemeinen Regeln des Tarifvertragsrechts oder nach den gesetzlichen Regeln des Betriebsübergangs nach § 613a Abs. 1 Satz 2 bis 4 BGB eintreten.

218 Die allgemeinen Regeln des Tarifvertragsrechts führen zur Weitergeltung der Verbandstarifverträge des Verkäufers nach der Spaltung, wenn auch das Veräußerungsvehikel Mitglied in demselben Arbeitgeberverband wird und in den betrieblichen Anwendungsbereich der Tarifverträge fällt. Die **Mitgliedschaft des Verkäufers im Arbeitgeberverband** geht nicht im Zuge des Spaltungsvorgangs im Wege der Gesamtrechtsnachfolge auf das Veräußerungsvehikel über. Die Übertragung einer Verbandsmitgliedschaft durch Rechtsnachfolge wird von der Rechtsprechung und der Literatur aus dem Gesichtspunkt des **höchstpersönlichen Charakters** der Verbandsmitgliedschaft (§§ 38, 40 BGB) abgelehnt[172]. Die Mitgliedschaft des Veräußerungsvehikels kann also nur durch dessen eigenständigen Beitritt herbeigeführt werden.

219 Anders ist es im Hinblick auf vom Verkäufer abgeschlossene **Firmentarifverträge**. Diese können im **Spaltungsplan** entweder dem Verkäufer oder dem Veräußerungsvehikel zugewiesen werden. Erwähnt der Spaltungsplan Firmen-

---

[172] BAG 4 AZR 555/93 Rn. 32, NZA 1995, 479 (480); BAG 4 AZR 208/97 Rn. 28, NZA 1998, 1346 (1347 f.); *Löwisch/Rieble* § 3 Rn. 164; *Boecken* Unternehmensumwandlungen S. 127.

tarifverträge nicht, so verbleiben sie beim Verkäufer.[173] Eine Verdoppelung der Mitgliedschaften ist dabei nicht möglich, das heißt es kann nur eine der beiden Gesellschaften Partei des Firmentarifvertrags werden bzw. bleiben.[174] Natürlich verbleibt es aber dem Verkäufer unbenommen, mit der Gewerkschaft Verhandlungen über einen inhaltsgleichen Firmentarifvertrag für diejenige Gesellschaft aufzunehmen, der der Firmentarifvertrag nicht im Spaltungsplan zugewiesen wird.

Diese Weitergeltung von Tarifverträgen beim Veräußerungsvehikel nach den allgemeinen Regeln des Tarifvertragsrechts lässt sich also durch Gestaltung der Rechtsverhältnisse herbeiführen oder verhindern. Dies gilt jedoch nicht, wenn ein Tarifvertrag sowohl beim Verkäufer als auch beim Veräußerungsvehikel nach den Regeln der **Allgemeinverbindlichkeit** (§ 5 TVG) gilt; in diesem Fall ist die Geltung unvermeidbar. 220

Gilt der Tarifvertrag nicht nach den allgemeinen Regeln des Tarifvertragsrechts beim Veräußerungsvehikel, wird aber im Zuge der Spaltung ein Betrieb oder Betriebsteil übertragen, so gelten Tarifverträge beim Veräußerungsvehikel nach den Regeln über den Betriebsübergang (§ 324 UmwG, § 613a Abs. 1 Satz 2 bis 4 BGB). Hierfür gelten alle Grundsätze der Weitergeltung bei Betriebsübergang im Zuge eines *Asset Deal* entsprechend (→ Rn. 207–214). 221

Der an die Spaltung anschließende *Share Deal* hat dann keine Auswirkungen mehr auf die Geltung von Tarifverträgen. Diese gelten also beim Veräußerungsvehikel für dessen Arbeitsverhältnisse unverändert weiter (→ Rn. 201 f.). 222

7. Betriebliche Altersversorgung bei Carve-out-Transaktionen

Im Hinblick auf betriebliche Altersversorgung sind bei Carve-out-Transaktionen aus Sicht des Käufers zwei Fragestellungen zu bedenken. Zum einen übernimmt der Käufer Arbeitnehmer oder eine Zielgesellschaft mit Arbeitnehmern, die eine Anwartschaft auf eine betriebliche Altersversorgung erworben haben. Die aufgrund dieser Anwartschaft zu erbringenden künftigen Leistungen dienen bei wirtschaftlicher Betrachtung der Vergütung der Dienste der Arbeitnehmer beim Verkäufer bzw. bei der Zielgesellschaft vor dem Zeitpunkt der Carve-out-Transaktion. Dennoch sind die Leistungen vom Verkäufer bzw. der Zielgesellschaft in Zukunft zu erbringen. Diese Vergütung für Arbeit in der Vergangenheit (***Past Service***) ist im Zuge der Carve-out-Transaktion zwischen Verkäufer und Käufer auszugleichen. Zum anderen haben die Arbeitnehmer Anspruch darauf, dass die ihnen erteilten Versorgungszusagen auch im Hinblick auf künftige Dienste erfüllt werden. Hier muss der Käufer dafür sorgen, dass er bisherige Systeme weiterführt 223

---

[173] BAG 4 AZR 85/11 Rn. 25, NZG 2013, 594 (596); *Gaul/Otto* BB 2014, 500, 501.
[174] BAG 4 AZR 85/11 Rn. 25, NZG 2013, 594 (596); ErfK/*Oetker* § 126 UmwG Rn. 4.

oder durch andere Systeme ersetzt, die zu einer gleichwertigen Versorgung führen (*Future Service*).

224 Die beiden Fragen stellen sich in unterschiedlicher Form, je nachdem, ob das Carve-out-Business beim Verkäufer rechtlich selbständig ist und im Wege des *Share Deal* übertragen wird, oder ob es im Wege eines externen *Asset Deal* veräußert wird. Weiterhin ist nach den **unterschiedlichen Durchführungswegen** der betrieblichen Altersversorgung zu differenzieren. Die dabei auftretenden Einzelprobleme sind vielfältig. Im Folgenden soll nur auf die Grundzüge und ausgewählte Fragen, die sich spezifisch bei Carve-out-Transaktionen stellen, eingegangen werden.

a) Übergang der Verpflichtungen aus der Versorgungszusage und Berücksichtigung im Unternehmenskaufvertrag

aa) Share Deal

225 Ist im Falle eines *Share Deal* in der Zielgesellschaft den Arbeitnehmern eine Versorgungszusage erteilt worden, so haben die Arbeitnehmer im Zeitpunkt des Vollzugs der Carve-out-Transaktion erdiente Anwartschaften auf zukünftige Leistungen im Versorgungsfall. Die Versorgungsleistungen, die im Zeitpunkt des Vollzugs bereits erdient sind, vergüten die Arbeitsleistung für die Zielgesellschaft. Da diese Arbeitsleistung in das Ergebnis der Zielgesellschaft in der Vergangenheit eingeflossen ist, hat der Verkäufer aus der Arbeitsleistung einen Nutzen gezogen. Beim Käufer steht hingegen den künftig zu zahlenden Versorgungsleistungen, die sich auf die Arbeitsleistung vor der Carve-out-Transaktion beziehen, kein Nutzen gegenüber. Dies wird im Unternehmenskaufvertrag regelmäßig im Wege eines Kaufpreisabzugs ausgeglichen, wenn und soweit die Versorgungsanwartschaften nicht schon in die Ermittlung des Unternehmenswertes eingeflossen sind (→ Rn. 234).

226 Eine Belastung für den Käufer durch die künftigen Versorgungsleistungen, der kein Nutzen gegenübersteht, entsteht insoweit nicht, als die Versorgungsverpflichtungen durch Zahlungen an **externe Versorgungsträger** oder durch **Rückdeckungsversicherungen** ausfinanziert sind und die Rechtsbeziehungen zu den Versorgungsträgern mit erworben werden. Externe Versorgungsträger sind die bei mittelbaren Versorgungszusagen eingeschalteten Vertragspartner, also Direktversicherungen, Pensionskassen, Pensionsfonds und Unterstützungskassen. Soweit externe Versorgungsträger eingeschaltet oder Rückdeckungsversicherungen abgeschlossen sind, verbleiben diese Vertragsbeziehungen beim *Share Deal* auch regelmäßig bei der Zielgesellschaft, sodass der Nutzen der Finanzierung auch für den Käufer eintritt.[175] Es ist aber auch möglich, dass die Vertragsbeziehungen zu externen Versorgungsträgern mit der Carve-out-Transaktion aufgelöst werden,

---

[175] *Reichel/Schmandt* S. 207 f.

sodass dann die Finanzierung wegfällt (→ Rn. 250). Soweit die Finanzierung über externe Versorgungsträger auch nach der Carve-out-Transaktion die Versorgungsanwartschaften abdeckt, ist ein Kaufpreisabzug nicht gerechtfertigt.

Wenn die Vertragsparteien für die Zwecke der Gestaltung der Kaufpreisklauseln im Unternehmenskaufvertrag ermitteln, ob künftigen Versorgungsleistungen der Zielgesellschaft kein künftiger Nutzen mehr gegenübersteht, so sind dabei auch diejenigen Versorgungsanwartschaften mit einzubeziehen, die noch nicht **unverfallbar** geworden sind. Auch aus den im Zeitpunkt der Carve-out-Transaktion noch nicht unverfallbaren Versorgungsanwartschaften erwachsen der Zielgesellschaft Lasten in Form von künftigen Versorgungsleistungen, wenn nur Unverfallbarkeit vor Ausscheiden der jeweiligen Arbeitnehmer eintritt. Insoweit ist allenfalls ein Abschlag bei der Bewertung der Versorgungsanwartschaft gerechtfertigt, der die Möglichkeit berücksichtigt, dass wegen Ausscheidens des Arbeitnehmers vor Unverfallbarkeit keine Versorgungsleistungen zu erbringen sind. Die noch nicht unverfallbaren Anwartschaften sind aber in die Betrachtung grundsätzlich mit einzubeziehen. Die gegenteilige Verfahrensweise ist zwar mitunter in Unternehmenskaufverträgen in der Praxis anzutreffen; sie ist aber nicht folgerichtig.

227

bb) *Asset Deal*

Gehen bei einem *Asset Deal* die im Carve-out-Business tätigen Arbeitnehmer aufgrund der Regeln über den Betriebsübergang auf den Käufer über, richten sich die Ansprüche dieser Arbeitnehmer aus dem Arbeitsverhältnis nunmehr gegen den Käufer als neuen Arbeitgeber (→ Rn. 79 f.). Dazu gehören auch die Ansprüche aus Versorgungszusagen. Die Arbeitnehmer haben also im Versorgungsfall einen Anspruch gegen den Käufer auf die zugesagten Versorgungsleistungen, und zwar auch für denjenigen Teil der Leistungen, den sie durch ihre Arbeitsleistung beim Verkäufer erdient haben.[176] Demgegenüber wird der Verkäufer – vorbehaltlich der in diesem Zusammenhang unbedeutenden Nachhaftung gemäß § 613a Abs. 2 BGB (→ Rn. 81) – von seinen Verpflichtungen aus der Versorgungszusage frei.[177]

228

Beruhen die Versorgungszusagen auf **kollektivrechtlichen Vereinbarungen**, gehen sie entweder nach den allgemeinen Regeln des Betriebsverfassungsrechts bzw. des Tarifvertragsrechts oder aber nach den Regeln über den Betriebsübergang auf den Käufer über (→ Rn. 177–190, 204–214).

229

Vom Betriebsübergang sind aber nur Mitarbeiter erfasst, die im Zeitpunkt des Übergangs noch in einem Arbeitsverhältnis zum Verkäufer stehen. Das bedeutet, dass **Rentner** und sonstige **ausgeschiedene Arbeitnehmer** mit unverfallbaren

230

---

[176] BAG 3 AZR 99/93, Rn. 34, NZA 1994, 121 (123); BAG 3 AZR 50/05, Rn. 40, NZA-RR 2007, 310 (314); Staudinger/*Annuß* § 613a Rn. 167; WHSS/*Schnitker* J Rn. 424.

[177] BAG 3 AZR 859/77, Rn. 15, NJW 1979, 2533; BAG 3 AZR 50/05, Rn. 40, NZA-RR 2007, 310 (314).

Anwartschaften nicht auf den Käufer übergehen, sodass sich deren Versorgungsansprüche weiterhin ausschließlich gegen den Verkäufer richten.[178]

231 Besonderheiten gelten für einen Betriebsübergang nach Eröffnung des **Insolvenzverfahrens** über das Vermögen des Verkäufers. Hier wird der Käufer nicht Schuldner in Bezug auf die Versorgungsanwartschaften, die die Arbeitnehmer in der Zeit bis zur Eröffnung des Insolvenzverfahrens erdient haben. Diese einschränkende Auslegung folgt aus dem insolvenzrechtlichen Grundsatz der **gleichmäßigen Gläubigerbefriedigung**. Würden die Arbeitnehmer auch für die Zeit vor der Insolvenz Ansprüche gegen den Käufer haben, würde sich dies negativ auf den Kaufpreis auswirken und so die Haftungsmasse zu Lasten der übrigen Gläubiger schmälern.[179]

232 Da der Käufer Schuldner der künftig zu zahlenden Versorgungsleistungen wird, auch soweit diese sich auf die Arbeitsleistung für den Verkäufer beziehen, hat der Käufer auch bei einem *Asset Deal* eine Last aus den übergehenden Arbeitsverhältnissen, der kein Nutzen gegenübersteht. Insofern gelten grundsätzlich die Ausführungen zum *Share Deal* entsprechend (→ Rn. 225–227).

233 Im Unterschied zum *Share Deal*, wo sämtliche Rechtsverhältnisse der Zielgesellschaft grundsätzlich von der Veräußerung der Anteile an der Zielgesellschaft unberührt bleiben, gehen Rechtsverhältnisse zu externen Versorgungsträgern und Rückdeckungsversicherungen nicht aufgrund der Regeln des Betriebsübergangs automatisch auf den Käufer über.[180] Soweit eine Übertragung gewünscht und überhaupt möglich ist, muss sie durch gesonderte Rechtsgeschäfte bewirkt werden. (→ Rn. 243, 245, 253).

b) Berücksichtigung übernommener Versorgungsanwartschaften im Unternehmenskaufvertrag und Bewertung

aa) Berücksichtigung im Unternehmenskaufvertrag bei Kaufpreisklauseln

234 Der Umstand, dass beim Käufer den künftig zu zahlenden Versorgungsleistungen, die sich auf die Arbeitsleistung vor der Carve-out-Transaktion beziehen, kein Nutzen gegenübersteht, ist im Unternehmenskaufvertrag zu berücksichtigen. Ob der Wert der Versorgungsanwartschaften vom **Kaufpreis abzuziehen** ist, ist umstritten.[181] Hier sind die Ebene der Ermittlung des Unternehmenswerts und die Ebene der Gestaltung des Unternehmenskaufvertrages auseinanderzuhalten.

---

[178] BAG 3 AZR 384/85, Rn. 23, NZA 1988, 246 (247); Blomeyer/Rolfs/Otto/*Rolfs* Anh § 1 Rn. 334.
[179] BAG 3 AZR 649/03, Rn. 46, NZA-RR 2006, 373 (376).
[180] BAG 3 AZR 85/87, Rn. 23, NZA 1989, 679 (680); Staudinger/*Annuß* § 613a Rn. 170.
[181] *Jaletzke/Henle/Jaletzke* S. 28; Kästle/Oberbracht S. 86; Kiem/*Koesling* § 2 Rn. 80.

7. Betriebliche Altersversorgung bei Carve-out-Transaktionen

Auf der Ebene der **Unternehmensbewertung** hängt das „Ob" und das „Wie" der Berücksichtigung bestehender Pensionslasten aufgrund von Arbeitsleistung der Arbeitnehmer in der Vergangenheit von der Bewertungsmethode ab.[182]

Auf der Ebene der Gestaltung des **Unternehmenskaufvertrages** ist es Verhandlungssache, ob die beim Vollzug der Carve-out-Transaktion bereits bestehenden Pensionsverpflichtungen vom Kaufpreis abzuziehen sind. Nach der Kaufpreislogik ist zunächst festzustellen, ob die bestehenden Pensionsverpflichtungen bereits beim Unternehmenswert berücksichtigt sind, und es ist ein Abzug vom Unternehmenswert im Unternehmenskaufvertrag zu regeln, soweit dies nicht der Fall ist. Die Umsetzung in den Vertragsverhandlungen kann auf Schwierigkeiten stoßen, weil die Parteien die Verhandlungen über den Unternehmenskaufvertrag jeweils auf der Grundlage ihrer eigenen Unternehmensbewertung führen, ohne diese offenzulegen. Die Berücksichtigung der Pensionslasten im Wege des Kaufpreisabzugs im Unternehmenskaufvertrag hat den Vorteil, dass sich die Parteien auf eine Methode zur Bewertung der Pensionslasten (→ Rn. 236–239) und ein Verfahren zur Vornahme dieser Bewertung einigen können (→ Teil II Rn. 114).

Ein Kaufpreisabzug ist nicht gerechtfertigt, soweit die Versorgungsverpflichtungen durch Zahlungen an **externe Versorgungsträger** oder durch **Rückdeckungsversicherungen** ausfinanziert sind und die Rechtsbeziehungen zu den Versorgungsträgern bzw. die Versicherungsverträge mit erworben werden (→ Rn. 226).

Einigen sich die Parteien des Unternehmenskaufvertrages auf einen Kaufpreisabzug, so hängt die Umsetzung im Unternehmenskaufvertrag von der Struktur der Regelungen zum Kaufpreis ab. Vereinbaren die Parteien einen **variablen Kaufpreis**, sind die durch die Versorgungsanwartschaften entstehenden Lasten als Posten der Finanzverschuldung in den Kaufpreisanpassungsmechanismus aufzunehmen.[183] Im Falle der Vereinbarung eines **Festkaufpreises** (*Locked Box*) werden die Lasten aus den Versorgungsanwartschaften durch direkten Abzug vom Unternehmenswert in ihrer zum wirtschaftlichen Bewertungsstichtag ermittelten Höhe berücksichtigt. (→ Teil II Rn. 111–114).

235

bb) Bewertung

Zum Zwecke der Berücksichtigung der Versorgungsanwartschaften beim Kaufpreis sind diese zu bewerten. Beide Vertragsparteien müssen darauf achten, dass eine Bewertung die durch die Versorgungsanwartschaften entstehenden Lasten **realitätsnah** widergibt. Dies hat vor allem für den Käufer Bedeutung, der als ersten Anhaltspunkt für die Bewertung die Rückstellungen in der Bilanz vorfindet,

236

---

[182] Zur Behandlung von Pensionszusagen in der Unternehmensbewertung und im Unternehmenskaufvertrag *Jaletzke/Henle/Jaletzke* S. 28 f.; *Kästle/Oberbracht* S. 86; *Kiem/Koesling* § 2 Rn. 84; *Ernst/Schneider/Thielen* S. 156 ff., 193; *Seppelfricke* Unternehmensbewertung S. 58 f.
[183] *Kiem/Koesling* § 7 Rn. 112.

die er aber nicht ungeprüft für die Bewertung zum Zwecke des Kaufpreisabzugs übernehmen sollte.

237 Dies gilt insbesondere für die Bewertung der Pensionsverpflichtungen in der **Steuerbilanz**. Diese ist stark unter dem Gesichtspunkt der Begrenzung der steuerlichen Abzugsfähigkeit reglementiert und entspricht in der Regel nicht der nach finanzmathematischen Grundsätzen zu ermittelnden Belastung.[184] Dies gilt insbesondere für den für Abzinsung anzuwenden Rechnungszins, der der Rendite im Unternehmen entsprechen soll[185] und mit 6 % (§ 6a Abs. 3 Satz 3 EStG) eher hoch angesetzt ist. Weiterhin führt das Teilwertverfahren gemäß § 6a Abs. 3 EStG zu einer Bewertung, die von einer Bewertung nach finanzmathematischen Grundsätzen abweicht. Eine Übernahme der Pensionsrückstellungen in der Steuerbilanz für die Bewertung der Pensionsverpflichtungen empfiehlt sich daher jedenfalls aus Käufersicht nicht.[186]

238 Für Pensionsrückstellungen in der **Handelsbilanz** bestehen ein Wahlrecht für den Ansatz von Pensionsverpflichtungen aus Altzusagen (§ 28 EGHGB) sowie ein Wahlrecht für das Bewertungsverfahren.[187] Weiterhin gilt eine Übergangsregelung aus Anlass der Änderung der Regeln zu Pensionsrückstellungen im BilMoG, die eine langfristige Anpassung an die neuen Regeln ermöglicht (Artikel 67 EGHGB). Diese Umstände führen zu einer erheblichen Unsicherheit für den Käufer, ob die Pensionsverpflichtungen in der Handelsbilanz realitätsnah bewertet sind. Der Käufer muss also entweder die Bewertung im Einzelnen überprüfen und gegebenenfalls für die Bewertung zum Zwecke der Kaufpreisermittlung auf Anpassungen drängen oder aber von vornherein auf einer Bewertung nach anderen Regeln bestehen.

239 In der Praxis des Unternehmenskaufs wird aus diesen Gründen im Unternehmenskaufvertrag sehr häufig eine Bewertung nach **internationalen Rechnungslegungsstandards** vereinbart, und zwar nach IAS oder US-GAAP.[188] Diese Bewertungen erfolgen in Form der Ermittlung des versicherungsmathematischen Barwerts[189] und führen zu einer Erfassung der wirtschaftlichen Belastung infolge der Pensionsverpflichtungen auch unter Berücksichtigung künftiger Entwicklungen[190] und damit zu einer realitätsnahen Bewertung. Da IAS und US-GAAP einzelne Bewertungsparameter nicht verbindlich festlegen, sollte darüber eine Einigung zwischen den Parteien getroffen werden.[191] Die Parteien sollten also im Unternehmenskaufvertrag festlegen:

- Sterbetafel

---

[184] *Krüger/Kalbfleisch* DStR 1999, 174, 179.
[185] Blümich/*Heger* EStG § 6a Rn. 314.
[186] Beisel/Andreas/*Gimmy/Biester* § 21 Rn. 13.
[187] Beck'scher BilKomm/*Grottel/Rhiel* § 249 Rn. 198; Uckermann/Fuhrmanns/Ostermayer/Doetsch/*Keßler* Kap. 16 Rn. 59 ff.
[188] WHSS/*Schnitker* J Rn. 791; Beisel/Andreas/*Gimmy/Biester* § 21 Rn. 13.
[189] Blomeyer/Rolfs/Otto/*Otto* StR A Rn. 373.
[190] Blomeyer/Rolfs/Otto/*Otto* StR A Rn. 371.
[191] WHSS/*Schnitker* J Rn. 791.

- Rechnungszins für die Abzinsung (Prozentsatz)
- jährliche Rentenanpassung (Prozentsatz)
- jährliche Gehaltssteigerung (Prozentsatz).

c) Erfüllung der Versorgungszusage für die Zeit nach der Carve-out-Transaktion beim *Asset Deal*

Beruht ein System der betrieblichen Altersversorgung auf einer Betriebsvereinbarung oder einem Tarifvertrag und gelten diese kollektiven Vereinbarungen nach den Regeln über den Betriebsübergang grundsätzlich beim Käufer weiter, so werden diese Vereinbarungen durch entsprechende kollektive Vereinbarungen beim Käufer **abgelöst**.[192] Hierbei ist aber eine Besonderheit gegenüber den allgemeinen Regeln über die Ablösung kollektiver Vereinbarungen bei Betriebsübergang (§ 613a Abs. 1 Satz 3 BGB) zu beachten. Bei der Ablösung durch eine entsprechende kollektive Vereinbarung gilt grundsätzlich nicht das Günstigkeitsprinzip. Das heißt, dass eine beim Käufer bestehende Regelung grundsätzlich auch dann eine beim Verkäufer geltende Regelung ersetzt, wenn dies die Arbeitnehmer schlechter stellt (→ Rn. 188–190, 211–214). Im Bereich der betrieblichen Altersversorgung ist aber zu beachten, dass für die übergegangenen Arbeitnehmer jedenfalls der erworbene **Besitzstand gewahrt** werden muss. Dieser hätte den Arbeitnehmern auch nicht durch eine ablösende Vereinbarung beim Verkäufer genommen werden können, sodass das Ablöseprinzip auch in der Situation des Betriebsübergangs insoweit eingeschränkt ist.[193]

240

Beruhen Versorgungszusagen auf einzelvertraglichen Vereinbarungen, kommt eine Ablösung nicht in Betracht. Die Arbeitnehmer haben Anspruch auf Fortführung des bisherigen Systems oder aber auf gleichwertige Leistungen. So kann ein Käufer etwa eine betriebliche Altersversorgung über einen externen Versorgungsträger in der Weise fortführen, dass er den beim Verkäufer vorhandenen Versorgungsträger übernimmt oder gleichartige Verträge mit einem anderen Versorgungsträger im selben Durchführungsweg abschließt. Soweit dies nicht möglich ist, kann der Käufer auch eine **gleichwertige Versorgung** über einen anderen Durchführungsweg verschaffen[194] oder selbst in die Versorgungsverpflichtung eintreten.[195] In jedem Fall muss der Käufer Leistungen gewähren oder verschaffen, die aus Sicht des Arbeitnehmers gleichwertig sind, also die zugesagte Versorgung gewährleisten. Es ist irrelevant, ob der Käufer Beiträge leistet, die den Beiträgen entsprechen, die der Verkäufer geleistet hat.[196]

241

---

[192] Im Einzelnen *Lindemann/Simon* BB 2003, 2510 ff.
[193] BAG 3 AZR 660/00, Rn. 50, NZA 2002, 520 (522); *Henssler* NZA 1994, 913, 919.
[194] BAG 3 AZR 54/09, Rn. 30, NZA 2011, 928 (931 f.).
[195] BAG 3 AZR 191/06, Rn. 26, NZA 2008, 600 (602).
[196] BAG 3 AZR 191/06, Rn. 26, NZA 2008, 600 (602).

d) Vorgehen bei Direktzusage

242 Hat der Verkäufer eine Direktzusage erteilt, ist diese nicht ausfinanziert (*Unfunded Pension Liabilities*), es sei denn, der Verkäufer hat Rückdeckungsversicherungen abgeschlossen. Der Käufer muss darauf achten, dass die Pensionsverpflichtung im Unternehmenskaufvertrag im Wege des Kaufpreisabzugs berücksichtigt wird.

243 Sollten **Rückdeckungsversicherungen** abgeschlossen worden sein, verbleiben diese beim *Share Deal* bei der Zielgesellschaft und nutzen auch nach der Carve-out-Transaktion dem Käufer. Soweit sie die Pensionsverpflichtungen abdecken, vermindern sie den Kaufpreisabzug. Beim *Asset Deal* gehen die Rückdeckungsversicherungen nicht automatisch auf den Käufer über. Es kann aber eine Übertragung vereinbart werden.

e) Vorgehen bei Direktversicherungszusage

244 Ist Gegenstand der Versorgungszusage der Abschluss einer Direktversicherung und die Leistung der Beiträge, so ist die Pensionsverpflichtung ausfinanziert, soweit die Direktversicherungen gemäß der Zusage abgeschlossen und unterhalten werden.

245 Auch gilt, dass beim *Share Deal* die Direktversicherungsverträge bei der Zielgesellschaft verbleiben, so dass die Finanzierung auch dem Käufer zugute kommt. Es ist dann im Unternehmenskaufvertrag keine Regelung erforderlich. Beim *Asset Deal* werden Direktversicherungen in aller Regel auf den Käufer übertragen. In diesem Fall sind keine weiteren Regelungen angezeigt.

f) Vorgehen bei Unterstützungskassenzusage

aa) Unterschiedliche Typen von Unterstützungskassen

246 Unterstützungskassen sind unterschiedlich ausgestaltet. In der Regel haben sie die Rechtsform eines eingetragenen Vereins oder einer GmbH.[197] Sie können von einem einzelnen Unternehmen getragen sein, von allen Unternehmen eines Konzerns oder von mehreren voneinander unabhängigen Unternehmen (Gruppen-Unterstützungskasse).[198]

247 Unterstützungskassen erbringen Leistungen an die Arbeitnehmer zur Erfüllung der Versorgungszusagen der Trägerunternehmen in deren Auftrag. Dies kann so ausgestaltet sein, dass die Unterstützungskasse kein oder **kein ausreichendes Vermögen** zur Abdeckung der bereits aufgebauten Versorgungsanwartschaften hat,

---

[197] *Reichel/Schmandt* S. 116; Kemper/Kisters-Kölkes/*dies.* § 1 Rn. 118.
[198] *Reichel/Schmandt* S. 117.

wobei dann die Trägerunternehmen für die Erfüllung der Anwartschaften sorgen müssen.[199] In diesem Fall ist die Unterstützungskasse faktisch nur eine Stelle zur Abwicklung der Versorgungszusagen. Die Unterstützungskasse kann aber auch zum Zwecke der Erfüllung der Versorgungszusagen von den Trägerunternehmen mit eigenem Vermögen ausgestattet sein. Eine typische Ausgestaltung ist die Ausstattung mit Mitteln – und der entsprechende Auftrag – zum Abschluss und Erhalt von Rückdeckungsversicherungen, die die Versorgungsansprüche vollständig abdecken (**kongruent rückgedeckte Unterstützungskasse**).[200]

Je nach Ausgestaltung der Unterstützungskasse ist die Behandlung in der Carve-out-Transaktion unterschiedlich.

248

bb) Unterstützungskasse ohne Vermögen

Hat die Unterstützungskasse kein Vermögen, so sind die Pensionsverpflichtungen des Trägerunternehmens nicht ausfinanziert. Hier ist eine Regelung zum Kaufpreisabzug als Ausgleich für die Übernahme der Versorgungsverpflichtungen durch den Käufer angezeigt. Beim *Share Deal* verbleibt die Mitgliedschaft in der Unterstützungskasse in der Regel bei der Zielgesellschaft, wobei es insoweit aber Ausnahmen gibt (→ Rn. 250). Im Hinblick auf die Finanzierung ist das irrelevant. Beim *Asset Deal* geht die Mitgliedschaft in der Unterstützungskasse nicht automatisch auf den Verkäufer über, was auch hier im Hinblick auf die Finanzierung nicht relevant ist. Es kann aber im Einzelfall sinnvoll sein, dass der Käufer Mitglied der Unterstützungskasse wird (soweit dies möglich ist → Rn. 250), um eine **nahtlose Abwicklung** der Versorgungszusage zu erreichen.

249

cc) Kongruent rückgedeckte Unterstützungskasse

aaa) *Share Deal*

Bei der kongruent rückgedeckten Unterstützungskasse sind die Pensionsverpflichtungen voll ausfinanziert. Beim *Share Deal* verbleibt grundsätzlich die Mitgliedschaft in der Unterstützungskasse bei der Zielgesellschaft, sodass die Finanzierungsmittel weiter zur Verfügung stehen. Gerade für Carve-out-Transaktionen ist aber zu beachten, dass eine Mitgliedschaft in einer Unterstützungskasse nicht zwingend bestehen bleibt. Bei Unterstützungskassen, die für die Gesellschaften eines Konzerns gebildet und unterhalten werden, ist in der Satzung in der Regel vorgesehen, dass die Zugehörigkeit des Unternehmens zum Konzern zwingende Voraussetzung für die Mitgliedschaft ist und dass die **Mitgliedschaft endet**, wenn ein **Trägerunternehmen aus dem Konzern ausscheidet**. In diesem Fall sind die Pensionsverpflichtungen ab Vollzug der Carve-out-Transaktion nicht ausfinanziert.

250

---

[199] WHSS/*Schnitker* J Rn. 408.
[200] Kemper/Kisters-Kölkes/*dies*. § 1 Rn. 122.

251 Diesem Umstand kann im Unternehmenskaufvertrag durch die Regelung eines Kaufpreisabzugs Rechnung getragen werden. Es ist aber auch möglich zu vereinbaren, dass die Rückdeckungsversicherungen, die für die Arbeitnehmer der Zielgesellschaft bestehen, auf eine Unterstützungskasse übertragen werden, in der der Käufer Mitglied ist. Bei einer solchen Regelung muss der Käufer, wenn er nicht bereits Mitglied einer Unterstützungskasse ist, eine solche errichten, oder einer Gruppenunterstützungskasse beitreten.

> Seller and the members of the Seller group are members of the support fund *Textil- und Baumaschinen Unterstützungskasse e.V.* (the **Support Fund**). The membership of the Company will terminate upon the Closing of the Transaction. Seller shall cause the Support Fund, and shall cause the members of the Seller Group to cause the Support Fund, to transfer the reinsurance contracts (*Rückdeckungsversicherungsverträge*) that are taken out for the financing of the pension obligations in relation to the Employees and the former employees of the Company from the Support Fund to a support fund that is designated by Purchaser. The Parties shall cooperate and shall make all declarations that are necessary or expedient for this transfer of the reinsurance contracts.

bbb) *Asset Deal*

252 Beim *Asset Deal* geht die Mitgliedschaft in der Unterstützungskasse nicht automatisch auf den Käufer über. Die Unterstützungskasse wird durch den Übergang der Arbeitnehmer auf den Käufer ebenso wie der Verkäufer selbst von ihren Verpflichtungen gegenüber den übergehenden Arbeitnehmern frei.[201] Dadurch sind die Pensionsverpflichtungen infolge des Betriebsübergangs beim Käufer nicht ausfinanziert.

253 Um dem Rechnung zu tragen, können die Parteien vereinbaren, dass der Käufer Mitglied in der Unterstützungskasse wird, und das der Abdeckung der Versorgungsansprüche der übergehenden Arbeitnehmer dienende Vermögen dem Käufer zugeordnet wird.[202] Auch hier kann der Fall auftreten, dass der Käufer nicht Mitglied der Unterstützungskasse werden kann, etwa weil diese nach ihrer Satzung ausschließlich dem Verkäuferkonzern zugehörige Unternehmen aufnehmen darf. Ebenso wie beim *Share Deal* ist es auch hier möglich, im Unternehmenskaufvertrag die Übertragung der Rückdeckungsversicherungen auf eine Unterstützungskasse des Käufers zu vereinbaren. Alternativ kann ein Kaufpreisabzug vorgesehen werden.

---

[201] BAG 3AZR 859/77, Rn. 21, NJW 1979, 2533 (2534); Blomeyer/Rolfs/Otto/*Rolfs* Anh § 1 Rn. 977; Staudinger/*Annuß* § 613a Rn. 171.
[202] WHSS/*Schnitker* J Rn. 499.

Teil IV:
Geistiges Eigentum und IT-Aspekte in der Carve-out-Transaktion

Literatur:
Ann, Know-how – Stiefkind des Geistigen Eigentums?, GRUR 2007, 39–43; *Bolt*, Kennzeichenrechtliche Verträge bei Unternehmenskäufen, BB 2013, 2568–2573; *Bühling*, Die Markenlizenz im Rechtsverkehr, GRUR 1998, 196–200; *Farhadi/Tovstiga/Vollmer*, Intellectual Property Management in M&A-Transaktionen, M&A REVIEW 2009, 60–68; *Gerhard/Hasler*, Rechtliche Fallstricke bei Carve-out Transaktionen, GesKR 2014, 221–245; *Hasselbach/Jakobs*, Internationale Asset Deals – Transaktionsstrukturierung und rechtliche Besonderheiten aus Käufersicht, DB 2014, 2092–2098; *Kirchner/Helmreich*, Der Kauf aus dem Konzern, CFL 2010, 487–496; *Koch/Samwer*, Brand M&A: Rechtsfragen beim Erwerb von Marken, CFL 2010, 415–424; *Köhler,* Die Auswirkung der Unternehmensveräußerung auf gesetzliche und vertragliche Unterlassungsansprüche, WRP 2000, 921; *Lubos/Feldmann*, Worauf es bei der Umsetzung von Carve-outs ankommt, M&A REVIEW 2012, 451; *Peemöller/Gehlen*, Financial Due Diligence bei Carve-Out-Transaktionen, BB 2010, 1139–1144; *Schaaf*, IT als kritischer Erfolgsfaktor im Rahmen einer M&A-Integration, M&A REVIEW 2013, 359–363; *Schreier/Leicht*, Übertragung von Verträgen bei Carve-Outs, NZG 2011, 121–126; *Söbbing*, IT Rechtliche Aspekte bei M&A, M&A REVIEW 2007, 166–172.

1. Überblick

Zu den Vermögensgegenständen, die innerhalb von Konzernstrukturen häufig **zentral** verwaltet werden, gehören **Rechte des geistigen Eigentums**, etwa Patente, Marken, Know-how und Software.[1] Die Behandlung von Rechten des geistigen Eigentums wirft im Rahmen von Carve-out-Transaktionen Sonderfragen gegenüber anderen *Asset*-Klassen auf, denn sie können angesichts der Ubiquität der Immaterialgüter nach Abschluss der Transaktion durch das Carve-out-Business und durch den Verkäufer parallel genutzt werden.[2] Entsprechend sind häufig die Bestimmungen hinsichtlich der Rechte des geistigen Eigentums aufgrund der für sie geltenden rechtlichen Besonderheiten auch regelungstechnisch in einem gesonderten Abschnitt des Unternehmenskaufvertrages erfasst.

Neben der **Vollübertragung** steht den Parteien zur Zuordnung der Nutzung der Rechte des geistigen Eigentums zwischen den nicht übertragenen Unternehmensteilen (*Retained Business*) und dem Carve-out-Business das Gestaltungsmittel der einfachen oder ausschließlichen **Lizenzierung** zur Verfügung. Eine Lizenzierung

1

---

[1] *Peemöller/Gehlen* BB 2010, 1139, 1142; *Hasselbach/Jakobs* DB 2014, 2092, 2096.
[2] *Peemöller/Gehlen* BB 2010, 1139, 1142.

kann entweder dauerhaft oder für eine Übergangszeit auf Grundlage eines *Transitional Services Agreement* erfolgen.[3] Darüber hinaus kann eine **Aufteilung** von Rechten des geistigen Eigentums zwischen Verkäufer und Käufer in Betracht kommen.

2   Integrierte Konzerne erbringen in der Regel darüber hinaus verschiedene interne Funktionen zentral für sämtliche Konzernunternehmen bzw. Geschäftsbereiche. Eine der üblicherweise gebündelten Leistungen stellt die **IT** dar. Diese umfasst neben der betriebseigenen **Hardware** auch **Software**(-lizenzen) sowie interne und externe Dienstleistungen, etwa Wartung, Pflege oder *Cloud-Services*. Auch insoweit wird in Carve-out-Situationen typischerweise neben einer dauerhaften Separierung der IT die übergangsweise Erbringung entsprechender Leistungen durch den Verkäufer im Rahmen eines *Transitional Services Agreement* diskutiert.[4]

3   Nachfolgend werden zunächst Aspekte des geistigen Eigentums und der IT im Rahmen von Carve-out-Transaktionen zum Verkauf rechtlich unselbständiger Einheiten behandelt (*Asset Deal*). Insoweit erfolgt die rechtliche Separierung des Carve-out-Business regelmäßig im Wege eines externen *Asset Deal* (→ Teil II Rn. 20 ff. sowie unten Rn. 4 ff.). Anschließend werden die wesentlichen Besonderheiten des Verkaufs rechtlich selbständiger Unternehmensteile betrachtet (*Share Deal*, → Teil II Rn. 80 ff. sowie unten Rn. 74 ff.).

2. Geistiges Eigentum und IT-Aspekte im Rahmen von *Asset Deals*

4   Der *Asset Deal* zeichnet sich dadurch aus, dass sämtliche Vermögensgegenstände einzeln an den Käufer verkauft (→ Teil II Rn. 25 ff.) und auf diesen übertragen (→ Teil II Rn. 42 ff.) werden müssen. Sollen Vermögensgegenstände zurückbehalten werden, so wirft dies beim *Asset Deal* keine besonderen Schwierigkeiten auf. Hier ist aus Verkäufersicht lediglich sicherzustellen, dass diese nicht aufgrund zu weit geratener Formulierungen von Verkaufs-, Übertragungs- und Garantieklauseln mit erfasst werden.[5] Im Hinblick auf deutsche **Markenrechte** und **Gemeinschaftsmarken** sollte der Verkäufer die **Vermutungsregeln** in § 27 Abs. 2 MarkenG und in Art. 17 Abs. 2 GMV berücksichtigen, wonach Markenrechte im Zweifel bei der Veräußerung von Unternehmen mit übertragen werden. Soll dies vermieden werden, muss sich der Verkäufer die Rechte explizit vorbehalten.

5   Besonderheiten im Rahmen von Carve-out-Transaktionen ergeben sich vor allem dort, wo Vermögensgegenstände sowohl dem Carve-out-Business als auch

---

[3] *Kirchner/Helmreich* CORPORATE FINANCE law 2010, 487, 496.
[4] *Söbbing* M&A REVIEW 2007, 166, 167. Vgl. zur Integration im Rahmen einer M&A-Transaktion *Schaaf* M&A REVIEW 2013, 359.
[5] Dies kann der Verkäufer durch ausdrückliche Festlegung von vom Verkauf ausgeschlossenen Gegenständen (*Excluded Assets*) sicherstellen (→ Teil II Rn. 30); dazu für Rechte des geistigen Eigentums näher unten (→ Rn. 11).

2. Geistiges Eigentum und IT-Aspekte im Rahmen von Asset Deals

nicht übertragenen Unternehmensteilen (*Retained Business*) dienen (→ Rn. 43 ff.). Insbesondere bei Rechten des geistigen Eigentums ist bereits frühzeitig im Rahmen der **Separationsplanung** des Verkäufers bzw. der **Due Diligence** des Käufers die gewünschte Vermögenszuordnung festzulegen und zu prüfen, ob und inwieweit die betreffenden Rechte des geistigen Eigentums diese Zuordnung zulassen.

a) Das Carve-out-Business als Kaufgegenstand

6 Die schuldrechtliche Verpflichtung des Verkäufers zur Übertragung des Kaufgegenstandes im Rahmen des Unternehmenskaufvertrags ist üblicherweise zunächst gebündelt auf das Carve-out-Business bezogen (→ Teil II Rn. 25). Auch wenn die zu übertragenden Rechte des geistigen Eigentums (*Sold IP*) als Teil dieses Sammelbegriffs regelmäßig in einem gesonderten Abschnitt des Unternehmenskaufvertrages erfasst werden, weist der Verkauf von Rechten des geistigen Eigentums und der IT Berührungspunkte zu den sonstigen zu übertragenden Aktiva (*Sold Assets*) und den zu übertragenden Verträgen (*Sold Contracts*) auf.

aa) Verkauf von Rechten des geistigen Eigentums

7 Der Verkauf von Rechten des geistigen Eigentums (*Sold IP*) lässt sich nach **eigenen Rechten des geistigen Eigentums** (*Sold Own IP*), **Know-how** (*Sold Know-how*) und **Lizenzen** (*Sold Licensed-in IP*) auffächern. Obwohl es sich hierbei um eine inhomogene Gruppe von Vermögensgegenständen handelt, deren Prüfung und vertragstechnische Erfassung als Teil des zu verkaufenden Carve-out-Business ebenso wie die jeweils zur Übertragung erforderlichen Regelungen unterschiedlichen Rahmenbedingungen unterliegen[6], so werden sie doch üblicherweise aufgrund einheitlicher Klauseln im Unternehmenskaufvertrag verkauft (→ Teil II Rn. 25 sowie unten Rn. 9). Eine solche Gestaltung dient der Vereinfachung und ist aus rechtlicher Sicht unschädlich, solange Verkauf und Übertragung alle Elemente umfassen, die hierfür jeweils erforderlich sind.

aaa) Gestaltungsmöglichkeiten

8 Grundlage einer weitgefassten Regelung über den Verkauf von Rechten des geistigen Eigentums (*Sold IP*) ist eine **umfassende Definition** des geistigen Eigentums (*Intellectual Property*), die insbesondere auch das absolut-rechtlich nicht geschützte Know-How (→ Rn. 19 f.) einbezieht. Insoweit bieten **offene Klauseln** dem Käufer eine Absicherung dagegen, dass ein Erwerb an einer unzureichenden Definition scheitert:

---

[6] Dazu näher unten (→ Rn. 12 ff.) für eigene Rechte des geistigen Eigentums, (→ Rn. 19 f.) für Know-how und (→ Rn. 21 f.) für Lizenzen.

> **Intellectual Property** means all (i) patents, inventions, employee inventions, utility patents, plant variety rights, semiconductor rights; (ii) trademarks, trade names, trade dress, business names, work titles; (iii) copyrights and related rights, rights in computer programs in any form (including source code and object code), database rights; (iv) design patents; (v) Internet domains; (vi) trade secrets, business secrets, confidential information, confidential and non-confidential know-how; (vii) other (registered or unregistered) intellectual property rights; (viii) all registrations and applications to register the foregoing anywhere in the world and all goodwill associated therewith; and (ix) any licenses in and any similar, corresponding or equivalent rights to any of the foregoing anywhere in the world.

9   Die Formulierung von Klauseln über die **schuldrechtliche Verpflichtung** zur Übertragung von geistigem Eigentum (*Sold IP*) ist abhängig davon, ob sämtliches dem Carve-out-Business zugehörige geistige Eigentum oder nur spezifisch aufgelistete geistige Schutzrechte Gegenstand der Transaktion sein sollen. Soweit eine grundsätzliche schuldrechtliche Verpflichtung zur Übertragung des Carve-out-Business vorgesehen ist, als dessen Teil die zu übertragenden Rechte des geistigen Eigentums (*Sold IP*) definiert sind (→ Teil II Rn. 25), sind diese in entsprechenden Definitionen näher aufzufächern. Das nachfolgende Beispiel sieht insofern im Sinne der Vollständigkeit sowohl die Auflistung von registrierten als auch von nicht-registrierten Rechten des geistigen Eigentums (*Sold Own IP*) sowie von Lizenzen (*Sold Licensed-in IP*)[7] vor, eine Auflistung des verkauften Know-how (*Sold Know-how*) erfolgt hingegen mangels Praktikabilität üblicherweise nicht:

> **Sold IP** means all Intellectual Property exclusively or predominantly attributable to the Carve-out-Business as conducted by Seller as of the Closing Date and:
> a) legally or beneficially owned by Seller including the Intellectual Property listed on Exhibit ■ (the **Sold Own IP**);
> b) used by Seller (the **Sold Know-how**); and/or
> c) licensed-in by Seller including the Intellectual Property listed on Exhibit ■ (the **Sold Licensed-in IP**).

10 Soweit zusätzlich zu Rechten des geistigen Eigentums auch **Verträge**, etwa Abgrenzungsvereinbarungen oder Lizenzverträge, Teil des Carve-out-Business sein sollen, sind sie Teil der Regelungen zur Vertragsübertragung (*Sold Contracts*) (→ Teil II Rn. 33), und es ist sicherzustellen, dass die betroffenen Vereinbarungen in die entsprechenden dem Unternehmenskaufvertrag beizufügenden Listen aufgenommen werden. Gesonderte Regelungen sind ferner zu treffen, wenn zusätzliche

---

[7] Neben den Lizenzen auf der gegenständlichen Ebene können auch, insbesondere im Falle von Dauerschuldverhältnissen, die zugehörigen Lizenzverträge zu übertragen sein, → Rn. 22.

2. Geistiges Eigentum und IT-Aspekte im Rahmen von Asset Deals

Ansprüche, etwa Schadenersatz- oder Vergütungsansprüche im Zusammenhang mit übertragenen Rechten des geistigen Eigentums, abgetreten werden sollen.

Sofern nicht lediglich bestimmte aufgelistete Vermögensgegenstände von der Transaktion erfasst sind, sondern sämtliche dem Carve-out-Business ausschließlich oder überwiegend zuzuordnende Güter verkauft werden sollen, liegt es im Interesse des Verkäufers, die zurückbehaltenen Rechte des geistigen Eigentums (***Excluded IP***) im Unternehmenskaufvertrag ausdrücklich zu bezeichnen. Diesem Zweck dient der folgende Passus, wobei in der entsprechenden Auflistung wiederum nach **eigenen Rechten des geistigen Eigentums**, **Know-how** und **Lizenzen** unterschieden werden sollte: 11

> All of the Intellectual Property of Seller other than the Sold IP shall be explicitly excluded from the sale to Purchaser (the **Excluded IP**). The Excluded IP shall in particular include the Intellectual Property listed on Exhibit ■.

bbb) Eigene Rechte des geistigen Eigentums

Der Begriff des geistigen Eigentums im engeren Sinne bildet lediglich einen Ausschnitt der im Rahmen von M&A-Transaktionen häufig verwendeten **umfassenden Definition** des geistigen Eigentums (*Intellectual Property*) und bezeichnet eine Gruppe von **absoluten Immaterialgüterrechten**.[8] Dieser soll für die Zwecke dieser Darstellung auch das Urheberrecht zugerechnet werden, auch wenn es sich hierbei nach der Dogmatik des deutschen Rechts nicht um einen reinen Ausfluss des Eigentumsrechts, sondern um eine Verschränkung aus eigentums- und persönlichkeitsrechtlichen Befugnissen handelt.[9] Nicht Gegenstand absoluter Immaterialgüterrechte ist hingegen Know-how als solches. Der Verkauf von Know-how (*Sold Know-how*) unterliegt daher besonderen Rahmenbedingungen (→ Rn. 19 f.). 12

Als zu übertragende eigene Rechte des geistigen Eigentums (*Sold Own IP*) werden im Rahmen von M&A-Transaktionen üblicherweise solche Rechte des geistigen Eigentums erfasst, die den entsprechenden Verkäufergesellschaften als **Vollrechte** zustehen, also etwa das Patentrecht, das Markenrecht oder das Domainrecht. Sie bilden zusammen mit den verkauften Lizenzen (*Sold Licensed-in IP*) (→ Rn. 21 f.), die lediglich Ausschnitte aus den Vollrechten darstellen, ein Gegensatzpaar. Einen Sonderfall stellen hierbei die Rechte an Software dar. Das grundlegende Schutzrecht ist hierbei das Urheberrecht an Computerprogrammen gemäß 13

---

[8] Zum Begriff der absoluten Immaterialgüterrechte s. MüKoBGB/*Wagner* BGB § 823 Rn. 226.
[9] Das Urheberrecht setzt sich aus vermögensrechtlichen und persönlichkeitsrechtlichen Komponenten zusammen, die untrennbar miteinander verwoben sind, s. statt vieler Dreier/Schulze/*Schulze* UrhG § 11 Rn. 2; ein weiteres aus persönlichkeits- und vermögensrechtlichen Bestandteilen bestehendes, dennoch übertragbares Recht ist die Firma nach § 17 Abs. 1 HGB, vgl. dazu Fezer/*Fezer* MarkenR § 15 Rn. 159.

§ 69a UrhG. Urheberrechte sind unter Lebenden im Ganzen nicht übertragbar, zulässig ist lediglich die Einräumung von Lizenzen nach den Regeln der §§ 31 ff. UrhG.[10] Von eigener Software ist daher nach der üblichen Terminologie dann die Rede, wenn das entsprechende Unternehmen hieran umfassende ausschließliche Lizenzen erworben hat.[11]

14 Eine wesentliche Unterscheidung innerhalb der Rechte des geistigen Eigentums bildet die zwischen den **eingetragenen Schutzrechten**, also solchen, die in ein entsprechendes Register eingetragen werden, und den **nicht-eingetragenen Schutzrechten**, für die eine solche Eintragung nicht in Betracht kommt. Diese Unterscheidung wirkt sich insbesondere auf die Identifikation und Auflistung entsprechender im Rahmen der Carve-Out-Transaktion zu übertragender eigener Rechte des geistigen Eigentums (*Sold Own IP*) aus.

(1) Eingetragene Schutzrechte

15 Zu den eingetragenen Schutzrechten gehören die **technischen Schutzrechte**, insbesondere Patente und Gebrauchsmusterrechte, aber auch Halbleiter- und Sortenschutzrechte, bestimmte **Kennzeichenrechte**, insbesondere Markenrechte, die nach deutschem Recht jedoch auch ohne Eintragung lediglich durch Benutzung entstehen können (§ 4 Nr. 2 MarkenG) sowie die **Firma** des Kaufmanns und aus dem Bereich der gestalterischen Rechte die **Geschmacksmusterrechte** bzw. **Designs**. Den eingetragenen Rechten des geistigen Eigentums werden im Rahmen von M&A-Transaktionen regelmäßig auch Internet-Domains zugeordnet, auch wenn es sich bei diesen als solchen nicht um absolute Rechte[12] , sondern lediglich um schuldrechtliche Ansprüche auf Nutzung gegen die entsprechende Domain-Vergabestelle handelt.[13] Freilich können Domains auf absoluten Rechten des geistigen Eigentums beruhen und insbesondere Unternehmenskennzeichen oder Marken beinhalten.[14]

---

[10] Aufgrund seiner persönlichkeitsrechtlichen Verankerung ist eine vollständige Übertragung des Urheberrechts auf einen Dritten nicht möglich, s. statt vieler Wandtke/Bullinger/*Bullinger* UrhG Vor §§ 12 ff. UrhG Rn. 5.

[11] Bei Computerprogrammen ist allerdings der Erwerb eigener Rechte erleichtert: Die umfassenden Nutzungsrechte an Computerprogrammen, die im Rahmen von Arbeits- und Dienstverhältnissen geschaffen wurden, erwirbt der Arbeitgeber bzw. Dienstherr automatisch nach § 69b UrhG, sofern vertraglich nichts anderes vereinbart wurde. Der angestellte Programmierer ist daher von der Verwertung des von ihm selbst geschaffenen Programms ausgeschlossen, vgl. Dreier/Schulze/*Dreier* UrhG § 69b Rn. 1.

[12] BGH I ZR 138/09, BGHZ 149, 191 = GRUR 2009, 622 (626) – shell.de.

[13] BVerfG 1 BvR 1306/02, MMR 2005, 165 – adacta.de; Hoeren/Sieber/Holznagel/*Viefhues* Teil 6.1 Rn. 8.

[14] Beinhaltet der Domainname ein Kennzeichenrecht, verleiht es dem Inhaber der Domain ein ausschließliches Recht, das neben den sich aus der Inhaberschaft einer Domain ergebenden schuldrechtlichen Rechten und Pflichten steht, s. Hoeren/Sieber/Holznagel/*Viefhues* Teil 6.1 Rn. 11.

2. Geistiges Eigentum und IT-Aspekte im Rahmen von Asset Deals

Bei den eingetragenen Schutzrechten bildet die **Registereinsicht** zur Prüfung des Bestands, der Schutzrechtsdauer und der Inhaberschaft einen wesentlichen Bestandteil der vom Käufer durchzuführenden ***Due-Diligence***-Prüfung. Der Käufer sollte sich allerdings der begrenzten Aussagekraft dieser Recherchen bewusst sein: Einerseits ist die Eintragung für einige Rechte wie etwa die Firma lediglich deklaratorisch.[15] Andererseits sichert sie nicht den Bestand der Rechte. Dieser ist vielmehr weiterhin vom Vorliegen der materiell-rechtlichen Voraussetzungen, beim Patent somit insbesondere von dessen Neuheit abhängig. Zudem kann sich der Käufer nicht auf die Verfügungsmacht des eingetragenen Inhabers verlassen, denn eine Änderung der Registrierung ist regelmäßig nicht Voraussetzung für eine Rechteübertragung.[16] Für eine Klärung dieser Fragen sind weitergehende Prüfungen auf Grundlage von Auskünften und Dokumenten des Verkäufers erforderlich. Ferner sollten sie aus Sicht des Käufers im Rahmen der Transaktionsdokumente durch Garantien abgesichert werden. Dennoch erleichtert die Institution der eingetragenen Schutzrechte den Parteien die Transaktion erheblich, denn diese sind regelmäßig ohne weiteres identifizierbar. Dies ermöglicht eine verhältnismäßig verlässliche Erstellung entsprechender Listen, die zunächst Grundlage der Parteiverhandlungen und anschließend im Rahmen des Unternehmenskaufvertrages Grundlage des Verkaufs, der Übertragungen sowie der vom Verkäufer hinsichtlich des Bestands und der Vollständigkeit abzugebenden Garantien bilden sollten.

(2) Nicht-eingetragene Schutzrechte

Die nicht-eingetragenen Schutzrechte umfassen zum einen bestimmte **Kennzeichenrechte**, insbesondere nicht-eingetragene Marken, geschäftliche Bezeichnungen, also Unternehmenskennzeichen und Werktitel. Eine weitere Gruppe bilden das **Urheberrecht**, das auch die Basis für den Schutz von Computerprogrammen darstellt, und die **ergänzenden Leistungsschutzrechte**, insbesondere das Datenbankschutzrecht, das Recht an Fotografien, das Recht des Film- und Tonträgerherstellers sowie das Recht des ausübenden Künstlers.

Bei der Prüfung nicht-eingetragener Rechte im Zuge der ***Due Diligence*** ist der Käufer allein auf die Angaben des Verkäufers und die von diesem vorgelegten Dokumente, insbesondere Vereinbarungen über den Erwerb entsprechender Rechte, über Entwicklungsleistungen mit Dritten und Arbeitsverträge mit Mitarbeitern, die mit entsprechenden Leistungen betraut sind, angewiesen. Die fehlende Registrierung erschwert die Identifikation der vorhandenen Rechte deutlich, auch deshalb, weil mangels Prüfung im Rahmen eines Registrierungsverfahrens oft unklar ist, ob an bestimmten Immaterialgütern überhaupt Rechte des geistigen Eigentums

---

[15] Die Pflicht zur Anmeldung der Firma zur Eintragung ins Handelsregister aus § 29 HGB dient lediglich der Offenlegung der wesentlichen Merkmale von kaufmännischen Unternehmen, s. MüKoHGB/*Krafka* HGB § 29 Rn. 3.

[16] *Bolt* BB 2013, 2568, 2569.

bestehen. Dennoch sollten im Sinne der Klarheit auch hier Listen über den Bestand erstellt und verwendet werden. Diese sollten sich anders als im Hinblick auf eingetragene Schutzrechte nicht auf die entsprechenden Rechte, sondern auf die von diesen geschützten Immaterialgüter beziehen, also auf bestimmte Kennzeichen, näher bezeichnete Software oder Filme.

ccc) Know-how

19 Das als Teil des Carve-out-Business verkaufte Know-how (*Sold Know-how*) umfasst üblicherweise einen Bestand an **betrieblichem** (d. h. **kaufmännischem**)[17] und **geschäftlichem** (d. h. **technischem**)[18] Wissen, das für den Betrieb erforderlich ist oder in diesem genutzt wird. Bei Know-how handelt es sich um einen definitionsbedürftigen Terminus, nicht um einen feststehenden Rechtsbegriff. So wird von Know-how teils nur bei geheimem Wissen gesprochen,[19] solchem also, das nicht bereits (ersichtlich) offenkundig ist, und vom entsprechenden Unternehmen durch Maßnahmen der Geheimhaltung geschützt wird. Ein solcher Schutz kann insbesondere durch Beschränkung von Zugriffsrechten und -möglichkeiten sowie durch Geheimhaltungsvereinbarungen mit Arbeitnehmern und mit Dritten erfolgen, die mit diesem Wissen in Berührung kommen können. Um im Rahmen des Verkaufs des Carve-out-Business **auch offenkundiges Wissen** zu erfassen, ist die maßgebliche Definition des geistigen Eigentums (*Intellectual Property*) entsprechend weit zu fassen (→ Rn. 8).

20 Kennzeichnend für **Know-how** ist, dass dieses einem absolut-rechtlichen Schutz lediglich insoweit unterliegt, wie hieran jeweils spezifische Rechte des geistigen Eigentums bestehen.[20] Know-how als solches bezeichnet daher kein Recht des geistigen Eigentums, auch wenn es der Geheimhaltung unterliegen sollte. Soweit Know-how allerdings Geschäfts- oder Betriebsgeheimnisse umfasst, ist dieses durch die besonderen wettbewerbsrechtlichen Vorschriften in §§ 17 ff. UWG vor unbefugter Verbreitung oder Offenlegung geschützt. Vor diesem Hintergrund beschränkt sich die Prüfung von Know-how im Rahmen von M&A-Transaktionen auf die Analyse im Hinblick auf angemessene Maßnahmen zum Schutz geheimen Know-hows gegen Offenlegung. Schwierigkeiten bereitet die Identifikation des zu übertragenden Know-hows. Insoweit kann zwar an geschäftliche Unterlagen, etwa an Unterlagen über Lieferanten- oder Kundenbeziehungen, angeknüpft werden. Dem Unternehmenskaufvertrag zur Identifikation beizufügende Auflistungen bleiben aber in aller Regel unvollständig. Üblicherweise wird daher auf solche Listen vollständig verzichtet.

---

[17] Etwa Aufträge, Konditionen, Preise, Kundenlisten und Lieferantendaten.
[18] Etwa Zeichnungen, Muster, Modellskizzen, Verfahren und Modelle.
[19] So etwa Hettler/Stratz/Hörtnagl/*Hug/Gaugenrieder* § 7 Rn. 115.
[20] Ohly/Sosnitza/*Ohly* UWG Vor §§ 17 ff. Rn. 3; *Ann* GRUR 2007, 39, 43.

2. Geistiges Eigentum und IT-Aspekte im Rahmen von Asset Deals

ddd) Lizenzen

Als Teil des Carve-out-Business werden regelmäßig nicht nur eigene Rechte des geistigen Eigentums des entsprechenden Unternehmens bzw. der Konzerngesellschaften des Verkäufers (*Sold Own IP*), sondern auch **Lizenzen** (*Sold Licensed-in IP*) verkauft. Bei Lizenzen an Rechten des geistigen Eigentums handelt es sich um einen Ausschnitt der Befugnisse aus dem jeweiligen Vollrecht. Es geht also insbesondere um ausschnittsweise Befugnisse aus dem Patent, der Marke oder dem Urheberrecht,[21] die der Lizenzgeber dem Lizenznehmer eingeräumt hat. Rein schuldrechtliche Berechtigungen sind hingegen Lizenzen an **Domains** und **Unternehmenskennzeichen**. Eine Besonderheit der Lizenzen gegenüber den Vollrechten besteht darin, dass Lizenzen auf Grundlage schuldrechtlicher Verträge erteilt werden. Ob und in welcher Form Lizenzen im Rahmen der Carve-out-Transaktion weitergegeben werden können, bestimmt sich daher primär nach der zugrundeliegenden Vereinbarung mit dem entsprechenden Lizenzgeber.[22] Diese schuldrechtlichen Vereinbarungen hat der Käufer im Rahmen der *Due Diligence* zu überprüfen. Im Vorfeld der Carve-out-Transaktion sollte der Käufer zudem den Bestand des jeweiligen lizenzierten Rechts untersuchen. Schließlich ist anhand der Verträge bis hin zur entsprechenden Gesellschaft des Verkäufers die Rechtekette auf Lückenlosigkeit hin zu überprüfen. Durch die übliche Verschriftung von Lizenzvereinbarungen wird die Erstellung von Listen der zu übertragenden Lizenzen (*Sold Licensed-in IP*), die dem Unternehmenskaufvertrag beizufügen sind, erheblich erleichtert.

21

Anders als bei Vollrechten, bei denen eine Übertragung bzw. Lizenzerteilung auf lediglich gegenständlicher Ebene stattfindet, spielt die dem Lizenzerwerb der entsprechenden Verkäufergesellschaft zugrunde liegende Vereinbarung mit dem Lizenzgeber eine wesentliche Rolle im Rechtsverkehr über die Lizenz. Möglicherweise ist nicht nur auf der gegenständlichen Ebene eine Verfügung über die Lizenz zu treffen, sondern auch der schuldrechtliche **Lizenzvertrag** ganz oder teilweise zu übertragen oder Rechte hieraus abzutreten. Eine wesentliche Trennlinie besteht insoweit zwischen dauerhaften und zeitlich befristeten Lizenzen. Vereinbarungen über die **dauerhafte** Einräumung von **Lizenzen** haben, unabhängig davon, ob es sich um ausschließliche oder nicht-ausschließliche Rechte handelt, in aller Regel einen **kaufrechtlichen** Einschlag.[23] Sie sind daher durch den Austausch der Hauptleistungen, also Lizenzeinräumung gegen Zahlung einer üblicherweise einmaligen Lizenzgebühr, erfüllt, so dass eine Übertragung auf der rein gegenständlichen Ebene in Betracht kommt. Je nach Vereinbarung können zusätzlich jedoch auch

22

---

[21] Vgl. Fezer/*Fezer* MarkenG § 30 Rn. 7 für Marken; Benkard/*Ullmann* PatG § 15 Rn. 56 für Patente.
[22] Zu schuldrechtlichen Beschränkungen einer Lizenz vgl. Fezer/*Fezer* MarkenG § 30 Rn. 32; nicht zu verwechseln ist dieser Fall mit der Veräußerung eines Werkstücks, bei dem Erschöpfung eingetreten ist, vgl. BGH I ZR 244/97, GRUR 2001, 153 – OEM-Version.
[23] MüKoBGB/*H.P. Westermann* Vorbemerkung §§ 433–453 Rn. 30.

nachlaufende Pflichten bestehen, etwa solche des Lizenzgebers zur Aufrechterhaltung des Schutzrechts, oder aber schuldrechtliche Beschränkungen des Lizenznehmers, zu deren Weitergabe der Lizenznehmer bei Verfügungen über die Lizenz verpflichtet ist. Entsprechend der Ausgestaltung kann daher eine Abtretung von Rechten aus dem Lizenzvertrag, die Auferlegung bestimmter Verpflichtungen oder im Ausnahmefall die vollständige oder teilweise Übertragung des Lizenzvertrags erforderlich sein. Die der Einräumung von **zeitlich befristeten Lizenzen** zugrunde liegenden Vereinbarungen hingegen sind Dauerschuldverhältnisse mit **mietrechtlichem** Einschlag. Es bestehen daher über die Laufzeit der Vereinbarung hinweg gegenseitige Pflichten von Lizenzgeber und Lizenznehmer. Allen voran sind üblicherweise periodische Lizenzzahlungen des Lizenznehmers geschuldet. Soll daher eine zeitlich befristete Lizenz verkauft und übertragen werden, so ist auch der Lizenzvertrag mit zu verkaufen und übertragen. Soweit neben den Lizenzen auch zugrundeliegende Lizenzverträge zu verkaufen und übertragen sind, sind diese im Rahmen der verkauften Verträge (*Sold Contracts*) (→ Teil II Rn. 33) aufzulisten.

bb) Verkauf von IT-Verträgen

23 Insbesondere **IT-Leistungen** werden häufig nicht unternehmens- oder konzernintern, sondern von **externen Dienstleistern** auf Grundlage entsprechender Vereinbarungen erbracht. Solche können etwa die Wartung und Pflege von Hard- und Software, Entwicklungsleistungen oder *Cloud*-Dienstleistungen betreffen. Sollen derartige Vereinbarungen im Zuge der Carve-out-Transaktion an den Käufer mit verkauft werden, so sind sie den Regelungen zu den verkauften Verträgen (*Sold Contracts*) zuzuordnen (→ Teil II Rn. 33) und in die entsprechenden dem Unternehmenskaufvertrag beizufügenden Listen aufzunehmen. Besondere Regelungen sind zu treffen, wenn nur einzelne Ansprüche aus diesen Verträgen abgetreten werden sollen.

cc) Verkauf von IT-Hardware

24 Grundlage der IT-Infrastruktur von Unternehmen ist entsprechende Hardware. Soweit diese im Rahmen der Carve-out-Transaktion auf den Käufer zu übertragen ist, sind entsprechende **Geräte** und Vereinbarungen über die Nutzung von Hardware (z.B. etwa **Leasingverträge**) als Teil der zu übertragenden sonstigen Aktiva (*Sold Assets*) bzw. Verträge (*Sold Contracts*) zu behandeln und in die entsprechenden dem Unternehmenskaufvertrag beizufügenden Listen mit aufzunehmen.

dd) Verkauf der zugehörigen Unterlagen

25 Grundlage der Nutzung der im Rahmen der Carve-out-Transaktion zu übertragenden Rechte des geistigen Eigentums durch den Käufer ist der Erwerb der diesen zugehörigen Unterlagen (*Books and Records*) (→ Teil II Rn. 30).

b) Die Übertragung des Carve-out-Business

Hinsichtlich der **dinglichen Übertragung** ist wiederum zwischen den einzelnen zu übertragenden geistigen Schutzrechten zu unterscheiden. Nachfolgend werden einige Rahmenbedingungen auf Grundlage des deutschen Rechts dargestellt.

aa) Übertragung von eigenen Rechten des geistigen Eigentums

Eigene Rechte des geistigen Eigentums sind im Grundsatz nach §§ 398, 413 BGB durch **Abtretung** im Ganzen auf Dritte übertragbar. Einschränkungen ergeben sich allerdings bei **Unternehmenskennzeichen**. Diese sind in ihrem Bestand von dem entsprechenden Unternehmen oder Unternehmensteil abhängig[24] und deshalb nur gemeinsam mit dem Unternehmen bzw. Unternehmensteil übertragbar.[25] Hierfür ist es jedoch ausreichend, wenn mit dem Unternehmenskennzeichen „im Großen und Ganzen diejenigen Werte übertragen werden, die nach wirtschaftlichen Gesichtspunkten den Schluss rechtfertigen, dass der Erwerber die mit dem Kennzeichen verbundene Geschäftstradition fortsetzen wird".[26] Carve-out-Transaktionen, in deren Rahmen an den Käufer typischerweise ein wirtschaftlich selbständiger Geschäftsbereich vollständig veräußert wird, werden diese Voraussetzung regelmäßig erfüllen.

Nicht im Ganzen übertragbar sind nach deutschem Recht **Urheberrechte**.[27] Übertragbar sind aber dem Verkäufer zustehende umfassende, dauerhafte und ausschließliche Lizenzen. Damit lässt sich im Ergebnis insbesondere „eigene Software" übertragen. Im Hinblick auf die Übertragung von urheberrechtlichen Nutzungsrechten ist es zur Absicherung allerdings üblich, für den Fall, dass eine Vollrechtsübertragung nicht möglich sein sollte, die Einräumung einer umfassenden Lizenz vorzusehen.

Die Übertragung von eigenen Rechten des geistigen Eigentums durch den Verkäufer bedarf grundsätzlich nicht der **Zustimmung** Dritter. Denkbar sind jedoch schuldrechtliche Übertragungsverbote (§ 137 BGB), gegen die der Verkäufer durch Übertragung verstoßen würde. Hierauf ist aus Verkäufersicht zu achten. Für bereits erteilte Lizenzen besteht Sukzessionsschutz, diese bleiben also von der Übertragung des Vollrechts unberührt.[28]

Anders ist die Situation bei **Urheberrechten**, denn die Übertragbarkeit urheberrechtlicher Nutzungsrechte hängt von der **Zustimmung** des Urhebers ab (§ 34 Abs. 1 S. 1 UrhG). Daher sollten die Verträge mit den Urhebern vom Käufer

---

[24] Vgl. BGH I ZR 300/99, GRUR 2002, 972 (975) – FROMMIA.
[25] So § 23 HGB für die Firma.
[26] BGH I ZR 233/01, GRUR 2004, 790 (792) – Gegenabmahnung.
[27] Dies folgt aus dem persönlichkeitsrechtlichen Gehalt des Urheberrechts, wie in § 29 Abs. 1 UrhG zum Ausdruck kommt.
[28] So § 15 Abs. 3 PatG für das deutsche Patentrecht.

des Carve-out-Business daraufhin überprüft werden, ob diese die Einräumung übertragbarer Rechte vorsehen. Zwar kann bei in Arbeits- oder Dienstverhältnissen erstellten Werken (vgl. § 43 UrhG) regelmäßig von einer stillschweigenden Zustimmung des Urhebers zur Übertragung ausgegangen werden, wenn die Weitergabe von Nutzungsrechten vom Betriebszweck erfasst ist.[29] Bei der Bestimmung der betrieblichen Zwecke ist nach der wohl überwiegenden Auffassung in Übereinstimmung mit arbeitsrechtlichen Grundsätzen jedoch nur derjenige Betrieb entscheidend, bei dem der Arbeitnehmer angestellt und für den er tätig ist.[30] Von einer impliziten Zustimmung des angestellten Urhebers zur Übertragung der von ihm eingeräumten Nutzungsrechte an ein anderes Unternehmen im Rahmen der Carve-out-Transaktion dürfte man daher regelmäßig nicht ausgehen können. Besonderheiten bestehen allerdings bei Computerprogrammen: Hier kann vorbehaltlich abweichender Regelungen die Übertragbarkeit angenommen werden, denn dem Arbeitgeber bzw. Dienstherrn stehen an solchen grundsätzlich umfassende Rechte zu (§ 69b Abs. 1 UrhG).

31   Erleichtert wird die Situation allerdings dadurch, dass dem Urheber bei der Übertragung von Nutzungsrechten im Rahmen der **Gesamtveräußerung** eines Unternehmens oder der **Veräußerung von Teilen eines Unternehmens** lediglich ein Recht zum Rückruf zusteht, wenn ihm die Ausübung des Nutzungsrechts durch den Erwerber nach Treu und Glauben nicht zuzumuten ist (§ 34 Abs. 3 S. 2 UrhG). Auf die zweite Alternative kann sich der Käufer in einer Carve-out-Transaktion typischerweise berufen, es sei denn, der Urheber ist ein Wettbewerber oder es bestehen sonstige Gründe, die eine Ausübung des Nutzungsrechts durch den Käufer unzumutbar erscheinen lassen.

32   Die Übertragung von Rechten des geistigen Eigentums ist nach deutschem Recht grundsätzlich **formfrei** möglich.[31] Ob nach anwendbarem ausländischen Recht Formvorschriften bestehen, ist im Rahmen der Due Diligence zu prüfen. **Schriftform** ist hingegen in der Regel für **Gemeinschaftsrechte** vorgeschrieben.[32] In jedem Fall sollte aber zu Nachweiszwecken Schriftform oder – soweit aufgrund allgemeiner Vorschriften erforderlich – notarielle Form gewählt werden. Eine weitere Formvorschrift sieht § 31a UrhG für die Einräumung urheberrechtlicher Nutzungsrechte an **unbekannten Nutzungsarten** vor. Diese betrifft jedoch lediglich die Rechteeinräumung durch den Urheber, nicht hingegen den abgeleite-

---

[29] Vgl. OLG Jena 2 U 764/01, GRUR-RR 2002, 379 (380) – Rudolstädter Vogelschießen.
[30] Dreier/Schulze/*Schulze* UrhG § 43 Rn. 20.
[31] Siehe hierzu die Übersicht bei Hettler/Stratz/Hörtnagl/*Hug/Gaugenrieder/Kessler-Jensch* § 7 Rn. 49.
[32] So das Gemeinschaftspatent, Art. 72 EPÜ, die Gemeinschaftsmarke, Art. 17 Abs. 3 GMV, und das Sortenschutzrecht, Art. 23 SortenschutzVO; für das Gemeinschaftsgeschmacksmuster gelten die Vorschriften des Landes, in dem der Inhaber zum maßgeblichen Zeitpunkt seinen Wohnsitz oder Sitz hat, Art. 27 Abs. 1 a) GGV.

2. Geistiges Eigentum und IT-Aspekte im Rahmen von Asset Deals

ten Erwerb.[33] Der Erwerb von Rechten vom Verkäufer im Rahmen des Carve-out ist daher nicht erfasst. Allerdings ist die Schriftform im Rahmen der Prüfung der Rechtekette vom Käufer bei der *Due Diligence* zu berücksichtigen.

Bei der Übertragung **registrierter Vollrechte** ist dem Käufer darüber hinaus an einer Änderung der Registereintragung gelegen, und er bedarf zum Erwerb möglicherweise weiterer Unterstützungshandlungen des Verkäufers. Die Übertragung wird regelmäßig in einem am Vollzugsstichtag auszufertigenden Vollzugsvertrag geregelt (→ Teil II Rn. 42) und kann dort in Bezug auf die Übertragung der eigenen Rechte des geistigen Eigentums (*Sold Own IP*) wie nachfolgend dargestellt geregelt werden: 33

(a) Subject to the payment of the Preliminary Purchase Price and with effect as of the Closing Date, Seller hereby assigns and transfers to Purchaser the ownership in the Sold Own IP, and Purchaser hereby accepts such assignment and transfer.

(b) Immediately after the Closing Date, Purchaser shall be entitled to apply in its own name and, to the extent required under applicable laws, in the name of Seller for the recording of the change of ownership and/or the registration of the assignment of any Sold Own IP which is registered or for which the respective application is pending with any competent authorities where such Sold Own IP is registered or where the respective application is pending.

(c) Seller shall provide to Purchaser in relation to the transfer and assignment of the Sold Own IP such assistance as Purchaser may reasonably request including executing all such documents, forms and authorizations as may be required to enable Purchaser to apply for the recording of the change of ownership and/or the registration of the assignment of the Sold Own IP.

Von der Übertragung von Schutzrechten nicht zwingend erfasst sind solche **Ansprüche**, die der entsprechenden Verkäufergesellschaft auf Grundlage der Schutzrechte gegen Dritte zustehen (etwa Schadensersatz- oder Bereicherungsansprüche).[34] Deren Bestand ist daher im Vorfeld von Verkäufer und Käufer zu prüfen. Sollen sie mit an den Käufer übertragen werden, so ist dies in den Transaktionsdokumenten gesondert zu regeln. Gleiches gilt für Verträge mit Dritten, die die Reichweite von Schutzrechten betreffen, etwa markenrechtliche **Abgrenzungsvereinbarungen** oder Vergleichsverträge über Verletzungsstreitigkeiten. Insoweit sind zudem Zustimmungserfordernisse des jeweiligen Vertragspartners zu beachten. 34

---

[33] So Dreier/Schulze/*Schulze* UrhG § 31a Rn. 11; Fromm/Nordemann/*J. B. Nordemann* UrhG Vor § 31 Rn. 239.
[34] Hierzu näher Köhler WRP 2000, 921.

35 Infolge einer Übertragung von Rechten des geistigen Eigentums, die dem Carve-out-Business angehören, auf den Käufer können Konflikte mit Rechten entstehen, die als Teil eines der nicht übertragenen Geschäftsbereiche beim Verkäufer verbleiben (z. B. ähnliche Marken, Unternehmenskennzeichen oder Patente). Eine mögliche Lösung besteht darin, dass entweder der Verkäufer oder der Käufer die Nutzung des ihm zustehenden Rechts aufgibt und sich gegenüber der anderen Partei schuldrechtlich verpflichtet, dieses mit Vollzug der Transaktion nicht mehr zu nutzen und ggf. bestehende Registereintragungen zu löschen.[35] Sollen hingegen beide Rechte weiterhin parallel genutzt werden, kommt der Abschluss von **Abgrenzungsvereinbarungen** in Betracht, durch die sich Käufer und Verkäufer verpflichten, die Nutzung durch die jeweils andere Partei in einem bestimmten Umfang zu dulden und in dem entsprechenden Umfang eine eigene Nutzung zu unterlassen.[36] Eine Formulierung zur Abgrenzung von Marken könnte dann wie folgt aussehen:

(a) Seller acknowledges Target Company's exclusive right to use and register the designation ■ in connection with the goods and services listed on Exhibit ■ and/or related goods or services and agrees not to oppose, petition to cancel, or otherwise challenge or object to the use or any current registration and/or subsequent application for registration by Target Company of trademarks consisting of or comprising the designation ■, as long as such use and/or registration is in accordance with the terms of this clause a). Seller agrees that it will not in the future use or apply for registration of any trademark and/or trade name consisting of or incorporating the designation ■, or any term that may be confusingly similar to such designation, covering any of the goods and services listed on Exhibit ■ and/or related or similar goods or services.

(b) Target Company acknowledges Seller's exclusive right to use and register the designation ■ in connection with the goods and services listed on Exhibit ■ and/or related goods or services and agrees not to oppose, petition to cancel, or otherwise challenge or object to the use or any current registration and/or subsequent application for registration by Seller of trademarks consisting of or comprising the designation ■, as long as such use and/or registration is in accordance with the terms of this clause b). Target Company agrees that it will not in the future use or apply for registration of any trademark and/or trade name consisting of or incorporating the designation ■, or any term that may be confusingly similar to such designation, covering any of the goods and services listed on Exhibit ■ and/or related or similar goods or services.

---

[35] Zu derartigen Vereinbarungen näher *Bolt* BB 2013, 2568, 2569 f.
[36] Zu rechtlichen Voraussetzungen und Inhalt von Abgrenzungsvereinbarungen für das Markenrecht *Bolt* BB 2013, 2568, 2571 f.; *Koch/Samwer* CORPORATE FINANCE law 2010, 415, 421.

bb) Übertragung von Know-how

Anders als bei der Übertragung von Rechten des geistigen Eigentums findet bei der Veräußerung von Know-how eine rechtliche Zuordnungsänderung nicht statt. Die Übertragung verkauften Know-hows (*Sold Know-how*) vollzieht sich vielmehr dadurch, dass der Verkäufer dem Käufer das entsprechende **Know-how zugänglich** macht – insbesondere durch Übergabe entsprechender Unterlagen – und diesem die vollumfängliche Nutzung enthaltener Betriebs- und/oder Geschäftsgeheimnisse gestattet. Der Veräußerer hat sich seinerseits zu verpflichten, sämtliche Kopien zu vernichten, die Nutzung des Know-how einzustellen und dieses geheimzuhalten (Teil II Rn. 55).

cc) Übertragung von Lizenzen

Lizenzen sind grundsätzlich nach §§ 413, 398 BGB durch **Abtretung** formlos **übertragbar**.[37] Ob hierzu **Zustimmungen** einzuholen sind, hängt von der Art des betroffenen Rechts des geistigen Eigentums und der konkreten Ausgestaltung der bestehenden Lizenzverträge ab. So sind ausschließliche Patent- und Markenlizenzen übertragbar, soweit dies nicht durch den Lizenzvertrag ausgeschlossen wurde. Einfache Patent- und Markenlizenzen sind hingegen nur bei entsprechender Gestattung im Lizenzvertrag übertragbar.[38] Die Übertragung ausschließlicher und einfacher urheberrechtlicher Nutzungsrechte setzt grundsätzlich die Zustimmung des Urhebers voraus.[39] Im Rahmen der Carve-out-Transaktion kann sich der Käufer jedoch regelmäßig auf § 34 Abs. 3 S. 2 UrhG berufen, wonach dem Urheber lediglich ein Recht zum Rückruf zusteht, wenn ihm die Ausübung des Nutzungsrechts durch den Käufer nach Treu und Glauben nicht zuzumuten ist (→ Rn. 31).

Für die **Übertragung** der **Lizenzen** kann im Vollzugsvertrag der nachfolgende Passus verwendet werden:

> Seller hereby transfers to Purchaser all of its rights in and to all of the Sold Licensed-in IP, and Purchaser hereby accepts such transfer.

Soweit auch der **Lizenzvertrag** mit übertragen werden soll, ist hierfür grundsätzlich die **Zustimmung** des Lizenzgebers erforderlich.[40] Zu prüfen ist, ob der jeweilige Vertrag ausnahmsweise eine Übertragung ohne Zustimmung zulässt. Dies ist insbesondere bei einer Übertragung zwischen Konzerngesellschaften denkbar. Letzteres ist bei der zeitlichen Abfolge der einzelnen Übertragungen im Rahmen der gesamten Carve-out-Transaktion zu berücksichtigen. Die Übertragung von

---

[37] Palandt/*Grüneberg* BGB § 413 Rn. 2; *Bühling* GRUR 1998, 196, 198 f.
[38] Vgl. BGH X ZR 4/71, NJW 1974, 1197 – Anlagengeschäft; hierzu für die Patentlizenz Benkard/*Ullmann* § 15 Rn. 103, 105 und für die Markenlizenz *Ingerl/Rohnke* § 30 Rn. 49.
[39] §§ 31 Abs. 3 S. 1, 34 Abs. 1 S. 1, 35 Abs. 1 S. 1 UrhG.
[40] BGH X ZR 82/88, NJW-RR 1990, 1251.

Lizenzverträgen erfolgt zweckmäßigerweise als Teil der Übertragung der verkauften Verträge (*Sold Contracts*) (→ Teil II Rn. 57 ff.). Sollen lediglich einzelne Ansprüche aus dem Lizenzvertrag zusammen mit der Lizenz übertragen werden, dann ist auch dies zulässig, es sei denn, die Abtretbarkeit wurde in dem Lizenzvertrag ausgeschlossen (§ 399 BGB).[41]

dd) Übertragung von IT-Verträgen

40   Ebenso wie im Hinblick auf Lizenzverträge gelten auch für die Übertragung von **IT-Verträgen** die bereits dargestellten Rahmenbedingungen für die Übertragung der im Zuge der Carve-out-Transaktion verkauften Verträge (*Sold Contracts*) (→ Teil II Rn. 57 ff.).

ee) Übertragung von IT-Hardware

41   Soweit **eigene Hardware** als Teil des Carve-out-Business zu übertragen ist, ist diese Teil der Regelungen im Unternehmenskaufvertrag zur Übereignung der zu übertragenden sonstigen Aktiva (*Sold Assets*). Verkaufte Vereinbarungen über die Nutzung von Hardware – etwa **Leasingverträge** – sind entsprechend den zu übertragenden Verträgen (*Sold Contracts*) zu behandeln (→ Teil II Rn. 57 ff.).

ff) Übertragung der zugehörigen Unterlagen

42   Die den verkauften Rechten des geistigen Eigentums (*Sold IP*) und den zu übertragenden Verträgen (*Sold Contracts*) zugehörigen **Unterlagen** (*Books and Records*) sind bei Vollzug der Transaktion (*Closing*) zu übereignen und zu übergeben:

> On the Closing Date, Seller shall convey to Purchaser possession of the Books and Records. To the extent Seller is not in direct possession (*unmittelbarer Besitz*) of any of the Books and Records as of the Closing Date, Seller hereby transfers and assigns, and Purchaser accepts such transfer and assignment, its delivery claims (*Herausgabeanspruch*) against the person having such direct possession pursuant to Section 931 of the German Civil Code (BGB). If any of the Books and Records remain in the possession of Seller after the Closing Date, Seller shall possess such Books and Records for and on behalf of Purchaser.

---

[41] Trotz gegenteiliger Vereinbarung abtretbar sind allerdings Geldforderungen aus Handelsgeschäften, § 354a HGB.

c) Vermögensgegenstände und Verträge, die sowohl dem Carve-out-Business als auch nicht übertragenen Unternehmensteilen dienen

Abgrenzungsschwierigkeiten entstehen dort, wo sich Rechte des geistigen Eigentums nicht eindeutig zuweisen lassen, sondern sowohl im Carve-out-Business als auch in einem der beim Verkäufer verbleibenden Geschäftsbereichen (*Retained Business*) genutzt werden.[42] Es liegt dann häufig im Interesse von Verkäufer und Käufer, die **gemeinsame Nutzung** von Vermögensgegenständen auch nach Durchführung des Carve-out fortzusetzen.[43] Ist eine solche gemeinsame Nutzung lediglich übergangsweise gewünscht, so ist dies üblicherweise Gegenstand eines *Transitional Services Agreement* (→ Teil VII Rn. 23 ff.). Bestimmungen über die dauerhafte, gemeinsame Nutzung finden sich regelmäßig im Hauptteil des Unternehmenskaufvertrages.

43

Ebenso wie andere Vermögensgegenstände und Verträge (→ Teil II Rn. 62 ff.) lassen auch Rechte des geistigen Eigentums eine gemeinsame Nutzung in rechtlicher Hinsicht grundsätzlich sowohl durch **Realteilung** als auch durch Begründung von **Nutzungsverhältnissen** im Wege der Erteilung von **Lizenzen** zu. Gründe für eine beabsichtigte dauerhafte, gemeinsame Nutzung von geistigem Eigentum können etwa in einer territorialen Aufteilung liegen, die eine entsprechende Zuteilung von Markenrechten bedingt. Alternativ kann beispielsweise ein Patent oder eine Software Grundlage für den Betrieb, die Produkte oder die Dienstleistungen sowohl des Carve-out-Business als auch des verbleibenden Unternehmensteils (*Retained Business*) sein. Die entsprechenden Gestaltungsoptionen hängen wesentlich von der Strukturierung der Carve-out-Transaktion, der Art des betroffenen Vermögensgegenstands und den konkreten Gegebenheiten wie dem Vorliegen von Zustimmungen Dritter ab.[44] Diese Rahmenbedingungen sind daher bereits frühzeitig vom Verkäufer im Rahmen seiner Separationsplanung und vom Käufer mittels **Due Diligence** zu klären.

44

aa) Eigene Rechte des geistigen Eigentums

Unter der sogenannten Ubiquität der Immaterialgüter wird die Tatsache verstanden, dass diese nicht an eine Verkörperung gebunden und damit in beliebiger Zahl vervielfältigbar sind. Die Ubiquität der Immaterialgüter ermöglicht strukturell eine **dauerhafte Parallelnutzung** durch den Verkäufer und den Käufer. Hier-

45

---

[42] *Koch/Samwer* CORPORATE FINANCE law 2010, 415, 422.

[43] Tatsächlich werden nur in den seltensten Fällen die Verbindungen zwischen dem Konzern und dem im Rahmen eines Carve-outs ausgegliederten Business in Gänze gekappt: *Lubos/Feldmann* M&A REVIEW 2012, 451, 453.

[44] Von diesen Faktoren hängt auch die Komplexität der Carve-out-Transaktion ab, vgl. *Schramm/Hansmeyer/Richter/Mengen* S. 282 f.

von sind in aller Regel **Domains** ausgeschlossen, denn eine dauerhafte gemeinsame Nutzung – etwa über Sub-Domains – dürfte von den Parteien der Carve-out-Transaktion in der Regel nicht gewünscht sein.[45] Für eine dauerhafte gemeinsame Nutzung stehen den Parteien je nach gewünschtem Umfang der diesen zustehenden Rechtsposition und abhängig von der Art der betroffenen Schutzrechte eine Reihe unterschiedlicher Varianten zur Verfügung.

aaa) Teilung

46   Eine Teilung von Immaterialgüterrechten hat zum Ziel, dass sowohl Verkäufer als auch Käufer nach Abschluss der Carve-out-Transaktion jeweils absolute, dauerhafte und exklusive **Teilrechte** in der Weise zur Verfügung stehen, dass diese von den jeweiligen Parteien völlig unabhängig voneinander genutzt, verwaltet und verteidigt werden können. Im Falle von registrierten Schutzrechten sind dann beide Parteien in der Lage, die ihnen zustehenden Teilrechte selbständig aufrechtzuerhalten. Die Teilung ist jedoch allenfalls anhand verhältnismäßig starrer Trennlinien möglich. Sofern sich das Carve-out-Business und der beim Verkäufer verbleibende Unternehmensteil daher nicht exakt an diesen Grenzen abschichten lassen, kommt eine ergänzende, ggf. wechselseitige Lizenzierung in Betracht. Im Hinblick auf die Möglichkeiten der Teilung ist nach Schutzrechten zu unterscheiden.

(1) Marken

47   Deutsche **Markenrechte** und **Gemeinschaftsmarken** sowie entsprechende Anmeldungen sind nach Waren oder Dienstleistungen **aufspaltbar**, für die die jeweilige Marke Schutz genießt bzw. für die die Anmeldung besteht.[46] Dies ermöglicht es sowohl dem Käufer als auch dem Verkäufer, die getrennten Geschäftsfelder nach Vollzug (*Closing*) der Carve-out-Transaktion unter der bisherigen Marke weiterzuführen. Eine solche Aufspaltung setzt allerdings voraus, dass eine Abgrenzung nach Waren oder Dienstleistungen entlang der Trennlinie der geschäftlichen Aktivitäten der Parteien vorgenommen werden kann.[47] Die Aufspaltung kann einmal durch Teilübertragung erfolgen (§ 27 Abs. 1 MarkenG, Art. 17 Abs. 1 GMV). Bei eingetragenen Marken kann auch zunächst die Inhabergesellschaft einer eingetragenen Marke eine Teilung der Eintragung bewirken (§ 46 Abs. 1 MarkenG, Art. 49 Abs. 1 GMV) und den entsprechenden abgetrennten Teil dann an die andere Partei gemäß § 27 Abs. 1 MarkenG übertragen. Bei Gemeinschaftsmarken ist für die Übertragung Schriftform vorgeschrieben (Art. 17 Abs. 3 GMV).

---

[45] Näheres zur gemeinsamen Nutzung von Domains in Form von Domain-Sharing Kilian/Heussen/*Koch* Teil 2 Rn. 367 ff.
[46] *Ingerl/Rohnke* MarkenG § 27 Rn. 31.
[47] *Bolt* BB 2013, 2568, 2572.

2. Geistiges Eigentum und IT-Aspekte im Rahmen von Asset Deals

Nicht in Betracht kommt eine **territoriale Aufteilung** innerhalb des Geltungsgebiets.[48] Allerdings folgen Markenrechte dem Territorialitätsprinzip. Es bestehen also bei nach dem Madrider Abkommen über die internationale Registrierung von Marken registrierten Kennzeichen (IR-Marken), die ein Bündel nationaler Markenrechte darstellen[49], für jedes Schutzland eigene Rechte, die als solche auch voneinander unabhängig übertragen werden können.[50]

48

(2) Unternehmenskennzeichen

Nicht mit dinglicher Wirkung aufteilbar sind **Unternehmenskennzeichen**.[51]

49

(3) Technische Schutzrechte, Geschmacksmusterrechte

Weder inhaltlich noch innerhalb des jeweiligen Schutzgebiets territorial **aufteilbar** sind die deutschen **technischen Schutzrechte**, also Patente und Gebrauchsmusterrechte sowie Halbleiter- und Sortenschutzrechte, Geschmacksmusterrechte und die entsprechenden europäischen Gemeinschaftsrechte[52]. Bei internationalen Anmeldungen[53] kommt allerdings eine isolierte Übertragung der jeweiligen nationalen Rechte in Betracht, denn hierbei handelt es sich aufgrund der Territorialität der Rechte des geistigen Eigentums um jeweils eigenständige Immaterialgüterrechte.

50

(4) Urheberrechte und verwandte Schutzrechte

Soweit der entsprechenden Verkäufergesellschaft umfassende, ausschließliche und dauerhafte **urheberrechtliche Nutzungsrechte** zustehen, insbesondere an **eigener Software**, kann sie diese grundsätzlich in einzelne Teile aufspalten und weitereinräumen.[54] In jedem Fall ist eine Segmentierung nach Staaten möglich[55], da es sich aufgrund der Territorialität des Urheberrechts bei länderübergreifenden Rechten um mehrere Nutzungsrechte handelt.[56] Bei anderen Nutzungsarten als der Verbreitung von Werkstücken dürfte auch eine räumliche Aufteilung innerhalb der Bundesrepublik Deutschland möglich sein.[57] Anhand der konkreten Gege-

51

---

[48] *Ingerl/Rohnke* MarkenG § 27 Rn. 31 für das deutsche Markenrecht und *Koch/Samwer* CORPORATE FINANCE law 2010, 415, 420 für die Gemeinschaftsmarke.
[49] Lange/*Lange* § 2 Rn. 219.
[50] *Koch/Samwer* CORPORATE FINANCE law 2010, 415, 420.
[51] BGH I ZR 14/89, GRUR 1991, 393 – Ott International.
[52] Also des Europäischen Patents, des Gemeinschaftsgeschmacksmusters und des gemeinschaftlichen Sortenschutzrechts.
[53] Also der internationalen Patentanmeldung und der internationalen Geschmacksmusteranmeldung.
[54] Dreier/Schulze/*Dreier* UrhG § 35 Rn. 8.
[55] AmtlBegr. BT-Drucks. IV/270, S. 56.
[56] Vgl. Schricker/Loewenheim/*Schricker/Loewenheim* UrhG Vor § 28 Rn. 91.
[57] So Schricker/Loewenheim/*Schricker/Loewenheim* UrhG Vor § 28 Rn. 90 m. w. N.

benheiten genau zu untersuchen ist die Zulässigkeit inhaltlicher Aufteilungen. Voraussetzung hierfür ist, dass von der Abspaltung Nutzungsarten betroffen sind, die nach der Verkehrsauffassung als solche hinreichend klar abgrenzbar sowie wirtschaftlich-technisch als einheitlich und selbständig anzusehen sind.[58] Die Eigenständigkeit der Nutzungsart kann sich etwa aus der Art und Weise des Vertriebswegs (Software als Service, Vertrieb auf Datenträger, Download, etc.) und der Art und Aufmachung der Werkexemplare (OEM-Version,[59] normale Handelsware,[60] etc.) ergeben. Sehr zweifelhaft erscheint es, ob danach eine Aufteilung der Nutzung von eigener Software nach Branchen zulässig ist. Die **ergänzenden Leistungsschutzrechte** aus dem UrhG, insbesondere das Datenbankschutzrecht[61], das Recht des Film- und Tonträgerherstellers sowie das Recht des ausübenden Künstlers, sind regelmäßig übertragbar.[62] Soweit entsprechende Rechte Teil des Carve-out-Business sind, dürften sie jedenfalls entsprechend den dargestellten Vorgaben für urheberrechtliche Nutzungsrechte aufteilbar sein.

bbb) Lizenzierung

52   Eine dauerhafte, gemeinsame Nutzung von eigenen Rechten des geistigen Eigentums des Verkäufers kann auch durch Einräumung von **Lizenzen** gegenüber dem Käufer erfolgen. Dies kommt dann in Betracht, wenn eine Aufteilung entweder nicht oder nicht mit dem gewünschten Zuschnitt möglich ist, oder wenn ein Aufteilung nicht gewünscht ist, weil das Vollrecht einheitlich beim Verkäufer verbleiben soll. Besonderheiten bestehen hinsichtlich der gemeinsamen Nutzung von **Unternehmenskennzeichen**. Rechte hieran dürften mit gegenständlicher Wirkung nicht übertragbar sein. der Verkäufer ist daher allenfalls in der Lage, sich schuldrechtlich dazu zu verpflichten, die ihm gegen den Käufer zustehenden wettbewerbsrechtlichen Abwehransprüche nicht geltend zu machen.[63] Der Käufer erhält durch die Vereinbarung daher keine gegen Dritte wirkende Rechtsposition. Eine solche Position kann er allenfalls durch Nutzung des Zeichens im geschäflichen Verkehr erwerben.

53   Durch die Lizenzierung verbleibt das **Vollrecht** beim Verkäufer, an den Käufer werden lediglich bestimmte **Befugnisse** aus dem Recht des geistigen Eigentums ausgegliedert. Somit bleibt eine gewisse Bindung zwischen Verkäufer und Käufer bestehen. Der Verkäufer ist weiterhin berechtigt, auch hinsichtlich des Gegen-

---

[58] BGH I ZR 165/89, GRUR 1992, 310 (311) – Taschenbuch-Lizenz.
[59] OEM steht für Original Equipment Manufacturer (Erstausrüster). Unter OEM-Software versteht man solche Software, die zum Vertrieb zusammen mit entsprechender Hardware bestimmt ist, etwa das mit einem PC ausgelieferte Betriebssystem.
[60] So OLG Frankfurt 6 U 63/99, ZUM 2000, 763.
[61] Dreier/Schulze/*Dreier* UrhG Vor §§ 87a–87e Rn. 2.
[62] Das Leistungsschutzrecht an Fotografien ist nicht übertragbar, § 72 Abs. 1 UrhG i. V. m. § 29 Abs. 1 UrhG, vgl. Dreier/Schulze/*Dreier* UrhG § 72 Rn. 16.
[63] Vgl. BGH I ZR 131/67, GRUR 1970, 528 (531) – Migrol.

stands der erteilten Lizenz aus eigenem Recht gegen Dritte vorzugehen. Bei den eingetragenen Schutzrechten hat es ausschließlich der Verkäufer in der Hand, für die Aufrechterhaltung insbesondere durch Zahlung der Registergebühren zu sorgen. Aus Sicht des Käufers sollte der Verkäufer daher in diesen Konstellationen verpflichtet werden, alles Erforderliche für die Aufrechterhaltung des lizenzierten Rechts zu veranlassen und diese Pflicht auch im Rahmen einer Übertragung des Rechts an Dritte weiterzugeben.

Die Erteilung von **Lizenzen** ist grundsätzlich **form-** und **zustimmungsfrei**.[64] Der Zustimmung des Urhebers bedarf hingegen die Einräumung urheberrechtlicher Nutzungsrechte, § 35 Abs. 1 S. 2 UrhG. Die Lizenzierung ermöglicht einen deutlich flexibleren Zuschnitt als die allenfalls in engen Grenzen zulässige Aufteilung von Rechten des geistigen Eigentums. Auch hier sind der Segmentierung jedoch Grenzen gesetzt. In jedem Fall möglich ist danach eine Vergabe von Rechten nach Ländern, denn insoweit handelt es sich angesichts des Territorialitätsprinzips um jeweils eigenständige Rechte. Aber auch eine Vergabe **räumlich beschränkter Lizenzen** innerhalb von Staatsgebieten ist grundsätzlich möglich.[65] **Inhaltlich** ist die Vergabe von Nutzungsrechten am Urheberrecht und an ergänzenden Leistungsschutzrechten allerdings nur im Hinblick auf spezifische wirtschaftlich-technisch abgrenzbare **Nutzungsarten** zulässig (→ Rn. 51). Die deutschen technischen Schutzrechte, also Patente und Gebrauchsmusterrechte sowie Halbleiter- und Sortenschutzrechte, Geschmacksmusterrechte, und die entsprechenden europäischen Gemeinschaftsrechte, sind insbesondere nach Art der Benutzungshandlung (etwa Herstellungs-, Gebrauchs-, Vertriebs-, Import- und Exportlizenzen), dem Umfang (etwa Quotenlizenz), nach Art der Lizenzabrechnung (etwa Mindest-, Stück- und Pauschallizenzen), nach Produkten und Dienstleistungen[66] und nach der Person des Lizenznehmers oder der Produktionsstätte (etwa Betriebs- oder Konzernlizenz[67]) aufteilbar.[68]

54

Auch das Lizenzvertragsrecht unterliegt dem **Trennungsprinzip**.[69] Dennoch unterscheiden vertragliche Regelungen üblicherweise nicht zwischen der Verpflichtung zur Lizenzeinräumung und deren Erfüllung. Dieser praktischen Usance folgt die nachfolgende Darstellung.

55

---

[64] Die Einräumung einer Lizenz an einem gemeinschaftlichen Sortenschutzrechts bedarf der Schriftform, Art. 23 Abs. 2 GemSortVO, s. Leßmann/Würtenberger § 4 Rn. 33.
[65] Einschränkungen bestehen allerdings aufgrund des Erschöpfungsprinzips.
[66] Benkard/*Ullmann* PatG § 15 Rn. 69.
[67] Benkard/*Ullmann* PatG § 15 Rn. 70; Ingerl/Rohnke MarkenG § 30 Rn. 47; Leßmann/Würtenberger § 4 Rn. 40.
[68] Zu Patenten vgl. *Mes* PatG § 15 Rn. 46.
[69] Wandtke/Bullinger/*Wandtke*/Grunert UrhG Vor §§ 31 ff. Rn. 6; Fromm/Nordemann/*J. B. Nordemann* UrhG Vor §§ 31 ff. Rn. 33.

(1) Nicht-exklusive Lizenz

56 Der Verkäufer kann an den Käufer exklusive und nicht-exklusive Lizenzen vergeben. Die **nicht-exklusive Lizenz** gibt dem Käufer lediglich das Recht, das entsprechende Immaterialgut im bestimmten Umfang zu nutzen.[70] Sie hindert den Verkäufer allerdings nicht daran, das Immaterialgut weiterhin selbst zu nutzen und Dritten – etwa Konkurrenten des Käufers – ebenfalls Nutzungsrechte einzuräumen. In den durch das Kartellrecht vorgegebenen Grenzen können insoweit auf schuldrechtlichem Wege Einschränkungen vereinbart werden.[71] Die einfache Lizenz beinhaltet weiterhin nicht die Befugnis, Dritten die Nutzung im entsprechenden Umfang zu verbieten. Um gegen derartige, den Wert seiner Lizenz beeinträchtigende unbefugte Nutzungen durch Dritte vorgehen zu können, kann sich der Käufer vom Verkäufer die Ermächtigung einholen, dessen Verbotsrecht in **gewillkürter Prozessstandschaft** geltend zu machen.[72]

57 Ob der Käufer eine einfache Lizenz übertragen oder Dritten weitere Nutzungsrechte einräumen, die **Lizenz** also weiter **aufteilen** kann, ist mit Unsicherheiten behaftet und hängt von der Art des betroffenen Rechts des geistigen Eigentums ab. So sind einfache Patent- und Markenlizenzen nur bei entsprechender Parteivereinbarung übertragbar und sublizenzierbar.[73] Einfache urheberrechtliche Nutzungsrechte sind dagegen zwar bei Vorliegen der Zustimmung des Urhebers übertragbar,[74] nach herrschender Ansicht jedoch nicht sublizenzierbar.[75] In jedem Fall empfiehlt sich hierzu also eine rechtliche Analyse im Einzelfall und eine explizite Regelung zwischen Verkäufer und Käufer.

58 Eine mögliche Gestaltung im Rahmen der Carve-out-Transaktion besteht darin, dass der Verkäufer dem Käufer an den eigenen Rechten des geistigen Eigentums, die durch das Carve-out-Business genutzt, an dieses aber nicht übertragen werden, **nicht-exklusive Lizenzen** einräumt:

> Except for any Sold Own IP, Seller hereby grants to Purchaser a non-exclusive, irrevocable, perpetual, worldwide, non-transferable, sub-licensable to Affiliates of Purchaser, fully paid up and royalty free license in all Intellectual

---

[70] Zur Berechtigung des Inhabers einer nicht exklusiven Lizenz vgl. Dreier/Schulze/*Schulze* UrhG § 31 Rn. 50 ff.

[71] Allgemein zum Lizenzkartellrecht Pfaff/Osterrieth/*Axster/Osterrieth* Teil A Rn. 154 ff.

[72] Jedenfalls können wirtschaftliche Interessen ein schutzwürdiges Interesse an einer eigenen prozessualen Geltendmachung begründen, vgl. BGH I ZR 217/86, GRUR 1990, 361 (362) – Kronenthaler; hierzu zum Urheberrecht Schricker/Loewenheim/*Schricker/Loewenheim* UrhG § 31 Rn. 15; § 30 Abs. 3 MarkenG stellt eine besondere Form der Prozessstandschaft dar, vgl. *Ingerl/Rohnke* MarkenG § 30 Rn. 92.

[73] BGH X ZR 4/71, NJW 1974, 1197 – Anlagengeschäft; hierzu für die Patentlizenz Benkard/*Ullmann* § 15 Rn. 103, 105 und für die Markenlizenz *Ingerl/Rohnke* § 30 Rn. 49.

[74] § 34 Abs. 1 S. 1 UrhG.

[75] Dreier/Schulze/*Schulze* § 31 Rn. 55; es dürften hier jedoch schuldrechtliche Berechtigungen in Betracht kommen.

2. Geistiges Eigentum und IT-Aspekte im Rahmen von Asset Deals

Property used in the Carve-out-Business as conducted by Seller as of the Closing Date (the **Used IP**) which is legally or beneficially owned by Seller including the Intellectual Property listed on Exhibit ■ and excluding the Intellectual Property listed on Exhibit ■.

(2) Exklusive Lizenz

Durch Einräumung einer **exklusiven Lizenz** kann der Verkäufer dem Käufer im bezeichneten Umfang **Ausschließlichkeitsrechte** verschaffen, die grundsätzlich auch gegenüber dem Verkäufer gelten.[76] Häufig bereitet allerdings die genaue Abgrenzung zwischen dem Carve-out-Business und dem beim Verkäufer verbleibenden Unternehmensteilen Schwierigkeiten. Darüber hinaus ist diese Abgrenzung nicht statisch, sondern sie kann sich im Rahmen der künftigen Geschäftstätigkeit verändern. Hinzu kommt die Begrenzung des möglichen Zuschnitts von Lizenzen (→ Rn. 51). Dies erfordert zum einen eine detaillierte Untersuchung über den Umfang, in dem ausschließliche Lizenzen vergeben werden sollten. Im Zweifel ist dem Verkäufer anzuraten, sich seinerseits nicht-ausschließliche Nutzungsrechte am Immaterialgut vorzubehalten. Diese können in den durch das Kartellrecht gesetzten Grenzen durch schuldrechtliche Vereinbarungen auf die Verwendung in einem bestimmten Umfang beschränkt werden.

59

Für die Frage nach der **Übertragbarkeit** und der **Sublizenzierbarkeit** einer ausschließlichen Lizenz durch den Käufer ist wiederum jedes einzelne Recht des geistigen Eigentums separat in den Blick zu nehmen. So sind ausschließliche Patent- und Markenlizenzen vorbehaltlich abweichender Parteivereinbarung übertragbar und sublizenzierbar.[77] Dies gilt auch für ausschließliche urheberrechtliche Nutzungsrechte bei Vorliegen der Zustimmung des Urhebers.[78] Auch diesbezüglich empfiehlt sich eine rechtliche Analyse im Einzelfall und eine explizite Regelung zwischen Verkäufer und Käufer.

60

Die entsprechende Klausel für eine **ausschließliche Lizenz** könnte wie folgt ausgestaltet werden:

61

Seller hereby grants to Purchaser for the territory of Germany an exclusive, irrevocable, perpetual, unlimited in terms of use, transferable, sub-licensable, fully paid up and royalty free license in the Intellectual Property listed on Exhibit ■.

---

[76] *Ingerl/Rohnke* MarkenG § 30 Rn. 16.
[77] BGH X ZR 4/71, NJW 1974, 1197 – Anlagengeschäft; hierzu für die Patentlizenz Benkard/*Ullmann* § 15 Rn. 103, 105 und für die Markenlizenz *Ingerl/Rohnke* § 30 Rn. 49.
[78] §§ 31 Abs. 3 S. 1, 34 Abs. 1 S. 1, 35 Abs. 1 S. 1 UrhG.

bb) Know-how

62 Auch wenn sich die Gestaltungsmittel unterscheiden, da Know-how als solches nicht Gegenstand absoluter Rechte ist, lassen sich doch auch im Hinblick auf Know-how sämtliche im Rahmen der möglichen Verfügungen über Rechte des geistigen Eigentums dargestellten **Gestaltungsalternativen** umsetzen. Im Gegensatz zur Situation bei der Aufteilung und/oder Lizenzierung von Rechten des geistigen Eigentums (→ Rn. 46 ff. bzw. 52 ff.) sind den Parteien bei der Festlegung des Zuschnitts des jeweils zulässigen Nutzungsumfangs keine Grenzen gesetzt. Zu beachten sind allerdings – insbesondere im Hinblick auf Wettbewerbsverbote – kartellrechtliche Vorgaben.

aaa) Teilung

63 Eine dauerhafte, **gemeinsame Nutzung** von **Know-how** im Rahmen der Carve-out-Transaktion durch den Verkäufer und den Käufer ist einmal durch „**Teilung**" möglich, also in der Weise, dass sowohl dem Carve-out-Business als auch den beim Verkäufer verbleibenden Unternehmensteilen die Nutzung des Know-how in einem voneinander abgegrenzten Umfang zugewiesen wird Dies kann bspw. für ein bestimmtes Territorium oder für bestimmte Produkte oder Dienstleistungen geschehen. Hierfür hat der Verkäufer dem Käufer das entsprechende Know-how zugänglich zu machen und ihm im gewünschten Umfang die Nutzung enthaltener Betriebs- und/oder Geschäftsgeheimnisse zu gestatten. Ferner haben sich beide Parteien zu verpflichten, das Know-how geheimzuhalten und die Nutzung in dem der anderen Partei zugewiesenen Umfang zu unterlassen.

bbb) Lizenzierung

64 Eine der **dauerhaften, ausschließlichen Lizenz** angenäherte Rechtsposition lässt sich für Know-how im Rahmen der Carve-out-Transaktion dadurch erreichen, dass der Verkäufer dem Käufer die Exklusivnutzung lediglich in einem bestimmten Umfang zugesteht, während dem Verkäufer sämtliche sonstigen Nutzungen exklusiv vorbehalten bleiben. Im Übrigen entspricht die zu treffende Vereinbarung der bei der „Teilung" (→ Rn. 63). Ähnlich ist dies bei der nicht-exklusiven Gestattung. Die Vereinbarung weicht hier lediglich insoweit ab, als der Verkäufer in dem dem Käufer zugewiesenen Nutzungsumfang keinem Wettbewerbsverbot unterliegt.

cc) Lizenzen

65 Lizenzen an Rechten des geistigen Eigentums (*Licensed-in IP*) können ihrerseits in gewissen Grenzen aufgeteilt oder sublizenziert werden.[79] Insoweit unterliegt der Verkäufer im Rahmen der Carve-out-Transaktion häufig erheblichen Restrik-

---

[79] *Ingerl/Rohnke* MarkenG § 30 Rn. 49.

2. Geistiges Eigentum und IT-Aspekte im Rahmen von Asset Deals

tionen. Solche ergeben sich zum einen aus Inhalt und Umfang der dem Verkäufer zustehenden Lizenz. So kann der Verkäufer **dauerhafte Teilrechte** bzw. **Sublizenzen** an **einlizenzierten Rechten** des geistigen Eigentums von vornherein nur dann vergeben, wenn er seinerseits zeitlich unbeschränkte Lizenzen erworben hat.[80] Die Vergabe von Exklusivrechten kommt nur dann in Betracht, wenn dem Verkäufer solche selbst zustehen.

Weiter ergeben sich Beschränkungen abhängig von der **Art** des betroffenen **Rechts** des geistigen Eigentums. Insoweit sind die Grenzen des möglichen Zuschnitts von Lizenzen (→ Rn. 51) und etwaige Zustimmungserfordernisse für die Aufteilung bzw. die Erteilung von Sublizenzen zu beachten. Danach dürfte sowohl die Aufspaltung als auch die Sublizenzierung ausschließlicher Patent- und Markenlizenzen vorbehaltlich abweichender Vereinbarung im Lizenzvertrag zulässig sein. Im Falle einfacher Patent- und Markenlizenzen gilt dies hingegen nur dann, wenn der Lizenzgeber seine Zustimmung hierzu erteilt hat.[81] Ausschließliche urheberrechtliche Nutzungsrechte sind mit Zustimmung des Urhebers sublizenzierbar und wohl auch aufspaltbar.[82] Nach herrschender Ansicht gilt dies jedoch nicht für einfache urheberrechtliche Nutzungsrechte.[83]

66

Neben den genannten Erwägungen auf der dinglichen Ebene können sich darüber hinaus weitere Anforderungen aus dem **schuldrechtlichen Lizenzvertrag** ergeben. So kann dieser ganz oder teilweise auf den Käufer zu übertragen oder diesem Rechte hieraus abzutreten sein, oder es können dem Käufer bestimmte Pflichten aus dem Lizenzvertrag aufzuerlegen sein.

67

aaa) Teilung

Soweit eine Aufteilung von Lizenzen zulässig und gewünscht ist, erfolgt diese durch **Teilübertragung** der dem Verkäufer zustehenden Nutzungsbefugnisse auf den Käufer. Hierbei ist der Umfang des übertragenen Lizenzteils deutlich zu beschreiben und von den beim Verkäufer verbleibenden Befugnissen klar abzugrenzen.

68

bbb) Sublizenzierung

Bei der Sublizenzierung verbleibt die Lizenz beim Verkäufer, an den Käufer werden lediglich bestimmte **Befugnisse** aus der Lizenz **ausgegliedert**. Angesichts der je nach Lizenz individuellen Rahmenbedingungen für die Sublizenzierung

69

---

[80] Dies gilt für alle denkbaren Beschränkungen einer Lizenz, vgl. Fezer/*Fezer* MarkenG § 30 Rn. 24 f.
[81] BGH X ZR 4/71, NJW 1974, 1197 – Anlagengeschäft; hierzu für die Patentlizenz Benkard/*Ullmann* PatG § 15 Rn. 103, 105 und für die Markenlizenz *Ingerl/Rohnke* MarkenG § 30 Rn. 49.
[82] §§ 31 Abs. 3 S. 1, 34 Abs. 1 S. 1, 35 Abs. 1 S. 1 UrhG.
[83] Dreier/Schulze/*Schulze* UrhG § 31 Rn. 55. Es dürften hier jedoch schuldrechtliche Berechtigungen in Betracht kommen.

scheidet im Rahmen der Carve-out-Transaktion im Regelfall eine einheitliche Sublizenzierung sämtlicher einlizenzierter Rechte durch den Verkäufer an den Käufer aus. Je nach Umfang der zu erteilenden Sublizenzen sind vielmehr eine Vielzahl spezifisch zugeschnittener Lizenzen zu vergeben. Dies führt bei einer exklusiven Lizenz zu folgender Formulierung:

> Seller hereby grants to Purchaser for the territories of Germany, Austria and Switzerland an exclusive, irrevocable, perpetual, transferable, sub-licensable, fully paid up and royalty free license in the Intellectual Property listed on Exhibit ∎ to conduct business equivalent or similar to the Carve-out-Business as conducted by Seller as of the Closing Date.

70   Die entsprechende Klausel für eine nicht-exklusiven Lizenz könnte wie folgt ausgestaltet werden:

> Seller hereby grants to Purchaser a non-exclusive, irrevocable, perpetual, worldwide, transferable, sub-licensable to Affiliates of Purchaser, fully paid up and royalty free license to use the Intellectual Property listed on Exhibit ∎.

d) Rücklizenzierung

71   Die bisherige Darstellung geht davon aus, das solche Rechte des geistigen Eigentums, die sowohl im Carve-out-Business als auch vom beim Verkäufer verbleibenden Unternehmensteilen genutzt werden, vom Verkäufer zurückbehalten und sodann gegebenenfalls dem Käufer zur Verfügung gestellt werden. Denkbar ist aber auch, dass derartige Vermögensgegenstände im Grundsatz dem Käufer zugeordnet werden sollen. Sie sind dann zunächst an diesen zu übertragen. Sofern dem Käufer Rechte des geistigen Eigentums oder Lizenzen übertragen werden, dem Verkäufer aber deren Nutzung vorbehalten bleiben soll, kann dies über eine **Rücklizenz** erreicht werden. Für den Käufer ist vor allem von Bedeutung, dass er hierbei selbstverständlich keine Garantie für den Bestand des Rechts und seine Inhaberschaft übernehmen sollte, da das Recht allein der Sphäre des Verkäufers entstammt.

> Subject to the condition precedent *(aufschiebende Bedingungen)* of the valid assignment of the rights by Seller to Purchaser under section ∎, Purchaser hereby grants to Seller for the territory of Germany a non-exclusive, irrevocable, perpetual, unlimited in terms of use, transferable, sub-licensable, fully paid up and royalty free license in the Intellectual Property listed on Exhibit ∎.

2. Geistiges Eigentum und IT-Aspekte im Rahmen von Asset Deals

e) Besondere Verkäufergarantien

Im Rahmen von Unternehmenskaufverträgen wird regelmäßig das gesetzliche Gewährleistungsrecht abbedungen und durch spezifische Garantien des Verkäufers ersetzt.[84] Hierbei stellt es eine der grundlegenden wirtschaftlichen Weichenstellungen in der Carve-out-Transaktion dar, ob und in welchem Umfang vom Verkäufer **Garantien** für die **Fortführungfähigkeit** des Carve-out-Business abgegeben werden (→ Teil II Rn. 40). Für **Rechte des geistigen Eigentums** lässt sich eine umfassende Absicherung aus Käufersicht durch zwei sich ergänzende Komponenten erreichen. Hierzu gehört zunächst die Zusicherung, dass das an den Käufer übertragene Carve-out-Business (positiv) sämtliche Rechte des geistigen Eigentums (*Sold IP*) umfasst, die für den Betrieb des Carve-out-Business erforderlich sind. Sofern der Verkäufer bestimmte Rechte des geistigen Eigentums lediglich entweder dauerhaft oder als Teil des *Transitional Services Agreement* vorübergehend lizenziert, wird er dies in der abzugebenden Garantie klarstellen wollen. Die Regelungen zur Übertragung und Lizenzierung von Rechten des geistigen Eigentums können dabei über den eigentlichen Unternehmenskaufvertrag und Begleitdokumente verteilt sein. Eine Garantie für die Vollständigkeit ist daher in jedem Fall individuell auszugestalten und hat die genannten Elemente miteinander zu verklammern. Ferner kann der Verkäufer Vorbehalte im Hinblick auf solche Rechte des geistigen Eigentums aufnehmen, die weder übertragen noch lizenziert werden. Insoweit kommt folgende Garantie in Betracht:

72

> [Except as provided in Exhibit ■,] [to the knowledge of Seller,] the Sold IP [together with the rights and licenses provided or granted under the Transitional Services Agreement] comprise all the Intellectual Property necessary for the management and the carrying on of the Carve-Out-Business as of the Closing Date [in the manner in, and to the extent to, which it is presently conducted].

Das Interesse des Käufers geht dahin, mit dem Carve-out-Business ein Unternehmen zu erwerben, dessen **Fortführung** (negativ) ohne **Rechtsverletzung** erfolgen kann. Einen zweiten Baustein für den Bereich des geistigen Eigentums stellen daher spezifische *Non-Infringement*-Klauseln dar. Eine solche Garantie kommt aus der Sicht des Verkäufers nur dann in Betracht, wenn er die dem Carve-out-Business zugehörigen Vermögensgegenstände im Wesentlichen vollständig überträgt. Gegebenenfalls sollte die Regelung im Interesse des Verkäufers spezifische **Ausnahmen** dort vorsehen, wo entweder entsprechende Rechte nicht übertragen oder (sub-)lizenziert werden oder bereits Rechtsverletzungen bekannt sind oder als möglich erscheinen:

73

---

[84] Hölters/*Semler*, Teil VII Rn. 237; Hettler/Stratz/Hörtnagl/*Lips* § 3 Rn. 188.

> Except as provided in Exhibit ■, the Carve-out-Business as conducted by Seller as of the Closing Date does not infringe upon or violate any Intellectual Property of third parties.

3. Rechtliche Besonderheiten bei *Share Deals*

74   Beim **Share Deal** werden dem Käufer nicht die einzelnen dem Carve-out-Business zugehörigen Vermögensgegenstände, sondern **Anteile** an einer Zielgesellschaft (*Target Company*) übertragen, in der die Vermögensgegenstände des Carve-out-Business grundsätzlich bereits gebündelt sind.

a) Zuordnung von Vermögensgegenständen

75   Im Rahmen von Carve-out-Transaktionen ist es in aller Regel auch beim Verkauf rechtlich verselbständigter Konzernteile im Wege des *Share Deal* mit der reinen Anteilsübertragung nicht getan Aufgrund der Herauslösung des rechtlich verselbständigten Carve-out-Business aus dem Verkäuferkonzern stellen sich vielmehr eine Reihe typischer Trennungsprobleme (*Separation Issues*) (→ Teil II Rn. 80 ff.).

76   Im Zusammenhang mit Rechten des geistigen Eigentums und der IT betrifft dies insbesondere die richtige **Zuordnung** der entsprechenden geistigen Schutzrechte zum Verkäuferkonzern bzw. zur Zielgesellschaft (*Target Company*). So kann die Zielgesellschaft einerseits geistige Schutzrechte umfassen, die nicht (überwiegend) dem Carve-out-Business zugehörig sind und daher vorab an Verkäufergesellschaften zu übertragen bzw. zu lizenzieren sind. Auf der anderen Seite sind häufig andere Konzerngesellschaften Inhaberinnen von geistigen Schutzrechten, die dem Carve-out-Business zuzuordnen sind oder von diesem benötigt werden. Insbesondere werden in größeren Konzernen Rechte des geistigen Eigentums häufig zentral für sämtliche Konzerngesellschaften und Geschäftsbereiche in speziellen IP-Gesellschaften vorgehalten. Entsprechend sind daher im Zuge der Carve-out-Transaktion Rechte des geistigen Eigentums an die Zielgesellschaft zu übertragen bzw. zu lizenzieren oder zwischen Käufer und Verkäufer aufzuteilen. Die erforderlichen Verfügungen folgen dabei den bereits bei der Beschreibung des *Asset Deals* dargestellten Grundsätzen (für die Übertragung → Rn. 27 ff., für die Lizenzierung → Rn. 52 ff. und für die Aufteilung → Rn. 46 ff.). Sofern von den beim Verkäufer verbleibenden Konzerngesellschaften nach dem Vollzug der Transaktion (*Closing*) übergangsweise Leistungen an die Zielgesellschaft (*Target Company*) erbracht oder Lizenzen bereitgestellt werden sollen, ist dies üblicherweise Gegenstand eines *Transitional Services Agreement* (→ Teil VII).

b) Urheberrechtliche Lizenzen

Eine Besonderheit gegenüber Lizenzen an anderen Rechten des geistigen Eigentums weisen **urheberrechtliche Nutzungsrechte** auf. Soweit die im Rahmen eines *Share Deal* übertragende Zielgesellschaft (*Target Company*) Urheberrechtslizenzen beinhaltet, steht dem entsprechenden Urheber bei der Anteilsübertragung (*Change of Control*) das Recht zum Rückruf des Nutzungsrechts zu, wenn ihm die Ausübung des Nutzungsrechts durch den Käufer nach Treu und Glauben nicht zuzumuten ist, § 34 Abs. 3 S. 3 UrhG. Die Unzumutbarkeit kann sich sowohl aus persönlichkeitsrechtlichen als auch aus anderen Gründen ergeben, etwa wenn sich die Ausrichtung des Unternehmens durch den Inhaberwechsel grundlegend verändert (beispielsweise ein rechtsextrem eingestellter Verleger eine linke Tageszeitung oder einen Lyrikverlag erwirbt), oder wenn eine Verschlechterung der Umstände der weiteren Verwertung zu befürchten ist.[85] Ob der Carve-out daher urheberrechtliche Rückrufrechte auslöst, hängt daher insbesondere von den beteiligten Unternehmen und der spezifischen Situation der betroffenen Urheber ab. Vor diesem Hintergrund sollte der Käufer im Rahmen seiner **Due Diligence** die Lizenzvereinbarungen mit den Urhebern daraufhin überprüfen, ob die Urheber hierin möglicherweise bereits vorab ihre Zustimmung zur Übertragung erteilt haben.[86]

77

---

[85] Wandtke/Bullinger/*Wandtke*/*Grunert* UrhG § 34 UrhG Rn. 25.
[86] Zur Erteilung der Zustimmung in Dienst- und Arbeitsverhältnissen → Rn. 30.

Teil V:
Steuerliche Schwerpunkte

Literatur:
Adrian, Die neue Konzernklausel des § 8c Absatz 1 Satz 5 KStG, Ubg 2015, 288–292; *Behrens*, Konzerninterne Veräußerung der Organbeteiligung kein wichtiger Grund i. S. v. § 14 Abs. 1 Nr. 3 S. 2 KStG?, BB 2012, 2787–2791; *ders.*, Neue RETT-Blocker-Vermeidungsvorschrift in § 1 Abs. 3a GrEStG durch AmtshilfeRLUmsG – Rechtliche Anteilsvereinigung aufgrund „Innehabens" von (ggf. durchgerechnet) mindestens 95 % an grundbesitzender Gesellschaft, DStR 2013, 1405–1412; *Beutel*, Die Spaltung von Kapitalgesellschaften nach dem neuen Umwandlungssteuer-Erlass, SteuK 2012, 1–5; *Bisle*, Steuerklauseln in Unternehmenskaufverträgen, SteuK 2013, 204–207; *Blaas/Sombeck*, Ausgewählte Zweifelsfragen der Sperrfristregelungen des § 6 Abs. 5 Sätze 4 und 6 EStG unter Berücksichtigung des neuen BMF-Schreibens, DStR 2012, 2569–2575; *Brinkmann*, Die Stille-Reserven-Klausel des § 8c KStG, Ubg 2011, 94–101; *Bröder*, Die Haftung im Organkreis nach § 73 AO, SteuerStud 2008, 164–168; *Brodersen/Euchner/Friedl et al.*, Beck'sches Handbuch Umwandlungen International, 1. Auflage 2013; *Burwitz*, Neuere Entwicklungen im Steuerrecht – Grunderwerbsteuer, NZG 2014, 95–97; *Dörr/Motz*, Aussetzung der Vollziehung bei Versagung des Sanierungsprivilegs, NWB 2011, 3180–3189; *Drüen*, Die Sanierungsklausel des § 8c KStG als europarechtswidrige Beihilfe – Anmerkungen zur Beihilfentscheidung der EU-Kommission vom 26.1.2011, DStR 2011, 289–294; *Ebel*, Anteilsbesitz und -handel gem. § 8b Abs. 7 KStG, FR 2014, 500–508; *Eilers/Beutel*, Seminar G: Steuerfreistellungen und -gewährleistungen in M&A-Transaktionen, IStR 2010, 564–566; *Eilers/Schwahn*, Strukturüberlegungen zu Secondary Buy-outs, DB 2011, 837–844; *Flues*, Umsatzsteuerklauseln bei Grundstückskaufverträgen – einschließlich der Rechtslage bei Erbbaurechten, RNotZ 2012, 528–555; *Frotscher/Geurts*, Kommentar zum Einkommensteuergesetz, Loseblatt, Stand: 189. EL Oktober 2015; *Fuhrmann*, Rechtsprechungsbrechende Gesetzgebung zur steuerlichen Behandlung von Verpflichtungsübernahmen durch das AIFM-StAnpG, DB 2014, 9–16; *Gehm*, Bußgeldbewehrung der Meldepflicht nach § 138 Abs. 2 AO – Steuergefährdung nach § 379 Abs. 2 Nr. 1 i. V. mit § 138 Abs. 2 AO bei Auslandsengagements, NWB 2012, 1072–1080; *Gottwald*, Aktuelle Entwicklungen des Grunderwerbsteuerrechts 2013/2014, MittBayNot 2015, 1–14; *Götz*, Grunderwerbsteuerliche Anzeigepflichten im Falle einer mittelbaren Anteilsvereinigung nach § 1 Abs. 3 GrEStG, GmbHR 2005, 352–354; *Hageböke/Stangl*, Zur Konzernfreiheit von assoziierten Unternehmen im Rahmen der Zinsschranke, DB 2008, 200–202; *Happe*, Die steuerliche (Teilwert-)Abschreibung auf Anteile im Betriebsvermögen, SteuK 2012, 347–351; *Heilmeier/Modrzejewski/Strahl*, Verlustabzug bei Körperschaften aus der Sicht der Finanzverwaltung – Stellungnahme zum Entwurf des neuen BMF-Schreibens zu § 8c KStG, SteuerStud Beilage 2/2014, 17–27; *Herzberg*, Die Mindestvertragslaufzeit i. S. d. § 14 I 1 Nr. 3 S. 1 KStG, GmbHR 2014, 85–89; *Herzig/Vera*, Einsatz externer Steuerberatung in Großunternehmen – Eine theoretische und empirische Analyse, DStR 2001, 675–684; *Heurung/Engel/Müller-Thomczik*, Der „wichtige Grund" zur Beendigung des Gewinnabführungsvertrags, GmbHR 2012, 1227–1234; *Hörster*, Entwurf eines Gesetzes zur Umsetzung der Protokollerklärung zum Zollkodex-Anpassungsgesetz, NWB 2015, 1052–1065; *Huth/Wittenstein*, Bedeutung der § 4f und § 5 Absatz 7 EStG für ausgewählte Übertragungsvorgänge von Pensionsverpflichtungen, Teil I: Einzelrechtsnachfolge und wirtschaftliche Verpflichtungsübernahme, DStR 2015, 1088–1093; *Jacobs/Endres/Spengel*, Internationale Unternehmensbesteuerung, 7. Auflage 2011; *Jehke/Kutt*, Steuerliche Fallen bei Folge-Umstrukturierungen innerhalb der 7-jährigen Sperrfrist gem. § 22 UmwStG, BB 2010, 474–481; *Kosner/Kaiser*, Zweifelsfragen und Praxiserfahrungen im Zusammenhang mit dem Abzugsverbot für Gewinnminderungen

3. Rechtliche Besonderheiten bei Share Deals

i. S. des § 8b Abs. 3 Satz 4 ff. KStG, DStR 2012, 925–930; *Lange*, Der steuerlich wichtige Kündigungsgrund bei der ertragsteuerlichen Organschaft, GmbHR 2011, 806–813; *Leibner/Pump*, Die Vorschriften des § 75 AO und § 25 HGB – Wege zur zivilrechtlichen und steuerlichen Haftungsvermeidung, DStR 2002, 1689–1694; *Ley*, Ergänzungsbilanzen beim Erwerb von Personengesellschaftsanteilen, bei Einbringungen nach § 24 UmwStG und bei Übertragungen nach § 6 Abs. 5 Satz 3 EStG, KÖSDI 2001, 12982–12996; *Lüdicke*, Der Verlust im Steuerrecht, DStZ 2010, 434–440; *Mayer*, Asset Deal wegen § 73 AO? – Reichweite der Haftung bei Unternehmenskäufen, DStR 2011, 109–112; *Mehl/Tetzlaff*, Ausweitung der Haftung nach § 74 AO, NWB 2012, 2391–2396; *Meiisel/Walzer*, Geschäftsveräußerung im Ganzen bei Übertragung eines (Teil-)Betriebs auf mehrere Erwerber, DB 2014, 83–85; *Meyer-Burow/Connemann*, Die vorsorgliche Option bei angenommener Geschäftsveräußerung im Ganzen, UStB 2012, 362–366; *Meyer/Ball*, Übertragung von Immobilien im Steuerrecht, 2. Auflage 2013; *Neumann*, Spaltung von Kapitalgesellschaften nach dem UmwSt-Erlass 2011, GmbHR 2012, 141–149; *Neyer*, Anteilsübertragung im Konzern: Verlustverschonung vor Einführung der Konzernklausel, FR 2012, 858–862; *Ortmann-Babel/Zipfel*, Praxisfälle zur neuen Konzernklausel in § 8c KStG, SteuK 2010, 109–114; *Preißer/Preißer*, Negativer Geschäftswert beim Asset Deal – Handelsrechtliche Überlegungen unter Einbeziehung der Steuersituation der Beteiligten, DStR 2011, 133–138; *Pung*, Ausgewählte Einzelfragen zur Anwendung des § 8b KStG, Ubg 2008, 254–260; *Pyszka*, Umsatzsteuer bei Umwandlungen, DStR 2011, 545–551; *Ritzer/Stangl*, Highlights aus dem Entwurf des neuen BMF-Schreibens zu § 8c KStG, DStR 2014, 977–986; *Rödder/von Freeden*, Stille Reserven für Zwecke des § 8c KStG bei unmittelbarem und zugleich mittelbarem (mehrstufigen) Beteiligungserwerb, Ubg 2010, 551–555; *Rogall/Gerner*, Zur Übertragung und Überführung von einzelnen Wirtschaftsgütern nach § 6 Abs. 5 EStG – Anmerkungen zum BMF-Schreiben vom 8.12.2011, Ubg 2012, 81–90; *Rogge*, Wegfall des gewerbesteuerlichen Verlustvortrags wegen fehlender Unternehmensidentität – Eine Übersicht ausgewählter Rechtsprechung, DB 2015, 1182–1189; *Roser*, Neutralitätsgebot bei Anschaffungsgewinnen – Systematische Folgerungen für Anschaffungsfiktionen, DStR 2015, 724–734; *Schaefer/Wind/Mager*, Beendigung und Begründung von Organschaften beim Unternehmenskauf, DStR 2013, 2399–2406; *Scheifele/Marx*, Die zeitlichen Anforderungen an den Gewinnabführungsvertrag und seine Durchführung, DStR 2014, 1793–1803; *Scheunemann/Frhr. von Mandelsloh/Preuß*, Negativer Kaufpreis beim Unternehmenskauf, DB 2011, 201–205; *Schießl*, Neues vom BFH zur Geschäftsveräußerung im Ganzen (§ 1 Abs. 1a UStG), MwStR 2013, 183–189; *Schindler*, Die Neuregelung der steuerbilanziellen Behandlung erworbener stiller Lasten, GmbHR 2014, 786–792; *Schmitt*, Auf- und Abspaltung von Kapitalgesellschaften – Anmerkungen zum Entwurf des Umwandlungssteuererlasses, DStR 2011, 1108–1113; *Schönborn*, Umsatzsteuerliche Risiken aus der Veräußerung von Immobilien, DStR 1999, 437–441; *Schreiber/Syré*, Gewinnminderungen im Zusammenhang mit „Up-stream"-Darlehen, DStR 2011, 1254–1258; *Schulze zur Wiesche*, Neue Rechtsprechung zur Einbringung von Einzelwirtschaftsgütern und zur Übertragung von Mitunternehmeranteilen, DStR 2012, 2414–2419; *Schumacher/Neumann*, Ausgewählte Zweifelsfragen zur Auf- und Abspaltung von Kapitalgesellschaften und Einbringung von Unternehmensteilen in Kapitalgesellschaften, DStR 2008, 325–334; *Schütz*, Die teilentgeltliche Übertragung von Wirtschaftsgütern des Betriebsvermögens unter Beteiligung von Mitunternehmerschaften im Meinungsstreit zwischen Finanzverwaltung und BFH, SteuK 2014, 419–422; *Sinewe*, Unternehmenskauf in der Steuerpraxis, 2015; *Stahl*, Beratungspraktische Hinweise zur Spaltung von Kapitalgesellschaften nach dem neuen UmwSt-Erlass, KÖSDI 2012, 17815–17821; *Stahl/Fuhrmann*, Entwicklungen im Steuerrecht der Organschaft – Begründung, Durchführung und Beendigung der Organschaft, NZG 2003, 250–258; *Stangl/Brühl*, Aktuelle Entwicklungen zur Beendigung von Gewinnabführungsverträgen aus wichtigem Grund, Ubg 2012, 657–661; *Sterzinger*, Keine Geschäftsveräußerung im Ganzen beim Verkauf einzelner Unternehmensteile durch mehrere Veräußerer an verschiedene Erwerber, SteuK 2015, 307; *Strahl*, Einbringung in Personengesellschaften, Ubg 2011, 433–441; *Thieme*, Die Änderungen der Anzeigepflicht nach § 138 Abs. 2 und 3 AO bei Auslandsaktivitäten ab 1.1.2002, DStR 2002, 570–573; *Tieman/Dörner*, Kaufpreisaufteilung nach IFRS 3 und deutschem Steuerrecht, IRZ 2006, 161–168; *von Braunschweig*, Variable Kaufpreisklauseln in Unternehmenskaufverträgen, DB 2002, 1815–1818; *Wagner*, § 8c KStG:

Verschonungsregelung bei stillen Reserven, DB 2010, 2751–2757; *Wagner/Lieber*, Änderungen bei der GrESt: Vermeidung von RETT-Blockern und Erweiterung von § 6a GrEStG, DB 2013, 1387–1390; *Walter*, Aktuelle Rechtsprechung zur Organschaft, GmbHR 2012, 670 f.; *Weber/Schimmele*, Haftung bei Organschaft – Offene Fragen zu § 73 AO, BB 2013, 2263–2268; *Wiese/Gradl*, Die neuen Haftungstatbestände § 13c und § 13d UStG, DB 2004, 844–846; *Winhard*, Behandlung ausländischer Forderungsverluste – Praxisprobleme des § 8b Abs. 3 S. 4 bis 8 KStG i. d. F. des JStG 2008, FR 2010, 686–693; *Wüst*, Die Lösung zur vorsorglichen Option bei angenommener Geschäftsveräußerung im Ganzen, MwStR 2013, 661–663; *Wüst*, Die Übertragung von Gesellschaftsanteilen als nichtsteuerbare Geschäftsveräußerung nach dem EuGH-Urteil vom 30.5.2013, C-651/11, X BV, MwStR 2013, 361–366; *Zugmaier*, Der Share Deal in der Umsatzsteuer, DStR 2009, 882–888; *Zugmaier/Fietz*, Neue Anforderungen an Umsatzsteuerklauseln in Grundstückskaufverträgen – Handlungsbedarf aufgrund gleichlautender OFD-Verfügungen zur vorsorglichen Option, MittBayNot 2013, 427–428; *dies.*, Vorsorgliche Option im Immobilienkaufvertrag – BMF-Schreiben vom 23.10.2013 macht Änderung der Umsatzsteuerklauseln notwendig, NWB 2013, 3746–3748.

1. Grundsätzliche steuerliche Überlegungen zu Carve-out-Transaktionen

1   Für Carve-out-Transaktionen kommen **verschiedene Transaktionsstrukturen** in Betracht (→ Teil II Rn. 3 ff.). Aus zivilrechtlicher Sicht ist hierbei zwischen dem Verkauf rechtlich unselbständiger Geschäftsbereiche (*Asset Deal*) und rechtlich selbständiger Geschäftsbereiche (*Share Deal*) zu differenzieren. Aus steuerlicher Sicht ist hingegen eine von dieser zivilrechtlichen Betrachtung teilweise abweichende Unterteilung vorzunehmen. So umfasst der *Asset Deal* aus ertragsteuerlicher Sicht nicht nur den Kauf/Verkauf von Wirtschaftsgütern bzw. Sachgesamtheiten, sondern im Ergebnis auch den Kauf/Verkauf von Personengesellschaftsanteilen, und nur der Kauf/Verkauf von Kapitalgesellschaftsanteilen wird hier als *Share Deal* klassifiziert.[1] Um vorliegend jedoch einen Gleichlauf mit der zivilrechtlichen Darstellung herzustellen, werden die steuerlichen Implikationen aus dem Verkauf und Kauf eines Anteils an einer Personengesellschaft entsprechend ihrer zivilrechtlichen Klassifizierung unter der Rubrik *Share Deal* dargestellt (→ Rn. 68).

2   Für die Behandlung von Carve-out-Transaktionen, die in ökonomischer Sicht „Teil-Unternehmenskäufe/-verkäufe" darstellen, existiert – wie auch bei „normalen" Unternehmenskäufen – kein steuerliches Spezialregime. Für beide Transaktionsformen kommen daher die gleichen steuerlichen Regelungen, wie z. B. Veräußerungstatbestände, zur Anwendung.[2] Entsprechendes gilt für die **unterschiedlichen steuerlichen Interessen des Käufer und des Verkäufers**, die sich

---

[1] *Holzapfel/Pöllath* Rn. 235; *Rödder/Hötzel/Müller-Thuns* § 22 Rn. 1.
[2] Hinsichtlich der grundsätzlichen steuerlichen Auswirkungen wird auf die M&A-relevante Steuerliteratur verwiesen, vgl. z. B. *Sinewe*; *Hölters/Gröger* Teil IV; *Rödder/Hötzel/Müller-Thuns*; *Schaumburg*.

1. Grundsätzliche steuerliche Überlegungen zu Carve-out-Transaktionen

diametral gegenüber stehen können.[3] So wird der Verkäufer regelmäßig auf eine Minimierung seiner Steuerbelastung bedacht sein, wohingegen dem Käufer u. a. daran gelegen sein wird, über die Zahlung des Kaufpreises (zusätzliches) steuerliches Abschreibungsvolumen zu generieren.

Die Veräußerung von Wirtschaftsgütern im Wege der Einzelrechtsnachfolge (***Asset Deal***) führt zur Aufdeckung von stillen Reserven bzw. stillen Lasten und damit grundsätzlich zu einem Veräußerungsgewinn oder -verlust. Für den Verkäufer existiert hier, jedenfalls im Falle des Vorhandenseins von ausreichenden stillen Reserven, grundsätzlich keine ertragsteuerliche Privilegierung, so dass Gewinne aus der Veräußerung der vollen Ertragsteuerbelastung unterliegen (→ Rn. 12 ff.).[4] Ein *Asset Deal* ist daher für ihn in der Regel weniger vorteilhaft als für den Käufer, der seine Anschaffungskosten (Kaufpreis) in Form von künftigen steuermindernden Abschreibungen geltend machen kann. Dies setzt natürlich voraus, dass es sich bei den erworbenen Wirtschaftsgütern auch um abschreibungsfähiges Anlage- oder Umlaufvermögen handelt. Im Falle der Veräußerung eines verlustbehafteten Carve-out-Business hingegen wird der Verkäufer den Verlust ertragsteuerlich geltend machen wollen (und insoweit einen steuerlichen *Asset Deal* präferieren), was für den Käufer jedoch zum Teil negative steuerliche Umkehreffekte auslösen kann (z. B. auf Grund der Abstockung der erworbenen Wirtschaftsgüter und der hieraus resultierenden Folgeeffekte).

3

Umgekehrt stellt sich hingegen die steuerliche Situation im Rahmen des Carve-out eines rechtlich selbständigen Geschäftsbereichs dar, der in Form einer Kapitalgesellschaft betrieben wird (***Share Deal***). Ein auf die Minimierung seiner Steuerbelastung bedachter Verkäufer in der Rechtsform einer Kapitalgesellschaft erzielt hierbei einen steuerbefreiten Veräußerungsgewinn aus dem Verkauf von Anteilen an Kapitalgesellschaften gem. § 8b Abs. 2 KStG. Dem Käufer von Kapitalgesellschaftsanteilen hingegen ist es in der Regel nicht möglich, über die Zahlung des Kaufpreises (zusätzliches) steuerliches Abschreibungsvolumen zu generieren. Für ihn wäre steuerlich insoweit ein *Asset Deal* von Vorteil.

4

Anders als bei den Ertragsteuern sollten hingegen bei den **indirekten Steuern** die steuerlichen Folgen einer Carve-out-Transaktion entweder neutral sein (Umsatzsteuer) oder zumindest nur einfach anfallen (Grunderwerbsteuer).

5

Die **grundsätzlichen steuerlichen Folgen** eines *Asset* bzw. *Share Deal* können – bevor die steuerlichen Besonderheiten von Carve-out-Transaktionen aufgezeigt werden – der zivilrechtlichen Klassifizierung folgend tabellarisch wie folgt gegenübergestellt werden:[5]

6

---

[3] Vgl. hierzu im Einzelnen Beck'sches Mdt.Hdb. DD/*Schmidt* § 26 Rn. 6 ff.; *Holzapfel/Pöllath* Rn. 235 ff. mwN.

[4] Entsprechendes gilt für den aus ertragsteuerlicher Sicht als *Asset Deal* zu klassifizierenden Verkauf eines Personengesellschaftsanteils durch eine Kapitalgesellschaft.

[5] Zu den steuerlichen Auswirkungen im Detail → Rn. 12 ff. (*Asset Deal*) und Rn. 68 ff. (*Share Deal*).

Teil V: Steuerliche Schwerpunkte

	Asset Deal	Share Deal
Gegenstand	Verkauf einzelner Vermögensgegenstände, Verbindlichkeiten und Verträge	Verkauf von Anteilen an Personen- oder Kapitalgesellschaften
Ertragsteuerliche Aspekte beim Verkäufer	In der Regel volle Ertragsteuerpflicht	Anteil an Kapitalgesellschaft: Veräußerungsgewinn zu 95 % körperschaftsteuer- und gewerbesteuerfrei; Verluste nicht abziehbar
		Anteil an Personengesellschaft: Behandlung des Verkaufs wie beim *Asset Deal* (volle Steuerpflicht)
Ertragsteuerliche bzw. bilanzielle Aspekte beim Käufer	Aktivierung und planmäßige Abschreibung der erworbenen einzelnen Wirtschaftsgüter (§ 7 EStG)	Anteil an Kapitalgesellschaft: keine planmäßige Abschreibung auf Beteiligung möglich
		Anteil an Personengesellschaft: Beteiligungsbuchwert des Anteils entspricht dem steuerlichen Eigenkapital der Gesellschaft (Spiegelbildmethode)
Umsatzsteuerliche Aspekte	Unterliegt nicht der Umsatzsteuer, wenn eine Geschäftsveräußerung im Ganzen vorliegt	Anteilsveräußerungen sind umsatzsteuerbar aber umsatzsteuerfrei
Grunderwerbsteuerliche Aspekte	Je nach Bundesland 3 % bis 6,5 % des Grundstückskaufpreises	Fällt in der Regel beim Verkauf von 95 % und mehr der Anteile an; Bemessungsgrundlage ist der Steuerwert (Grundbesitzwert) des Grundvermögens
Haftung für Steuerschulden	Begrenzte Haftung für betriebliche Steuerschulden des Verkäufers (§ 75 AO)	Steuerrisiken des Target werden vom Verkäufer mit erworben

7   Neben dem Ziel der Steueroptimierung sind gerade bei komplexen Carve-out-Transaktionen auch **weitergehende Gestaltungsüberlegungen**, die im Vorfeld eines Verkaufs anzustellen sind, mit einzubeziehen. So wird man vor der Umsetzung eines Carve-out regelmäßig eine Ausgangssituation vorfinden, in der sich der zu verkaufende Geschäftsbereich über mehrere rechtliche Einheiten und ggf. auch über mehrere Jurisdiktionen erstreckt. Hier bietet sich – vor der Veräußerung – zunächst eine konzerninterne Bündelung bzw. Übertragung von einzelnen Wirtschaftsgütern, Teilbereichen oder ganzen rechtlichen Einheiten einschließlich Personal an. Bereits dieser Schritt kann erhebliche steuerliche Konsequenzen nach sich ziehen, da entsprechende Maßnahmen nicht immer steuerneutral möglich

1. Grundsätzliche steuerliche Überlegungen zu Carve-out-Transaktionen

sind. Ein besonderes Augenmerk wird daher gerade bei einem *Asset Deal* darauf gerichtet sein, den zu verkaufenden Geschäftsbereich von den zurückbleibenden Unternehmensteilen steueroptimal zu separieren (→ Rn. 135 ff.). In der Praxis ist hier häufig die steuerneutrale Einbringung eines Teilbetriebs in eine (neu zu gründende) Tochterkapitalgesellschaft nach § 20 UmwStG anzutreffen, was zivilrechtlich u. a. im Wege der Ausgliederung nach dem Umwandlungsgesetz erfolgen kann. Vergleichbare steuerneutrale Möglichkeiten der Umstrukturierungen sind auch in anderen Jurisdiktionen anzutreffen.[6]

Im **Zusammenspiel mit einer späteren Veräußerung** ist bei den anzustellenden Gestaltungsüberlegungen eine ganzheitliche Sicht notwendig, da Wechselwirkungen sowohl zwischen den einzelnen Steuerarten als auch im Hinblick auf Veräußerungssperrfristen nach einer steuerneutralen Separierung des Carve-out-Business bestehen. In Fortführung des voranstehenden Beispiels werden im zweiten Schritt im Fall des Verkaufs der Anteile der Tochtergesellschaft (*Share Deal*) innerhalb von sieben Jahren nach der Einbringung die stillen Reserven für jedes noch nicht abgelaufene Zeitjahr *pro rata temporis* rückwirkend aufgedeckt (§ 22 Abs. 1 UmwStG). Im Ergebnis erhöhen sich insoweit gemäß § 23 Abs. 2 UmwStG die Buchwerte innerhalb der Steuerbilanz der Tochtergesellschaft mit der Folge, dass sowohl für den Verkäufer als auch für den Käufer die steuerlichen Folgen eines *Asset Deal* eintreten. 8

In die Steueroptimierungsüberlegungen sind darüber hinaus auch weitere Aspekte mit einzubeziehen, wie z. B. die „steuerneutrale" Beendigung evtl. bestehender Organschaftsverhältnisse zum Target, die Vermeidung evtl. bestehender umsatzsteuerlicher oder grunderwerbsteuerlicher Belastungen oder die Reduktion von Risiken aus steuerlichen Gewährleistungen. Dabei ist, wie bei allen steuerlichen Gestaltungsüberlegungen, stets zwischen den Sphären und Interessenslagen der ausgliedernden Gesellschaft bzw. des Verkäufers einerseits und denen des Carve-out-Business bzw. des Käufers andererseits zu differenzieren. 9

Aus deutscher steuerlicher Sicht bieten Carve-out-Transaktionen grundsätzlich eine Vielzahl an vorteilhaften Gestaltungsoptionen wie auch an Fallstricken. Neben den Ertragsteuern (Körperschaft- bzw. Einkommensteuer und Gewerbesteuer) sind hierbei insbesondere die Umsatzsteuer und, sofern Grundstücke betroffen sind, die Grunderwerbsteuer relevant. Gerade im Zusammenspiel mit der Vielzahl von Regelungen zur steuerneutralen Umstrukturierung innerhalb einer Unternehmensgruppe sowie den damit verbundenen teilweise langen Haltefristen sind sowohl aus steuerplanerischer Sicht als auch für die Steuererklärung profunde Kenntnisse der steuerlichen Historie des Carve-out-Business unabdingbar. Abhängig von der Dokumentationslage und Komplexität hat sich für die Vorbereitung von Carve-out-Transaktionen in der Praxis die **frühzeitige Erstellung eines *Tax Fact Book*** bewährt, in dem sämtliche relevanten steuerlichen Daten und Verhältnisse dargestellt 10

---

[6] Vgl. hierzu *Brodersen/Euchner/Friedl* et al. 5. Teil.

werden und das die spätere Verkaufstransaktion – einschließlich der Strukturierung derselben – erheblich erleichtert.

11 Bei **internationalen Carve-out-Transaktionen**, also bei denjenigen Transaktionen, die sich über mehrere Jurisdiktionen erstrecken, erhöht sich die steuerliche Komplexität beträchtlich, da steuerlicher Anknüpfungspunkt jedes betroffenen Fiskus nunmehr die jeweilige Landesgesellschaft oder Betriebsstätte ist. Zugleich können sich den Beteiligten hierdurch aber auch Gestaltungsoptionen eröffnen, die bei rein innerdeutschen Carve-out-Transaktionen nicht in Betracht kommen. Die Darstellung auch der steuerlichen Konsequenzen von internationalen Carve-out-Transaktionen würde den vorliegenden Rahmen jedoch sprengen, so dass insoweit auf die einschlägige steuerrechtliche Literatur verwiesen werden muss.[7] Die nachfolgenden Ausführungen beschränken sich auf die steuerlichen Konsequenzen von Carve-out-Transaktionen, bei denen es sich bei sämtlichen Beteiligten um in Deutschland unbeschränkt Steuerpflichtige handelt.[8]

2. Verkauf eines rechtlich nicht selbständigen Geschäftsbereichs (*Asset Deal*)

a) Ertragsteuerliche Aspekte des *Asset Deal*

aa) Besteuerung beim Verkäufer

12 Bei Carve-out-Transaktionen handelt es sich regelmäßig um den Verkauf von Konzernteilen. In Konzernstrukturen kommen als Verkäufer sowohl Personen- als auch Kapitalgesellschaften in Betracht. Natürliche Personen sind hier – als hinter der jeweiligen verkaufenden Konzerngesellschaft stehende Gesellschafter – allenfalls als mittelbare Verkäufer anzutreffen. Auf sie wird daher hier nicht näher eingegangen.[9] **Veräußert eine Kapitalgesellschaft einzelne Wirtschaftsgüter**, so unterliegt der Veräußerungsgewinn auf Ebene des Verkäufers grundsätzlich

---

[7] Vgl. hierzu beispielsweise *Jacobs/Endres/Spengel* Internationale Unternehmensbesteuerung; Kneip/Jänisch/*Jänisch* et al. C. VI.

[8] Zu einer Übersicht über die Besteuerungsfolgen für beschränkt Steuerpflichtige vgl. *Jacobs/Endres/Spengel* III. und IV. Teil sowie Beck'sches Hdb. Unternehmenskauf/*Hörtnagl/Hoheisel* § 8 Rn. 199 ff.

[9] Für natürliche Personen als Veräußerer steht die steuerbegünstigte Veräußerung eines (Teil-) Betriebs im Vordergrund. Im Falle einer Veräußerung von *Assets* werden zwar sämtliche stille Reserven aufgedeckt und der regulären Besteuerung unterworfen. Der Verkäufer kann jedoch, sofern die Voraussetzungen einer Betriebsveräußerung oder -aufgabe gem. § 16 Abs. 1 oder 3 EStG vorliegen, von Freibeträgen, einem ermäßigten Steuersatz oder von Tarifermäßigungen profitieren (§§ 16 Abs. 4, 34 Abs. 2 Nr. 1, Abs. 3 EStG). Auch unterliegt ein solcher „Aufgabegewinn" nicht der Gewerbesteuer. Zu den steuerlichen Konsequenzen für natürliche Personen als Verkäufer im Einzelnen vgl. z. B. Beck'sches Mdt.Hdb. DD/*Schmidt* § 26 Rn. 10 ff.

2. Verkauf eines rechtlich nicht selbständigen Geschäftsbereichs (Asset Deal)

vollumfänglich der Körperschaft- und Gewerbesteuer. Steuerlich spielt es dabei keine Rolle, ob im Rahmen des Carve-out (nur) einzelne Wirtschaftsgüter, ein Teilbetrieb oder ein Betrieb insgesamt veräußert werden. Veräußerungsgewinne können uneingeschränkt mit laufenden Verlusten des Verkäufers verrechnet werden. Ein hiernach verbleibender Gewinn kann unter Berücksichtigung der **Mindestbesteuerung** mit etwaigen körperschaft- und gewerbesteuerlichen Verlustvorträgen verrechnet werden (§ 8 Abs. 1 S. 1 KStG iVm § 10d Abs. 2 S. 1 EStG und § 10a S. 1 und 2 GewStG).[10] Sofern die Verlustvorträge hierdurch noch nicht vollständig verbraucht sind, bleiben sie auf Ebene des Verkäufers grundsätzlich für eine künftige Verlustverrechnung erhalten, sie gehen nicht im Wege der Carve-out-Transaktion unter.[11] Auf Grund dieser – in Ermangelung von entsprechenden Steuervergünstigungen – „regulären" Besteuerung kommt der Kaufpreisallokation für den Verkäufer häufig keine wesentliche Rolle zu.[12]

Oft umfasst der Verkauf eines nicht selbständigen Geschäftsbereichs auch **Anteile an Kapitalgesellschaften**, die für den Betrieb des Geschäftsbereich notwendig sind (z. B. ausländische Vertriebsgesellschaften), die mit diesem zumindest in einem engen wirtschaftlichen Zusammenhang stehen (z. B. bei Betriebsaufspaltungskonstellationen) oder die den Geschäftsbereich zumindest fördern (z. B. Servicegesellschaften). Steuerlich treten insoweit die Folgen des *Share Deal* ein (→ Rn. 68 ff.). Realisiert der Verkäufer insoweit Verluste, laufen diese bei ihm steuerlich regelmäßig ins Leere, da ihnen die Abziehbarkeit grundsätzlich versagt wird (§ 8b Abs. 3 S. 4 ff. KStG).[13] In einer solchen Konstellation wird auch der Verkäufer an einer entsprechenden Kaufpreisallokation interessiert sein. Veräußert nun der Verkäufer im Rahmen des *Asset Deal* eine **Forderung gegenüber einem solchen verbundenen Unternehmen mit Verlust**, ist im Hinblick auf die steuerliche Abziehbarkeit des Verlusts § 8b Abs. 3 S. 4 ff. KStG zu prüfen.[14] Handelt es sich hierbei um ein Darlehen, das von einem unmittelbar oder mittelbar zu mehr als 25 % beteiligten Gesellschafter oder einer dem Gesellschafter nahestehenden Person iSd § 1 Abs. 2 AStG gewährt wurde,[15] kann der Verlust aus der Veräußerung des Darlehens steuerlich grundsätzlich nicht geltend gemacht werden, es sei

13

---

[10] Hiernach können Verlustvorträge bis zu einem Gesamtbetrag der Einkünfte von EUR 1 Mio. voll, darüber hinaus nur bis zu 60 % des übersteigenden Gesamtbetrages der Einkünfte abgezogen werden. Durch die Mindestbesteuerung wird der Verlustabzug lediglich gestreckt, es gehen keine Verluste endgültig verloren (vgl. *Lüdicke* DStZ 2010, 434, 436).
[11] Zu möglichen Einschränkungen bei Personengesellschaften im Rahmen der Gewerbesteuer vgl. → Rn. 14 f.
[12] Sind hingegen erhebliche stille Reserven im mitveräußerten Grundvermögen vorhanden, kann die Interessenslage – im Hinblick auf eine beim Verkäufer zu bildende § 6b EStG Rücklage – ein andere sein (→ Rn. 16).
[13] Vgl. hierzu im Allgemeinen *Winhard* FR 2010, 686 ff.
[14] Vgl. hierzu statt vieler *Kosner/Kaiser* DStR 2012, 925 ff.
[15] Zur Frage, ob auf Grund der Einbeziehung von nahestehenden Personen auch *Upstream Loans* erfasst werden, vgl. z. B. *Schreiber/Syré* DStR 2011, 1254 ff.

denn, dem Veräußerer gelingt der Nachweis des Drittvergleichs. Hierbei muss er nachweisen, dass angesichts des Verschuldungsgrads der Kapitalgesellschaft, ihrer wirtschaftlichen Aussichten und ihrer zur Deckung des Darlehens zur Verfügung stehenden Wirtschaftsgüter auch ein unabhängiger Dritter, i. d. R. eine Bank, ein Darlehen zu vergleichbaren Bedingungen gegeben hätte.[16] Da die voranstehenden Regelungen gem. § 8b Abs. 3 S. 7 KStG auch für Forderungen aus Rechtshandlungen, die einer Darlehensgewährung wirtschaftlich vergleichbar sind, entsprechend gelten (so können z. B. Forderungen aus Lieferungen und Leistungen sowie Mietforderungen hiervon umfasst sein), ist der Anwendungsbereich dieses Abzugsverbot vergleichsweise weit.[17]

14   Ist **Verkäufer** des Carve-out-Business **eine Personengesellschaft**, unterliegt ein Veräußerungsgewinn zunächst auf Ebene der Personengesellschaft als selbständigem Gewerbesteuersubjekt der Gewerbesteuer (§§ 2 Abs. 1, 5 Abs. 1 S. 2 GewStG). Körperschaftsteuerlich hingegen wird der Gewinn auf Grund der insoweit geltenden Steuertransparenz von Personengesellschaften auf Ebene der als Mitunternehmer beteiligten Kapitalgesellschaft besteuert. Insoweit kann auf die voranstehenden Ausführungen verwiesen werden (→ Rn. 12 f.). Ein vorhandener **gewerbesteuerlicher Verlustvortrag** kann vom Verkäufer mit einem Veräußerungsgewinn im Rahmen der Mindestbesteuerung verrechnet werden. Anders als bei der Körperschaftsteuer ist hier ein Verlustrücktrag nicht möglich.[18] Für einen auf Ebene der Personengesellschaft als Verkäufer danach noch verbleibenden Verlustvortrag ist insbesondere die Unternehmensidentität als Tatbestandsvoraussetzung für den künftigen gewerbesteuerlichen Verlustabzug zu beachten.[19] **Unternehmensidentität** bedeutet, dass der im Anrechnungsjahr bestehende Gewerbebetrieb identisch ist mit dem Gewerbebetrieb, der im Jahr der Entstehung des Verlustes bestanden hat.[20] Dabei ist unter Gewerbebetrieb die ausgeübte gewerbliche Betätigung zu verstehen. Ob diese die gleiche geblieben ist, ist nach ständiger Rechtsprechung entsprechend dem Gesamtbild zu beurteilen, das sich aus ihren wesentlichen Merkmalen ergibt, wie insbesondere der Art der Betätigung, dem Kunden- und Lieferantenkreis, der Arbeitnehmerschaft, der Geschäftsleitung, den Betriebsstätten sowie dem Umfang und der Zusammensetzung des Aktivvermögens.[21] Unter Berücksichtigung dieser Merkmale muss ein wirtschaftlicher,

---

[16] Vgl. hierzu im Einzelnen Frotscher/Maas/*Frotscher* § 8b KStG Rn. 332 ff.
[17] Vgl. Blümich/*Renger* § 8b KStG Rn. 295 mwN.
[18] Vgl. Glanegger/Güroff/*Güroff* § 10a GewStG Rn. 3.
[19] Die Tätigkeit einer Kapitalgesellschaft gilt nach § 2 Abs. 2 S. 1 GewStG stets und in vollem Umfang als Gewerbebetrieb, vgl. BFH v. 02.08.1990 – I R 67/88, BStBl. II 1991, 250. Da sie stets nur einen Gewerbebetrieb unterhält, kommt es bei Kapitalgesellschaften, die einen Geschäftsbetrieb veräußern, für die Frage des Verlustabzugs nach § 10a GewStG nicht auf die Unternehmensidentität an.
[20] R 10a.2 GewStR.
[21] Vgl. z. B. BFH v. 12.01.1978 – IV R 26/73, BStBl. II 1978, 348; BFH v. 09.08.1989 – X R 130/87, BStBl. II 1989, 901; BFH v. 14.09.1993 – VIII R 84/90, BStBl. II 1994, 764 sowie *Rogge* DB 2015, 1182 ff. mit einer Übersicht zu ausgewählter Rspr.

2. Verkauf eines rechtlich nicht selbständigen Geschäftsbereichs (Asset Deal)

organisatorischer und finanzieller Zusammenhang zwischen den Betätigungen bestehen. Betriebsbedingte – auch strukturelle – Anpassungen der gewerblichen Betätigung an veränderte wirtschaftliche Verhältnisse stehen der Annahme einer identischen Tätigkeit jedoch nicht entgegen.[22]

Grundsätzlich gilt für eine Personengesellschaft, die nach § 15 Abs. 3 Nr. 2 EStG gewerblich geprägt (typische „klassische" GmbH & Co. KG) oder zumindest teilweise selbst originär gewerblich tätig ist, dass diese – selbst bei verschiedenartigen Tätigkeiten – einen einheitlichen Gewerbebetrieb unterhält. Hier wird die geforderte Unternehmensidentität bei Veräußerung von einzelnen Wirtschaftsgütern bei weiterhin bestehender gewerblicher Prägung bzw. originärer gewerblicher Tätigkeit in aller Regel auch weiter zu bejahen sein.[23] Für den für Carve-out-Transaktionen typischen Fall einer **Teilbetriebsveräußerung** entschied der BFH allerdings, dass Verluste, soweit sie auf den veräußerten Teilbetrieb entfallen, mangels (Teil-)Unternehmensidentität nicht für eine Kürzung von Gewerbeerträgen in späteren Erhebungszeiträumen zur Verfügung stehen.[24] Sofern Zweifel an der Unternehmensidentität bestehen, kann ggf. durch steuerplanerische Maßnahmen eine Verbesserung des steuerlichen Status erreicht werden. Hier kommt beispielsweise eine Anwachsung der Personengesellschaft (typischerweise eine GmbH & Co. KG) auf die Mutterkapitalgesellschaft vor dem Verkauf in Betracht.[25] **15**

Soweit beim Verkauf des Carve-out-Business (inländische) **stille Reserven aus Grund und Boden oder Gebäude** aufgedeckt werden, kann der Verkäufer – eine entsprechende Kaufpreisallokation vorausgesetzt – den Veräußerungsgewinn zunächst durch die Bildung einer steuermindernden Rücklage nach § 6b Abs. 3 EStG neutralisieren (Stundungswirkung). Voraussetzung dafür ist nach derzeitiger Rechtslage u. a., dass das veräußerte Grundvermögen mindestens sechs Jahre zum Anlagevermögen einer inländischen Betriebsstätte gehört hat.[26] Die Rücklage ist dann innerhalb von vier Jahren (uU bis zu sechs Jahren) nach dem Jahr der Veräußerung auf Ersatzinvestitionen zu übertragen. Sofern keine Ersatzinvestition erfolgt, ist die Rücklage spätestens nach Ablauf der Reinvestitionsfrist gewinnerhöhend aufzulösen. Hierbei ist der Gewinn für jedes volle Wirtschaftsjahr, **16**

---

[22] R 10a.2 S. 5 GewStR.
[23] Lenski/Steinberg/*Kleinheisterkamp* § 10a GewStG Rn. 25; Blümich/*Drüen* § 10a GewStG Rn. 56.
[24] BFH v. 07.08.2008 – IV R 86/05, BStBl. II 2012, 145.
[25] R 10a.3 Abs. 3 S. 9 Nr. 4 GewStR.
[26] Der Inlandsbezug der Vorschrift – die Rücklage aus der Veräußerung stiller Reserven kann nur auf inländische Grundstücke übertragen werden – verstößt gegen die Niederlassungsfreiheit und ist somit EU-rechtswidrig, vgl. EuGH v. 16.04.2015 – C-591/13 Kommission/Deutschland, IStR 2015, 361. Im Rahmen des Protokollerklärungsumsetzungsgesetzes zum Zollkodex-Anpassungsgesetz soll § 6b EStG nun an die EuGH-Rspr. angepasst werden. Künftig soll bei einer Anschaffung oder Herstellung von Wirtschaftsgütern, die einem Betriebsvermögen des Steuerpflichtigen in einem anderen Mitgliedstaat der Europäischen Union oder des Europäischen Wirtschaftsraums zuzuordnen sind, auf Antrag des Steuerpflichtigen die festgesetzte Steuer auf den Veräußerungsgewinn in fünf gleichen Jahresraten entrichtet werden können.

in der die Rücklage bestand, um 6 % des aufgelösten Rücklagenbetrags zu erhöhen (§ 6b Abs. 7 EStG). Zeitpunkt der Veräußerung ist die Übertragung des wirtschaftlichen Eigentums auf den Käufer; dieser kann vom Zeitpunkt des zivilrechtlichen Eigentumsübergangs abweichen.[27]

17   Die **Minimierung von Steuern auf den Veräußerungsgewinn** ist eines der steuerlichen Hauptziele des Verkäufers. Obwohl wie oben dargestellt aus Verkäufersicht der *Asset Deal* für eine Carve-out-Transaktion steuerlich auf den ersten Blick wenig vorteilhaft erscheint, bestehen z. B. im Zusammenspiel mit laufenden Verlusten im Veräußerungsjahr oder vorhandenen Verlustvorträgen oftmals Möglichkeiten der Steueroptimierung. Auch die Vermeidung evtl. bestehender umsatzsteuerlicher Belastungen oder die Reduktion von Risiken aus steuerlichen Gewährleistungen sollten mit in die steuerlichen Optimierungserwägungen einbezogen werden.[28]

bb) Besteuerung beim Käufer

18   Der Kauf eines nicht selbständigen Geschäftsbereichs im Rahmen einer Carve-out-Transaktion, sei es in Form eines Betriebes oder Teilbetriebes, wird steuerlich wie der Kauf der einzelnen Wirtschaftsgüter dieses Geschäftsbereichs behandelt.[29] Gemäß § 6 Abs. 1 Nr. 7 EStG sind hierbei die erworbenen Einzelwirtschaftsgüter des (Teil-)Betriebes mit ihren Anschaffungskosten anzusetzen. Der Kaufpreis[30] ist somit auf die einzelnen übernommenen Wirtschaftsgüter aufzuteilen. Bei einer Carve-out-Transaktion in Form eines *Asset Deal* spielt die Kaufpreisallokation für den Käufer meist eine wichtige Rolle, da hiermit über die steuerlichen Folgen des Kaufs, wie z. B. über die steuermindernde Amortisierung von Wirtschaftsgütern, entschieden wird. Sofern in den Wirtschaftsgütern stille Reserven enthalten sind, kann der Käufer im Rahmen der **Verteilung des Kaufpreises** in der Regel eine Buchwertaufstockung (*Step Up*) der einzelnen Wirtschaftsgüter vornehmen bzw. einen steuerlichen Firmenwert (*Goodwill*) ansetzen. Auf dieser Basis sind sodann die abnutzbaren Wirtschaftsgüter nach § 7 EStG abzuschreiben. Der Käufer wird im Rahmen der vorhandenen Spielräume anstreben, dieses Abschreibungsvolumen auf Wirtschaftsgüter mit einer möglichst kurzen Restnutzungsdauer zu allokieren, um hohe Abschreibungen in der Anfangsphase geltend machen zu können.[31] Durch die

---

[27] BFH v. 13.11.1991 – I R 58/90, DStR 1992, 679.
[28] Beck'sches Mdt.Hdb. DD/*Schmidt* § 26 Rn. 6.
[29] *Rödder/Hötzel/Müller-Thuns* § 27 Rn. 1. Entsprechendes gilt im Ergebnis auch für den Kauf von Anteilen an Personengesellschaften (→ Rn. 90 ff.).
[30] Zu Besonderheiten bei einem variablen Kaufpreis (*Earn-Out*) vgl. *von Braunschweig* DB 2002, 1815 ff.; Beck'sches Mdt.Hdb. Unternehmenskauf/*Hörtnagl/Zwirner/Busch* § 5 Rn. 53 ff.; *Rödder/Hötzel/Müller-Thuns* § 27 Rn. 3 ff.
[31] Eine solche „beschleunigte" Abschreibungsmöglichkeit will jedoch gut überlegt sein. Fehlt es in den ersten Jahren nach dem Erwerb an ausreichendem steuerpflichtigen Einkommen, kann es auf Grund der möglicherweise nur eingeschränkten Verlustverrechnung (Mindestbesteuerung) sinnvoll

2. Verkauf eines rechtlich nicht selbständigen Geschäftsbereichs (Asset Deal)

erhöhten Buchwerte und die damit verbundenen Zusatzabschreibungen vermindert sich die künftige Steuerlast des Käufers bei gleichzeitiger Erhöhung des Cash Flows, der z. B. für die Bedienung bzw. Tilgung von (Finanzierungs-)Verbindlichkeiten zur Verfügung steht.[32]

Aus Sicht des Käufers ist beim **Erwerb eines Darlehens unter Nominalwert** (z. B. Verkauf eines *Intercompany Downstream Loan* des Verkäufers bei gleichzeitigem Anteilsverkauf) zu beachten, dass künftige Wertminderungen der **Abzugsbeschränkung** des § 8b Abs. 3 S. 4 ff. KStG unterliegen (→ Rn. 13). Eventuelle Gewinne, z. B. durch Veräußerung der Darlehensforderung oder Rückzahlungen, die den Buchwert (Anschaffungskosten) übersteigen, sind dagegen steuerpflichtig. **19**

Die **Transaktionskosten** stellen im Rahmen eines *Asset Deal* steuerlich grundsätzlich Anschaffungsnebenkosten dar. Sie erhöhen die Buchwerte der erworbenen einzelnen Wirtschaftsgüter. **20**

Die bei einer Carve-out-Transaktion im Rahmen eines *Asset Deal* für die Finanzierung des Kaufpreises anfallenden **Zinsaufwendungen** stellen grundsätzlich steuerlich abzugsfähige Betriebsausgaben dar.[33] Gleichwohl sind die Regelungen der Zinsschranke nach § 4 h EStG zu beachten (→ Rn. 77 f.). Bei den Zinsaufwendungen ist jedoch in der Folge noch zwischen den sofort abziehbaren Betriebsausgaben und ggf. über die Darlehenslaufzeit zu verteilenden Aufwendungen zu unterscheiden.[34] **21**

Ungeachtet der Tatsache, dass bei einem *Asset Deal* im Rahmen einer Carve-out-Transaktion nur ein rechtlich unselbständiger Geschäftsbetrieb erworben wird, hat der Käufer gleichwohl steuerliche **Anzeigepflichten** zu beachten. So ist die Eröffnung eines gewerblichen Betriebs oder einer Betriebsstätte innerhalb eines Monats der Gemeinde, in der der Betrieb bzw. die Betriebsstätte eröffnet wird, mitzuteilen, die wiederum das zuständige Finanzamt über die Eröffnung informiert (§ 138 Abs. 1 iVm Abs. 3 AO). Unter der „Eröffnung" eines Betriebs oder einer Betriebsstätte ist auch die Fortführung durch den Rechtsnachfolger oder Erwerber zu verstehen.[35] Entsprechendes gilt für die Eröffnung eines gewerblichen Betriebs bzw. einer Betriebsstätte im Ausland (§ 138 Abs. 2 AO).[36] Für gewerbesteuerliche Zwecke hat eine entsprechende Anmeldung ebenfalls zu erfolgen (§ 138 Abs. 1 AO iVm § 14 GewO).[37] Die Verletzung der Anzeigepflicht nach § 138 Abs. 2 AO stellt eine Ordnungswidrigkeit dar, die mit bis zu EUR 5.000 geahndet werden kann **22**

---

sein, über eine Glättung der Abschreibung über die Jahre einen entsprechenden Steuerbarwertvorteil zu erzielen, vgl. Kneip/Jänisch/*Gröger* C. III. Rn. 379.

[32] *Holzapfel/Pöllath* Rn. 559.
[33] BFH v. 24.05.1968 – VI R 6/67, BStBl. II 1968, 574; Kneip/Jänisch/*Gröger* C. II. Rn. 57.
[34] BFH v. 21.04.1988 – IV R 47/85, BStBl. II 1989, 722, 726.
[35] R 1.9 S. 5 GewStR.
[36] BMF v. 15.04.2012, Schreiben betr. Anzeigepflicht bei Auslandsbeteiligungen nach § 138 Abs. 2 und 3 Abgabenordnung (AO), BStBl. I 2012, 346.
[37] R 1.9 GewStR.

(§ 379 Abs. Nr. 1, Abs. 4 AO).[38] Verstöße gegen § 138 Abs. 2 AO sind nach den Umständen des Einzelfalls der zuständigen Bußgeld- und Strafsachenstelle zu melden.[39]

cc) Grundsätze für die Kaufpreisallokation

23 Die **Kaufpreisallokation** (*Purchase Price Allocation*) dient dazu, den Gesamtbetrag des Kaufpreises auf die zu übernehmenden Vermögensgegenstände und Schulden des zu verkaufenden bzw. zu erwerbenden Geschäftsbereichs aufzuteilen. Dabei soll eine etwaige Differenz zwischen dem Buchwert und dem Kaufpreis für das Carve-out-Business den einzelnen bilanzierten oder nicht bilanzierten Wirtschaftsgütern einschließlich eines evtl. bestehenden Firmenwerts zugeordnet werden. Nach welcher Methode und in welchem Verhältnis die Summe der zu erwerbenden Vermögensgegenstände und Schulden aus steuerlicher Sicht auf die materiellen und immateriellen, beim Veräußerer bilanzierten und nicht bilanzierten Wirtschaftsgüter zu verteilen ist, ist bislang noch nicht abschließend geklärt.[40] Diskutiert werden hier insbesondere die **Drei-Stufentheorie** und die wohl im Vordringen befindliche **modifizierte Stufentheorie**.[41]

24 Eine steuerliche Kaufpreisallokation wird naturgemäß nur beim *Asset Deal* im Fall des Erwerbs mehrerer Wirtschaftsgüter oder beim Erwerb von Personengesellschaftsanteilen durchgeführt. Prinzipiell können die Vertragsparteien den Kaufpreis nach freiem Ermessen aufteilen. Soll die entsprechende Aufteilung jedoch auch in steuerlicher Hinsicht anerkannt werden, ist eine nachvollziehbare, ernsthaft gewollte und angemessene bzw. **fremdübliche Aufteilung** vorzunehmen, die für steuerliche Zwecke auch zeitnah dokumentiert wird.[42] Den Maßstab einer angemessenen Aufteilung der Anschaffungskosten bilden grundsätzlich die geschätzten Teilwerte.[43] Die Rechtsprechung geht davon aus, dass einer im Kaufvertrag vorgenommenen Aufteilung auf Grund der bestehenden Interessengegensätze zwischen den Parteien regelmäßig zu folgen ist, solange keine Anhaltspunkte bestehen, dass der Kaufpreis nur zum Schein getroffen worden ist oder die Voraussetzungen eines Gestaltungsmissbrauchs iSd § 42 AO erfüllt sind.[44] Eine entsprechende Dokumentation sollte idealerweise auf einer Ermittlungsgrundlage des Verkäufers beruhen und die Wertermittlung in nachvollziehbarer Weise darstellen. Sofern sich die

---

[38] Vgl. hierzu im Allgemeinen *Gehm* NWB 2012, 1072 ff.
[39] Klein/*Rätke* § 138 Rn. 17; OFD Frankfurt/Main v. 10.01.2011, Verfügung betr. Anzeigen über Auslandsbeteiligungen nach § 138 Abs. 2 AO, AO-Kartei HE § 138 AO Karte 1.
[40] Vgl. statt vieler Kneip/*Jänisch*/Gröger C. III. Rn. 374 ff.
[41] Rödder/Hötzel/Müller-Thuns § 27 Rn. 21 ff.; Schmidt/*Wacker* § 16 EStG Rn. 490 (mit Rechtsprechungsnachweisen zur modifizierten Stufentheorie). Auch die Finanzverwaltung folgt nunmehr der modifizierten Stufentheorie, vgl. Rz. 20.18 iVm 03.25 UmwSt-Erlass.
[42] Blümich/*Ehmcke* § 6 EStG Rn. 342; Beck'sches Hdb. Unternehmenskauf/*Jaques* B. Rn. 251.
[43] BFH v. 11.10.07 – IV R 52/04, BStBl. II 2009, 705.
[44] BFH 31.01.1973 – I R 197/70, BStBl. II 1973, 391; BFH v. 01.04.2009 – IX R 35/08, BStBl. II 2009, 663; FG Rheinland-Pfalz v. 23.2.2011 – 2 K 1903/09, DStRE 2012, 854.

2. Verkauf eines rechtlich nicht selbständigen Geschäftsbereichs (Asset Deal)

Allokation auch an den Buchwerten des Verkäufers orientiert, sind Nachweise über dessen Buchwerte (z. B. Anlageverzeichnis) hilfreich.

Weiter empfiehlt sich aus Käufersicht, eine **Kaufvertragsklausel** zu vereinbaren, wonach sich beide Parteien verpflichten, die Kaufpreisaufteilung gemäß Unternehmenskaufvertrag sämtlichen relevanten Steuererklärungen zu Grunde zu legen.

25

> The Preliminary Purchase Price shall be allocated among the Sellers and the individual assets and liabilities as set forth in Exhibit ■. The allocation will be used by the Parties in preparing all applicable tax returns and shall be binding on the Parties and each of their affiliates, successors and assignees.

Nach der hier vertretenen Auffassung sollte für die Finanzverwaltung eine unter **Interessensgegensätzen** ausgehandelte und im Unternehmenskaufvertrag aufgenommene Allokation steuerlich bindend sein. Regelmäßig stehen sich bei der Kaufpreisaufteilung die Interessen von Verkäufer und Käufer diametral gegenüber, wie z. B. bei der Allokation auf Anteile an Kapitalgesellschaften einerseits bzw. abschreibungsfähiges Anlagevermögen andererseits oder bei einer Aufteilung des Kaufpreises zwischen In- und Ausland (→Rn. 2 ff.). Gleichwohl besteht auch im Rahmen des Erwerbs eines Carve-out-Business unter fremden Dritten nicht bezüglich sämtlicher erworbener Wirtschaftsgüter bzw. der entsprechenden Kaufpreisallokation stets ein Interessengegensatz zwischen Verkäufer und Käufer. Als Beispiel kann hier die „**Herausspaltung**" von Einzelwirtschaftsgütern aus dem Geschäftswert und deren separate Bewertung angeführt werden.[45] Da die Nutzungsdauer eines Geschäfts- oder Firmenwerts aus steuerlicher Sicht regelmäßig länger als die Lebensdauer anderer, insbesondere immaterieller Wirtschaftsgüter ist, bestehen hier häufig Bestrebungen auf Seiten des Käufers, den als Geschäfts- oder Firmenwert auszuweisenden Residualbetrag möglichst gering zu halten, um schnellstmöglich eine höhere steuermindernde Abschreibungen realisieren zu können.[46] Für den Verkäufer ist diese Aufteilung insoweit irrelevant, als der hieraus resultierende Gewinn stets voll steuerpflichtig sein dürfte. Da jedoch selbst in solchen Situationen den Vereinbarungen der beteiligten Parteien stets noch eine Indizwirkung zukommt, ist aus steuerlicher Sicht auch hier empfehlenswert, bereits im Unternehmenskaufvertrag eine entsprechende Aufteilung vorzunehmen. Trotz des insoweit noch bestehenden Prüfungsvorbehalts der Finanzbehörden sollten diese die vorgenommene Aufteilung im Rahmen einer Betriebsprüfung akzeptieren, solange die Aufteilung nicht willkürlich ist.

26

Sofern eine kaufvertragliche Aufteilung nur im Interesse des Käufers liegt, sind aus Käufersicht bei der Dokumentation höhere Maßstäbe anzulegen. Neben der Herausspaltung von Einzelwirtschaftsgütern aus dem Geschäftswert kann dies z. B. auch beim Erwerb von inländischem Grundvermögen und der **Aufteilung auf Grund und**

27

---

[45] Kneip/Jänisch/*Gröger* C. III. Rn. 380.
[46] *Tieman/Dörner* IRZ 2006, 161.

Boden bzw. Gebäudewert der Fall sein. In Ergänzung zu einem evtl. vorhandenen Gutachten und Informationen über Bodenrichtwerte ist in der Praxis die vom Bundesministerium für Finanzen in 2014 veröffentlichte Arbeitshilfe zur Aufteilung des Gesamtkaufpreises für ein bebautes Grundstück hilfreich.[47] Da es sich hierbei jedoch lediglich um eine Arbeitshilfe handelt, sind die Ergebnisse nicht rechtsverbindlich.

28 Darüber hinaus lassen sich aus der Kaufpreisallokation für handelsrechtliche Zwecke (IFRS) (→ Teil VI Rn. 4) auch steuerliche Erkenntnisse gewinnen. Allerdings bestehen bei der Bilanzierung und Abschreibung von immateriellen Wirtschaftsgütern und Goodwill zum Teil erhebliche Unterschiede zur steuerlichen Behandlung, so dass auch insoweit nur von einer indiziellen Wirkung gesprochen werden kann.[48]

29 Eine besondere Situation ergibt sich im Falle eines **negativen Geschäftswerts**.[49] Ein solcher entsteht, wenn der Kaufpreis die Buchwerte der erworbenen Wirtschaftsgüter abzüglich der Verbindlichkeiten bzw. Rückstellungen unterschreitet, also geringer ist als das buchmäßige Eigenkapital.[50] Im Extremfall kann dies dazu führen, dass es nicht zu einer Kaufpreiszahlung kommt, obwohl in Summe positives Betriebsvermögen übertragen wird, oder dass der Veräußerer einen **negativen Kaufpreis** als „Aufgeld" an den Käufer zahlt, damit dieser ihn von möglichen negativen Auswirkungen (wie z. B. einer Haftung) freistellt. Beim Verkäufer führt ein negativer Kaufpreis zu einem Veräußerungsverlust.[51] Beim Käufer ergeben sich keine unmittelbaren ertragsteuerlichen Konsequenzen, insbesondere kein Erwerbsgewinn, da Anschaffungsvorgänge im Einklang mit dem Realisationsprinzip zwingend erfolgsneutral abzubilden sind.[52] Allein durch die Anschaffung von Wirtschaftsgütern kann kein Gewinn entstehen, allerdings lehnt die steuerliche Rechtsprechung den Ansatz eines negativen Geschäftswerts ab.[53]

30 Um einen negativen Kaufpreis dennoch bilanziell und steuerlich zu erfassen, wird vom BFH eine **zweistufige Vorgehensweise** angewandt.[54] Zuerst werden die Aktiva ab- und die Passiva aufgestockt. Grundsätzlich kann die Abstockung bei allen Wirtschaftsgütern des Anlage- und Umlaufvermögens vorgenommen wer-

---

[47] Die obersten Finanzbehörden von Bund und Ländern haben auf den Internetseiten des BMF unter der Rubrik Steuern > Einkommensteuer eine Arbeitshilfe als xls-Datei zur Verfügung gestellt, die es unter Berücksichtigung der höchstrichterlichen Rspr. ermöglicht, in einem typisierten Verfahren entweder eine Kaufpreisaufteilung selbst vorzunehmen oder die Plausibilität einer vorliegenden Kaufpreisaufteilung zu prüfen (vgl. BMF online vom 04.02.2015).
[48] *Tieman/Dörner* IRZ 2006, 161, 163.
[49] Vgl. hierzu statt vieler *Preißer/Preißer* DStR 2011, 133 ff.
[50] *Scheunemann/Frhr. von Mandelsloh/Preuß* DB 2011, 201, 202.
[51] BFH v. 26.06.2002 – IV R 3/01, BStBl. II 2003, 112.
[52] BFH v. 26.04.2006 – I R 49/04 und I R 50/04, BStBl. II 2006, 656.
[53] BFH v. 21.04.1994 – IV R 70/92, BStBl. II 1994, 745, 747.
[54] Vgl. hierzu die beiden Grundsatzentscheidungen des BFH v. 21.04.1994 – IV R 70/92, BStBl. II 1994, 745 (*Asset Deal*) sowie v. 26.04.2006 – I R 49/04 und I R 50/04, BStBl. II 2006, 656 (*Share Deal*). Die Rspr. des BFH zu einem negativen Kaufpreis ist überwiegend zum Erwerb von Anteilen an Personengesellschaften ergangen; ein solcher ist nach ständiger Rspr. dem Erwerb eines Einzelunternehmens gleichgestellt, vgl. zuletzt BFH v. 20.11.2014 – IV R 1/11, BFH/NV 2015, 409.

2. Verkauf eines rechtlich nicht selbständigen Geschäftsbereichs (Asset Deal)

den. Allerdings können Buchwerte für Bargeld und Guthaben bei Geldinstituten infolge des Nominalwertprinzips nicht vermindert werden.[55] Bislang noch nicht abschließend geklärt ist die Frage, ob die Abstockung der Wirtschaftsgüter nach dem Verhältnis der Buchwerte oder der Teilwerte zu erfolgen hat.[56] Spiegelbildlich zur Abstockung muss eine Aufstockung der Passiva (z.B. um steuerlich nicht ansetzbare Rückstellungen) vorgenommen werden. Sofern nach der Ab- und Aufstockung noch ein Restbetrag verbleibt, ist ein **passiver Ausgleichsposten** in der Steuerbilanz zu bilden. Dieser ist gegen künftige Verlustanteile des Gesellschafters erfolgserhöhend aufzulösen.[57] Zu einer Auflösung des passiven Ausgleichspostens kommt es auch im Falle einer Liquidation oder bei bestimmten Übertragungsvorgängen wie bei der Übertragung eines ganzen Betriebs, bei der Übertragung eines Teilbetriebs oder einzelner Wirtschaftsgüter.[58]

dd) Besonderheiten bei der Übertragung von Verbindlichkeiten und Rückstellungen

Einer der wirtschaftlichen Vorteile der Durchführung einer Carve-out-Transaktion im Wege eines externen *Asset Deal* ist aus Käufersicht die Flexibilität bei der Auswahl der zu übertragenden Wirtschaftsgüter (**Cherry Picking**). Zwar gibt es beim *Asset Deal* vereinzelt Passivposten, die zwingend auf den Käufer übergehen (wie z.B. Pensionsrückstellungen im Falle eines Betriebsübergangs gem. § 613a BGB). Sieht man aber von diesen Ausnahmen ab, steht es dem Käufer grundsätzlich frei, ob und welche Passiva er übernehmen möchte. Insofern kann zwischen Verbindlichkeiten, die der Käufer sinnvollerweise übernehmen sollte, und sonstigen Verbindlichkeiten, die von ihm „freiwillig" übernommen werden, unterschieden werden.[59]   31

Übernimmt der Käufer nun eine (schuldrechtliche) Verbindlichkeit des Verkäufers, dann gehört diese nach ständiger Rechtsprechung zu den Anschaffungskosten der erworbenen Wirtschaftsgüter.[60] Eine Besonderheit ergibt sich jedoch bei der entgeltlichen Übernahme von nicht passivierten Verpflichtungen, wie z.B. **Drohverlustrückstellungen**, für die ein steuerliches Passivierungsverbot besteht (§ 5   32

---

[55] BFH v. 12.12.1996 – IV R 77/93, DStR 1997, 1969.

[56] Zum Streitstand vgl. Kneip/Jänisch/*Gröger* C. III. Rn. 396.

[57] BFH v. 21.04.1994 – IV R 70/92, BStBl. II 1994, 745; BFH v. BFH v. 12.12.1996 – IV R 77/93, BStBl. II 1998, 180. Dasselbe gilt für die Beendigung oder Veräußerung eines Anteils an einer Personengesellschaft und damit wohl auch analog für einen als *Asset Deal* erworbenen (Teil-) Betrieb.

[58] Scheunemann/Frhr. von Mandelsloh/*Preuß* DB 2011, 201, 205.

[59] Erfahrungsgemäß erscheint es bei Carve-out-Transaktionen zweckmäßig, als Rahmenbestimmung mit aufzunehmen, dass nur solche Verbindlichkeiten übernommen werden, die eindeutig dem zu erwerbenden Geschäftsbereich zuzuordnen sind, oder sich auf Gruppen von Verbindlichkeiten zu beziehen, die sich durch die Art ihrer Entstehung (z.B. Kontenarten und Kontenstellen) eindeutig diesem Geschäftsbereich zuordnen lassen, vgl. *Beisel/Klumpp* Kapitel 19 Rn. 23. Hinsichtlich dieser *Assumed Liabilities* wird auf → Teil II Rn. 37 ff. verwiesen.

[60] BFH v. 17.11.2004 – I R 96/02, BStBl. II 2008, 296; BFH v. 18.10.2011 – IX R 15/11, BStBl. II 2012, 205.

Abs. 4a EStG), bzw. der Übernahme steuerlich „unterbewerteter" Verpflichtungen, wie z. B. **Jubiläums- oder Pensionsrückstellungen**, die auf Grund der besonderen steuerlichen Bewertungsvorschriften (§ 5 Abs. 4 bzw. § 6a EStG) in der Regel stille Lasten aufweisen. Nach der Rechtsprechung des BFH[61] – und entgegen der Auffassung der Finanzverwaltung[62] – gilt auch für solche übernommenen Passivposten der Grundsatz der erfolgsneutralen Behandlung von Anschaffungsvorgängen. Hiernach käme es somit durch die Ausbuchung der Verpflichtung durch Hebung der stillen Lasten zu einem sofort abziehbaren Verlust beim Verkäufer und durch entsprechende Einbuchung zu einem Ansatz in Höhe des Verkehrswerts beim Käufer. Ein Erwerbsgewinn bzw. ein nachgelagertes Ansatzverbot auf Ebene des Käufers wurde von der Rechtsprechung steuersystematisch zu Recht abgelehnt.[63]

33   In Reaktion auf die Rechtsprechung des BFH fügte der Gesetzgeber mit § 4f und § 5 Abs. 7 EStG zwei Vorschriften in das Einkommensteuergesetz ein,[64] die nunmehr dazu führen, dass für Übertragungen ab 2013[65] der Verlust vom Verkäufer steuerlich nicht mehr sofort geltend gemacht werden kann, und der Käufer die steuerlichen Ansatz- und Bewertungsvorschriften für angeschaffte Verpflichtungen zu beachten hat. Während die Aufwandsverteilung beim Verkäufer durch § 4f EStG geregelt ist, ist für die steuerliche Behandlung des Erwerbsgewinns beim Verkäufer § 5 Abs. 7 EStG anwendbar.[66]

34   Entfällt nun im Rahmen des Verkaufs eines Geschäftsbereichs die Passivierung einer Verpflichtung[67] beim **Verkäufer** und muss dieser an den Käufer eine Leistung erbringen, die höher ist als der bisher passivierte Buchwert, realisiert der Verkäufer nach allgemeinen Grundsätzen einen Verlust. Nach „alter" Rechtslage hatte dies eine steuerwirksame Aufdeckung der stillen Lasten zur Folge.[68] § 4f EStG wirkt nunmehr einer solchen sofortigen vollumfänglichen Realisation entgegen. Hiernach ist der steuerbilanziell realisierte Aufwand gleichmäßig auf das Wirtschaftsjahr der Schuldübernahme und die nachfolgenden 14 Jahre als Betriebsausgabe zu

---

[61] BFH v. 14.12.2011 – I R 72/10, DStR 2012, 452; BFH v. 12. 12. 2012 – I R 69/11, BFH/NV 2013, 840.

[62] BMF v. 24.06.2011, Schreiben betr. steuerliche Gewinnermittlung; Bilanzsteuerrechtliche Ansatz- und Bewertungsvorbehalte bei der Übernahme von schuldrechtlichen Verpflichtungen, BStBl. I 2011, 627.

[63] BFH v. 14.12.2011 – I R 72/10, DStR 2012, 452; BFH v. 12.12.2012 – I R 69/11, BFH/NV 2013, 840.

[64] AIFM-StAnpG v. 18.12.13, BGBl I 2013, 4318.

[65] Gemäß § 52 Abs. 8 EStG ist § 4f EStG erstmals für Wirtschaftsjahre anzuwenden, die nach dem 28.11.2013 enden.

[66] Zu § 4f und § 5 Abs. 7 EStG im Einzelnen vgl. z. B. *Fuhrmann* DB 2014, 9 ff.; *Schindler* GmbHR 2014, 786 ff.

[67] Der Verkäufer muss dabei von der Verpflichtung entlastet worden sein. Unter Verpflichtung sind alle abstrakt passivierungsfähigen rechtlichen wie faktischen Verpflichtungen zu verstehen, die eine Verbindlichkeit oder Rückstellung sein können, vgl. Blümich/*Krumm* § 4f EStG Rn. 21.

[68] Blümich/*Krumm* § 4f EStG Rn. 10.

2. Verkauf eines rechtlich nicht selbständigen Geschäftsbereichs (Asset Deal)

verteilen (§ 4f Abs. 1 S. 1 EStG).[69] Im Ergebnis wird dadurch der im Rahmen einer Verbindlichkeitsübertragung realisierte Verlust auf 15 Jahre gleichmäßig verteilt, es sei denn, es liegt ein **Ausnahmetatbestand** nach § 4f Abs. 1 Sätze 3 ff. EStG vor. Ist einer dieser Tatbestände erfüllt,[70] kann auf Ebene des Verkäufers ein entsprechender Verlust auch weiterhin unmittelbar im Wirtschaftsjahr der Realisierung der stillen Lasten geltend gemacht werden. Gerade bei Carve-out-Transaktionen im Wege eines *Asset Deal* sollte geprüft werden, ob ein solcher Ausnahmetatbestand erfüllt ist, da hierunter insbesondere die Schuldübernahme im Rahmen einer Betriebsveräußerung und -aufgabe sowie einer Veräußerung eines gesamten Mitunternehmeranteils fallen.

Beim Käufer ist die übernommene Verpflichtung zu den auf die Übernahme folgenden Abschlussstichtagen gem. § 5 Abs. 7 EStG so zu bilanzieren, wie sie auch beim Verkäufer ohne Übernahme zu bilanzieren gewesen wäre (**Bilanzierungsfiktion**). Da im Zeitpunkt des Erwerbs die Verpflichtung mit den Anschaffungskosten (Zeitwert) einzubuchen ist, entsteht in der ersten Steuerbilanz nach der Übernahme der Verpflichtung ein sog. **Erwerbs(folge)gewinn**. Anstelle einer sofortigen Realisation in voller Höhe räumt das Gesetz hier ein Wahlrecht ein, diesen Gewinn mittels Bildung einer Rücklage gemäß § 5 Abs. 7 Satz 5 EStG über einen Zeitraum von maximal 15 Jahren zu verteilen.[71] Der Käufer kann allerdings auch einen höheren Auflösungsbetrag wählen. Entsprechendes gilt für den Erwerb eines Mitunternehmeranteils (§ 5 Abs. 7 S. 3 EStG). Die Rücklage ist insgesamt gewinnerhöhend aufzulösen, wenn der Grund für die Passivierung entfällt.[72]

35

Hauptanwendungsfall in der Praxis ist die Übernahme von **Pensionsverpflichtungen**.[73] Hierfür enthält § 5 Abs. 7 S. 4 EStG eine besondere Regelung. Werden gleichzeitig mit der Verpflichtung auch Vermögenswerte (Deckungskapital) übertragen, kommt es zu einer rechnerischen Aufspaltung für die Rückstellungsbildung beim Käufer als neuem Arbeitgeber. Soweit die mitübertragenen Vermögenswerte die Pensionsverpflichtung decken, ist der Anschaffungsbarwert anzusetzen. Für den restlichen Teil der Pensionsverpflichtung gilt das Teilwertprinzip; er ist so zu berechnen, als wäre eine neue Pensionsverpflichtung erteilt worden.[74]

36

---

[69] Technisch geschieht dies durch eine außerbilanzielle Hinzurechnung von 14/15 des bilanziellen Aufwands im Jahr der Aufwandsentstehung und einer außerbilanziellen Kürzung von 1/15 p.a. in den Folgejahren, vgl. Frotscher/Geurts/*Hörner* § 4f EStG Rn. 19.

[70] Zu den Ausnahmetatbeständen im Einzelnen vgl. z.B. Frotscher/Geurts/*Hörner* § 4f EStG Rn. 27 ff.

[71] Hiernach ist im Übertragungszeitpunkt i.H. von 14/15 eine gewinnmindernde Rücklage zu bilden, die in den folgenden 14 Wirtschaftsjahren (sog. Auflösungszeitpunkt) mindestens mit 1/14 gewinnerhöhend aufzulösen ist, vgl. Fuhrmann DB 2014, 9, 14.

[72] Blümich/*Krumm* § 5 EStG Rn. 242 f.

[73] Zu Übertragungsvorgängen von Pensionsverpflichtungen vgl. Huth/Wittenstein DStR 2015, 1088 ff.

[74] Blümich/*Krumm* § 5 EStG Rn. 242e.

b) Umsatzsteuerliche Beurteilung

aa) Allgemeine Erwägungen

37   Ein *Asset Deal* stellt aus zivilrechtlicher Sicht die Übertragung einzelner Vermögensgegenstände, Verbindlichkeiten und Verträge im Wege der Einzelrechtsnachfolge dar (→ Teil II Rn. 5 und 25 ff.). Aus umsatzsteuerlicher Sicht, die grundsätzlich der zivilrechtlichen Wertung folgt, erbringt der Verkäufer hier eine Vielzahl von Lieferungen und sonstigen Leistungen an den Käufer. Soweit die entsprechende Lieferung oder sonstige Leistung umsatzsteuerbar ist und die Voraussetzungen einer Umsatzsteuerbefreiung nach den §§ 4, 4b und 5 UStG nicht vorliegen, hat der Verkäufer in der Regel mit Umsatzsteuer abzurechnen. Dem Käufer steht unter den Voraussetzungen von § 15 UStG der korrespondierende Vorsteuerabzug zu.

38   Für eine in Form eines *Asset Deal* durchgeführte Carve-out-Transaktion, bei der definitionsgemäß ein Unternehmensteil verkauft wird, ist jedoch zu prüfen, ob möglicherweise eine nicht umsatzsteuerbare **Geschäftsveräußerung im Ganzen** iSv § 1 Abs. 1a UStG vorliegt.[75] Ist dies der Fall, tritt der Käufer umsatzsteuerlich an die Stelle bzw. in die „Fußstapfen" des Verkäufers (§ 1 Abs. 1a S. 3 UStG). Ungeachtet der weiteren umsatzsteuerlichen Konsequenzen ist die Unterscheidung zwischen nicht-steuerbarer und umsatzsteuerbarer, aber möglicherweise steuerbefreiter Leistung insbesondere dann wichtig, wenn das Carve-out-Business Grundstücke enthält. Die Lieferung von Grundstücken ist grundsätzlich von der Umsatzsteuer befreit (§ 4 Nr. 9a UStG). Diese Steuerbefreiung geht jedoch mit einer Versagung des Vorsteuerabzugs für den Verkäufer nach § 15 Abs. 2 Nr. 1 UStG einher. Im schlimmsten Fall hat der Verkäufer dann sämtliche innerhalb von zehn Jahren vor der Veräußerung für die Immobilie geltend gemachten Vorsteuern gem. § 15a Abs. 1 S. 1 und Abs. 8 UStG (anteilig) rückgängig zu machen und an das Finanzamt abzuführen.[76] Dieses für den Verkäufer nachteilige Ergebnis lässt sich nur dadurch vermeiden, dass nach § 9 Abs. 1 und 3 UStG **zur Umsatzsteuerpflicht optiert** wird.[77] Wenn sich nun im Rahmen einer späteren Betriebsprüfung herausstellt, dass die Beteiligten irrtümlich von einer Geschäftsveräußerung im Ganzen ausgegangen sind, kann dies – sofern der Unternehmenskaufvertrag keine entsprechende Klausel enthält – zu diesem Zeitpunkt in aller Regel nicht mehr „geheilt" werden, da eine Option nach umstrittener Auffassung der Finanzverwaltung nur bis zur formellen Bestandskraft der jeweiligen Jahressteuerfestsetzung zulässig sein soll.[78]

---

[75] Zur Geschäftsveräußerung im Ganzen vgl. z. B. Sölch/Ringelb/*Oelmaier* § 1 UStG Rn. 172 ff.; Bunjes/*Robisch* § 1 UStG Rn. 113 ff.; *Schießl* MwStR 2013, 183 ff.

[76] Der Verkäufer würde hier – sofern eine Option nicht möglich ist und die Voraussetzungen einer Geschäftsveräußerung im Ganzen nicht vorliegen – versuchen, die insoweit „aufwandswirksame" Vorsteuer in den Verkaufspreis einfließen zu lassen.

[77] Zu den Voraussetzungen der Option im Einzelnen vgl. *Meyer/Ball* S. 59 ff.

[78] Abschn. 9.1 Abs. 3 UStAE mit Verweis auf BFH v. 10.12.2008 – XI R 1/08, DStR 2006, 366. Zum Streitstand vgl. z. B. *Sterzinger* SteuK 2014, 4 ff.; *Wüst* MwStR 2013, 661 ff.

2. Verkauf eines rechtlich nicht selbständigen Geschäftsbereichs (Asset Deal)

Da die formelle Bestandskraft nach § 355 Abs. 1 S. 2 AO bereits einen Monat nach Abgabe der Umsatzsteuerjahreserklärung eintritt,[79] kann im Zeitpunkt des Aufgreifens durch die Betriebsprüfung keine Ausübung der Option mehr erfolgen. Bereits dieser Basisfall zeigt, dass die Fallstricke vielfältig sind. Eine fehlerhafte Beurteilung im Unternehmenskaufvertrag, die Jahre später durch eine Betriebsprüfung beanstandet wird, kann oft nur mit erheblicher Mühe und beträchtlichen Kosten berichtigt werden. Zinsen für Umsatzsteuernachzahlungen belaufen sich derzeit auf 6 % jährlich (§ 233a Abs. 1 AO).

Die umsatzsteuerliche Beurteilung wird noch erheblich komplexer, wenn Verkäufer oder Käufer mit dem Carve-out-Business nicht nur vorsteuerabzugsunschädliche Umsätze, sondern auch oder ausschließlich zum Vorsteuerausschluss führenden Umsatz gemäß § 15 Abs. 2 und 3 UStG erzielen. In dieser Situation ergeben sich bereits durch den Verkauf der einzelnen Wirtschaftsgüter materielle Auswirkungen. Höchste Aufmerksamkeit ist z. B. dann geboten, wenn das Carve-out-Business über **interne** (Treasury-Abteilung) **oder externe Finanzdienstleistungsfunktionen** (Absatzfinanzierung) verfügt und insoweit keine volle Vorsteuerabzugsberechtigung besteht. Dasselbe gilt, wenn z. B. ein Verwaltungsgebäude veräußert wird, in dem ein Fremdmieter umsatzsteuerfreie Leistungen erbringt (Versicherungsagentur, etc.).

Gerade auf Grund der im Einzelfall schwierigen umsatzsteuerlichen Abgrenzung einer Geschäftsveräußerung im Ganzen stellen sich hier in der Praxis eine Vielzahl von Fragen und Folgefragen, die einerseits vertraglich, andererseits aber auch praktisch gelöst werden müssen. Einige dieser Themen werden im Folgenden aufgegriffen.

bb) Geschäftsveräußerung im Ganzen, § 1 Abs. 1a UStG

aaa) Tatbestandsvoraussetzungen einer Geschäftsveräußerung im Ganzen

Bei der Übertragung eines wirtschaftlich selbständigen Betriebs oder Teilbetriebs im Rahmen einer Carve-out-Transaktion dürfte es sich häufig im Ergebnis um eine nicht umsatzsteuerbare Geschäftsveräußerung im Ganzen und damit um einen umsatzsteuerneutralen Vorgang handeln. So liegt nach der Legaldefinition des § 1 Abs. 1a S. 2 UStG eine Geschäftsveräußerung im Ganzen vor, wenn ein **Unternehmen oder ein in der Gliederung eines Unternehmens gesondert geführter Betrieb im Ganzen entgeltlich oder unentgeltlich übereignet** oder in eine Gesellschaft eingebracht wird. Darüber hinaus muss die Übertragung an einen anderen Unternehmer für dessen Unternehmen erfolgen (§ 1 Abs. 1a S. 1 UStG). Da der Gesetzeswortlaut explizit auch Einbringungen erfasst und nach herrschender Auffassung[80] auch andere Umwandlungen – mit Ausnahme des Formwechsels – § 1

---

[79] *Zugmaier/Fietz* MittBayNot 2013, 427.
[80] *Sölch/Ringleb/Oelmaier* § 1 UStG Rn. 189; Bunjes/*Robisch* § 1 UStG Rn. 136; *Pyszka* DStR 2011, 545 ff.

Abs. 1a UStG unterfallen, können entsprechende Separierungen von *Assets* in Form eines Betriebs oder Teilbetriebs im Vorfeld einer Carve-out-Transaktion ebenfalls eine Geschäftsveräußerung im Ganzen darstellen. Wie nachfolgend beleuchtet, handelt es sich bei den einzelnen Tatbestandsmerkmalen nicht um randscharf abgrenzbare Begrifflichkeiten, so dass deren Anwendung in der Praxis häufig Schwierigkeiten bereitet.[81] Dies spiegelt sich auch in der Vielzahl von Einzelfallentscheidungen zur Geschäftsveräußerung im Ganzen wider.[82]

41 Zunächst erfasst § 1 Abs. 1a UStG die **Übertragung eines Geschäftsbetriebs oder eines selbständigen Unternehmensteils** einschließlich materieller und ggf. immaterieller Bestandteile, die zusammen genommen ein Unternehmen oder einen Unternehmensteil bilden, mit dem eine **selbständige wirtschaftliche Tätigkeit** fortgeführt werden kann.[83] Die bloße Übertragung einzelner Gegenstände, wie beispielsweise der Verkauf eines Warenbestandes, führt nicht zu einer Geschäftsveräußerung im Ganzen.[84] Entscheidend ist, dass der Käufer – der entweder schon selbst Unternehmer ist oder spätestens mit Erwerb des Geschäftsbetriebs Unternehmer wird[85] – beabsichtigt, den übertragenen Geschäftsbetrieb oder Unternehmensteil zu betreiben und nicht lediglich die betreffende Geschäftstätigkeit sofort abwickelt.[86] Der Käufer muss nicht unbedingt die Tätigkeit des Verkäufers fortführen; es reicht, wenn sich die Tätigkeiten ähneln.[87] So sind im Rahmen einer Gesamtwürdigung die Art der übertragenen Vermögensgegenstände und der Grad der Übereinstimmung oder Ähnlichkeit zwischen den vor und nach der Übertragung ausgeübten Tätigkeiten zu berücksichtigen. Kleinere Änderungen und Modernisierungen des Geschäftsbetriebs durch den Käufer stehen daher der Geschäftsveräußerung im Ganzen nicht entgegen.[88] Unerheblich ist auch, ob der Käufer den Namen des übernommenen Unternehmens weiterführt; entscheidend ist vielmehr, dass er die Tätigkeit des Verkäufers nunmehr im Rahmen seiner (bisherigen) eigenen Geschäftstätigkeit fortführt.[89]

42 Da das Gesetz von einer Geschäftsveräußerung „im Ganzen" spricht, wird darüber hinaus vorausgesetzt, dass die **wesentlichen Betriebsgrundlagen mit übertragen** werden.[90] Hiernach müssen die übertragenen Vermögensgegenstände ein hinreichendes Ganzes bilden, um dem Käufer die Fortsetzung einer bisher durch den Verkäufer ausgeübten unternehmerischen Tätigkeit zu ermöglichen,

---

[81] Eine gewisse Orientierungshilfe bietet Abschnitt 1.5 UStAE.
[82] Vgl. hierzu die Übersicht bei Rau/Dürrwächter/Husmann § 1 UStG Rn. 1110 ff.
[83] EuGH v. 27.11.2003 – C-497/01 (*Zita Modes S.à r.l.*), Rn. 40, BFH/NV Beilage 2004, 128; BFH v. 18.09.2008 – V R 21/07, BStBl. II 2009, 254.
[84] EuGH v. 27.11.2003 – C-497/01 (*Zita Modes S.à r.l.*), Rn. 40, BFH/NV Beilage 2004, 128.
[85] Abschn. 1.5 Abs. 1 S. 1, 2. Hs. UStAE.
[86] EuGH v. 27.11.2003 – Rs C-497/01 (*Zita Modes S.à r.l.*), Rn. 44, BFH/NV Beilage 2004, 128.
[87] BFH v. 06.05.2010 – V R 25/09, BFH/NV 2010, 1873.
[88] BFH v. 23.08.2007 – V R 14/05, BStBl. II 2008, 165; Abschn. 1.5. Abs. 1a S. 1 UStAE.
[89] BFH v. 29.08.2012 – XI R 1/11, BStBl. II 2013, 301.
[90] Vgl. hierzu im Einzelnen Abschn. 1.5 Abs. 3 f. UStAE.

2. Verkauf eines rechtlich nicht selbständigen Geschäftsbereichs (Asset Deal)

und der Käufer muss dies auch tatsächlich tun.[91] Wesentliche Grundlagen sind die Hauptgrundlagen eines Unternehmens oder eines gesondert geführten Betriebes, was sich nach den tatsächlichen Verhältnissen im Zeitpunkt der Übereignung richtet. Entscheidend ist die Möglichkeit der Unternehmensfortführung ohne großen finanziellen Aufwand.[92] Eine Geschäftsveräußerung kann daher auch dann vorliegen, wenn nur ein Gegenstand übertragen wird, vorausgesetzt, dieser Gegenstand macht die unternehmerische Tätigkeit aus, wie z. B. die Veräußerung verpachteter oder vermieteter Immobilien unter Fortführung der Pacht- oder Mietverträge durch den Käufer.[93] Es ist jedoch zu beachten, dass die Übertragung der wesentlichen Betriebsgrundlagen allein nicht automatisch auf eine Geschäftsveräußerung im Ganzen hinweist. Sie gilt lediglich als Indiz für das Vorhandensein einer Geschäftsveräußerung im Ganzen und ist Rahmen der Gesamtwürdigung zu berücksichtigen.[94]

Derzeit ist – auf Grund zweier jüngerer FG-Urteile[95] – noch nicht abschließend geklärt, ob eine Geschäftsveräußerung im Ganzen auch bei der **Übertragung** eines (Teil-)Betriebs **auf mehrere Erwerber** anzunehmen ist. In einer hierzu ergangenen Revisionsentscheidung verneinte der BFH[96] in Übereinstimmung mit der bislang überwiegenden finanzgerichtlichen Rechtsprechung eine Geschäftsveräußerung im Ganzen.[97] So könne auf Grund des Gesetzeswortlauts eine solche nicht vorliegen, wenn der Geschäftsbetrieb auf mehrere Umsatzsteuersubjekte übertragen würde. Allerdings steht eine weitere BFH-Entscheidung zu dieser Frage noch aus, so dass derzeit noch eine gewisse Unsicherheit in entsprechenden Fallkonstellationen besteht.[98] Bei Carve-out-Transaktionen mit mehreren Erwerbsgesellschaften auf der Käuferseite sollte dies entsprechend berücksichtigt werden. **43**

Des Weiteren findet man im Rahmen von Carve-out-Transaktionen teilweise eine Situation vor, in der nicht sämtliche Wirtschaftsgüter des maßgeblichen Geschäftsbereichs – sei es direkt an den Käufer oder über den Umweg einer „Vorabeinbringung" in eine neu gründete Gesellschaft – übertragen werden. Dies muss für die Annahme einer Geschäftsveräußerung im Ganzen gleichwohl nicht schädlich sein. So ist bei einer entgeltlichen oder unentgeltlichen Übereignung eines Unternehmens oder eines gesondert geführten Betriebs im Ganzen eine nicht steuerbare Geschäftsveräußerung im Ganzen auch dann anzunehmen, wenn **44**

---

[91] BFH v. 18.09.2008 – V R 21/07, BStBl. II 2009, 254.
[92] Abschn. 1.5 Abs. 4 S. 1 ff. UStAE mit konkreten Beispielen.
[93] BFH v. 04.09.2008 – V R 23/06, BFH/NV 2009, 426 mwN zur Rspr.
[94] Sölch/Ringleb/*Oelmaier* § 1 UStG Rn. 183.
[95] FG Rheinland-Pfalz v. 13.03.2014 – 6 K 1396/10, DStRE 2015, 797 (mittlerweile durch BFH aufgehoben, vgl. BFH v. 04.02.2015 – XI R 14/14, DStR 2015, 1561) sowie FG Nürnberg v. 06.08.2013 – 2 K 1964/10, MwStR 2013, 742 (Rev. eingelegt, BFH Aktenzeichen V R 36/13).
[96] BFH v. 04.02.2015 – XI R 14/14, DStR 2015, 1561.
[97] FG Brandenburg v. 12.12.2001 – 1 K 311/00, DStRE 2002, 967; FG Köln v. 14.11.2007 – 4 K 605/05, DStRE 2008, 1086.
[98] Vgl. zu dieser Problematik *Meiisel/Walzer* DB 2014, 83 ff.; *Sterzinger* SteuK 2015, 307.

einzelne unwesentliche Wirtschaftsgüter davon ausgenommen werden.[99] Eine nicht steuerbare Geschäftsveräußerung im Ganzen liegt daher bei einer Carve-out-Transaktion beispielsweise auch dann vor, **wenn einzelne wesentliche Wirtschaftsgüter**, insbesondere die dem Carve-out-Business dienenden Grundstücke, nicht mit dinglicher Wirkung übertragen, sondern **an den Käufer vermietet oder verpachtet werden,** und eine dauerhafte Fortführung des Carve-out-Business durch den Käufer gewährleistet ist.[100] Hierfür reicht eine langfristige Vermietung oder Verpachtung (z. B. für acht Jahre) sowie eine Vermietung oder Verpachtung auf unbestimmte Zeit aus, wobei die Möglichkeit, den Miet- oder Pachtvertrag kurzfristig zu kündigen, als unschädlich angesehen wird.[101]

45   Die **Möglichkeit der zeitlichen Überlassung von Wirtschaftsgütern** auf schuldrechtlicher Basis stellt für Carve-out-Transaktionen eine wichtige Abweichung zum Umwandlungssteuerrecht dar. Will man hier eine steuerneutrale Übertragung erreichen, sind die wesentlichen Betriebsgrundlagen im Rahmen eines Teilbetriebs stets dinglich mit zu übertragen (→ Rn. 143), da andernfalls nach h.A. kein steuerlicher Teilbetrieb vorliegt.[102] Im Ergebnis kann daher der Tatbestand einer Geschäftsveräußerung im Ganzen erfüllt sein, ohne dass – in Ermangelung eines Teilbetriebs im ertragsteuerlichen Sinne – zugleich eine ertragsteuerneutrale Einbringung gegeben ist. Umgekehrt lässt sich jedoch festhalten, dass soweit einkommensteuerrechtlich eine Teilbetriebsveräußerung angenommen wird, grundsätzlich auch umsatzsteuerrechtlich von der Veräußerung eines gesondert geführten Betriebs auszugehen ist.[103]

bbb) Rechtsfolgen einer Geschäftsveräußerung im Ganzen

46   Umsätze im Rahmen einer Geschäftsveräußerung an einen anderen Unternehmer für dessen Unternehmen unterliegen gemäß § 1 Abs. 1a S. 1 UStG nicht der Umsatzsteuer, sind also **nicht umsatzsteuerbar**. Dem Käufer steht gleichwohl ein Vorsteuerabzug aus mit Umsätzen im Rahmen der Geschäftsveräußerung zusammenhängenden Eingangsleistungen, wie z. B. Rechtsberatungskosten, zu.[104] Rechtsfolge der Geschäftsveräußerung im Ganzen ist, dass der Käufer umsatzsteuerlich an die Stelle bzw. in die „Fußstapfen" des Verkäufers tritt (§ 1 Abs. 1a S. 3 UStG). Diese umsatzsteuerlichen Folgen treten bei Vorliegen der entsprechenden Voraussetzungen „automatisch", d. h. ohne weiteres Zutun der Beteiligten, ein. Ein Wahlrecht o.ä. besteht nicht.

---

[99] Abschn. 1.5 Abs. 3 UStAE.
[100] Vgl. z. B. BFH v. 04.07.2002 – V R 10/01, BStBl. II 2004, 662 mwN.
[101] Vgl. BFH v. 23.08.2007 – V R 14/05, BStBl. II 2008, 165; BFH v. 18.01.2012 – XI R 27/08, BStBl. II 842; Abschn. 1.5 Abs. 3 S. 3 f. UStAE.
[102] Rz. 22.06 UmwSt-Erlass; BFH v. 07.04.2010 – I R 96/08, BStBl. II 2011, 467; Widmann/Mayer/*Mayer* § 20 UmwStG Rn 18, 30; Haritz/Menner/*Menner* § 20 UmwStG Rn 76.
[103] Abschn. 1.5 Abs. 6 S. 4 UStAE.
[104] Ein Ausschluss nach § 15 Abs. 2 UStG kommt nicht in Betracht, BFH v. 08.03.2001 – V R 24/98, BStBl. II 2003, 430; Abschn. 1.6 Abs. 7 UStAE.

2. Verkauf eines rechtlich nicht selbständigen Geschäftsbereichs (Asset Deal)

Wie die voranstehenden Ausführungen gezeigt haben, steht für die Beteiligten im Zeitpunkt der Carve-out-Transaktion häufig nicht mit abschließender Sicherheit fest, ob die Voraussetzungen einer Geschäftsveräußerung im Ganzen vorliegen oder nicht. Es empfiehlt sich daher, im Unternehmenskaufvertrag in der **Umsatzsteuerklausel** entsprechend **vorsorglich** sowohl den Fall der **Geschäftsveräußerung im Ganzen als auch die Option zur Umsatzsteuer zu regeln**. Für den Fall, dass das zuständige Finanzamt die Veräußerung nicht als Geschäftsveräußerung im Ganzen anerkennt, wäre dann eine „Heilung" grundsätzlich möglich. Hintergrund dieser Verknüpfung ist folgender: Gerade im Hinblick auf Transaktionen, die Grundstücke mit umfassen, sind – nicht zuletzt auch im Hinblick auf die geänderte Finanzverwaltungsauffassung zur Möglichkeit der Ausübung einer Option nach § 9 UStG – Klauseln aufzunehmen, die es im Falle einer späteren Verneinung einer Geschäftsveräußerung im Ganzen durch die Finanzverwaltung den Parteien gleichwohl ermöglichen, von der Umsatzsteueroption nach § 9 Abs. 1 UStG Gebrauch zu machen. Ohne eine entsprechende Klausel würde der Verkauf in Bezug auf das Grundstück rückwirkend als umsatzsteuerfrei behandelt werden mit der Folge, dass es beim Verkäufer zu einer massiven Vorsteuerberichtigung nach § 15a Abs. 1 und 8 UStG kommen kann.[105]

47

Gehen die Beteiligten nun vom Vorliegen einer Geschäftsveräußerung im Ganzen aus, sollte – für den Fall, dass die Finanzverwaltung dies anders sieht – nunmehr eine Option entsprechend der neuen Finanzverwaltungsauffassung „vorsorglich und im Übrigen unbedingt"[106] im notariell zu beurkundenden Unternehmenskaufvertrag und/oder eine Erhöhung des Kaufpreises um die gesetzliche USt vereinbart werden.[107]

48

> The Parties agree with respect to VAT and a possible liability of Purchaser for tax liabilities of Seller as follows:
>
> 1. The Parties assume that the sale, purchase and transfer of the Carve-Out-Business under this Agreement constitutes a non-taxable disposal of a business *(Geschäftsveräußerung im Ganzen)* pursuant to Section 1 para. 1a of the German VAT Act *(Umsatzsteuergesetz)* and that, therefore, no VAT will have to be paid on the Purchase Price. In case the tax authorities take a different view at a later point in time, e.g., as a result of a VAT special audit, the Purchase Price will be increased by the VAT at the statutory rate.
> 2. Pursuant to Sections 9 paras. 1 and 3 of the German VAT Act *(Umsatzsteuergesetz)*, Seller hereby waives the VAT exemption under Section 4 No. 9 lit. a of the German VAT Act *(Umsatzsteuergesetz)* and instead opts

---

[105] Spiegelberger/Schallmoser/*Küffner/Fietz* Kapitel 1 Rn. 1.825.
[106] Abschn. 9.1 Abs. 3 S. 3 UStAE.
[107] Zu einzelnen Formulierungsvorschlägen vgl. *Zugmaier/Fietz* NWB 2013, 3746 ff.; *Meyer-Burow/Connemann* UStB 2012, 362 ff.; *Wüst* MwStR 2013, 661 ff.

> for full VAT liability. Such waiver of the VAT exemption is precautionary and unconditioned *(vorsorglich und im Übrigen unbedingt).*
> 3. Any potential costs or liability arising for Purchaser due to the fact that the sale, purchase and transfer of the Carve-Out-Business does not qualify as a non-taxable disposal of a business *(Geschäftsveräußerung im Ganzen)* pursuant to Sec. 1 para. 1a of the German VAT Act *(Umsatzsteuergesetz)* but as a taxable transfer will be borne by Seller, and Seller hereby indemnifies Purchaser for such costs and liability.

49   Darüber hinaus gilt es zu beachten, dass der Verkäufer im Rahmen einer nicht-steuerbaren Geschäftsveräußerung nicht berechtigt ist, eine Rechnung mit gesonderter Umsatzsteuer auszustellen. Eine gleichwohl **bewusst oder irrtümlich** ausgewiesene Umsatzsteuer stellt einen unrichtigen Steuerausweis dar, für den der Verkäufer die ausgewiesene Umsatzsteuer schuldet (§ 14c Abs. 1 UStG) und für den der Käufer keinen Vorsteuerabzug beanspruchen kann.[108] Sofern Immobilien nicht vollumfänglich zu Ausgangsumsätzen genutzt werden, die für den Vorsteuerabzug unschädlich sind (steuerfreie Untervermietung), spielt die **Vorsteuerberichtigung nach § 15a UStG** eine wichtige Rolle. Bei einer Geschäftsveräußerung im Ganzen tritt der Käufer umsatzsteuerlich an die Stelle des Verkäufers (§ 1 Abs. 1a S. 3 UStG). Dies gilt auch hinsichtlich etwaiger Vorsteuerberichtigungen nach § 15a UStG. Bei einer umsatzsteuerfreien Veräußerung durch den Geschäftserwerber während des zehnjährigen Berichtigungszeitraumes, der gemäß § 15a Abs. 10 UStG durch eine Geschäftsveräußerung nicht durchbrochen wird, kann der Käufer zu einer anteiligen Nachzahlung von Vorsteuerbeträgen verpflichtet sein, die der Verkäufer geltend gemacht hatte. Um ein solches Risiko zu minimieren, werden in der Praxis häufig entsprechende Steuerklauseln in den Unternehmenskaufvertrag aufgenommen.

50   Für den Fall, dass die **Parteien** zu der Einschätzung gelangen, dass im Ergebnis voraussichtlich **keine Geschäftsveräußerung** im Ganzen vorliegt, empfiehlt es sich dennoch aus Sicht des Käufers, eine vorsorgliche Regelung für den Fall zu treffen, dass die Finanzverwaltung den Verkauf nachträglich abweichend als Geschäftsveräußerung im Ganzen beurteilt.[109] Auch in diesem Fall kann es aufgrund § 15a UStG beim Käufer zu einer anteiligen Nachzahlungsverpflichtung für die vom Verkäufer geltend gemachten Vorsteuerbeträge kommen. Im Hinblick auf diese Konstellation könnte folgende Klausel vereinbart werden.

> The Parties assume that the sale constitutes a taxable supply of land *(Grundstückslieferung)* within the meaning of Section 1 para. 1 no. 1 of the German VAT Act *(Umsatzsteuergesetz)* and agree with respect to VAT and a possible liability of the Purchaser for tax liabilities of the Seller the following:

---

[108] Abschn. 14c.1 Abs. 1 S. 5 Nr. 3 iVm Abschn. 15.2 Abs. 1 S. 2 UStAE.
[109] Vgl. hierzu auch Spiegelberger/Schallmoser/*Küffner/Fietz* Kapitel 1 Rn. 1.840.

2. Verkauf eines rechtlich nicht selbständigen Geschäftsbereichs (Asset Deal)

1. Pursuant to Sections 9 paras. 1 and 2 of the German VAT Act *(Umsatzsteuergesetz)*, Seller hereby waives the VAT exemption under Section 4 No. 9 lit. a of the German VAT Act *(Umsatzsteuergesetz)* and instead opts for full VAT liability. The waiver of the VAT exemption is unconditioned *(unbedingt)*. The parties are aware that the waiver only becomes important if the delivery of the Object of Sale is subject to VAT.
2. Section 13b para. 2 of the German VAT Act *(Umsatzsteuergesetz)* will apply to the supply of land. Accordingly, Purchaser will owe VAT resulting from the relevant supply of land; the contractual purchase price alloted to the supply of land does not include any VAT.
3. Should the tax authorities finally and conclusively be of the opinion that the sale of the Object of Sale under this Sale and Purchase Agreement is a non-taxable disposal of a business *(Geschäftsveräußerung im Ganzen)* pursuant to Section 1 para. 1a of the German VAT Act *(Umsatzsteuergesetz)* and that, therefore, no VAT will have to be paid on the agreed purchase price, the Parties agree on the following:
    a) If Purchaser has to effect input VAT corrections according to Section 15a of the German VAT Act *(Umsatzsteuergesetz)* due to circumstances that (i) have occurred before the Closing Date or (ii) were caused by Seller, Seller commits to – at the sole choice of Purchaser – either indemnify Purchaser for any payment obligation to the tax authorities or to immediately refund any amounts that have already been repaid to the tax authorities.
    b) Any potential costs or liability arising for Purchaser due to the fact that the sale of the Object of Sale does not qualify as a taxable supply of land *(Grundstückslieferung)* pursuant to Section 1 para. 1 no 1 UStG but as a non taxable disposal of a business *(Geschäftsveräußerung im Ganzen)* will be borne by Seller and Seller hereby indemnifies Purchaser for such costs and liability.

Obwohl der Verkäufer aufgrund von § 15a Abs. 10 UStG gesetzlich dazu verpflichtet ist, dem Käufer gegenüber Angaben zur Durchführung von **Vorsteuerberichtigungen** zu machen, ist es aus Käufersicht ratsam, sich über diesbezüglich vorhandene Unterlagen im Rahmen der *Tax Due Diligence* einen Überblick zu verschaffen. In den Unternehmenskaufvertrag sollte eine Klausel aufgenommen werden, nach der der Verkäufer verpflichtet ist, die notwendigen Unterlagen auszuhändigen. Unter Umständen kann auch ein **Kaufpreiseinbehalt** bis zur Übergabe dieser Unterlagen vereinbart werden. Dies wird sowohl von der Existenz bzw. Qualität der vorhandenen sog. § 15a UStG Register, aus denen die Berechtigungsgrundlagen für den Vorsteuerabzug hervorgehen,[110] als auch von der Verhandlungsposition des Käufers abhängen. Zudem ist es sinnvoll, entspre-

---

[110] Als notwendige Angaben iSd § 15a Abs. 10 S. 2 iVm § 22 Abs. 4 UStG kommen insbesondere die Anschaffungs- bzw. Herstellungskosten sowie darauf entfallende Vorsteuerbeträge sowie der Zeitpunkt der erstmaligen Verwendung in Betracht, vgl. UStAE 15a.12 Abs. 1.

chende Gewährleistungen in den Garantienkatalog im Unternehmenskaufvertrag aufzunehmen.

> Seller will provide Purchaser with the information pursuant to Section 15a para. 10 sentence 2 of the German VAT Act *(Umsatzsteuergesetz)* in order to carry out the adjustment under Section 15a of the German VAT Act *(Umsatzsteuergesetz)*. Seller will particularly advise Purchaser of the dates of the first use and provide further information about the dates and amounts of input tax relief claimed based on the acquisition and production costs of the Carve-Out-Business within four weeks after the Closing Date. If legally required, Seller is allowed to withhold copies of the documents or the original documents. If original documents are withheld, Seller is required to provide Purchaser with copies of the documents.

c) Grunderwerbsteuer

52   Häufig umfasst das Carve-out-Business auch **inländische Grundstücke**. Der Erwerb von inländischem Grundbesitz im Rahmen eines *Asset Deal* unterliegt gemäß § 1 Abs. 1 Nr. 1 GrEStG der **Grunderwerbsteuer**. Der Grunderwerbsteuersatz beträgt 3,5 % der auf das Grundstück entfallenden Gegenleistung (§ 11 Abs. 1 iVm § 8 Abs. 1 GrEStG). Jedoch haben die Bundesländer von ihrem Recht nach Art. 105 Abs. 2a S. 2 GG Gebrauch gemacht und hiervon abweichende, höhere Steuersätze festgelegt. Gegenwärtig liegen diese zwischen 3,5 % und 6,5 %.[111] Die Steuer bemisst sich nach dem Wert der Gegenleistung.[112] Sofern ein Kaufpreis vereinbart wird, ist dieser der maßgebliche Wert der Gegenleistung (§ 8 Abs. 1 GrEStG). Etwaige Umsatzsteuerbeträge erhöhen die Bemessungsgrundlage nicht.[113] Für den Fall, dass der Käufer weitere Gegenleistungen erbringt, wie z. B. die Übernahme der Provision eines von dem Verkäufer beauftragten Maklers, gelten diese als Teil der Gegenleistung und erhöhen somit die Bemessungsgrundlage (§ 9 Abs. 2 GrEStG).[114]

53   Wird im Rahmen einer Carve-out-Transaktion ein verlustträchtiger Geschäftsbetrieb zu einem **geringen Kaufpreis** erworben, ist nach wohl herrschender Auffassung[115] der anteilig auf das miterworbene Grundstück entfallende niedrige Kaufpreis als grunderwerbsteuerlicher Wert der Gegenleistung anzusehen, so dass ein Rückgriff auf den Grundbesitzwert als „Hilfsbemessungsgrundlage" nach § 8

---

[111] Zu den Grunderwerbsteuersätzen im Einzelnen vgl. *Gottwald* MittBayNot 2015, 1, 11.

[112] Zur Gegenleistung im grunderwerbsteuerlichen Sinne gehört nach ständiger Rspr. jede Leistung, die der Erwerber als Entgelt für den Erwerb des Grundstücks gewährt oder die der Veräußerer als Entgelt für die Veräußerung des Grundstücks empfängt, vgl. z. B. BFH v. 13.12.1989 – II R 115/86, BStBl. II 1990, 440; BFH v. 02.06.2005 – II R 6/04, BStBl. II 2005, 651; BFH v. 30.3.2009 – II R 1/08, BFH/NV 2009, 1666.

[113] FinMin. Baden-Württemberg, Erlass vom 22.06.2004, 3 – S 4521/24, DStR 2004, 1432.

[114] Die Übernahme der Provision stellt einen Fall von § 9 Abs. 2 Nr. 3 GrEStG dar. Zu weiteren Fällen der Gegenleistungen vgl. Boruttau/*Loose* § 9 GrEStG Rn. 551 ff.

[115] Pahlke/*Pahlke* § 8 GrEStG Rn. 8 mit Verweis auf die einschlägige Rspr.

2. Verkauf eines rechtlich nicht selbständigen Geschäftsbereichs (Asset Deal)

Abs. 2 GrEStG zu unterbleiben hat.[116] So dient nach ständiger Rechtsprechung der Wert der Gegenleistung nach § 8 Abs. 1 GrEStG auch dann als Bemessungsgrundlage, wenn er außergewöhnlich niedrig ist und hinter dem Verkehrs- oder Steuerwert des Grundstücks zurückbleibt.[117] In diesem Zusammenhang ist jedoch noch zu prüfen, inwieweit der Käufer im Zusammenhang mit der Kaufpreisbemessung weitere Leistungen zu erbringen hat, die dann ggf. grunderwerbsteuerlich als Gegenleistung zu klassifizieren sind.[118]

Ebenso ist bei der Veräußerung einer Immobilie im Falle der Mitveräußerung von evtl. vorhandenen **Betriebsvorrichtungen** auf eine gesonderte Zuordnung der Verkehrswerte im Rahmen des Unternehmenskaufvertrags zu achten, da sie nicht in das Grundvermögen einzubeziehen sind (§ 2 Abs. 1 GrEStG). So werden Maschinen und sonstige Vorrichtungen, die zu einer Betriebsanlage gehören, im Grunderwerbsteuerrecht auch dann nicht als Grundstücksteile behandelt, wenn sie wesentliche Bestandteile des Grundstücks sind (§ 2 Abs. 1 Nr. 1 GrEStG).[119] Durch eine exakte Differenzierung kann somit eine entsprechende „Reduzierung" der Bemessungsgrundlage für Zwecke der Grunderwerbsteuer erzielt werden. Sofern die Werte nicht gutachterlich festgestellt werden, kann ggf. hilfsweise auf die Anschaffungs- und Herstellungskosten des Verkäufers zurückgegriffen werden.

54

Betriebsvorrichtungen sind gem. § 68 Abs. 2 Nr. 2 BewG Vorrichtungen aller Art, die zu einer Betriebsanlage gehören, auch wenn sie wesentliche Bestandteile sind. Diese Qualifikation gilt nicht nur für Zwecke der Grunderwerbsteuer, sondern wird auch ertragsteuerlich nachvollzogen. Betriebsvorrichtungen gelten danach als selbständige Gebäudeteile bzw. bewegliche Wirtschaftsgüter.[120] Aufgrund der damit verbundenen höheren Abschreibung für Betriebsvorrichtungen ergibt sich neben einer Grunderwerbsteuerreduzierung auch ein ertragsteuerlicher Vorteil, so dass die Identifizierung und Bewertung lohnenswert erscheint. Um ggf. für eine Diskussion mit den Finanzbehörden gerüstet zu sein, empfiehlt sich wiederum eine Dokumentation, aus der ersichtlich ist, welche Betriebsvorrichtungen vorhanden sind und welche Zeitwerte diesen zugemessen werden. Es bleibt darauf hinzuweisen, dass die **Abgrenzung zwischen Gebäudebestandteil und Betriebsvorrichtung** sehr kasuistisch und nicht immer eindeutig ist. Aus praktischer Sicht bietet der Erlass der obersten Finanzbehörden der Länder[121] entsprechende Hinweise.

---

[116] Sofern im Kaufvertrag keine entsprechende Aufteilung des Kaufpreises auf das Grundstück enthalten, sondern ein einheitlicher Gesamtkaufpreis vereinbart ist, wäre der Kaufpreis entsprechend den Teilwerten der erworbenen Wirtschaftsgüter dem Grundstück zuzuordnen → Rn. 23 ff.
[117] BFH v. 10.06.1969 – II 172/64, BStBl. II 1969, 668; BFH v. 06.12.1989 – II R 95/86, BStBl. II 1990, 186; BFH v. 26.2.2003 – II B 54/02, BStBl. II 2003, 483.
[118] Beck'sches Hdb. Unternehmenskauf/*Ettinger* B. Rn. 167.
[119] Boruttau/*Viskorf* § 2 GrEStG Rn. 95.
[120] R 4.2 Abs. 3 und 7.1 Abs. 3 EStR.
[121] Gleich lautender Erlass zur Abgrenzung des Grundvermögens von den Betriebsvorrichtungen v. 05.06.2013, BStBl. I S. 734 (Oberste Finanzbehörden der Länder).

55   Der **Steuerschuldner** der Grunderwerbsteuer ist nach § 19 GrEStG verpflichtet, den **grunderwerbsteuerpflichtigen Erwerbsvorgang** innerhalb von zwei Wochen dem zuständigen Finanzamt **zu melden**. Beim *Asset Deal* sind Steuerschuldner in der Regel sowohl Käufer als auch Verkäufer (§ 13 Nr. 1 GrEStG). Die Anzeigepflicht der Beteiligten besteht auch dann, wenn der Erwerbsvorgang im Einzelfall nach § 18 GrEStG durch Gerichte, Behörden und Notare anzuzeigen ist, und zwar unabhängig davon, ob letzteres geschehen ist.[122] Ein Steuerpflichtiger, der dieser Pflicht nicht nachgekommen ist, kann sich nicht dadurch entlasten, dass der Notar die Erfüllung seiner Anzeigepflicht zugesagt und man übereinstimmend eine nochmalige Anzeige durch den Steuerpflichtigen selbst für entbehrlich gehalten habe.[123]

56   Die **Anzeige stellt formal eine Steuererklärung dar**. Die Verletzung der Anzeigepflicht des § 19 GrEStG kann zum einen das Finanzamt berechtigen, einen schon bestandskräftigen Grunderwerbsteuerbescheid nach § 173 Abs. 1 S. 1 Nr. 1 AO (neue Tatsachen) zu ändern, zum anderen zu einer Hemmung des Anlaufs der Festsetzungsfrist nach § 170 Abs. 1 S. 1 Nr. 1 AO führen.[124] Bei Nichterfüllung bzw. nicht rechtzeitiger Erfüllung der Anzeigepflicht kann auch ein Verspätungszuschlag bis zu 10 % der endgültig festgesetzten GrESt, maximal EUR 25.000 festgesetzt werden. Letztlich ist im Extremfall eine strafrechtliche Verfolgung denkbar, wenn durch die Nichtanzeige Steuern nicht, nicht rechtzeitig oder zu niedrig festgesetzt würden (§ 370 AO).[125]

57   Sofern das Finanzamt bereits anderweitig alle für eine Steuerfestsetzung notwendigen Informationen erhalten hat, müsste zumindest ein strafrechtlicher Vorwurf ausgeschlossen sein. Insofern kann die Anzeige des Notars den Beteiligten zu Gute kommen. Aus diesem Grund ist in der Praxis die Anzeigepflicht der Beteiligten beim *Asset Deal* weniger wichtig als beim *Share Deal*, denn der beurkundende **Notar hat gemäß § 18 Abs. 1 GrEStG die Pflicht, den Grundstückserwerb** dem zuständigen Finanzamt **anzuzeigen**. Die selbständige Anzeige durch die Beteiligten ist dennoch zu empfehlen, da nur im Falle einer rechtzeitigen Anzeige eine spätere Rückabwicklung des Geschäfts insgesamt grunderwerbsteuerfrei erfolgen kann (§ 16 GrEStG).

58   Das Finanzamt setzt die Grunderwerbsteuer fest, die binnen eines Monats nach Erhalt des Steuerbescheides zu entrichten ist. Prinzipiell haften sowohl der Verkäufer als auch der Käufer gesamtschuldnerisch (§ 44 Abs. 1 S. 1 AO). In der Praxis wird im Unternehmenskaufvertrag mit Wirkung für das Innenverhältnis zwischen Verkäufer und Käufer fast immer vereinbart, dass der Käufer die Grunderwerbsteuer trägt. Sobald die Grunderwerbsteuer gezahlt wurde, stellt das zuständige Finanzamt eine **Unbedenklichkeitsbescheinigung** aus (§ 22 GrEStG). Erst mit

---

[122] Boruttau/*Viskorf* § 19 GrEStG Rn. 14.
[123] BFH v. 04.03.1999 – II R 79/97, BFH/NV 1999, 1301.
[124] Pahlke/*Pahlke* § 19 GrEStG Rn. 16.
[125] Pahlke/*Pahlke* § 19 GrEStG Rn. 16.

2. Verkauf eines rechtlich nicht selbständigen Geschäftsbereichs (Asset Deal)

Vorliegen einer solchen Bescheinigung kann die Eigentumsumschreibung des Grundstücks auf den Käufer im Grundbuch vorgenommen werden.

d) Haftung des Käufers für Steuerschulden des Verkäufers

Bei jeder Carve-out-Transaktion stellt sich die Frage, ob und in welchem Umfang eine Belastung des Käufers durch **historische Steuerschulden** möglich ist. Diese Fragestellung hat unmittelbare Auswirkungen nicht nur hinsichtlich des Umfanges einer durchzuführenden *Tax Due Diligence*, sondern auch auf die steuerlichen Gewährleistungs- bzw. Freistellungsregelungen im jeweiligen Unternehmenskaufvertrag.[126] Bei Carve-out-Transaktionen, die als *Asset Deal* durchgeführt werden, kommen als steuerliche Haftungstatbestände für den Käufer gerade der Haftung des Betriebsübernehmers nach § 75 AO sowie der Haftung bei Firmenfortführung nach § 25 HGB besondere Bedeutung zu.[127]

59

aa) Haftung des Betriebsübernehmers nach § 75 AO

Der Käufer eines Unternehmens oder eines in der Gliederung eines Unternehmens gesondert geführten Betriebs haftet als Betriebsübernehmer gemäß § 75 Abs. 1 S. 1 AO für sämtliche Betriebssteuern und Steuerabzugsbeträge.[128] Hinsichtlich der Frage, wann der **Haftungstatbestand** der Übereignung eines Unternehmens oder eines in der Gliederung des Unternehmens **gesondert geführten Betriebs** im Ganzen vorliegt, muss auf Grund der umfangreichen Kasuistik an dieser Stelle auf die einschlägige Rechtsprechung und Literatur verwiesen werden.[129] Grundsätzlich kann man aber davon ausgehen, dass bei Vorliegen eines Teilbetriebs im Sinne des Ertrag- bzw. Umwandlungssteuerrechts auch ein gesondert geführter Betrieb iSv § 75 AO vorliegen wird.[130] Der Erwerb eines rechtlich unselbständigen Geschäftsbereichs im Rahmen einer Carve-out-Transaktion dürfte typischerweise § 75 AO unterfallen, da der Käufer im Hinblick auf den betroffenen Geschäftsbereich in der Regel sämtliche wesentlichen Betriebsgrundlagen des Verkäufers übernehmen wird, um den erworbenen Geschäftsbereich weiter fortzuführen. Etwas anderes würde dann gelten, wenn der Käufer nur einzelne, ihn interessierende *Assets* erwirbt, die für sich allein betrachtet nicht lebensfähig sind.[131] Sobald

60

---

[126] Beck'sches Mdt.Hdb. DD/*Holzhäuser* § 27 Rn. 2.
[127] Zu weiteren Haftungstatbeständen im Rahmen eines *Asset Deal* → Rn. 67.
[128] Zu § 75 AO im Allgemeinen vgl. *Nacke* Rn. 301 ff.; Kneip/Jänisch/*Hogh* B.II. Rn. 17 ff.
[129] Vgl. hierzu insbesondere die in Nr. 3 zu § 75 AO aufgeführte Rspr. sowie Koenig/*Intemann* § 75 AO Rn. 5 ff. mwN.
[130] Nr. 3.1 S. 1 zu § 75 AEAO sowie Koenig/*Intemann* § 75 AO Rn. 10.
[131] In diesem Fall sind die Voraussetzungen eines gesondert geführten Betriebs iSv § 75 AO nicht erfüllt, vgl. Nr. 3.1 zu § 75 AEAO.

Teil V: Steuerliche Schwerpunkte

hingegen hierzu auch ein Betriebs- oder Geschäftsgrundstück zählt, dürfte der Anwendungsbereich von § 75 AO wiederum eröffnet sein.[132]

61   Hinsichtlich des **Haftungsumfangs** ist zunächst die **sachliche Beschränkung** auf sämtliche **Betriebssteuern und Steuerabzugsbeträge** zu beachten. Hierzu zählen insbesondere die Umsatzsteuer-, Gewerbesteuer-, Kapitalertrag-, Lohnsteuer- und Bauabzugssteuerschulden des Verkäufers.[133] Eine durch den Verkauf des Geschäftsbereichs entstandene unberechtigt ausgewiesene Umsatzsteuerschuld nach § 14c Abs. 1 UStG wird hiervon ebenfalls erfasst.[134] Körperschaftsteuerschulden hingegen fallen nicht in den Anwendungsbereich von § 75 AO.[135] Auch für steuerliche Nebenleistungen iSv § 3 Abs. 4 AO, wie beispielsweise Säumniszuschläge und Verspätungszuschläge, muss der Käufer nicht haften.[136] Steuerschulden des Rechtsvorgängers des Verkäufers hingegen können, soweit es sich um Betriebssteuern handelt, wiederum von § 75 AO erfasst sein.[137] Der Umfang der Haftung ist **der Höhe nach** auf den Bestand des übernommenen Vermögens **begrenzt** (§ 75 Abs. 1 S. 2 AO), wobei nach überwiegender Auffassung auch Surrogate mit in die Betrachtung einzubeziehen sind.[138] Im Falle des Erwerbs eines Geschäftsbereichs tritt daher auch nur eine anteilige Haftung für die Steuern dieses Geschäftsbereichs ein.[139] Eine Inanspruchnahme des Käufers über den Wert des Unternehmens oder des Betriebs hinaus ist nach herrschender Meinung unzulässig.[140]

62   Darüber hinaus ist die **Haftung** nach § 75 AO in **zeitlicher Hinsicht** auf Steuerschulden **begrenzt**, die seit dem Beginn des letzten, vor der Übereignung liegenden Kalenderjahres entstanden sind und bis zum Ablauf von einem Jahr nach Anmeldung des Betriebs durch den Erwerber festgesetzt oder angemeldet werden (§ 75 Abs. 1 S. 1 AO).[141] Auf die Fälligkeit der Steuern kommt es nicht an. Hieraus ergibt sich somit ein Haftungszeitraum von mindestens einem Jahr und einem Tag und maximal zwei Jahren. Die *Tax Due Diligence* bei Carve-out-Transaktionen zum Erwerb eines rechtlich unselbständigen Geschäftsbereichs wird sich hinsichtlich

---

[132] Geschäftsgrundstücke sind häufig als wesentliche Grundlage des Unternehmens anzusehen, vgl. z. B. BFH v. 18.03.1986 – VII R 146/81, BStBl. II 1986, 589.

[133] Nr. 4.1 zu § 75 AEAO.

[134] Nr. 4.1 S. 3 zu § 75 AEAO.

[135] Hübschmann/Hepp/Spitaler/*Boecker* § 75 AO Rn. 73. Grunderwerbsteuer, Grundsteuer, Kfz-Steuer und Einfuhrumsatzsteuer sind ebenfalls keine Betriebssteuern iSv § 75 AO, Koenig/*Intemann* § 75 AO Rn. 45.

[136] Nr. 4.1 S. 4 zu § 75 AEAO.

[137] Klein/*Rüsken* AO § 75, Rn. 34. So haftet bei mehrfacher Veräußerung innerhalb des Haftungszeitraums des letzten Erwerbers dieser auch für die Betriebssteuern des Rechtsvorgängers des letzten Veräußerers.

[138] Nr. 4.3 S. 1 zu § 75 AO; BFH v. 21.02.1996 – VII B 243/95, BFH/NV 1996, 661; Tipke/Kruse/*Loose* § 75 AO Rn. 62 mwN.

[139] BFH v. 12.12.1996 – VII R 53/96, BFH/NV 1997, 386; Tipke/Kruse/*Loose* § 75 AO Rn. 63.

[140] Tipke/Kruse/*Loose* § 75 AO Rn. 61.

[141] Der Erlass eines Haftungsbescheids innerhalb dieser Jahresfrist ist nicht erforderlich, Nr. 4.2 zu § 75 AEAO.

2. Verkauf eines rechtlich nicht selbständigen Geschäftsbereichs (Asset Deal)

ihres Umfangs dementsprechend regelmäßig auf die Betriebssteuern dieses Haftungszeitraums beschränken.[142] Für die zeitliche Beschränkung der Haftung ist der **Zeitpunkt der tatsächlichen Übergabe des Unternehmens entscheidend**, nicht der Zeitpunkt des Abschlusses des Unternehmenskaufvertrages (*Signing*).[143] Da erst mit der Anmeldung der Betriebsübernahme die Ausschlussfrist für eine Haftungsinanspruchnahme in Lauf gesetzt wird, liegt es zur Minderung des Haftungsrisikos im Interesse des Käufers, die Übernahme des Carve-out-Business im Anschluss an den Vollzug des Unternehmenskaufvertrages (*Closing*) möglichst zeitnah anzumelden.[144]

Zwar greift die Haftung nach § 75 AO unabhängig davon ein, ob die maßgeblichen Steuerschulden dem Erwerber bei der Übereignung bekannt waren bzw. bekannt sein konnten.[145] Der Käufer kann sein Haftungsrisiko jedoch – neben einer zeitnahen Anmeldung – dadurch verringern, dass er sich über etwaige Steuerrückstände informieren lässt (z. B. durch Negativbescheinigungen des zuständigen Finanzamts und der Betriebsstättengemeinden)[146] sowie insbesondere mit dem Verkäufer im Unternehmenskaufvertrag eine (ggf. zu besichernde) Freistellung von der Haftung nach § 75 AO vereinbart. Beim Vorliegen einer Geschäftsveräußerung im Ganzen kann zusätzlich zur **Freistellungsklausel** in den Garantiekatalog des Unternehmenskaufvertrages eine **Verkäufergarantie** aufgenommen werden, etwa mit folgendem Wortlaut:

63

> Seller has fully paid any business taxes according to Section 75 of the German Fiscal Code *(Abgabenordnung)* and has carried out any obligations to file due business tax returns *(Steuererklärungspflichten)* or other duties to cooperate with the tax authorities *(Mitwirkungspflichten)*.

Da sich die Tatbestandsvoraussetzungen der Geschäftsveräußerung im Ganzen (§ 1 Abs. 1a UStG) mit denen der Haftungsvorschrift des § 75 AO im Wesentlichen decken, sollte bei Erfüllung des Tatbestandes des § 1 Abs. 1a UStG auch regelmäßig die Anwendung des § 75 AO und eine entsprechende Haftung bejaht werden können bzw. jedenfalls nicht auszuschließen sein.[147] Dies gilt auch, wenn nur ein Teil eines Betriebs veräußert wird oder für bestimmte Aktiva, wie beispielsweise

64

---

[142] Kneip/Jänisch/*Hogh* B. II. Rn. 23.
[143] Tipke/Kruse/*Loose* § 75 AO Rn. 56 mwN.
[144] Tipke/Kruse/*Loose* § 75 AO Rn. 58.
[145] BFH v. 04.02.1974 – IV R 172/70, BStBl. II 1974, 434. Das Finanzamt muss jedoch im Rahmen seiner Ermessensausübung versuchen, zunächst den Veräußerer als bisherigen Inhaber des Betriebes in Anspruch zu nehmen. Erst danach kann der Käufer mit Haftungsbescheid in Anspruch genommen werden, BFH v. 26.07.1988 – VII B 82/88 und 83/88, BFH/NV 1989, 88, 90; Tipke/Kruse/*Loose* § 69 AO Rn. 46.
[146] Vgl. hierzu Nr. 6 zu § 75 AEAO.
[147] *Sinewe* S. 177; *Flues* RNotZ 2012, 528, 547; *Schönborn*, DStR 1999, 437, 441.

Grundstücke oder Patente, lediglich Nutzungsrechte vereinbart werden.[148] Aus Käufersicht erscheint es demnach bei einer Carve-out-Transaktion in Form eines *Asset Deal* in jedem Fall angezeigt, sich von dem Risiko einer Haftung aus § 75 AO freistellen zu lassen.[149]

65 Wird im Rahmen der Transaktion auch Grundvermögen mit veräußert, ist zudem die Haftung für die zu entrichtende **Grundsteuer** nach §§ 11 und 12 GrStG zu beachten. Beim Grundstückskauf haftet der Erwerber gemäß § 11 Abs. 2 GrStG neben dem früheren Eigentümer für die auf das Grundstück entfallende Grundsteuer, die für die Zeit seit dem Beginn des letzten vor der Übereignung liegenden Kalenderjahres zu entrichten ist. Laut § 12 GrStG ruht die Grundsteuer als öffentliche Last auf dem Grundstück, so dass eine dingliche Haftung besteht. Im Hinblick auf die Haftungsrisiken aus § 75 AO und §§ 11, 12 GrStG empfiehlt sich damit insgesamt die folgende Freistellungsklausel:

> Seller indemnifies Purchaser for any tax liability pursuant to Section 75 of the German Fiscal Code *(Abgabenordnung)* and pursuant to Sections 11, 12 of the German Real Estate Tax Act *(Grundsteuergesetz)*. Purchaser will give Seller promptly notice of a secondary liability *(Haftungsbescheid)*. Purchaser will appeal against any such notice of secondary liability, request for a stay of execution *(Aussetzung der Vollziehung)* and proceed with the appeal procedure until the end of the legal process to the extent reasonably required by Seller.

bb) Haftung bei Firmenfortführung, § 25 HGB

66 Neben § 75 AO kann der Käufer im Rahmen einer Carve-out-Transaktion in Form eines *Asset Deal* **auch nach § 25 HGB für** alle in dem verkauften Geschäftsbereich begründeten **Steuerverbindlichkeiten haften**, wenn er die Firma des Unternehmens fortführt.[150] Diese Haftung umfasst Gewerbe-, Umsatz-, Grunderwerb-, Grund-, Kfz- und Lohnsteuer sowie sonstige Steuerabzugsbeträge, Zölle und steuerliche Nebenleistungen, nicht hingegen die Körperschaft- und Einkommensteuer.[151] Im Unterschied zu § 75 AO haftet der Käufer nach § 25 HGB aber nicht nur mit dem übernommenen, sondern mit seinem gesamten Vermögen.[152] Allerdings kann die Haftung nach § 25 HGB – auch gegenüber dem Finanzamt – durch Eintragung im Handelsregister ausgeschlossen werden.[153] Nicht zuletzt deshalb sollte auch aus steuerlicher Sicht im Rahmen eines *Asset Deal* darauf ge-

---

[148] Klein/*Rüsken* AO § 75, Rn. 16.

[149] Die entsprechende „Werthaltigkeit" einer solchen Gewährleistungsverpflichtung des Verkäufers sollte mittels einer entsprechenden Besicherung des Schadensersatzanspruchs erreicht werden.

[150] Vgl. *Leibner/Pump* DStR 2002, 1689, 1693.

[151] Beck'sches Mdt.Hdb. DD/*Holzhäuser* § 27 Rn. 18 mwN.

[152] Baumbach/Hopt/*Hopt* § 25 HGB Rn. 10.

[153] Klein/*Rüsken* § 75 AO Rn. 2.

2. Verkauf eines rechtlich nicht selbständigen Geschäftsbereichs (Asset Deal)

achtet werden, eine mögliche Haftungsbeschränkung gemäß § 25 Abs. 2 HGB herbeizuführen. Andernfalls besteht das Risiko, dass trotz der sachlich beschränkten Haftung nach § 75 AO eine unbeschränkte Haftung des Käufers für Steuerverbindlichkeiten nach § 25 HGB eintritt.[154] Hinsichtlich der aus § 25 HGB resultierenden allgemeinen, nicht steuerspezifischen Transaktions- und Haftungsrisiken wird auf die Ausführungen in Teil II verweisen (→ Teil II Rn. 73 ff.).

cc) Weitere Haftungstatbestände

Auf eine Darstellung sämtlicher in Betracht kommender steuerlicher Haftungstatbestände muss in diesem Kontext verzichtet werden. Gleichwohl sollen nachfolgend noch zwei, in der Praxis des Öfteren anzutreffenden Haftungsnormen kurz umrissen werden.

67

Kommt es im Rahmen der Carve-out-Transaktion zu einem Betriebsübergang und damit zu einem Arbeitgeberwechsel (vgl. hierzu die Ausführungen in → Teil III Rn. 67 ff.), hat dies zur Folge, dass der Käufer **ab dem Vollzugsstichtag** (*Closing Date*) gem. § 42d EStG für die **korrekte Einbehaltung und Abführung der Lohnsteuer** der übernommenen Arbeitnehmer haftet. Der Tatbestand des § 42d Abs. 1 Nr. 1 EStG ist stets erfüllt, wenn die vom Arbeitgeber einzubehaltende Lohnsteuer nicht ordnungsgemäß abgeführt wird.[155] Der Haftungsanspruch entsteht gemäß § 38 AO, sobald die einzubehaltende Lohnsteuer zum Fälligkeitszeitpunkt nicht an das zuständige Finanzamt abgeführt wird und verjährt in der Regel nach dem Ablauf von vier Jahren.[156] Daneben ist grundsätzlich die Haftungsvorschrift des § 75 AO anwendbar, sodass für den Käufer auch eine Haftung für die vom Veräußerer nicht ordnungsgemäß abgeführte Lohnsteuer aus Zeiträumen vor dem Vollzugsstichtag in Betracht kommt. Für Sozialversicherungsbeitragsrückstände aus Zeiten vor dem Betriebsübergang haftet der Käufer hingegen nicht.[157]

Sofern im Rahmen eines *Asset Deal* auch einzelne Forderungen übertragen werden, könnte auch eine **verschuldensunabhängige Haftung** des Abtretungsempfängers nach § 13c UStG Anwendung finden.[158] Ziel dieser Haftung ist es, Umsatzsteuerausfälle zu vermeiden, falls der Abtretende mangels Liquidität die geschuldete Umsatzsteuer nicht an das Finanzamt entrichten kann.[159]

---

[154] *Leibner/Pump* DStR 2002, 1689, 1693.
[155] Ein Verschulden seitens des Arbeitgebers ist nach h. M. nicht erforderlich, vgl. Blümich/*Wagner* § 42d EStG Rn. 58 f.
[156] Blümich/*Wagner* § 42d EStG Rn. 69 f.
[157] LSG Bayern v. 28.01.2011 – L 5 R 848/10 B ER, NZG 2011, 1074.
[158] Kneip/Jänisch/*Hogh* B. II. Rn. 30.
[159] Vgl. hierzu im Einzelnen die Kommentierungen in Sölch/Ringleb/*Leipold* und Bunjes/*Leonard* zu § 13c UStG sowie *Wiese/Gradl* DB 2004, 844 ff.

3. Verkauf eines rechtlich selbständigen Geschäftsbereichs (*Share Deal*)

68 Nachfolgend werden die **steuerlichen Implikationen** dargestellt, die sich im Rahmen **einer als *Share Deal* durchzuführenden Carve-out-Transaktion** ergeben. Die Ausführungen gliedern sich hierbei grundsätzlich analog der Darstellung zum *Asset Deal*, beginnend mit den ertragsteuerlichen Aspekten für den Verkäufer und Käufer, wobei zwischen dem Verkauf von Anteilen an Kapitalgesellschaften (→ Rn. 69 ff.) und Personengesellschaften (→ Rn. 90 ff.) differenziert wird,[160] gefolgt von umsatz- und grunderwerbsteuerlichen Aspekten (→ Rn. 99 ff. und → Rn. 102 ff.).[161] Auf Grund der Tatsache, dass der Käufer im Rahmen eines *Share Deal* stets eine Gesellschaft – und damit auch deren gesamte steuerliche Historie einschließlich der entsprechenden Steuerrisiken – erwirbt, stellt sich die Thematik der steuerlichen Haftung des Käufers nicht. Stattdessen wird auf die Problematik der steuerlichen Organschaft näher eingegangen (→ Rn. 116 ff.). Hintergrund ist die Tatsache, dass bei Carve-out-Transaktionen Kapitalgesellschaften als Veräußerungsobjekte häufig in einen steuerlichen Verbund (Organschaft) im Verkäuferkonzern eingebunden sind und/oder in eine Organschaft beim Käufer einbezogen werden sollen. Diese steuerlichen Auswirkungen vor und nach dem Carve-out auf eine bestehende und/oder neu zu begründende Organschaft können erheblich sein und werden daher gesondert erörtert. Hier finden sich dann auch entsprechende Erläuterungen zu einer möglichen Haftung nach § 73 AO (→ Rn. 129).[162]

a) Ertragsteuerliche Aspekte

aa) Verkauf von Anteilen an einer Kapitalgesellschaft

aaa) Besteuerung beim Verkäufer

69 Wird die Carve-out-Transaktion als *Share Deal* durchgeführt und veräußert eine **Kapitalgesellschaft** Anteile an einer Kapitalgesellschaft, bleiben diese Veräußerungsgewinne steuerlich grundsätzlich gemäß § 8 b Abs. 2 KStG zunächst

---

[160] Der zivilrechtlichen Darstellung folgend (→ Rn. 1), werden die steuerlichen Implikationen aus dem Verkauf und Kauf eines Anteils an einer Personengesellschaft im Teil *Share Deal* dargestellt.

[161] Auf Ausführungen zu Steuergarantien und -freistellungen sowie etwaigen Mitwirkungspflichten, die in den entsprechenden Unternehmenskaufvertrag aufzunehmen sind, wird hier verzichtet und auf die einschlägige Literatur verwiesen, vgl. z. B. *Eilers/Beutel* IStR 2010, 564 ff.; *Bisle* SteuK 2013, 204 ff.; *Bahns* Ubg 2008, 762 ff. *Kneip/Jänisch/Balda/Kiegler* D.

[162] Neben § 73 AO könnte als weitergehende Anspruchsgrundlage für eine steuerliche Haftung auch § 74 AO in Betracht kommen. Da es sich hierbei jedoch um einen in der Praxis eher selten anzutreffenden Haftungstatbestand handelt (vgl. *Kneip/Jänisch/Hogh*, Tax Due Diligence, B. Rn. 13), wird an dieser Stelle hierauf nicht weiter eingegangen (vgl. hierzu im Allgemeinen *Mehl/Tetzlaff* NWB 2012, 2391 ff.).

3. Verkauf eines rechtlich selbständigen Geschäftsbereichs (Share Deal)

außer Ansatz.[163] Jedoch gelten von dem jeweiligen Veräußerungsgewinn 5 % als nichtabzugsfähige Betriebsausgaben (§ 8b Abs. 3 KStG). Dieser Anteil unterliegt sowohl der Körperschaftsteuer als auch der Gewerbesteuer, so dass im Ergebnis nur 95 % des **Veräußerungsgewinns körperschaftsteuer- bzw. gewerbesteuerfrei** sind. Ein Veräußerungsverlust aus einem *Share Deal* kann auf der anderen Seite steuerlich nicht berücksichtigt werden (§ 8b Abs. 3 S. 3 KStG). Daher kann auch eine etwaige Zuzahlung, die der Verkäufer im Rahmen der Carve-out-Transaktion an den Käufer leistet (negativer Kaufpreis) und die zu einer Erhöhung des Veräußerungsverlustes beim Verkäufer führt, steuerlich nicht geltend gemacht werden.[164] Die voranstehend beschriebenen steuerlichen Konsequenzen treten nach derzeitiger Rechtslage unabhängig von einer bestimmten (Mindest-)Beteiligungsquote ein.[165]

Von dem Grundsatz der Steuerbefreiung von Veräußerungsgewinnen gibt es allerdings zahlreiche Ausnahmen.[166] Hier ist insbesondere die **Steuerpflicht nach § 8b Abs. 7 KStG** für Finanzunternehmen, die Anteile mit dem Ziel des kurzfristigen Eigenhandelserfolgs erworben haben, zu nennen.[167] Diese Vorschrift kann dann einschlägig sein, wenn im Rahmen der Separierung des Carve-out Business eine NewCo-GmbH gegründet wird, deren Anteile kurze Zeit später veräußert werden und es sich bei der veräußernden Gesellschaft um ein Finanzunternehmen iSd KWG handelt. Unter einem **Finanzunternehmen** ist nach der weiten Auslegung des BFH[168] jedes Unternehmen zu verstehen, dessen Haupttätigkeit im Erwerb und im Halten von Beteiligungen besteht. Die Regelung erfasst daher u. a. Holding- und Beteiligungsgesellschaften mit entsprechender „Haupttätigkeit".[169] Das Tatbestandsmerkmal der kurzfristigen Erzielung eines Eigenhandelserfolgs soll eigenständig nach körperschaftsteuerlichen Gesichtspunkten zu interpretieren sein, wobei ein Indiz für die entsprechende Absicht die Erfassung von Anteilen im Umlaufvermögen sein kann.[170] Wenngleich zu § 8b Abs. 7 KStG im Zusammenhang mit Finanzunternehmen gegenwärtig noch zahlreiche ungeklärte Fragen verbleiben, ist es unstreitig, dass auch M&A-Transaktionen hiervon erfasst sein können und entsprechend erschwert werden.[171] Es ist daher zu empfehlen, bereits im Vorfeld von Carve-out-Transaktionen genau zu prüfen, welche Anteile möglicherweise von der Steuerpflicht gem. § 8b Abs. 7 KStG bereits erfasst sein oder

70

---

[163] Zu § 8b KStG im Allgemeinen vgl. z. B. *Pung* Ubg 2008, 254 ff.
[164] *Preißer/Preißer*, DStR 2011, 133, 134.
[165] Vgl. hierzu aber die Ausführungen unter → Rn. 74.
[166] Zu den grundsätzlich in Betracht kommenden Ausnahmen vgl. Beck'sches Mdt.Hdb. DD/ *Schmidt* § 26 Rn. 24 ff.
[167] Vgl. hierzu statt vieler *Ebel* FR 2014, 500 ff. mwN.
[168] BFH v. 14.01.2009 – I R 36/08, BStBl. II 2009, 671. Der BFH bestätigt in diesem Urteil die Auffassung der Finanzverwaltung, vgl. BMF v. 25.07.2002, BStBl. I 2002, 712.
[169] BFH v. 15.06.2009 – I B 46/09, BFH/NV 2009, 1843.
[170] BFH v. 14.01.2009 – I R 36/08, BStBl. II 2009, 671; FG Hamburg v. 26.02.2008, 2 K 54/07, DStRE 2009, 486.
[171] BFH-Pressemitteilung Nr. 27/09 v. 25.03.2009.

aber im Rahmen der noch herzustellenden Transaktionsstruktur erfasst werden könnten. Der Vollständigkeit halber ist zu erwähnen, dass die Anwendung von § 8b Abs. 7 KStG im Falle eines zu erwartenden Veräußerungsverlusts für den Verkäufer von Vorteil ist, da er den entsprechenden Verlust dann steuerlich geltend machen kann (§ 8b Abs. 7 S. 1 KStG).

71 Keine Ausnahme von § 8b Abs. 2 KStG stellt hingegen die Veräußerung von sog. **sperrfristbehafteten Anteilen** dar; eine Situation, die gerade bei Carve-out-Transaktionen des Öfteren anzutreffen ist. Solche Anteile liegen insbesondere dann vor, wenn der Verkäufer zunächst den entsprechenden Geschäftsbetrieb unter dem gemeinen Wert nach § 20 UmwStG in eine neu zu gründende Kapitalgesellschaft (NewCo) einbringt und innerhalb von 7 Jahren nach der Einbringung die Anteile an NewCo veräußert. Auf den Verkauf der Anteile von NewCo ist § 8b Abs. 2 KStG uneingeschränkt anwendbar.[172] Allerdings findet eine rückwirkende, voll steuerpflichtige Besteuerung des Einbringungsvorgangs gemäß § 22 Abs. 1 UmwStG statt (→ Rn. 146 ff.).

72 Werden Anteile an einer Körperschaft **von einer Personengesellschaft veräußert**,[173] hängt die Besteuerung des Veräußerungsgewinns davon ab, wer an der Personengesellschaft beteiligt ist. Ursächlich hierfür ist die insoweit geltende ertragsteuerliche Transparenz der Personengesellschaft, die dazu führt, dass **Besteuerungsfolgen auf Gesellschafterebene** eintreten.[174] Ist der Gesellschafter (auch mittelbar über weitere Personengesellschaften) eine natürliche Person, kommt auf Ebene des steuerlich veräußernden Gesellschafters das Teileinkünfteverfahren nach § 3 Nr. 40 EStG zur Anwendung, so dass letztlich nur 60 % des Veräußerungsgewinns/-verlusts beim Gesellschafter der Besteuerung unterliegen. Im Falle einer Kapitalgesellschaft als Gesellschafter ist § 8b KStG einschlägig.[175]

Auch für Zwecke der **Gewerbesteuer** ist danach zu unterscheiden, wer Anteilseigner der veräußernden Personengesellschaft ist. Zwar unterliegen Personengesellschaften, deren Gesellschafter als Mitunternehmer anzusehen sind, als selbständige Steuersubjekte der Gewerbesteuer (§§ 2 Abs. 1, 5 Abs. 1 S. 2 GewStG). Die Regelungen des Einkommensteuer- bzw. Körperschaftsteuergesetzes schlagen aber insoweit auf die Gewerbesteuer durch, so dass letztlich das Teileinkünfteverfahren bzw. die Steuerbefreiung des § 8b KStG auch im Rahmen der Gewerbesteuer Anwendung findet (§ 7 S. 4 GewStG). Dies bedeutet, dass Veräußerungsgewinne, soweit sie auf Kapitalgesellschaften als Gesellschafter entfallen, zu 5 %, im Falle von natürlichen Personen hingegen zu 60 % der Gewerbesteuer auf Ebene der Personengesellschaft unterliegen.

73 Darüber hinaus ist bei Veräußerungsgewinnen aus dem Verkauf von Anteilen an Kapitalgesellschaften die Bildung einer **Rücklage gem. § 6b EStG** von höchstens

---

[172] Rz. 22.05 UmwSt-Erlass.
[173] Aus steuerlicher Sicht handelt es sich hierbei um einen *Asset Deal* → Rn. 1.
[174] Schmidt/*Wacker* § 15 EStG Rn. 160; Lüdicke/Sistermann/*Lüdicke/Fürwentsches* § 15 Rn. 5.
[175] *Zimmermann* B. Rn. 231.

3. Verkauf eines rechtlich selbständigen Geschäftsbereichs (Share Deal)

EUR 500.000 möglich, wenn der Verkäufer (unmittelbar oder mittelbar) keine Kapitalgesellschaft ist (§ 6b Abs. 10 S. 1 EStG). Der Anwendungsbereich dieser Vorschrift ist daher im Ergebnis nur – mittelbar über eine Personengesellschaft beteiligten – natürlichen Personen eröffnet (§ 6b Abs. 10 S. 10 EStG).[176]

Ergänzend ist auf eine mögliche Gesetzesänderung hinzuweisen. In einem am 22.07.2015 vom BMF an die entsprechenden Verbände zirkulierten Diskussionsentwurf eines Gesetzes zur Reform der Investmentbesteuerung ist – wie von der Bundesregierung im Dezember 2014 bereits angekündigt – eine Regelung zur Besteuerung von **Gewinnen aus der Veräußerung von Streubesitzbeteiligungen** enthalten. Hiernach sollen Gewinne einer Kapitalgesellschaft aus der Veräußerung von Kapitalgesellschaftsanteilen in vollem Umfang der Körperschaftsteuer unterliegen, sofern die Beteiligung zu Beginn des Kalenderjahres unmittelbar weniger als 10 % des Grund- oder Stammkapitals betragen hat (§ 8b Abs. 4 S. 1 KStG-E).[177] Die 95 %ige Steuerbefreiung nach § 8b Abs. 2 KStG soll insoweit suspendiert werden. Im Gegenzug sollen Gewinnminderungen entgegen § 8b Abs. 3 KStG in vollem Umfang steuermindernd zu berücksichtigen sein (§ 8b Abs. 4 S. 7 KStG-E). Um die Berücksichtigung hoher Verluste in Zeiten stark fallender Börsenwerte zu vermeiden, sollen Gewinnminderungen (und damit auch Veräußerungsverluste) nur mit Veräußerungsgewinnen ausgeglichen werden können (§ 8b Abs. 4 S. 8 KStG-E). Die Regelungen sollen erstmals auf Gewinne nach dem 31.12.2017 anzuwenden sein (§ 34 Abs. 5 S. 2 KStG-E). Das weitere Gesetzgebungsverfahren sollte daher im Auge behalten werden.

bbb) Besteuerung beim Käufer

(1) Allgemeine Besteuerungsfolgen beim Käufer

Im Gegensatz zum *Asset Deal* kann der Käufer die **erworbenen Anteile nicht planmäßig abschreiben**, da Beteiligungen an Kapitalgesellschaften keine abnutzbaren Wirtschaftsgüter sind.[178] Gewinnminderungen im Zusammenhang mit den Anteilen, wie z. B. Teilwertabschreibungen, entfalten steuerlich auf Grund von § 8b Abs. 3 S. 3 KStG keine Wirkung. Bilanziell auf die entsprechende Beteiligung vorgenommene Abschreibungen sind daher steuerlich außerbilanziell wieder hinzuzurechnen.[179] Da im Fall einer späteren Wertaufholung für eine Zuschreibung gemäß § 8b Abs. 3 S. 1 KStG jedoch wieder eine pauschale, nicht abzugsfähige Betriebsausgabe i.H. von 5 % dem Einkommen hinzuzurechnen ist, sollte erwogen werden, von dem Wahlrecht zur Ansatz des niedrigeren Teilwerts nach § 6 Abs. 1 Nr. 2 S. 1 EStG in der Steuerbilanz keinen Gebrauch zu machen. Im Fall einer etwaigen

---

[176] Abschnitt R 6.b2 (12) EStR.
[177] Der Gesetzgeber würde hierdurch wieder einen Gleichlauf zwischen der Dividendenbesteuerung aus Streubesitz und entsprechenden Veräußerungsgewinnen herstellen.
[178] Blümich/*Wied* § 4 EStG Rn. 412; *Rödder/Hötzel/Müller-Thuns* § 28 Rn. 1.
[179] Ernst & Young/*Walter* § 8b KStG Rn. 139.

späteren Wertsteigerung erfolgt dann auch keine steuerpflichtige Zuschreibung.[180] Sofern der Käufer neben den Anteilen auch ein *Intercompany Downstream Loan* des Verkäufers unter dessen Nominalwert erwirbt, sind die Abzugsbeschränkungen des § 8b Abs. 3 S. 4 ff. KStG zu beachten (→ Rn. 13 und 19).

76   Im Falle eines **unter dem Buchwert des Verkäufers liegenden Anteilskaufpreises** ergeben sich für den Käufer regelmäßig keine Besonderheiten. Falls künftige Ausschüttungen mangels ausschüttbaren Gewinns (§ 27 Abs. 1 KStG) aus dem steuerlichen Einlagenkonto gespeist werden, stellen diese aus steuerlicher Sicht keine Dividenden sondern Kapitalrückzahlungen dar (§ 20 Abs. 1 Nr. 1 S. 3 EStG). Diese sind (zunächst erfolgsneutral) mit dem Buchwert der Beteiligung zu verrechnen. Aus dieser Buchwertreduzierung resultiert im Ergebnis eine vollständige Steuerfreistellung.[181] Soweit die Ausschüttungen den Buchwertansatz der Beteiligung insgesamt übersteigen, gilt der übersteigende Betrag als Veräußerungsgewinn, der wiederum § 8b Abs. 2 KStG unterliegt.[182]

Erwirbt hingegen der Käufer eine Beteiligung an einer Kapitalgesellschaft gegen eine Zuzahlung des Verkäufers (**negativer Kaufpreis**), hat der Käufer in Höhe der Zuzahlung einen passiven Ausgleichsposten zu bilden.[183] Über die steuerliche Folgewirkung bzw. -behandlung dieses Ausgleichspostens bestehen weiterhin erhebliche Unklarheiten, da sich der BFH zu dieser Frage bislang nicht geäußert hat.[184]

77   Unternehmenskäufe werden häufig fremdfinanziert. Gerade bei Carve-out-Transaktionen, die den Erwerb von Anteilen an Kapitalgesellschaften zum Gegenstand haben, kann der vollumfängliche Zinsabzug für **Finanzierungsaufwendungen** in steuerlicher Hinsicht durch verschiedene Abzugsbeschränkungen (stark) begrenzt sein.[185] Erwirbt eine Kapitalgesellschaft Anteile an einer anderen Kapitalgesellschaft, kann sie die Finanzierungsaufwendungen im Rahmen der Körperschaftsteuer grundsätzlich – jedoch unter Beachtung der sog. Zinsschranke – in voller Höhe als Betriebsausgaben abziehen (§ 8b Abs. 5 S. 2 KStG).[186] 25 % des Finanzierungsaufwands werden jedoch in der Regel als Schuldzinsen dem Gewerbeertrag wieder hinzurechnen, soweit sie diesen gemindert haben (§ 8 Nr. 1a GewStG).

---

[180] *Happe* SteuK 2012, 347, 348.
[181] Erle/Sauter/*Lornsen-Veit* § 27 KStG Rn. 8.
[182] BMF v. 28.04.2003, Schreiben betr. Anwendung des § 8b KStG 2002 und Auswirkungen auf die Gewerbesteuer, BStBl. I 2003, 292, Rz. 6.
[183] BFH v. 26.04.2006 – I R 49/04 und I R 50/04, BStBl. II 2006, 656.
[184] Zu den in der Literatur diskutierten Ansätzen vgl. *Roser* DStR 2015, 724, 728.
[185] Die nachfolgenden Ausführungen können hierzu nur einen rudimentären Überblick geben, so dass für Details auf die umfangreiche Literatur verwiesen werden muss, vgl. z. B. Kneip/Jänisch/Grammel/Indenkämpen C. III. Rn. 91 ff. sowie *Sinewe* S. 321 ff. mit jeweils weiteren Nachweisen.
[186] Blümich/*Rengers* § 8b KStG Rn. 262.

3. Verkauf eines rechtlich selbständigen Geschäftsbereichs (Share Deal)

Bei der **Zinsschranke** (§ 4 h EStG, § 8 a KStG) handelt es sich um eine generell wirkende Abzugsbeschränkung für Finanzierungsaufwendungen.[187] Vereinfacht ausgedrückt sind hiernach Zinsaufwendungen eines Betriebs in Höhe des Zinsertrags (Saldo von Zinsaufwendungen und Zinsertrag) und darüber hinaus nur in Höhe von 30% des (steuerlichen) EBITDA abziehbar. Die Zinsschranke findet jedoch dann keine Anwendung, wenn alternativ (1) der Betrag der Zinsaufwendungen, soweit er den Betrag der Zinserträge übersteigt, weniger als EUR 3 Mio. beträgt, (2) die Gesellschaft nicht oder nur anteilsmäßig zu einem Konzern gehört oder (3) die Eigenkapitalquote der Gesellschaft gleich oder höher als die Eigenkapitalquote des Konzerns ist (§ 4 h Abs. 2 S. 1 a) bis c) EStG). Bei Kapitalgesellschaften sind die vorstehenden Ausnahmen (Konzernzugehörigkeit und Eigenkapitalquote) noch an weitere Voraussetzungen geknüpft (§ 8a Abs. 2 und 3 KStG).[188] Die Anwendung der Zinsschranke ist gerade bei fremdfinanzierten Carve-out-Transaktionen immer dann im Auge zu behalten, wenn nach der Transaktion Zinsaufwendungen von mehr als EUR 3 Mio. zu erwarten sind. In diesem Fall könnten auch einige der nachfolgend umrissenen Strukturierungen in Erwägung gezogen werden, um eine Anwendung der Zinsschranke ggf. zu vermeiden.[189]

78

Sofern der Käufer – sei es aus strategischen oder rechtlichen Erwägungen heraus – die Anteile über eine eigens für die Transaktion gegründete NewCo in Form einer Kapitalgesellschaft erwirbt, ist darauf zu achten, dass der Finanzierungsaufwand zeitnah mit entsprechenden steuerpflichtigen Erträgen verrechnet werden kann und insoweit keine Verlustvorträge aufgebaut werden.[190] Die Praxis behilft sich hier mit verschiedenen Strukturierungen (sog. „**Debt-Push-Down**"-Gestaltungen[191]), die – bei umsichtiger Planung – eine steuerliche Verrechnung der Finanzierungsaufwendungen mit dem operativen Gewinn ermöglichen. Die Begründung einer ertragsteuerlichen Organschaft zwischen dem Käufer bzw. seiner NewCo als Organträger und der Zielgesellschaft als Organgesellschaft stellt eine Möglichkeit dar, einen Ausgleich zwischen dem Einkommen der Organgesellschaft und den Zinsaufwendungen des Organträgers für körperschaftsteuerliche und gewerbesteuerliche Zwecke zu erreichen (zu den Voraussetzungen der Organschaft → Rn. 117 ff.). Im Falle eines unterjährigen Beteiligungserwerbs sollte darüber hinaus erwogen werden, das Wirtschaftsjahr der Zielgesellschaft vorzeitig umzustellen.[192] Eine Alternative besteht darin, die Zielgesellschaft und NewCo miteinander

79

---

[187] Zur Zinsschranke im Allgemeinen wird auf die einschlägigen Kommentierungen (jeweils mwN) verwiesen.
[188] *Hageböke/Stangl* DB 2008, 202 ff.; Beck'sches Mdt.Hdb. Unternehmenskauf/*Hörtnagl/Hoheisel* § 8 Rn. 254.
[189] Zu weiteren Gestaltungserwägungen im Zusammenhang mit der Zinsschranke vgl. z. B. *Körner* Ubg 2011, 610 ff. mwN.
[190] Entsprechendes gilt auch im Falle eines Direkterwerbs des *Targets* durch den Käufer, wenn der Käufer selbst nicht über entsprechend hohe steuerpflichtige Einkünfte verfügt.
[191] Lüdicke/Sistermann/*Rödding* § 13 Rn. 15 ff. sowie → Teil II Rn. 85.
[192] *Sinewe* S. 329 sowie → Rn 119 und → Teil II Rn. 92.

zu verschmelzen, wobei die Wahl der Verschmelzungsrichtung neben (grunderwerb-)steuerlichen und gesellschaftsrechtlichen Aspekten im Einzelfall auch von strategischen Erwägungen geprägt sein kann.[193] Darüber hinaus können auch eine fremdfinanzierte Ausschüttung der offenen Gewinnrücklagen der Zielgesellschaft oder fremdfinanzierte interne Verkäufe in Erwägung gezogen werden.[194]

80 Der Erwerb von Beteiligungen an ausländischen Kapitalgesellschaften iSv § 2 Nr. 1 KStG ist dem für den Käufer zuständigen **Finanzamt anzuzeigen**, wenn damit unmittelbar eine Beteiligung von mindestens 10 % oder mittelbar eine Beteiligung von mindestens 25 % am Kapital oder am Vermögen der Kapitalgesellschaft erreicht wird oder wenn die Summe der Anschaffungskosten aller Beteiligungen mehr als EUR 150.000 beträgt (§ 138 Abs. 2 Nr. 3 AO).[195]

(2) Steuerliche Verlustbehandlung auf Ebene der Zielgesellschaft

81 Ungeachtet des im deutschen Steuerrechts verankerten Trennungsprinzips enthält § 8c KStG[196] eine Verlustbeschränkung, die zu einem Verlustuntergang auf Ebene der Zielgesellschaft führen kann, wenn die Anteile an der Gesellschaft übertragen werden.[197] Für den Käufer einer Kapitalgesellschaftsbeteiligung stellt aber der **Erhalt von Verlustvorträgen** sowie die **Allokation und Verrechnung von laufenden Verlusten und Verlustvorträgen** ein nicht zu unterschätzendes *Tax Asset* dar, so dass auch bei Carve-out-Transaktionen ein besonderes Augenmerk u. a. auf der Anwendung von § 8c KStG liegen sollte. Die steuerliche Verlustnutzung ist schon bei einer unterjährigen Anteilsübertragung einer einzelnen Gesellschaft mit großen steuerlichen Problemen verbunden. Gegenstand einer Carve-out-Transaktion ist häufig eine Gesellschaft, die selbst wiederum an anderen Gesellschaften – unter Umständen sogar mehrstufig – beteiligt ist. Auch können die Gesellschaften über eine steuerliche Organschaft mit dem Verkäuferkonzern verbunden sein. In diesen Fällen erhöht sich die Komplexität zusätzlich, da dann die Auswirkungen für jede Gesellschaft gesondert zu prüfen sind. Im Rahmen von § 8c KStG sind derzeit noch zahlreiche Rechtsfragen strittig und noch nicht durch höchstrichterliche Rechtsprechung geklärt,[198] so dass sich in diesem Bereich regelmäßig beträchtliche Rechtsunsicherheiten ergeben.

---

[193] Kneip/Jänisch/*Gröger* C. III. Rn. 18.
[194] *Eilers/Schwahn* DB 2011, 837 ff.
[195] Vgl. im Einzelnen hier auch *Thieme* DStR 2002, 570 ff.
[196] Zu § 8c KStG existiert eine nahezu unüberschaubare Literatur, vgl. hierzu die Übersichten in den einschlägigen Kommentaren wie *Frotscher/Maas*, *Dötsch/Pung/Möhlenbrock* und *Gosch*.
[197] Der Gesetzgeber unterstellt hier eine Veränderung der wirtschaftlichen Identität einer Gesellschaft durch das Engagement eines anderen Anteilseigners, vgl. Kneip/Jänisch/*Aberl/Blatnik* B. Rn. 357.
[198] Beispielsweise seien genannt die Frage des schädlichen Beteiligungserwerbs im Rahmen der konzerninternen Verkürzung der Beteiligungskette (FG Berlin-Brandenburg v. 18.10.2011 – 8 K 8311/10, DStRE 2012, 1189; Rev. eingelegt, BFH – I R 79/11), der Verrechnung von Gewinnen mit einem Verlustvortrag im Falle des unterjährigen Beteiligungserwerbs (entgegen BFH v. 30.11.2011 –

3. Verkauf eines rechtlich selbständigen Geschäftsbereichs (Share Deal)

§ 8c KStG stellt auf einen **„schädlichen Beteiligungserwerb"** ab. Hiernach entfällt der Verlustvortrag einer Kapitalgesellschaft anteilig, wenn innerhalb von fünf Jahren mittelbar oder unmittelbar mehr als 25% der Anteile an einen Käufer bzw. eine Käufergruppe übertragen werden (§ 8c Abs. 1 S. 1 KStG). Sofern mehr als 50% der Anteile übertragen werden, entfällt der Verlustvortrag vollständig (§ 8c Abs. 1 S. 1 KStG). Sind dann weder die Voraussetzungen der sog. „Konzernklausel"[199] (§ 8c Abs. 1 S. 5 KStG) noch die Voraussetzungen der sog. „Stille-Reserven-Klausel"[200] (§ 8c Abs. 1 S. 6 ff. KStG) erfüllt, gehen die Verlustvorträge der Zielgesellschaft im Fall eines schädlichen Beteiligungserwerbs teilweise bzw. vollständig unter.[201] Entsprechendes gilt auf Grund des Verweises in § 10a S. 10 GewStG auf § 8c KStG auch für Zwecke der Gewerbesteuer. In dem Entwurf eines BMF-Schreibens zu § 8c KStG vom 15.04.2012, das das bisherige Schreiben[202] ersetzen soll, hat die Finanzverwaltung zur Verlustabzugsbeschränkung für Körperschaften und dabei insbesondere zur Konzernklausel sowie zur Stille-Reserven-Klausel seit ihrer Einführung in 2009 ergänzend Stellung genommen.[203]

82

An dieser Stelle kann nicht auf sämtliche möglichen Probleme im Rahmen der Anwendung von § 8c KStG eingegangen werden. Im Hinblick auf die **allgemeinen Voraussetzungen** sei zunächst angemerkt, dass zu den mit einer Übertragung „vergleichbaren Sachverhalten" neben einer Kapitalherabsetzung mit Änderung der Beteiligungsquote u.a. auch verschiedene Umwandlungskonstellationen zählen können.[204] Des Weiteren gilt es zu beachten, dass § 8c KStG auch mittelbare Erwerbsstrukturen erfasst, so dass im Rahmen einer Carve-out-Transaktion beispielsweise der Erwerb einer 100%igen Beteiligung an einer Kapitalgesellschaft, die über eine 100%ige Tochtergesellschaft mittelbar auch zu 100% an einer Enkelgesellschaft beteiligt ist, zu einem vollständigen Verlustuntergang auf Ebene der Enkelgesellschaft führen kann.[205] Letztlich sei noch auf die vergleichsweise komplexe Ermittlung des Fünf-Jahres-Zeitraumes hingewiesen.[206]

83

I R 14/11, DStR 2012, 458 nunmehr der Entwurf des BMF-Schreibens zu § 8c KStG v. 15.04.2014, dort Rz. 31 ff.) sowie der Verfassungsmäßigkeit von § 8c KStG (BFH v. 26.08.2010 – I B 49/10, DStR 2010, 2179; Sächsisches FG v. 16.03.2011 – 2 K 1869/10, DStRE 2011, 1320 – Rev. eingelegt, BFH I R 31/11, FG Hamburg v. 04.04.2011 – 2 K 33/10, DStR 2011, 1172 – Vorlage beim BVerfG, 2 BvL 6/11).

[199] Vgl. z.B. *Neyer* FR 2012, 858 ff.; *Bien/Wagner* BB 2010, 923 ff.

[200] Vgl. z.B. *Brinkmann* Ubg 2011, 94 ff.; *Rödder/von Freeden* Ubg 2010, 551 ff.

[201] Zu der Sanierungsklausel gemäß § 8c Abs. 1a KStG, die nach Auffassung der EU-Kommission eine europarechtswidrige Beihilfe darstellt, vgl. *Drüen* DStR 2011, 289 ff.; *Dörr/Motz* NWB 2011, 3180 ff.

[202] BMF-Schreiben vom 2. Juli 2008, DStR 2008, S. 1436.

[203] Entwurf eines BMF-Schreibens zur Verlustabzugsbeschränkung für Körperschaften vom 15.04.2014, IV C 2 – S-2745a/09/10002; *Ritzer/Stangl* DStR 2014, 977 ff.

[204] BMF v. 04.07.2008, Schreiben betr. Verlustabzugsbeschränkungen für Körperschaften (§ 8c KStG), IV C 7 – S 2745 – a/08/10001, Rz. 7.

[205] BMF v. 04.07.2008 a.a.O. Rz. 11.

[206] BMF v. 04.07.2008 a.a.O. Rz. 16 ff.

84   In der Praxis stellt sich bei Carve-out-Transaktionen mit einer Zielgesellschaft, die über Verlustvorträge verfügt, für den Verkäufer die Frage der Verrechnung des laufenden Gewinns im Falle eines **unterjährigen schädlichen Beteiligungserwerbs**. Ein bis zu dem Zeitpunkt des schädlichen Beteiligungserwerbs erzielter Verlust unterliegt unstreitig den Beschränkungen des § 8c KStG.[207] Ein bis zum schädlichen Beteiligungserwerb erzielter Gewinn hingegen darf nunmehr grundsätzlich mit bislang noch nicht genutzten Verlusten verrechnet werden.[208] Allerdings soll gemäß dem Entwurf des BMF-Schreibens zu § 8c KStG die Verlustverrechnung einschränkend nur unter zwei Bedingungen möglich sein: (a) das Ergebnis des Wirtschaftsjahres, in dem der schädliche Beteiligungserwerb erfolgt, ist insgesamt positiv; und (b) die Mindestgewinnbesteuerung des § 10d Abs. 2 EStG wird beachtet.[209] Für den Fall, dass vor dem schädlichen Beteiligungserwerb Gewinne und nach dem schädlichen Beteiligungserwerb Verluste entstanden sind, soll zuerst eine Saldierung der Ergebnisse erfolgen und nur ein nach dieser Saldierung verbleibender Gewinn – unter Beachtung der Mindestgewinnbesteuerung – mit noch nicht genutzten Verlusten verrechnet werden können.[210] Bislang soll bei einem unterjährigen Beteiligungserwerb der Verlust des gesamten Wirtschaftsjahres, in dem der schädliche Beteiligungserwerb stattgefunden hat, zeitanteilig aufgeteilt werden, wobei auch eine andere wirtschaftliche begründbare Aufteilung anerkannt werden soll.[211] Das Entwurfsschreiben schlägt nunmehr eine Ergebnisaufteilung nach „wirtschaftlichen Kriterien" vor, was zwar eine zeitanteilige Aufteilung nicht ausschließen sollte, zugleich aber auch die Möglichkeiten für anderweitige Aufteilungsmethoden, wie z. B. die Erstellung eines Zwischenabschlusses oder eine Schätzung nach wirtschaftlichen Kriterien, zulässt.[212]

Hinsichtlich der Anwendung von § 8c KStG im Rahmen einer **ertragsteuerlichen Organschaft** wird auf die Ausführungen in → Rn. 117 ff. verwiesen.

---

[207] BMF v. 04.07.2008 a. a. O. Rz. 31 S. 1.
[208] BFH v. 30.11.2011 – I R 14/11, BStBl. II 2012, 360. Die im derzeit noch geltenden BMF-Schreiben zu § 8c KStG zum Ausdruck kommende, restriktive Auslegung von § 8c KStG dahingehend, dass die bis zu einem schädlichen unterjährigen Beteiligungserwerb auf Ebene der zu verkaufenden Gesellschaft erzielten Gewinne bis zum Vollzugstag nicht mit vorhandenen Verlustvorträgen verrechnet werden können (vgl. BMF-Schreiben betr. Verlustabzugsbeschränkung für Körperschaften (§ 8c KStG) v. 04.07.2008, BStBl. I 2008, 736, Rn. 31 S. 2.), ist durch das vorgenannte BFH-Urteil überholt. Wie sich aus der Aufnahme dieses Urteil in das Bundsteuerblatt ergibt, erkennt die Finanzverwaltung die Auffassung des BFH an.
[209] Entwurf BMF-Schreiben zu § 8c KStG a. a. O. Rz. 31 ff.; *Adrian/Weiler* BB 2014, 1303, 1303 ff.
[210] Entwurf BMF-Schreiben zu § 8c KStG a. a. O. Rz. 31a.
[211] BMF v. 04.07.2008 a. a. O. Rz. 32.
[212] Entwurf BMF-Schreiben zu § 8c KStG, a. a. O., Rn. 31, 32; *Adrian/Weiler* BB 2014, 1303, 1305. Die beabsichtigte Auslegung von § 8c KStG durch die Finanzverwaltung dürfte der gesetzgeberischen Systematik sowie dem vom BFH-entwickelten Grundsatz zur unterjährigen Verlustnutzung zuwider laufen. Sofern der Entwurf des BMF-Schreibens insoweit unverändert verabschiedet wird, sollte ggf. erwogen werden, entsprechende Rechtsmittel einzulegen, *Sinewe* S. 91.

3. Verkauf eines rechtlich selbständigen Geschäftsbereichs (Share Deal)

Selbst wenn die Voraussetzungen eines schädlichen Beteiligungserwerbs erfüllt sind, kann ein **Verlustuntergang vermieden** werden, sofern entweder die Voraussetzungen der Konzernklausel oder der Stille-Reserven Klausel erfüllt sind. Durch die Konzernklausel lässt sich insbesondere ein Verlustuntergang im Rahmen von Carve-out-Transaktionen in Form eines *Share Deal* vermeiden.   85

Durch das Wachstumsbeschleunigungsgesetz vom 22. Dezember 2009 wurde die **Konzernklausel** in § 8c Abs. 1 S. 5 KStG eingeführt.[213] Danach sollen bei bestimmten konzerninternen Umstrukturierungen die vorhandenen Verlustvorträge nicht untergehen, wenn an dem übertragenden und an dem übernehmenden Rechtsträger dieselbe Person zu jeweils 100 % mittelbar oder unmittelbar beteiligt ist. Durch das GzUdPe-ZollkodexAnpG[214] soll nun der Anwendungsbereich der Konzernklausel erweitert werden, da der eng gefasste Gesetzeswortlaut nicht der gesetzgeberischen Intention entspricht.[215]   86

Bisher sind von der Konzernklausel **Übertragungen durch die Konzernspitze selbst ausgeschlossen**, da „dieselbe Person" zu jeweils 100 % mittelbar oder unmittelbar sowohl am übertragenden als auch am übernehmenden Rechtsträger beteiligt sein muss. Überträgt beispielsweise eine Konzernholding, an der mehr als eine Person beteiligt ist, Anteile von einer Tochtergesellschaft auf eine andere Tochtergesellschaft, liegen die Voraussetzungen der Konzernklausel nicht vor.[216] Auch werden Personengesellschaften nicht als „dieselbe Person" im Sinne der Regelung angesehen und hemmen somit die Anwendung der Konzernklausel. Durch die **geplante Änderung** des § 8c Abs. 1 S. 5 KStG sollen insbesondere diese beiden, in der Konzernpraxis häufig anzutreffenden Gestaltungen (Konzernspitze ist Erwerber oder Veräußerer bzw. Personenhandelsgesellschaften, wie z. B. eine OHG oder eine KG fungieren als Konzernspitze), nunmehr rückwirkend in den Anwendungsbereich der Konzernklausel fallen. Die Ausdehnung der Konzernklausel durch die geplante Neuregelung sieht eine Rückbeziehung auf alle Beteiligungserwerbe, die nach dem 31. Dezember 2009 stattgefunden haben, vor. Unter Berücksichtigung des viel zu engen Anwendungsbereichs der Konzernklausel in der derzeit geltenden Fassung ist diese Rückbeziehung nicht zuletzt auch deshalb zu begrüßen, als hierdurch die Verfehlung der aktuellen Fassung des § 8c Abs. 1 S. 5 KStG vermieden wird.[217]   87

Darüber hinaus kann ein vollständiger oder teilweiser Verlustuntergang vermieden werden, sofern die Voraussetzungen der **Stille-Reserven Klausel** erfüllt   88

---

[213] Zur Konzernklausel im Einzelnen vgl. z. B. *Ortmann-Babel/Zipfel* SteuK 2010, 109 ff.; *Adrian* Ubg 2015, 288 ff.; Gosch/*Roser* § 8c KStG Rn. 111 ff.

[214] Entwurf eines Gesetzes zur Umsetzung der Protokollerklärung zum Gesetz zur Anpassung der Abgabenordnung an den Zollkodex der Union und zur Änderung weiterer steuerlicher Vorschriften (GzUdPe-ZollkodexAnpG), BT-Drs. 18/4902 vom 13. Mai 2015.

[215] *Hörster* NWB 2015, 1052, 1058 f.; Gosch/*Roser* § 8c KStG Rn. 137a.

[216] *Ortmann-Babel/Zipfel* SteuK 2010, 109, 111, Bsp. 3.

[217] Gosch/*Roser* § 8c KStG Rn. 137a.

sind (§ 8c Abs. 1 S. 6 – 9 KStG).[218] Hiernach geht ein Verlust nicht unter, soweit dieser die vorhandenen im Inland steuerpflichtigen stillen Reserven des Betriebsvermögens der Körperschaft nicht übersteigt. Stille Reserven werden in § 8c Abs. 1 S. 7 KStG als Unterschiedsbetrag zwischen dem steuerlichen Eigenkapital der erworbenen Gesellschaft und dem auf dieses Eigenkapital entfallenden gemeinen Wert der erworbenen Beteiligung (in der Regel Anschaffungskosten) definiert. Auf Grund des Erfordernisses der grundsätzlichen Steuerpflicht sollen laut der Gesetzesbegründung die stillen Reserven aus Beteiligungsbesitz grundsätzlich nicht mit berücksichtigt werden.[219]

> Die A-GmbH, die den Geschäftsbereich Baumaschinen des V-Konzerns betreibt und die zum Veräußerungszeitpunkt über einen nicht verbrauchten Verlustvortrag in Höhe von EUR 3 Mio. verfügt, weist in ihrer Steuerbilanz zum 31.12.01 ein Eigenkapital in Höhe von EUR 100.000 € aus. Die Konzernholding H, die sämtliche Anteile der A-GmbH hält, veräußert am 01.01.02 an den Käufer K 100 % der Beteiligung an der A-GmbH zum Preis von EUR 500.000 €.
>
> Nach § 8c Abs. 1 S. 2 KStG nichtabzugsfähiger Verlust
> (100 % von EUR 3 Mio.   3.000.000 €
> Gemeiner Wert (Erwerbspreis der Beteiligung)   500.000 €
> Abzüglich 100 % des Eigenkapitals der A-GmbH ./. 100.000 €
> Stille Reserven nach § 8c Abs. 1 S. 7 KStG
> (Verschonungsbetrag)   400.000 €   400.000 €
> Tatsächlicher Verlustuntergang   2.600.000 €

Sind die so ermittelten stillen Reserven im Betriebsvermögen der Verlustkörperschaft höher als der nach § 8c Abs. 1 S. 1 oder 2 KStG nichtabziehbare Verlust, bleibt der gesamte Verlust nutzbar.[220] Hohe stille Reserven sind häufig in nicht bilanzierungsfähigen selbstgeschaffenen immateriellen Wirtschaftsgütern (wie z. B. Patente und Know How) oder in vor längerer Zeit erworbenem Grundvermögen anzutreffen.

89 Sofern weder in ausreichendem Maß stille Reserven vorhanden noch die Voraussetzungen der Konzernklausel erfüllt sind, lassen sich die Wirkungen des § 8c Abs. 1 KStG unter Umständen durch entsprechende Gestaltungsmaßnahmen vermeiden.[221] Allerdings können sich hierbei vergleichsweise komplizierte Strukturen ergeben, die in praktischer Hinsicht für eine effiziente Durchführung einer Carve-out-Transaktion oftmals nicht in Betracht kommen.

---

[218] Zur Stille-Reserven-Klausel im Einzelnen vgl. z. B. *Brinkmann* Ubg 2011, 94 ff.; *Rödder/von Freeden* Ubg 2010, 551 ff.; *Neyer* FR 2012, 858 ff.
[219] BT-Drs. 17/15 v. 09.11.2009, S. 19.
[220] Dötsch/Pung/Möhlenbrock/*Dötsch* § 8c KStG Rn. 76 g.
[221] Vgl. beispielsweise Frotscher/Maas/*Frotscher* § 8c KStG Rz. 160.

3. Verkauf eines rechtlich selbständigen Geschäftsbereichs (Share Deal)

bb) Verkauf von Anteilen an einer Personengesellschaft

Carve-out-Transaktionen, in deren Rahmen Anteile von gewerblichen Personengesellschaften verkauft werden, stellen einen **steuerlichen Mischfall** dar. Während zivilrechtlich die Personenhandelsgesellschaft teilrechtsfähig ist, muss für steuerliche Zwecke je nach Steuerart unterschieden werden. Für Verkäufer und Käufer als Gesellschafter der Personengesellschaft ist ein solcher Vorgang steuerlich als *Asset Deal* zu klassifizieren, aus umsatzsteuerlicher Sicht liegt hingegen ein *Share Deal* vor (→ Rn. 99 ff.). Besonderheiten bestehen bei der Gewerbesteuer sowie bei der Grunderwerbsteuer (zu Letzterer → Rn. 102 ff.)

90

Da der **Erwerb einer Beteiligung an einer gewerblichen Personengesellschaft** (steuerlich: Mitunternehmeranteil) aus ertragsteuerlicher Sicht dem *Asset Deal*, also dem unmittelbaren Erwerb von Wirtschaftsgütern, gleichgestellt ist, kann insoweit – *cum grano salis* – auf die Ausführungen unter → Rn. 18 ff. verwiesen werden.[222] Im Unterschied zum Erwerb einer Beteiligung an einer Kapitalgesellschaft erwirbt der Käufer mit der Beteiligung an der Personengesellschaft gem. § 39 Abs. 2 Nr. 2 AO die ideellen Anteile des ausgeschiedenen Gesellschafters an den einzelnen zum Gesamthandsvermögen gehörenden Wirtschaftsgütern.[223] In Höhe des Unterschiedsbetrags zwischen steuerlichem Kapitalkonto und Kaufpreis erzielt der Veräußerer einen in der Regel voll steuerpflichtigen Veräußerungsgewinn oder -verlust, der Käufer stockt die (mittelbar) erworbenen Wirtschaftsgüter auf oder ab. Technisch geschieht dies dadurch, dass sich ergebende Mehr- oder Minderwerte in einer positiven oder negativen Ergänzungsbilanz erfasst und in der Folge fortgeschrieben werden.[224] Die nicht in der Ergänzungsbilanz zu erfassenden Mehr-/Minderwerte sind steuerlich uU als sofort abziehbarer Aufwand zu behandeln.[225]

91

Die bei einer Carve-out-Transaktion in Form des Verkaufs eines Personengesellschaftsanteils für die Finanzierung des Kaufpreises anfallenden **Zinsaufwendungen** mindern als Sonderbetriebsausgaben grundsätzlich das dem Käufer steuerlich zuzurechnende Ergebnis der Mitunternehmerschaft.[226] Da das Sonderbetriebsvermögen – neben dem Gesamthandsvermögen – zum Betrieb im Sinne der Zinsschranke zählt, finden die Regelungen der Zinsschranke Anwendung (§ 4 h EStG

92

---

[222] Zu den Besteuerungsfolgen für den Verkäufer/Käufer eines Anteils einer Personengesellschaft vgl. statt vieler Schmidt/*Wacker* § 16 EStG Rn. 400 ff.; *Ley* KÖSDI 2001, 12982 ff.; *Sinewe* S. 115 ff. und 148 ff.

[223] Ständige Rspr., vgl. grundlegend BFH v. 25.02.1991 – GrS 7/89, BStBl. II 1991, 691. Beteiligungen an Personengesellschaften sind daher im ertragsteuerlichen Sinn keine Wirtschaftsgüter und dürfen als solche in der Steuerbilanz des Gesellschafters weder ausgewiesen noch als solche bilanziert werden, Blümich/*Wied* § 4 EStG Rn. 410 mwN.

[224] Vgl. z. B. BFH v. 24.10.1996 – IV R 90/94, BStBl. 1997 I, 241; BFH v. 06.07.1995 – IV R 30/93, BStBl. II 1995, 831.

[225] *Ley* KÖSDI 2001, 12982, 12984.

[226] Schmidt/*Wacker* § 15 EStG Rn. 521 ff.

iVm § 8a KStG).²²⁷ Auf Ebene der Personengesellschaft erfolgt hingegen für Zwecke der Gewerbesteuer eine 25 %ige Hinzurechnung dieser Zinsaufwendungen nach § 8 Nr. 1 a) GewStG, sofern sie nicht schon den Abzugsbeschränkungen der Zinsschranke unterlegen haben.²²⁸

93   Der **Verkauf** eines Anteils an einer Personengesellschaft **durch eine Kapitalgesellschaft** ist grundsätzlich nach den allgemeinen Regeln voll körperschaftsteuerpflichtig. Soweit die Personengesellschaft Anteile an Kapitalgesellschaften besitzt, ist der hierauf entfallende Veräußerungsgewinn jedoch auf Grund der steuerlichen Transparenz faktisch zu 95 % steuerfrei (§ 8b Abs. 2, 3 und 6 KStG).²²⁹ Ist der Verkäufer hingegen eine **natürliche Person**, unterliegt der Veräußerungsgewinn der Einkommensteuer und – sofern beispielsweise nicht die Voraussetzungen der Veräußerung des gesamten Mitunternehmeranteils gemäß § 16 Abs. 1 S. 1 Nr. 2 EStG erfüllt sind – als laufender Gewinn auch der Gewerbesteuer.²³⁰ Hält die Personengesellschaft auch Anteile an Kapitalgesellschaften, findet insoweit das Teileinkünfteverfahren Anwendung, wonach nur 60 % des Veräußerungsgewinns einkommensteuerpflichtig sind (§§ 3 Nr. 40b, 3c Abs. 2 S. 1 EStG).²³¹

94   Besonderheiten ergeben sich im Rahmen der **Gewerbesteuer**, da insoweit nicht die einzelnen Gesellschafter (Mitunternehmer), sondern die Personengesellschaft selbst Steuersubjekt ist. So zählt gemäß § 7 S. 2 Nr. 2 GewSt zu dem Gewerbeertrag der Personengesellschaft u. a. auch der Gewinn aus der Veräußerung eines Mitunternehmeranteils, soweit er nicht auf eine natürliche Person als unmittelbar beteiligtem Mitunternehmer entfällt.²³² Veräußert somit eine Kapitalgesellschaft ihren Mitunternehmeranteil an einer Personengesellschaft, unterliegt der Veräußerungsgewinn auf Ebene der Personengesellschaft der Gewerbesteuer, die auch von der Personengesellschaft als Steuersubjekt geschuldet wird (§ 5 Abs. 1 S. 3 GewStG). Wirtschaftlich betrachtet ist aber der Verkäufer durch den Veräußerungsgewinn entsprechend bereichert worden, so dass dieser die Gewerbesteuer auch tragen sollte. Sofern der Gesellschaftsvertrag (noch) keine entsprechende Gewerbesteuerklausel enthält,²³³ ist aus Sicht des Käufers eine Steuerklausel, wonach der Verkäufer die auf den Veräußerungsgewinn entfallende Gewerbesteuer trägt, unumgänglich. Es bleibt anzumerken, dass der Veräußerungsgewinn auf Ebene der veräußernden Kapitalgesellschaft auf Grund der gewerbesteuerlichen Kürzung nach § 9 Nr. 2

---

²²⁷ BMF v. 04.07.2008, Schreiben betr. Zinsschranke (§ 4 h EStG; § 8a KStG), BStBl. I 2008, 718, Rn. 6 und 50 ff.
²²⁸ Kneip/Jänisch/*Gröger* C. III Rn. 230.
²²⁹ *Zimmermann* B. Rn. 231.
²³⁰ Zu den steuerlichen Folgen für natürliche Personen im Einzelnen vgl. z. B. Beck'sches Mdt.Hdb. Unternehmenskauf/*Hörtnagl/Hoheisel* § 8 Rn. 79 ff.
²³¹ *Zimmermann* B. Rn. 231.
²³² Zu Verfassungsmäßigkeit dieser Regelung vgl. BFH v. 22.07.2010 – IV R 29/07, BStBl. II 2011, 511.
²³³ Zu gesellschaftsvertraglichen Gewerbesteuerklauseln im Allgemeinen vgl. z. B. *Plambeck* DStR 2010, 1553 ff.

3. Verkauf eines rechtlich selbständigen Geschäftsbereichs (Share Deal)

GewStG zwecks Vermeidung einer Doppelbesteuerung nicht erneut der Gewerbesteuer unterworfen wird.

> The Parties are aware that the capital gain resulting from the disposal of partnership interests is generally subject to trade tax according to Sec. 7 sentence 2 no. 2 German Trade Tax Act *(Gewerbesteuergesetz)*. Seller shall indemnify Purchaser for any trade tax liability, including any further tax expenses, due and payable by the partnership. Also, any trade tax already paid to the tax authorities shall be refunded by Seller.

Im Falle des Erwerbs einer Personengesellschaft bzw. eines Personengesellschaftsanteils **kommt eine gewerbesteuerliche Verlustübernahme durch den Käufer nicht in Betracht**. So ist für einen Verlustabzug nach § 10a GewStG insbesondere Voraussetzung, dass eine Unternehmeridentität vorliegt.[234] Nach diesem Grundsatz können Fehlbeträge einer Mitunternehmerschaft im Zeitpunkt der Entstehung des Gewerbeertrags nur insoweit berücksichtigt werden, als der betreffende Gesellschafter im Verlustentstehungsjahr Mitunternehmer war und im Anrechnungsjahr noch beteiligt ist.[235] Im Rahmen des Erwerbs einer Personengesellschaft bzw. eines Anteils hieran liegt aber keine Unternehmeridentität vor, so dass ein Verlustvortrag auf Ebene der Personengesellschaft in entsprechenden Transaktionen insoweit regelmäßig untergeht. 95

Der Erwerb einer Beteiligung an einer ausländischen Personengesellschaft ist ebenso wie deren Aufgabe oder Änderung **gegenüber** dem für den Käufer zuständigen **Finanzamt anzuzeigen** (§ 138 Abs. 2 Nr. 2 AO).[236] 96

cc) Grundsätze für die Kaufpreisallokation

Bei dem **Kauf von Anteilen an einer Kapitalgesellschaft** kommt dem Anteilskaufpreis steuerlich keine besondere Bedeutung zu.[237] Unterschiede zwischen dem Kaufpreis und dem (anteiligen) Buchwert spielen zwar regelmäßig für Zwecke der Bilanzierung von latenten Steuern – und zwar sowohl nach HGB als auch nach IFRS – eine Rolle. Auf die laufende Besteuerung des Carve-out-Business bleibt dies jedoch ohne Auswirkung. 97

Etwas anderes gilt bei dem **Erwerb von Personengesellschaftsanteilen**. Im Rahmen von Carve-out-Transaktionen zwischen Dritten wird der Kaufpreis in aller Regel nicht mit dem steuerlichen Buchwert des Nettovermögens des erwor- 98

---

[234] Glanegger/Güroff/*Güroff* § 10a GewStG Rn. 90 ff. Zur Unternehmensidentität vgl. auch → Rn. 14.

[235] Z. B. BFH v. 26.08.1993 – IV R 133/90, BStBl. II 1995, 791; BFH v. 17.01.2006 – VIII R 96/04, DStRE 2006, 167.

[236] Vgl. i. Ü. → Rn. 80 sowie *Thieme* DStR 2002, 570 ff.

[237] Vgl. hierzu auch die Ausführungen unter → Rn. 4 und 75 ff.

benen Personengesellschaftsanteils übereinstimmen.[238] Der dieses Nettovermögen übersteigende Betrag, der eine Vergütung der stillen Reserven darstellt, wird in einer steuerlichen Ergänzungsbilanz des Käufers erfasst.[239] In dieser sind die in der Steuerbilanz der Personengesellschaft enthaltenen Wertansätze für die aktiven und passiven Wirtschaftsgüter des Gesamthandsvermögens in der Weise zu korrigieren, dass die Aufwendungen des Käufers für den Erwerb des Personengesellschaftsanteils als zusätzliche Anschaffungskosten für die Anteile an den einzelnen (materiellen und immateriellen, bilanzierten und nicht bilanzierten) Wirtschaftsgütern des Gesamthandsvermögens aktiviert werden.[240] Die stillen Reserven sind hierbei den einzelnen Wirtschaftsgütern **entsprechend den Grundsätzen zur Kaufpreisallokation beim** *Asset Deal* zuzuordnen (→ Rn. 23 ff.),[241] wodurch es zu einer Aufstockung der entsprechenden Buchwerte kommt. In den Folgejahren sind dann die in der Ergänzungsbilanz ausgewiesenen Wirtschaftsgüter nach derselben AfA-Methode und Restnutzungsdauer abzuschreiben wie in der Gesamthandsbilanz, wodurch der steuerliche Mehr- oder Minderwert in der Ergänzungsbilanz des Mitunternehmens erfolgswirksam aufgelöst wird.[242] Steuerlich wird der Käufer eines Personengesellschaftsanteils demnach so behandelt, als habe er die anteiligen Wirtschaftsgüter unmittelbar erworben.

b) Umsatzsteueraspekte

99 Im Gegensatz zu einer Carve-out-Transaktion, die im Wege des *Asset Deal* durchgeführt wird, stehen beim *Share Deal* die umsatzsteuerlichen Aspekte nicht im Vordergrund.[243] Grundsätzlich handelt es sich bei einer Veräußerung von Anteilen um einen **steuerbaren und steuerfreien Umsatz** (§ 4 Nr. 8 f. UStG). Aufgrund der Steuerfreiheit der Anteilsübertragung ist der Vorsteuerabzug in diesem Zusammenhang grundsätzlich nicht möglich (§ 15 Abs. 2 S. 1 Nr. 1 UStG). Dies ist aus Sicht des Verkäufers nachteilig, da auf die im Zusammenhang mit dem Verkauf stehenden Eingangsleistungen (Transaktionskosten) kein Vorsteuerabzug vorgenommen werden kann.

100 Ein **Verzicht auf die Steuerbefreiung** (Option) ist gem. § 9 Abs. 1 UStG möglich, wenn der Umsatz an einen anderen Unternehmer für dessen Unterneh-

---

[238] Nur bei dem in der Praxis selten anzutreffendem Fall, in dem die Anschaffungskosten des Käufers dem steuerlichen Kapitalkonto des Verkäufers entsprechen, hat keine entsprechende Aufteilung der Anschaffungskosten in einer Ergänzungsbilanz zu erfolgen.

[239] Zu Ergänzungsbilanzen im Allgemeinen vgl. z. B. *Ley* KÖSDI 2001, 12982 ff.

[240] *Zimmermann* J. Rn. 174 mwN zur Rspr.

[241] *Meyering* DStR 2008, 1008 ff.; *Schmidt/Wacker* § 16 EStG Rn. 487 ff.; *Ley* KÖSDI 2001 12982, 12986.

[242] *Blümich/Bode* § 15 EStG Rn. 556a; *Sinewe* S. 148 ff.

[243] Zu den umsatzsteuerlichen Aspekten eines *Share Deal* im Allgemeinen, vgl. z. B. *Zugmaier* DStR 2009, 882 ff.

3. Verkauf eines rechtlich selbständigen Geschäftsbereichs (Share Deal)

men ausgeführt wird. Allerdings trägt der Käufer dann das meist betragsmäßig substanzielle Risiko des Vorsteuerabzugs, so dass er kein Interesse an einer Option haben dürfte. In der Praxis wird beim *Share Deal* daher nur in Ausnahmefällen zur Umsatzsteuer optiert.

Eine Geschäftsveräußerung im Ganzen kann in Ausnahmefällen wohl auch bei einer **Anteilsveräußerung** vorliegen, wobei hier im Detail noch vieles streitig ist.[244] Nach dem EuGH-Urteil X BV[245] erfüllt die bloße Übertragung von Gesellschaftsanteilen nicht den Tatbestand der Übertragung eines Gesamt- oder Teilvermögens iSd Art. 19 MwStSystRL (*Geschäftsveräußerungen im Ganzen*), da eine bloße Veräußerung von Anteilen ohne gleichzeitige Übertragung von Vermögenswerten den Erwerber nicht in die Lage versetzt, eine selbständige wirtschaftliche Tätigkeit als Rechtsnachfolger des Veräußerers fortzuführen. Unabhängig von der Höhe der übertragenen Beteiligung könne nur dann eine Geschäftsveräußerung im Ganzen angenommen werden, wenn der Gesellschaftsanteil Teil einer eigenständigen Einheit ist, die eine selbständige wirtschaftliche Betätigung ermöglicht und diese Tätigkeit vom Erwerber fortgeführt wird.[246] Die Finanzverwaltung hat sich dieser Auffassung angeschlossen.[247] Nach einer in der Literatur vertretenen Auffassung könne eine Geschäftsveräußerung im Ganzen im Zusammenhang mit der Übertragung von Gesellschaftsanteilen damit im Wesentlichen nur noch in dem Fall vorliegen, dass die Anteile als Teil des Unternehmens des Verkäufers zusammen mit anderen Wirtschaftsgütern im Rahmen einer Geschäftsveräußerung im Ganzen übertragen werden.[248]

101

c) Grunderwerbsteueraspekte

Grundsätzlich fällt **Grunderwerbsteuer** nicht nur beim Erwerb einer inländischen Immobilie, sondern auch beim Erwerb von Anteilen an einer immobilienhaltenden Gesellschaft an. Neben dem Besteuerungstatbestand der Grundstücksübertragung (§ 1 Abs. 1 GrEStG) und der Übertragung der Verwertungsbefugnis in Bezug

102

---

[244] Ausgangspunkt war das BFH-Urteil v. 27.01.2011 – VR 38/09, BStBl. II 2012, 68, wonach die Veräußerung von Anteile an einer Gesellschaft dann der Übertragung des Gesamtvermögens der Gesellschaft gleichzusetzen und als Geschäftsveräußerung iSd § 1 Abs. 1a UStG anzusehen ist, wenn sämtliche Anteile (100%-Beteiligung) Gegenstand der Veräußerung sind. Werden nicht alle Anteile, aber Anteile einer Organgesellschaft veräußert, soll eine Geschäftsveräußerung allenfalls dann angenommen werden können, wenn zumindest eine die finanzielle Eingliederung ermöglichende Mehrheitsbeteiligung übertragen wird und der Käufer seinerseits beabsichtigt, eine Organschaft zu der Gesellschaft, an der die Beteiligung besteht, zu begründen. Mit dem EuGH-Urteil v. 30.05.2013 – C-65/11 (X BV), DStR 2013, 1166, wurden die vom BFH entwickelten Grundsätze jedoch stark eingeschränkt.

[245] EuGH v. 30.05.2013 – C-65/11 (X BV), DStR 2013, 1166.

[246] EuGH v. 30.05.2013 – C-65/11 (X BV), DStR 2013, 1166, Rn. 38.

[247] Abschn. 1.5 Abs. 9 UStAE.

[248] *Wüst* MwStR 2013, 361, 365.

auf ein inländisches Grundstück (vgl. insbesondere § 1 Abs. 2 GrEStG) sind für den *Share Deal* vor allem die (Ersatz-) **Tatbestände des Gesellschafterwechsels** relevant. Die Übertragung von Anteilen an einer immobilienbesitzenden Gesellschaft kann zwar rechtlich nicht mit der Übertragung eines Grundstücks gleichgesetzt werden. Der Gesetzgeber hat jedoch Ersatztatbestände geschaffen, die dazu führen, dass auch im Rahmen eines *Share Deal* Grunderwerbsteuer ausgelöst werden kann. § 1 Abs. 2a GrEStG erfasst die Übertragung von mindestens 95 % der Anteile am Vermögen einer immobilienbesitzenden Personengesellschaft auf neue Gesellschafter innerhalb einer Fünfjahresfrist. § 1 Abs. 3 GrEStG regelt die Vereinigung und Übertragung von mindestens 95 % der Anteile an einer Kapitalgesellschaft oder Personengesellschaft mit inländischem Immobilienbesitz, wobei die Regelung des § 1 Abs. 2a GrEStG vorgeht. Mit dem neu eingefügten § 1 Abs. 3a GrEStG sollen letztlich auch wirtschaftliche Anteilsvereinigungen der Grunderwerbsteuer unterliegen.

aa) Änderung des Gesellschafterbestandes einer Personengesellschaft, § 1 Abs. 2a GrEStG

103   Nach § 1 Abs. 2a GrEStG unterliegt der Erwerb von Anteilen an einer Personengesellschaft der Grunderwerbsteuer, wenn zum Vermögen einer Personengesellschaft ein inländisches Grundstück gehört und sich innerhalb von fünf Jahren der Gesellschafterbestand unmittelbar oder mittelbar dergestalt ändert, dass mindestens 95 % der Anteile am Gesellschaftsvermögen auf neue Gesellschafter übergehen.[249] Das Gesetz fingiert insoweit ein „auf die Übereignung eines Grundstücks auf eine neue Personengesellschaft gerichtetes Rechtsgeschäft" (§ 1 Abs. 2a S. 1 GrEStG). Als **Personengesellschaft** iSv § 1 Abs. 2a GrEStG gelten insbesondere GbR, OHG, KG, GmbH & Co. KG und vergleichbare ausländische Personengesellschaften, nicht jedoch (mangels eigenen Grundvermögens) stille Gesellschaften.[250] Zudem muss sich im Zeitpunkt der tatbestandserfüllenden Änderung des Gesellschafterbestands der Personengesellschaft das inländische Grundstück **im Vermögen der Gesellschaft** befinden.[251] Die Zurechnung von Grundstücken kann insbesondere bei der Kombination von *Asset Deal* und *Share Deal* komplex werden, wenn im Rahmen einer Carve-out-Transaktion sowohl Grundvermögen als auch Anteile an Gesellschaften erworben werden. In einem solchen Fall ist die Reihenfolge der einzelnen Transaktionsschritte an den grunderwerbsteuerlichen Anforderungen auszurichten, um den Mehrfachanfall von Grunderwerbsteuer zu vermeiden.

104   Weitere Tatbestandsvoraussetzungen von § 1 Abs. 2a GrEStG sind die **mittelbare oder unmittelbare Änderung des Gesellschafterbestands** durch Übergang

---

[249] Zu § 1 Abs. 2a GrEStG im Allgemeinen vgl. Gleichlautender Erlass betr. Anwendung des § 1 Abs. 2a GrEStG v. 18.02.2014, BStBl. I 2014, 561 (Oberste Finanzbehörden der Länder); Pahlke/*Pahlke* § 1 GrEStG Rn. 266 ff.
[250] Die stille Gesellschaft bildet kein Gesamthandsvermögen, so dass auch § 1 Abs. 2 GrEStG nicht in Betracht kommt, vgl. Boruttau/*Fischer* § 1 GrEStG Rn 178 ff. und Rn. 831.
[251] Gleichlautender Erlass v. 18.02.2014, a. a. O. Rz. 1.2.

3. Verkauf eines rechtlich selbständigen Geschäftsbereichs (Share Deal)

von **mindestens 95 % der Anteile** am Gesellschaftsvermögen **auf neue Gesellschafter** innerhalb einer **Fünfjahresfrist**. Zunächst ist hier die Unterscheidung zwischen Alt- und Neugesellschaftern von zentraler Bedeutung, da Änderungen der Anteilsverhältnisse der Altgesellschafter im Verhältnis zueinander nicht steuerbar sind.[252] **Altgesellschafter** iSd § 1 Abs. 2a GrEStG sind grundsätzlich alle natürlichen oder juristischen Personen, die vor dem Beginn des Fünfjahreszeitraumes nach § 1 Abs. 2a GrEStG unmittelbar oder mittelbar an der Personengesellschaft beteiligt waren.[253] Scheidet ein Gesellschafter aus und wird sein Mitgliedschaftsrecht auf ein neues Mitglied der Personengesellschaft übertragen, so endet die Eigenschaft des Gesellschafters als Altgesellschafter. Im Fall eines späteren Wiedereintritts wird er als Neugesellschafter betrachtet.[254] Darüber hinaus wird ein neuer Gesellschafter nach Ablauf der Fünfjahresfrist zum Altgesellschafter.[255]

Die Grunderwerbsteuer wird bei einer Änderung des Gesellschafterbestands **innerhalb von fünf Jahren** ausgelöst. Die Frist beginnt mit dem erstmaligen Übergang eines Anteils auf einen neuen Gesellschafter. Der Fünfjahreszeitraum ist dann erfüllt, wenn erstmalig die Quote von 95 % erreicht wird. Folglich ist eine zeitlich gestreckte Verwirklichung des Steuertatbestands möglich, sofern es innerhalb dieser Frist zu einer sukzessiven Übertragung von 95 % der Anteile oder mehr auf Neugesellschafter kommt.[256] Maßgebend ist dabei der Zeitpunkt der Wirkung der schuldrechtlichen Vereinbarung und nicht das dingliche Geschäft.[257]

105

Die Änderung des Gesellschafterbestands bei einer Carve-out-Transaktion erfolgt regelmäßig durch einen **derivativen Erwerb**. Dies kann beispielsweise im Zuge eines Verkaufs, einer Anwachsung oder einer Umwandlung (einschließlich Verschmelzung, Spaltung und Vermögensübertragung) kraft Gesamtrechts- oder Sonderrechtsnachfolge bewirkt werden.[258] Allerdings kann auch ein **originärer Erwerb** zu einer Änderung des Gesellschafterbestands führen, so z. B. wenn zusätzliche Gesellschaftsanteile durch neue Gesellschafter im Zuge einer gleichzeitigen Kapitalerhöhung erworben werden.[259] Auch durch eine Kombination von derivativem und originärem Erwerb kann der Tatbestand der Änderung des Gesellschafterbestands erfüllt werden.[260]

106

---

[252] Gleichlautender Erlass v. 18.02.2014, a. a. O. Rz. 2.1; Pahlke/*Pahlke* § 1 GrEStG Rn. 287.

[253] Gleichlautender Erlass v. 18.02.2014, a. a. O. Rz. 2.2 mit weiteren Beispielen für Altgesellschafter.

[254] Pahlke/*Pahlke* § 1 GrEStG Rn. 309.

[255] Gleichlautender Erlass v. 18.02.2014, a. a. O. Rz. 2.2; Pahlke/*Pahlke* § 1 GrEStG Rn. 288.

[256] Gleichlautender Erlass v. 18.02.2014, a. a. O. Rz. 4 mit weiteren Beispielen; Pahlke/*Pahlke* § 1 GrEStG Rn. 309.

[257] Boruttau/*Fischer* § 1 GrEStG Rn. 890.

[258] Pahlke/*Pahlke* § 1 GrEStG Rn. 294 f. Zur Frage, ob Verkürzungen oder Verlängerungen der Beteiligungskette Vorgänge iSv § 1 Abs. 2a GrEStG darstellen vgl. *Behrens/Bock* DStR 2012, 1307.

[259] Gleichlautender Erlass v. 18.02.2014, a. a. O. Rz. 2.2.

[260] Gleichlautender Erlass v. 18.02.2014, a. a. O. Rz. 3.1.

107 Besonders problematisch stellen sich auch bei Carve-out-Transaktionen die von § 1 Abs. 2a GrEStG ebenfalls umfassten **mittelbaren 95%igen Änderungen im Gesellschafterbestand** dar. Nach Auffassung der Finanzverwaltung[261] ist hierbei zwischen Personen- und Kapitalgesellschaften als „zwischengeschalteten" Gesellschaften zu differenzieren. Bei mittelbaren Beteiligungen über Personengesellschaften an einer grundstücksbesitzenden Personengesellschaft ist entsprechend der jeweiligen Beteiligungsverhältnisse „durchzurechnen". Bei einer zwischengeschalteten Kapitalgesellschaft erfolgt eine Hinzurechnung nur dann, wenn mindestens 95 % der Anteile an der Kapitalgesellschaft auf neue Anteilseigner übertragen werden, wobei dann die Beteiligung der Kapitalgesellschaft in voller Höhe bei der Ermittlung des Prozentsatzes iSd § 1 Abs. 2 a S. 1 GrEStG zu berücksichtigen ist.[262] Der BFH[263] legt die Vorschrift hingegen restriktiver aus. Hiernach ist die mittelbare Änderung des Gesellschafterbestands einer grundstücksbesitzenden Personengesellschaft ausschließlich nach wirtschaftlichen Maßstäben zu beurteilen, wobei Kapital- und Personengesellschaften gleichermaßen als transparent zu betrachten sind.[264]

108 Die Grunderwerbsteuer bemisst sind in den Fällen von § 1 Abs. 2a GrEStG[265] nach dem Grundstückwert iSv § 138 BewG (Bedarfswert) als **Ersatzbemessungsgrundlage** (§ 8 Abs. 2 S. 1 Nr. 3 GrEStG). Hierdurch gelangt man in der Regel zu einer geringeren Grunderwerbsteuerfestsetzung als im Falle eines Verkaufs zum Verkehrswert. Allerdings hat das BVerfG die Regelung über die Ersatzbemessungsgrundlage nach § 8 Abs. 2 GrEStG für verfassungswidrig und rückwirkend ab dem 01.01.2009 für nicht mehr anwendbar erklärt.[266] Laufende Steuerfestsetzungsverfahren sind auszusetzen und der Gesetzgeber wird verpflichtet, bis spätestens 30.6.2016 rückwirkend zum 1.1.2009 eine Neuregelung zu treffen. Derzeit ist noch unklar, wie die Finanzverwaltung bis zu einer Gesetzesänderung in den Fällen verfahren wird, in denen eine Unbedenklichkeitsbescheinigung für die Änderung im Grundbuch benötigt wird (wie z.B. bei Einbringungen, Anwachsungen und Umwandlungsfällen, die sich unmittelbar auf das Grundstück auswirken).[267] Hier ist der Dialog mit dem zuständigen Finanzamt zu suchen. Gegebenenfalls besteht die Möglichkeit, eine Vorgehensweise, wie beispielsweise eine Festsetzung unter

---

[261] Gleichlautender Erlass v. 18.02.2014, a.a.O. Rz. 3.
[262] Vgl. auch Gleichlautender Erlass v. 18.02.2014, a.a.O. mit Beispielen in Rz. 3.1 ff.
[263] BFH v. 24.04.2013 – II R 17/10, BFH/NV 2013, 1327.
[264] Vgl. aber den Nichtanwendungserlass FinMin. Baden-Württemberg v. 09.10.2013, DStR 2014, 1062.
[265] Entsprechendes gilt auch in den Fällen von § 1 Abs. 3 und 3a GrEStG.
[266] BVerfG v. 23.06.2015 – Az. 1 BvL 13/11, 1 BvL 14/11, BeckRS 2015, 48572.
[267] Laut gleichlautendem Ländererlass vom 17.6.2011, BStBl. I 2011, 575 sind bislang Steuerfestsetzungen, in denen die Ersatzbemessungsgrundlage zur Anwendung kommt, vorläufig nach § 165 AO ergangen. Folglich ist hier mit einer Änderung der Steuerfestsetzungen zu rechnen, sobald der Gesetzgeber eine rückwirkend anzuwendende Neuregelung gefasst hat. Sofern Bescheide nicht mit Vorläufigkeitsvermerk ergangen und formell bestandskräftig sind, dürfte eine Änderung verfahrensrechtlich nicht mehr möglich sein (§ 176 Abs. 1 S. 1 Nr. 1 AO).

dem Vorbehalt der Nachprüfung nach § 164 AO, abzustimmen. Erwerbsvorgänge bis 31.12.2008 bleiben von der Entscheidung des BVerfG unberührt.

Steuerschuldner ist die Personengesellschaft in ihrer jeweiligen Zusammensetzung (§ 13 Nr. 6 GrEStG), die auch die Anzeigepflicht trifft (§ 19 Abs. 1 Nr. 3 GrEStG). Der Steuerbescheid ist an die Personengesellschaft zu richten (§ 157 Abs. 1 S. 2 AO). 109

In steuerplanerischer Hinsicht stellt die Nutzung der Fünfjahresfrist bei Personengesellschaften immer noch eine mögliche und beliebte Maßnahme dar, Grunderwerbsteuer weitgehend zu vermeiden. In der Praxis sind daher häufig **Übertragungen von 94,9 %-Beteiligungen** anzutreffen. Beim Erwerb der restlichen 5,1 %-Beteiligung nach Ablauf von fünf Jahren wird zwar eine Anteilsvereinigung gem. § 1 Abs. 3 GrEStG ausgelöst. Da jedoch die Steuerbefreiung des § 6 Abs. 2 GrEStG anzuwenden ist,[268] fällt lediglich Grunderwerbsteuer auf den Erwerb der 5,1 % Beteiligung an. Solche Gestaltungen kommen bei Desinvestitionen von Geschäftsbereichen im Rahmen von Carve-out-Transaktionen jedoch häufig nicht in Betracht, da der verkaufende Konzern fünf Jahre lang weiter rechtlich an dem Carve-out-Business beteiligt bleibt, und Gestaltungen, die zur faktischen „Entrechtung" des Verkäufers führen, steuerlich evtl. nicht anerkannt werden.[269] 110

bb) Anteilsvereinigung, § 1 Abs. 3 GrEStG

Des Weiteren löst die **Anteilsvereinigung bzw. Übertragung von mindestens 95 % der Anteile** an einer Kapital- oder Personengesellschaft gemäß § 1 Abs. 3 GrEStG Grunderwerbsteuer aus.[270] Diese – in der Praxis leicht zu übersehende – Vorschrift bewirkt eine Fiktion des Rechtsträgerwechsels des der Gesellschaft gehörenden Grundstücks.[271] Voraussetzung für die Besteuerung nach § 1 Abs. 3 GrEStG ist, dass es sich um eine **Gesellschaft** iSd § 1 Abs. 3 GrEStG handelt, d.h. einen selbständigen Rechtsträger, in der Regel eine Kapitalgesellschaft oder Personengesellschaft,[272] wobei auf Personengesellschaften vorrangig § 1 Abs. 2a GrEStG anzuwenden ist (§ 1 Abs. 3 GrEStG). Zudem muss das inländische Grundstück im Zeitpunkt der Anteilsvereinigung bzw. -übertragung dem **Vermögen der Gesellschaft** zuzurechnen sein. Zuordnungskriterium ist hierbei nicht das zivilrechtliche 111

---

[268] Gleichlautender Erlass betr. Anwendung der §§ 3 und 6 GrEStG in den Fällen des § 1 Abs. 3 GrEStG v. 06.03.2013, BStBl. I 2013, 773, Ziff. 3.

[269] In Frage kommen hier insbesondere § 42 AO als Generalnorm bzw. § 1 Abs. 3a GrEStG als *lex specialis*.

[270] Zu § 1 Abs. 3 GrEStG im Allgemeinen vgl. Gleichlautender Erlass betr. Anwendung des § 1 Abs. 3 GrEStG in der Fassung der Bekanntmachung des Steuerentlastungsgesetzes 1999/2000/2002 v. 02.12.1999, BStBl. I 1999, 991 (Oberste Finanzbehörden der Länder); Gleichlautender Erlass zu Erwerbsvorgängen im Sinne des § 1 Abs. 3 GrEStG im Zusammenhang mit Treuhandgeschäften und Auftragserwerben bzw. Geschäftsbesorgungen v. 12. Oktober 2007, BStBl. I 2007, 761 (Oberste Finanzbehörden der Länder); Pahlke/*Pahlke* § 1 GrEStG Rn. 317 ff.

[271] BFH v. 17.02.1982 – II R 25/81, BeckRS 1982 22006031.

[272] Boruttau/*Fischer* § 1 GrEStG Rn. 925.

Eigentum, sondern die grunderwerbsteuerliche Zuordnung.[273] Hiernach braucht lediglich ein Tatbestand verwirklicht zu sein, der einen Erwerbsvorgang iSd § 1 Abs. 1, 2 oder 3 GrEStG erfüllt.[274] Bei komplexen Carve-out-Transaktionen und insbesondere, wenn eine Kombination aus (Grundstücks-) *Asset Deal* und *Share Deal* geplant ist, sollte der Differenzierung der jeweiligen Tatbestandsvoraussetzungen hohe Aufmerksamkeit gewidmet werden. Falls nämlich im Rahmen der Carve-out-Transaktion die zu erwerbende Kapitalgesellschaft auch ein Grundstück vom Verkäufer erwerben soll, ist die Reihenfolge der beiden Erwerbe so zu planen, dass im Zeitpunkt der grunderwerbsteuerlichen Anteilsvereinigung das per *Asset Deal* zu erwerbende Grundstück noch nicht zum Vermögen der zu erwerbenden Kapitalgesellschaft rechnet.[275]

112   Schließlich müssen **mindestens 95 % der Anteile mittelbar oder unmittelbar vereinigt bzw. übertragen werden**.[276] Die Grunderwerbsteuer entsteht mit Verwirklichung der Tatbestandsmerkmale, entweder also mit der erstmaligen Vereinigung von 95 % der Anteile in einer Hand oder mit der Übertragung von 95 % der bereits vereinigten Anteile auf einen anderen Rechtsträger. Für die Erfüllung des Tatbestandsmerkmals der **Anteilsvereinigung** ist grundsätzlich die rechtliche Vereinigung erforderlich, d.h. sie setzt einen zivilrechtlich wirksamen Anspruch auf Übertragung der Anteile oder deren zivilrechtlich wirksamen Erwerb voraus.[277] Eine rein wirtschaftliche Vereinigung genügt im Rahmen von § 1 Abs. 3 GrEStG nicht.[278] Da eine Anteilsvereinigung im Rahmen eines Formwechsels nicht zu einem Rechtsträgerwechsel führt, ist diese für grunderwerbsteuerliche Zwecke nicht steuerbar. Bei der unmittelbaren Anteilsvereinigung werden mindestens 95 % der Anteile an einer Kapital- oder Personengesellschaft in der Hand des Erwerbers vereinigt. Die Feststellung einer unmittelbaren Anteilsvereinigung ist in der Regel unstrittig. Schwieriger wird es jedoch bei der Feststellung einer mittelbaren Anteilsvereinigung, da die Grunderwerbsteuer auch durch Umstrukturierungen ausgelöst werden kann, die mehrere Stufen oberhalb der immobilienbesitzenden Gesellschaft erfolgt. So kann beispielsweise die Anteilsvereinigung bei einer ausländischen Muttergesellschaft auf Ebene der deutschen Urenkelgesellschaft Grunderwerbsteuer auslösen.[279] Nicht zuletzt deshalb spielt § 1 Abs. 3 GrEStG gerade auch bei (internationalen) Carve-out Transaktionen mit mehrstufigen Beteiligungsstrukturen eine große Rolle.

---

[273] BFH v. 25.08.2010 – II R 65/08, DStR 2011, 27.
[274] Boruttau/*Fischer* § 1 GrEStG Rn. 989 mwN zur Rspr.
[275] Boruttau/*Fischer* § 1 GrEStG Rn. 988 ff.
[276] Pahlke/*Pahlke* § 1 GrEStG Rn. 327.
[277] BFH v. 26.02.1975 – II R 130/67, BStBl. II 1975, 456.
[278] BFH v. 10.08.1988 – II R 193/85, BStBl. II 1988, 959; BFH v. 25.08.2010 – II R 65/08, BFH/NV 2011, 379.
[279] Zu einem Fall mit „ausländischer" Anteilsübertragung vgl. BFH v. 05.11.2002 – II R 23/00, BFH/NV 2003, 505.

3. Verkauf eines rechtlich selbständigen Geschäftsbereichs (Share Deal)

Die Grunderwerbsteuer bemisst sind in den Fällen des § 1 Abs. 3 GrEStG nach dem Bedarfswert gemäß § 8 Abs. 2 S. 1 Nr. 3 GrEStG (hinsichtlich der Entscheidung des Bundesverfassungsgericht wird auf → Rn. 108 verwiesen). Steuerschuldner ist der Erwerber als derjenige, in dessen Hand die Anteile vereinigt werden (§ 13 Nr. 5a GrEStG). Für den Fall der Anteilsvereinigung in der Hand von herrschenden und abhängigen Unternehmen oder abhängigen Personen iSv § 1 Abs. 3 Nr. 1 GrEStG gelten diese Beteiligten als Steuerschuldner (§ 13 Nr. 5b GrEStG). Die **Anzeigepflichten** der Beteiligten richten sich nach § 19 Abs. 1 S. 1 Nr. 4 bis 7 GrEStG.[280]

cc) Wirtschaftliche Anteilsvereinigung, § 1 Abs. 3a GrEStG

Obgleich der Ergänzungstatbestand des § 1 Abs. 3 GrEStG im Gesetz aufgenommen wurde, um Steuerumgehungen entgegenzuwirken,[281] werden – zumindest aus Sicht des Gesetzgebers – nicht sämtliche „Umgehungstatbestände" hiervon erfasst. Im Rahmen des AmtshilfeRLUmsG[282] wurde daher **§ 1 Abs. 3a GrEStG** als neuer Steuertatbestand eingefügt.[283] Grundsätzlich sind die Tatbestandsmerkmale der § 1 Abs. 3 und Abs. 3a GrEStG gleichlaufend, bis auf die Tatsache, dass in der letztgenannten Bestimmung nicht nur auf die sachenrechtliche Beteiligung an einer immobilienbesitzenden Gesellschaft abgestellt wird, sondern auch auf eine **wirtschaftliche Beteiligung**. Die gesetzliche Neuregelung soll sog. RETT-Blocker Strukturen entgegenwirken.[284] Das zentrale Tatbestandsmerkmal der wirtschaftlichen Beteiligung ist erfüllt, sobald eine wirtschaftliche Beteiligung an einer immobilienbesitzenden Gesellschaft in Höhe von mindestens 95 % vorliegt. Mit dieser Gesetzesänderung wurde ein neues Berechnungsprinzip eingeführt, das auf der Summe der unmittelbaren und mittelbaren Beteiligungen am Kapital oder am Vermögen der Gesellschaft basiert. Durch die Anwendung dieser sog. **Durchrechnungsmethode** werden sämtliche mittelbar und unmittelbar gehaltenen Beteiligungen rein rechnerisch betrachtet und nicht mehr nur je Beteiligungsebene. Die quotale Durchrechnung unterscheidet nicht nach mehrstöckigen Personengesellschafts- bzw. Kapitalgesellschaftsstrukturen.

Trotz der gesetzlichen Neuregelung des § 1 Abs. 3a GrEStG sind wohl auch weiterhin Strukturen zur Vermeidung der Grunderwerbsteuer möglich. Voraussetzung ist allerdings, dass kein gesellschaftsrechtliches Verhältnis zum Erwerber der Anteile besteht, das mitgliedschaftliche Ansprüche vermittelt, da sonst eine Zusammenrechnung der Beteiligungen erfolgt. Daher könnte auf Käuferseite z. B.

---

[280] Zu Anzeigepflichten im Falle von mittelbaren Anteilsvereinigungen vgl. z. B. *Götz* GmbHR 2005, 352 ff.
[281] Boruttau/*Fischer* § 1 GrEStG Rn. 901.
[282] Amtshilferichtlinie-Umsetzungsgesetz v. 29.06.2013, BGBl. I 2013 I, 1809.
[283] Zu § 1 Abs. 3a GrEStG im Einzelnen vgl. *Behrens* DStR 2013, 1405 ff.; Pahlke/*Pahlke* § 1 GrEStG Rn. 400 ff.
[284] *Wagner/Lieber* DB 2013, 1387, 1388.

in Betracht kommen, einen Co-Investor mit einer realen Beteiligung von 5,1 % zu beteiligen, so dass keine 95 %ige Anteilsvereinigung vorliegt.[285] Schuldrechtliche Verpflichtungen oder beteiligungsähnliche Rechte wie partiarische Darlehen, stille Beteiligungen oder Genussrechte sind von der Regelung in § 1 Abs. 3 GrEStG nicht erfasst.[286]

d) Steuerliche Besonderheiten im Zusammenhang mit bestehenden Organschaften

116   Bei dem Carve-out rechtlich verselbständigter Geschäftsbereiche sind die aus dem Verkäuferkonzern herauszulösenden Gesellschaften oftmals über eine oder mehrere Organschaften mit dem Verkäuferkonzern verbunden. Im Rahmen der erforderlichen **Beendigung der Organschaften ergibt sich für Verkäufer und Käufer** eine Gemengelage aus schwierigen steuerlichen und zivilrechtlichen Fragestellungen. Wesentliche Aspekte des Zusammenspiels des Steuer- und Zivilrechts sind bereits im Zivilrechtsteil dargestellt (→ Teil II Rn. 91 ff.). Nachfolgend wird diese Darstellung um einige spezifisch steuerliche Gesichtspunkte ergänzt.[287] In steuerlicher Hinsicht ist insbesondere zu gewährleisten, dass eine lückenlose steuerliche Organschaft bis zum Vollzugsstichtag (bzw. aus Käufersicht gegebenenfalls auch eine lückenlose neue Organschaft möglichst ab dem Vollzugsstichtag) sichergestellt ist und dass die Organschaft für die Vergangenheit nicht gefährdet wird. Diese Themen werden nachfolgend behandelt.

Darüber hinaus enthält § 73 AO eine besondere **Haftung für Steuerschulden bei Organschaften**, die einen Zugriff des Fiskus auf das Vermögen der Organgesellschaft für Steuern des Verkäufers erlaubt, die im Rahmen der Organschaft entstanden sind (→ Rn. 129 ff.).

aa) Ertragsteuerliche Aspekte der Organschaft

117   Gemäß § 14 Abs. 1 KStG liegt eine **körperschaftsteuerliche Organschaft** vor, wenn sich eine Kapitalgesellschaft[288] mit Geschäftsleitung und Sitz im Inland (Organgesellschaft) verpflichtet, durch einen Gewinnabführungsvertrag im Sinne des § 291 Abs. 1 AktG ihren ganzen Gewinn an ein einziges anderes gewerbliches Unternehmen abzuführen. Das Einkommen der Organgesellschaft ist dem Organ-

---

[285] *Burwitz* NZG 2014, 95, 96.
[286] *Behrens* DStR 2013, 1405, 1406.
[287] Zur ertragsteuerlichen Organschaft im Einzelnen vgl. statt aller Gosch/*Neumann* § 14 KStG Rn. 1 ff.; Blümich/*Danseling* § 14 KStG Rn. 1 ff.; Frotscher/Maas/*Frotscher* § 14 KStG Rn. 1 ff.; *Stahl/Fuhrmann* NZG 2003, 250 ff.; *Walter* GmbHR 2012, 670 f.; *Schaefer/Wind/Mager* DStR 2013, 2399 ff.
[288] § 14 KStG spricht nur von einer SE, AG und KGaA. Über § 17 KStG gelten die Regelungen über die körperschaftsteuerliche Organschaft auch für eine GmbH als Organgesellschaft, wobei hier die weiteren Voraussetzungen nach § 17 Abs. 1 S. 2 KStG beachtet werden müssen.

3. Verkauf eines rechtlich selbständigen Geschäftsbereichs (Share Deal)

träger grundsätzlich dann zuzurechnen, wenn die folgenden Tatbestandsvoraussetzungen kumulativ erfüllt sind:

1. **Finanzielle Eingliederung:** Der Organträger muss an der Organgesellschaft von Beginn ihres Wirtschaftsjahres an ununterbrochen in einem solchen Maße beteiligt sein, dass ihm die Mehrheit der Stimmrechte aus den Anteilen an der Organgesellschaft zusteht (§ 14 Abs. 1 Nr. 1 KStG).
2. **Organträger:** Der Organträger muss eine natürliche Person oder eine nicht von der Körperschaftsteuer befreite Körperschaft, Personenvereinigung[289] oder Vermögensmasse sein (§ 14 Abs. 1 Nr. 2 KStG).
3. **Gewinnabführungsvertrag:** Es muss ein Gewinnabführungsvertrag (Ergebnisabführungsvertrag)[290] zwischen Organträger und Organgesellschaft über eine Laufzeit von mindestens fünf Jahren abgeschlossen und tatsächlich durchgeführt werden (§ 14 Abs. 1 Nr. 3 KStG).

Die Voraussetzungen für eine **gewerbesteuerliche Organschaft** entsprechen denen der körperschaftsteuerlichen Organschaft, wobei die Organgesellschaft als Betriebsstätte des Organträgers gilt (§ 2 Abs. 2 S. 2 GewStG). Diese Betriebsstättenfiktion führt jedoch nicht dazu, dass Organträger und Organgesellschaft als einheitliches Unternehmen anzusehen sind. Es liegen vielmehr weiterhin selbständige Gewerbebetriebe vor, deren Gewerbeerträge getrennt zu ermitteln sind.[291] Anschließend werden beide getrennt ermittelte Gewerbeerträge zusammengerechnet.[292] Die Summe der Gewerbeerträge ist jedoch dann noch zu korrigieren, um ungerechtfertigte Doppel- oder Nichterfassungen zu verhindern.[293]

118

Soll eine Organgesellschaft im Rahmen einer Carve-out-Transaktion aus der mit dem Verkäufer bestehenden Organschaft herausgekauft werden, so ist auf Seiten des Verkäufers darauf zu achten, dass die vorstehend beschriebenen Voraussetzungen idealerweise bis zum Closing erfüllt sind. Spiegelbildlich kann es für den Käufer von Vorteil sein, ab dem Closing „nahtlos" eine neue Organschaft mit der Zielgesellschaft zu begründen.[294] Dementsprechend ist darauf zu achten, dass

119

---

[289] Sofern eine Personengesellschaft Organträgerin sein soll, muss diese selbst originär gewerblich tätig sein (d.h. eine gewerbliche Prägung nach § 15 Abs. 3 Nr. 2 EStG ist nicht ausreichend) und die Beteiligung an der Organgesellschaft muss sich in ihrem Gesamthandsvermögen befinden, R 58 KStR.

[290] Genauer müsste man, da neben der Gewinnabführungsverpflichtung der Organgesellschaft auch eine spiegelbildliche Verlustübernahmeverpflichtung des Organträgers besteht, von einem Ergebnisabführungsvertrag sprechen, vgl. Ernst & Young/*Walter* § 14 KStG Rn. 529 f. Dem Gesetzeswortlaut folgend wird vorliegend jedoch die Begrifflichkeit Gewinnabführungsvertrag gemäß § 14 KStG verwendet.

[291] R 2.3 Abs. 1 S. 3 f. GewStR.

[292] BFH v. 18.09.1996 – I R 44/95, BStBl. II 1997, 181.

[293] Vgl. hierzu im Einzelnen Blümich/*Drüen* § 2 GewStG Rn. 170 ff.

[294] Eine erst spätere Begründung einer Organschaft seitens des Käufers könnte steuerlich z.B. von Vorteil sein, wenn die erworbene Gesellschaft noch über Verlustvorträge verfügt, die auf Grund der Stille-Reserven-Klausel nicht untergegangen sind. Diese Verlustvorträge stehen als vorvertragliche Verluste für eine Verrechnung mit positiven Einkünften im Rahmen einer Organschaft nicht zur

die o.g. gesetzlichen Voraussetzungen eingehalten werden. Wird nun im Rahmen einer Carve-out-Transaktion die Organgesellschaft veräußert, hat dies zwingend die Beendigung der bestehenden Organschaft zumindest für das Jahr der Veräußerung zur Folge, da **durch die Veräußerung die finanzielle Eingliederung entfällt** (§ 14 Abs. 1 S. 1 Nr. 1 S. 1 KStG).[295] Lässt man die ebenfalls erforderliche fünfjährige Mindestlaufzeit zunächst außer Acht,[296] würde somit bei jeder **unterjährigen Veräußerung** der Organgesellschaft die steuerliche Wirksamkeit der Organschaft für das gesamte Wirtschaftsjahr der Organgesellschaft versagt sein (§ 14 Abs. 1 Nr. 3 S. 3 KStG). Eine Einkommenszurechnung zum Verkäufer findet dann nicht mehr statt.[297] In der Praxis behilft man sich hier mit der Umstellung des Wirtschaftsjahres der Organgesellschaft auf den Zeitpunkt der Veräußerung der Beteiligung (*Closing*),[298] wodurch ein Rumpfwirtschaftsjahr entsteht, für das die Voraussetzungen der finanziellen Eingliederung durchgängig erfüllt sind. Diese Umstellung bedarf zwar gemäß § 7 Abs. 4 S. 3 KStG der Zustimmung des Finanzamts, das jedoch in einer solchen Konstellation verpflichtet ist, die Zustimmung zu erteilen.[299] Sofern der Käufer eine unmittelbare „Anschlussorganschaft" herstellen möchte, kann er das Wirtschaftsjahr der erworbenen Organgesellschaft im selben Veranlagungszeitraum ein zweites Mal umstellen, um eine sofortige finanzielle Eingliederung zu bewirken. Sofern auch hierfür die Zustimmung des Finanzamts erforderlich ist, soll auch diese erteilt werden.[300] Erfolgt hingegen eine Veräußerung der Organgesellschaft **zum Ende ihres Wirtschaftsjahres**, kann die finanzielle Eingliederung für den veräußernden Organträger sowie den Käufer mit dem Ziel der nahtlosen Neubegründung einer ertragsteuerlichen Organschaft erhalten bleiben, sofern die Voraussetzungen des sog. Mitternachtserlasses erfüllt sind.[301]

120 Neben der finanziellen Eingliederung ist für die Anerkennung einer ertragsteuerlichen Organschaft abweichend vom Gesellschaftsrecht[302] insbesondere auch die

---

Verfügung, sondern werden „eingefroren", § 15 S. 1 Nr. 1 KStG, Blümich/*Danseling* § 15 KStG Rn. 11; *Schaefer/Wind/Mager* DStR 2013, 2399, 2404.

[295] Hintergrund ist die gesetzliche Voraussetzung, wonach der Organträger von Beginn an und während des gesamten Wirtschaftsjahres der Organgesellschaft an dieser ununterbrochen beteiligt sein muss, R 59 Abs. 1 KStR.

[296] Anders als für den Gewinnabführungsvertrag fordert das Gesetz für die finanzielle Eingliederung nicht deren Vorliegen für mindestens fünf Jahre, Dötsch/Pung/Möhlenbrock/*Dötsch* § 14 KStG Rn. 150.

[297] Frotscher/Maas/*Frotscher* § 14 KStG Rn. 273.

[298] Zu den zivilrechtlichen Voraussetzungen → Teil II Rn. 92.

[299] R 59 Abs. 3 S. 1 KStR.

[300] R 59 Abs. 3 S. 2f. KStR.

[301] Vgl. im Einzelnen R 59 Abs. 2 S. 1 f. KStR; Kneip/Jänisch/*Schildknecht*/Heidrich B.VII. Rn. 39. Hiernach wird die Organbeteiligung in einer logischen Sekunde zwischen den Wirtschaftsjahren veräußert, weshalb eine durchgängige finanzielle Eingliederung der Organgesellschaft möglich ist, Dötsch/Pung/Möhlenbrock/*Dötsch* § 14 KStG Rn. 153.

[302] Hintergrund dieser steuerlichen „Zusatzvoraussetzung" ist die Vermeidung des Abschlusses eines Gewinnabführungsvertrages allein zwecks willkürlicher Beeinflussung der Besteuerung sowie zwecks Einkommensverlagerungen, BFH v. 12.01.2011 – I R 3/10, BStBl. II 2011, 727.

3. Verkauf eines rechtlich selbständigen Geschäftsbereichs (Share Deal)

fünfjährige Mindestlaufzeit des Gewinnabführungsvertrages erforderlich (§ 14 Abs. 1 Nr. 3 KStG).[303] Diese Mindestlaufzeit bezieht sich nach wohl h. M. nicht auf Wirtschafts-, sondern auf Zeitjahre, d. h. sie muss mindestens 60 Monate betragen.[304] Während dieser Laufzeit muss der Gewinnabführungsvertrag auch tatsächlich durchgeführt werden. Wird der Gewinnabführungsvertrag **nach Ablauf dieser Mindestlaufzeit beendet**, bleibt die steuerliche Organschaft für die Vorjahre unberührt,[305] wohingegen gemäß § 14 Abs. 1 Nr. 3 S. 3 KStG für das Wirtschaftsjahr, in dessen Verlauf der Gewinnabführungsvertrag wegfällt, die Regeln der Organschaft keine Anwendung mehr finden und damit eine steuerliche Ergebniskonsolidierung für diese Jahr grundsätzlich[306] nicht möglich ist. Wird der Gewinnabführungsvertrag hingegen **vor Ablauf von fünf Jahren** nach seinem Abschluss **beendet** (oder nicht mehr durchgeführt), fällt die Organschaft rückwirkend für den gesamten Zeitraum weg,[307] es sei denn, es liegt ein steuerlich wichtiger Grund vor, der eine vorzeitige Beendigung des Gewinnabführungsvertrag rechtfertigt (§ 14 Abs. 1 Nr. 3 S. 2 KStG).

Bei Carve-out-Transaktionen, in denen eine Organgesellschaft verkauft wird, die weniger als fünf Jahre in eine Organschaft mit dem veräußernden Organträger eingebunden war, stellt sich die Frage, ob ein **wichtiger Grund für eine vorzeitige Beendigung des Gewinnabführungsvertrages** angenommen werden kann. Aus zivilrechtlicher Sicht ist zwischen der einvernehmlichen Aufhebung des Gewinnabführungsvertrages sowie dessen Kündigung aus wichtigem Grund zu unterscheiden. Die zivilrechtlichen Voraussetzungen hierzu sind im Rahmen der Behandlung der zivilrechtlichen Aspekte des Unternehmenskaufvertrages dargestellt (→ Teil II Rn. 91 ff.). Aus steuerlicher Sicht sei hierzu angemerkt, dass – obwohl § 14 Abs. 1 Nr. 3 S. 2 KStG nur von Kündigung spricht – auch eine vorzeitige Aufhebung für die steuerliche Anerkennung unschädlich ist, wenn sie auf einem wichtigen Grund beruht.[308]

121

Somit bleibt die Frage zu klären, was als **wichtiger Grund** anzusehen ist. Auch hier gilt, dass ein gesellschaftsrechtlich wichtiger Grund nicht zwingend zugleich einen steuerlich wichtigen Grund darstellt.[309] Können gesellschaftsrechtlich, neben den gesetzlich genannten Beendigungsgründen (wie z.B. §§ 297, 304 Abs. 4, 305 Abs. 5 und 307 AktG), in gewissem Umfang wichtige Gründe im

122

---

[303] Zu einzelnen Fragen im Zusammenhang mit der Mindestlaufzeit, deren vertraglicher Vereinbarung etc. vgl. z. B. Dötsch/Pung/Möhlenbrock/*Dötsch* § 14 KStG Rn. 216 ff.; Ernst & Young/*Walter* § 14 KStG Rn. 636 ff.
[304] BFH v. 12.01.2011 – I R 3/10, BStBl. II 2011, 727; R 60 Abs. 2 S. 1 KStR; Erle/Sauter/*Erle/Heurung* § 14 KStG Rn. 177; Frotscher/Maas/*Frotscher* § 14 KStG Rn. 470.
[305] R 60 Abs. 7 KStR.
[306] Etwas anderes würde nur gelten, wenn für die Organgesellschaft ein Rumpfwirtschaftsjahr gebildet wird, welches mit der Beendigung des Gewinnabführungsvertrags aufhört.
[307] R 60 Abs. 6 S. 5 und Abs. 8 S. 1 Nr. 8 KStR.
[308] BFH v. 13.11.2013 – I R 45/12, BStBl. II 2014, 486.
[309] Dötsch/Pung/Möhlenbrock/*Dötsch* § 14 KStG Rn. 223.

Gewinnabführungsvertrag definiert und vereinbart werden,[310] muss aus steuerlicher Sicht nach Auffassung der Rechtsprechung ein wichtiger Grund nach eigenen steuerrechtlichen Maßstäben objektiv vorliegen, um eine Beeinflussung der Besteuerung zu verhindern.[311] Fallen der gesellschafts- und der steuerrechtliche wichtige Beendigungsgrund auseinander, ist für die Anerkennung der Organschaft der steuerlich wichtige Grund entscheidend.[312] Eine gewisse Auslegungshilfe dieses konturenarmen[313] und in neuerer Zeit intensiv diskutierten[314] eigenständigen **steuerlichen Begriffs des wichtigen Grundes** bieten die Körperschaftsteuer-Richtlinien.[315] Hiernach kann insbesondere die Veräußerung oder Einbringung der Organbeteiligung durch den Organträger, die Verschmelzung, Spaltung oder Liquidation des Organträgers oder der Organgesellschaft als wichtiger Grund angesehen werden. Damit läge steuerlich ein wichtiger Grund in den für Carve-out-Transaktionen typischen Situationen der Übertragung der Beteiligung der Organgesellschaft durch Spaltung und/oder unmittelbare Veräußerung an einen Dritten grundsätzlich vor. Sofern hingegen bereits im Zeitpunkt des Vertragsabschlusses feststand, dass der Gewinnabführungsvertrag vor Ablauf der ersten fünf Jahre beendet werden wird, soll kein wichtiger Grund angenommen werden können.

123   Es gilt jedoch zu beachten, dass es sich bei R 60 Abs. 6 S. 2 KStR um eine norminterpretierende Verwaltungsvorschrift in Form einer „kann"-Formulierung handelt, auf die sich der Steuerpflichtige in einem finanzgerichtlichen Verfahren nicht berufen kann.[316] Für den Rechtsanwender kommt erschwerend hinzu, dass der BFH in jüngerer Zeit gerade im Falle der **Veräußerung einer Organbeteiligung innerhalb eines Konzerns** das Vorliegen eines wichtigen Grundes verneint hat.[317] Über die Reichweite dieses Urteils besteht derzeit noch keine Klarheit, da es sich in dem zu entscheidenden Fall um einen spezielle Situation handelte, die nicht auf jede Konzernkonstellation übertragbar scheint.[318] Nach Auffassung von *Dötsch* soll die vom BFH konstatierte „Konzernausnahme" nur in den Fällen greifen, in denen die vorzeitige Beendigung des Gewinnabführungsvertrags in Folge konzerninterner Anteilsveräußerung objektiv im Belieben der Parteien steht und von

---

[310] BGH v. 05.04.1993 – II ZR 238/91, BGHZ 122, 211; siehe auch → Teil II Rn. 91.

[311] BFH v. 13.11.2013 – I R 45/12, BStBl. II 2014, 486; im Ergebnis auch die Finanzverwaltung, R 60 Abs. 6 KStR. Ein Teil der Literatur hingegen will einen Gleichlauf zwischen Gesellschafts- und Steuerrecht annehmen, vgl. Blümich/*Danseling* § 14 KStG Rn. 133; *Stahl/Furhmann* NZG 2003, 250, 257; Ernst & Young/*Walter* § 14 KStG Rn. 718.

[312] Dötsch/Pung/Möhlenbrock/*Dötsch* § 14 KStG Rn. 223b; BFH v. 13.11.2013 – I R 45/12, BStBl. II 2014, 486.

[313] *Scheifele/Marx* DStR 2014, 1793, 1803.

[314] *Lange* GmbHR 2011, 806 ff.; *Behrens* BB 2012, 2787 ff.; *Walter* GmbHR 2012, 670 f.; *Stangl/Brühl* Ubg 2012, 657 ff.; *Heurung/Engel/Müller-Thomczik* GmbHR 2012, 1227 ff.

[315] R 60 Abs. 6 KStR.

[316] *Scheifele/Marx* DStR 2014, 1793, 1801 mwN zur Rspr. in Fn. 107.

[317] BFH v. 13.11.2013 – I R 45/12, BStBl. II 2014, 486.

[318] *Scheifele/Marx* DStR 2014, 1793, 1800; Dötsch/Pung/Möhlenbrock/*Dötsch* § 14 KStG Rn. 224a.

3. Verkauf eines rechtlich selbständigen Geschäftsbereichs (Share Deal)

vornherein geplant war, die Organschaft nur bis zur Erreichung der angestrebten Steuervorteile zu erhalten.[319] Unklar ist darüber hinaus, ob Entsprechendes nunmehr – auch entgegen der insoweit anders lautenden Richtlinienlage – im Rahmen von konzerninternen Umwandlungen gelten soll.[320]

Für Carve-out-Transaktionen lässt sich hieraus Folgendes ableiten: Die Veräußerung der Beteiligung an der Organgesellschaft an den Käufer als unabhängigen Dritten innerhalb der fünfjährigen Mindestlaufzeit sollte – ungeachtet des voranstehend genannten BFH-Urteils – aus steuerlicher Sicht auch weiterhin stets einen wichtigen Grund darstellen.[321] Sofern zur Herauslösung des rechtlich verselbständigten Carve-out-Business vor der Veräußerung der Beteiligung beim Verkäuferkonzern eine konzerninterne Umhängung oder Übertragung der Organgesellschaft erfolgt, besteht nunmehr für die Beteiligten keine Rechtssicherheit. Insbesondere könnte sich die Finanzverwaltung auf Grund der „kann"-Formulierung an die in R 60 Abs. 6 S. 2 KStR genannten Gründe nicht mehr gebunden fühlen, so dass Rechtssicherheit hier letztlich nur durch Einholung einer verbindlichen Auskunft erreicht werden kann.[322]

124

Eine weitere Voraussetzung für die steuerliche Anerkennung der Organschaft ist, wie bereits erwähnt, dass der Gewinnabführungsvertrag während seiner Laufzeit auch **tatsächlich durchgeführt** wird (§ 14 Abs. 1 S. 1 Nr. 3 S. 1 KStG). Dies bedeutet, dass der Gewinnabführungsvertrag entsprechend seinen Reglungen tatsächlich vollzogen wird. Hierzu gehört insbesondere die Abführung des ganzen Gewinns der Organgesellschaft an den Organträger bzw. die Übernahme des Verlusts der Organgesellschaft durch den Organträger.[323] Insoweit ist ein tatsächlicher Ausgleich der Gewinn- und Verlustausgleichsverpflichtungen zwingend erforderlich.[324] Dies gilt insbesondere auch dann, wenn in dem Zeitraum vor dem Vollzugsstichtag aufgrund fehlerhafter Bilanzierung eine vollständige Gewinn- oder Verlustabführung nicht erfolgt ist. Entsprechende Klauseln für den Unternehmenskaufvertrag sind im zivilrechtlichen Teil dargestellt (→ Teil II Rn. 94 ff.). Da eine nicht korrekte Durchführung der Annahme einer tatsächlichen Durchführung des Gewinnabführungsvertrags entgegensteht und zur Folge hat, dass der Organschaft

125

---

[319] Dötsch/Pung/Möhlenbrock/*Dötsch* § 14 KStG Rn. 224b.

[320] Die h. M. scheint keine Übertragung der BFH-Urteils auf Fälle der konzerninternen Umwandlungen vornehmen zu wollen, Ernst & Young/*Walter* § 14 KStG Rn. 781 f.; Dötsch/Pung/Möhlenbrock/*Dötsch* § 14 KStG Rn. 224b.

[321] Frotscher/Maas/*Frotscher* § 14 KStG Rn. 466; Ernst & Young/*Walter* § 14 KStG Rn. 782; *Herzberg* GmbHR 2014, 85, 86.

[322] *Scheifele/Marx* DStR 2014, 1793, 1801. Ob eine solche Auskunft letztlich erteilt wird, hängt vom Einzelfall ab.

[323] Ernst & Young/*Walter* § 14 KStG Rn. 649; Dötsch/Pung/Möhlenbrock/*Dötsch* § 14 KStG Rn. 173.

[324] Zur Frage der Entstehung, Fälligkeit und Verzinslichkeit des Gewinnabführungs- bzw. Verlustübernahmeanspruchs vgl. Dötsch/Pung/Möhlenbrock/*Dötsch* § 14 KStG Rn 201.

rückwirkend die Anerkennung versagt wird,[325] muss auch diese zum Gegenstand einer steuerlichen Due Diligence gemacht werden.

126   Jedes Jahr, für das die entsprechenden **gesetzlichen Voraussetzungen nicht (mehr) vorliegen**, sei es in Ermangelung eines wichtigen Grundes oder sei es, weil andere Tatbestandsmerkmale von § 14 KStG nicht mehr erfüllt sind, ist aus steuerrechtlicher Sicht zu beachten, dass die Organschaft – trotz bestehender Pflicht zur Gewinnabführung bzw. Verlustübernahme – nicht anerkannt wird. Dies bedeutet, dass Gewinnabführungen steuerlich als (verdeckte) Gewinnausschüttungen und Verlustausgleichszahlungen als (verdeckte) Einlagen behandelt werden.[326] Die Organgesellschaft hat ihr Einkommen – wie in den Fällen der verunglückten Organschaft im Allgemeinen – nach allgemeinen Grundsätzen selbst zu versteuern.[327] Entsprechendes gilt für das Auseinanderfallen des zivilrechtlichen und des steuerlichen Zeitpunkts des Wirksamwerdens der Kündigung des Gewinnabführungsvertrages.[328]

127   War die Zielgesellschaft in eine steuerliche Organschaft des Verkäuferkonzerns eingebunden, so empfiehlt sich – nicht zuletzt auf Grund der voranstehend beschriebenen Unwägbarkeiten, die sich aus der Existenz einer Organschaft ergeben – aus Käufersicht die Aufnahme einer **umfassenden Freistellung** in die Steuerklausel des Unternehmenskaufvertrages für steuerliche Risiken im Zusammenhang mit dem Abschluss, der Durchführung und der Beendigung des zugrunde liegenden Gewinnabführungsvertrages:

> Seller indemnifies Purchaser and the Target Group Companies for any Tax which arises in respect of or in consequence of an event which occurred on or before the Closing Date or any income, profits or gains earned, accrued or received by a Target Group Company on or before the Closing Date in connection with the conclusion *(Abschluss)*, implementation *(Durchführung)*, termination *(Beendigung)* of the Profit and Loss Pooling Agreement and any non-recognition *(Nicht-Anerkennung)* of the fiscal unity.

128   Gerade bei dem **unterjährigen Verkauf** stellen sich in der Praxis **zahlreiche Fragen im Zusammenhang mit Organschaften**, die bislang noch nicht geklärt sind. So ist z. B. derzeit höchstrichterlich noch nicht entschieden, ob auf den Zeitpunkt des Verkaufs der Organschaftsbeteiligungen eine (fiktive) Ergebnisermittlung im gesamten Organkreis zu erfolgen hat, um dieses konsolidierte Ergebnis dann mit evtl. vorhandenen Verlustvorträgen zu verrechnen. Dies ist

---

[325] In den ersten fünf Jahren des Bestehens hat eine Nichtdurchführung des Gewinnabführungsvertrags die steuerliche Unwirksamkeit seit Beginn zur Folge. Nach Ablauf der fünf Jahre wird der Gewinnabführungsvertrag erst ab dem Jahr der Nichtdurchführung steuerlich nicht mehr anerkannt, R 60 Abs. 8 S. 1 KStR; Kneip/Jänisch/*Schildknecht*/Heidrich B.VII Rn. 74.
[326] *Schaefer/Wind/Mager* DStR 2013, 2399, 2403.
[327] Ernst & Young/*Walter* § 14 Rn. 698.
[328] Lüdicke/Sistermann/*Sistermann* § 11 Rn. 369.

3. Verkauf eines rechtlich selbständigen Geschäftsbereichs (Share Deal)

dann bedeutsam, wenn Organträger und Organgesellschaften in diesem Zeitraum Gewinne bzw. Verluste erzielen. Nach dem Entwurf des BMF-Schreibens zu § 8c KStG[329] ist bei einer steuerlichen Organschaft die **Verlustabzugsbeschränkung des § 8c KStG** auf Ebene des Organträgers und auf Ebene der Organgesellschaft getrennt anzuwenden. Ein unterjähriger schädlicher Beteiligungserwerb bei einem Organträger führt regelmäßig auch zu einem mittelbaren schädlichen Beteiligungserwerb bei der Organgesellschaft. Bei einem schädlichen Beteiligungserwerb bei einem Organträger unterliegt daher regelmäßig auch das noch nicht zugerechnete negative Organeinkommen aufgrund eines mittelbaren schädlichen Erwerbs der Verlustabzugsbeschränkung des § 8c KStG. Somit sind das negative Einkommen der Organgesellschaft und des Organträgers bei einem unterjährigen Beteiligungserwerb jeweils vor der Einkommenszurechnung auf Ebene der Organgesellschaft bzw. des Organträgers entsprechend der Ergebnisaufteilung nach Rz. 32 des § 8c Entwurf-Schreibens zu kürzen.[330] Eine **unterjährige Zurechnung von Organeinkommen soll** damit nach dem Entwurf-Schreiben **nicht erfolgen**. Diese restriktive Auffassung der Finanzverwaltung wird im Schrifttum kritisiert und darauf verwiesen, dass vor Anwendung von § 8c KStG eine Saldierung der Gewinne und Verluste zwischen Organträger und Organgesellschaft zu erfolgen habe.[331] Eine Verrechnung von innerhalb der Organschaft entstandenen Gewinnen mit ggf. bestehenden vororganschaftlichen Verlusten will die Finanzverwaltung mit Verweis auf § 15 Abs. 1 Nr. 1 KStG zu Recht nicht zulassen.[332]

bb) Haftung für Steuerschulden bei Organschaften, § 73 AO

Wird die Carve-out-Transaktion in Form eines *Share Deal* durchgeführt, übernimmt der Käufer durch Erwerb der Anteile an der Zielkapitalgesellschaft deren gesamte steuerliche Historie. Eine hierüber hinausgehende Haftung kann sich jedoch dann ergeben, wenn die Zielgesellschaft Teil einer steuerlichen Organschaft auf Seiten des Verkäufers war.[333] Die **Haftung für Steuerschulden bei Organschaften** ist in **§ 73 AO** geregelt.[334] Hiernach haftet eine Organgesellschaft für solche Steuern des Organträgers, für welche die Organschaft zwischen ihnen steuerlich von Bedeutung ist (§ 73 S. 1 AO). Die Vorschrift ermöglicht also den Zugriff des Fiskus auf das Vermögen der Organgesellschaft für Steuerschulden

129

---

[329] Vgl. Entwurf eines BMF-Schreibens zur Verlustabzugsbeschränkung für Körperschaften, vom 15. April 2014, IV C 2 – S-2745a/09/10002 :004, Rn. 33 (nachfolgend „**§ 8c Entwurf-Schreiben**").
[330] Rz. 33 S. 2 ff. § 8c Entwurf-Schreiben. Zu einem Berechnungsbeispiel vgl. *Heilmeier/Modrzejewski/Strahl* SteuerStud Beilage 2/2014, 17, 21.
[331] *Ritzer/Stangl* DStR 2014, 977, 980.
[332] Rz. 33a S. 3 § 8c Entwurf-Schreiben.
[333] *Kneip/Jänisch/Hogh* B.II. Rn. 9 f.
[334] Zu § 73 AO vgl. z. B. *Weber/Schimmele* BB 2013, 2263 ff.; *Mayer* DStR 2011, 109 ff.; *Bröder* SteuerStud 2008, 164 ff.

der (früheren) Organträgerin, wobei der Organkreis als **einheitliches Ganzes betrachtet** wird.[335]

130 Aufgrund dieses, dem Wortlaut nach sehr weit gefassten Anwendungsbereichs des § 73 AO haftet eine Organgesellschaft nicht nur für Steuerschulden des Organträgers, die durch ihre eigene wirtschaftliche Tätigkeit entstanden sind, sondern auch für die Steuerschulden des Organträgers, die durch die wirtschaftliche Tätigkeit einer anderen Organgesellschaft verursacht wurde.[336] Nach Auffassung der erstinstanzlichen Rechtsprechung sowie der h. M. in der Literatur soll § 73 AO aber im Rahmen der Ermessensausübung gemäß § 191 AO einschränkend anzuwenden sein.[337] Generell ist festzuhalten, dass sich die Haftung einer Organgesellschaft meist auf den Steueranteil beschränkt, der der Organgesellschaft als selbständiger Gesellschaft zuzurechnen gewesen wäre. Eine Ausweitung der Haftung auf andere Gesellschaften des Organkreises sollte nur dann erfolgen bzw. erscheint nur dann gerechtfertigt, wenn diese Organgesellschaften von willkürlichen Vermögensverschiebungen innerhalb des Organkreises profitieren.[338] **Gesellschaftsrechtliche Umstrukturierungen**, wie sie u. a. im Rahmen von Carve-out-Transaktionen durchgeführt werden, dürften **keine willkürlichen Vermögensverschiebungen** darstellen und demnach auch keine erweiterte Haftung rechtfertigen.[339]

131 Die **Haftung** der Organschaft für Steuerschulden des Organträgers setzt eine **wirksame Organschaft** für die jeweilige Steuerart voraus.[340] Ob eine Organschaft vorliegt, richtet sich nach dem jeweiligen Steuergesetz, das für die einzelne Steuer von Bedeutung ist (z. B. § 14 KStG, § 2 Abs. 2 Nr. 2 UStG und § 2 Abs. 2 GewStG). Zudem kommt eine Haftung nur **für die Steuern** in Betracht, **für welche die Organschaft begründet wurde**.[341] Besteht beispielsweise eine umsatzsteuerliche Organschaft, so haften die jeweiligen Organgesellschaften nur für Umsatzsteuerschulden des Organkreises, nicht aber für etwaige Körperschaftsteuer- bzw. Gewerbesteuerschulden.[342] Eine Haftung nach § 73 AO umfasst nur die dem Organträger zuzurechnenden Steuern, die **während des Bestehens der Organschaft**

---

[335] BT-Drs. VI/1982 S. 120. Hintergrund ist, dass durch die Bildung einer Organschaft das wirtschaftliche Ergebnis einer zivilrechtlich selbständigen juristischen Person für steuerrechtliche Zwecke dem Organträger zugerechnet wird. Dies führt im Normalfall dazu, dass Steuern, die durch die wirtschaftliche Tätigkeit der Organgesellschaft verursacht werden, im Rahmen einer Organschaft dem Organträger zugerechnet und auf Ebene des Organträgers festgesetzt werden. Hätte der Fiskus als Gläubiger der Steuerschuld allerdings nur Zugriff auf das Vermögen des Organträgers wäre seine Position insoweit geschwächt, als dass durch gesellschaftsrechtliche Gestaltungen das Vermögen des Organträgers unter Umständen seinem Zugriff entzogen werden kann, Klein/*Rüsken* § 73 AO Rn. 1.
[336] Koenig/*Intemann* AO § 73 Rn 13.
[337] Vgl. hierzu *Mayer* DStR 2011, 109, 110 mwN; a. A. Koenig/*Intemann* § 37 AO Rn. 12.
[338] Tipke/Kruse/*Loose* § 73 AO Rn. 8; Klein/*Rüsken* § 73 AO Rn. 12; FG Nürnberg v. 11.12.1990 – II 238/86, EFG 1991, 437.
[339] *Mayer* DStR 2011, 109, 110.
[340] Koenig/*Intemann* § 73 AO Rn. 5.
[341] Tipke/Kruse/*Loose* § 73 AO Rn. 5; BFH v. 23.09.2010 – VII R 43/08, BStBl. II 2010, 215.
[342] Zu § 73 Nr. 1 AEAO.

3. Verkauf eines rechtlich selbständigen Geschäftsbereichs (Share Deal)

entstanden sind.[343] Wann die Steuerschuld tatsächlich festgesetzt wird, spielt für Zwecke des § 73 AO keine Rolle.[344] Daher können (ehemalige) Organgesellschaften **auch nach Auflösung des Organkreises** für die Steuerschulden des Organträgers haftbar gemacht werden.[345]

Der **Haftungsumfang** des § 73 AO ist wesentlich weitreichender als der des § 75 AO. Im Gegensatz zu § 75 AO erstreckt sich die Haftung des § 73 AO nicht nur auf Betriebssteuern, sondern **umfasst alle Steuern**, für die die Organschaft besteht.[346] Somit kann § 73 AO auf Körperschaftsteuer-, Gewerbesteuer- und Umsatzsteuerschulden angewendet werden. Handelt es sich beim Organträger um eine natürliche Person oder eine Personengesellschaft, so kann eine Organgesellschaft auch für etwaige ausstehende Einkommensteuer des Organträgers haften.[347] Die Vorschrift bewirkt keine Haftungsübernahme von Steuerabzugsbeträgen wie beispielsweise Kapitalertragsteuer und Lohnsteuer, steuerliche Nebenleistungen (z. B. Verspätungs- und Säumniszuschläge) oder Zinsen.[348] Nach § 73 S. 2 AO erstreckt sich die Haftung der Organgesellschaft aber auf die **Erstattung von Steuervergütungen**. An dieser Stelle sind insbesondere zu Unrecht erstattete Vorsteuerbeträge zu nennen, die vom Organträger zurückgezahlt werden müssen. Nicht von dieser Vorschrift erfasst werden hingegen Steuern, die dem Organträger zu Unrecht erstattet wurden.[349]

132

Gemäß § 191 AO ist die **Haftungsinanspruchnahme** eine Ermessensentscheidung und durch Haftungsbescheid geltend zu machen. Der Haftungsbescheid, der unter den o.g. Voraussetzungen auch nach Beendigung der Organschaft erlassen werden kann,[350] ist nach § 191 AO mit einem Einspruch anfechtbar. Kann die Steuerschuld bei mehr als nur einer Organgesellschaft realisiert werden, ist im Rahmen des Ermessensspielraumes zu berücksichtigen, welcher Organgesellschaft diese Steuerschuld wirtschaftlich zugeordnet werden kann.[351]

133

Zur Absicherung der Parteien für den Fall einer entsprechenden Haftungsinanspruchnahme sollten in den Unternehmenskaufvertrag **wechselseitige Freistellungen** aufgenommen werden.

134

> Seller indemnifies Purchaser and the Target Group Companies for any Taxes for which the Target Group Companies are held liable by reason of having been a member of any consolidated, affiliated, combined or unitary tax group at any time before the Closing Date with companies of Seller's Group

---

[343] Steuerschulden, die nach Beendigung der Organschaft entstehen, fallen demnach nicht in den Anwendungsbereich des § 73 AO.
[344] Tipke/Kruse/*Loose* § 73 AO Rn. 8.
[345] BFH v. 08.09.1983 – V R 114/78 (n.v.); FG Düsseldorf v. 18.05.1978 – XI 68/73, EFG 1978, 528.
[346] Tipke/Kruse/*Loose* § 73 AO Rn. 4.
[347] Koenig/*Intemann* § 73 AO Rn. 11.
[348] BFH v. 05.10.2004 – VII R 76/03, BStBl. II 2006, 3.
[349] Koenig/*Intemann* § 73 AO Rn. 16.
[350] FG Düsseldorf v. 18.05.1978 – XI 68/73, EFG 1978, 528.
[351] Klein/*Rüsken* AO § 73 Rn. 12.

other than the Target Group Companies to the extent that such Taxes have not been specifically and fully reserved for in the Closing Accounts as an obligation or accrued liability. Purchaser indemnifies Seller and companies of Seller's Group for any Taxes for which companies of Seller's Group are held liable by reason of having been a member of any consolidated, affiliated, combined or unitary tax group at any time before the Closing Date with Target Group Companies.

4. Umstrukturierungsmaßnahmen zur Vorbereitung der Carve-out-Transaktion

135 Sofern der zeitliche Rahmen es zulässt und das Carve-out-Business umfangreich ist, bietet es sich insbesondere aus nicht-steuerlich motivierten Erwägungen heraus an, ein rechtlich nicht selbständiges Carve-out-Business **prä-akquisitorisch** in eine eigene **rechtliche Struktur zu überführen** (→ Teil II Rn. 2 ff.). Anschließend kann dann ein Verkauf mittels *Share Deal* erfolgen.

136 Zunächst ist es für den Verkäufer hier notwendig, das Carve-out-Business exakt zu definieren, um festzustellen, welche Wirtschaftsgüter (materielle und immaterielle) in welcher Form verkauft werden sollen (→ Teil I Rn. 4 ff.).[352] Dazu ist eine genaue **Analyse der Geschäftsprozesse** notwendig, die für steuerliche Zwecke auch dokumentiert werden sollte. Erhebliche Schwierigkeiten sind in der Praxis meist mit der Identifizierung der vom Carve-out-Business genutzten immateriellen Wirtschaftsgüter (Marke, Know-how, etc.) sowie der Frage verbunden, wer zivilrechtlicher bzw. wirtschaftlicher Eigentümer dieser Rechte ist. Da es sich hierbei meist um selbstgeschaffene und damit nicht bilanzierte immaterielle Wirtschaftsgüter handelt, kommt es im Fall des Verkaufs solcher immateriellen Wirtschaftsgüter zu einer steuerpflichtigen Aufdeckung von stillen Reserven in Höhe des Verkehrswerts. Das Anstellen entsprechender Erwägungen ist nicht zuletzt essenziell im Hinblick auf die steuerlich relevante Frage, aus welcher rechtlichen Einheit welche Wirtschaftsgüter, Personal oder Sachgesamtheiten im Rahmen der Separierung übertragen werden.

137 Der Verkäufer wird in der Regel bemüht sein, die **Zielstruktur des Carve-out** möglichst ohne das Auslösen von Steuern herzustellen und ohne bestimmte Steuerattribute zu verlieren. Er wird daher nach Strukturen suchen, in denen er das Carve-out-Business prä-akquisitorisch ertragsteuerneutral (→ Rn. 139 ff.) und ohne das Entstehen von Grunderwerbsteuer (→ Rn. 162 ff.) in eine (neue) Gesellschaft übertragen kann. Sofern der Verkäufer über steuerliche Verlustvorträge verfügt, wird ihm auch daran gelegen sein, dass diese im Rahmen der prä-ak-

---

[352] Entsprechende Erwägungen wird natürlich auch der Käufer anstellen.

quisitorischen konzerninternen Umstrukturierung erhalten bleiben bzw. nicht partiell untergehen. Entsprechende Gestaltungsmaßnahmen sind daher gerade aus steuerlicher Sicht sorgfältig zu planen.

Wie im Folgenden näher ausgeführt, wird gerade die steuerneutrale Übertragung regelmäßig mit **Haltefristen bzw. Veräußerungssperren** erkauft mit der Folge, dass im Fall einer nachfolgenden Veräußerung der Beteiligung eine (rückwirkende) Besteuerung eintritt. Grundsätzlich führt jedoch eine solche (rückwirkende) Besteuerung beim Verkäufer aus rein steuerlicher Sicht nicht zu einer Schlechterstellung verglichen mit dem Fall einer direkten Veräußerung des Carve-out-Business. Gleichwohl erscheint eine Analyse und Priorisierung der Zielsetzungen des Verkäufers (und auch der des Käufers) im Rahmen einer Carve-out-Transaktion unabdingbar. **138**

a) Ertragsteuerliche Aspekte der Separierung des Carve-out-Business

Im Rahmen eines Carve-out kommen **zahlreiche Strukturierungsvarianten** in Betracht. Fokussiert man sich auf diejenigen Strukturen, die zunächst eine steuerneutrale Übertragung zulassen, kann der Verkäufer das Carve-out-Business entweder in eine Tochtergesellschaft einbringen oder (als Muttergesellschaft) eine Auf- oder Abspaltung der Tochtergesellschaft vornehmen, in der sich das Carve-out-Business befindet. In der Praxis wird die Abspaltung auf Grund der insoweit nur anteilig untergehenden Steuerattribute, wie insbesondere vorhandene Verlustvorträge, häufig der Aufspaltung vorgezogen (§§ 15 Abs. 3, 16 UmwStG). Darüber hinaus ist danach zu differenzieren, ob die Übertragung auf eine Kapital- oder eine Personengesellschaft erfolgt. **139**

An dieser Stelle kann nicht im Einzelnen auf die ertragsteuerlichen Konsequenzen jeder denkbaren Strukturierung eingegangen werden. Stattdessen werden nachfolgend die in der Praxis häufig anzutreffenden **Einbringungen des Carve-out-Business in eine Tochterkapitalgesellschaft** (→ Rn. 140 ff.) bzw. **in eine Tochterpersonengesellschaft** (→ Rn. 153 ff.) sowie die **Separierung im Rahmen einer Abspaltung** (→ Rn. 158 ff.) erläutert.

aa) Einbringung in Tochterkapitalgesellschaft

Soll ein Geschäftsbereich einer Kapitalgesellschaft (Verkäufer) in eine eigene Kapitalgesellschaft (Zielgesellschaft) steuerneutral übertragen werden, kommt aus steuerlicher Sicht die **Einbringung gem. § 20 UmwStG** in Betracht.[353] Zivilrechtlich können dieser Einbringung verschiedene Übertragungsformen zu Grunde liegen (→ Teil II Rn. 3 ff.). Neben der Übertragung der Wirtschaftsgüter im Rahmen **140**

---

[353] Zu § 20 UmwStG im Allgemeinen vgl. z. B. *Stangl* GmbHR 2012, 253 ff.

einer Ausgliederung nach § 123 Abs. 3 UmwG (Gesamtrechtsnachfolge) kann die Einbringung auch im Wege der Einzelrechtsnachfolge, wie z. B. der Sacheinlage (§ 5 Abs. 4 GmbHG) oder der Sachkapitalerhöhung (§ 56 GmbHG), erfolgen.[354]

141 **Voraussetzung einer steuerneutralen Einbringung** nach § 20 Abs. 1 UmwStG ist, dass das Carve-out-Business als einzubringender rechtlich unselbständiger Geschäftsbereich eine steuerlich begünstigte Sachgesamtheit (Betrieb, Teilbetrieb oder Mitunternehmeranteil) darstellt und dass als Gegenleistung neue Anteile an der übernehmenden Kapitalgesellschaft (Zielgesellschaft) gewährt werden.[355] Darüber hinaus müssen für einen Antrag auf Buchwertfortführung – nur in diesem Fall kann letztlich auch eine steuerneutrale Einbringung angenommen werden – die in § 20 Abs. 2 S. 2 UmwStG genannten Voraussetzungen erfüllt sein (wie z. B. die Sicherstellung des Besteuerungsrechts der Bundesrepublik Deutschland aus der Veräußerung des eingebrachten Betriebsvermögens). Bei rein inländischen Einbringungsvorgängen,[356] bei dem eine Kapitalgesellschaft Wirtschaftsgüter in eine andere inländische nicht-steuerbefreite Kapitalgesellschaft einbringt, werden diese Voraussetzungen typischerweise erfüllt sein.[357]

142 Von entscheidender Bedeutung ist somit im Rahmen einer Carve-out-Transaktion, dass es sich bei dem in die Tochterkapitalgesellschaft einzubringen Geschäftsbereich um einen Betrieb oder einen Teilbetrieb handelt. Der Begriff des Betriebs ist gesetzlich nicht definiert, er entspricht aber weitgehend dem des Ertragsteuerrechts, der jedoch nach h. M. normspezifisch auszulegen ist.[358] Die Einbringung eines **Betriebs iSv § 20 UmwStG** liegt hiernach nur vor, wenn sämtliche Wirtschaftsgüter, die zu den funktional wesentlichen Betriebsgrundlagen des Betriebs gehören, auf die Zielgesellschaft übertragen werden.[359] Dies sind jedenfalls diejenigen Wirtschaftsgüter, die zur Erreichung des Betriebszwecks erforderlich sind und denen ein besonderes wirtschaftliches Gewicht für die Betriebsführung zukommt.[360] Darüber hinaus kann auch ein Teilbetrieb Gegenstand einer Einbringung sein. Als ein solcher gilt nach Auffassung der Finanzverwaltung, die insoweit auf die Ausführungen zum **Teilbetrieb iSv § 15 UmwStG** verweist, die Gesamtheit der in einem Unternehmensteil einer Gesellschaft vorhandenen aktiven und passiven Wirtschaftsgüter, die in organisatorischer Hinsicht einen selbstständigen

---

[354] Rz. 01.44 UmwSt-Erlass.
[355] Zur Frage, wann die Ausgabe von neuen Anteile vorliegt vgl. Rödder/Herlinghaus/van Lishaut/*Herlinghaus* § 20 UmwStG Rn. 130 ff.
[356] § 20 UmwStG erfasst unter gewissen Voraussetzungen auch grenzüberschreitende Einbringungsvorgänge, da sowohl Einbringender als auch aufnehmende Gesellschaft bestimmte ausländische Personen/Rechtsträger sein können, vgl. § 1 Abs. 4 S. 1 Nr. 2 a) aa) bzw. bb) UmwStG sowie Rödder/Herlinghaus/van Lishaut/*Graw* § 1 UmwStG Rn. 245 ff.
[357] Zu den Voraussetzungen von § 20 Abs. 2 S. 2 UmwStG im Einzelnen vgl. Schmitt/Hörtnagl/Stratz/*Schmitt* § 20 UmwStG Rn. 327 ff.
[358] Schmitt/Hörtnagl/Stratz/*Schmitt* § 20 UmwStG Rn. 12 mwN.
[359] Rz. 20.06 UmwSt-Erlass.
[360] Rödder/Herlinghaus/van Lishaut/*Herlinghaus* § 20 Rn. 37 mwN zur Rspr.

4. Umstrukturierungsmaßnahmen zur Vorbereitung der Carve-out-Transaktion

Betrieb, d. h. eine aus eigenen Mitteln funktionsfähige Einheit, darstellen.[361] Zu einem Teilbetrieb gehören alle funktional wesentlichen Betriebsgrundlagen sowie die diesem Teilbetrieb nach wirtschaftlichen Zusammenhängen zuordenbaren Wirtschaftsgüter. Die Voraussetzungen eines Teilbetriebs sind dabei nach Maßgabe der einschlägigen Rechtsprechung unter Zugrundelegung der **funktionalen Betrachtungsweise** aus der Perspektive des übertragenden Rechtsträgers zu beurteilen.[362]

Die Abgrenzung, was als **funktional wesentliche Betriebsgrundlage** qualifizierbar ist, ist im Einzelfall schwierig und nicht immer eindeutig. Als wesentliche Betriebsgrundlagen gelten bei Produktionsunternehmen regelmäßig Grundstücke, die der Produktion dienen.[363] Auch immaterielle Wirtschaftsgüter, die für den Betrieb wesentlich sind und ein besonderes wirtschaftliches Gewicht für die Betriebsführung haben, müssen übertragen werden.[364] Nach Auffassung der Finanzverwaltung genügt es nicht, der übernehmenden Kapitalgesellschaft diese Wirtschaftsgüter nur zur Nutzung zu überlassen.[365] Dies gilt auch für solche dem Betrieb oder Teilbetrieb dienenden Wirtschaftsgüter, die zum Sonderbetriebsvermögen eines Gesellschafters gehören. Bei der Einbringung eines Betriebs oder Teilbetriebs sind auch die dazugehörenden Anteile an Kapitalgesellschaften miteinzubringen, sofern diese funktional wesentliche Betriebsgrundlagen des Betriebs oder Teilbetriebs sind, oder im Fall der Einbringung eines Teilbetriebs zu den nach wirtschaftlichen Zusammenhängen zuordenbaren Wirtschaftsgütern gehören.[366] Da zu den funktional wesentlichen Betriebsgrundlagen sowie zu den nach wirtschaftlichen Zusammenhängen zuordenbaren Wirtschaftsgütern auch Anteile an Kapitalgesellschaften gehören können,[367] ist bei Einbringungen eines Carve-out-Business darauf zu achten, dass entsprechende Anteile nicht „übersehen" und dass diese bereits im Rahmen der konzerninternen Verselbständigung des Carve-out-Business gemeinsam mit den übrigen Wirtschaftsgütern übertragen werden.

143

Gerade das **Teilbetriebserfordernis** stellt in der Praxis – insbesondere, wenn das Carve-out-Business eigenes Grundvermögen nutzt – regelmäßig **eine nicht zu unterschätzende Hürde** im Rahmen der Strukturierung dar und birgt erhebliche Rechtsunsicherheiten. Diese werden häufig auch nicht im Wege einer verbindlichen Auskunft (§ 89 Abs. 2 AO) beseitigt werden können. So geht die Finanzverwaltung

144

---

[361] Rz. 20.06 i.V.m 15.02 UmwSt-Erlass mit Hinweis auf Art. 2 Buchstabe j Richtlinie 2009/133/EG (Fusionsrichtlinie).
[362] EuGH v. 15.01.2002 – C-43/00 (Andersen og Jensen ApS/Skatteministeriet), NZG 2002, 149; BFH v. 07.04.2010 – I R 96/08, BStBl. II 2011, 467.
[363] Rödder/Herlinghaus/van Lishaut/*Herlinghaus* § 20 UmwStG Rn. 44 mwN.
[364] Schmitt/Hörtnagl/Stratz/*Schmitt* § 20 UmwStG Rn. 52 mwN zur Rspr., wonach ein besonderes wirtschaftliches Gewicht dann gegeben ist, wenn die Umsätze des Unternehmens in erheblichem Umfang auf die Verwertung des Rechts oder der sonstigen Wirtschaftsgüter beruhen.
[365] Rz. 20.06, 15.07 UmwSt-Erlass, hier mit Verweis auf BFH v. 07.04.2010 – I R 96/08, BStBl. II 2011, 467.
[366] Rz. 20.06 UmwSt-Erlass.
[367] Schmitt/Hörtnagl/Stratz/*Schmitt* § 20 UmwStG Rn. 35.

in letzter Zeit tendenziell immer häufiger dazu über, die Erteilung einer verbindlichen Auskunft mit der Begründung zu verweigern, dass es sich bei der Frage, ob ein Teilbetrieb vorliegt, um eine Tatsachenfrage handelt, die einer verbindlichen Auskunft nicht zugänglich ist.

145 Liegen die Voraussetzungen einer Betriebs- oder Teilbetriebsübertragung nach § 20 UmwStG nicht vor, ist dieser Vorgang ertragsteuerlich als tauschähnlicher Vorgang zu klassifizieren, der nach den allgemeinen Regeln zu einer Realisation führt.[368] Folglich sind die im eingebrachten Vermögen ruhenden **stillen Reserven aufzudecken und zu versteuern**. Grundsätzlich sollte darauf geachtet werden, dass die Finanzverwaltung angehalten ist, die Anwendung der Gesamtplanrechtsprechung[369] zu prüfen und – sofern einschlägig – die Steuerneutralität des Einbringungsvorgangs ungeachtet der Tatsache zu versagen, dass vom Wortlaut her die Voraussetzungen für einen steuerneutralen Umwandlungsvorgang, wie z. B. eine Einbringung, erfüllt sind.[370] Dies soll beispielsweise der Fall sein, wenn funktional wesentliche Betriebsgrundlagen oder nach wirtschaftlichen Zusammenhängen zuordenbare Wirtschaftsgüter im zeitlichen und wirtschaftlichen Zusammenhang mit der Einbringung eines Teilbetriebs in ein anderes Betriebsvermögen überführt oder übertragen werden.[371]

146 Die **Voraussetzungen** für das Vorliegen eines Betriebs bzw. Teilbetriebs müssen nach neuerer Auffassung der Finanzverwaltung – und entgegen der h. M. in der Literatur[372] – nunmehr bereits **zum steuerlichen Übertragungsstichtag** vorliegen.[373] Ein sog. Teilbetrieb im Aufbau stellt daher nach Ansicht der Finanzverwaltung keinen solchen Teilbetrieb dar.[374] Der steuerliche Übertragungsstichtag wiederum kann aufgrund der steuerlichen Rückwirkungsfiktion gem. § 2 Abs. 1 iVm § 20 Abs. 6 UmwStG bis zu acht Monate vor dem Tag der Anmeldung zur Eintragung im Handelsregister (Gesamtrechtsnachfolge) bzw. des Abschlusses des Einbringungsvertrags (Einzelrechtsnachfolge) liegen. In der Praxis problematisch ist die Wechselwirkung zwischen der Teilbetriebsvoraussetzung und der steuerlichen Rückwirkung. Sofern die Voraussetzungen des § 20 Abs. 1 UmwStG hinsicht-

---

[368] Haritz/Menner/*Menner* § 20 UmwStG Rn. 2.

[369] Ein Gesamtplan im Sinne der Rspr. des BFH ist regelmäßig dadurch gekennzeichnet, dass ein einheitlicher wirtschaftlicher Sachverhalt aufgrund eines vorherigen, zielgerichteten Plans „künstlich" zergliedert wird und den einzelnen Teilakten dabei nur insoweit Bedeutung zukommt, als sie die Erreichung des Endzustandes fördern, vgl. *Schulze zur Wiesche* DStR 2012, 1420, 1422.

[370] Rz. 20.07 UmwSt-Erlass.

[371] Rz. 20.07 UmwSt-Erlass; kitisch zur Anwendung der Gesamtplanrechtsprechung im Rahmen von § 20 UmwStG *Schulze zur Wiesche* DStR 2012, 1420 ff.

[372] Schmitt/Hörtnagl/Stratz/*Schmitt* § 20 Rn. 90 sowie Rödder/Herlinghaus/van Lishaut/*Herlinghaus* § 20 UmwStG Rn. 68, der zu Recht darauf hinweist, dass die Auffassung der Finanzverwaltung mit den gesetzlichen Vorgaben nicht vereinbar ist.

[373] Rz. 20.14, 20.06 iVm 15.03 UmwSt-Erlass. Zur Definition des steuerlichen Übertragungsstichtags vgl. Rz. 02.02 UmwSt-Erlass.

[374] Rz. 20.06 iVm Rz. 15.02 f. UmwSt-Erlass.

4. Umstrukturierungsmaßnahmen zur Vorbereitung der Carve-out-Transaktion

lich des Teilbetriebs nicht vorliegen, ist der Anwendungsbereich der Rückwirkung nicht eröffnet.[375] Dies hat zur Folge, dass die Einbringung mit dem gemeinen Wert der Wirtschaftsgüter im Zeitpunkt des zivilrechtlichen Vollzugstags (in der Regel Eintragung im Handelsregister) anzusetzen ist. Auf Grund dieser Finanzverwaltungsauffassung ist nunmehr in steuerplanerischer Hinsicht schon zu einem viel früheren Zeitpunkt mit etwaig notwendigen Maßnahmen zur Schaffung eines Teilbetriebs zu beginnen, als dies früher der Fall hier. Hier wurde auch die Schaffung eines Teilbetriebs im Rückwirkungszeitraum noch als ausreichend erachtet.[376]

Sind die voranstehend beschriebenen Voraussetzungen erfüllt, kann die übernehmende Gesellschaft die eingebrachten Wirtschaftsgüter zu Buchwerten oder Zwischenwerten ansetzen. Im Falle eines Buchwertansatzes erfolgt die Einbringung insgesamt steuerneutral. So gilt der Wert, mit dem die übernehmende Kapitalgesellschaft das eingebrachte Betriebsvermögen ansetzt für den Einbringenden als Veräußerungspreis und als Anschaffungskosten der Gesellschaftsanteile (§ 20 Abs. 3 UmwStG). Diese **Buchwertfortführung** ist jedoch vor allem bei der Teilbetriebseinbringung insofern teuer erkauft, als die erhaltenen Anteile einer **siebenjährigen Sperrfrist** unterliegen (§ 22 Abs. 1 UmwStG, sog. sperrfristbehaftete Anteile). Werden diese Anteile innerhalb dieser Frist verkauft oder liegt ein veräußerungsgleicher Tatbestand vor,[377] fällt rückwirkend die Buchwertfortführung weg, und es kommt zu einer voll steuerpflichtigen Aufdeckung der stillen Reserven des übertragenen Betriebsvermögens (sog. **Einbringungsgewinn** I). Allerdings vermindert sich dieser Einbringungsgewinn I um jeweils ein Siebtel für jedes seit dem Einbringungszeitpunkt abgelaufene Zeitjahr (§ 22 Abs. 1 S. 3 UmwStG). Der zu versteuernde Einbringungsgewinn I gilt als nachträgliche Anschaffungskosten der erhaltenen Anteile (§ 22 Abs. 1 S. 4 UmwStG). Der aus dem Verkauf der Anteile **verbleibende Veräußerungsgewinn** unterliegt den allgemeinen Besteuerungsregeln, in der vorliegenden Konstellation der Einbringung durch eine Kapitalgesellschaft also insbesondere § 8b Abs. 2 KStG.[378] Nach Ablauf der Sperrfrist beurteilen sich die steuerlichen Folgen hinsichtlich der Veräußerung von Anteilen der Tochterkapitalgesellschaft wieder nach den allgemeinen Regeln.[379]

Bei **Einbringungen im Rahmen einer Carve-out-Transaktion** wird die Sperrfrist von sieben Jahren nicht eingehalten werden können. Gleichwohl kann eine Einbringung – auch aus nicht-steuerlichen Gründen – sinnvoll sein. Selbst wenn der Verkäufer bereits innerhalb eines Jahres nach der Einbringung die Be-

---

[375] R z. 20.13 UmwSt-Erlass.
[376] Der Vorgänger des UmwSt-Erlasses (Schreiben betr. Umwandlungssteuergesetz 1995 (UmwStG 1995); Zweifels- und Auslegungsfragen vom 25.03.1998, BStBl. I 1998, 268, BMF IV B 7-S 1978–21/98) enthielt keine entsprechende Einschränkung.
[377] Zu diesen sog. Ersatzrealisationstatbeständen nach § 22 Abs. 1 S. 6 UmwStG vgl. z. B. Rödder/Herlinghaus/van Lishaut/*Stangl* § 22 UmwStG Rn. 101 ff.; *Jehke/Kutt* BB 2010, 474 ff.
[378] Haritz/Menner/*Bilitewski* § 22 UmwStG Rn. 100.
[379] Kneip/Jänisch/*Kneip/Bagel* C. I. Rn. 86.

teiligung an der Tochterkapitalgesellschaft veräußert, unterliegt er im Ergebnis einer Besteuerung, wie sie im Falle des unmittelbaren Verkaufs der einzelnen Wirtschaftsgüter an den Käufer im Wege eines externen *Asset Deal* eingetreten wäre. Erfolgt der Verkauf hingegen erst nach Ablauf eines Jahres, was bei großen Carve-out-Transaktion mit einem entsprechenden planerischen Vorlauf in der Praxis vorkommen kann, profitiert der Verkäufer zumindest von einer Aufdeckung und Besteuerung von „lediglich" 6/7 der stillen Reserven.

149 In bestimmten Fällen – wenn Verkäufer und Käufer sich einig sind, dass die Zielgesellschaft für das Carve-out-Business eine Kapitalgesellschaft sein soll, und der Verkäufer die Steuern auf den Veräußerungsgewinn in Kauf nimmt – können darüber hinaus die Vorteile von *Asset* und *Share Deal* kombiniert werden. So kann der Verkäufer sämtliche Wirtschaftsgüter in die Zielkapitalgesellschaft überführen, sofern ein Teilbetrieb vorliegt. Dies geschieht zunächst steuerneutral. Im Zeitpunkt des Verkaufs findet dann aufgrund der Veräußerung innerhalb der schädlichen Siebenjahresfrist eine Aufstockung (*Step Up*) der realisierten stillen Reserven innerhalb der erworbenen Gesellschaft statt. Da die Aufstockung der Buchwerte nicht zuletzt von der Zahlung der Steuern auf den Einbringungsgewinn durch den Verkäufer abhängt und das Finanzamt der Zielgesellschaft dies bescheinigen muss (§ 23 Abs. 2 UmwStG), empfiehlt sich eine Regelung dieser Steuerzahlung durch den Verkäufer im Unternehmenskaufvertrag.

> With respect to the hive down *(Ausgliederung)* of the Carve-Out-Business by Seller or Seller's Affiliates with and into the Target Company, Seller shall prepare and file an amended tax return for the fiscal year ■ *[Einbringungsjahr]* within two months after the date hereof and shall take any necessary efforts and measures to obtain an amended tax assessment notice for such fiscal year period. Furthermore, Seller shall pay the assessed tax within due time and inform Purchaser without undue delay of such payment. The Parties agree that all realized capital gains should be attributable to the identified intangible assets such as goodwill, know-how, etc. Also, the Parties agree that the capital gain realized by the sale of shares held in the Target Company already existed in total (alternatively in part of ■%) at the time of the hive down. The capital gain *(Einbringungsgewinn)* is to be reflected in the amended tax returns for the financial year ■ *[Einbringungsjahr]*, thereby offsetting the capital gain for the shares in the financial year ■ *[Jahr der Veräußerung der Zielgesellschaft durch den Verkäufer]*.

150 Sofern das Carve-out-Business bereits in der Form von Kapitalgesellschaften besteht und z. B. **in einer vom Käufer zu erwerbenden Holdinggesellschaft gebündelt werden soll**,[380] kann auch ein **steuerneutraler Anteilstausch gem.**

---

[380] Die Bündelung von Anteilen in einer Holding mit dem Zweck, diese Anteile in einem zweiten Schritt aus der Holding heraus an der Käufer zu veräußern dürfte allein schon auf Grund des Risikos der Anwendung von § 8b Abs. 7 KStG (Klassifizierung der Holdinggesellschaft als Finanzunternehmen) aus steuerlicher Sicht in der Regel keinen Sinn machen.

4. Umstrukturierungsmaßnahmen zur Vorbereitung der Carve-out-Transaktion

§ 21 UmwStG in Betracht kommen.[381] Danach ist eine steuerneutrale Einbringung gegen Gewährung neuer Anteile zulässig, wenn die übernehmende Gesellschaft (Holdinggesellschaft) nach der Einbringung auf Grund ihrer Beteiligung einschließlich der eingebrachten Anteile die Mehrheit der Stimmrechte an der erworbenen Gesellschaft hat (sog. **qualifizierter Anteilstausch**[382]). Als Besonderheit ist festzuhalten, dass ein solcher Anteilstausch innerhalb der EU auch grenzüberschreitend zu Buchwerten möglich ist.[383] Dabei können steuerplanerische Gestaltungen genutzt werden, sofern der ausländische Holdingstandort entsprechende steuerliche Rahmenbedingungen bietet. So kann z.B. bei einer Einbringung in eine österreichische Kapitalgesellschaft von bestimmten Abschreibungsmöglichkeiten (wie beispielsweise einer Firmenwertabschreibung) oder von einer grenzüberschreitenden internationale Verlustverrechnung im Rahmen der Gruppenbesteuerung Gebrauch gemacht werden.[384] Anders als im Rahmen von § 20 UmwStG ist jedoch ein Anteilstausch **mit steuerlicher Rückwirkung nicht möglich**.[385] Zeitpunkt des Anteilstauschs ist somit die zivilrechtliche Übertragung der eingebrachten Anteile in die übernehmende Kapitalgesellschaft bzw. der ggf. abweichende wirtschaftliche Eigentumsübergang.[386] Es bleibt zu erwähnen, dass im Falle der Einbringung von Kapitalgesellschaftsanteilen von einer Mutterkapital- in eine Tochterkapitalgesellschaft in Ermangelung einer steuerlichen Statusverbesserung keine sperrfristbehafteten Anteile entstehen (§ 22 Abs. 2 S. 2 UmwStG). Die der steuerneutralen Einbringung nachfolgende Veräußerung der Anteile an der Holdingkapitalgesellschaft unterliegt daher den allgemeinen Besteuerungsregeln (insbesondere § 8b Abs. 2 KStG).

Verfügt eine der Kapitalgesellschaften, deren Anteile im Rahmen von § 21 UmwStG in eine Holdinggesellschaft eingebracht werden, über **Verlustvorträge**, so ist vorab zu prüfen, ob diese im Rahmen von § 8c Abs. 1 S. 1 bis 4 KStG (anteilig) untergehen oder ob die Voraussetzungen der Konzern- bzw. der Stille-Reserven-Klausel erfüllt sind (→ Rn. 81 ff.).

151

Neben den umwandlungssteuerlichen Vorschriften sei an dieser Stelle noch die Vorschrift des § 6b EStG genannt, der bei der Veräußerung von Grundvermögen bzw. von Anteilen an Kapitalgesellschaften genutzt werden kann, sofern im Rahmen des Carve-out solche Wirtschaftsgüter veräußert werden.

152

---

[381] Zu § 21 UmwStG im Allgemeinen *Rasche* GmbHR 2012, 149 ff.
[382] Haritz/Menner/*Behrens* § 21 UmwStG Rn. 151.
[383] Gemäß § 1 Abs. 4 S. 1 Nr. 1 iVm Abs. 2 S. 1 Nr. 1 UmwStG kann jede in- und ausländische Kapitalgesellschaft als übernehmende Gesellschaft bei einem Anteilstausch fungieren. Und da hinsichtlich der Person des Einbringenden keine gesetzlichen Anforderungen existieren, kann jede natürliche oder juristische Personen oder Personenvereinigung, unabhängig von ihrer Herkunft bzw. ihrem Sitz im Inland oder Ausland Einbringender im Rahmen von § 21 UmwStG sein, vgl. Kneip/Jänisch/*Kneip/Bagel* C. I. Rn. 90.
[384] Kneip/Jänisch/*Zöchling/Brandstätter* C. VI. Rn. 426 ff.; zu weiteren interessanten Jurisdiktionen, wie z.B. die Niederlande und die Schweiz, vgl. insgesamt Kneip/Jänisch C.IV.
[385] Schmitt/Hörtnagl/Stratz/*Schmitt* § 20 UmwStG Rn. 36.
[386] Rn. 21.17 UmwSt-Erlass.

bb) Einbringung in Tochterpersonengesellschaft

153 Darüber hinaus ist in der Praxis auch die **Separierung des Carve-out-Business in einer Tochterpersonengesellschaft** anzutreffen. Typischerweise handelt es sich um eine Personengesellschaft in der Rechtsform einer GmbH & Co. KG, an der der Verkäufer zu 100% als Kommanditist beteiligt ist. Komplementär mit einer 0%-Beteiligung an der KG ist eine ebenfalls im Anteilsbesitz des Verkäufers befindliche GmbH. Eine solche Separierung kann aus Sicht der ausgliedernden Kapitalgesellschaft steuerneutral auf zwei Wegen durchgeführt werden: im Rahmen einer Einbringung nach § 24 UmwStG oder im Rahmen einer Übertragung nach § 6 Abs. 5 S. 3 ff. EStG.

154 Für die steuerneutrale Übertragung eines Geschäftsbereichs einer Kapitalgesellschaft (Verkäufer) in eine eigene Personengesellschaft kommt aus steuerlicher Sicht zunächst die **Einbringung gem. § 24 UmwStG** in Betracht.[387] Wie auch im Rahmen von § 20 UmwStG kann eine solche Einbringung zivilrechtlich im Wege der Gesamtrechtsnachfolge (z. B. durch eine Ausgliederung nach § 123 Abs. 3 UmwG) oder im Wege der Einzelrechtsnachfolge erfolgen.[388] Auch im Rahmen von § 24 UmwStG ist Voraussetzung für eine steuerneutrale Einbringung, dass das einzubringende Carve-out-Business eine steuerlich begünstigte Sachgesamtheit, wie insbesondere einen **Betrieb oder Teilbetrieb**, darstellt (§ 24 Abs. 1 UmwStG). Insoweit kann auf die Ausführungen im Rahmen von § 20 UmwStG verwiesen werden (→ Rn. 142 f.). Die Einbringung nach § 24 UmwStG muss nicht vollständig in das Gesamthandsvermögen erfolgen, da auch die teilweise Begründung von Sonderbetriebsvermögen ausreichend ist.[389] Im Rahmen einer Carve-out-Transaktion dürfte jedoch insbesondere im Hinblick auf die angestrebte (zivilrechtliche) Separierung die (teilweise) Begründung von Sonderbetriebsvermögen eine absolute Ausnahme darstellen.

155 Als **Gegenleistung** muss der einbringenden Kapitalgesellschaft eine **Mitunternehmerstellung**[390] an der Personengesellschaft gewährt werden (§ 24 Abs. 1 UmwStG). Dies bedeutet, dass zumindest teilweise eine Buchung auf dem die Beteiligung des Einbringenden widerspiegelnden Kapitalkontos zu erfolgen hat; die Verbuchung auf einem reinen Darlehenskonto ist nicht ausreichend.[391] Soweit durch die Einbringung das Besteuerungsrecht Deutschlands an der Besteuerung des eingebrachten Betriebsvermögens nicht ausgeschlossen oder beschränkt ist, kann die

---

[387] Zu § 24 UmwStG im Allgemeinen vgl. z. B. *Strahl* Ubg 2011, 433 ff.
[388] Rz. 01.47 UmwSt-Erlass.
[389] Rz. 24.05 UmwSt-Erlass.
[390] Als aufnehmender Rechtsträger kann grundsätzlich jede in- oder ausländische Personengesellschaft fungieren, sofern die Wirtschaftsgüter Betriebsvermögen werden, vgl. Rödder/Herlinghaus/van Lishaut/*Rasche* § 24 UmwStG Rn. 47 ff.
[391] Rz. 24.07 UmwSt-Erlass. Zur einer Klassifizierung der einzelnen Kapitalkonten für steuerliche Zwecke vgl. BMF v. 11.07.2011, Schreiben betr. Behandlung der Einbringung zum Privatvermögen gehörender Wirtschaftsgüter in das betriebliche Gesamthandsvermögen einer Personengesellschaft, BMF IV C 6 – S 2178/09/10001, BStBl. I 2011, 713.

4. Umstrukturierungsmaßnahmen zur Vorbereitung der Carve-out-Transaktion

übernehmende Gesellschaft auf Antrag die eingebrachten Wirtschaftsgüter zu Buchwerten oder Zwischenwerten ansetzen (§ 24 Abs. 2 S. 2 UmwStG).[392] Im Falle eines Buchwertansatzes erfolgt die Einbringung insgesamt steuerneutral. Eine Sperrfrist, wie im Rahmen einer Einbringung nach § 20 UmwStG, sieht § 24 UmwStG – wenn es sich bei dem Einbringenden um eine Kapitalgesellschaft handelt – grundsätzlich nicht vor.[393] So ergibt sich für den Verkäufer im Rahmen einer Carve-out-Transaktion durch die vorgezogene Separierung des Carve-out-Business in einer Tochterpersonengesellschaft mit anschließender Veräußerung dieser Gesellschaft keine steuerliche Statusverbesserung, da ein hieraus resultierender Veräußerungsgewinn – wie auch im Falle des Direktverkaufs der *Assets* – voll steuerpflichtig ist.

Alternativ oder anstelle einer Einbringung nach § 24 UmwStG kann aus Sicht der ausgliedernden Kapitalgesellschaft für die Separierung des Carve-out-Business in einer Personengesellschaft auch an die **steuerneutrale Übertragung nach § 6 Abs. 5 S. 3 ff. EStG** zu denken sein.[394] Hiernach können einzelne Wirtschaftsgüter auf eine Tochterpersonengesellschaft unentgeltlich oder gegen Gewährung von Gesellschaftsrechten übertragen werden.[395] Das Vorliegen eines Teilbetriebs o. ä. ist hier nicht Voraussetzung für eine steuerneutrale Übertragung. Sofern die einzelnen Voraussetzungen erfüllt sind, hat der Ansatz der Buchwerte – im Gegensatz zu § 24 UmwStG – zwingend zu erfolgen. Die übertragenen Wirtschaftsgüter unterliegen allerdings auf Ebene der Personengesellschaft einer Veräußerungssperrfrist von drei Jahren nach Abgabe der Steuererklärung, in dem die Übertragung erfolgt ist (§ 6 Abs. 5 S. 4 EStG). Eine weitere Sperrfrist von sieben Jahren greift, wenn die Beteiligung an der Personengesellschaft innerhalb dieser Frist an eine andere Kapitalgesellschaft veräußert wird (§ 6 Abs. 5 S. 6 EStG).[396] In beiden Fällen ist rückwirkend auf den Zeitpunkt der Übertragung der Teilwert anzusetzen.

156

Auch wenn § 6 Abs. 5 EStG – insbesondere auf Grund der Sperrfristen – auf den ersten Blick nicht ideal für Carve-out-Transaktionen erscheint, bietet diese Vorschrift durchaus **steuerplanerisches Potenzial**. Hat der Verkäufer beispielsweise laufende steuerliche Verluste in dem Jahr, in dem die Carve-out-Struktur mittels einer solchen Übertragung hergestellt wird, und wird das Carve-out Business in einem späteren Jahr verkauft, kommt es zu einer (gesetzlich vorgesehenen) Gewinnverschiebung

157

---

[392] In diesem Fall tritt die übernehmende Personengesellschaft vollumfänglich in die Rechtsposition des Einbringenden ein, § 24 Abs. 4 iVm § 23 Abs. 1 und 3 UmwStG.
[393] Vgl. aber die Missbrauchsverhinderungsvorschrift in § 24 Abs. 5 UmwStG, die bpsw. zu einer rückwirkenden Besteuerung führen kann, wenn in den übertragenen Wirtschaftsgütern auch eine Streubesitzbeteiligung iSv § 8b Abs. 4 KStG enthalten ist.
[394] Zu den Voraussetzungen im Einzelnen vgl. BMF-Schreiben v. 08.12.2011, Zweifelsfragen zur Übertragung und Überführung von einzelnen Wirtschaftsgütern nach § 6 Abs. 5 EStG, C6 – S 2241/10/10002, DStR 2011, 2401 sowie *Blaas/Sombeck* DStR 2012, 2569 ff.; *Rogall/Gerner* Ubg 2012, 81 ff.; *Schulze zur Wiesche* DStR 2012, 2414 ff.
[395] Bei der Übertragung von Wirtschafsgütern auf eine Tochterpersonengesellschaft handelt es sich um einen Fall des § 6 Abs. 5 S. 3 Nr. 1 oder Nr. 2 EStG. Als Übertragender kann auch eine Kapitalgesellschaft fungieren, BMF-Schreiben v. 08.12.2011, a. a. O., Rz. 29.
[396] Schmidt/*Kulosa* § 6 EStG Rn. 726.

zu Lasten des Veräußerungsjahres. Darüber hinaus kann durch die entsprechende Wahl der zu übertragenden Wirtschaftsgüter bereits im Übertragungszeitpunkt eine partielle Realisierung der stillen Reserven herbeigeführt werden, was bei dem Vorhandensein von Verlusten bzw. Verlustvorträgen seitens des Verkäufers sinnvoll sein kann. So führt die Übertragung von Verbindlichkeiten, wie z. B. Pensionsverpflichtungen, dazu, dass der Vorgang grundsätzlich in einen unentgeltlichen (steuerneutralen) und entgeltlichen (steuerpflichtigen) Teil aufzuteilen ist.[397]

cc) Auf-/Abspaltungen

158 Neben den voranstehend beschriebenen Übertragungen auf einer Tochtergesellschaft kann die Verkäuferkapitalgesellschaft das Carve-out-Business auch nach § 123 Abs. 2 UmwG auf eine bestehende oder neu zu gründende Schwestergesellschaft **abspalten** und im Anschluss an den Käufer die Gesellschaftsanteile der übernehmenden Gesellschaft verkaufen.[398] Die steuerliche Behandlung von Spaltungen (hierunter fallen aus steuerlicher Sicht die Auf- und Abspaltung sowie die Teilübertragung, nicht hingegen die Ausgliederung[399]) richtet sich nach § 15 UmwStG oder § 16 UmwStG, je nachdem ob es sich bei dem übernehmenden Rechtsträger als Zielgesellschaft um eine Kapital- oder um eine Personengesellschaft handelt.[400] In beiden Fällen ist die Fortführung der Buchwerte – und damit eine steuerneutrale Abspaltung[401] – insbesondere nur dann möglich, wenn das sog. **doppelte Teilbetriebserfordernis** erfüllt ist. Dies bedeutet, dass im Rahmen des Carve-out sowohl bei der übertragenden Kapitalgesellschaft ein Teilbetrieb verbleiben muss, als auch ein Teilbetrieb auf die übernehmende Zielgesellschaft im Rahmen der Abspaltung übergehen muss.[402] Je nachdem, ob die Abspaltung auf eine Kapital- oder Personengesellschaft erfolgt, müssen noch spezifische weitere Voraussetzungen erfüllt sein, auf die im Folgenden nicht näher eingegangen wird.[403]

---

[397] Derzeit ist jedoch zwischen Finanzverwaltung und BFH streitig, wann im Falle der Übernahme von Verbindlichkeiten ein Teilentgeltlichkeit vorliegt und wann nicht. Zum Streitstand vgl. BMF-Schreiben v. 12.09.2013, Vorläufige Nichtanwendung der BFH-Rechtsprechung zur Übertragung von Wirtschaftsgütern und Mitunternehmeranteilen durch Mitunternehmer, DStR 2013, 2002 sowie *Schütz* SteuK 2014, 419 ff.

[398] Grundsätzlich werden Auf- und Abspaltungen aus steuerlicher Sicht gleichbehandelt. Im Rahmen von Carve-out-Transaktionen dürften hingegen Aufspaltungen allenfalls eine untergeordnete Bedeutung zukommen, so dass nachfolgend nur noch auf Abspaltungen Bezug genommen wird.

[399] Bei der zivilrechtlichen Ausgliederung liegt aus steuerlicher Sicht eine Einbringung vor, die sich nach den §§ 20, 24 UmwStG beurteilt.

[400] Zu den steuerlichen Konsequenzen einer Spaltung im Einzelnen vgl. *Beutel* SteuK 2012, 1 ff.; *Stahl* KÖSDI 2012, 17815 ff.; *Schmitt* DStR 2011, 1108 ff.; *Neumann* GmbHR 2012, 141 ff.

[401] Entsprechendes gilt für eine Aufspaltung.

[402] Rz. 15.01 bzw. Rz. 16.01 iVm 15.01 UmwSt-Erlass; zu den Voraussetzungen eines Teilbetriebs vgl. Rz. 15.02 ff. UmwSt-Erlass sowie die Ausführungen unter → Rn. 142 f.

[403] Bei einer Abspaltung auf eine Kapitalgesellschaft sind neben § 15 UmwStG die Voraussetzungen der §§ 11 bis 13 UmwStG, bei einer Abspaltung auf eine Personengesellschaft neben § 16 UmwStG die Voraussetzungen der §§ 3 bis 8 UmwStG zu beachten (§ 15 Abs. 1 S. 1 f. und 16 S. 1 UmwStG).

4. Umstrukturierungsmaßnahmen zur Vorbereitung der Carve-out-Transaktion

In beiden Fällen ist jedoch insbesondere noch die **Missbrauchsklausel** des § 15 Abs. 2 S. 2ff. UmwStG zu beachten.[404] Danach sind im Rahmen der Abspaltung zwingend die stillen Reserven des abgespaltenen Vermögens aufzudecken, wenn durch die Spaltung die Veräußerung an außenstehende Personen vollzogen wird oder wenn durch die Spaltung die Voraussetzungen für eine Veräußerung geschaffen werden. Als Regelbeispiel nennt das Gesetz den Fall, dass innerhalb von fünf Jahren nach dem steuerlichen Übertragungsstichtag Anteile an einer an der Spaltung beteiligten Körperschaft, die mehr als 20 % der vor Wirksamwerden der Spaltung an der Körperschaft bestehenden Anteile ausmachen, veräußert werden (§ 15 Abs. 2 S. 4 UmwStG).[405] Diese Quote von 20 % bezieht sich auf die Anteile an der übertragenden Körperschaft vor der Spaltung.[406] Somit gilt eine Veräußerung von Anteilen als schädlich, wenn der Wert der veräußerten Anteile – rückbezogen auf den steuerlichen Spaltungsstichtag – höher ist als der einstige Wert einer 20 %igen Beteiligung an der übertragenden Kapitalgesellschaft vor der Spaltung.[407] Abhängig von dem Wert des zu separierenden Carve-out-Business und dem Wert der übertragenden Kapitalgesellschaft kann somit eine der Abspaltung nachfolgende Veräußerung der Anteile an der Zielgesellschaft zu einem rückwirkenden Wegfall der zunächst steuerneutral vorgenommenen Abspaltung führen. Vereinzelt wird auch eine Gestaltung gewählt, bei der die im Verkäuferkonzern verbleibenden Unternehmensteile gem. § 123 Abs. 2 UmwG auf eine Konzerngesellschaft abgespalten und anschließend die Gesellschaftsanteile der bereinigten Gesellschaft an den Käufer veräußert werden (→ Teil II Rn. 8). Diese Vorgehensweise kann sich u. a. zur Vermeidung eines zweifachen Anfalls von Grunderwerbsteuer anbieten.[408] Aus ertragsteuerlicher Sicht ist aber auch hierbei die 20 %-Grenze zu beachten, da § 15 Abs. 2 S. 4 UmwStG sowohl die Veräußerung der Anteile an der übertragenden als auch die an der übernehmenden Gesellschaft erfasst.[409]

159

Darüber hinaus ist zu beachten, dass etwaig bestehende **Verlust- sowie Zinsvorträge** auf Ebene des abspaltenden Unternehmens im Verhältnis der gemeinen Werte des übergehenden Vermögens zum Gesamtvermögen **untergehen** (§ 15 Abs. 3 UmwStG).

160

---

[404] Zu einer nur eingeschränkten Anwendung des § 15 Abs. 2 S. 2 bis 4 UmwStG im Falle der Abspaltung auf eine Personengesellschaft vgl. Rödder/Herlinghaus/van Lishaut/*Schumacher* § 15 UmwStG Rn. 16 ff.; a. A. die Finanzverwaltung, Rz. 16.02, 3. Spiegelstrich UmwSt-Erlass.

[405] Nach Auffassung des BFH handelt es sich bei § 15 Abs. 2 S. 3 UmwStG um eine unwiderlegbare Vermutung, BFH v. 03.08.2005 – I R 62/04, BStBl. II 2006, 391; kritisch *Schumacher/Neumann* DStR 2008, 325, 329 f.

[406] Rz. 15.29 UmwSt-Erlass.

[407] Schmitt/Hörtnagl/Stratz/*Hörtnagl* § 15 UmwStG Rn. 180.

[408] Regelmäßig werden im Rahmen von Carve-out-Transaktionen die Voraussetzungen der sog. grunderwerbsteuerlichen Konzernklausel gemäß § 6a GrEStG nicht erfüllt sein (vgl. → Rn. 164 ff.) mit der Folge, dass sowohl die Abspaltung als auch der nachfolgende Verkauf der Zielgesellschaft der Grunderwerbsteuer unterliegt.

[409] BFH v. 03.08.2005 – I R 62/04, BStBl. II 2006, 39; Rz. 15.27 UmwSt-Erlass.

161 Sofern eine Spaltung im Rahmen der Vorbereitung oder im Hinblick auf einen geplanten Verkauf des Carve-out-Business in Betracht gezogen wird, sind daher **weitere steuerliche Detailanalysen** und ggf. planerische Maßnahmen erforderlich, um die voranstehend beschriebenen Folgen zu vermeiden bzw. zu minimieren. Auf Grund der Missbrauchsregel bzw. der Sperrfrist unterliegen die entsprechenden Beteiligungen allerdings gewissen zeitlichen und/oder quantitativen Beschränkungen, soll die Steuerneutralität erhalten bleiben. Für Zwecke von Carve-out-Transaktionen dürften entsprechende Umstrukturierungsmaßnahmen aus Sicht einer rein steueroptimierten Gestaltung allenfalls bei einer langen zeitlichen Perspektive zweckmäßig sein, was in der Praxis allerdings nur äußerst selten der Fall sein dürfte.[410]

b) Grunderwerbsteuer

162 Neben den ertragsteuerlichen Regelungen sind – sofern Grundvermögen betroffen ist – bei der Separierung des Carve-out-Business auch die grunderwerbsteuerlichen Bestimmungen zu beachten. Lässt man zunächst die grunderwerbsteuerliche Konzernklausel gem. § 6a GrEStG außer Acht (→ Rn. 164), löst die Übertragung von Grundvermögen in eine Tochter- oder Schwesterkapitalgesellschaft gemäß § 1 Abs. 1 Nr. 1 GrEStG (Einbringung im Wege der Einzelrechtsnachfolge) bzw. gemäß § 1 Abs. 1 Nr. 3 GrEStG (Ausgliederung nach § 123 Abs. 2 UmwG) Grunderwerbsteuer aus. Da hier regelmäßig keine Gegenleistung in Form eines Kaufpreises vorliegt, kommt als grunderwerbsteuerliche Bemessungsgrundlage gemäß § 8 Abs. 2 S. 1 Nr. 1 GrEStG die Bedarfsbewertung zur Anwendung (§ 138 Abs. 2 bis 4 BewG). Hinsichtlich dieser, vom BVerfG als verfassungswidrig und rückwirkend ab dem 01.01.2009 für nicht mehr anwendbar erklärten Ersatzbemessungsgrundlage[411] wird auf die Ausführungen unter → Rn. 107 verwiesen. Die spätere Veräußerung der Beteiligung an der aufnehmenden Gesellschaft löst sodann ein weiteres Mal Grunderwerbsteuer aus (§ 1 Abs. 3 GrEStG).

163 Sofern **Grundvermögen** von einer Kapitalgesellschaft **auf eine Personengesellschaft** (Gesamthand) **übertragen** wird, an der erstere vermögensmäßig beteiligt ist, liegt zwar ein grunderwerbsteuerbarer Vorgang gemäß § 1 Abs. 1 Nr. 1 oder Nr. 3 GrEStG vor. Auf Grund von **§ 5 Abs. 2 GrEStG** kommt es jedoch in Höhe der Beteiligung des Einbringenden am Vermögen der Gesamthand nicht zu einer Grunderwerbsteuererhebung. Überträgt demnach der Veräußerer im Rahmen der Separierung beispielsweise im Rahmen einer Ausgliederung Grundvermögen auf eine ihm zu 100 % gehörende GmbH & Co. KG, wird insgesamt keine Grunderwerbsteuer erhoben. Allerdings besteht hier eine Fünfjahresfrist, innerhalb derer eine Veränderung der Beteiligungsstruktur zum Wegfall der Vergünstigung führt (§ 5 Abs. 3 GrEStG). In diesem Zusammenhang sollte nicht unerwähnt bleiben, dass die Regelungen der Steuerbefreiung bzw. deren (rückwirkender) Wegfall komplex

---
[410] Kneip/Jänisch/*Kneip*/*Bagel* C. I. Rn. 75.
[411] BVerfG v. 23.06.2015 – Az. 1 BvL 13/11, 1 BvL 14/11, BeckRS 2015, 48572.

4. Umstrukturierungsmaßnahmen zur Vorbereitung der Carve-out-Transaktion

und kasuistisch erscheinen. So wird z. B. in Fortführung des voranstehenden Beispiels (Ausgliederung von Grundvermögen auf eine 100%ige Tochterpersonengesellschaft) selbst im Fall eines Verkaufs der Anteile an der Personengesellschaft innerhalb der Fünfjahresfrist die Grunderwerbsteuer nur einmal erhoben, ungeachtet der Tatsache, dass durch die Veräußerung dem Wortlaut nach die Voraussetzungen von § 5 Abs. 3 GrEStG erfüllt und somit grundsätzlich zu einem Wegfalls der Steuerbefreiung von § 5 Abs. 2 GrEStG führen müsste.[412] Begründen lässt sich dies wie folgt: die Veräußerung des Personengesellschaftsanteils an den Käufer stellt einen grunderwerbsteuerbaren Gesellschafterwechsel iSd § 1 Abs. 2a GrEStG dar. Wird dieser Gesellschafterwechsel in einem Rechtsakt – also nicht sukzessive – vollzogen, kann kein Missbrauch iSd § 5 Abs. 3 GrEStG vorliegen so dass keine zusätzliche rückwirkende Besteuerung des Einbringungsvorgangs anzunehmen ist.[413] Dieses, dem Gesetzeswortlaut nicht unmittelbar zu entnehmende Ergebnis wird durch eine **teleologische Reduktion** des Tatbestandsmerkmals der „Verminderung" des Anteils am Vermögen der Gesamthand erreicht.[414]

Besonders zu erwähnen ist die sog. **grunderwerbsteuerliche Konzernklausel des § 6a GrEStG**.[415] Hiernach unterliegen bestimmte konzerninterne Umstrukturierungen unter engen Voraussetzungen nicht der Grunderwerbsteuer. Deren Einführung soll ausweislich der Gesetzesbegründung die Bedingungen für Umstrukturierungen von Unternehmen krisenfest, planungssicherer und mittelstandsfreundlicher ausgestalten.[416] Der Kreis der an einem nach § 6a GrEStG begünstigungsfähigen Erwerbsvorgang beteiligten Rechtsträger ist jedoch beschränkt auf das eine über den **gesamten Verbund** herrschende Unternehmen und/oder von diesem abhängige Gesellschaften. Dieser begünstigte grunderwerbsteuerliche Verbund ist die maßgebende Einheit für die Prüfung und Gewährung der Steuerbefreiung. Die beteiligten Rechtsträger verlieren durch die Einbindung in den beschriebenen Verbund nicht ihre Eigenschaft, Rechtsträger zu sein. Dem Verbund selbst kommt hingegen keine Rechtsträgereigenschaft zu.[417] 164

Um in den Anwendungsbereich des **§ 6a GrEStG** zu gelangen, müssen die folgenden **Tatbestandsmerkmale** kumulativ erfüllt sein: 165

1. Es muss ein Umwandlungsvorgang nach § 1 Abs. 1 Nr. 1–3 UmwG vorliegen. Demgemäß beschränken sich die begünstigten Umwandlungsarten zunächst

---

[412] Gleichlautender Erlass betr. Anwendung des § 1 Abs. 2 a GrEStG v. 18.02.2014, BStBl. I 2014, 561, Rz. 5; OFD Münster v. 31.08.2012, Verfügung betr. Grunderwerbsteuer; Anwendung des § 5 Abs. 3 GrEStG und § 6 Abs. 3 S. 2 GrEStG, S 4514-7-St 24-35, BeckVerw 264673, Rz. 2.5.2.1.

[413] Gleichlautender Erlass v. 18.02.2014, a.a.O., Rz. 5; OFD Münster v. 31.08.2012, , a.a.O., Rz. 2.5.2.1.

[414] Pahlke/*Pahlke* § 5 GrEStG Rn. 75

[415] Vgl. hierzu im Einzelnen Oberste Finanzbehörden der Länder, Gleichlautender Erlass betr. Anwendung des § 6a GrEStG vom 19.06.2012, BStBl. I 2012, 662 (nachfolgend § 6a-Erlass) sowie aus der Literatur statt vieler *Wagner/Lieber* DB 2013, 1387 ff.

[416] BT-Drs 17/15 v. 09.11.2009, S. 21.

[417] Rz. 1 § 6a-Erlass.

auf **Verschmelzungen**, **Spaltungen** (einschließlich Ausgliederungen, Auf- und Abspaltungen) und **Vermögensübertragungen**. Durch das Amtshilfe-RLUmsG[418] wurde § 6a S. 1 GrEStG dahingehend ergänzt, dass auch „bei Einbringungen sowie bei anderen Erwerbsvorgängen auf gesellschaftsvertraglicher Grundlage" keine Grunderwerbsteuer erhoben wird. Über den konkreten Anwendungsbereich dieser Ergänzung bestehen jedoch derzeit noch zahlreiche Unklarheiten.[419] So soll beispielsweise nach Auffassung der Finanzverwaltung die Einbringung von Grundstücken – mit Ausnahme der Fälle der Gesamtrechtsnachfolge – nicht vom Anwendungsbereich des § 6a GrEStG erfasst sein.[420]

2. Der Umwandlungsvorgang muss zu einem nach § 1 Abs. 1 Nr. 3 S. 1, Abs. 2, Abs. 2a, Abs. 3 oder Abs. 3a GrEStG steuerbaren Rechtsvorgang geführt haben,[421] d. h. es muss ein **kausaler Zusammenhang** zwischen dem Umwandlungsvorgang und dem durch § 6a GrEStG begünstigten Rechtsvorgang bestehen.[422]

3. An dem Umwandlungsvorgang dürfen ausschließlich ein **herrschendes Unternehmen** und ein oder mehrere von diesem herrschenden Unternehmen **abhängige Gesellschaften**, oder mehrere von einem herrschenden Unternehmen abhängige Gesellschaften beteiligt sein. Unerheblich ist, ob sich der Sitz der beteiligten Gesellschaften im Inland oder Ausland befindet.[423]

166 In der Praxis ergeben sich eine Vielzahl der Auslegungs- bzw. Anwendungsprobleme bei der Bestimmung des herrschenden und des abhängigen Unternehmens. Ein **herrschendes Unternehmen** kann eine natürliche Person, eine Personengesellschaft oder eine juristische Person sein.[424] Der Begriff „Unternehmen" wird im Gesetz nicht definiert. Die Finanzverwaltung zieht zur Definition dieses Begriffs den Unternehmerbegriff des § 2 Abs. 1 UStG heran, wonach Unternehmer ist, wer eine gewerbliche oder berufliche Tätigkeit selbständig ausübt und nachhaltig zur Erzielung von Einnahmen tätig wird.[425] Dementsprechend kommt eine reine Finanzholdinggesellschaft nicht als herrschendes Unternehmen in Betracht.[426] Die Definition des Begriffs Unternehmen unter Zuhilfenahme des umsatzsteuerlichen

---

[418] Amtshilferichtlinie-Umsetzungsgesetz v. 29.06.2013, BGBl. I 2013 I, 1809.
[419] Vgl. hierzu die Darstellung in Pahlke/*Pahlke* § 6 GrEStG Rn. 29 ff.
[420] Gleichlautender Erlass betr. Änderung des § 6a GrEStG durch das Amtshilferichtlinie-Umsetzungsgesetz v. 09.10.2013, BStBl. I 2013, 1375.
[421] Vgl. zu diesen begünstigungsfähigen Erwerbsvorgängen im Einzelnen Rz. 3 § 6a-Erlass.
[422] Pahlke/*Pahlke* GrEStG § 6a, Rn. 21.
[423] Rz. 2.1 § 6a-Erlass.
[424] Pahlke/*Pahlke* § 6a GrEStG Rn. 43; Rz. 2.2 § 6a-Erlass.
[425] Rz. 2.2 § 6a-Erlass.
[426] Abschn. 2.3 Abs. 2 UStAE mit weiteren Nachweisen zur umsatzsteuerlichen Rspr. Auch eine natürliche Person, die ihre Beteiligung lediglich im Privatvermögen hält, gilt folglich nicht als herrschendes Unternehmen iSd § 6a GrEStG, Rz. 2.2 § 6a-Erlass.

4. Umstrukturierungsmaßnahmen zur Vorbereitung der Carve-out-Transaktion

Unternehmerbegriffs wurde erstinstanzlich explizit bestätigt.[427] Der BFH hat sich diesbezüglich noch nicht geäußert. Bei **Beteiligungsketten** ist das herrschende Unternehmen iSd § 6a GrEStG der oberste Rechtsträger, der die Voraussetzungen des § 6a S. 4 GrEStG erfüllt und Unternehmer iSd Umsatzsteuergesetzes ist. Kann kein Rechtsträger ermittelt werden, der alle Voraussetzungen erfüllt, ist eine Anwendung der Konzernklausel in Ermangelung eines Verbunds ausgeschlossen.[428]

Eine **abhängige Gesellschaft** kann sowohl eine Kapitalgesellschaft oder eine Personengesellschaft sein. Abhängig ist eine Gesellschaft, wenn während eines **Zeitraums von jeweils fünf Jahren vor und nach dem Rechtsvorgang** (sog. Vorbesitzzeit und Nachbehaltensfrist) eine Mindesthöhe von 95 % der unmittelbaren, mittelbaren oder teils unmittelbaren, teils mittelbaren Beteiligung des herrschenden Unternehmens an deren Kapital oder Gesellschaftsvermögen ununterbrochen besteht.[429] Eine Beteiligung eines Dritten bis zu einer Höhe von 4,9 % ist unschädlich.[430] Die **Vorbesitzzeit und Nachbehaltensfrist** von jeweils fünf Jahren, in denen das herrschendes Unternehmen unmittelbar oder mittelbar zu mindestens 95 % ununterbrochen an der abhängigen Gesellschaft beteiligt ist, sind dagegen unbedingt einzuhalten. Gesellschaften, die vor weniger als fünf Jahren entstanden sind, können grundsätzlich keine abhängigen Gesellschaften sein, es sei denn, es handelt sich um sog. „verbundgeborene" Gesellschaften.[431] In diesem Falle werden die Behaltenszeiten im Verbund zusammengerechnet.[432] Grundsätzlich ist jede Veränderung der Art der Beteiligung (z. B. vollständige oder teilweise Verkürzung oder Verlängerung der Beteiligungskette) unbeachtlich, vorausgesetzt, die erforderliche Mindestbeteiligung des im Zeitpunkt der Verwirklichung des Erwerbsvorgangs durch Umwandlung bestimmten herrschenden Unternehmens von 95 % bleibt erhalten.[433]

167

Wird **gegen die Vorbesitzzeit verstoßen**, so kann die Vergünstigung – in Ermangelung der Erfüllung des Tatbestandes von § 6a GrEStG – im Zeitpunkt der Umwandlung nicht in Anspruch genommen werden. Bei einer **Verletzung der Nachbehaltensfrist** wird die Vergünstigung hingegen rückwirkend versagt. Die Nachbehaltensfrist gilt als nicht eingehalten, wenn die Mindestbeteiligung des herrschenden Unternehmens von 95 % am Kapital oder Gesellschaftsvermögen

168

---

[427] FG Hamburg v. 26.11.2013 – 3 K 149/12, EFG 2014, 570 sowie FG Münster v. 15.11.2013 – 8 K 1507/11 GrE, DStRE 2015, 432.
[428] Zur Prüfungsreihenfolge im Rahmen von Beteiligungsketten vgl. Rz. 2.2 § 6a-Erlass, dort (1) bis (3) sowie die erläuternden Beispiele.
[429] Rz. 2.3 § 6a-Erlass.
[430] Pahlke/*Pahlke* § 6a GrEStG Rn. 35.
[431] Hierbei handelt es sich um Gesellschaften, die durch einen Umwandlungsvorgang ausschließlich aus einer oder mehreren Gesellschaften entstanden sind, die spätestens im Zeitpunkt des zu beurteilenden Erwerbsvorgangs abhängige Gesellschaft ist bzw. abhängigen Gesellschaften sind, Rz. 4 § 6a-Erlass mit Beispiel.
[432] Rz. 4 § 6a-Erlass.
[433] Rz. 4 § 6a-Erlass.

auch nur einer am Umwandlungsvorgang beteiligten Gesellschaft unterschritten wird oder nicht mehr besteht. Dabei ist auf dasjenige Unternehmen abzustellen, welches bei der Verwirklichung des nach § 6a GrEStG begünstigten Umwandlungsvorgangs herrschendes Unternehmen war.[434] Für die Praxis bedeutet dies, dass aufgrund der grunderwerbsteuerlichen Konzernklausel bestimmte konzerninterne Umwandlungen nur grunderwerbsteuerneutral abgewickelt werden können, solange die Vorbesitzzeit und die Nachhaltefrist von jeweils fünf Jahren eingehalten werden.

169 Ungeachtet der Frage, inwieweit die einzuhaltenden Vor- und Nachbehaltensfristen konzerninternen Umstrukturierungen dienlich sind, dürfte bei **Carve-out-Transaktionen**, bei denen im Vorfeld Grundstücke oder grundbesitzhaltende Gesellschaften vom späteren Verkäufer konzernintern übertragen werden, die Nachbehaltensfrist regelmäßig einer grunderwerbsteuerneutralen Separierung entgegenstehen. Dies gilt i.Ü. ungeachtet noch zahlreicher Unklarheiten bei der Anwendung und Auslegung von § 6a GrEStG. Hierbei ist insbesondere zu beachten, dass aufgrund der Verkettung von steuerbefreienden Tatbeständen zwar zunächst eine gewünschte Struktur grunderwerbsteuerfrei hergestellt, bei einer nachfolgenden Veräußerung dann aber mehrfach Grunderwerbsteuer ausgelöst werden kann. Daher ist bei jeder Carve-out-Transaktion unbedingt die Historie des Grundvermögens im Hinblick auf evtl. Haltefristen zu prüfen. Die grunderwerbsteuerliche Konzernklausel dürfte hier aus den genannten Gründen gleichwohl nur selten zum Tragen kommen.

5. Leistungsbeziehungen zwischen dem Käufer und Verkäufer

170 Da es in vielen Fällen faktisch unmöglich (und möglicherweise von beiden Parteien auch nicht gewünscht) sein wird, sämtliche Leistungsbeziehungen zwischen Verkäufer und dem Carve-out-Business bereits zum Vollzugszeitpunkt (*Closing*) zu beenden, erscheint es sinnvoll, den Status Quo auch steuerlich zu beleuchten.[435] Zunächst wird bereits vor dem Abschluss des Unternehmenskaufvertrags zu analysieren sein, **welche Liefer- oder Leistungsbeziehungen den Vollzugsstichtag** (*Closing Date*) **überdauern** sollen. Hierfür wären dann bereits im Rahmen des Unternehmenskaufvertrags entsprechende vertragliche Vereinbarungen zu treffen.

171 Aus praktischer Sicht ist anzumerken, dass sich ab dem Vollzugsstichtag (*Closing Date*) sowohl im Falle des *Asset* wie auch des *Share Deal* der Verkäufer und das Carve-out-Business im Rahmen der anzutreffenden Liefer- und Leistungsbeziehungen nunmehr als unabhängige fremde Dritte gegenüberstehen. Aus umsatzsteu-

---

[434] Rz. 5 § 6a-Erlass.
[435] Hinsichtlich der wirtschaftlichen Betrachtungen zu den Liefer- und Leistungsverträgen wird auf → Teil I Rn. 211 ff. verwiesen.

5. Leistungsbeziehungen zwischen dem Käufer und Verkäufer

erlicher Hinsicht bedingt dies, dass zwischen beiden **nunmehr umsatzsteuerbare Leistungen** erbracht werden. Die hierfür auszustellenden Rechnungen müssen demnach den gesetzlichen Anforderungen genügen (§§ 14, 14a UStG).[436]

Ertragsteuerlich lässt die Höhe der Vergütungen ggf. Rückschlüsse auf die Angemessenheit der Vergütung vor dem Vollzug (*Closing*) zu, vorausgesetzt, die Leistungsbeziehungen sind vergleichbar. Verkäufer und Käufer stehen sich im Rahmen einer Carve-out-Transaktion als fremde Dritte gegenüber, so dass ab diesem Zeitpunkt für die entsprechenden Leistungsbeziehungen in ertragsteuerlicher Hinsicht nunmehr ein **externer Fremdvergleich** vorhanden ist. Diese Leistungsbeziehungen (insbesondere die Höhe der vereinbarten Vergütung/Gegenleistung) könnten somit von der Finanzbehörde als Maßstab für frühere konzerninterne Liefer- und Leistungsbeziehungen herangezogen werden. Sofern sich begründete Preisänderungen oder -abweichungen zu den konzernintern vereinbarten Konditionen ergeben, sollten diese Änderungen/Abweichungen im Rahmen der Verrechnungspreisdokumentation entsprechend erläutert und begründet werden. 172

Vor allem bei großen Carve-out-Transaktionen ergeben sich oftmals Schwierigkeiten, die **Kontinuität der Steuerfunktion** sicher zu stellen. Während der veräußerte Geschäftsbereich bis zum Vollzugstag durch die Steuerabteilung des Verkäufers betreut wird, ist nach dem *Closing* – also dem Ausscheiden der Gesellschaften aus dem Konzernverbund des Verkäufers – bereits aus berufs- bzw. standesrechtlichen Gründen[437] keine steuerliche Unterstützung des Carve-out-Business mehr durch die Steuerabteilung der Verkäufers zulässig. Zwar enthalten die Unternehmenskaufverträge typischerweise Klauseln, die die steuerliche Mitwirkung des Verkäufers für bestimmte Sachverhalte und bestimmte Situationen (wie z.B. eine Betriebsprüfung) regeln. Diese Verpflichtungen bleiben jedoch in der Regel weit hinter dem auf Ebene des Verkäufers vorhandenem Sachverhalts- und Steuer-Know-how zurück und sind daher für den Käufer nicht oder nur schwer zugänglich. 173

Es ergibt sich daher gerade **im Hinblick auf die Steuerfunktion bereits im Vorfeld** der Carve-out-Transaktion **Handlungsbedarf**. Neben dem Berufs-/Standesrecht sind die Interessen von Verkäufer und Käufer miteinander in Einklang zu bringen. Gleichzeitig muss eine durchgängige Tätigkeit der Steuerfunktion gewährleistet werden. Selbst im Fall, dass die steuerliche Betreuung des Carve-out beim Veräußerer über eine zentrale Steuerabteilung erfolgt ist und einzelne Mitarbeiter im Rahmen des Carve-out mit übergehen, sind damit bei Weitem noch 174

---

[436] Typischerweise wird es sich hierbei um Dienstleistungen handeln, die der Verkäufer an den Käufer bzw. das von dem Käufer erworbene Carve-out-Business erbringt. Vereinzelt sind jedoch in der Praxis auch Lieferbeziehungen anzutreffen.

[437] Der Verkäufer würde im Falle einer steuerlichen Beratung des veräußerten Carve-out-Business – da in der Regel kein Ausnahmetatbestand nach § 4 StBerG erfüllt sind dürfte (Befugnis zu beschränkter Hilfeleistung in Steuersachen) – grundsätzlich unbefugt geschäftsmäßig Hilfe in Steuersachen iSv § 5 StBerG leisten.

nicht sämtliche Steuerprozesse abgedeckt. So ist die Steuerfunktion regelmäßig in Form einer Matrix organisiert und nicht (ausschließlich) auf einzelne Personen eingrenzbar.[438] In der Praxis hat es sich z.B. als Lösungskonzept bewährt, Mitarbeiter der Steuerfunktion, die sowohl für den Verkäufer als auch für das Carve-out-Business unverzichtbar sind, in eine Steuerberatungsgesellschaft zu überführen. Die entsprechenden Mitarbeiter können anschließend unter Beachtung möglicher Interessenskonflikte grundsätzlich sowohl für den Verkäufer als auch für das Carve-out-Business steuerberatend tätig werden. Hierdurch kann die Kontinuität in der Betreuung sichergestellt sowie die Compliance-Sicherheit erhöht werden. Und aus Sicht des Käufers ist ab *Closing* die operative steuerliche Betreuung des Carve-out ohne Mitwirkung des Verkäufers möglich.

---

[438] *Herzig/Vera* DStR 2001, 675.

Teil VI:
Carve-out-Abschlüsse

Literatur:
Almeling, Internationale Grundsätze für die Durchführung von Assurance-Aufträgen, WPg 2011 607–617; *Deloitte,* A Roadmap to Accounting and Financial Reporting for Carve-Out Transactions, Juni 2013; *ESMA,* ESMA update of the CESR recommendations (ESMA 2011/81) 23. März 2011 (abrufbar unter www.esma.europe.eu); *FEE,* Combined and Carve-out Financial Statements, Analysis Of Common Practices, Februar 2013 (abrufbar unter www.fee.be); *Hellig,* Carve-out-Abschlüsse zur bilanziellen Darstellung einer Ausgliederung im Börsenzulassungsprospekt, 2006; *Little,* Tackling carve-outs: Important issues in sales of divisions and subsidiaries, Gibson Dunn M&A Report, Sommer 2013; *McLaughlin/Friedman,* Preparing carve-out financial statements – Navigating the financial reporting challenges, A publication from PwC's Deals practice, Februar 2012; *Niemeyer/Rattka,* Carve-outs: Finanzielle Aspekte und Best Practice beim Kauf und Verkauf von Unternehmensteilen in: Best Practice bei Unternehmenstransaktionen, Carve-outs und ausgewählte Aspekte im M&A-Prozess, Deloitte & Touche GmbH Wirtschaftsprüfungsgesellschaft, Präsentationsunterlagen September/Oktober 2014; *Oser,* Wider eine Pflicht zur Neubewertung bei Gründung einer neuen Konzernholding – Plädoyer für eine Umsetzung von Art. 25 der neuen EU-Bilanzrichtlinie, BB 2014, 1387–1390; *Peemöller, Gehlen,* Financial Due Diligence bei Carve-out-Transaktionen, BB 2010, 1139–1144; *Pföhler et al.,* Anwendungsfälle für kombinierte und Carve-out-Abschlüsse nach IFRS, WPg 2014, 475–483; *Pföhler/Kamping,* Aufträge zur Durchführung vereinbarter Untersuchungshandlungen nach dem International Standard on Related Services (ISRS) 4400, WPg 2010, 582-592; *PwC China,* Practical Guide to IFRS, Combined and carve out financial statements, Februar 2014 (abrufbar unter www.pwccn.com); *Truitt,* Stand-alone financial statements in carve-out transactions, Gibson Dunn M&A Report Summer 2013, 7-8; *Ostling* et al., in: Wachtell/Lipton/Rosen&Katz; Spin-Off Guide, März 2014;

1. Finanzinformationen bei Carve-out-Transaktionen

a) Überblick

Art, Inhalt und Umfang von Finanzinformationen im Zusammenhang mit Carve-out-Transaktionen werden von dem Zeitpunkt und Zweck ihrer Verwendung innerhalb des Carve-out-Prozesses bestimmt. Gemeinsames Ziel aller Finanzinformationen ist es, dem Käufer bzw. Anleger durch den Einblick in den Status und die Entwicklung der Vermögens-, Finanz-, und Ertragslage des **Carve-out-Business** eine verlässliche Grundlage für seine Investitionsentscheidung zu liefern. Als Carve-out-Business wird ein Teil eines Unternehmens bzw. einer Unternehmensgruppe verstanden, der zumeist nicht mit einer oder mehreren rechtlichen Einheiten identisch ist und in seiner Form bisher nicht im internen und externen Rechnungswesen des übertragenden Unternehmens abgebildet ist. Zu Beginn des

1

Transaktionsprozesses stehen daher idR die Abgrenzung des Carve-out-Business durch den Verkäufer und die Abbildung des Transaktionsgegenstandes in entsprechenden Finanzinformationen. Die Finanzinformationen sind die Grundlage für das Auktions- oder sonstige Verfahren zum Verkauf des Carve-out-Business. Insbesondere werden sie für die *Financial Due Diligence*, für eine Bewertung des Carve-out-Business und für die Kaufpreis- und Vertragsverhandlungen benötigt.[1] Im Rahmen eines Börsengangs sind sie Bestandteil des Börsenprospekts.

2 Die Finanzinformationen bei Carve-out-Transaktionen werden in der Praxis häufig als **Pro-Forma-Finanzinformationen** bzw. Pro-Forma-Abschluss bezeichnet. Der Begriff der Pro-Forma-Finanzinformationen wird dabei oft unspezifisch sowohl für historische als auch für hypothetische Finanzinformationen sowie für Planungsrechnungen verwendet. Allerdings ist der Begriff „Pro-Forma-Finanzinformationen" als Oberbegriff für die damit gemeinten Finanzinformationen ungeeignet, da er bereits anderweitig gesetzlich definiert ist.[2] Im Folgenden wird deshalb zwischen historischen Finanzinformationen einerseits und hypothetischen Finanzinformationen andererseits unterschieden.

3 **Historische Finanzinformationen** bilden ausschließlich tatsächliche Geschäftsvorfälle in der Vergangenheit ab. Dazu zählen Jahres-, Konzern- und Zwischenabschlüsse, aber auch die hier zu behandelnden Carve-out- und kombinierten Abschlüsse (→ Rn. 8 ff.). **Hypothetische Finanzinformationen** zeigen dagegen die Auswirkungen bestimmter Vereinbarungen in den Verträgen, die der Carve-out-Transaktion zugrunde liegen, auf das Carve-out-Business sowohl für vergangene als auch für zukünftige Perioden (→ Rn. 23 ff.). Hierunter fallen vor allem die Pro-Forma Finanzinformationen iSd EU-Prospektverordnung[3] bzw. des IDW RH HFA 1.004[4]. Auch Planungsrechnungen zählen hierzu.

4 Neben diesen Finanzinformationen ist als weiterer wesentlicher Abschluss die sog. Abrechnungsbilanz für das Carve-out-Business zum Vollzugsstichtag (*Closing Accounts*) zu nennen. Sie wird im Anschluss an den Vollzug (*Closing*) der Carve-out-Transaktion zur finalen Kaufpreisbestimmung erstellt und umfasst lediglich eine Bilanz und ggf. dazugehörige Erläuterungen. Im Zusammenhang mit einer Carve-out-Transaktion handelt es sich bei den *Closing Accounts* um den Sonderfall eines Carve-out-Abschlusses.

---

[1] Kiem/*Koesling*, § 2 Rn. 142.

[2] IDW Rechnungslegungshinweis, Erstellung von Pro-Forma-Finanzinformationen (IDW RH HFA 1.004), WPg 2006, 141.

[3] Verordnung (EG) Nr. 809/2004 der Kommission vom 29.04.2004 zur Umsetzung der Richtlinie 2003/71/EG des Europäischen Parlaments und des Rates betreffend die in Prospekten enthaltenen Angaben sowie die Aufmachung, die Aufnahme von Angaben in Form eines Verweises und die Veröffentlichung solcher Prospekte sowie die Verbreitung von Werbung (EU-Prospektverordnung).

[4] IDW Rechnungslegungshinweis, Erstellung von Pro-Forma-Finanzinformationen (IDW RH HFA 1.004), WPg 2006, 141.

1. Finanzinformationen bei Carve-out-Transaktionen

Historische Finanzinformationen und Pro-Forma-Finanzinformationen iSd IDW RH HFA 1.004 werden zusammenfassend auch als **retrospektive Finanzinformationen** bezeichnet. Die Unterschiede lassen sich wie folgt darstellen:

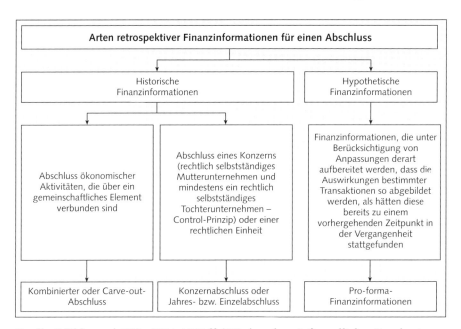

Quelle: Pföhler et al. WPg 2014, 1387 ff. (Wiedergabe mit freundlicher Genehmigung der Verfasser)

Die **Mindestbestandteile** dieser Finanzinformationen bzw. die abzudeckenden Perioden richten sich nach den einschlägigen vertraglichen oder gesetzlichen Vorgaben.

Ein wesentliches Kriterium für die Anforderungen an Art, Inhalt und Umfang sowie Genauigkeit der Finanzinformationen ist zudem die vom Käufer erwartete Verlässlichkeit der Finanzinformationen bzw. umgekehrt die in den Verhandlungen zu klärende Bereitschaft des Verkäufers zu entsprechenden Zusicherungen in der Vertragsdokumentation (→ Teil II Rn. 107 ff.). Verlässliche Finanzinformationen zum Carve-out-Business wirken sich häufig positiv auf die Bereitschaft potentieller Käufer oder Kreditgeber aus, Kauf- bzw. Finanzierungsangebote für das Carve-out-Business abzugeben bzw. einen höheren Kaufpreis oder bessere Finanzierungskonditionen zu bieten.[5]

---

[5] *Gibson/Dunn/Truitt*, S. 7.

b) Historische Finanzinformationen

aa) Ausgliederungsbilanz

8 Falls das Carve-out-Business nicht rechtlich verselbständigt ist und an den Käufer nicht unmittelbar durch einen *Asset Deal* verkauft wird, bildet die umwandlungsrechtliche **Spaltung** (insbesondere die **Ausgliederung** nach § 123 Abs. 3 UmwG) die wesentliche rechtliche Grundlage für eine vorgelagerte **rechtliche Aufteilung** der Vermögensgegenstände und Schulden der Verkäufergesellschaft. Die Ausgliederung ermöglicht es bei Carve-out-Transaktionen, die Vermögensgegenstände und Schulden des Carve-out-Business im Wege der **Gesamtrechtsnachfolge** auf einen anderen Rechtsträger zu übertragen (→ Teil II Rn. 5).

9 Nach § 125 iVm § 17 Abs. 2 UmwG hat im Rahmen einer Ausgliederung zunächst der übertragende **Rechtsträger** eine **Schlussbilanz** als Grundlage für die Ausgliederung nach den entsprechenden Vorschriften über die Jahresbilanz zu erstellen und prüfen zu lassen. Durch diesen Verweis sind die Bilanzierungsvorschriften gemäß §§ 242 ff. HGB und gegebenenfalls die für Kapitalgesellschaften zusätzlich geltenden Vorschriften nach §§ 264 ff. HGB anzuwenden. Für die Prüfung gelten die Vorschriften gemäß §§ 316 ff. HGB. Die Schlussbilanz darf auf einen höchstens acht Monate vor der Anmeldung zum Handelsregister liegenden Stichtag aufgestellt werden. Insofern empfiehlt es sich, die im Rahmen einer Carve-out-Transaktion geplante Ausgliederung des Carve-out-Business innerhalb der ersten acht Monate nach Ende des letzten Geschäftsjahres zum Handelsregister anzumelden, um die erneute Erstellung und Prüfung eines Abschlusses auf einen abweichenden Stichtag zu vermeiden.

10 Aus Sicht des **übernehmenden Unternehmens** liegt in Bezug auf den ausgegliederten Unternehmensteil immer ein **Anschaffungsvorgang** vor. Während dieser bei Ausgliederung durch Neugründung als Einlage in einer Eröffnungsbilanz erfasst wird, stellt er bei einer Ausgliederung durch Aufnahme einen laufenden Geschäftsvorfall dar, ohne dass es einer gesonderten Bilanz bedarf.

11 Für die erstmalige Bilanzierung beim **übernehmenden Unternehmen** gibt es mit Ausnahme des Bewertungswahlrechts gemäß § 24 UmwG keine gesonderte Regelung. Dieses Bewertungswahlrecht ermöglicht es, die in der Schlussbilanz des übertragenden Unternehmens angesetzten Werte als Anschaffungskosten beim übernehmenden Unternehmen anzusetzen. Andernfalls ist der Anschaffungsvorgang nach den allgemeinen Tauschgrundsätzen zu bewerten. Zulässig ist auch ein Ansatz zu Zwischenwerten.[6] Die für die Übernahme gewählten Bilanzierungsmethoden bzw. -wahlrechte sind somit für die Bilanzierung in den Carve-out-Abschlüssen maßgeblich (→ Rn. 29 ff.).

---

[6] Vgl. IDW Stellungnahme zur Rechnungslegung: Auswirkungen einer Verschmelzung auf den handelsrechtlichen Jahresabschluss (IDW RS HFA 42) Rn. 46.

bb) Jahresabschluss

Sofern im Rahmen einer Carve-out-Transaktion rechtlich selbständige Unternehmen veräußert werden, sind für diese die jeweiligen Jahresabschlüsse der vereinbarten Berichtperiode als Grundlage für die Darstellung des Carve-out-Business im Rahmen der Transaktion heranzuziehen. Diese Jahresabschlüsse sind ggf. an einheitliche Bilanzierungsgrundsätze anzupassen, insbesondere im Rahmen von kombinierten Abschlüssen.

cc) Carve-out-Abschluss

Für den Begriff „**Carve-out-Abschluss**" besteht in Deutschland keine Legaldefinition. Im Folgenden soll davon ausgegangen werden, dass es sich hierbei um historische, vom Verkäufer erstellte Finanzinformationen zur **Darstellung eines rechtlich unselbständigen Unternehmensteils** (*Carve-out-Business*) handelt. Der Carve-out-Abschluss zeigt den durch die Carve-out-Transaktion aus dem Verkäuferunternehmen bzw. -konzern herauszulösenden Unternehmensteil seit Beginn der Berichtsperiode so, als ob dieser rechtlich selbstständig gewesen wäre.

Es handelt sich um historische Finanzinformationen, da sie aus dem Rechnungswesen oder den Abschlüssen des verkaufenden bzw. übertragenden Unternehmens abgeleitet werden. Sie enthalten somit historische Geschäftsvorfälle, auch wenn diese nicht in der durch die Carve-out-Transaktion erst neu zu bildenden rechtlichen Struktur entstanden sind. Zwar werden auch hierzu bestimmte Annahmen getroffen, z. B. in Bezug auf die Allokation von Kosten von Zentralfunktionen des übertragenden Unternehmens, die in der Vergangenheit nicht auf das Carve-out-Business umgelegt wurden (z. B. für das Rechnungswesen oder die Personalabteilung). Im Gegensatz zu Pro-Forma-Finanzinformationen beziehen sich die dem Carve-out-Abschluss zugrunde liegenden Annahmen jedoch auf **tatsächliche Geschäftsvorfälle** in der Vergangenheit beim übertragenden Unternehmen.

Je nach Zweck und Anlass können Carve-out-Abschlüsse eine oder mehrere Perioden umfassen oder auch nur aus einer Bilanz zu einem Stichtag bestehen. Zweck eines Carve-out-Abschlusses, bestehend aus Bilanz und Gewinn- und Verlustrechnung und ggf. weiteren Abschlusselementen für eine oder mehrere Vorjahresperioden, ist es, die Entwicklung des Carve-out-Business über einen gewissen Zeitraum als Grundlage der Verhandlungen über die Carve-out-Transaktion darzustellen.

Carve-out-Abschlüsse bilden die Ausgangsbasis für kombinierte Abschlüsse und Pro-Forma-Finanzinformationen (→ Rn. 18 bzw. 23). Sie sind nach einheitlichen Bilanzierungsgrundsätzen zu erstellen, die entweder auf den Bilanzierungsgrundsätzen des Verkäufers oder des Käufers basieren (→ Rn. 29).

Die Textil- und Baumaschinen AG beschließt im August 2015, ihren Geschäftsbereich Baumaschinen zum 1. Januar 2016 auszugliedern und zu veräußern. Der Geschäftsbereich Baumaschinen setzt sich aus diversen rechtlich nicht selbständigen Unternehmensteilen zusammen, die bisher auf mehrere Tochtergesellschaften verteilt sind, und für die bislang keine separaten Abschlüsse erstellt wurden.

Zur Vorbereitung der Carve-out-Transaktion sind die Unternehmensteile in einem Carve-out-Abschluss zum 31. Dezember 2015 und für einen zu vereinbarenden Vergleichszeitraum (im Falle einer Kapitalmarkttransaktion mindestens für die Jahre 2013 bis 2015) nach einheitlichen Bilanzierungsgrundsätzen so zusammenzufassen und darzustellen, als ob sie schon seit Beginn des Berichtszeitraums eine rechtliche Einheit gewesen wären.

dd) Konzernabschluss

17   Sofern durch die Carve-out-Transaktion Konzernstrukturen entstehen, in deren Folge zB das übernehmende Unternehmen im Rahmen einer vorgelagerten Ausgliederung seinerseits zur Muttergesellschaft von ausgegliederten Tochtergesellschaften wird, ist idR zusätzlich ein Konzernabschluss zu erstellen. Dieser kann sich nur auf die durch den Carve-out tatsächlich entstandene Struktur beziehen, da die ausgegliederten Unternehmen und Unternehmensteile vor dem Carve-out nicht Bestandteile des neuen Konzerns, sondern des beim Verkäufer verbleibenden Unternehmens waren.

ee) Kombinierter Abschluss

18   Ein kombinierter Abschluss ist ein **fiktiver Konzernabschluss** einer erst durch die Carve-out-Transaktion entstehenden Unternehmensgruppe für Berichtzeiträume, in denen die Unternehmensgruppe in der dargestellten Struktur rechtlich noch nicht bestanden hat. Der **kombinierte Abschluss** soll einem Käufer bzw. Anleger wie der Carve-out-Abschluss einen Einblick in die Entwicklung der Vermögens-, Finanz- und Ertragslage der fiktiven, das Carve-out-Business bildenden Unternehmensgruppe in der Vergangenheit und damit eine bessere Entscheidungsgrundlage bieten.

19   Die Besonderheit des kombinierten Abschlusses besteht darin, dass dieser anders als der Konzernabschluss kein gemeinsames Mutterunternehmen für alle übernommenen Unternehmen und Unternehmensteile enthält, sondern sich nur auf die zu kombinierenden Unternehmen und Unternehmensteile bzw. eventuelle Teilkonzerne bezieht. Damit trotzdem kombinierte Abschlüsse für diese fiktive Unternehmensgruppe nach geltenden Bilanzierungsgrundsätzen erstellt werden können, ist eine „*reporting entity*" als Ersteller zu definieren. In Anlehnung an den IASB kann nach herrschender Meinung eine „reporting entity" angenommen werden, wenn diese wirtschaftliche Aktivitäten entfaltet, die objektiv von denen anderer Einheiten unterschieden werden können und deren Finanzinformationen potentiell hilfreich bei der Entscheidungsfindung darüber sind, dieser Einheit Ressourcen zur Verfügung zu stellen sowie zu beurteilen, ob das Management die zur Verfügung gestellten Ressourcen effizient und zweckmäßig eingesetzt

hat.[7] Weitere Voraussetzung ist ein verbindendes Element (*binding element*) für die einbezogenen Unternehmen und Unternehmenseinheiten. Hierfür wird nach herrschender Meinung gefordert, dass die einbezogenen Unternehmen und Unternehmensteile in der gesamten Berichtsperiode unter einer gemeinsamen Beherrschung (*common control*) standen. Ein gemeinsames Management (*common management*) oder auch nur ein gemeinsames Geschäft (*common business*) allein reichen als Voraussetzung für die Erstellung eines kombinierten Abschlusses nach geltenden Bilanzierungsgrundsätzen idR nicht aus.[8] Dieses Konzept wurde vom IASB[9] für IFRS-Abschlüsse entwickelt und wird – auch mangels entsprechender Regelungen – ebenso für kombinierte Abschlüsse nach HGB als anwendbar angesehen.[10]

Ähnlich wie bei einem Konzernabschluss muss die gemeinsame Beherrschung der in den kombinierten Abschluss einbezogenen Unternehmen und Unternehmensteile während der **gesamten Berichtsperiode** bestanden haben. Ein zwischenzeitlich erworbenes Unternehmen könnte für die Periode vor dem Erwerb daher lediglich im Rahmen von Pro-Forma-Finanzinformationen einbezogen werden, soweit die Voraussetzungen dafür erfüllt sind (→ Rn. 23 ff.). 20

Ist im Falle einer Ausgliederung nach dem Umwandlungsgesetz das übernehmende Unternehmen ein **Unternehmen des Käufers**, kann dieses **keine kombinierten Abschlüsse** für die Vergleichsperioden der Vergangenheit erstellen, da es hierfür an einem verbindenden Element iS einer gemeinsamen Beherrschung der ausgegliederten Unternehmen und Unternehmensteile durch das übernehmende Unternehmen fehlte. In diesem Fall kommt ggf. eine Darstellung im Rahmen von Pro-Forma-Finanzinformationen in Frage (→ Rn. 23 ff.). 21

> (Fortführung des Beispiels zum Carve-out-Abschluss)
> Der Vorstand beschließt, neben den rechtlich unselbständigen Unternehmensteilen auch die Tochtergesellschaft B auszugliedern.
> Die Tochtergesellschaft B wiederum hatte zur Erweiterung ihres Geschäftes die D GmbH mit Wirkung zum 1. Juli 2015 erworben.
> In einen kombinierten Abschluss für die vereinbarte Berichtsperiode können die einzelnen rechtlich unselbständigen Unternehmensteile und die Tochtergesellschaft B zusammengefasst werden, da sie abgrenzbare wirtschaftliche Aktivitäten entfalten, für die entscheidungsrelevante Finanzinformationen erstellt werden können, und da sie über die Textil- und Baumaschinen AG ein verbindendes Element hatten bzw. haben. In Bezug auf die D GmbH gilt dies nur für den Zeitraum ab dem 1. Juli 2015, so dass die D GmbH erst ab diesem Datum in den kombinierten Abschluss einbezogen werden kann.

---

[7] IASB ED in *FEE* Rn. 2.8.
[8] *FEE* Rn. 4.3.
[9] IASB ED in *FEE* Rn. 2.8.
[10] *Oser* BB 2014, 1387 mit Bezug auf das Mitgliedstaatenwahlrecht gemäß Artikel 25 der EU-Bilanzrichtlinie 2013/34/EU vom 29.6.2013.

22 Bei der Erstellung eines kombinierten Abschlusses ist grundsätzlich wie bei der Erstellung eines Konzernabschlusses vorzugehen, allerdings entfällt mangels tatsächlichen Mutter-/ Tochterverhältnisses die **Kapitalkonsolidierung**). Das heißt, dass in einem kombinierten Abschluss für die einzelnen Bilanzstichtage lediglich eine Schuldenkonsolidierung, eine Aufwands- und Ertragskonsolidierung sowie eine Eliminierung von Zwischengewinnen zwischen den einbezogenen Unternehmen und Unternehmensteilen (fiktive Unternehmensgruppe) vorzunehmen ist.

c) Hypothetische Finanzinformationen

aa) Pro-Forma-Finanzinformationen

23 Nach der Definition des IDW RH HFA 1.004[11] ergänzen Pro-Forma-Finanzinformationen die letzten historischen Abschlüsse (Jahres-, Konzern-, Zwischen- und auch kombinierte oder Carve-out-Abschlüsse), wenn Unternehmenstransaktionen während oder nach Ende des in diesen Abschlüssen abgebildeten Zeitraums stattgefunden haben, oder wenn solche Transaktionen konkret bevorstehen. Der Zweck von Pro-Forma-Finanzinformationen ist es darzustellen, welche wesentlichen Auswirkungen diese Unternehmenstransaktionen auf die historischen Abschlüsse gehabt hätten, wenn das Unternehmen während des gesamten Berichtszeitraums in der durch die Unternehmenstransaktionen geschaffenen Struktur bestanden hätte. Diese **hypothetischen Finanzinformationen** setzen nicht nur historische Finanzinformationen als Ausgangsbasis voraus, sondern sind auch nur soweit erforderlich, als die Unternehmenstransaktion in den historischen Abschlüssen nicht bereits abgebildet wird. Die Darstellung in den Pro-Forma-Finanzinformationen ist zeitlich auf die laufende (Zwischen-) Berichtsperiode und die vorangegangene Periode begrenzt. Inhaltlich ist die Darstellung auf Sachverhalte mit einem **dauerhaften Einfluss** auf die Vermögens-, Finanz- und Ertragslage beschränkt.

24 Der Rechnungslegungshinweis IDW RH HFA 1.004 konkretisiert die Anforderungen der EU-Prospektverordnung[12] in Bezug auf Inhalt und Zeiträume der Pro-Forma-Finanzinformationen. Diese Konkretisierung ist insbesondere für die Prüfung durch einen Wirtschaftsprüfer relevant, da sich diese gemäß dem Prüfungshinweis IDW PH 9.960.1[13] auf den Rechnungslegungshinweis IDW RH HFA 1.004 bezieht.

25 Für Carve-out-Transaktionen typische Anpassungen[14] mit einem dauerhaften Einfluss sind Zu- bzw. Abgänge von Tochterunternehmen, Teilkonzernen oder Unternehmensteilen vor der Carve-out-Transaktion.

---

[11] IDW RH HFA 1.004 Rn. 2.
[12] EU-Prospektverordnung, Art. 5 iVm Anhang II.
[13] IDW Prüfungshinweis: Prüfung von Pro-Forma-Finanzinformationen (IDW PH 9.960.1).
[14] IDW RH HFA 1.004 Rn. 27 ff.

1. Finanzinformationen bei Carve-out-Transaktionen

(Fortführung des Beispiels zum Carve-out-Abschluss und zum kombinierten Abschluss)
Der Kaufpreis für den Erwerb der D GmbH zum 1. Juli 2015 beträgt 50 Millionen Euro und wurde von der B GmbH teilweise über eine Anleihe in Höhe von 40 Millionen Euro finanziert.
Während die D GmbH für den Zeitraum ab dem 1. Juli 2015 in den kombinierten Abschluss einbezogen wird, kann in einer Pro-Forma-GuV ihre Einbeziehung für das ganze Jahr 2015 gezeigt werden. Hierbei wird die hypothetische Situation gezeigt, als sei die D GmbH bereits zum 1. Januar 2015 erworben worden. Eine hypothetische Einbeziehung für die Jahre 2013 und 2014 nicht möglich, da eine Pro-Forma-GuV gemäß IDW RH HFA 1.004 (Tz. 8 und 11) maximal für das letzte volle Geschäftsjahr (die Ausgliederung soll zum 1.1.2016 erfolgen) möglich ist. Die Pro-Forma-GuV zeigt neben den Aufwendungen und Erträgen der D GmbH für diesen Zeitraum auch die Zinsen aus der Anleihe sowie zusätzliche Aufwendungen aufgrund der Kaufpreisallokation (z. B. Abschreibungen auf aufgedeckte stille Reserven im Anlagevermögen). Eine Abbildung des Erwerbes und der Finanzierung in einer Pro-Forma-Bilanz ist nicht notwendig, da diese Vorgänge bereits in der kombinierten Bilanz zum 31.12.2015 enthalten sind.

Weitere Beispiele für Anpassungen können sein 26

- Aufwendungen aus Abschreibungen auf zusätzlich anzusetzende immaterielle Vermögensgegenstände oder einen Goodwill,
- Folgeaufwendungen aus der Aufdeckung stiller Reserven im Anlage- und Umlaufvermögen,
- Anpassungen des Steueraufwandes aufgrund einer anderen Besteuerungsform durch die neue Unternehmensstruktur, neu entstandene Organschaften, den Wegfall nicht mehr nutzbarer Verlustvorträge bzw. umgekehrt Nutzung von Verlustvorträgen durch neue Verrechnungsmöglichkeiten.

bb) „Als-ob"-Rechnungen

Veränderungen, die nicht direkt aus einer Unternehmenstransaktion resultieren, sondern nur eine Folge zukünftig geänderter Rahmenbedingungen sind bzw. auf zukünftige Ereignisse abstellen, können **nicht in Pro-Forma-Finanzinformationen** iSd IDW RH HFA 1.004 abgebildet werden. 27
Beispiele sind[15]

- Kostenersparnisse aufgrund von erwarteten Synergieeffekten,
- zusätzliche Kosten aufgrund des Wegfalls von Vorteilen aus günstigeren Einkaufsbedingungen des übertragenden Unternehmens für bestimmte Lieferungen und Leistungen.

---

[15] Vgl. z. B. IDW RH HFA 1.004 Rn. 30.

Die Auswirkungen derartiger Veränderungen auf die historischen Finanzinformationen können im Rahmen von Planungsrechnungen gezeigt oder in den Erläuterungen zu den Pro-Forma-Finanzinformationen beschrieben werden. Sie sollen im Folgenden unter dem Begriff „Als-ob"-Rechnungen zusammengefasst werden.

(Fortführung des Beispiels zum Carve-out-Abschluss und zum kombinierten Abschluss)
Der Vorstand der Textil- und Baumaschinen AG beschließt im Zusammenhang mit der Ausgliederung folgende Maßnahmen:
- Personalabbau im Geschäftsbereich Baumaschinen. Die entsprechenden Kosten sind vom Geschäftsbereich zu tragen.
- Bisher von der Textil- und Baumaschinen AG bereitgestellte, aber nicht umgelegte IT- und Rechnungslegungsdienstleistungen sollen dem auszugliedernden Geschäftsbereich Baumaschinen in Zukunft nicht weiter angeboten, sondern auf externe Dienstleister ausgelagert werden.

Bei der Planung der Ausgliederung stellt sich außerdem heraus, dass durch den geplanten Personalabbau die Voraussetzungen für in 2014 gewährte Investitionszuschüsse entfallen werden und dass die Voraussetzungen für die Bilanzierung von Währungssicherungspositionen auf Ebene des Konzernabschlusses der Textil- und Baumaschinen AG in den Jahren 2013 bis 2015 in einem eigenständigen Geschäftsbereich Baumaschinen nicht gegeben wären.
Da der Personalabbau eine Folge der geplanten Veräußerung ist, kommt eine Berücksichtigung der Restrukturierungskosten in Pro-Forma-Finanzinformationen iSd IDW RH HFA 1.004 nicht in Betracht. Dasselbe gilt für die Kosten der externen Dienstleister und die Bilanzierung einer Rückzahlungsverpflichtung für die Investitionszuschüsse. Der Wegfall der Sicherungsposition wäre bereits in den kombinierten Abschlüssen des Geschäftsbereiches Baumaschinen zu berücksichtigen, da aus dessen Perspektive eine bilanzierungsfähige Sicherungsbeziehung nie bestanden hat.
Die Auswirkungen der Kosten für die Restrukturierung und die externen Dienstleister können im Rahmen von „Als-ob"-Rechnungen dargestellt oder verbal beschrieben werden.

cc) Planungsrechnungen

28   Ein wesentlicher Aspekt der Finanzinformationen im Rahmen einer Carve-out-Transaktion ist neben der Darstellung der Entwicklung des Carve-out-Business in der Vergangenheit auch dessen erwartete Entwicklung[16]. Diese Entwicklung wird sowohl durch strategische Managemententscheidungen als auch durch bestimmte Vereinbarungen im Unternehmenskaufvertrag bestimmt. Die zukünftigen Auswirkungen der Vereinbarungen im Unternehmenskaufvertrag lassen sich jedoch nicht in den oben beschriebenen Pro-Forma-Finanzinformationen abbilden (→ Rn. 23 ff.). Hierzu werden stattdessen idR Planungsrechnungen vom Verkäufer erstellt.

---

[16] *Peemöller, Gehlen* BB 2010, 1139, 1142.

d) Bilanzierungsgrundsätze bei Carve-out- und kombinierten Abschlüssen

aa) Bestehende Regelungen

29 In Bezug auf Abschlüsse für Carve-out-Transaktionen gibt es eine **Vielzahl von nationalen Regelungen**, wie z. B. in England[17], Italien[18] und der Schweiz[19] sowie in einigen außereuropäischen Ländern. Diese beziehen sich auf die Erstellung von Carve-out- und kombinierten Abschlüssen im Rahmen von Kapitalmarkttransaktionen. Auch in den USA[20] sind seit vielen Jahren entsprechende Regelungen der SEC und des FASB bei Einbeziehung des Kapitalmarktes bekannt. In der Europäischen Union gibt es aufgrund der EU-Prospektverordnung einzelne Regelungen in Bezug auf die Bestandteile der Finanzinformationen in einem Börsenprospekt.

30 In Deutschland existieren keine Regelungen zu Inhalt, Umfang und anzuwendenden Bilanzierungsgrundsätzen für historische Finanzinformationen in Form von Carve-out- oder kombinierten Abschlüssen. Auch die IFRS kennen keine speziellen Bilanzierungsgrundsätze für derartige Transaktionen.

31 Somit richtet sich die Bilanzierung von Carve-out-Transaktionen nach den für Jahres- und Konzernabschlüsse **geltenden handelsrechtlichen Bilanzierungsgrundsätzen bzw. den IFRS**, soweit diese jeweils anwendbar sind bzw. als anwendbar vereinbart werden. Dabei ist zu berücksichtigen, dass nur die **vollständige Anwendung aller einschlägigen Bilanzierungsgrundsätze** zu der Aussage führen kann, dass die Carve-out- bzw. kombinierten Abschlüsse und sonstige Finanzinformationen in Übereinstimmung mit den Bilanzierungsgrundsätzen bzw. nach den einschlägigen Regelungen erstellt wurden.

bb) Kriterien für die Auswahl von Bilanzierungsgrundsätzen und Bewertungsmethoden

32 Nach welchen Grundsätzen die bilanzielle Abbildung des Carve-out-Projektes zu erfolgen hat, hängt vom **Anlass** und dem daraus folgenden **Zweck** ab. Als häufigste Beispiele werden ein geplanter Verkauf oder IPO des Carve-out-Business, die Grundlage für die Ermittlung oder Anpassung des Kaufpreises oder auch nur die rechtliche Verselbständigung des Carve-out-Business genannt.[21] Dementsprechend

---

[17] APB SIR 2000 (revised March 2011), Investment Reporting Standards Applicable to Public Reporting Engagements on Historical Financial Information, Annexure: Accounting Conventions Commonly Used in the Preparation of Historical Financial Information in Investment Circulars zitiert in *FEE* Rn. 2.9.

[18] Principi Contabili 17 del Consiglio Nazionale dei Dottori Commercialisti e del Consiglio Nazionale dei Ragionieri modificati dall'OIC in relazione alla riforma del diritto societario Il Bilancio Consolidato, 16 settembre 2005, Sostituisce il principio n. 17 del marzo 1996 zitiert in *FEE* Rn. 2.10.

[19] *Swiss Exchange AG*, Richtlinie betr. Darstellung von komplexen finanziellen Verhältnissen im Kotierungsprospekt, 2008, (www.swx.de, abgerufen am 26.2.2015).

[20] *FEE* Rn. 2.11, 2.13 und dortige Verweise.

[21] *PwC China* S. 4.

sind **gesetzliche oder vertragliche Vorgaben** für die anzuwendenden Bilanzierungsgrundsätze zu berücksichtigen.

33 Welche Bilanzierungsgrundsätze letztlich zur Anwendung kommen, kann bei einem **Verkauf** zwischen Verkäufer und Käufer **frei vereinbart** werden. Lediglich bei einer **Kapitalmarkttransaktion** sind bestimmte **Vorgaben** zu beachten (→ Rn. 50). In der Regel wird der Verkäufer seine eigenen Bilanzierungsgrundsätze bei der Erstellung von Carve-out- bzw. kombinierten Abschlüssen übernehmen, da die Abschlüsse aus den vorhandenen Finanzinformationen abgeleitet werden. Im Einzelfall kann es aber auch sinnvoll sein, die Carve-out- bzw. kombinierten Abschlüsse nach den Bilanzierungsgrundsätzen des Käufers oder – im Falle eines Bieterverfahrens – der meisten potentiellen Bieter zu erstellen. Dies ist uU jedoch mit einem erheblichen Mehraufwand verbunden.

34 Eine Besonderheit ergibt sich im Falle einer Ausgliederung nach dem Umwandlungsgesetz, wenn das übertragende Unternehmen eine **Personengesellschaft**, das übernehmende Unternehmen jedoch eine Kapitalgesellschaft ist. In diesem Fall muss das übernehmende Unternehmen die Bilanzierungs- und Bewertungsmethoden für Kapitalgesellschaften anwenden.

35 Ein Aspekt bei der Auswahl der **Bewertungsmethode** für die Erstellung von **Carve-out-Abschlüssen** ist die Anwendung der **Buchwertmethode** oder der **Neubewertungsmethode**. IdR werden die Werte aus den Abschlüssen des übertragenden Unternehmens übernommen, was der Buchwertmethode entspricht. Wird das Carve-out-Business vom Verkäufer zur Vorbereitung eines Share Deals in eine Gesellschaft eingebracht, kommt auch die Neubewertung sämtlicher Vermögensgegenstände und Schulden unter Aufdeckung stiller Reserven (Neubewertungsmethode) in Betracht. Denkbar ist auch, dass der Verkäufer in Vorbereitung eines Asset Deals in einer fiktiven Ausgliederungsbilanz die Verkehrswerte ansetzt, um gegenüber dem Käufer den Wert des Carve-out-Business darzustellen. Auch kann der Ansatz von (höheren) Verkehrswerten dann sinnvoll sein, wenn der Käufer das Carve-out-Business im Rahmen eines LBO erwerben will. Die höheren Werte würden zu höherem Eigenkapital führen, was die Finanzierung erleichtert.[22]

In den Fällen der Neubewertung kommt eine Übernahme bzw. Rückrechnung derartiger Verkehrswerte in die Abschlüsse der vorangegangenen Perioden jedoch nur im Rahmen von Pro-Forma oder „Als-ob"-Finanzinformationen in Betracht, da die Neubewertung im Zusammenhang mit der Carve-out-Transaktion erfolgt und damit nicht auf einem historischen Geschäftsvorfall beruht (→ Rn. 27).

cc) Allgemeine Bilanzierungsgrundsätze

36 Im Rahmen der Erstellung der Finanzinformationen für eine Carve-out-Transaktion werden in einem ersten Schritt die Carve-out-Abschlüsse für die unselbständigen Unternehmensteile erstellt, die dann ggf. in einem weiteren Schritt zu

---

[22] Zu den steuerlichen Auswirkungen der Neubewertung siehe Teil V Rn. 147 ff.

kombinierten Abschlüssen zusammengefasst werden. Dazu werden uU Anpassungen notwendig, um einheitliche Bilanzierungsgrundsätze für den kombinierten Abschluss zu erreichen, insbesondere bei unselbständigen Unternehmensteilen in verschiedenen Ländern.

Bei der Erstellung von Carve-out-Abschlüssen in Deutschland sind die **allgemeinen handelsrechtlichen Bilanzierungsgrundsätze** anzuwenden. Dies ergibt sich implizit aus deren Zweck und deren Ableitungsbasis. Die allgemeinen Bilanzierungsgrundsätze haben dabei zum Teil jedoch eine **andere Gewichtung**[23]. 37

Der Zweck liegt primär in der **Information der potentiellen** Käufer bzw. Anleger für das Carve-out-Business und dient deren Schutz. Im Gegensatz dazu hat der Jahresabschluss eine Kapitalerhaltungs-, Gewinnermittlungs- sowie Rechenschaftsfunktion gegenüber einem deutlich breiteren Adressatenkreis sowohl innerhalb als auch außerhalb des bilanzierenden Unternehmens. 38

Die Ableitungsbasis der Carve-out-Abschlüsse wiederum sind die Jahresabschlüsse der übertragenden Gesellschaft, die nach den allgemeinen Bilanzierungsgrundsätzen erstellt wurden. 39

Vor dem Hintergrund der primär investorenorientierten Informationsfunktion spielt der Grundsatz der Entscheidungsrelevanz (*decision usefulness*) eine besondere Rolle. Da die Carve-out-Abschlüsse rückwirkend aus anderen, nicht für diesen Zweck erstellten Abschlüssen und Buchhaltungsunterlagen erstellt werden müssen, wirkt sich dieser Grundsatz wiederum insbesondere auf die Grundsätze der Wesentlichkeit und Wirtschaftlichkeit, der Vollständigkeit, Richtigkeit und Klarheit sowie der Vergleichbarkeit der in den Carve-out-Abschlüssen enthaltenen Informationen aus. 40

aaa) Wesentlichkeit und Wirtschaftlichkeit

Da es sich bei dem Carve-out-Business um eine kleinere Einheit im Vergleich zum übertragenden Unternehmen handelt, verringern sich die Wesentlichkeitsgrenzen im Hinblick auf die Entscheidungsrelevanz, Richtigkeit und Vollständigkeit der aufzunehmenden Informationen mehr oder weniger deutlich gegenüber dem Abschluss des übertragenden Unternehmens. Dies wiederum erhöht den Aufwand für deren Ermittlung, so dass laufend eine Abwägung zwischen den damit verbundenen Kosten einerseits und dem Nutzen iSd Richtigkeit, Vollständigkeit und Entscheidungsrelevanz andererseits erforderlich ist. Entscheidend ist dabei die **Sicht eines potentiellen Käufers bzw. Anlegers**. 41

bbb) Vollständigkeit

Der Grundsatz der Vollständigkeit richtet sich bei Carve-out-Abschlüssen zunächst auf die Erfassung aller in einem Kauf- bzw. Ausgliederungs- und Übernahmevertrag genannten Vermögensgegenstände und Schulden des Carve-out-Business. 42

---
[23] Ausführlich dazu *Hellig* S. 105 f.

Diese bilden die Ausgangsbasis für die Bilanzierung im Carve-out-Abschluss zum Zeitpunkt der Ausgliederung und in den darzustellenden Vorperioden.

Hier ist jedoch die Frage nach der **Bilanzierung dem Grunde und der Höhe nach** ggf. neu zu beantworten. Sind bspw. Vermögensgegenstände und Schulden aufgrund der Wesentlichkeit beim übertragenden Unternehmen nicht erfasst worden, so ergibt sich nunmehr evtl. eine Notwendigkeit zur Erfassung. Ein weiteres Beispiel sind selbst erstellte immaterielle Vermögensgegenstände, die beim übertragenden Unternehmen aufgrund des früher bestehenden Bilanzierungsverbots nicht enthalten waren. Hierfür bestünde bei einem übernehmenden Unternehmen ein Aktivierungswahlrecht.

43   Darüber hinaus sind in den Carve-out-Abschlüssen die dem Carve-out-Business zuzuordnenden historischen Aufwendungen und Erträge vollständig zu fassen. Auch hierbei ist die Frage nach der Bilanzierung dem Grunde und der Höhe nach neu zu beantworten. Dies betrifft zum einen die Aufwendungen in Bezug auf erstmals im Zeitpunkt der Ausgliederung bilanzierte Vermögensgegenstände und Schulden. Beispiele sind Abschreibungen auf erstmals erfasste immaterielle Vermögensgegenstände oder erstmals erfasste Rückstellungen (z. B. aufgrund geringerer Wesentlichkeitsgrenzen). Zum anderen sind die dem Carve-out-Business zuzuordnenden Aufwendungen und Erträge zu erfassen. Dazu gehören insbesondere auch bisher nicht intern umgelegte bzw. erfasste Kosten für Zentralfunktionen des beim Verkäufer verbleibenden Unternehmens oder konzerninterne Lieferungen und Leistungen.

ccc) Realisationsprinzip und Pagatorik

44   Das in § 252 Abs. 1 Nr. 4 HGB normierte Realisationsprinzip besagt, dass Gewinne nur erfasst werden dürfen, wenn sie am Abschlussstichtag realisiert wurden. Der in § 252 Abs. 1 Nr. 5 HGB normierte Grundsatz der Pagatorik bestimmt, dass alle in der Buchführung und den historischen Abschlüssen erfassten Geschäftsvorfälle auf tatsächlichen Zahlungsvorgängen beruhen müssen. **Kalkulatorische Aufwendungen**, wie z. B. kalkulatorische Zinsen, Abschreibungen oder Mieten dürfen daher nicht angesetzt werden. Ausnahmen von dem Grundsatz der **Pagatorik** iS einer Fair Value-Bewertung sind nur bezüglich der Bewertung von Altersversorgungsverpflichtungen nach § 253 Abs. 1 Satz 3 HGB und der Bildung von Bewertungseinheiten nach 254 HGB zulässig.

45   Diese Grundsätze sind im Zusammenhang mit dem Grundsatz der Vollständigkeit für die Zuordnung von bisher dem Carve-out-Business nicht zugeordneten bzw. dort nicht erfassten Aufwendungen und Erträgen von besonderer Bedeutung. Die Zuordnung von Aufwendungen für Zentralfunktionen zu dem zu verkaufenden bzw. auszugliedernden Unternehmensteil ist wegen des Grundsatzes der Pagatorik an die **tatsächlichen** hierfür bei der Zentralfunktion entstandenen **Aufwendungen** gebunden. Sind bei der Zentralfunktion in dem Berichtszeitraum der Carve-out-Abschlüsse keine Aufwendungen entstanden, so können in den

Carve-out-Abschlüssen auch keine Aufwendungen erfasst werden. Das gleiche gilt für Erträge aus bisher unternehmens- bzw. konzerninternen Liefer- und Leistungsbeziehungen (→ Rn. 160 ff.).

ddd) Richtigkeit

Der Grundsatz der Richtigkeit umfasst sowohl die **objektive** als auch die aus Sicht des Bilanzierenden **subjektive Richtigkeit** der Abbildung der Geschäftsvorfälle unter Beachtung der einschlägigen Bilanzierungsgrundsätze. Außerdem muss die Nachprüfbarkeit durch den Adressaten gegeben sein. Der Grundsatz der Richtigkeit findet seine Grenzen in der **Willkürfreiheit** bei subjektiven Aspekten wie Schätzungen und Annahmen. Beispiele hierfür sind die Bestimmung von Restnutzungsdauern für das auszugliedernde Anlagevermögen oder der Höhe der Wertberichtigungen auf auszugliedernde Forderungen. Ebenfalls subjektiv geprägt ist die Festlegung von Allokationsschlüsseln für die Zuordnung von Kosten für Konzernfunktionen des beim Verkäufer verbleibenden Unternehmens wie etwa die Personalabteilung oder das Rechnungswesen zum Carve-out-Business. Damit die Richtigkeit von den Abschlussadressaten nachvollzogen werden kann, sind über die aufgrund der Bilanzierungsgrundsätze geforderten Angaben hinaus **zusätzliche Erläuterungen im Anhang** notwendig (→ Rn. 199 ff.).

46

eee) Vergleichbarkeit

Die Vergleichbarkeit setzt die Stetigkeit sowohl in formeller als auch in materieller Hinsicht voraus. Die **formelle Stetigkeit** beinhaltet zum einen die Bilanzidentität (§ 252 Abs. 1 Nr. 1 HGB), dh die Übereinstimmung der Eröffnungsbilanz eines Jahres mit der Schlussbilanz des vorangegangenen Jahres, zum anderen die Stetigkeit bei Gliederung, Bezeichnung und Ausweis. Die **materielle Stetigkeit** meint die Bewertungsstetigkeit (§ 252 Abs. 1 Nr. 6 HGB).

47

Ausgangspunkt in Bezug auf die Stetigkeit ist die Bilanz des Carve-out-Business im Zeitpunkt des Abschlusses der Carve-out-Transaktion. Die in dieser Bilanz angewendeten Bilanzierungsgrundsätze sowie die dort getroffenen Entscheidungen über die Ausübung von Bilanzierungs- und Bewertungswahlrechten sind grundsätzlich auch in den Vergleichsperioden entsprechend anzuwenden. Allerdings sind Abweichungen zwischen der Bilanz des Carve-out-Business im Zeitpunkt des Abschlusses der Carve-out-Transaktion und den Vorperioden aufgrund der Anwendung der Neubewertungsmethode nur im Rahmen von Pro-Forma-Finanzinformationen darstellbar.

48

Der Grundsatz der **Vergleichbarkeit** bei Carve-out-Abschlüssen ist insbesondere durch die Regelungen in der EU-Prospektverordnung von Bedeutung, wonach die historischen Finanzinformationen der letzten drei Jahre in den Prospekt aufgenommen werden müssen. Diese müssen außerdem für die letzten beiden Jahre „in einer Form dargestellt und erstellt werden, die mit der konsistent ist, die im

49

folgenden veröffentlichten Abschluss des Emittenten zur Anwendung kommen werden".[24]

e) Exkurs: Börsenrechtliche Besonderheiten

50   Zusätzliche Anforderungen an die Erstellung von Finanzinformationen im Zusammenhang mit einer Carve-out-Transaktion ergeben sich bei einem angestrebten Börsengang. Nach der **EU-Prospektverordnung**[25] müssen **geprüfte historische Finanzinformationen** und die jeweiligen Bestätigungsvermerke für die letzten drei Geschäftsjahre in den Emissionsprospekt aufgenommen werden. Der Zeitraum muss jedoch mindestens die letzten 36 Monate umfassen, falls der Emittent seinen Bilanzstichtag in diesem Zeitraum geändert hat. Sollte der Emittent noch keine 36 Monate bestanden haben, erstreckt sich der durch die historischen Finanzinformationen abzubildende Zeitraum auf den gesamten Zeitraum seiner Geschäftstätigkeit. Das ist insbesondere dann der Fall, wenn operative Unternehmen bzw. Unternehmensteile erst kurz vor dem Börsengang in eine bestehende oder neu gegründete (Holding-) Gesellschaft eingebracht werden, mit der Konsequenz, dass sich ein Anleger allein auf Basis der historischen Finanzinformationen dieser Gesellschaft kein fundiertes Urteil über „die Vermögenswerte und Verbindlichkeiten, die Finanzlage, die Gewinne und Verluste" (§ 5 Abs. 1 WpPG) des Emittenten bilden kann. Für diese Emittenten mit „**komplexer finanztechnischer Vorgeschichte** oder bedeutenden finanziellen Verpflichtungen"[26] sieht die EU-Prospektverordnung[27] vor, dass die historischen Finanzinformationen der eingebrachten bzw. aufgrund vertraglicher Verpflichtungen einzubringenden Unternehmen bzw. Unternehmensteile ebenfalls in den Prospekt aufzunehmen sind bzw. als Teile der Finanzinformationen des Emittenten betrachtet werden. Deren historische Finanzinformationen könnten grundsätzlich durch Aufnahme der jeweiligen Jahresabschlüsse in den Prospekt dargestellt werden. IdR erfolgt deren Darstellung jedoch in einem **kombinierten Abschluss**. Zusätzlich können Pro-Forma-Finanzinformationen notwendig sein.

51   Diese historischen Finanzinformationen sind grundsätzlich nach **IFRS** zu erstellen, es sei denn, der Emittent war bis zur Emission nicht zur Rechnungslegung nach IFRS verpflichtet. In diesem Fall würde die Erstellung von Abschlüssen nach nationalen, sprich deutschen Rechnungslegungsgrundsätzen genügen. Allerdings sind die historischen Finanzinformationen für die letzten zwei der drei darzustellenden Geschäftsjahre nach den Rechnungslegungsgrundsätzen zu erstellen, die

---

[24] EU-Prospektverordnung, Anlage I, Rn. 20.1.
[25] EU-Prospektverordnung, Anlage I, Rn. 20.1.
[26] EU-Prospektverordnung, Art. 4a Abs. 1, 4 und 5.
[27] EU-Prospektverordnung, Art. 4a Abs. 1, 4 und 5.

für den nächsten veröffentlichten[28] Abschluss nach dem Börsengang anzuwenden sind. Sofern der Emittent in Zukunft zur Erstellung eines Konzernabschlusses nach IFRS verpflichtet ist, sind die historischen Finanzinformationen der letzten beiden Jahre ebenfalls nach IFRS zu erstellen.

Werden die historischen Finanzinformationen nicht nach IFRS, sondern nach nationalen Rechnungslegungsvorschriften erstellt, so müssen diese neben der Bilanz, der GuV und dem Anhang auch eine **Eigenkapitalveränderungsrechnung** und eine **Kapitalflussrechnung** enthalten[29]. Diese ggf. zusätzlich zu erstellenden Bestandteile müssen ebenso wie die übrigen Bestandteile geprüft werden (→ Rn. 238).

52

Die historischen Finanzinformationen der drei letzten Jahre werden idR in einem Carve-out-Abschluss bzw. kombinierten Abschluss zusammengefasst, in dem das aktuellste Jahr zusammen mit zwei Vorjahresspalten gezeigt wird. Dementsprechend sind die Anhangangaben ebenfalls auf drei Jahre zu beziehen.

53

2. Die Erstellung von Carve-out-Abschlüssen in der Praxis

a) Grundsätzliche Herangehensweise

Die Carve-out-Abschlüsse stellen ein **wesentliches Informationsinstrument** für die Käufer bzw. Investoren des Carve-out-Business[30] dar und müssen daher hohe Qualitätsanforderungen erfüllen. Sofern nach Bekanntgabe der Carve-out-Abschlüsse noch Fehlerkorrekturen erforderlich werden, kann dies das Vertrauen der Investoren bzw. Käufer in die Verlässlichkeit sämtlicher Carve-out-Daten stark beeinträchtigen und zu erheblichen Wertabschlägen oder zum Scheitern der geplanten Carve-out-Transaktion führen.

54

Im Ergebnis müssen Carve-out-Abschlüsse abbilden, was im Einbringungs- und Übernahmevertrag bzw. im Unternehmenskaufvertrag vereinbart wurde. Allerdings wird in der Praxis idR lange vor Abschluss des Einbringungs- und Übernahmevertrags bzw. Unternehmenskaufvertrags damit begonnen, die Carve-out-Abschlüsse zu erstellen, da diese bzw. die **notwendigen Voranalysen** oft

55

---

[28] EU-Prospektverordnung; Anlage I, Rn. 20.1; die englische Version der EU-Prospektverordnung spricht von „next published annual financial statements", während die deutsche Version nur vom „folgenden Jahresabschluss" spricht.
[29] EU-Prospektverordnung, Anlage I, Rn. 20.1.
[30] Soweit in den folgenden Ausführungen die Begriffe „übertragendes Unternehmen", „Unternehmensteil" bzw. „Carve-out-Business" und „übernehmendes Unternehmen" verwendet werden, sind hiermit neben dem Fall einer Übertragung des Carve-out-Business durch umwandlungsrechtliche Ausgliederung auch die Fälle eingeschlossen, bei denen eine Übertragung des Carve-out-Business durch *Asset Deal* erfolgen soll oder es mehrere übertragende oder übernehmende Unternehmen oder mehrere Unternehmensteile gibt, die übertragen werden.

eine wesentliche Entscheidungsgrundlage bilden, ob und in welcher Struktur die Carve-out-Transaktion durchgeführt werden soll und welche Vermögensgegenstände und Schulden einem Käufer angeboten werden sollen. Bei der Erstellung der Carve-out-Abschlüsse wird eine Vielzahl von Informationen gewonnen, die wiederum in die Verträge einfließen müssen.

56 In den Carve-out-Abschlüssen ist das historische Geschäft des Carve-out-Business so darzustellen, als ob es in diesem Zeitraum bereits als rechtlich selbständiges Unternehmen in gleicher Struktur tätig gewesen wäre. Dies kann nur gewährleistet werden, wenn sämtliche Vermögensgegenstände und Schulden zutreffend identifiziert, zugeordnet, bilanziert, bewertet und erläutert werden.

57 Die in den Carve-out-Abschlüssen darzustellenden historischen Zeiträume werden idR von dem Carve-out-Zweck determiniert. Das **Geschäftsjahr** eines übernehmenden Unternehmens kann von dem Geschäftsjahr des beim Verkäufer verbleibenden Unternehmens abweichen.

58 Das Carve-out-Business kann aus einer Vielzahl von Bestandteilen bestehen: einzelne oder Gruppen von Vermögensgegenständen und Schulden, Teile von Unternehmen, einzelne oder eine Gruppe von Tochterunternehmen, ein oder mehrere Teilkonzerne ein ganzes oder mehrere Segmente. Diese können in Form eines Asset Deals an einen Käufer veräußert werden oder für Zwecke eines Share Deals in ein oder mehrere übernehmende Unternehmen eingebracht werden, die nach Abschluss aller zum Carve-out gehörenden (Kapital-)Maßnahmen in einem Mutter-Tochterverhältnis stehen. Für jedes übernehmende Unternehmen ist ein eigener Carve-out-Abschluss zu erstellen. Diese Carve-out-Abschlüsse werden ggf. in einem kombinierten Abschluss der fiktiven Unternehmensgruppe zusammengefasst. Auch im Falle einer angestrebten Veräußerung des Carve-out-Business im Rahmen eines Asset Deals erstellt oft der Verkäufer zu Angebots- und Verhandlungszwecken Carve-out-Abschlüsse für eine oder mehrere fiktive übernehmende Gesellschaft(en).

59 Wie **komplex** die Erstellung der Carve-out-Abschlüsse ist, hängt von verschiedenen **Faktoren** ab, wie zB

- Zweck des Carve-out,
- Art des Geschäfts,
- Verflechtung zwischen beim Verkäufer verbleibendem und auszugliederndem Unternehmensteil,
- Anzahl von übertragenden und übernehmenden Unternehmen,
- nationale oder internationale Carve-out-Transaktion,
- Zielstruktur des Carve-out,
- Qualität der über das Carve-out-Business vorhandenen Informationen,
- Qualität der Rechnungslegungssysteme,
- Qualität der angewandten Rechnungslegungsstandards.

2. Die Erstellung von Carve-out-Abschlüssen in der Praxis

60 Bei der Erstellung der Carve-out-Abschlüsse sind die Abschlüsse des übertragenden Unternehmens als Informationsquelle idR nicht ausreichend. Vielmehr müssen alle Unternehmensbereiche vom Rechnungswesen (inkl. Controlling, Steuern, Treasury) über die EDV-, Rechts- und Personalabteilung bis zu den Abteilungen Einkauf, Produktion, Marketing und Vertrieb eingebunden werden und Wissen, Informationen, interne Auswertungen und Statistiken einbringen. Die internen Daten können jedoch nicht ohne weiteres übernommen werden. So sind vor ihrer Verwendung zB **kalkulatorische Bestandteile** zu eliminieren und die Wertansätze zur Bestätigung der Verlässlichkeit der Daten mit den Wertansätzen im externen Rechnungswesen abzustimmen.

61 Oft sind auch umfangreiche, bisher nicht vorhandene **EDV-Auswertungen** zu veranlassen. Je nach Komplexität, Erfahrung und vorhandenen Ressourcen müssen neben dem umfangreichen Einsatz interner Mitarbeiter auch externe Berater und Prüfer herangezogen werden.

62 Bei der Erstellung der Carve-out-Abschlüsse ist auch zu beachten, dass das Carve-out-Business idR vom beim Verkäufer verbleibenden Unternehmen abweichende (meist niedrigere) **Wesentlichkeitsgrenzen** zu berücksichtigen hat. Dies kann dazu führen, dass fehlerhafte Wertansätze, die beim übertragenden Unternehmen innerhalb der Toleranzgrenze lagen, beim Carve-out-Business zu korrigieren sind.

63 Aufgrund der großen Komplexität und des hohen Zeitaufwands, die oft mit der Erstellung der Carve-out-Abschlüsse einhergehen, empfiehlt sich zur Sicherstellung der erforderlichen Qualität und Effizienz ein **frühzeitiger Beginn der Planung** der Aktivitäten. Hierzu gehört zB die Zeit- und Ressourcenplanung, die Planung eines Prozesses zur Gewinnung der erforderlichen Informationen bis hin zu den fertigen, geprüften Carve-out-Abschlüssen, die gesonderte Planung des gezielten Einsatzes von systemgestützten Analysen, die Planung der gesamten Dokumentation (zu Koordinations-, Nachweis- und Prüfungszwecken), die Planung von carve-out-spezifischen Kontrollen zur Sicherstellung der Qualität sowie die Planung von Entscheidungswegen und Eskalationsprozessen. Im Zusammenhang mit der Erstellung von Carve-out-Abschlüssen sind insbesondere drei grundsätzliche **carve-out-typische Besonderheiten** zu beachten:

- Die **Zuordnung** von Vermögensgegenständen und Schulden zwischen dem beim Verkäufer verbleibenden Unternehmensteil und dem Carve-out-Business zum Carve-out-Stichtag (als Carve-out-Stichtag wird hierbei der Tag verstanden, an dem der Carve-out wirtschaftlich erfolgen soll (zB 01.07.2016, 0.00 Uhr):

64 Für die Zuordnung von Vermögensgegenständen und Schulden kann es sich anbieten, ausgehend von leicht identifizierbaren Vermögensgegenständen des Carve-out-Business (**bottom-up**) zu ermitteln, welche weiteren zugehörigen Vermögensgegenstände und Schulden auszugliedern sind. Dies ist insbesondere dann effizient, wenn nur bestimmte, leicht abgrenzbare Vermögensgegenstände (zB eine Maschine und die zugehörigen Mitarbeiter und Vorräte) dem Carve-out-Business zuzuordnen sind.

65 Häufig bietet sich auch an, ausgehend vom (Konzern-) Abschluss des übertragenden Unternehmens die Vermögensgegenstände und Schulden des Carve-out-Business zu ermitteln (**top-down**). Aus Effizienzgründen ist es hierbei empfehlenswert, in einem ersten Schritt die leicht dem Carve-out-Business zuordenbaren Vermögensgegenstände und Schulden so weit wie möglich abzugrenzen, bevor man zu der weiteren, oft sehr zeitaufwendigen Detailanalyse der restlichen Vermögensgegenstände und Schulden übergeht.

66 Im Idealfall entspricht das Carve-out-Business einem Segment, so dass die für den Carve-out-Abschluss erforderlichen Informationen (weitgehend) aus der im Konzernabschluss dargestellten **Segmentberichterstattung** übernommen werden können. Auch wenn das Carve-out-Business nur ein Teil eines Segmentes ist, kann das Segment eine gute Ausgangsbasis für die Datenermittlung sein.

67 Grundsätzlich ergeben sich bei der Segmentberichterstattung und der Erstellung eines Carve-out-Abschlusses vergleichbare Fragestellungen. So sind auch im Carve-out-Abschluss die **innerbetrieblichen Leistungsbeziehungen** zwischen dem beim Verkäufer verbleibendem Unternehmensteil und dem Carve-out-Business zu ermitteln. Diese können aus dem Abschluss des übertragenden Unternehmens nicht unmittelbar entnommen werden, da sie im Jahresabschluss zu eliminieren bzw. im Konzernabschluss zu konsolidieren waren. Zum Carve-out-Stichtag sind die hieraus resultierenden Forderungen und Verbindlichkeiten zu ermitteln und den Forderungen und Verbindlichkeiten gegenüber verbundenen Unternehmen hinzuzurechnen.[31]

68 Die Zuordnung von Vermögensgegenständen und Schulden zwischen dem beim Verkäufer verbleibendem Unternehmensteil und dem Carve-out-Business ist in der Praxis häufig nicht leicht durchführbar. Dies gilt zB für Fälle, in denen Vermögensgegenstände (zB Rohstoffe oder Hochregallager) von beiden Geschäftsbereichen genutzt werden. In diesen Fällen muss das Management geeignete **Allokationsmethoden** anwenden, um eine sinnvolle Zuordnung zu ermöglichen. Oft wird hierbei die geplante zukünftige Verwendung als sinnvoller Ausgangspunkt herangezogen.

Teilbare Vermögensgegenstände (zB Bestand an Rohstoffen) können anhand bestimmter Kriterien (zB geplanter anteiliger zukünftiger Verbrauch oder Mindestbestand der zukünftig zur Aufrechterhaltung des Betriebs erforderlich ist) zwischen dem beim Verkäufer verbleibenden Unternehmensteil und Carve-out-Business eindeutig aufgeteilt werden.

Bei nicht teilbaren Vermögensgegenständen (zB Hochregallager) erfolgt bei auch zukünftig geplanter gemeinsamer Nutzung eine vollständige Zuordnung des Vermögensgegenstands sowie der zugehörigen notwendigen Ressourcen (zB Bedienpersonal, gesondert aktivierte Vermögegenstände des Anlagevermögens)

---

[31] *Hellig* S. 131 f.

2. Die Erstellung von Carve-out-Abschlüssen in der Praxis

zu einem der Unternehmensteile und die zukünftige gemeinsame Nutzung wird vertraglich geregelt.

Die Zuordnung einzelner Vermögensgegenstände und Schulden sowie die angewandten Allokationsmethoden sind oft ein Bestandteil der Verhandlungen zwischen Verkäufer und Käufer. Sie haben einen wesentlichen Einfluss auf die Bilanzierung und Bewertung im Carve-out-Abschluss und sind daher sorgfältig festzulegen und im Anhang zu erläutern.

Bei der Bilanzierung von Vermögensgegenständen und Schulden des Carve-out-Business ist zu beachten, dass diese beim übernehmenden Unternehmen anders auszuweisen sein können als beim übertragenden Unternehmen. So können beim übernehmenden Unternehmen zB fertige Erzeugnisse zu bilanzieren sein, während diese beim übertragenden Unternehmen als unfertige Erzeugnisse darzustellen waren. **69**

- Die **Bewertung** der dem Carve-out-Business zugeordneten Vermögensgegenstände und Schulden zum Carve-out-Stichtag:

Soll das Carve-out-Business im Rahmen eines Asset Deals veräußert werden, wird dieses im Carve-out-Abschluss idR auf Basis der Buchwerte des übertragenden Unternehmens dargestellt. Soll das Carve-out-Business dagegen im Rahmen eines Share Deals veräußert werden, ist bei der Erstellung der Carve-out-Abschlüsse zu unterscheiden, ob die Bewertung beim übernehmenden Unternehmen zum **Carve-out-Stichtag** nach der Neubewertungsmethode oder nach der Buchwertmethode (gem. § 24 UmwG) erfolgt. **70**

Bei Anwendung der **Neubewertungsmethode** sind die übernommenen Vermögensgegenstände und Schulden mit ihrem Zeitwert, Buchwert oder einem Zwischenwert unter Aufdeckung stiller Reserven anzusetzen (Step up). Die Bilanzierungs- und Bewertungswahlrechte können neu ausgeübt werden und sind in zukünftigen Perioden stetig weiterzuführen. **71**

Bei Anwendung der **Buchwertmethode** ist das übernehmende Unternehmen am Carve-out-Stichtag an die Wertansätze sowie die historischen Bilanzierungs- und Bewertungsentscheidungen des übertragenden Unternehmens gebunden. Es besteht Bilanzidentität zwischen historischem Carve-out-Abschluss (→ Rn. 13 ff.) und der Eröffnungsbilanz des übernehmenden Unternehmens. Der Carve-out wird bei Anwendung der Buchwertmethode als begründeter Ausnahmefall i. S. v. § 252 Abs. 2 HGB zur Änderung der Bewertungsmethode gesehen, dh mit dem Carve-out kann das übernehmende Unternehmen Bewertungswahlrechte mit Bindung für die Zukunft neu ausüben. **72**

Weitere Besonderheiten bei der Bewertung können sich ergeben, wenn das übertragende Unternehmen eine Personengesellschaft, das übernehmende Unternehmen jedoch eine Kapitalgesellschaft ist. In diesem Fall muss das übernehmende Unternehmen die Bilanzierungs- und Bewertungsmethoden für Kapitalgesellschaften anwenden, so dass eine **Durchbrechung der Bilanzkontinuität** geboten sein kann. **73**

- Die **Ermittlung** der zu bilanzierenden Vermögensgegenstände und Schulden sowie Aufwendungen und Erträge in den darzustellenden Vorperioden:

74 Bei der Bilanzierung und Bewertung in den darzustellenden Vorperioden ist von den **historischen Daten** des übertragenden Unternehmens auszugehen. **Zukünftige Veränderungen** von bestimmten Aufwendungen (zB Refinanzierungskosten) nach dem Carve-out-Stichtag dürfen nicht berücksichtigt werden (→ Rn. 27 f.). Solche zukunftsbezogenen Sachverhalte sind in den Planungs- oder „Als-ob"-Rechnungen oder in verbalen Erläuterungen des Carve-out-Business darzustellen.

75 Die vom übernehmenden Unternehmen zu bilanzierenden Vermögensgegenstände und Schulden sowie Aufwendungen und Erträge in dem insgesamt darzustellenden Berichtszeitraum sind für jede einzelne Berichtsperiode zu ermitteln. Dies kann einerseits **retrograd** ausgehend von den zugeordneten Vermögensgegenständen und Schulden am Carve-out-Stichtag erfolgen oder durch eine für jede Periode gesonderte Zuordnung der Vermögensgegenstände und Schulden sowie Aufwendungen und Erträge (**bottom-up**) (→ Rn. 64).

76 Bei der **retrograden Ermittlung** der Vermögensgegenstände und Schulden sowie Aufwendungen und Erträge ist zu berücksichtigen, dass ausschließlich am Carve-out-Stichtag vorhandene Vermögensgegenstände und Schulden und mit diesen zusammenhängende Aufwendungen und Erträge betrachtet werden. Ergänzend sind Zugänge und Abgänge von Vermögensgegenständen und Schulden sowie damit zusammenhängende Aufwendungen und Erträge in den einzelnen Vorperioden zu analysieren. Diese Vorgehensweise wird oft gewählt, wenn umfangreiche und schwer abgrenzbare Vermögensgegenstände und Schulden ausgegliedert werden, die Zugänge und Abgänge in den einzelnen Perioden jedoch mit überschaubarem Aufwand ermittelt werden können.

77 Bei der **gesonderten Zuordnung** der Vermögensgegenstände und Schulden sowie Aufwendungen und Erträge ist in jeder Periode auf die Vollständigkeit der Analyse und Zuordnung zu achten, damit die Bilanzansätze über die Perioden konsistent sind.

78 Die Ermittlung der zuzuordnenden Aufwendungen und Erträge kann bei beiden Ansätzen im Einzelfall sehr aufwendig sein. Vielfach ist eine direkte Zuordnung zu dem beim Verkäufer verbleibenden Unternehmensteil oder dem Carve-out-Business nicht möglich, so dass auf geeignete **Allokationsmethoden** zurückgegriffen werden muss. Diese sind sorgfältig auszuwählen und im Anhang zu erläutern (→ Rn. 166, 200 f.).

79 Besonders aufwendig ist bei beiden Ansätzen oft auch die Berücksichtigung von **innerbetrieblichen Leistungsbeziehungen** zwischen dem verbleibenden Unternehmensteil und dem Carve-out-Business. Die hierfür erforderlichen Daten können nicht unmittelbar aus dem Jahres- oder Konzernabschluss des übertragenden Unternehmens entnommen werden, da sie zu den bei einer Abschlusser-

2. Die Erstellung von Carve-out-Abschlüssen in der Praxis

stellung zu eliminierenden bzw. konsolidierenden Transaktionen gehören. Für Zwecke des Carve-out-Abschlusses sind die Forderungen und Verbindlichkeiten aus innerbetrieblichem Leistungsverkehr sowie die entsprechenden Aufwendungen und Erträge zum Carve-out-Stichtag und zu den Vergleichsstichtagen zu ermitteln und den anderen Werten hinzuzurechnen.[32]

In der Praxis wird bei der Erstellung der Carve-out-Abschlüsse meist **Posten für Posten** vorgegangen. Hierbei werden idR zusammengehörige Posten wie abnutzbares Anlagevermögen und Abschreibungen oder Forderungen aus Lieferungen und Leistungen und Umsatzerlöse gemeinsam abgearbeitet, da sich die Informationen für beide Posten oft mittels der gleichen Allokationsmethode in einem Schritt gewinnen lassen. Bei der Beurteilung, wie im Zweifelsfall ein bestimmter Geschäftsvorfall zwischen dem beim Verkäufer verbleibenden Geschäft und dem Carve-out Business im Carve-out-Abschluss abzubilden ist, hilft in der Praxis idR die Überlegung, wie dieser Geschäftsvorfall zwischen fremden Dritten abzubilden wäre. 80

In den folgenden Kapiteln werden anhand der einzelnen Posten von Bilanz und GuV praktische Hinweise zur Zuordnung und Bewertung der Vermögensgegenstände und Schulden sowie der Aufwendungen und Erträge bei der Erstellung von Carve-out-Abschlüssen dargestellt. 81

b) Praktische Hinweise zur Zuordnung und Bewertung der Aktiva

aa) Immaterielle Vermögensgegenstände

Die immateriellen Vermögensgegenstände sind verursachungsgerecht dem Carve-out-Business zuzuordnen. Ausgangspunkt ist hierbei idR das **Anlagenregister** des übertragenden Unternehmens. Ergänzend kann es hilfreich sein, die erforderlichen Informationen über **Fragebögen** einzuholen. 82

Im Fall einer Ausgliederung unter Anwendung der **Buchwertfortführung** ist das übernehmende Unternehmen auch nach erfolgtem Carve-out an die Buchwerte des übertragenden Unternehmens gebunden. Vom übertragenden Unternehmen nicht bilanzierte selbst erstellte immaterielle Vermögensgegenstände sind daher beim Carve-out-Business nicht aktivierungsfähig. Eine Ausnahme stellt der Fall dar, dass das übertragende Unternehmen eine Personengesellschaft ist, die nicht § 264a HGB (Bilanzierung nach den Vorschriften für Kapitalgesellschaften, wenn der Komplementär eine Kapitalgesellschaft ist) unterliegt, und das übernehmende Unternehmen eine Kapitalgesellschaft. Die übernehmende Kapitalgesellschaft muss die übernommenen immateriellen Vermögensgegenstände nach § 264 ff. HGB bilanzieren und bewerten, wobei sich Abweichungen von der Darstellung des übertragenden Unternehmens ergeben können.[33] 83

---

[32] *Hellig* S. 131 f.
[33] Hansmeyer/*Richter, Mengen* 293.

84   Bei Anwendung der **Neubewertungsmethode** im Rahmen der Ausgliederung sind auch übernommene, bisher nicht bilanzierte selbst erstellte immaterielle Vermögensgegenstände des übertragenden Unternehmens beim ausgegliederten Unternehmensteil zum Carve-out-Stichtag neu zu bewerten. Hier eröffnen sich Spielräume hinsichtlich der Bewertungsannahmen und insbesondere der Nutzungsplanung. Da die Neubewertung erst mit der Ausgliederung erfolgt, ist sie in den darzustellenden Vergleichsperioden nicht zu berücksichtigen (→ Rn. 35).

85   Zuordnungsprobleme ergeben sich in der Praxis, wenn immaterielle Vermögensgegenstände gemeinsam von **mehreren Unternehmensteilen genutzt** wurden, wie zB Markennamen. Die Zuordnung kann als Eigentümer oder Nutzer (zB Mieter, Leasing- oder Lizenznehmer) zum Carve-out-Business erfolgen. Im Falle der Zuordnung zum Carve-out-Business als Eigentümer ist dies in den Carve-out-Abschlüssen so darzustellen, als ob diese immateriellen Vermögensgegenstände bereits beim **historischen Anschaffungsvorgang** von dem Carve-out-Business aktiviert und seither abgeschrieben worden wären. Sofern die Aktivierung nicht beim Carve-out-Business erfolgt, sind entsprechende (anteilige) Aufwendungen des Carve-out-Business in der Carve-out-GuV zu berücksichtigen. Hierbei muss sich das Management an den tatsächlich weiterbelasteten bzw. den **tatsächlich entstandenen Aufwendungen** (zB Abschreibungen) orientieren. Sofern beim übertragenden Unternehmen bereits eine Vollabschreibung des Vermögensgegenstandes erfolgt ist und in der Vergangenheit keine unternehmensinternen Nutzungsgebühren berechnet wurden, ist in der Carve-out-GuV kein Wertansatz iS fiktiver Nutzungsgebühren zulässig.[34] Wenn sich die Aufwendungen nicht eindeutig ermitteln lassen, muss das Management auf Schätzwerte zurückgreifen. Dies ist im Anhang zu erläutern.

86   Besonderheiten können sich insbesondere bei der Zuordnung eines **Goodwill** ergeben. Sofern sich ein Goodwill nicht vollumfänglich dem Carve-out-Business zuordnen lässt, muss eine zutreffende Allokationsmethode angewendet werden, um eine verursachungsgerechte Zuordnung zu gewährleisten. So wird zB nach IAS 36.86 der Abgangswert des Goodwill idR anhand der Relation zwischen den Zeitwerten des Carve-out-Business und des beim Verkäufer verbleibenden Teils einer zahlungsmittelgenerierenden Einheit[35] bestimmt. Nach HGB ist keine Allokationsmethode vorgegeben.

87   Bei der Ermittlung von Vorjahreswerten sind auch die **Zu- und Abgänge** von immateriellen Vermögensgegenständen zu berücksichtigen. In der Praxis bietet sich als effizienteste Vorgehensweise häufig an, zunächst eine retrograde Ermittlung ausgehend von den Verhältnissen am Carve-out-Stichtag vorzunehmen und diese

---

[34] *Hellig* S. 127 f.
[35] Nach IAS 36.6 ist eine zahlungsmittelgenerierende Einheit die kleinste identifizierbare Gruppe von Vermögenswerten, die Mittelzuflüsse erzeugen, die weitestgehend unabhängig von den Mittelzuflüssen anderer Vermögenswerte oder anderer Gruppen von Vermögenswerten sind.

um eine Analyse der historischen Zu- und Abgänge immaterieller Vermögensgegenstände des übertragenden Unternehmens zu ergänzen.

Im Rahmen der Bewertung des Goodwill und anderer immaterieller Vermögensgegenstände in den Carve-out-Abschlüssen muss das Carve-out-Business hinterfragen, ob es Anzeichen dafür gibt, dass die Verselbständigung des Unternehmensteils zu einer **Wertminderung** der immateriellen Vermögensgegenstände geführt hat. Dies ist selbst dann erforderlich, wenn das übertragende Unternehmen kurz vor der Ausgliederung die Werthaltigkeit überprüft hat. Durch die Trennung vom übertragenden Unternehmen können sich zB die zu erwartenden Zahlungsströme und die zahlungsmittelgenerierende Einheit[36] (cash-generating unit), zu der der Vermögensgegenstand gehört, gemäß IAS 36.66 verändert haben und so zu einer anderen Bewertung führen. Sofern Anzeichen hierfür vorliegen, ist eine detaillierte Überprüfung auf Wertminderung (**Impairment Testing**) vorzunehmen.[36] 88

bb) Sachanlagen

Bei der Zuordnung von Sachanlagen ergeben sich idR keine Besonderheiten. Ausgehend von dem **Anlagenregister** des übertragenden Unternehmens lassen sich diese idR ohne Schwierigkeiten zuordnen. Oft können **kostenstellenbezogene Auswertungen** oder **Fragebögen** genutzt werden, um die richtige Zuordnung des Sachanlagevermögens durchführen zu können. 89

Wenn Sachanlagen in der Vergangenheit von **mehreren Geschäftsbereichen genutzt** wurden, die nicht vollständig auf das Carve-out-Business übergehen, ist eine sinnvolle Zuordnung dieser Sachanlagen vorzunehmen. 90

Verbleiben bisher vom Carve-out-Business alleine oder gemeinsam mit dem übertragenden Unternehmen genutzte Sachanlagen beim übertragenden Unternehmen, so ist in den Carve-out-Abschlüssen für die Vergangenheit ein Nutzungsentgelt für diese Vermögensgegenstände anzusetzen. Sofern bisher kein Nutzungsentgelt (wie zB Gebäudemiete) entrichtet oder vom übertragenden Unternehmen über eine Kostenumlage belastet wurde, ist der anzusetzende Aufwand aus den **tatsächlichen angefallenen Abschreibungen und sonstigen Aufwendungen** des übertragenden Unternehmens für den entsprechenden Vermögensgegenstand abzuleiten. Hat das Carve-out-Business in der Vergangenheit zB ein unbebautes Grundstück oder eine bereits vollständig abgeschriebene Halle genutzt, wofür beim übertragenden Unternehmen keine Abschreibungen im Berichtszeitraum angefallen sind, können im Carve-out-Abschluss auch keine Aufwendungen angesetzt werden.[37] Im Übrigen wird auf die hier entsprechend geltenden Ausführungen zu den immateriellen Vermögensgegenständen verwiesen (→ Rn. 85). 91

Werden die bisher gemeinsam genutzten Sachanlagen auf das Carve-out-Business übertragen, so ist dies in den Carve-out-Abschlüssen so darzustellen, als 92

---

[36] McLaughlin/Friedman S. 7, Deloitte S. 8.
[37] Hellig S. 129.

ob diese Sachanlagen bereits beim **historischen Anschaffungsvorgang** von dem Carve-out-Business aktiviert worden wären. Die zugehörigen Aufwendungen sind aus den tatsächlichen Aufwendungen (Abschreibungen, Stromaufwendungen etc.) des übertragenden Unternehmens abzuleiten. Nutzungsentgelte, die das übertragende Unternehmen hierfür direkt oder indirekt (zB über Konzernumlagen) erhalten hat, sind dem Carve-out-Business zuzuordnen.

93 Bei der Ermittlung und Darstellung des Sachanlagevermögens für Vergleichsperioden vor dem Carve-out-Stichtag sind wie bei den immateriellen Vermögensgegenständen auch **Zu- und Abgänge in der Vergangenheit** zu berücksichtigen (→ Rn. 87). Außerdem ist der Gewinn und Verlust aus Anlagenabgängen zu ermitteln und in den Carve-out-Abschlüssen entsprechend auszuweisen.

94 Im **Anlagenspiegel** der Carve-out-Abschlüsse werden als historische Anschaffungskosten bei Buchwertfortführung meist die historischen Anschaffungskosten und die kumulierten Abschreibungen des übertragenden Unternehmens übernommen (Brutto-Ansatz). Teilweise findet man in der Praxis auch den Netto-Ansatz, d. h. die Buchwerte des übertragenden Unternehmens werden als Anschaffungskosten übernommen. Hierbei ist ebenso wie bei der Neubewertungsmethode zu beachten, dass die im Anlagenspiegel gezeigten historischen Anschaffungskosten mit den Buchwerten der frühesten in den Carve-out-Abschlüsse dargestellten Vergleichsperiode übereinstimmen müssen, also über den Vergleichszeitraum zurückgerechnet werden müssen.

95 Hinsichtlich der Notwendigkeit zu überprüfen, ob für bestimmte Sachanlagen aufgrund des Carve-out eine **Wertminderung** eingetreten ist, wird auf die entsprechenden Erläuterungen zu den immateriellen Vermögensgegenständen verwiesen (→ Rn. 88).

cc) Finanzanlagen

96 Bei der Zuordnung der Finanzanlagen gibt es im Regelfall keine besonderen Schwierigkeiten. Sofern das Carve-out-Business rechtlich selbständige Unternehmen umfasst, sind oft steuerliche oder haftungsrechtliche Gründe maßgebend für die Entscheidung, ob der Carve-out im Wege der Übertragung der Beteiligung (**Share Deal**) oder der Übertragung von Vermögensgegenständen und Schulden des Unternehmens (**Asset Deal**) erfolgt. Diese Entscheidung wird idR für jeden Einzelfall gesondert getroffen. Sie ist möglichst frühzeitig zu treffen, da sie wesentlichen Einfluss auf die Carve-out-Abschlüsse haben kann. Dies betrifft insbesondere die Notwendigkeit der Erstellung von (einem oder mehreren) Carve-out-Abschlüssen und eines kombinierten Abschlusses.

dd) Vorräte

97 Bei den Vorräten ist idR eine **physische Bestandsaufnahme** zum Carve-out-Stichtag erforderlich. Hierbei sind grds. auch die Inventurvereinfachungsverfahren gemäß § 241 HGB anwendbar.

2. Die Erstellung von Carve-out-Abschlüssen in der Praxis

Die physische Bestandsaufnahme ist die Basis der **Zuordnung** der Vorräte zwischen dem beim Verkäufer verbleibendem Unternehmensteil und dem Carve-out-Business. Vielfach lassen sich die Vorräte eindeutig zuordnen. Vorräte (meist Roh-, Hilfs- und Betriebsstoffe), die von dem beim Verkäufer verbleibenden Unternehmensteil und vom Carve-out-Business gemeinsam benötigt werden, werden idR so aufgeteilt, dass beide Unternehmensteile ihren Betrieb ohne Unterbrechung fortführen können.

Besonderheiten bei der Bilanzierung können sich dann ergeben, wenn bestimmte Vorräte beim Carve-out-Business **anders zu klassifizieren** sind als beim übertragenden Unternehmen. So können zB Elektromotoren, die das Carve-out-Business herstellt, beim Carve-out-Business zum Verkauf bestimmte fertige Erzeugnisse sein, während sie beim übertragenden Unternehmen zB bei der Herstellung von Bohrmaschinen verbaut werden und nur als unfertige Erzeugnisse anzusehen sind.

Die Bewertung der Vorräte für die Carve-out-Abschlüsse ist oft sehr **zeitaufwendig** und kann beim Carve-out-Business zu erheblich vom übertragenden Unternehmen **abweichenden Wertansätzen** führen. Dies gilt zB dann, wenn das übertragende Unternehmen alle Erzeugnisse mit einem Material- und einem Fertigungsgemeinkostensatz bewertet hat, der aus Sicht des Carve-out-Business nicht zutreffend ist.[38] Beim Carve-out-Business können deshalb die Kostenstrukturen des übertragenden Unternehmens nicht einfach übernommen werden. Das Carve-out-Business muss anhand der eigenen Kostenstrukturen eigene Kostensätze ermitteln und ggf. ein eigenes Berechnungsschema für die Bewertung der Vorräte entwickeln. Hierbei sind insbesondere auch sinnvolle **Allokationsmethoden** für die Aufteilung von Transportkosten, Zöllen und sonstigen Anschaffungsnebenkosten heranzuziehen.[39]

Im Rahmen der Bewertung der Vorräte sind auch die vorhandenen **Wertberichtigungen** auf Vorräte des übertragenden Unternehmens zum Carve-out Stichtag und zu den Vergleichsstichtagen zu analysieren und den entsprechenden Beständen zuzuordnen. Eine pauschale (zB prozentuale) Zuordnung der Wertberichtigungen zu den übernommenen Vorräten führt idR nicht zum richtigen Ergebnis.

ee) Forderungen aus Lieferungen und Leistungen

Ausgangsbasis für die Zuordnung der Forderungen ist idR die **Debitorensaldenliste** des übertragenden Unternehmens. Im Idealfall sind die Forderungen des Carve-out-Business anhand von **Geschäftsbereichsauswertungen** oder ähnlichen vorhandenen Daten leicht zu trennen. Wenn sich die Kunden des beim Verkäufer verbleibenden Unternehmensteils mit denen des Carve-out-Business **überschneiden**, muss eine detaillierte Analyse der offenen Posten vorgenommen

---

[38] *Hellig* S. 129 f.
[39] *Deloitte* S. 9.

werden. Hierbei ist ggf. jede einzelne Rechnung zu würdigen. Sofern auch innerhalb der einzelnen Rechnungen Überschneidungen zwischen dem beim Verkäufer verbleibenden Unternehmensteil und dem Carve-out-Business vorliegen, muss die Analyse bis auf die Rechnungsbestandteile herunter gebrochen werden.

103   Bei der Analyse der Forderungen aus Lieferungen und Leistungen ist in den meisten Fällen eine rein manuelle Zuordnung kaum effizient und verlässlich durchführbar. Hier sollte aufgrund der Datenmengen und der Komplexität eine **IT-gestützte Auswertung** der offenen Posten zum Carve-out-Stichtag und den Vergleichsstichtagen erfolgen. Diese ist idR kostengünstiger, weniger fehleranfällig und deutlich leichter nachvollziehbar. Allerdings muss hierzu die Analyse sorgfältig und **frühzeitig geplant** werden.[40] Hierbei sollte zusätzlich auf Daten aus den verschiedensten **internen Quellen** wie Kostenrechnung, Umsatzstatistiken, Kunden- und Produktanalysen und sonstige Vertriebsauswertungen zurückgegriffen werden.

104   Da sich die Kundenstruktur im Verlauf der Jahre idR ändert, ist eine retrograde Ermittlung der Forderungen für Vergleichsperioden anhand der Zuordnung am Carve-out-Stichtag oft nicht zielführend. Vielmehr muss **für jeden Stichtag eine gesonderte Analyse** vorgenommen werden.

105   Sollte trotz zielgerichtetem Einsatz von systemgestützten Auswertungen eine vollständige, detaillierte Analyse nicht möglich sein, so muss versucht werden, über die Festlegung von **Wesentlichkeitsgrenzen**, **Pauschalierungsannahmen** und sonstigen Vereinfachungen, die das Ergebnis der Analyse nicht wesentlich verfälschen, eine verlässliche und nachvollziehbare Zuordnung zu erreichen. So kann zB oberhalb einer Wesentlichkeitsgrenze eine Detailanalyse der Forderungen durchgeführt werden, während unterhalb des Grenzwertes eine pauschalisierte Zuordnung der Forderungen erfolgt.

106   Zur korrekten Bewertung der Forderungen sind auch die vorhandenen **Wertberichtigungen** auf Forderungen zum Carve-out Stichtag und zu den Vergleichsstichtagen zu analysieren und den entsprechenden Forderungen zuzuordnen.

107   Sofern Forderungen, die dem Carve-out-Business zugeordnet wurden, über Termingeschäfte oder sonstige **Hedging-Instrumente** wertgesichert sind, ist auch das entsprechende Sicherungsgeschäft dem Carve-out-Business zuzuordnen.[41] Je nachdem wie die Sicherungsbeziehungen zwischen den Forderungen und dem Hedging-Instrument gestaltet sind (zB Hedging von mehreren Forderungen über ein gemeinsames Sicherungsinstrument oder Makro-Hedging), können sich Probleme bei der Zuordnung der Sicherungsinstrumente ergeben. Dies gilt zB, wenn zum Carve-out-Stichtag Forderungen des beim Verkäufer verbleibenden Unternehmensteils und des Carve-out-Business über ein gemeinsames Sicherungsgeschäft abgedeckt wurden. In diesen Fällen ist zu prüfen, ob nach Trennung der

---

[40] *Deloitte* S. 9; *Niemeyer/Rattka* S. 22; *Hellig* S. 131.
[41] *Deloitte* S. 11.

Unternehmensteile noch eine geschlossene **Sicherungsposition** vorliegt. Soweit keine wirksame Absicherung mehr vorliegt, ist die frühere Bewertungseinheit aufzulösen und die entsprechenden Forderungen sind ohne Berücksichtigung der früheren Sicherungsposition zu bewerten. Für wirksam abgesicherte Forderungen der Vergleichsstichtage, die zum Carve-out-Stichtag ausgeglichen sind, ist idR eine weitergehende Analyse des Sicherungszusammenhangs in der Vergangenheit nicht erforderlich.

Die Veränderungen der dem Carve-out-Business zugeordneten Forderungen aus Lieferungen und Leistungen zwischen den jeweiligen Stichtagen (durch Lieferungen und Leistungen sowie Zahlungen von Rechnungen), die in der Vergangenheit beim übertragenden Unternehmen bilanziert wurden, werden im Carve-out-Abschluss über das **Verrechnungskonto mit dem übertragenden Unternehmen** abgebildet. 108

ff) Forderungen gegen verbundene Unternehmen

Als Forderungen gegen verbundene Unternehmen sind sämtliche Forderungen des Carve-out-Business gegen Konzernunternehmen auszuweisen. Solange das Carve-out Business vom übertragenden Unternehmen beherrscht wird, gehören hierzu nach § 271 Abs. 2 HGB neben Unternehmen, die zum Carve-out Business gehören, auch das übertragende Unternehmen und dessen verbundene Unternehmen. Maßgebend ist das **Konzernverhältnis am jeweiligen Stichtag**. Auf die hier entsprechend geltenden Erläuterungen zu den Forderungen aus Lieferungen und Leistungen wird verwiesen (→ Rn. 102 ff.). Bei der Zuordnung der anderen Forderungen (zB aus Darlehen an verbundene Unternehmen) sind klare Abgrenzungskriterien zugrunde zu legen, um eine verursachungsgerechte Aufteilung zu gewährleisten. 109

Besonderheiten ergeben sich in Bezug auf die früheren **innerbetrieblichen Leistungsbeziehungen** des Carve-out-Business mit dem beim Verkäufer verbleibenden Unternehmensteil (→ Rn. 160 ff.). Die innerbetrieblichen Leistungsbeziehungen können aus dem Abschluss des übertragenden Unternehmens nicht unmittelbar entnommen werden, da sie im Jahresabschluss zu eliminieren bzw. im Konzernabschluss zu konsolidieren waren. Für Zwecke des Carve-out sind die hieraus resultierenden Forderungen zum Carve-out-Stichtag und zu den Vergleichsstichtagen zu ermitteln und den anderen Forderungen hinzuzurechnen.[42] 110

gg) Steuerforderungen

Die **Ertragsteuerforderungen** werden unter dem Punkt „Ertragsteuern" erläutert (→ Rn. 131 ff.). 111

---

[42] *Hellig* S. 131 f.

Steuerforderungen aus **sonstigen Steuern** sind im Carve-out-Abschluss nur insoweit zu bilanzieren als sie durch das übernehmende Unternehmen bzw. durch einen Käufer geltend gemacht werden können.

112 Sofern im Rahmen einer **umsatzsteuerlichen Organschaft**, der das Carve-out-Business angehörte, Weiterberechnungen der Umsatzsteuerforderungen und -verbindlichkeiten zwischen dem Organträger und den Organgesellschaften erfolgt sind, werden die entsprechenden Umsatzsteuerforderungen idR auch im Carve-out-Abschluss als Steuerforderungen bilanziert.[43]

hh) Sonstige Vermögensgegenstände

113 Bei den sonstigen Vermögensgegenständen ist auf eine **verursachungsgerechte Zuordnung** zum Carve-out-Business zu achten. Hierzu müssen die einzelnen Bestandteile der Bilanzposition des übertragenden Unternehmens analysiert werden. In den meisten Fällen sind hier klare Zuordnungen zum beim Verkäufer verbleibenden Unternehmensteil oder Carve-out-Business ohne besondere Schwierigkeiten durchführbar. Die Zuordnung von **Kautionen** und sonstigen mit Verträgen oder anderen Vermögensgegenständen oder Schulden in Zusammenhang stehenden Forderungen muss entsprechend der Zuordnung der zugehörigen Komponenten erfolgen.

ii) Wertpapiere

114 Bei den Wertpapieren gibt es im Rahmen eines Carve-out-Abschlusses idR keine Besonderheiten. Maßgebend für die Zuordnung ist idR die vertragliche Festlegung.

jj) Kasse, Bank

115 Kassenbestände und Bankguthaben können beim Carve-out-Business nur dann ausgewiesen werden, wenn sie diesem zum Carve-out-Stichtag **wirtschaftlich und rechtlich** zuzuordnen sind. Dies ist zB dann der Fall, wenn das Carve-out-Business schon vor dem Carve-out-Stichtag eigene Kassen oder Bankkonten mit Guthaben hatte.

116 Eine **Vereinbarung im Einbringungs- und Übernahmevertrag oder im Unternehmenskaufvertrag**, dass bestimmte Bankkonten dem Carve-out-Business zugeordnet und an die übernehmende Gesellschaft übertragen werden, rechtfertigt nicht den Ausweis dieser Bankkonten im Carve-out-Abschluss. Im Carve-out-Abschluss kann lediglich der Anspruch auf Übertragung des Bankguthabens als Forderung gegen das übertragende Unternehmen aktiviert werden.

---

[43] Vgl. Osram Licht AG, München, Wertpapierprospekt 21. Juni 2013 S. 96.

2. Die Erstellung von Carve-out-Abschlüssen in der Praxis

Bei der Darstellung der Vergleichsperioden zum Carve-out-Stichtag sind auch Liquiditätsentwicklungen zwischen den Abschlussstichtagen zu berücksichtigen. Sofern und soweit das Carve-out-Business in der Vergangenheit sämtliche Finanztransaktionen über eigene Bankkonten abgewickelt hat, lassen sich diese entsprechend im Carve-out-Abschluss abbilden. Darüber hinaus gehende Finanztransaktionen, die vom übertragenden Unternehmen zB über ein **zentralisiertes Cash-Pooling** abgewickelt wurden, werden über ein **Verrechnungskonto mit dem übertragenden Unternehmen** abgebildet und im Carve-out-Abschluss unter den Forderungen und Verbindlichkeiten mit verbundenen Unternehmen ausgewiesen. Die Ableitung der Finanzierungssalden für die Vergleichszeiträume erfolgt hierbei idR retrograd über eine **Kapitalflussrechnung** (→ Rn. 192 f.), die aus den Wertansätzen im Carve-out-Abschluss retrograd entwickelt wird. 117

kk) Aktivische Rechnungsabgrenzungsposten

Als aktivische Rechnungsabgrenzungsposten sind gemäß § 250 Abs. 1 HGB im Carve-out-Abschluss nur die Beträge auszuweisen, die **Ausgaben des übertragenden Unternehmens** für das Carve-out-Business vor dem Carve-out-Stichtag bzw. Stichtag der Vergleichsperiode waren und **Aufwand des Carve-out-Business** für eine bestimmte Zeit nach dem Stichtag darstellen. Hier ist auf eine verursachungsgerechte Abgrenzung zwischen dem beim Verkäufer verbleibendem Unternehmensteil und dem Carve-out-Business zu achten. Zur Analyse und Zuordnung der Rechnungsabgrenzungsposten ist, sofern die Daten nicht unmittelbar aus separaten Aufzeichnungen (zB Geschäftsbereichsinformationen) zu entnehmen sind, eine Betrachtung der einzelnen abgegrenzten Beträge unter Wesentlichkeitsaspekten vorzunehmen. 118

ll) Zusammenfassende Übersicht

In der nachfolgenden Übersicht werden noch einmal die wesentlichen technischen und bilanziellen Aspekte, die häufig bei der Zuordnung und Behandlung der Aktiva auftreten, zusammengefasst: 119

Bilanzieller Sachverhalt	Technische Aspekte	Bilanzielle Aspekte
AKTIVA		
Immaterielle Vermögensgegenstände	– Verursachungsgerechte Aufteilungs-/Zuordnungsprobleme	– Bilanzielle Behandlung von gemeinschaftlich genutzten immateriellen Vermögensgegenständen – Zuordnung des Goodwill – Wertminderung infolge des Carve-out

Teil VI: Carve-out-Abschlüsse

Bilanzieller Sachverhalt	Technische Aspekte	Bilanzielle Aspekte
AKTIVA		

Sachanlagen	– Zuordnung gemeinsam genutzter Sachanlagen
	– Bestandentwicklung
	  – Zugänge
	  – Abgänge
	  – Abschreibungen
		– Bilanzielle Behandlung von gemeinschaftlich genutzten Anlagegütern
		– Bestimmung des anteiligen Abschreibungsbetrages
		– Keine Aktivierung, wenn Grundstücke nicht ausgegliedert werden, sondern Ermittlung von Mietaufwendungen

Vorräte	– Andere Zuordnung zu Bilanzposten aufgrund unterschiedlichen Fertigstellungsgrades – Zuordnungsprobleme	– Ermittlung der Anschaffungs- und Herstellungskosten – Ermittlung von Gemeinkostenzuschlagsätzen – Abwertungsmethoden – Anteilige Zuordnung von Abwertungen
Forderungen aus Lieferungen und Leistungen	– Abgrenzung des Kundenstamms bzw. von Rechnungen bei nicht geschäftsbereichsbezogener Verbuchung	– Hohe Datenmenge erfordert u. U. pauschale Ermittlung – Ermittlung von Wertberichtigungen – Beurteilung von Sicherungsgeschäften
Forderungen gegen verbundene Unternehmen	– Abgrenzung des Kreises verbundener Unternehmen zum jeweiligen Stichtag – Ermittlung innerbetrieblicher Leistungsbeziehungen	– Ermittlung durch Disaggregation aus dem Konzernabschluss des ausgliedernden Unternehmens nicht möglich – Hinzurechnung und Fortschreibung der Forderungen aus innerbetrieblichen Leistungen
Flüssige Mittel	– Cash-Management durch Mutterunternehmen: Zuordnungsproblem – Postenbezeichnung	– Abgrenzung: flüssige Mittel oder Forderungen – Darstellung liquiditätswirksamer Transaktionen

Abb. 1 Technische und bilanzielle Aspekte bei der Bilanzierung der Aktiva im Rahmen eines Carve-out

Quelle: Eigene Darstellung in Anlehnung an *Hellig* S. 139

2. Die Erstellung von Carve-out-Abschlüssen in der Praxis

c) Praktische Hinweise zur Zuordnung und Behandlung der Passiva

aa) Eigenkapital

Bei einer Einbringung eines Carve-out-Business als **Sacheinlage** in ein übernehmendes Unternehmen erhöht sich bzw. – bei einer Neugründung – ergibt sich das Eigenkapital am Carve-out-Stichtag durch den Wert der Sacheinlagen (als Differenz zwischen dem Wert der Vermögensgegenstände und dem Wert der Schulden) und wird beim übernehmenden Unternehmen in dieser Höhe in den Posten gezeichnetes Kapital und Kapitalrücklage ausgewiesen. 120

Nach § 272 Abs. 1 HGB ist das gezeichnete Kapital „das Kapital, auf das die Haftung der Gesellschafter für die Verbindlichkeiten der Kapitalgesellschaft gegenüber den Gläubigern beschränkt ist." In der Kapitalrücklage werden nach § 272 Abs. 2 HGB über das gezeichnete Kapital hinausgehende Eigenkapitalzuführungen der Gesellschafter ausgewiesen. Beim Ausweis des Eigenkapitals für Vergleichsperioden vor dem Carve-out können die Bezeichnungen „Gezeichnetes Kapital" und „Kapitalrücklage" nicht verwendet werden, da diese Posten inhaltlich nicht mit den Definitionen in § 272 HGB übereinstimmen würden. In der Praxis werden daher Bezeichnungen wie **„Einlagen der Gesellschafter"** bzw. **„Einlagen der Aktionäre"** verwendet.[44] 121

Die **Jahresergebnisse** des Carve-out-Business für Perioden vor dem Carve-out-Stichtag sind idR in den Jahresabschlüssen des übertragenden Unternehmens enthalten. Diese Jahresergebnisse dürfen in der retrograden Darstellung des Eigenkapitals des Carve-out-Business nicht ausgewiesen werden. Das gleiche gilt für Gewinnrücklagen, da nach § 272 Abs. 3 HGB hier nur Beträge ausgewiesen werden dürfen, die im Geschäftsjahr oder in einem früheren Geschäftsjahr aus dem Ergebnis gebildet worden sind. Das Ergebnis ist jedoch nicht beim übernehmenden Unternehmen, sondern beim übertragenden Unternehmen angefallen. Daher wird in den entsprechenden Vergleichsperioden im Carve-out-Abschluss eine **sofortige Vollausschüttung** an bzw. **Verlustübernahme** durch das übertragende Unternehmen unterstellt und über das Verrechnungskonto mit dem übertragenden Unternehmen abgebildet. Das handelsrechtliche Eigenkapital des Carve-out-Business bleibt so bei der retrograden Darstellung im Zeitablauf unverändert mit den Werten am Carve-out-Stichtag bestehen.[45] 122

Rücklagen, ein **Gewinn- oder Verlustvortrag** oder ein **Bilanzgewinn oder -verlust** können dementsprechend in den im handelsrechtlichen Carve-out-Abschluss dargestellten Vergleichsperioden nur dann entstehen bzw. sich verändern, wenn ein übernehmendes Unternehmen bereits vor dem Carve-out-Stichtag bestanden hat, oder wenn ein rechtlich selbständiges Unternehmen, das bereits vor 123

---
[44] *Hellig* S. 163 f.
[45] *Hellig* S. 164.

bb) Pensionsrückstellungen

124 Basis für die Zuordnung der **Pensionsrückstellungen** und des zugehörigen **Versorgungsvermögens (Plan Assets)** zum Carve-out-Business ist die Zuordnung der Mitarbeiter. Die Zuordnung am Carve-out-Stichtag wird oft als Ausgangsbasis für eine retrograde Ermittlung der Pensionsrückstellungen an den Vergleichsstichtagen genutzt. Hierbei ist zu beachten, dass zusätzlich **Zu- und Abgänge** (inkl. Abteilungswechsel) von Mitarbeitern berücksichtigt werden müssen, dh der Personalbestand des Carve-out-Business ist zu jedem Stichtag gesondert zu ermitteln. Wenn die Personalveränderungen im Betrachtungszeitraum von untergeordneter Bedeutung für die Höhe der Pensionsrückstellungen sind, kann aus Wesentlichkeitsgründen auf eine Berücksichtigung der Personalveränderungen verzichtet werden.

125 Sofern eine rückwirkende Zuordnung aufgrund der vorhandenen Datenbasis nicht durchführbar oder nur mit unverhältnismäßig hohem Aufwand zu realisieren ist, können auch geeignete, vereinfachende **Allokationsmethoden** bzw. **pauschale Ermittlungsmethoden** eingesetzt werden, solange diese nicht zu einer wesentlich abweichenden Höhe der Pensionsrückstellung führen.

126 Gleiches gilt, wenn Mitarbeiter in der Vergangenheit für den beim Verkäufer verbleibenden Unternehmensteil sowie für das Carve-out-Business tätig waren. Die vergangenheitsbezogenen Pensionsaufwendungen sind in diesen Fällen **personenbezogen** aufzuteilen.

127 Grundsätzlich ist eine Ableitung der Höhe der Pensionsrückstellungen zum Carve-out-Stichtag sowie zu den Vergleichsstichtagen aus vorhandenen **versicherungsmathematischen Gutachten** des übertragenden Unternehmens möglich. Hierbei muss sichergestellt sein, dass diese Ableitung inhaltlich korrekt erfolgt, sämtliche erforderlichen Daten liefert und für einen sachverständigen Dritten gut nachvollziehbar dokumentiert wird. In der Praxis werden bei größerer Komplexität idR eigene Gutachten für das Carve-out-Business zu den für den Carve-out relevanten Stichtagen eingeholt.[46]

cc) Sonstige Personalrückstellungen

128 Die Zuordnung der sonstigen Personalrückstellungen (zB für nicht genommenen **Urlaub, Gleitzeit, Abfindungen**) zum Carve-out-Business richtet sich nach der Zuordnung der Mitarbeiter. Diese Zuordnung erfolgt hierbei individuell für die einzelnen Mitarbeiter, eine rein pauschale Zuordnung (zB auf Basis des %-An-

---

[46] *McLaughlin/Friedman* S. 4.

teils der zugeordneten Mitarbeiter) führt idR nicht zum richtigen Ergebnis. Die Hinweise zur Zuordnung der Pensionsrückstellungen gelten sinngemäß.

Im Rahmen von Carve-out-Transaktionen kommt es oft zu **Restrukturierungen**. Die Restrukturierungskosten sind hinsichtlich ihrer Zuordnung zum Carve-out-Business zu untersuchen. Dies betrifft insbesondere auch die Untersuchung der Bilanzierungsfähigkeit von Rückstellungen für nach dem Carve-out-Stichtag geplante Reststrukturierungsmaßnahmen. Bei grenzüberschreitenden Carve-out-Transaktionen ist zu beachten, dass der Übergang von Beschäftigungsverhältnissen auf andere Unternehmen in verschiedenen Ländern zu gesetzlichen Abfindungsverpflichtungen führen kann.[47] Dies ist im Einzelfall zu überprüfen. Sofern Abfindungsverpflichtungen wirtschaftlich vom Carve-out-Business zu tragen sind, sind sie diesem in den Finanzinformationen zuzuordnen. Dabei ist nach den Umständen des Einzelfalls zu klären, ob sie in den historischen oder den hypothetischen Finanzinformationen abzubilden sind.

129

Die Behandlung von **Prämien**, die das übertragende Unternehmen mit Mitarbeitern für den Fall eines erfolgreichen Vollzugs der Carve-out-Transaktion vereinbart hat, wird unter den betrieblichen Aufwendungen erläutert (→ Rn. 175 f.).

130

dd) Ertragsteuern

Die Art und Weise sowie der Umfang der zu ermittelnden, im Carve-out-Abschluss zu bilanzierenden Ertragsteuern (**Steueraufwand, -forderungen, -verbindlichkeiten und -rückstellungen inkl. latenter Steuern**) hängt von der Zusammensetzung des Carve-out-Business ab. Werden rechtlich selbständige Unternehmen übertragen, liegen andere Daten zur Steuerermittlung vor, als wenn Unternehmensteile oder einzelne Vermögensgegenstände und Schulden im Rahmen eines Asset-Deals übertragen werden sollen. Wesentliches Kriterium der Zuordnung ist, dass beim Carve-out-Business im Ergebnis nur Steuerverbindlichkeiten und -forderungen ausgewiesen werden, die die übernehmende Gesellschaft zukünftig zu begleichen hat bzw. realisieren kann.

131

Grundsätzlich können zwei Methoden zur Ermittlung der Ertragsteuern herangezogen werden. Bei der **Top-down-Methode** werden die zu bilanzierenden Ertragsteuern des Carve-out-Business zum Carve-out-Stichtag und für die Vergleichsstichtage aus den Ansätzen im Abschluss des übertragenden Unternehmens abgeleitet. Bei der **Bottom-up-Methode** werden die Steuern des Carve-out-Business aus der Steuerposition und den steuerlichen Wertansätzen des Carve-out-Business ermittelt.

132

IdR werden im Carve-out-Abschluss die Ertragsteuern des Carve-out-Business zum Carve-out-Stichtag sowie in den Vergleichszeiträumen anhand der Bottom-up-Methode ausgehend von den ermittelten Jahresergebnissen im Carve-out-Abschluss so ermittelt, **als ob** das Carve-out-Business in den Berichtsperioden

133

---

[47] Little S. 6.

ein **eigenständiges Steuersubjekt** darstellt. Soweit dies nicht den Tatsachen entspricht, werden die jeweiligen Steuerforderungen und -verbindlichkeiten als Einlagen und Entnahmen der Gesellschafter behandelt. Die Vorgehensweise bei der Behandlung der Steuerermittlung ist im Anhang zu erläutern. Hierbei ist auch ein Hinweis aufzunehmen, dass die ausgewiesene Steuerbelastung nicht unbedingt der Steuerbelastung entspricht, die angefallen wäre, wenn das Carve-out-Business tatsächlich ein eigenständiges Steuersubjekt gewesen wäre (→ Rn. 203).[48]

134 Beim übernehmenden Unternehmen oder Käufer können die **steuerlichen Wertansätze** ggf. erheblich von den früheren Wertansätzen beim übertragenden Unternehmen abweichen. Dies gilt zB bei Anwendung der Neubewertungsmethode im Rahmen einer Ausgliederung.

135 Bei der Zuordnung von latenten Steuerforderungen aus **Verlustvorträgen** kommt es darauf an, wem der steuerliche Vorteil zukünftig zuzurechnen ist. Hierbei ist zunächst zu klären, ob Verlustvorträge aus der Zeit vor dem Carve-out ggf. im Rahmen der Carve-out-Transaktion untergehen. Bei der Bewertung der latenten Steuerforderungen ist dann zu untersuchen, ob und in welchem Umfang das Carve-out-Business aufgrund der Planzahlen in der Lage sein wird, ihm zugeordnete Verlustvorträge zukünftig zu nutzen. Ggf. sind beim Carve-out-Business höhere oder niedrigere Wertberichtigungen zu bilden als zuvor beim übertragenden Unternehmen.

ee) Sonstige Rückstellungen

136 Die sonstigen Rückstellungen sind soweit möglich direkt **verursachungsgerecht** dem Carve-out-Business zuzuordnen. Soweit dies nicht möglich ist (zB Kosten der Erstellung und Prüfung der Abschlüsse des übertragenden Unternehmens), sind geeignete Allokationsmethoden bzw. Annahmen heranzuziehen.

137 Bestehende **Prozess- oder Umweltrisiken** sind hinsichtlich ihrer zukünftigen wirtschaftlichen Belastung oft schwer einschätzbar und können unter Umständen sehr wesentlich für die Bewertung des Carve-out-Business sein. Daher werden idR im Einbringungs- und Übernahmevertrag bzw. im Unternehmenskaufvertrag gesonderte Regelungen hinsichtlich der Aufteilung der Risiken getroffen. Die Vertragsparteien können zB vereinbaren, dass das wirtschaftliche Risiko vom verursachenden Unternehmensteil, von der übertragenden Gesellschaft, von der übernehmenden Gesellschaft oder gemeinsam zu tragen ist oder es werden bestimmte Entschädigungsvereinbarungen getroffen. Sofern der Unternehmenskaufvertrag zum Zeitpunkt der Erstellung des Carve-out-Abschlusses bereits endverhandelt ist, ist daher vor seinem Hintergrund zu beurteilen, ob und inwieweit Rückstellungen beim Carve-out-Business zu bilden sind.[49]

---

[48] Osram Licht AG, München, Wertpapierprospekt, 21. Juni 2013, F-46.
[49] *Little* S. 4 f., *Ostling et al.* S. 15.

2. Die Erstellung von Carve-out-Abschlüssen in der Praxis

Im Rahmen der Bilanzierung von Rückstellungen ist zu überprüfen, ob durch den Carve-out ggf. zusätzliche Gründe entstanden sind, aus denen Rückstellungen zu bilden sind. Dies kann zB aus **geänderten Wesentlichkeitsgrenzen** oder **werterhellenden Erkenntnissen** nach der Erstellung des Abschlusses des übertragenden Unternehmens resultieren oder weil bestimmte **Bedingungen** für die Gewährung von Zuschüssen entfallen und Rückzahlungsverpflichtungen auslösen. Die Notwendigkeit der Bildung zusätzlicher Rückstellungen ist im Einzelfall zu beurteilen. Hinweise können ggf. aus einer Vertragsdatenbank gewonnen werden. Die Einschätzung des Risikos durch das Management kann eine abteilungsübergreifende Abfrage mittels Fragebögen bis hin zu einer vollständigen Durchsicht bestimmter oder aller Verträge der relevanten Zeiträume erforderlich machen. Die Ermittlung solcher Risiken kann auch Bestandteil einer Legal Due Diligence im Rahmen des Carve-out sein.

ff) Kreditverbindlichkeiten

Kredite sind **verursachungsgerecht** dem Carve-out-Business oder dem beim Verkäufer verbleibenden Unternehmensteil zuzuordnen. Ausgangspunkt sind die bestehenden Kredite des übertragenden Unternehmens zu den in den Carve-out-Abschlüssen dargestellten Stichtagen.

Kredite, die das übertragende Unternehmen für Zwecke des Carve-out-Business (zB Finanzierung eines Anlagenkaufs) aufgenommen hat, sind ebenso in die Carve-out-Abschlüsse aufzunehmen, wie Kredite, die das Carve-out-Business für eigene Zwecke aufgenommen hat. Ein Indiz für die Zugehörigkeit von Krediten zum Carve-out-Business liegt vor, wenn die Vermögensgegenstände des Carve-out-Business als Sicherheiten dienen. Sofern ausschließlich Vermögensgegenstände des Carve-out-Business als Sicherheiten für einen Kredit dienen, ist dieser Kredit dem Carve-out-Business zuzuordnen.[50]

Dem Carve-out-Business zuzurechnende Kredite von Konzernunternehmen (Unternehmen, die nach dem Carve-out als verbundene Unternehmen anzusehen sind), sind unter den Verbindlichkeiten gegenüber verbundenen Unternehmen auszuweisen. (→ Rn. 150 f.).

Entsprechend der Darstellung der dem Carve-out-Business zugeordneten Kredite in den Vergleichsperioden sind auch die zugehörigen **Zinsaufwendungen** beim Carve-out-Business auszuweisen.

gg) Verbindlichkeiten aus Lieferungen und Leistungen

Bei der Zuordnung und Behandlung von Verbindlichkeiten aus Lieferungen und Leistungen gelten die Erläuterungen zu den Forderungen aus Lieferungen aus Leistungen sinngemäß (→ Rn. 102 ff.). Ausgangsbasis für die Zuordnung der

---

[50] *Deloitte* S. 5 f. zur Behandlung beim Carve-out gemäß US GAAP.

Verbindlichkeiten aus Lieferungen und Leistungen ist idR die **Kreditorensaldenliste** des übertragenden Unternehmens. Im Idealfall sind die Verbindlichkeiten des Carve-out-Business anhand von **Geschäftsbereichsauswertungen** oder ähnlichen vorhandenen Daten leicht zu trennen.

144 Wenn sich die Lieferanten und Dienstleister des beim Verkäufer verbleibenden Unternehmensteils mit denen des Carve-out-Business überschneiden, muss eine detaillierte Analyse der offenen Posten zu jedem Stichtag vorgenommen werden. Hierbei ist ggf. jede einzelne Rechnung zu würdigen. Sofern auch innerhalb der einzelnen **Eingangsrechnungen** Überschneidungen zwischen dem beim Verkäufer verbleibenden Unternehmensteil und dem Carve-out-Business vorliegen, muss die Analyse bis auf die Rechnungsbestandteile heruntergebrochen werden. Bei gemeinsam verursachten Kosten (zB Stromkosten) sind geeignete Allokationen und Annahmen heranzuziehen.

145 Bei der Analyse der Verbindlichkeiten aus Lieferungen und Leistungen ist in den meisten Fällen eine rein manuelle Zuordnung kaum effizient und verlässlich durchführbar. Hier sollte aufgrund der Datenmengen und der Komplexität eine **IT-gestützte Auswertung** der offenen Posten zum Carve-out-Stichtag und den Vergleichsstichtagen erfolgen. Diese ist idR kostengünstiger, weniger fehleranfällig und deutlich leichter nachvollziehbar. Allerdings muss hierzu die Analyse sorgfältig und frühzeitig geplant werden.[51] Hierbei muss aufgrund der vorliegenden Datenbasis zusätzlich auf Daten aus den verschiedensten **internen Quellen** wie Bestellwesen, Einkaufsstatistiken und sonstige Auswertungen des Einkaufs und der Materialdisposition zurückgegriffen werden. Bei einer Vielzahl von Lieferanten und der oft nur begrenzt in Dateiform vorliegenden Datenbasis kann die Analyse sehr zeitaufwendig sein.

146 Da sich die Lieferantenstruktur im Verlauf der Jahre idR nicht so stark ändert wie die Kundenstruktur, ist eine **retrograde Ermittlung** der Verbindlichkeiten aus Lieferungen und Leistungen für Vergleichsperioden anhand der Zuordnung am Carve-out-Stichtag oft der effizientere Weg als eine gesonderte Ermittlung zu jedem Stichtag. Die Veränderung der Lieferanten bzw. deren Zuordnung im Zeitablauf muss dann gesondert ermittelt werden. Die notwendige Datenbasis zur Berücksichtigung des Wechsels von Lieferanten lässt sich idR durch **Auswertungen** des Einkaufs und Vergleich der **Kreditorensaldenlisten** zwischen den Stichtagen erlangen.

147 Sollte trotz zielgerichtetem Einsatz von systemgestützten Auswertungen eine vollständige detaillierte Analyse nicht möglich sein, muss versucht werden, über die Festlegung von **Wesentlichkeitsgrenzen**, **Pauschalierungsannahmen** und sonstigen Vereinfachungen, die das Ergebnis der Analyse nicht wesentlich verfälschen, eine verlässliche und nachvollziehbare Zuordnung zu erreichen. Ein Lösungsansatz kann zB die Festlegung einer Wesentlichkeitsgrenze sein, oberhalb derer eine

---

[51] *Deloitte* S. 9; *Niemeyer/Rattka* S. 22.

2. Die Erstellung von Carve-out-Abschlüssen in der Praxis

Detailanalyse der Verbindlichkeiten durchgeführt, wird während darunter eine pauschalisierte Zuordnung der Verbindlichkeiten erfolgt.

Sofern Verbindlichkeiten, die dem Carve-out-Business zugeordnet wurden, über Termingeschäfte oder sonstige **Hedging-Instrumente** wertgesichert sind, ist auch das entsprechende Sicherungsgeschäft dem Carve-out-Business zuzuordnen.[52] Je nachdem, wie die Sicherungsbeziehungen zwischen den Verbindlichkeiten und dem Hedging-Instrument gestaltet sind (zB Hedging von mehreren Verbindlichkeiten über ein gemeinsames Sicherungsinstrument oder Makro-Hedging), können sich Probleme bei der Zuordnung der Sicherungsinstrumente ergeben. Dies gilt zB, wenn zum Carve-out-Stichtag Verbindlichkeiten des beim Verkäufer verbleibenden Unternehmensteils und des Carve-out-Business über ein gemeinsames Sicherungsgeschäft abgedeckt wurden. In diesen Fällen ist zu prüfen, ob nach Trennung der Unternehmensteile noch eine geschlossene **Sicherungsposition** vorliegt. Sofern keine wirksame Absicherung mehr vorliegt, sind die entsprechenden Verbindlichkeiten ohne Berücksichtigung der früheren Sicherungsposition zu bewerten. Für wirksam abgesicherte Verbindlichkeiten der Vergleichsstichtage, die zum Carve-out-Stichtag ausgeglichen sind, ist idR eine weitergehende Analyse des Sicherungszusammenhangs nicht erforderlich.

148

Die Veränderungen der dem Carve-out-Business zugeordneten Verbindlichkeiten aus Lieferungen und Leistungen zwischen den jeweiligen Stichtagen (durch erhaltene Lieferungen und Leistungen sowie Zahlungen von Rechnungen), die in der Vergangenheit beim übertragenden Unternehmen bilanziert wurden, werden im Carve-out-Abschluss über das **Verrechnungskonto mit dem übertragenden Unternehmen** abgebildet.

149

hh) Verbindlichkeiten gegenüber verbundenen Unternehmen

Als Verbindlichkeiten gegenüber verbundene Unternehmen sind sämtliche Verbindlichkeiten des Carve-out-Business gegenüber Konzernunternehmen auszuweisen. Solange das Carve-out Business vom übertragenden Unternehmen beherrscht wird, gehören hierzu nach § 271 Abs. 2 HGB neben Unternehmen, die zum Carveout Business gehören, auch das übertragende Unternehmen und dessen verbundene Unternehmen. Maßgebend ist das **Konzernverhältnis am jeweiligen Stichtag**. Hinsichtlich der Verbindlichkeiten aus Lieferungen und Leistungen gegenüber verbundenen Unternehmen wird auf die Erläuterungen zu den Verbindlichkeiten aus Lieferungen und Leistungen verwiesen (→ Rn. 143 ff.). Bei der Zuordnung der anderen Verbindlichkeiten gegenüber verbundenen Unternehmen sind klare Abgrenzungskriterien zugrunde zu legen, um eine verursachungsgerechte Aufteilung zu gewährleisten.

150

Besonderheiten ergeben sich in Bezug auf die früheren **innerbetrieblichen Leistungsbeziehungen** des Carve-out-Business mit dem beim Verkäufer ver-

151

---

[52] Deloitte S. 11.

bleibenden Unternehmensteil (→ Rn. 160 ff.). Die innerbetrieblichen Leistungsbeziehungen können aus dem Abschluss des übertragenden Unternehmens nicht unmittelbar entnommen werden, da sie im Jahresabschluss zu eliminieren bzw. im Konzernabschluss zu konsolidieren waren. Für Zwecke des Carve-out sind die hieraus resultierenden Verbindlichkeiten zum Carve-out-Stichtag und zu den Vergleichsstichtagen zu ermitteln und den anderen Verbindlichkeiten hinzuzurechnen.[53]

ii) Steuerverbindlichkeiten

152   Die **Ertragsteuerverbindlichkeiten** werden unter dem Punkt „Ertragsteuern" erläutert (→ Rn. 131 ff.).

153   Steuerverbindlichkeiten aus **sonstigen Steuern** sind im Carve-out-Abschluss nur insoweit zu bilanzieren als das übernehmende Unternehmen bzw. der Käufer hierfür unmittelbar in Anspruch genommen werden kann.

154   Sofern im Rahmen einer **umsatzsteuerlichen Organschaft**, der die übertragende Gesellschaft angehörte, Weiterberechnungen der Umsatzsteuerforderungen und -verbindlichkeiten zwischen dem Organträger und den Organgesellschaften erfolgt sind, werden die auf das Carve-out-Business entfallenden entsprechenden Umsatzsteuerverbindlichkeiten idR auch im Carve-out-Abschluss als Steuerverbindlichkeiten bilanziert.[54]

jj) Sonstige Verbindlichkeiten

155   Die sonstigen Verbindlichkeiten sind **verursachungsgerecht** dem Carve-out-Business zuzuordnen. Hierzu müssen die einzelnen Bestandteile der Bilanzposition des übertragenden Unternehmens einzeln analysiert werden. In den meisten Fällen sind hier klare Zuordnungen zum Carve-out-Business oder beim Verkäufer verbleibenden Unternehmensteil ohne besondere Probleme durchführbar. Die Zuordnung von Verbindlichkeiten aus **Lohn- und Kirchensteuer** sowie von Verbindlichkeiten im Rahmen der **sozialen Sicherheit** zum Carve-out-Business muss entsprechend der Zuordnung der Mitarbeiter erfolgen.

156   Eine verursachungsgerechte Zuordnung zum Carve-out-Business ist auch für **Eventualverbindlichkeiten** (zB Bürgschaften, Garantien, sonstige Gewährleistungsverträge und weitergegebene Wechsel) vorzunehmen.[55]

kk) Passivische Rechnungsabgrenzungsposten

157   Als passivische Rechnungsabgrenzungsposten sind gemäß § 250 Abs. 2 HGB im Carve-out-Abschluss nur die Beträge auszuweisen, die **Einnahmen des übertra-**

---

[53] *Hellig* S. 131 f.
[54] Vgl. Osram Licht AG, München, Wertpapierprospekt, 21. Juni 2013 S. 96.
[55] *Ostling et al.* S. 15.

2. Die Erstellung von Carve-out-Abschlüssen in der Praxis

genden **Unternehmens** für das Carve-out-Business vor dem Carve-out-Stichtag bzw. Stichtag der Vergleichsperiode waren und **Ertrag des Carve-out-Business** für eine bestimmte Zeit nach dem Stichtag darstellen. Hier ist auf eine verursachungsgerechte Abgrenzung zwischen beim Verkäufer verbleibendem Unternehmensteil und Carve-out-Business zu achten. Zur Analyse und Zuordnung der Rechnungsabgrenzungsposten ist, sofern die Daten nicht unmittelbar aus separaten Aufzeichnungen (zB Geschäftsbereichsinformationen) zu entnehmen sind, eine Betrachtung der einzelnen abgegrenzten Beträge unter Wesentlichkeitsaspekten vorzunehmen.

ll) Zusammenfassende Übersicht

In der nachfolgenden Übersicht werden noch einmal die wesentlichen technischen und bilanziellen Aspekte, die häufig bei der Zuordnung und Behandlung der Passiva auftreten, zusammengefasst:

158

Bilanzieller Sachverhalt	Technische Aspekte	Bilanzielle Aspekte
PASSIVA		
Eigenkapital	– Postenbezeichnung	– Behandlung der erzielten Ergebnisse – Darstellung der Eigenkapitalentwicklung – Behandlung und Entwicklung des Verrechnungskontos
Pensionsrückstellungen und sonstige Personalrückstellungen	– Zuordnung der Mitarbeiter zum Unternehmensbereich – Bestandsentwicklung: – Personalzugänge – Personalabgänge – Interne Personalwechsel – Zuordnung von Restrukturierungskosten und Erfolgsprämien	– Ermittlung der notwendigen Daten zur Erstellung eines Pensionsgutachtens – Bilanzierung von Restrukturierungskosten
Steuerrückstellungen	– Keine Aufteilung der Steuerrückstellungen des ausgliedernden Unternehmens, sondern eigenständige Ermittlung	– Berechnung für den ausgegliederten Unternehmensteil auf Stand-alone-Basis

Teil VI: Carve-out-Abschlüsse

Bilanzieller Sachverhalt	Technische Aspekte	Bilanzielle Aspekte
PASSIVA		
Sonstige Rückstellungen	– Verursachungsgerechte Zuordnung zum ausgegliederten Unternehmensteil – Ermittlung von Risiken, die durch den Carve-out entstehen	– Bildung zusätzlicher Rückstellungen infolge des Carve-out – Berücksichtigung werterhellender Erkenntnisse bei der Ermittlung der Rückstellungen
Verbindlichkeiten aus Lieferungen und Leistungen	– Abgrenzung der Lieferanten bzw. von Rechnungen bei nicht geschäftsbereichsbezogener Verbuchung	– Hohe Datenmenge erfordert u. U. pauschale Ermittlung – Gemeinsam verursachte Verbindlichkeiten (z. B. Stromkosten) – Beurteilung von Sicherungsgeschäften
Verbindlichkeiten gegenüber verbundenen Unternehmen	– Abgrenzung des Kreises verbundener Unternehmen zum jeweiligen Stichtag – Ermittlung innerbetrieblicher Leistungsbeziehungen – Ausweis und Bezeichnung des Verrechnungskontos mit der ausgliedernden Muttergesellschaft	– Ermittlung durch Disaggregation aus dem Konzernabschluss des ausgliedernden Unternehmens nicht möglich – Hinzurechnung und Fortschreibung der Verbindlichkeiten aus innerbetrieblichen Leistungen – Darstellung der Entwicklung des Verrechnungskontos
Sonstige Verbindlichkeiten	– Verursachungsgerechte Zuordnung zum ausgegliederten Unternehmensteil	– Berücksichtigung von Eventualverbindlichkeiten infolge des Carve-out

Abb. 2 Technische und bilanzielle Aspekte bei der Bilanzierung der Passiva im Rahmen eines Carve-out

Quelle: Eigene Darstellung in Anlehnung an *Hellig* S. 139

d) Praktische Hinweise zur Zuordnung und Behandlung der Erträge und Aufwendungen

aa) Umsatzerlöse

Die Zuordnung der Umsatzerlöse ist in der Praxis oft relativ unkompliziert anhand von Umsatzauswertungen nach Segmenten, Geschäftsbereichen, Kunden oder Produkten durchführbar. Zuordnungsprobleme können sich ergeben, wenn keine Segment- oder **Geschäftsbereichsinformationen** vorliegen und es größere **Überschneidungen** zwischen den Kunden und/oder Produkten des Carve-out-Business und des beim Verkäufer verbleibenden Unternehmensteils gibt (→ Rn. 102). 159

Besonderheiten ergeben sich bei Vorliegen von **innerbetrieblichen Leistungsbeziehungen** zwischen dem Carve-out-Business und dem beim Verkäufer verbleibenden Unternehmensteil. Die innerbetrieblichen Leistungsbeziehungen können aus dem Abschluss des übertragenden Unternehmens nicht unmittelbar entnommen werden, da sie im Jahresabschluss zu eliminieren bzw. im Konzernabschluss zu konsolidieren waren. Um das Carve-out-Business für die Vergangenheit auf **Stand-alone-Basis** darzustellen, sind die Aufwendungen und Erträge aus innerbetrieblichen Leistungsbeziehungen des Carve-out-Business den anderen Aufwendungen und Erträgen hinzuzufügen. 160

Die Daten aus der innerbetrieblichen Leistungsverrechnung des übertragenden Unternehmens können hierbei nicht einfach übernommen werden. Sie sind einerseits um **kalkulatorische Bestandteile** zu bereinigen und andererseits an die **Kostenstrukturen** des Carve-out-Business anzupassen. Auf diese Anpassungen kann aus Wesentlichkeitsgründen nur verzichtet werden, wenn sie von untergeordneter Bedeutung für die Höhe der zuzurechnenden Umsatzerlöse sind. 161

Sofern in der Vergangenheit keine Kostenverrechnungen für innerbetriebliche Lieferungs- und Leistungsbeziehungen erfolgt sind, kann die Ermittlung der erforderlichen Informationen sehr aufwendig sein. Unter Umständen sind die **historischen Lieferungs- und Leistungsbeziehungen** (zB ausgehend von bestimmten Produkten oder Bauteilen) sowie die **Verrechnungssätze** auf Basis der Kostenstruktur des Carve-out-Business im Rahmen des Carve-out **erstmalig zu ermitteln**.[56] Hierbei dürfen nur tatsächliche Aufwendungen und Erträge des übertragenden Unternehmens berücksichtigt werden. Kalkulatorische Bestandteile (zB kalkulatorische Zinsen) dürfen ebenso wie vergangene oder zu erwartende höhere Marktpreise nicht einbezogen werden. Die Berücksichtigung eines Gewinnaufschlags im Rahmen der Ermittlung der Verrechnungssätze darf vor dem Hintergrund einer willkürfreien Darstellung höchstens im Rahmen der im Geschäftsverkehr mit Konzernunternehmen üblichen Höhe erfolgen und nicht zu überhöhten Preisen führen. Die Ermittlungsmethoden sind im Anhang des Carve-out-Abschlusses zu erläutern.[57] 162

---

[56] Hansmeyer/*Richter, Mengen* S. 295.
[57] *Hellig* S. 98 f., 103 f.

bb) Sonstige betriebliche Erträge

163 Die sonstigen betrieblichen Erträge sind verursachungsgerecht dem Carve-out-Business zuzuordnen. Die erforderlichen Informationen können über einen **Top-down-Ansatz** aus der Analyse der sonstigen betrieblichen Erträge des übertragenden Unternehmens gewonnen werden. In der Praxis wird aus Effizienzgründen oft ein **kombinierter Ansatz** aus direkter Ermittlung von Veränderungen der Wertansätze in den Carve-out-Abschlüssen und Top-down-Ansatz angewendet. Hierbei wird auf Basis der Entwicklung der dem Carve-out-Business zugeordneten Vermögensgegenstände und Schulden zunächst eine direkte Ermittlung der sonstigen betrieblichen Erträge (und Aufwendungen) des Carve-out-Business durchgeführt. Dies betrifft insbesondere die **Ermittlung von Gewinnen und Verlusten aus Anlagenabgängen** sowie von **Erträgen aus der Auflösung von Wertberichtigungen und Rückstellungen**. Durch eine zusätzliche Top-down-Analyse können weitere dem Carve-out-Business zuzurechnende Erträge (zB **Ertragszuschüsse** oder **Schadenersatzleistungen**) identifiziert werden.

cc) Betriebliche Aufwendungen

164 Die bei der Zuordnung der betrieblichen Aufwendungen auftretenden Besonderheiten unterscheiden sich im Wesentlichen nicht nach Kostenarten, sondern nach anderen Kriterien. Die folgende Darstellung geht daher auf die **betrieblichen Aufwendungen** insgesamt ein und zeigt dabei ggf. einzelne kostenartenbezogene Besonderheiten auf.

165 **Ausgangsbasis** für die Ermittlung und Zuordnung der betrieblichen Aufwendungen sind sowohl bei Anwendung des Gesamtkostenverfahrens als auch des Umsatzkostenverfahrens in der GuV idR die **Aufwands-Sachkonten (nach Kostenarten)** des übertragenden Unternehmens. Eine Ausnahme bilden folgende betriebliche Aufwendungen:

- **Abschreibungen:** Diese lassen sich idR effizienter aus der Anlagenbuchhaltung ableiten (→ Rn. 82 ff.).
- Aufwendungen für die **Bildung von Wertberichtigungen** auf Vorräte und Forderungen: Diese lassen sich effizienter aus der Veränderung der bilanziellen Wertberichtigungen ableiten (→ Rn. 101, 106).
- **Personalaufwand:** Dieser kann idR am effizientesten der Zuordnung der Mitarbeiter folgend personenindividuell anhand von Personalabrechnungssystemen, Pensionsgutachten und Personalrückstellungen ermittelt werden (→ Rn. 124 ff., 128 ff.).

166 Bei Anwendung des **Umsatzkostenverfahrens** in der GuV des Carve-out-Business schließt sich an die Zuordnung der betrieblichen Aufwendungen noch die Allokation dieser Aufwendungen auf die Funktionsbereiche Herstellung, Verwaltung und Vertrieb an. IdR kann die Allokation der Aufwendungen vom über-

2. Die Erstellung von Carve-out-Abschlüssen in der Praxis

tragenden Unternehmen übernommen werden und sollte daher bei der Analyse der Aufwandskonten sofort mitberücksichtigt und dokumentiert werden. Kann die Allokation nicht (vollständig) vom übertragenden Unternehmen übernommen werden (zB bei Ausgliederung eines Funktionsbereichs in eine eigene Gesellschaft), so sind geeignete Allokationskriterien anhand der geplanten zukünftigen Organisation des Carve-out-Business nach Funktionsbereichen zu definieren. Dies ist im Anhang zu erläutern.

Die betrieblichen Aufwendungen sind verursachungsgerecht dem Carve-out-Business zuzuordnen. Diese Zuordnung der Aufwendungen kann oft nur durch geeignete Allokationsmethoden erfolgen. Basis für solche **Allokationen** zwischen Carve-out-Business und beim Verkäufer verbleibendem Unternehmensteil können zB Zeitaufschreibungen, Köpfe, Quadratmeter, Umsatzerlöse oder das Ergebnis sein. Die angewandten Allokationsmethoden sind im Anhang darzustellen (→ Rn. 201 f.). Bei der Zuordnung betrieblicher Aufwendungen lassen sich verschiedene Sachverhalte unterscheiden:[58]

167

- Aufwendungen, die in der Vergangenheit für das Carve-out-Business anfielen, und auch in Zukunft **unverändert** anfallen werden

In diese Gruppe fallen zB **Mietaufwendungen** für das vom Carve-out-Business bisher und zukünftig genutzte Gebäude. Diese Aufwendungen lassen sich idR leicht ermitteln und zuordnen. Sind in der Vergangenheit keine Mietaufwendungen angefallen, so sind diese Aufwendungen für den Carve-out-Abschluss aus den Abschreibungen auf das bebaute Grundstück des übertragenden Unternehmens abzuleiten (→ Rn. 91).

168

- Aufwendungen, die in der Vergangenheit für das Carve-out-Business anfielen, zukünftig jedoch in **wesentlich geändertem Umfang** anfallen werden

In diese Gruppe gehören zB die **konzerninternen Lieferungs- und Leistungsbeziehungen**. Die konzerninternen Verrechnungspreise entsprechen nicht immer den marktüblichen Preisen. Oft werden bisher konzernintern bezogene Lieferungen und Leistungen nach einem Carve-out von Dritten zu veränderten Konditionen bezogen.

169

Die Probleme im Zusammenhang mit der Ermittlung und Bewertung der konzerninternen Lieferungs- und Leistungsbeziehungen wurden bereits unter den Umsatzerlösen erläutert (→ Rn. 159 ff.). Im Carve-out-Abschluss sind lediglich die verursachungsgerecht zugeordneten historischen Aufwendungen anzusetzen. Dies gilt auch für die anteiligen Aufwendungen, die durch mehrere Geschäftsbereiche gemeinsam verursacht wurden (zB für **Zentraleinkauf, Rechtsabteilung, Kantine**). Eine deutliche Änderung des zu erwartenden Preis- oder Mengengerüsts kann ggf. in den Planungsrechnungen oder „Als-ob"-Rechnungen des Carve-out-Business berücksichtigt werden (→ Rn. 27 f.).

170

---

[58] *Hellig* S. 140 ff.

- Aufwendungen, die in der Vergangenheit für das Carve-out-Business anfielen, in Zukunft aber auf Stand-alone-Basis **nicht mehr** anfallen werden

171 Abhängig vom Zweck des Carve-out und der rechtlicher Struktur des Carve-out-Business gehören in diese Gruppe zB **konzerninterne Managementgebühren** oder Aufwendungen für das **konzernweite Controlling oder Rechnungswesen** des übertragenden Unternehmens.

172 Die belasteten Aufwendungen lassen sich idR sehr leicht ermitteln. Im Rahmen des Carve-out ist ggf. zu überprüfen, ob die belasteten Aufwendungen in der Vergangenheit verursachungsgerecht zugeordnet wurden. Oft liegt die Aktualisierung der Umlageschlüssel in der Praxis bereits länger zurück. Bei wesentlichen Abweichungen können Anpassungen erforderlich sein.

173 Die Darstellung zukünftig nicht mehr anfallender Kosten kann ggf. die Vergleichbarkeit des Carve-out-Abschlusses mit den zukünftigen Abschlüssen einschränken. Grds. sind jedoch alle dem Carve-out-Business zuzuordnenden Aufwendungen der Vergangenheit in die Carve-out Abschlüsse zu übernehmen. Der Umstand, dass bestimmte Aufwendungen zukünftig nicht mehr oder in anderer Höhe anfallen werden, kann ggf. in den Planungsrechnungen oder „Als-ob"-Rechnungen des Carve-out-Business berücksichtigt werden.

- Aufwendungen, die in der Vergangenheit für das Carve-out-Business **nicht** anfielen, in Zukunft **aber auf Stand-alone-Basis** anfallen werden

174 In diese Gruppe fallen zB zukünftige **Mietaufwendungen** für ein von Dritten gemietetes Gebäude, in das das Carve-out-Business im Rahmen des Carve-out umzieht, während es vorher ein Gebäude des übertragenden Unternehmens ohne entsprechende Kostenbelastung genutzt hat. In diesem Fall sind die Aufwendungen für den Carve-out-Abschluss aus den Gebäudeabschreibungen des übertragenden Unternehmens abzuleiten. Wenn wegen bereits erfolgter Vollabschreibung des Gebäudes keine Abschreibungen mehr angefallen sind, können im Carve-out-Abschluss keine Aufwendungen angesetzt werden. Die zukünftig anfallenden Mietaufwendungen können ggf. in den Planungsrechnungen oder „Als-ob"-Rechnungen des Carve-out-Business berücksichtigt werden.

175 Einen **Sonderfall** stellen **Aufwendungen** dar, die **im Rahmen des Carve-out** anfallen. Hierbei handelt es sich zB um Aufwendungen für Rechts- und Steuerberatung und Unterstützung bei der Ermittlung der Datenbasis für den Carve-out sowie Kosten von eingeschalteten Investmentbanken. Kosten, die der allgemeinen Vorbereitung des Carve-out dienen, werden idR nicht dem Carve-out-Business zugeordnet. Hingegen werden Aufwendungen, die unmittelbar aus dem Carve-out resultieren (zB Prüfungskosten des Abschlusses des übernehmenden Unternehmens auf Stand-alone-Basis) idR vom Carve-out-Business getragen. Die Zuordnung sollte einheitlich nach einem sorgfältig festgelegten Abgrenzungskriterium nach

2. Die Erstellung von Carve-out-Abschlüssen in der Praxis

dem Gesamtbild der Verhältnisse erfolgen. Im Einzelfall kann die Zuordnung schwierig sein.[59]

Ein weiteres in der Praxis häufig anzutreffendes Beispiel von Aufwendungen, die im Rahmen des Carve-out anfallen, sind **Prämien**, die das übertragende Unternehmen mit Mitarbeitern oder Fremden (zB Beratern im Rahmen von **erfolgsabhängigen Vergütungen**) für den Fall eines erfolgreichen Carve-out vereinbart hat. Diese sind erst nach Abschluss des Carve-out bilanzierungsfähig. Vorher sind sie ggf. den **Eventualverbindlichkeiten** zuzurechnen.

176

Soweit Regelungen im Einbringungs- und Übernahmevertrag oder Unternehmenskaufvertrag getroffen wurden, welche Aufwendungen das übertragende Unternehmen und welche das Carve-out-Business zu tragen hat, sind diese maßgebend. Existieren solche Vereinbarungen (noch) nicht, so hat im Fall von Mitarbeiterprämien jedes der Unternehmen die Aufwendungen für Prämien seiner Mitarbeiter zu tragen. Bei Prämien und erfolgsabhängigen Vergütungen an Berater, deren Kosten sowohl dem Carve-out-Business als auch dem beim Verkäufer verbleibenden Unternehmensteil zugeordnet wurden, ist ggf. eine genaue Analyse der Beratungsaufträge und der erfolgsabhängigen Bestandteile erforderlich, um eine verursachungsgerechte Zuordnung der Aufwendungen zu erreichen. Eine pauschale Zuordnung der erfolgsabhängigen Vergütung nach dem Verhältnis der getragenen fixen Beraterkosten ist oft nicht als verursachungsgerecht anzusehen.

177

dd) Zinserträge und Zinsaufwendungen

Die Zuordnung von Zinserträgen und Zinsaufwendungen zum Carve-out-Business muss grundsätzlich der **Zuordnung der zinstragenden Finanzforderungen und -verbindlichkeiten** folgen. Dementsprechend sind im Carve-out-Abschluss die Zinserträge und -aufwendungen zB für sämtliche Kredite und Leasingvereinbarungen auszuweisen, die dem Carve-out-Business zugerechnet werden.

178

Besonderheiten ergeben sich, wenn das Carve-out-Business in der Vergangenheit in das **Cash-Management** des übertragenden Unternehmens integriert war. Soweit hierbei Zinserträge und -aufwendungen verursachungsgerecht an die früheren Geschäftsbereiche weiterbelastet wurden, sind die auf das Carve-out-Business entfallenden Beträge auch im Carve-out-Abschluss anzusetzen. Wenn keine Zinserträge und Zinsaufwendungen weiterverrechnet wurden, sind ggf. beim übertragenden Unternehmen angefallene Beträge dem Carve-out-Business auf Basis der **historischen Zinssätze** und der tatsächlichen Inanspruchnahme zuzuordnen. Ein Ansatz fiktiver Zinsen im Carve-out-Abschluss ist nicht zulässig.[60] Dies gilt auch für die Berücksichtigung zu erwartender stark abweichender Finanzierungskonditionen (zB Zinssatz, Laufzeiten, Sicherheiten, Covenants) im

179

---

[59] *Deloitte* S. 16 f. zur Behandlung beim Carve-out gemäß US GAAP.
[60] *Hellig* S. 149.

Vergleich zum übertragenden Unternehmen aufgrund unterschiedlicher Kreditwürdigkeit (→ Rn. 27 f.).

ee) Steueraufwand

180 IdR werden die Ertragsteuern mit der **Bottom-up-Methode** ausgehend von den im Carve-out-Abschluss ermittelten Jahresergebnissen so ermittelt, als ob das Carve-out-Business während der Berichtsperioden ein eigenständiges Steuersubjekt gewesen wäre (→ Rn. 131 ff.).

181 **Sonstige Steuern** sind in der Carve-out-GuV nur insoweit anzusetzen, als diese verursachungsgerecht dem Carve-out-Business zugeordnet werden können.

ff) Jahresüberschuss/ -fehlbetrag

182 Die im Carve-out-Abschluss ausgewiesenen Jahresergebnisse des Carve-out-Business sind beim übertragenden Unternehmen angefallen und werden technisch wie eine **phasengleiche Gewinnausschüttung** an bzw. **Verlustübernahme** durch das übertragende Unternehmen über das **Verrechnungskonto** abgebildet, so dass das handelsrechtliche Eigenkapital des Carve-out-Business hierdurch unverändert bleibt.

3. Besonderheiten bei kombinierten Abschlüssen nach IFRS

a) Besonderheiten in Bezug auf IFRS Bilanzierungsgrundsätze

183 Da Unternehmen, deren Wertpapiere zum Handel in einem Geregelten Markt eines Mitgliedstaates der EU zugelassen sind, Abschlüsse nach IFRS veröffentlichen müssen und IFRS-Zahlen idR bei internationalen Carve-out-Transaktionen ohnehin erforderlich sind, werden im Folgenden IFRS-spezifische Besonderheiten in Bezug auf kombinierte Abschlüsse dargestellt.

184 Abschlüsse können gemäß IAS 1.16 nur dann als in Übereinstimmung mit den IFRS bezeichnet werden, wenn die relevanten Regelungen der in der EU gebilligten (*endorsed*) **IFRS vollständig** angewendet wurden. Auch wenn die IFRS keine speziellen Regelungen in Bezug auf kombinierte Abschlüsse enthalten, besteht nach herrschender Meinung[61] über IAS 8.10-12 in Verbindung z B mit dem Exposure Draft des IASB[62] zum „*Conceptual Framework for Financial Reporting – The Reporting Entity*" oder entsprechenden Verlautbarungen anderer Standardsetter die Möglichkeit, kombinierte Abschlüsse als in Übereinstimmung mit den IFRS zu bezeichnen (→ Rn. 31).

---

[61] *PwC China* S. 4.
[62] *FEE* Rn. 2.5 f.

3. Besonderheiten bei kombinierten Abschlüssen nach IFRS

Die nach handelsrechtlichen Vorschriften erstellten Carve-out-Abschlüsse sind für Zwecke eines kombinierten Abschlusses zunächst auf IFRS umzustellen. Dabei sind die Regelungen des IFRS 1 zur erstmaligen Anwendung der IFRS zu berücksichtigen.[63] Abschlüsse von Tochterunternehmen mit abweichender funktionaler Währung sind nach IAS 21 umzurechnen. Ebenso sind latente Steuern nach IAS 12 zu bilanzieren. **185**

Sofern bei kombinierten Abschlüssen von einer Transaktion unter gemeinsamer Beherrschung (*transaction under common control*) auszugehen ist, sind idR die **historischen Buchwerte** fortzuführen.[64] **186**

Aufgrund der Regelung in der EU Prospektverordnung, wonach die historischen Finanzinformationen der letzten beiden Jahre konsistent mit dem nächsten veröffentlichten Abschluss zu erstellen sind[65], ergibt sich die Schwierigkeit, die **Anwendbarkeit von neuen oder geänderten Standards** im nächsten veröffentlichten Jahresabschluss zu beurteilen. Insofern sind gegebenenfalls zusätzliche Erläuterungen über IAS 8 hinaus zu machen.[66] **187**

b) Kombinierte Eigenkapitalveränderungsrechnung

Die **Eigenkapitalveränderungsrechnung** nach IAS 1 wird so erstellt, als habe das Carve-out-Business bereits zu Beginn der Berichtsperiode, dh zu Beginn des frühesten dargestellten Vergleichszeitraums, als (fiktive) Unternehmensgruppe bestanden.[67] Ausgegliederte Unternehmensteile, die erst innerhalb der Berichtsperioden des Carve-out-Abschlusses gegründet oder erworben wurden, dürfen allerdings erst ab diesem Zeitpunkt im kombinierten Abschluss und damit auch in der kombinierten Eigenkapitalveränderungsrechnung berücksichtigt werden. Das Eigenkapital wird vom Carve-out-Stichtag ausgehend retrograd ermittelt. **188**

Soweit die handelsrechtlichen Jahresergebnisse der fiktiven Unternehmensgruppe in den dargestellten Perioden beim übertragenden Unternehmen angefallen sind, ergibt sich in den handelsrechtlichen Abschlüssen für diese Zeiträume aufgrund der Fiktion einer phasengleichen Gewinnausschüttung an bzw. Verlustübernahme durch das übertragende Unternehmen keine Veränderung des Eigenkapitals (→ Rn. 122). Aufgrund unterschiedlicher Bilanzierungs- und Bewertungsmethoden (zB Fair-Value-Ansätze nach IFRS) weicht das Jahresergebnis nach IFRS jedoch idR vom handelsrechtlichen Ergebnis ab. Wesentliche Differenzen zwischen den handelsrechtlichen Carve-out-Abschlüssen und den kombinierten Abschlüssen **189**

---

[63] *FEE* Rn. 6.2.
[64] *Lüdenbach/ Hoffmann/ Freiberg*, § 31 Rn. 186 ff.
[65] EU-Prospektverordnung, Anhang I, Rn. 20.1; die englische Version der EU-Prospektverordnung spricht von „next published annual financial statements", während die deutsche Version nur vom „folgenden Jahresabschluss" spricht.
[66] Zu Einzelheiten vgl. *ESMA* Rn. 51.
[67] Vgl. auch die Erläuterungen zum Eigenkapital (→ Rn. 120 ff.).

nach IFRS können sich zB aus folgenden **Bilanzierungs- und Bewertungsunterschieden** ergeben:

- Ansatz unterschiedlicher Nutzungsdauern beim abnutzbaren Anlagevermögen,
- Impairment-only-approach bei Goodwill und bestimmten langlebigen Vermögensgegenständen,
- Aktivierung selbst erstellter immaterielle Vermögensgegenstände,
- Aktivierung von Leasingobjekten,
- Fair-Value-Ansätze,
- Anpassung von Wertberichtigungen auf Vorräte,
- Behandlung von zur Veräußerung gehaltenen Vermögenswerten,
- Anpassung der Pensionsrückstellungen,
- Aktivierung latenter Steuern auf Verlustvorträge,
- Behandlung langfristiger Fertigungsaufträge.

190   Die Differenz zwischen handelsrechtlichem und nach IFRS ermitteltem Jahresergebnis wird im Rahmen der kombinierten Eigenkapitalveränderungsrechnung unter dem Posten **„Einlagen der Aktionäre"** bzw. **„Einlagen der Gesellschafter"** gezeigt.

191   Nach IFRS sind bestimmte Wertänderungen nicht in der GuV, sondern im Eigenkapital in einer **Neubewertungsrücklage** (OCI/ OCL – *other comprehensive income/loss*) auszuweisen. Hierbei handelt es sich zB um folgende Wertänderungen:

- Differenzen aus der Währungsumrechnung der Abschlüsse einbezogener Unternehmen
- Fair Value-Veränderungen von zur Veräußerung gehaltenen Vermögensgegenständen
- Versicherungsmathematische Gewinne und Verluste aus leistungsorientierten Altersversorgungsplänen
- Neubewertung von Sachanlagen und immateriellen Vermögensgegenständen
- Fair Value-Veränderungen von Finanzinstrumenten bei Cash-Flow-Hedges

Diese Wertänderungen sind in der kombinierten Eigenkapitalveränderungsrechnung als Veränderungen des sonstigen Ergebnisses des Carve-out-Business als fiktiver Unternehmensgruppe im Rahmen des Gesamtergebnisses zu zeigen.

c) Kombinierte Kapitalflussrechnung

192   In der **Kapitalflussrechnung** im Rahmen eines kombinierten Abschlusses des Carve-out-Business sind die Zahlungsströme so darzustellen, als habe das Carve-out-Business bereits zu Beginn der Berichtsperiode, dh zu Beginn des frühesten dargestellten Vergleichszeitraumes, als (fiktive) Unternehmensgruppe bestanden.

4. Besonderheiten im Anhang zu Carve-out- und kombinierten Abschlüssen

Die kombinierte Kapitalflussrechnung wird idR indirekt, ausgehend vom kombinierten Jahresergebnis des Carve-out-Business aus der Veränderung der Vermögensgegenstände und Schulden in den kombinierten Abschlüssen, entwickelt. Soweit liquiditätswirksame Transaktionen der fiktiven Unternehmensgruppe vor dem Carve-out-Stichtag über das übertragende Unternehmen abgewickelt wurden und daher im Carve-out-Abschluss über **Verrechnungskonten mit dem übertragenden Unternehmen** abgebildet werden, sind die Zahlungsströme als Zu- und Abflüsse aus Finanzierungstätigkeit mit dem übertragenden Unternehmen zu zeigen (→ Rn. 108, 149).[68]

193

d) Kombiniertes Ergebnis je Aktie

Nach IAS 33 ist die Angabe des Ergebnisses je Aktie ein Pflichtbestandteil der IFRS-Abschlüsse. IAS 33 geht dabei von einer börsennotierten Aktiengesellschaft aus. Bei kombinierten Abschlüssen, bei denen das Carve-out-Business diese Voraussetzung nicht erfüllt, besteht **keine Verpflichtung**, diese Angabe zu machen. Soll die Angabe in dem kombinierten Abschluss gemacht werden, so kann im Rahmen eines geplanten Börsengangs das Ergebnis je Aktie aus dem Zielkapital und der entsprechenden Anzahl auszugebender Aktien abgeleitet werden. In jedem Fall sind entsprechende Erläuterungen im Anhang erforderlich (→ Rn. 204).[69]

194

e) Segmentberichterstattung

Bei der Segmentberichterstattung im kombinierten Abschluss ist von den **Geschäftssegmenten des Carve-out-Business** auszugehen. Dabei ist, selbst wenn mehrere Segmente des übertragenden Unternehmens in das Carve-out-Business eingehen, nicht zwingend die Segmentierung des übertragenden Unternehmens zu übernehmen. So können zB bei einem Sportbekleidungshersteller nach Marken geführte Segmente übertragen werden, während das Geschäft bei dem Carve-out-Business nach Sportarten (zB Tennisbekleidung, Skibekleidung, etc) weitergeführt wird. Ausschlaggebend für die Segmentberichterstattung ist die Abgrenzung nach den Kriterien des IFRS 8.

195

4. Besonderheiten im Anhang zu Carve-out- und kombinierten Abschlüssen

Inhalt und Umfang der im Anhang zum Carve-out- bzw. kombinierten Abschluss zu machenden Angaben richten sich nach den anzuwendenden Bilanzierungsgrundsätzen. Darüber hinaus sind zusätzliche Angaben erforderlich, um die

196

---

[68] Vgl. auch die Erläuterungen zum Eigenkapital (→ Rn. 120 ff.).
[69] *FEE* 6.7.1.

Besonderheiten der Carve-out- bzw. kombinierten Abschlüsse gegenüber Jahres- und Konzernabschlüssen zu erläutern. Als Maßstab für den Umfang dieser zusätzlichen Angaben kann die Vorgabe des § 5 Abs. 1 WpPG entsprechend herangezogen werden, wonach die Angaben im Prospekt in leicht analysierbarer und verständlicher Form gemacht werden müssen, um das Verständnis und die Auswertung zu erleichtern. Daher sollten mindestens folgende zusätzliche Angaben gemacht werden:[70]

- Anlass für die Aufstellung des Abschlusses

197 In einem einleitenden Abschnitt sollte der Anlass für die Erstellung des Abschlusses erläutert werden.

> The Board of Directors of Textil- und Baumaschinen AG has on [date] approved the hive down plan concerning a partial demerger. According to the hive down plan, all of the assets and liabilities related to Textil- und Baumaschinen AG's construction machinery business are transferred to a company to be established in the hive down named Baumaschinen AG („BMC" or „BM Parent Company"). Textil- und Baumaschinen AG's textile machinery business will remain with Textil- und Baumaschinen AG. The purpose of the hive down is to execute the division of Textil- und Baumaschinen AG Group's different businesses into independent groups so that the construction machinery business, which primarily consist of construction machinery Northern Europe and construction machinery Central Europe, shall be formed as one group of companies and the textile machinery business, which mainly consists of textile machinery Finland and International Textile Machinery, shall be formed as another group of companies.
> The carve-out financial statements have been prepared in accordance with the basis of preparation and accounting policies set out below. The carve-out financial statements of BM Group have been prepared for the inclusion in the prospectus to be prepared by Textil- und Baumaschinen AG for Textil- und Baumaschinen AG Management approving the hive down and for the listing of BM shares on the NASDAQ.

- Beschreibung und Abgrenzung der „reporting entity" einschließlich der in einen kombinierten Abschluss einbezogenen Einheiten

198 Da es in einem kombinierten Abschluss des Carve-out-Business kein Mutterunternehmen für alle einbezogenen Unternehmen und Unternehmensteile gibt, ist die **„reporting entity"** für Zwecke des kombinierten Abschluss zu bestimmen (→ Rn. 18 ff.). Dies erfolgt, indem neben dem „Unternehmensgegenstand" der dargestellten Gruppe auch die einbezogenen Einheiten dargestellt werden.

---

[70] *FEE* 6.8: zu den folgenden Beispielen vgl. Prospekt der YIT Corporation vom 5. Juni 2013 zur Aktienemission der Carverion Corporation (www.yitgroup.com).

4. Besonderheiten im Anhang zu Carve-out- und kombinierten Abschlüssen

> The following entities and financial statement items have been included in these carve-out financial statements:
> - Textil- und Baumaschinen AG construction machinery and its subsidiaries, which will be transferred to Baumaschinen AG in the hive down
> - BM Industry and its subsidiaries, which will be transferred to Baumaschinen AG in the hive down
> - Assets, liabilities, income and expenses from the demerging Textil- und Baumaschinen AG and Textilmaschinen GmbH that relate to the construction machinery business
>
> The BM Group carve-out financial statements include all those legal entities that have historically formed Textil- und Baumaschinen AG's reportable segments construction machinery Northern Europe and construction machinery Central Europe.
> The BM Group carve-out financial statements consist of assets, liabilities, results of operations and cash flows of the acquired entities within the construction machinery business from the date of acquisition. The assets, liabilities, results of operations and cash flows from the sold entities are included in the carve-out financial statements until the entities have been sold.

- Feststellung, dass der Abschluss in Übereinstimmung mit den IFRS bzw. den beschriebenen Bilanzierungsgrundsätzen erstellt wurde

  Sofern der kombinierte Abschluss des Carve-out-Business nicht in Übereinstimmung mit IFRS oder HGB erstellt wurde, müssen die angewendeten **Bilanzierungsgrundsätze** beschrieben werden.   199

  > The carve-out financial statements of BM Group have been prepared in accordance with International Financial Reporting Standards ("IFRS") as adopted by the European Union, under consideration of the principles for determining which assets and liabilities, income and expenses as well as cash flows are to be assigned to BM Group as described under „Basis of accounting" below.
  >
  > IFRS do not provide guidance for the preparation of carve-out financial statements, and accordingly in preparing the carve-out financial statements certain accounting conventions commonly used for the preparation of historical financial statements for inclusion in Prospectuses have been applied. The application of these conventions has been described under „Basis of accounting" below.

- Abgrenzung und Zuordnungskriterien bei Vermögensgegenständen und Schulden sowie Aufwendungen und Erträgen

  Da Carve-out-Abschlüsse und kombinierte Abschlüsse des Carve-out-Business   200
  Teile von Unternehmen und Unternehmenseinheiten darstellen, ist eine Abgrenzung bzw. Beschreibung der einbezogenen Unternehmen bzw. Unterneh-

mensteile, Vermögensgegenstände und Schulden notwendig. Das gleiche gilt für die Aufwendungen und Erträge, insbesondere in Bezug auf die **Allokationsschlüssel** für nicht direkt zuordenbare Größen. Gleichzeitig sollte auf die **eingeschränkte Aussagefähigkeit** eines kombinierten Abschlusses in Bezug auf die zukünftige Entwicklung hingewiesen werden.

> Cash management is centralized so that Textil- und Baumaschinen AG manages Group's cash needs mainly through cash pool arrangement. BM Group's cash and cash equivalents comprise of cash in the centralized cash pool of Textil- und Baumaschinen AG transferred to BM and cash held by BM entities. BM receives the proportion of cash and cash equivalents of Textil- und Baumaschinen AG that equals the portion of intra-group account liabilities allocated to BM compared to the entire intra-group account liabilities to all Textil- und Baumaschinen AG Group's direct and indirect subsidiaries. No interest income has been allocated related to these cash and cash equivalents allocated to BM.
> Textil- und Baumaschinen AG Group's external financing is centralized to the group's parent entity. Subsidiaries' working capital needs have been funded in addition to cash pool arrangement mainly by intercompany loans.
> The carve-out financial statements may not be indicative of BM Group's future performance and they do not necessarily reflect what its combined results of operations, financial position and cash flows would have been, had BM with its subsidiaries operated as an independent group and had it presented stand-alone financial statements during the periods presented.
> ...
> Textil- und Baumaschinen AG Group has historically recharged centrally provided services from its subsidiaries, such as financing, IT, HR and services related to the premises. Historically these recharged costs have been allocated to BM Group entities, and they are included in the carve-out financial statements.
> Textil- und Baumaschinen AG parent company has also been responsible for the management and general administration of the Textil- und Baumaschinen AG Group. The income and expenses of Textil- und Baumaschinen AG parent company have been allocated to the BM parent company mainly based on the transferring employers and subsidiary allocations. The carve-out financial statements include also employee cost allocations relating to BM parent company's employees' participation in the Textil- und Baumaschinen AG share-based compensation plan.
> The need for such centralized services will remain after the legal separation of BM from Textil- und Baumaschinen AG. However, the costs may be different and thus will not be comparable to the amounts reflected in the carve-out financial statements.

4. Besonderheiten im Anhang zu Carve-out- und kombinierten Abschlüssen

Allokationsschlüssel können auch anhand folgender Beispiele im Anhang beschrieben werden:

201

GuV-Konto	Allokationsschlüssel
Zentrales Management	Verhältnis Gesamtumsatz zu Umsatzerlösen des ausgegliederten Unternehmensbereichs
Rechnungswesen	Verhältnis Gesamtumsatz zu Umsatzerlösen des ausgegliederten Unternehmensbereichs
Rechts- und Beratungsleistungen	Projektbezogene Zurechnung
Personal	Prozentualer Anteil der Belegschaft des ausgegliederten Bereichs zur Gesamtmitarbeiterzahl
Einkauf	Kostenstellenbezogene Zuordnung
Auftragsbearbeitung/ Auftragsabwicklung	Verhältnis Gesamtumsatz zu Umsatzerlösen des ausgegliederten Unternehmensbereichs
EDV-Abteilung	Management bestimmt Prozentsatz der genutzten Kapazität für den ausgegliederten Unternehmensbereich
Marketing	Management bestimmt Prozentsatz der genutzten Kapazität für den ausgegliederten Unternehmensbereich
Forschung und Entwicklung	Kostenstellenbezogene Zuordnung
Qualitätsmanagement	Verhältnis Gesamtumsatz zu Umsatzerlösen des ausgegliederten Unternehmensbereichs
Kantine	Prozentualer Anteil der Belegschaft des ausgegliederten Bereichs zur Gesamtmitarbeiterzahl
Fracht und Verpackung	Fracht und Verpackungskosten pro Stück hochgerechnet auf die Anzahl der abgesetzten Waren der jeweiligen Periode
Versicherungen	Prozentualer Anteil des Anlagevermögens je Kostenstelle
Elektrizität, Wasser, Gas	Energieverbrauch kostenstellenbezogen ermittelt
Interne Miete	Quadratmeterbezogene Zuteilung

GuV-Konto	Allokationsschlüssel
Zentrale Instandhaltung und Wartung	Prozentualer Anteil der genutzten Anzahl an Quadratmetern durch den ausgegliederten Unternehmensbereich zur Gesamtzahl von Quadratmetern

Abb. 3: Beispiel für die Darstellung der verwendeten Allokationsschlüssel im Anhang zum Carve-out-Abschluss

Quelle: Eigene Darstellung in Anlehnung an *Hellig* S. 156

- Bilanzierung von Transaktionen mit verbundenen Unternehmen

202 Aus der Abgrenzung des Carve-out-Business und den Zuordnungskriterien bei Vermögensgegenständen und Schulden sowie Aufwendungen und Erträgen ergibt sich die Notwendigkeit, die Kriterien für die Zuordnung von Transaktionen bzw. Salden mit verbundenen Unternehmen darzustellen.

> Intercompany transactions and assets and liabilities between entities included in the carve-out financial statements have been eliminated. The carve-out financial statements include the BM Group's transactions and balance sheet items. Intercompany transactions and balance sheet items with other Textil- und Baumaschinen AG Group companies previously considered as intercompany transactions in Textil- und Baumaschinen AG reporting have been treated as transactions with related parties. In the carve-out financial statements, the intercompany receivables and liabilities of Textil- und Baumaschinen AG where the counterparty has been a subsidiary belonging to the BM Group have been allocated to Baumaschinen AG, including the financial income and expenses relating to these receivables and liabilities.
>
> Acquisition costs relating to BM subsidiaries owned by Textil- und Baumaschinen AG have been allocated to Baumaschinen AG and the acquisition cost method has been used to eliminate the acquisition of subsidiaries.

- Erläuterungen zur Darstellung der steuerlichen Auswirkungen im kombinierten Abschluss

203 Da die im Carve-out- bzw. kombinierten Abschluss einbezogenen Unternehmenseinheiten während des Berichtszeitraums nicht in jedem Fall eigenständige Steuersubjekte waren, sind die Annahmen bei der Darstellung der steuerlichen Sachverhalte für das Carve-out-Business im Abschluss zu erläutern.

> During the periods presented in these carve-out financial statements, the legal entities in the C group have operated as separate taxpayers. For these entities the tax charges and the tax liabilities and receivables in the carve-out financial statements are based on actual taxation.
>
> The taxes allocated to C from the demerging Y parent company have been calculated as C had been a separate taxpayer. Therefore, the income tax for

the period of C parent company is the amount of tax payable or refundable based on the entity's hypothetical tax returns, and it is presented as current tax expense in the combined income statement. In the combined balance sheet these tax entries are presented as transactions through invested equity, because any payable or refundable taxes will not arise to C parent company due to these hypothetical taxes. Deferred taxes on temporary differences are recognized where such temporary differences exist.

The tax charges recorded in the combined carve-out income statement are not necessarily representative for the tax charges that may arise in the future.

- Basis für die Berechnung des Ergebnisses je Aktie
Gemäß IAS 33 ist das Ergebnis je Aktie anzugeben. Sofern während der Berichtsperiode keine Muttergesellschaft bestanden hat, kann diese Angabe unterbleiben.[71]

204

The change of legal form to a stock corporation (AG) took effect on 12 September 2015. For the determination of comparative figures, we assumed the number of shares for the comparative period as in the reporting period.

5. Auswirkungen des Carve-out auf die Abschlüsse des übertragenden Unternehmens

Im Rahmen der Entscheidung für einen Carve-out ist zu berücksichtigen, dass ein Carve-out auch wesentliche Auswirkungen auf das übertragende Unternehmen haben kann. Neben operativen Auswirkungen sollten auch die Auswirkungen der Carve-out-Transaktion auf die Abschlüsse des übertragenden Unternehmens nicht übersehen werden. Dies betrifft neben den zukünftigen Geschäftsjahren insbesondere auch den Zeitraum, in dem ein Carve-out vorbereitet, aber noch nicht abgeschlossen wurde.

205

Im IFRS-Konzernabschluss des übertragenden Unternehmens ist idR spätestens bei der Entscheidung für einen Carve-out zum Zwecke einer Veräußerung oder eines Börsengangs die Darstellung des auszugliedernden Vermögens nach IFRS 5 **„Zur Veräußerung gehaltene langfristige Vermögenswerte und aufgegebene Geschäftsbereiche"** vorzunehmen. Die Auswirkungen des Carve-out auf die Abschlüsse des übertragenden Unternehmens werden im Folgenden beispielhaft dargestellt.[72]

206

---

[71] Abgeleitet aus dem Prospekt der Tele Columbus AG vom 12. Januar 2015 zur Aktienemission.
[72] McLaughlin/Friedman S. 3 ff.

a) Goodwill

207 Bei der Ermittlung des Ergebnisses aus dem Abgang des Carve-out-Business ist, sofern das Carve-out-Business ein Geschäftsbereich ist, nach IAS 36 auch ein Teil des Goodwill zu berücksichtigen. Dieser Teil des Goodwill ist auf Basis der relativen Werte von Carve-out-Business und dem beim Verkäufer verbleibendem Unternehmensteil der zahlungsmittelgenerierenden Einheit[73] zu ermitteln. Der auf diese Weise ermittelte Wert des abgehenden Teils des Goodwill kann ggf. von dem Wert des Goodwill abweichen, der dem Carve-out-Business zugeordnet wird.

208 Infolge des Carve-out kann es beim übertragenden Unternehmen erforderlich sein zu überprüfen, ob sich die Gruppe von Vermögenswerten als Basis für das **Impairment Testing** geändert hat.

b) Beteiligung am übernehmenden Unternehmen

209 Im Zuge der Carve-out-Transaktion hält das übertragende Unternehmen, soweit keine unmittelbare Veräußerung im Rahmen eines Asset Deals erfolgt, (zumindest für eine logische Sekunde) eine Beteiligung am übernehmenden Unternehmen. Dieser Beteiligungsansatz unterliegt dem Wertminderungs-Test („**Impairment Testing**"). Der Wertminderungs-Test kann zum Ergebnis haben, dass beim übertragenden Unternehmen nach § 253 Abs. 3 HGB bzw. nach IAS 36 eine Wertberichtigung auf den Beteiligungsansatz des übernehmenden Unternehmens vorzunehmen ist. Eine Wertberichtigung beim übertragenden Unternehmen kann auch erforderlich sein, wenn beim übernehmenden Unternehmen kein Wertberichtigungsbedarf besteht.

c) Anlagevermögen

210 Anlagevermögen, das zum Carve-out-Business gehört und dort weiter genutzt werden soll, ist beim übertragenden Unternehmen hinsichtlich der zutreffenden Bilanzierung zu analysieren. In vielen Fällen werden die Kriterien des IFRS 5 erfüllt sein, so dass im IFRS-Abschluss des übertragenden Unternehmens eine Bilanzierung als „**zur Veräußerung gehaltene langfristige Vermögenswerte und aufgegebene Geschäftsbereiche**" erfolgen muss. In diesen Fällen gelten besondere Bewertungsvorschriften. Die Vermögenswerte sind im IFRS-Abschluss des übertragenden Unternehmens nicht weiter planmäßig abzuschreiben, auch wenn sie beim Carve-out-Business weiter eingesetzt und dort planmäßig abgeschrieben werden.

---

[73] Nach IAS 36.6 ist eine zahlungsmittelgenerierende Einheit die kleinste identifizierbare Gruppe von Vermögenswerten, die Mittelzuflüsse erzeugen, die weitestgehend unabhängig von den Mittelzuflüssen anderer Vermögenswerte oder anderer Gruppen von Vermögenswerten sind.

d) Sicherungsgeschäfte

Hat das übertragende Unternehmen in der Vergangenheit Sicherungsgeschäfte (zB Währungstermingeschäfte) für das Carve-out-Business abgeschlossen, so kann der Carve-out dazu führen, dass kein eindeutiger **Sicherungszusammenhang** zwischen Grundgeschäft und Sicherungsinstrument mehr besteht (→ Rn. 107, 148). Dies ist zB dann der Fall, wenn das übertragende Unternehmen das Nettorisiko aller Konzernunternehmen abgesichert hat, das Carve-out-Business aber infolge der Carve-out-Transaktion nicht mehr zum Konzernkreis gehört. Das übertragende Unternehmen muss für diese Fälle untersuchen, inwieweit noch die Voraussetzungen für ein Hedge-Accounting erfüllt sind und ggf. die Bewertung der Grund- und Sicherungsgeschäfte anpassen.

211

e) Aktienbasierte Vergütung

Partizipieren Mitarbeiter des Carve-out-Business an einem **aktienbasierten Vergütungsplan** des übertragenden Unternehmens, so hat das übertragende Unternehmen ggf. die Bilanzierung anzupassen. Es bestehen verschiedene Möglichkeiten, wie mit aktienbasierten Vergütungsplänen im Carve-out umgegangen wird.

212

- Der aktienbasierte Vergütungsplan mit Anspruch auf Aktien des übertragenden Unternehmens bleibt für alle Mitarbeiter (des Carve-out-Business und des beim Verkäufer verbleibenden Unternehmensteils) auch nach dem Carve-out bestehen.
- Die Optionen der Mitarbeiter des Carve-out-Business auf Aktien des übertragenden Unternehmens werden mit dem Vollzug der Carve-out-Transaktion zur Zahlung fällig.
- Die Optionen der Mitarbeiter des Carve-out-Business auf Aktien des übertragenden Unternehmens werden in Optionen auf Aktien des Käufers umgewandelt.

Die bilanziellen Auswirkungen im IFRS Konzernabschluss des übertragenden Unternehmens nach IFRS 2 sind davon abhängig, ob eine Modifikation, Annullierung oder Erfüllung des Plans vorliegt.

f) Kreditverbindlichkeiten

Bei Krediten, die im Zusammenhang mit dem Carve-out-Business stehen, ist zu hinterfragen, wie die Kreditverbindlichkeiten und Zinsen beim übertragenden Unternehmen auszuweisen sind (→ Rn. 139 ff.). Ist geplant, dass ein Kredit vom übertragenden Unternehmen aus dem Erlös der Veräußerung oder des Börsengangs des Carve-out-Business getilgt wird, so ist dieser Kredit weiterhin vom über-

213

tragenden Unternehmen als Verbindlichkeit zu bilanzieren. Handelt es sich um Kredite, die vom Carve-out-Business aufgenommen wurden und auch nach dem Carve-out beim übernehmenden Unternehmen oder Käufer weitergeführt werden, so sind diese Kredite als Teil der Position „Zur Veräußerung gehaltene langfristige Vermögenswerte und aufgegebene Geschäftsbereiche" nach **IFRS 5** zu bilanzieren.

g) Pensionen und ähnliche Verpflichtungen

214   Im Rahmen einer Carve-out-Transaktion gehen häufig Pensionsansprüche auf das übernehmende Unternehmen bzw. einen Käufer über (→ Rn. 124 ff.). Sofern hierbei eine wesentliche Anzahl von Mitarbeitern aus dem Altersversorgungsplan des übertragenden Unternehmens ausscheidet, ist zu analysieren, ob eine **Plankürzung (***Curtailment***)** iSv IAS 19 vorliegt. Gewinne und Verluste aus einer solchen Plankürzung sind beim übertragenden Unternehmen als nachzuverrechnender Dienstzeitaufwand zu bilanzieren.

h) Ertragsteuern

215   Eine Carve-out-Transaktion kann wesentlichen Einfluss auf die Ertragsteuern des übertragenden Unternehmens haben. Ein bei Anwendung der **Neubewertungsmethode** (§ 24 UmwG) im Rahmen der Ausgliederung oder bei Veräußerung des Carve-out-Business entstehender Gewinn oder Verlust hat unmittelbare Auswirkung auf die Ertragsteuerbelastung des übertragenden Unternehmens.

216   **Indirekte Ertragsteuereffekte** können zB dadurch entstehen, dass in der Vergangenheit die zukünftigen Gewinne oder Verluste des Carve-out-Business bei der Bewertung der aktiven latenten Steuern auf Verlustvorträge eingeflossen sind und zur Werthaltigkeit der latenten Steuerforderung geführt haben. Wenn diese geplanten Gewinne oder Verluste zukünftig infolge des Carve-out nicht mehr beim übertragenden Unternehmen anfallen, kann dies dazu führen, dass das übertragende Unternehmen eine Wertberichtigung bilden oder anpassen muss.

217   Im Rahmen des Carve-out können **Verlustvorträge** verloren gehen, die in der Vergangenheit beim übertragenden Unternehmen zur Bilanzierung latenter Steuerforderungen geführt haben. Soweit Verlustvorträge entfallen, sind die entsprechenden aktiven latenten Steuern beim übertragenden Unternehmen aufzulösen. Bei einer grenzüberschreitenden Carve-out-Transaktion ist im Konzernabschluss des übertragenden Unternehmens insbesondere auch der mögliche Wegfall von Verlustvorträgen bei vom Carve-out betroffenen Tochterunternehmen nach nationalen steuerlichen Vorschriften zu berücksichtigen.

5. Auswirkungen des Carve-out auf die Abschlüsse des übertragenden Unternehmens

i) Abgang des Carve-out-Business

Ein Asset Deal bzw. die Anwendung der **Neubewertungsmethode** bei der Ausgliederung eines Unternehmensteils führen idR zu einem Gewinn durch die Aufdeckung stiller Reserven. Bei einer Einbringung spiegelt sich dieser Gewinn in einem (höheren) Beteiligungsbuchwert am übernehmenden Unternehmen wider.

Erfolgt nach einem Carve-out mit anschließender Einbringung eine (teilweise) **Veräußerung** oder ein **Börsengang** des übernehmenden Unternehmens, so hat das übertragende Unternehmen im Abschluss den Gewinn oder Verlust aus dem Abgang der Beteiligung bzw. der Vermögensgegenstände und Schulden auszuweisen.

Im Konzernabschluss des übertragenden Unternehmens ist bei Verlust der Kontrolle eine erfolgswirksame **Entkonsolidierung** des Carve-out-Business vorzunehmen. Diese kann in der Praxis sehr komplex sein und zB auch Auswirkungen auf die Ertragsteuern, die Zuordnung von Goodwills und das Gesamtergebnis (OCI/OCL = other comprehensive income/loss) haben.

j) Aufwendungen

Die Allokation von Aufwendungen im Carve-out-Abschluss kann von der Bilanzierung beim übertragenden Unternehmen abweichen. Sofern das übertragende Unternehmen das Carve-out-Business nach IFRS 5 als „zur Veräußerung gehaltene langfristige Vermögenswerte und aufgegebene Geschäftsbereiche" bilanziert, können beispielsweise Geschäftsführungsgehälter anteilig dem Carve-out-Business zugeordnet und im Carve-out-Abschluss als Aufwand berücksichtigt werden, während diese als Teil der **Konzern- bzw. Unternehmensgemeinkosten** beim übertragenden Unternehmen nicht in die Position „Zur Veräußerung gehaltene langfristige Vermögenswerte und aufgegebene Geschäftsbereiche" einbezogen werden können.

k) Kapitalflussrechnung

Ist das Carve-out-Business als „zur Veräußerung gehaltene langfristige Vermögenswerte und aufgegebene Geschäftsbereiche" nach IFRS 5 zu bilanzieren, so ist dies auch beim Ausweis der zugehörigen Zahlungsströme in der Kapitalflussrechnung des übertragenden Unternehmens zu berücksichtigen.

l) Sonstige Anforderungen an die Berichterstattung

Ein Carve-out kann beim übertragenden Unternehmen zu geänderten Anforderungen an die Berichterstattung führen. So kann zB durch die Einbringung eines Carve-out-Business in ein eigens gegründetes Tochterunternehmen die Verpflichtung des übertragenden Unternehmens entstehen, einen **Konzernabschluss aufzustellen.** Umgekehrt kann das übertragende Unternehmen durch den Carve-out unter bestimmte Größenkriterien der §§ 267, 293 HGB und §§ 1, 11 PublG fallen, so dass Jahres- und Konzernabschlüsse nicht mehr bzw. nicht mehr im bisherigen **Umfang** erstellt, geprüft und veröffentlich werden müssen.

224 Der Carve-out kann auch zu neuen Berichterstattungserfordernissen im Jahres- und Konzernabschluss führen. Dies ist zB der Fall, wenn sich infolge des Carve-out Kreditlinien ändern, Garantien gegenüber dem Käufer abgegeben wurden oder wesentliche Verträge mit dem Käufer abgeschlossen wurden. Ggf. ist auch über **Haftungsrisiken** zu berichten, die aus einer (nicht abdingbaren gesetzlichen) Mithaftung des übertragenden Unternehmens für dem Carve-out-Business zugeordnete Risiken (zB Haftung für Umweltrisiken eines verkauften Atomkraftwerks oder für Pensionsverpflichtungen) resultieren. Sofern mit einer Inanspruchnahme zu rechnen ist, sind hierfür **Rückstellungen** beim übertragenden Unternehmen zu bilden. Ggf. ist im Anhang auch eine Berichterstattung über die Beziehung zum übernehmenden Unternehmen oder Ereignisse nach dem Bilanzstichtag erforderlich.

225 Infolge des Carve-out können sich die **Wesentlichkeitsgrenzen** beim übertragenden Unternehmen verschoben (idR verringert) haben. Vor diesem Hintergrund sind zB Fehler, die im Rahmen der Erstellung der Carve-out-Abschlüsse aufgefallen sind, auf ihre Auswirkung auf den Abschluss des übertragenden Unternehmens zu untersuchen. Die veränderten Wesentlichkeitsgrenzen können auch dazu führen, dass bestimmte Prozesse im übertragenden Unternehmen angepasst werden müssen, um relevante Daten zukünftig mit der erforderlichen Genauigkeit ermitteln zu können.

226 Zusätzlich können sich auch neue oder geänderte **außerbilanzielle Berichterstattungspflichten** für das übertragende Unternehmen ergeben. Dies betrifft zB die Meldepflichten bei Über- oder Unterschreiten bestimmter Stimmrechtsquoten nach Wertpapierhandelsgesetz (WpHG) nach einem Börsengang des übernehmenden Unternehmens oder Berichtspflichten an Darlehensgeber aufgrund neuer Covenants oder anderer geänderter Kreditvereinbarungen im Rahmen des Carve-out.

227 Die neuen und die geänderten Anforderungen an die Berichterstattung des übertragenden Unternehmens sind im Rahmen der Vorbereitung und Durchführung eines Carve-out sorgfältig zu ermitteln. Ggf. sind die bestehenden Prozesse für die Erstellung und Überwachung der Berichterstattung anzupassen.

6. Prüfungen im Rahmen von Carve-out-Transaktionen

a) Überblick

Ein wesentliches Element im Rahmen vieler Carve-out-Transaktionen sind Berichte von Wirtschaftsprüfern, vereidigten Buchprüfern oder Steuerberatern über die erstellten bzw. vorzulegenden Finanzinformationen. Aus Sicht des Verkäufers bilden sie die Basis für die Vorlage verlässlicher Informationen und damit auch für die von Seiten des Käufers fast immer erwartete Bilanzgarantie im Unternehmenskaufvertrag (→ Rn. 7). Aus Sicht des potentiellen Käufers bzw. Anlegers erhöhen sie das Vertrauen in die vorgelegten Finanzinformationen und bilden somit eine wesentliche Entscheidungsgrundlage. Während bei einem Carve-out im Rahmen eines Börsengangs die Vorlage geprüfter Finanzinformationen rechtlich vorgeschrieben ist[74], werden Prüfungen im Rahmen von Verkäufen meist vertraglich vereinbart. 228

Vor diesem Hintergrund lassen sich die Berichte von Prüfern danach unterscheiden, ob diese ein Gesamturteil in Form von **Bestätigungen bzw. Bestätigungsvermerken** oder lediglich die Beschreibung festgestellter Tatsachen ohne eigenes Urteil enthalten (**vereinbarte Untersuchungshandlungen** bzw. *agreed upon procedures*)[75]. Eine weitere Alternative sind prüferische Durchsichten bzw. Reviews, die jedoch nur eine begrenzte Sicherheit in Bezug auf die zugrunde liegenden Finanzinformationen bieten. 229

Bestätigungen bzw. Bestätigungsvermerke beziehen sich auf die Übereinstimmung von retrospektiven Finanzinformationen (→ Rn. 5) mit den zugrunde liegenden Bilanzierungsgrundsätzen und ggf. der Darstellung der Vermögens-, Finanz- und Ertragslage. Sie basieren auf entsprechenden internationalen oder deutschen Prüfungsgrundsätzen. 230

Anders als bei Prüfungen werden Inhalt und Umfang bei einem Auftrag über **vereinbarte Untersuchungshandlungen** (*agreed upon procedures*) vom Auftraggeber vorgegeben. Dementsprechend beschränkt sich die Berichterstattung des Prüfers auf festgestellte Tatsachen in Bezug auf diese Untersuchungshandlungen. Der Prüfer gibt dabei kein eigenes Gesamturteil ab. 231

Welche Bestätigungen und Berichte der Prüfer im Rahmen einer Carve-out-Transaktion abzugeben bereit ist, wird maßgeblich durch den Umfang seiner Verantwortlichkeit und damit seiner Haftung bestimmt. Da es sich bei seinen Tätigkeiten im Zusammenhang mit einer Carve-out-Transaktion um vertraglich vereinbarte Tätigkeiten handelt, die keiner gesetzlichen Haftungsbegrenzung wie im Falle einer Jahresabschlussprüfung unterliegen, ist der Haftungsumfang in Bezug auf die Höhe und die Anspruchsberechtigten in jedem Einzelfall zu vereinbaren. 232

---

[74] EU-Prospektverordnung, Anlage I, Rn. 20.1.
[75] Dazu ausführlich *Almeling* WPg 2011, 607.

IdR wird der Prüfer dabei die Möglichkeit der Weitergabe der Bestätigungen und Berichte an andere als den Auftraggeber ausschließen bzw. an seine Zustimmung binden. Darüber hinaus wird er auf die Weitergabe- und Haftungsbeschränkung in den Bestätigungen bzw. Berichten hinweisen.

b) Prüfungsumfang

233 Die Tatsache, dass Carve-out oder kombinierte Abschlüsse bzw. Teilkonzernabschlüsse für das Carve-out-Business rückwirkend für mehrere Perioden erstellt werden müssen, und es sich dabei um Teileinheiten eines (größeren) Unternehmens bzw. Konzerns handelt, wirkt sich auf den Umfang der Prüfung aus:

- Die **Wesentlichkeitsgrenze** für die Festlegung des Prüfungsumfangs bzw. die damit verbundene Fehlertoleranz ist idR geringer als bei der Prüfung des Abschlusses des übertragenden Unternehmens. In Bezug auf bereits geprüfte Jahres- und Konzernabschlüsse der Berichtsperiode sind insoweit ggf. zusätzliche Prüfungshandlungen notwendig.
- Neuere Erkenntnisse sind, soweit es sich um **werterhellende Erkenntnisse** handelt, bei der Fehlerbeurteilung der einzelnen Jahre zu berücksichtigen.
- Die erstmalige Anwendung von Bilanzierungsgrundsätzen, insbesondere von IFRS für einen kombinierten oder Teilkonzernabschluss hat eine uU deutliche Erweiterung des Prüfungsumfangs bis hin zu den Ermittlungsmethoden für die notwendigen Abschlussinformationen zur Folge.
- Sofern die Abschlüsse des übertragenden Unternehmens in den Berichtsperioden gar nicht oder nicht vom selben Prüfer geprüft wurden, wird dieser aus Haftungsgründen idR eine vollumfängliche Prüfung aller Abschlüsse durchführen.

234 Vor diesem Hintergrund ist eine weit vorausschauende Planung der im Rahmen des Carve-out geplanten Prüfungen notwendig. Im Zusammenhang mit einer Kapitalmarkttransaktion beginnt sie uU bereits mit der Bestellung des Abschlussprüfers für das erste der in einem Prospekt darzustellenden drei Geschäftsjahre. Bei einer geplanten Veräußerung des Carve-out-Business sollte mit dem Prüfer frühzeitig abgestimmt werden, was im Einzelnen geprüft werden soll und welche Art von Bestätigungen erteilt werden können und sollen.

c) Prüfungsgegenstände

aa) Carve-out- und kombinierte Abschlüsse

235 Bei Carve-out-Abschlüssen und kombinierten Abschlüssen handelt es sich um historische Finanzinformationen. Sofern dabei allgemein anerkannte Bilanzierungsgrundsätze vollumfänglich angewendet werden, kann ein **Bestätigungsver-**

6. Prüfungen im Rahmen von Carve-out-Transaktionen

merk analog dem Bestätigungsvermerk für Jahres- und Konzernabschlüsse erteilt werden (**IDW PS 400**[76]).

Das Prüfungsurteil im Falle eines kombinierten Abschlusses kann wie folgt formuliert sein:

> Nach unserer Beurteilung aufgrund der bei der Prüfung gewonnenen Erkenntnisse entspricht der Kombinierte Abschluss in allen wesentlichen Belangen den IFRS, wie sie in der EU anzuwenden sind, und vermittelt unter Beachtung dieser Vorschriften ein den tatsächlichen Verhältnissen entsprechendes Bild der Vermögens- und Finanzlage der Gesamtheit der in den Kombinierten Abschluss einbezogenen Unternehmen zum 30. September 2015, 30. September 2014 und 30. September 2013 sowie der Ertragslage für die an den Stichtagen endenden Geschäftsjahre.

Sofern derartige Abschlüsse nach anderen Bilanzierungsgrundsätzen, wie z.B. speziellen vertraglichen Regelungen erstellt werden, kommt eine Prüfung nach den Bestimmungen des **IDW PS 480**[77] in Betracht. Hierbei wird die Übereinstimmung dieser Abschlüsse mit den zugrunde liegenden vereinbarten Rechnungslegungsvorschriften bestätigt. Bei der Darstellung von mehreren Perioden in einem kombinierten Abschluss erstreckt sich auch der Bestätigungsvermerk, im Gegensatz zu Jahres- und Konzernabschlüssen, auf alle in diesem Abschluss gezeigten Perioden.

236

bb) Einzelne Finanzinformationen und zusätzliche Abschlusselemente

Neben der Prüfung von historischen Finanzinformationen in Form von Abschlüssen können auch Teile davon, wie bspw. eine Bilanz, Forderungen oder Aufstellungen über Aufwendungen und Erträge, Gegenstand von Prüfungen sein. Hierbei wird dann vom Prüfer gemäß dem IDW Prüfungsstandard **PS 490**[78] die Übereinstimmung dieser Finanzinformationen mit den zugrunde liegenden Rechnungslegungsvorschriften bestätigt.

237

Werden die historischen Finanzinformationen für einen Prospekt nach nationalen Rechnungslegungsvorschriften erstellt, müssen diese neben der Bilanz, der GuV und dem Anhang zusätzlich eine **Eigenkapitalveränderungsrechnung** und eine **Kapitalflussrechnung** enthalten (→ Rn. 52). Bei einem Jahresabschluss nach § 264f. HGB, der in der Vergangenheit bereits geprüft wurde, wären diese

238

---

[76] IDW Prüfungsstandard, Grundsätze für die ordnungsmäßige Erteilung von Bestätigungsvermerken bei Abschlussprüfungen (IDW PS 400), WPg Supplement 4/2010, 25.

[77] IDW Prüfungsstandard, Prüfung von Abschlüssen, die nach Rechnungslegungsgrundsätzen für einen speziellen Zweck aufgestellt wurden (IDW PS 480), IDW Fachnachrichten 2015, 6.

[78] IDW Prüfungsstandard: Prüfung von Finanzaufstellungen oder deren Bestandteilen (IDW PS 490), IDW Fachnachrichten 2015, 19.

zusätzlichen Bestandteile für Zwecke des Prospektes nachträglich zu erstellen und zu prüfen. Diese nachträglich erstellten Abschlusselemente werden gesondert[79] geprüft, ohne den zugrunde liegenden Abschluss nochmals zu prüfen. Dementsprechend wird im Ergebnis dieser Prüfung ausschließlich die Ordnungsmäßigkeit der Ableitung dieser Abschlusselemente aus dem zugrunde liegenden Abschluss und der zugrunde liegenden Buchhaltung bestätigt.

239 Eine weitere Möglichkeit der Erlangung einer gewissen Sicherheit im Hinblick auf ausgewählte Finanzinformationen sind vereinbarte Untersuchungshandlungen (→ Rn. 229). Das Ergebnis derartiger Untersuchungshandlungen könnte wie folgt formuliert sein.

> Die durchgeführten Untersuchungshandlungen werden wie folgt zusammengefasst:
>
> 1. Wir haben die von Ihnen in der Anlage 1 aufgeführten Ausgangszahlen mit den entsprechenden Beträgen im Jahresabschluss zum 31.12.2015 abgestimmt und bis auf Rundungsdifferenzen Übereinstimmung festgestellt.
> 2. Wir haben die Kennzahlen in Anlage 1 ausgehend von den Ausgangszahlen nachgerechnet und festgestellt, dass die Berechnung bis auf Rundungsdifferenzen rechnerisch richtig ist[80].

cc) Pro-Forma-Finanzinformationen

240 Die Prüfung von Pro-Forma-Finanzinformationen, die freiwillig oder aufgrund der Anforderungen der EU Prospektverordnung erstellt wurden, ist im IDW Prüfungshinweis „Prüfung von Pro-Forma-Finanzinformationen" (IDW PH 9.960.1)[81] geregelt. Dieser Prüfungshinweis setzt die Erstellung der Pro-Forma-Finanzinformationen auf der Grundlage des IDW Rechnungslegungshinweises Erstellung von Pro-Forma-Finanzinformationen (**IDW RH HFA 1.004**)[82] voraus.

241 Die Prüfung erstreckt sich ausschließlich darauf, ob die Pro-Forma-Finanzinformationen auf Basis der in den Pro-Forma-Erläuterungen dargestellten Grundlagen ordnungsgemäß erstellt worden sind und ob die in den Pro-Forma-Erläuterungen dargestellten Grundlagen im Einklang mit den Rechnungslegungsgrundsätzen des erstellenden Unternehmens stehen. Nicht Gegenstand der Prüfung sind die Ausgangszahlen, ggf. erforderliche Anpassungen der historischen Zahlen an die Rechnungslegungsgrundsätze des erwerbenden Unternehmens sowie die Angemessenheit der Pro-Forma-Erläuterungen.

---

[79] IDW Prüfungshinweis: Prüfung von zusätzlichen Abschlusselementen (IDW PH 9.960.2), IDW Fachnachrichten 2008, 111.
[80] In Anlehnung an *Pföhler/Kamping* WPg 2011, 582, 591.
[81] IDW Prüfungshinweis: Prüfung von Pro-Forma-Finanzinformationen, (IDW PH 9.960.1); IDW Fachnachrichten 2006, 77.
[82] IDW Rechnungslegungshinweis: Erstellung von Pro-Forma-Finanzinformationen (IDW RH HFA 1.004); Die Wirtschaftsprüfung 2006, 141.

dd) Sonstige Finanzinformationen

Die Prüfung der Schlussbilanz des übertragenden Unternehmens nach § 125 iVm § 17 Abs. 2 UmwG richtet sich nach den Bestimmungen der §§ 316 ff. HGB zur Prüfung des Jahresabschlusses. Dies betrifft sowohl die Prüfungspflicht als auch Inhalt und Umfang der Prüfung.

Die Einbringung des ausgegliederten Unternehmensteils beim übernehmenden Unternehmen ist von einem Gründungsprüfer zu prüfen, sofern die Einbringung in eine Aktiengesellschaft als Sacheinlage oder im Rahmen einer Nachgründung erfolgt. Die Prüfungspflicht ergibt sich dabei aus §§ 33 Abs. 2 Nr. 4 AktG, 183 Abs. 3 AktG (Sacheinlagen) bzw. § 52 Abs. 4 AktG (Nachgründung).

Teil VII:
Das Transitional Services Agreement

Literatur:
Gerhard/Hasler, Rechtliche Fallstricke bei Carve-out Transaktionen, GesKR 2014, 221–245; *Kirchner/Helmreich*, Der Kauf aus dem Konzern, CFL 2010, 487–496; *Rothenbücher*, Merger Integration Limbo vermeiden durch zweckmäßige Transition Service Agreements – Ein Leitfaden für Käufer und Verkäufer, M&A REVIEW 2007, 541–544; *Schaaf*, IT als kritischer Erfolgsfaktor im Rahmen einer M&A-Integration, M&A REVIEW 2013, 359–363; *Schumacher*, Service Level Agreements: Schwerpunkt bei IT- und Telekommunikationsverträgen, MMR 2006, 12–17.

1. Überblick

1 In integrierten Konzernen wird üblicherweise eine Reihe von **Funktionen zentral** für sämtliche Konzernunternehmen bzw. Geschäftsbereiche erbracht. Dies betrifft häufig die Nutzung einer gemeinsamen IT-Infrastruktur einschließlich interner und externer Dienstleistungen, etwa Wartung, Pflege oder *Cloud*-Dienstleistungen, aber auch die Personalverwaltung und die Buchführung. Darüber hinaus können Rechte des geistigen Eigentums sowie etwa hierzu erforderliche Software, Marken und Patente zentral bereitgestellt werden. Soweit die entsprechenden Ressourcen nicht im Rahmen der Carve-out-Transaktion auf den Käufer übertragen werden, entfällt mit deren Vollzug (*Closing*) der Zugriff auf derartige zentrale Funktionen. Der Käufer steht sodann vor der Aufgabe, diese Funktionen – etwa durch Integration des Carve-out-Business in seine bereits vorhandene Unternehmensinfrastruktur – zu ersetzen.[1] Um dem Käufer die Weiterführung des Carve-out-Business während der Ablösung entsprechender Leistungen zu ermöglichen, werden diese vom Verkäufer häufig während eines **Übergangszeitraums** nach dem Vollzug weiterhin erbracht.[2] Derartige Regelungen sind Gegenstand eines *Transitional Services Agreement* (TSA). Zudem ist es umgekehrt möglich, dass der Käufer im Wege der Carve-out-Transaktion bestimmte Ressourcen erwirbt, die er dem Verkäufer für den verbleibenden Unternehmensteil für eine Übergangszeit zur Verfügung stellt.[3] Die nachfolgende Darstellung konzentriert sich auf den Fall, dass der Verkäufer Dienstleistungen für das Carve-out-Business erbringt.

---

[1] *Schaaf* M&A REVIEW 2013, 359, 361.
[2] *Rothenbücher* M&A REVIEW 2007, 541; *Gerhard/Hasler* GesKR 2014, 221, 243.
[3] *Jaletzke/Henle/Hofmeister* Abschnitt IV.8., Anm. Ziffer 1b).

2. Einbindung in die Gesamttransaktion

Hierbei liegt der Fokus auf der rechtlichen Ausgestaltung des *Transitional Services Agreeement*.[4]

2. Einbindung in die Gesamttransaktion

Auch wenn das *Transitional Services Agreement* erst mit Vollzug (*Closing*) der Carve-out-Transaktion seine Wirksamkeit entfaltet, sollte das TSA bereits in der Frühphase der Transaktion berücksichtigt werden. So sollten aus Verkäuferperspektive im Rahmen der **Separationsplanung** und aus Käufersicht auf Grundlage der **Due Diligence** die für das Carve-out-Business erforderlichen Vermögensgegenstände und Leistungen identifiziert werden[5] und im Zuge des weiteren Prozesses deren jeweilige Behandlung geklärt werden, wobei eine Handlungsoption in der übergangsweisen Bereitstellung bestimmter Vermögensgegenstände und Leistungen nach Maßgabe eines *Transitional Services Agreement* besteht. In diesem Zusammenhang haben sich ebenso wie bei der Identifizierung der zu übertragenden Vermögensgegenstände Auflistungen bewährt, die im Falle des Abschlusses der Carve-out-Transaktion den entsprechenden Vertragsdokumenten beigefügt werden (für die Identifizierung der zu übertragenden Vermögensgegenstände im Unternehmenskaufvertrag und in den Vollzugsverträgen näher → Teil II Rn. 28 f.).

2

Um Lücken hinsichtlich der zu übertragenden bzw. übergangsweise bereitzustellenden Leistungen sowie Inkonsistenzen zwischen den einzelnen **Transaktionsdokumenten** zu vermeiden, sollten Planung, Verhandlung und Vertragsgestaltung in einem einheitlichen und abgestimmten **Prozess** erfolgen und die Dokumente miteinander verzahnt werden. Üblicherweise wird das *Transitional Services Agreement* dem Unternehmenskaufvertrag in ausverhandelter Form als Anlage beigefügt und vereinbart, dass dieses von den entsprechenden Parteien am Vollzugsstichtag (*Closing Date*) zu unterzeichnen ist.[6] Gelegentlich ist die Verhandlung des *Transitional Services Agreement* bei Unterzeichnung des Unternehmenskaufvertrags (*Signing*) noch nicht abgeschlossen. In diesem Fall kann der Vollzug der Transaktion unter die Bedingung einer Einigung über das *Transitional Services Agreement* gestellt werden.

3

---

[4] Zu wirtschaftlichen Aspekten der Ausgestaltung von Mengengerüst, Preisen, Leistungszeitraum und Service-Levels vgl. *Franzke* M&A Review 2015, 5 f.
[5] Vgl. *Gerhard/Hasler* GesKR 2014, 221, 225.
[6] *Gerhard/Hasler* GesKR 2014, 221, 243.

3. Regulatorische Anforderungen

4   Je nach Art des von der Carve-out-Transaktion betroffenen Unternehmens können besondere regulatorische Vorgaben im Hinblick auf die Ausgestaltung eines *Transitional Service Agreement* bestehen. Dies ist beim Carve-out von Kredit- und Finanzdienstleistungsinstituten dann der Fall, wenn eine wesentliche Auslagerung im Sinne des § 25b Abs. 1 KWG vorliegt, der Verkäufer im TSA also mit der Wahrnehmung solcher wesentlicher Aktivitäten und Prozesse im Zusammenhang mit der Durchführung von Bankgeschäften, Finanzdienstleistungen oder sonstigen institutstypischen Dienstleistungen beauftragt wird, die ansonsten vom Institut selbst erbracht würden. Solche Auslagerungen bedürfen eines angemessenen und wirksamen Risikomanagements durch das Institut. Zu den von der Bundesanstalt für Finanzdienstleistungsaufsicht (BAFin) insofern geforderten Maßnahmen gehören bestimmte im Auslagerungsvertrag zu treffende Vereinbarungen. Diese Anforderungen beinhalten insbesondere Regelungen zu Informations- und Prüfungsrechten sowie zur Einhaltung der datenschutzrechtlichen Anforderungen, Kündigungsrechte und Informationspflichten.[7] Ähnliches gilt für Versicherungen[8] und Kapitalverwaltungsgesellschaften.[9]

4. Zu erbringende Leistungen

a) Voraussetzungen für die Leistungserbringung

5   Aus Käufersicht sind solche Leistungen möglicher Gegenstand eines *Transitional Services Agreement*, die für den Betrieb des Carve-out-Business erforderlich sind, jedoch nicht zum Umfang des vom ihm erworbenen Carve-out-Business gehören, und die er mit Vollzug der Transaktion (*Closing*) nicht selbst erbringen kann oder will. Vorbehaltlich entsprechender Ressourcen wird sich der Verkäufer regelmäßig übergangsweise zu solchen Leistungen bereitfinden, die von den im Konzern verbleibenden Unternehmensteilen gegenüber **internen Leistungsempfängern** erbracht werden.

6   Zu den für das Carve-out-Business benötigten Leistungen gehören jedoch häufig auch solche, die von **externen Dienstleistern**, etwa im Rahmen von **Outsourcing-Verträgen**, bezogen werden. Deren Bereitstellung durch den Verkäufer setzt voraus, dass der jeweilige Dienstleistungsvertrag auch eine Erbringung von

---

[7] Hierzu näher https://www.bafin.de/SharedDocs/Veroeffentlichungen/DE/Rundschreiben/rs_1210_marisk_ba.html?nn=2818068#doc3492188bodyText29.

[8] Siehe http://www.solvency-ii-kompakt.de/content/outsourcing.

[9] Dazu http://www.bafin.de/SharedDocs/Veroeffentlichungen/DE/FAQ/faq_kagb_36_auslagerung_130710.html.

4. Zu erbringende Leistungen

Leistungen an solche Gesellschaften zulässt, die nicht (mehr) Konzerngesellschaften sind. Dies ist in einigen *Outsourcing*-Verträgen für eine Übergangszeit vorgesehen. Im Übrigen bedarf eine entsprechende Leistungserbringung der Zustimmung des Dienstleisters. Vertraglich kann dies in der Weise berücksichtigt werden, dass derartige Zustimmungen vom Verkäufer während einer bestimmten Frist nach Unterzeichnung des Unternehmenskaufvertrags (*Signing*) einzuholen sind. Das Ende einer solchen Frist sollte weit genug vom Vollzugsstichtag (*Closing Date*) entfernt sein, um es dem Käufer im Falle einer Verweigerung von Zustimmungen seitens der entsprechenden Dienstleister zu ermöglichen, alternative Vereinbarungen zu treffen.

b) Leistungsbestimmung

Angesichts der Vielfalt der möglichen Leistungen bietet es sich an, das *Transitional Services Agreement* im Sinne eines Rahmenvertrages als allgemeine Grundlage für die zu erbringenden Leistungen auszugestalten und diese in Anlagen zum Vertrag als sog. **Service Schedules** jeweils im Detail aufzuführen.[10] Der Umfang der vom Verkäufer zu erbringenden Leistungen ist im Einzelnen Gegenstand der Verhandlungen zwischen den Parteien.

7

aa) Übergangsdienstleistungen

Kern eines *Transitional Services Agreement* ist die **Weiterführung von Leistungen**, wie sie auch bislang für das Carve-out-Business erbracht worden sind. Eine käuferfreundliche Regelung kann etwa vorsehen, dass vom Verkäufer ab dem Vollzugsstichtag (*Closing Date*) sämtliche Leistungen zu erbringen sind, die für den Betrieb des Carve-out-Business erforderlich sind, mit der Ausnahme solcher, die vom Carve-out-Business selbst oder durch vertraglich gebundene Dritte erbracht werden. Eine solche Regelung enthält die folgende Generalklausel in einem TSA:

8

> Seller shall provide to the Target Company from the Closing Date for the relevant Service Term all of the services provided or procured to the Target Company by Seller's Group as of the Closing Date and all of the services reasonably necessary for the Target Company to conduct business equivalent or similar to the Carve-out-Business as conducted by Seller prior to the Closing Date, excluding such services which are performed by the Carve-out-Business itself or Third Parties having been engaged prior to the Closing Date, and including but not limited to the services described in Exhibit ■ (collectively, the **Transitional Services**).

---

[10] Zum Bedürfnis der detaillierten Beschreibung der Leistungen vgl. *Rothenbücher* M&A REVIEW 2007, 541, 542. Vgl. allgemein zu den leistungsbezogenen Leistungen Jaletzke/Henle/*Hofmeister* Abschnitt IV.8., Anm. Ziffer 3.

9   Der Verkäufer hingegen wird häufig lediglich bereit sein, im Rahmen des *Transitional Services Agreement* spezifische, im Einzelnen aufgeführte Leistungen zu erbringen.[11] Ein entsprechender Passus kann wie nachfolgend gestaltet werden:

> Seller shall provide to the Target Company from the Closing Date for the relevant Service Term the services as comprehensively described and specified in Exhibit ■ (collectively, the **Transitional Services**).

bb) Unterstützung bei der Überleitung von Leistungen

10   Häufig benötigt der Käufer die Unterstützung des Verkäufers bei der Umstellung des Carve-out-Business von Übergangsdienstleistungen des Verkäufers (*Transitional Services*) auf entsprechende eigene Funktionen der Zielgesellschaft oder entsprechende von Konzerngesellschaften des Käufers oder Drittdienstleistern zu erbringende Leistungen, etwa bei der Migration von Daten.[12] Sofern der Verkäufer solche Leistungen nicht intern zu erbringen imstande ist, sollte er sich vergewissern, dass entsprechende von ihm mit Dritten abgeschlossene Dienstleistungsverträge diese umfassen. Als Grundlage für die Gestaltung einer entsprechenden Verpflichtung zu Unterstützungsleistungen (***Disengagement Services***) kann der nachfolgende Passus dienen:

> During and after a Service Term, Seller shall provide to the Target Company services as reasonably requested by the Target Company in connection with the termination of any Transitional Services, including, but not limited to (i) planning and cooperating for an orderly transition of such Transitional Service to the Target Company or to a successor service provider in accordance with a transition schedule reasonably requested by the Target Company; and (ii) the services described in Exhibit ■ (collectively, the **Disengagement Services**).

cc) Weitere Leistungen und Leistungsänderungen

11   Ferner möglich ist die Vereinbarung zusätzlicher, bislang für das Carve-out-Business nicht erbrachter Leistungen (***Additional Services***) durch den Verkäufer.[13] Diese sind dann explizit zu vereinbaren, oder es ist ein entsprechendes Beauftragungsverfahren vorzusehen. Ebenso kann ein Verfahren zur Änderung der vereinbarten Leistungen (***Change Management***) vereinbart werden. Häufig wird der Verkäufer unter einem *Transitional Services Agreement* allerdings lediglich exakt die auch bislang zur Verfügung gestellten Funktionen fortführen wollen. Insbesondere

---

[11] *Rothenbücher* M&A REVIEW 2007, 541, 542.
[12] Hierzu auch Jaletzke/Henle/*Hofmeister* Abschnitt IV.8., Anm. Ziffer 7c).
[13] Jaletzke/Henle/*Hofmeister* Abschnitt IV.8., bietet für sog. „omitted services", also versehentlich nicht erfasste Leistungen, eine Verhandlungslösung an und weist auf nötige Grenzen hin (vgl. Anm. Ziffer 3b).

5. Leistungsstandards

im Hinblick auf die Erhöhung oder Verringerung des Umfangs von Leistungen werden gelegentlich Änderungsverfahren vereinbart. Ein solches Verfahren kann wie nachfolgend formuliert werden:

> Where Transitional Services and/or the respective Service Costs are agreed on the basis of certain volumes to be provided by Seller or used by the Target Company, the Target Company shall be entitled to request an increase or decrease of such volumes from Seller. The Parties shall mutually agree on and document such increase or decrease in writing including a respective pro-rated increase or decrease of the Service Costs. Seller shall be entitled to withhold its agreement to an increase to the extent Seller is unable to provide such increased Transitional Services using commercially reasonable efforts.

dd) Einheitliche Definition

Sofern im Transitional Services Agreement zwischen Übergangsdienstleistungen (*Transitional Services*), Unterstützungsleistungen bei der Überleitung von Leistungen (*Disengagement Services*) und gegebenenfalls weiteren Leistungen unterschieden wird, sollten diese übergreifend als vertragliche Leistungen (***Services***) definiert werden.   12

5. Leistungsstandards

a) Festlegung grundlegender Leistungsstandards

Besonderheiten bei der Bestimmung der **Leistungsstandards** weisen *Transitional Services Agreements* häufig insofern auf, als der Verkäufer – anders als Unternehmen, die entsprechende Leistungen geschäftlich erbringen – oft weder über eine entsprechende Professionalität noch über diesen vergleichbare Strukturen und Systeme zur Leistungssicherung und Leistungsmessung verfügt. Vor diesem Hintergrund und angesichts der regelmäßig begrenzten Laufzeit von *Transitional Services Agreements* können sich die Verpflichtungen des Verkäufers darauf beschränken, bei der Leistungserbringung die bisherigen Standards anzuwenden, etwa entsprechend dem nachfolgenden Beispiel: 13

> (a) The Target Company acknowledges that Seller is not in the business of providing services of the type contemplated by this Agreement and that the Services are provided on a temporary basis only to support the orderly separation of the Carve-out-Business from the Seller's other businesses and operations.
> (b) Seller shall use reasonable endeavors to ensure that the nature, level, quality, and standard of care applicable to the delivery of the Transitional

> Services hereunder shall be the same as that of the respective services which Seller provided or procured to the Carve-out-Business in the twelve (12) month period prior to the Closing Date.

14 Soweit auch andere als die bisher schon erbrachten Leistungen vereinbart sind, kann nicht auf die bisherigen Standards Bezug genommen werden. So kann der Verkäufer etwa im Hinblick auf Unterstützungsleistungen bei der Überleitung von Dienstleistungen (*Disengagement Services*) die Einhaltung des gewöhnlichen Industriestandards zusagen (*Industry Practice*). Es können aber auch höhere Standards vereinbart werden, insbesondere wenn der Verkäufer über entsprechende Ressourcen verfügt. Diese korrespondieren häufig mit einer entsprechenden Vergütung seitens des Käufers. Es kann die nachfolgende Regelung getroffen werden:

> Seller shall provide the Services in all respects in a professional manner and in accordance with highest industry standards and practices regarding type, scope and quality.

15 Auch für den Fall, dass der Verkäufer die Anforderungen an die von ihm zu erbringenden Leistungen grundsätzlich begrenzen will, sind Ausnahmen dort denkbar, wo er diese seinerseits bei **externen Dienstleistern** bezieht. Insoweit wird er häufig bereit sein, mit Dienstleistern vereinbarte höhere Standards auch dem Carve-out-Business zugute kommen zu lassen. Entsprechende Sonderbestimmungen können in die Anlagen aufgenommen werden, die die jeweiligen Leistungen beschreiben. Die Regelung des *Transitional Services Agreement* zu den grundlegenden Leistungsstandards sollte dann entsprechende Vorbehalte und Verweise beinhalten.

b) Einfluss der Vertragstypologie

16 Im Hinblick auf die Festlegung von Leistungsstandards ist zunächst nach der **vertragstypologischen Einordnung** der vereinbarten Leistungen zu unterscheiden, insbesondere zwischen dienst- und werkvertraglichen Pflichten. Hinzutreten können Leistungen, die anderen Vertragstypen zuzuordnen sind. So enthält etwa die Überlassung von Arbeitsmitteln (z.B. Bürogegenstände) schwerpunktmäßig mietvertragliche Komponenten. Soweit die Pflichten dienstvertraglich sind, schuldet der Dienstleister lediglich die vereinbarte Tätigkeit, § 611 Abs. 1 BGB. Die Anforderungen an Werkleistungen knüpfen hingegen nach der gesetzlichen Konzeption an das Werk und den herzustellenden Erfolg an, §§ 631 Abs. 1, 633 ff. BGB. Das dienstvertragliche Regime ist daher regelmäßig für den Dienstleister vorteilhaft, während das Werkvertragsrecht den Leistungsempfänger begünstigt.

5. Leistungsstandards

Erfahrungsgemäß werden unter *Transitional Services Agreements* schwerpunktmäßig eher **dienstvertragliche Leistungen** erbracht,[14] insbesondere in den Bereichen IT, Personalverwaltung und Buchführung. Sofern der Verkäufer auch weiterhin **Entwicklungsleistungen** durchführt, sind diese eher **werkvertraglich** geprägt.[15] In einem gewissen Rahmen können die Parteien auch Einfluss auf die Qualifikation von Leistungen nehmen. So können etwa Wartungsleistungen einerseits als reine Tätigkeitspflichten ausgestaltet werden, andererseits aber, wenn etwa ein bestimmter objektiver Standard festgeschrieben ist, auch werkvertraglichen Charakter erhalten. Vor diesem Hintergrund können die Parteien auch eine grundsätzliche Zuweisung der vereinbarten Leistungen vereinbaren. Eine verkäuferfreundliche Regelung würde als Grundsatz die Anwendung des Dienstvertragsrechts festschreiben:

17

> Unless explicitly agreed otherwise between the Parties under this Agreement, in particular in Exhibit ■, the Services shall be provided as services pursuant to sec. 611 para. 1 of the German Civil Code (*BGB*).

c) Besondere Standards bei dienstvertraglichen Leistungen

Dienstvertragliche Leistungen werden üblicherweise anhand von *Service Levels* gemessen. Hierbei handelt es sich um jeweils exakt zu definierende Anforderungen an bestimmte Leistungsparameter, aufgrund derer über einen bestimmten Zeitraum oder eine festgelegte Anzahl das Verhältnis zwischen dem vereinbarten Soll-Wert und dem tatsächlichen Ist-Wert ermittelt wird.[16] Beispiele sind die zeitliche Verfügbarkeit einer Website (etwa mit einem Soll-Wert von 99,5 % je Monat) oder der prozentuale Anteil der erfolgreichen Lösung bestimmter IT-Probleme durch den Support (etwa von Problemen der Kategorie 3 innerhalb von vier Stunden, mit einem Soll-Wert von 80 % im Quartal).[17] An näher definierte Unterschreitungen der Soll-Werte knüpfen – häufig über verschiedene *Service Levels* hinweg – Strafzahlungen des Dienstleisters an den Dienstleistungsempfänger (**Service Credits**) an.[18] Zentral für eine Durchsetzung der Strafzahlungen sind Berichtspflichten des Dienstleisters (***Reporting***).

18

Die Festlegung und **Implementierung** effektiver *Service Levels* bedarf entsprechender Strukturen des Dienstleisters und ist mit einem erheblichen Aufwand

19

---

[14] Vgl. *Rothenbücher* M&A REVIEW 2007, 541.
[15] Zu der vertraglichen Einordnung von Entwicklungsleistungen vgl. BGH X ZR 27/01, NJW 2002, 3323.
[16] MünchAnwHdB. IT/*von dem Bussche/Schelinski* Teil 1 Rn. 26.
[17] *Schumacher* MMR 2006, 12, 13 f.
[18] MünchAnwHdB. IT/*von dem Bussche/Schelinski* Teil 1 Rn. 29; ausführlich *Schumacher* MMR 2006, 12, 15.

verbunden. Sie kommt bei *Transitional Services Agreements* daher allenfalls bei einer erheblichen Laufzeit und einem entsprechenden finanziellen Volumen der zu erbringenden Leistungen in Betracht. Sollen aber entsprechende Regelungen getroffen werden, dann sind die Grundlagen üblicherweise im Haupttext des TSA zu verorten. Die einzelnen Parameter werden demgegenüber in den Anlagen aufgegriffen, die die Beschreibung der entsprechenden Leistungen beinhalten.

d) Besondere Standards bei werkvertraglichen Leistungen

20 **Werkvertragliche Leistungen** unterliegen grundsätzlich dem gesetzlichen Gewährleistungsrecht gem. §§ 633 ff. BGB. Der Unternehmer schuldet danach die **Sach- und Rechtsmängelfreiheit** des Werks, insbesondere also die vertragsgemäße Beschaffenheit. Das gesetzliche Gewährleistungsrecht kann von den Parteien in gewissen Grenzen im Hinblick auf Voraussetzungen und Rechtsfolgen abbedungen, geändert oder modifiziert werden.[19] Zentral für das Werkvertragsrecht ist die **Abnahme**, § 640 BGB. Durch diese wird das Werk konkretisiert, sie ist Angelpunkt des Gewährleistungsrechts und Voraussetzung für die Fälligkeit der Vergütung.[20] Sofern im Rahmen des *Transitional Services Agreement* umfangreiche Entwicklungsleistungen vorgenommen werden sollen, empfiehlt sich daher die Vereinbarung eines spezifisch zugeschnittenen Abnahmeprozesses.

6. Lizenzen und Bereitstellung anderer Vermögensgegenstände

21 Im Rahmen von *Transitional Services Agreements* können **Lizenzen** und **sonstige Vermögensgegenstände** in verschiedenen Konstellationen von Bedeutung sein.

a) Gegenstände als Objekte der vorübergehenden Bereitstellung

aa) Sachen

22 Unabhängig von durch den Verkäufer zu erbringenden Dienstleistungen können dem Käufer für eine Übergangszeit bestimmte **Sachen**, etwa Hardware oder auch Betriebsgrundstücke und Räumlichkeiten[21], **bereitzustellen** sein. Vertragstypologisch handelt es sich insoweit um mietrechtliche Leistungen. Diese sollten

---

[19] Vgl. MünchKommBGB/*Busche* § 634 Rn. 94 ff.
[20] Zur Bedeutung der Abnahme vgl. Bamberger/Roth/*Voit* § 640 Rn. 1; Staudinger/*Peters/Jacoby* BGB § 640 Rn. 1 ff.
[21] Zu den Gefahren bei der Nutzungsüberlassung des Betriebsgeländes oder anderer Standorte: Jaletzke/Henle/*Hofmeister* Abschnitt IV.8. Anm. Ziffer 4a).

6. Lizenzen und Bereitstellung anderer Vermögensgegenstände

in entsprechenden Anlagen zum *Transitional Services Agreement* aufgelistet werden. Ihre Übergabe und Rückgabe ist zu dokumentieren. Insoweit können insbesondere Regelungen zur Übergabe, Wartung, Gewährleistung, Haftung und Rückgabe getroffen werden.

bb) Rechte des geistigen Eigentums

Häufig sind für den nahtlosen Betrieb des Carve-out-Business **Rechte des geistigen Eigentums** erforderlich, die aber dem beim Verkäufer verbleibenden Unternehmensteil vorbehalten bleiben sollen. So kann der Verkäufer dem Käufer bis zur Ablösung durch den Käufer etwa die Nutzung von Marken, Patenten oder Software bzw. von Unternehmenskennzeichen oder Know-how ermöglichen. Die rechtlichen Rahmenbedingungen für die übergangsweise Bereitstellung sind einerseits abhängig von der Art des betroffenen Vermögensgegenstands, andererseits davon, ob es sich um eigene Rechte der entsprechenden Verkäufergesellschaft handelt (→ Teil IV Rn. 52 ff.), oder ob diese ihrerseits Lizenznehmer ist (→ Teil IV Rn. 69 f.). Ob und in welcher Form eine Bereitstellung möglich ist, ist während der **Separationsplanung** des Verkäufers bzw. in der *Due Diligence* des Käufers zu ermitteln.

23

Rechte des geistigen Eigentums lassen grundsätzlich eine zeitlich beschränkte Überlassung zu.[22] Sie werden regelmäßig durch Erteilung entsprechender **Lizenzen** bereitgestellt. In Betracht kommen sowohl ausschließliche als auch nicht-ausschließliche Lizenzen. Bei der Lizenzvergabe zu beachten sind insbesondere die **Grenzen der Aufspaltbarkeit** (→ Teil IV Rn. 51). Im Falle der **Sublizenzierung** können sich Beschränkungen aus dem Zuschnitt der der entsprechenden Verkäufergesellschaft erteilten Lizenz und weiteren Regelungen des Lizenzvertrags ergeben, etwa in Form von Wettbewerbsverboten. Sofern bestimmte Rechte des geistigen Eigentums bereitzustellen sind, sind diese in der entsprechenden Regelung explizit zu bezeichnen, etwa über Listen in Anlagen. Der Lizenzumfang ist stets im Einzelfall zu gestalten, hierzu nachfolgend ein Beispiel für eine exklusive Lizenz:

24

> As of the Closing Date and for the relevant Service Term, Seller hereby grants to the Target Company an exclusive, non-transferable, sub-licensable, fully paid up and royalty free license in the Intellectual Property listed on Exhibit ■ to conduct its business equivalent or similar to the Carve-out-Business as conducted by Seller prior to the Closing Date for the territories of Germany, Austria and Switzerland.

---

[22] Ausdrücklich § 31 Abs. 1 UrhG für das Urheberrecht; § 30 Abs. 2 Nr. 1 MarkenG für das Markenrecht.

25 Eine nicht-exklusive Lizenz könnte hingegen wie folgt ausgestaltet werden:

> As of the Closing Date and for the relevant Service Term, Seller hereby grants to the Target Company a non-exclusive, worldwide, transferable, sub-licensable to the Affiliates of the Target Company fully paid up and royalty free license to use the Intellectual Property listed in Exhibit ■ for the Target Company's business.

26 Weiter ist eine Regelung zur Übergabe und Rückgabe bzw. Vernichtung von für die Nutzung der lizenzierten Rechte erforderlichen Unterlagen zu treffen. Möglich ist eine ganze Fülle flankierender Regelungen. So kann sich der Verkäufer zur Aufrechterhaltung oder Verteidigung der lizenzierten Schutzrechte verpflichten, oder es können der Zielgesellschaft (*Target Company*) **schuldrechtliche Verpflichtungen** wie Einschränkungen im Hinblick auf die Nutzung von Rechten des geistigen Eigentums, insbesondere Wettbewerbsverbote, Geheimhaltungspflichten oder Weitergabeverbote (→ Teil IV Rn. 22) auferlegt werden. Üblicherweise übernimmt der Verkäufer bestimmte Garantien, insbesondere für die wirksame Einräumung der zu erteilenden Lizenzen (→ Rn. 51) und dafür, dass deren vereinbarungsgemäße Nutzung Rechte Dritter nicht verletzt (Rn. 52). Diese sind sorgfältig mit den Regelungen in den sonstigen Transaktionsdokumenten abzustimmen.

b) Für die Erbringung von Dienstleistungen erforderliche Gegenstände

27 In der Regel sind für die Erbringung von Leistungen (*Services*) unter dem *Transitional Services Agreement* bestimmte Sachen und Rechte wie **Hardware** oder **Softwarelizenzen** erforderlich. Insoweit ist zu vereinbaren, ob diese vom Verkäufer als Dienstleister oder von der Zielgesellschaft (*Target Company*) bereitzustellen sind. Dies wird häufig in der Weise geregelt, dass der Verkäufer für die Bereitstellung der erforderlichen Gegenstände verantwortlich ist. Im Hinblick auf von diesem eingesetzte Software ist ein Genehmigungsvorbehalt zugunsten des Dienstleistungsempfängers denkbar.

> Unless explicitly set forth otherwise in this Agreement, Seller shall supply all assets and rights required to provide the Services as set forth in this Agreement, in particular the software listed in Exhibit ■. Except for any software used by Seller prior to the Closing Date for the provision of services to the Carve-out-Business which are equivalent to the Services, the Target Company shall have the right to approve any software that is material to provide the Services and/or for the Target Company's business prior to its use by Seller, such approval not be withheld unreasonably.

6. Lizenzen und Bereitstellung anderer Vermögensgegenstände

c) Gegenstände als Resultat werkvertraglicher Leistungen

Sofern Werkleistungen Gegenstand des *Transitional Services Agreement* sind, sollte zunächst geregelt werden, dass **körperliche Werke** der Zielgesellschaft zu übereignen und zu übergeben sind. Für den Fall, dass an erbrachten Werkleistungen **Rechte des geistigen Eigentums** bestehen, sollten spezifische Lizenzklauseln vereinbart und die Übergabe der erforderlichen Dokumente vorgesehen werden. Im Hinblick auf die Lizenzierung ist zwischen verschiedenen Kategorien zu unterscheiden. 28

Zum einen können an erbrachten Werkleistungen Rechte des geistigen Eigentums neu entstehen (**Service Results**), insbesondere Urheberrechte an Softwareentwicklungen. Diese werden häufig vollumfänglich der Zielgesellschaft bzw. dem Käufer des Carve-out-Business als dem Auftraggeber zugeordnet. Denkbar sind aber auch beschränkte Lizenzen sowie Rücklizenzen zugunsten des Verkäufers. 29

Ferner kann die Erbringung und Verwertung von Werkleistungen eigene Rechte des geistigen Eigentums berühren, die entweder dem Verkäufer oder der Zielgesellschaft (*Target Company*) unabhängig von der Leistungserbringung unter dem *Transitional Services Agreement* bereits zustehen (**Pre-existing IP**). Die Inhaberschaft hieran soll regelmäßig der entsprechenden Partei verbleiben. Sofern solches geistiges Eigentum allerdings Teil der vom Verkäufer erbrachten Werkleistungen und damit für deren Verwertung erforderlich ist, bedarf die Zielgesellschaft (*Target Company*) einer Lizenz, deren Umfang aus Käufersicht inhaltlich seinen Rechten an den neu geschaffenen Werkleistungen (*Service Results*) entsprechen sollte. Derartige Lizenzen werden in aller Regel in nicht-exklusiver Form eingeräumt. 30

Überdies können Werkleistungen Rechte des geistigen Eigentums Dritter (**Third Party IP**) beinhalten, die für deren Verwertung dann einzulizenzieren sind. In diesem Zusammenhang ist zu regeln, ob der Verkäufer oder die Zielgesellschaft (*Target Company*) die Verantwortung für die Beschaffung trägt. Sofern Drittrechte von der Zielgesellschaft zu beschaffen sind, sollte aus Käufersicht ein Zustimmungsvorbehalt im Hinblick auf deren Verwendung aufgenommen werden. Dies ermöglicht es der Zielgesellschaft, sicherzustellen, dass die erforderlichen Drittrechte überhaupt und zu akzeptablen Bedingungen einlizenziert werden können. Durch die Integration von Drittrechten wird allerdings häufig der Umfang der Verwendbarkeit des Gesamtprodukts begrenzt, denn häufig werden insbesondere an Standardsoftware inhaltlich beschränkte und nicht-ausschließliche Nutzungsrechte vergeben, die allenfalls an verbundene Unternehmen übertragen oder sublizenziert werden können.[23] 31

---

[23] Typische Beschränkungen von Lizenzen bei Standardsoftware finden sich bei Kilian/Heussen/ *Junker* Teil 2 Checklisten Rn. 7 ff.

32 Eine **käuferfreundliche Regelung** kann wie nachfolgend formuliert werden:

(a) Unless explicitly set forth otherwise under this Agreement, nothing in this Agreement nor any use of any Intellectual Property shall affect the ownership of Pre-existing IP.

(b) The Parties agree that all Service Results shall be owned by Target Company. To the extent ownership in Service Results vests with Seller, any of its Affiliates and/or Subcontractors, Seller hereby assigns and shall cause such Affiliate or Subcontractor to assign all then existing rights, title and interest in Service Results to the Target Company, and the Target Company hereby accepts such assignment. In the event that a full assignment of ownership is not legally possible under mandatory laws, Seller hereby grants and shall cause its Affiliates or Subcontractors to grant to the Target Company a worldwide, perpetual, irrevocable, exclusive, assignable and sub-licensable license in and to the Service Results to use such Service Results in any known and unknown types of use.

(c) Seller hereby grants and shall cause its Affiliates or Subcontractors to grant to the Target Company a worldwide, perpetual, irrevocable, non-exclusive, assignable and sub-licensable license in and to their Pre-Existing IP incorporated in any Service Results to use such Pre-Existing IP in any known and unknown types of use.

(d) Except where Seller itself licenses-in Third Party IP according to sub-paragraph (e), to the extent Third Party IP is incorporated in any Service Result, Seller hereby grants to the Target Company a worldwide, perpetual, irrevocable, non-exclusive, assignable and, to the Affiliates of the Target Company, sub-licensable license in such Third Party IP to use such Third Party IP in any known and unknown types of use.

(e) Seller shall notify the Target Company in advance of any Third Party IP to be incorporated in any Service Result. If Seller and the Target Company agree on the use of such Third Party IP they shall determine which Party shall be responsible for obtaining any and all appropriate consents and licenses for such Third Party IP.

(f) Any assignment or license of Intellectual Property under this section shall include the delivery of all existing documentation and, to the extent Service Results and/or Pre-existing IP includes software, the respective source code and object code.

7. Vergütung

33 Die **Vergütung** (*Service Costs*) kann entweder bereits ganz oder teilweise durch den Unternehmenskaufpreis abgegolten sein, oder für sämtliche Leistungen im *Transitional Services Agreement* festgelegt werden. Sofern die erbrachten Leistungen spezifisch vergütet werden sollen, ist es zweckmäßig, zwischen den einzelnen Arten der zu erbringenden Leistungen zu unterscheiden.

8. Grundlagen der Zusammenarbeit

Soweit die Kosten für **Übergangsdienstleistungen** (*Transitional Services*) für den Verkäufer nicht pauschal vorab mit hinreichender Sicherheit kalkulierbar sind, können laufzeitabhängige Festpreise vereinbart werden.[24] Um in diesem Fall die Gesamtvergütung bei unterschiedlichen Laufzeiten einzelner Leistungen (*Service Terms*) entsprechend anpassen zu können, sollten die jeweiligen Leistungen möglichst einzeln bepreist werden. Dies kann insbesondere in den entsprechenden Anlagen geschehen, die auch die jeweilige Leistungsbeschreibung beinhalten.

34

> Exhibit ■ indicates, with respect to each Transitional Service listed therein, the Service Costs to be charged to the Target Company for such Transitional Service during the respective Service Term.

Kosten des Verkäufers im Zusammenhang mit der Überleitung von Leistungen (**Disengagement Services**) und möglichen weiteren Leistungen (***Additional Services***) werden häufig nach Aufwand vergütet, gegebenenfalls auch zuzüglich eines Zuschlags. Im Interesse des Käufers kann dem Verkäufer eine Nachweispflicht für die Höhe entstandener Kosten auferlegt werden. Um Auseinandersetzungen zu vermeiden, kann auch bereits die Höhe bestimmter Kosten im *Transitional Services Agreement* festgelegt werden, insbesondere im Hinblick auf Personalkosten in Form von Sätzen je Manntag (*Man Day*).

35

> (a) The Service Costs payable for Disengagement Services provided or procured by Seller and for Additional Services, if any, will be mutually agreed by the Parties in advance and based on Service Provider's actual costs. Upon the Target Company's request, Seller shall provide satisfactory documentation to the Target Company evidencing such actual costs.
>
> (b) Unless any other Service Costs are agreed under this Agreement for the respective Service, to the extent that Service Costs are based on Seller's actual costs and such Services are provided by employees or independent contractors of Seller, a rate of EUR ■ per Man Day shall apply.

8. Grundlagen der Zusammenarbeit

a) Kooperationspflichten

Bei den im Rahmen eines *Transitional Services Agreement* zu erbringenden Übergangs- und Abwicklungsleistungen handelt es sich üblicherweise um ein komplexes Projekt, das eine enge **Kooperation** und **Abstimmung** zwischen Verkäufer und Käufer erfordert. Hierzu werden häufig detaillierte Regelungen getroffen. Mög-

36

---

[24] *Rothenbücher* M&A REVIEW 2007, 541, 543.

lich sind auch Vereinbarungen, bei denen die Mitwirkungspflichten entweder des Verkäufers oder der Zielgesellschaft insoweit beschränkt werden, wie diese in einer Anlage gesondert aufgeführt sind. Eine allgemeine Klausel kann wie nachfolgend formuliert werden:

> Each Party shall provide the other Party with all reasonable assistance, access and information reasonably necessary for the performance of its obligations under this Agreement as well as for their general business operations.

b) Abstimmungsprozesse

37 Zur Steuerung der zu erbringenden Leistungen, zu Verhandlungen über erforderliche Anpassungen (*Change Requests*) und zur Ausräumung möglicher Auseinandersetzungen hat es sich bewährt, dass Verkäufer und Zielgesellschaft jeweils **Projektmanager** bestellen, die die Zusammenarbeit in regelmäßigen Treffen steuern.[25] Denkbar ist eine ganze Fülle von Gestaltungsformen. Der folgende Passus kann als Beispiel dienen:

> (a) Each Party shall at all times ensure that suitable individuals are appointed to act as its project manager (each a **Project Manager**). Any change to the applicable Project Manager shall require the written consent of the other Party, such consent not to be unreasonably withheld or delayed.
> (b) The Project Managers shall have full authority to act on behalf of the respective Party in connection with any Services and matters under this Agreement. In particular, the responsibilities of the Project Managers will include:
> (i) coordinating the provision of the respective Services;
> (ii) acting as the first instance of dispute resolution;
> (iii) evaluating and deciding on Change Requests; and
> (iv) general strategic planning with regard to the evolution of the respective Services.
> (c) The Project Managers will meet regularly on a basis to be determined by the Parties based on relevant requirements.

c) Berichte

38 Um die Einhaltung der vereinbarten Leistungsstandards insbesondere im Falle besonders festgelegter *Service Levels* überprüfen zu können, ist die Zielgesellschaft bzw. der Käufer auf entsprechende **Berichte** des Verkäufers angewiesen. Diese

---

[25] Ausführlich zur Ausgestaltung eines Ansprechpartnersystems und zu Sprechklauseln Jaletzke/Henle/*Hofmeister* Abschnitt IV.8., Anm. Ziffern 3c) und d).

9. Laufzeit und Kündigung

können entweder im Zusammenhang mit den entsprechenden Leistungen im Einzelnen festgelegt werden, oder es können allgemeine monatliche Berichte über die Einhaltung der Leistungsstandards zu erstatten sein:

> Seller shall deliver to the Target Company the reports as set out and at the respective times as set forth in Exhibit ■, however, at minimum, monthly reports for each Service. Such reports shall enable the Target Company to fully assess Seller's compliance with all standards of Service as set forth under this Agreement.

9. Laufzeit und Kündigung

Übergangsweise Dienstleistungen werden ihrer Natur entsprechend nur für einen begrenzten **Zeitraum** erbracht, der üblicherweise zwischen sechs und 24 Monaten nach dem Vollzugsstichtag (*Closing Date*) liegt. Häufig deckt das *Transitional Services Agreement* eine Reihe verschiedener Funktionen ab, zu deren Ablösung der Käufer zu unterschiedlichen Zeitpunkten im Laufe der Vereinbarung in der Lage ist. Es ist daher zwischen der Beendigung einzelner Leistungen und der Beendigung des gesamten Vertrags zu unterscheiden.

39

a) Beendigung einzelner Leistungen

Sofern verschiedene Leistungen für unterschiedliche Zeiträume erbracht werden sollen, bietet es sich an, den jeweiligen **Leistungszeitraum** (*Service Term*) im Rahmen der Leistungsbeschreibungen festzulegen, und hierzu im *Transitional Services Agreement* die nachfolgende Regelung zu treffen:

40

> Each Service shall be provided from the Closing Date and, subject to earlier termination of this Agreement, terminates automatically on the last day of the relevant Service Term as further defined in Exhibit ■. Termination of a Service shall not relieve Seller from its obligations to provide the remaining Services.

Einen Verhandlungspunkt stellt es häufig dar, ob und mit welcher Frist der Käufer einzelne Dienstleistungen vorzeitig **kündigen** oder aber **verlängern** kann.[26] Während dem Käufer an Flexibilität für den Fall gelegen ist, dass er eine Leistung bereits vorzeitig selbst zu erbringen in der Lage ist oder aber für die Ablösung eine längere Übergangsphase benötigt, steht für den Verkäufer die Planungssicherheit

41

---

[26] Dazu Jaletzke/Henle/*Hofmeister* Abschnitt IV.8., Anm. Ziffer 7b).

im Vordergrund.[27] Eine käuferfreundliche Regelung kann wie nachfolgend formuliert werden:

> (a) In addition to any rights of termination otherwise expressly provided for under this Agreement, the Target Company may direct Seller to discontinue any one or more Services in whole or in part at any time without cause upon at least sixty (60) days prior written notice, whereupon Seller shall discontinue or cause to be discontinued the Services for which such notice is given.
>
> (b) The Target Company shall have the option, in its sole discretion, of extending each Service Term by up to a total Service Term of twenty-four (24) months by providing Seller with at least sixty (60) days prior written notice before expiry of the applicable Service Term.

b) Beendigung des Transitional Services Agreement

42 Das *Transitional Services Agreement* sollte mit dem Ablauf des letzten vereinbarten Leistungszeitraums (***Service Term***) enden. Sofern allerdings nach diesem Zeitraum noch Leistungen des Verkäufers im Zusammenhang mit der Überleitung von Dienstleistungen (***Disengagement Services***) zu erbringen sind, müssen diesbezüglich die entsprechenden vertraglichen Regelungen weitergelten. Dies sollte vertraglich klargestellt werden.

> (a) This Agreement shall be effective as of the Closing Date and shall, subject to earlier termination, terminate automatically when the final Service Term has expired.
>
> (b) Following the termination of any Transitional Service, Seller will continue to provide or procure such Disengagement Services in accordance with this Agreement as requested by the Target Company. The provisions of this Agreement regarding the Disengagement Services shall survive the termination of this Agreement.

43 Auch wenn das Recht zur **Kündigung aus wichtigem Grund** nicht abdingbar ist,[28] liegt es dennoch im Interesse des Käufers, eine Kündigung durch den Verkäufer so weit wie möglich auszuschließen, um sicherzustellen, dass dieser sich den übergangsweise zu erbringenden Leistungen nicht entziehen kann. Dies wird durch eine enge Definition des zur Kündigung berechtigenden wichtigen Grundes erreicht. Eine käuferfreundliche Regelung kann vorsehen, dass das *Transitional Services Agreement* durch den Verkäufer nur kündbar ist, wenn die Zielgesellschaft mit der Zahlung von zwei Monatsgebühren trotz schriftlicher Mahnung seit mindestens zwei Monaten in Verzug ist.

---

[27] Vgl. *Rothenbücher* M&A REVIEW 2007, 541, 543.
[28] Palandt/*Grüneberg* § 314 Rn. 3.

10. Sicherheit und Datenschutz

a) IT-Sicherheit

Insbesondere dann, wenn unter einem *Transitional Services Agreement* IT-Leistungen zu erbringen sind, besteht ein besonderes Bedürfnis nach **Sicherheitsmaßnahmen**, die über allgemeine Geheimhaltungspflichten hinausgehen und üblicherweise von beiden Parteien zu treffen sind. Hierzu gehören die Einhaltung allgemeiner Sicherheitsanforderungen, Beschränkungen des Zugangs zu den jeweiligen IT-Systemen, Mechanismen zur Reaktion bei Bedrohungen und der Virenschutz.[29]

44

> (a) To prevent unauthorized access to or use of any of the other Party's IT system, each Party shall:
>   (i) continually assess and, where relevant, report to the other Party any prevalent threats to such IT systems arising as a result of any access granted under this Agreement; and
>   (ii) ensure that all users of the other Party's systems undertake a controlled authorization process before access is granted, and remove access privileges in a timely manner once they are redundant.
> (b) If a Party detects a breach of protective measures that will (or is likely to) have a material impact on the Services or the integrity of any data or other confidential information on any IT system, it shall:
>   (i) immediately act to prevent or mitigate the effects of the breach;
>   (ii) report the breach to the other Party as soon as reasonably practicable after detection; and
>   (iii) identify steps to ensure that the breach does not recur and report them to the other Party with undue delay.
> (c) Each Party shall use all reasonable endeavors to ensure that it does not introduce into the other Party's IT system any software virus or other malicious code that might affect the Services or corrupt any data or applications on those IT systems.

b) Datenschutz

Soweit die im Rahmen des *Transitional Services Agreement* zu leistenden Dienste (auch) **personenbezogene Daten** (*Personal Data*) betreffen, sind Regelungen für den Datenschutz zu treffen. Verarbeitet der Verkäufer personenbezogene Daten im Auftrag der Zielgesellschaft, d. h. streng weisungsgebunden und ohne eigene Entscheidungsbefugnis hinsichtlich des Umgangs mit den Daten, ist eine Auftragsdatenverarbeitungsvereinbarung zu schließen. Diese muss den Anforderungen gem.

45

---

[29] Zur Netzwerksicherheit vgl. auch Jaletzke/Henle/*Hofmeister* Abschnitt IV.8., Anm. Ziffer 4a).

§ 11 BDSG entsprechen, insbesondere im Hinblick auf vom Verkäufer zum Schutz der Daten zu treffende technisch-organisatorische Maßnahmen.

(a) Each Party shall comply with all applicable data protection laws.

(b) To the extent Seller will collect, process and use the personal data of the Target Company as a commissioned agent in accordance with the instructions of the Target Company under this Agreement, the Parties will enter into all necessary commissioned data processing agreements. In this case, the Target Company will retain the full control over such Personal Data.

(c) Seller will only act on instructions from the Target Company with respect to collection, processing and use of the Personal Data. Seller will implement appropriate technical and organizational measures in line with the applicable data protection laws to protect the Personal Data against unauthorized or unlawful use or access as well as against accidental loss or destruction of or damage to the Personal Data. The Target Company will assure itself that the regulations of data protection are complied with and the technical and organizational measures are observed.

11. Gewährleistung, Freistellung und Haftung

a) Gewährleistung

46 Häufig wird der Verkäufer die Übernahme gesonderter **Gewährleistungspflichten** im Hinblick auf die nach dem *Transitional Services Agreement* zu erbringenden Leistungen ablehnen. Sollen jedoch solche Regelungen getroffen werden, so sind sie mit den entsprechenden Klauseln im Unternehmenskaufvertrag abzustimmen. Gewährleistungsregeln im Unternehmenskaufvertrag und im *Transitional Services Agreement* folgen dabei zwei unterschiedlichen Gewährleistungskonzepten. Während die Gewährleistung im Unternehmenskaufvertrag auf den Zeitpunkt der Vertragsunterzeichnung (*Signing*) und/oder des Vollzugs der Transaktion (*Closing*) bezogen ist,[30] handelt es sich beim *Transitional Services Agreement* um ein Dauerschuldverhältnis, das eine Gewährleistung über den Zeitraum seiner Laufzeit bedingt.

47 Je nach Ausgestaltung der zu erbringenden Leistungen sind über die Festlegung der allgemeinen Leistungsstandards (→ Rn. 13 ff.) hinaus eine ganze Reihe von besonderen **Gewährleistungsregelungen** und **Garantien** denkbar.

---

[30] Hölters/*Semler* Teil VII Rn. 219.

aa) Einhaltung rechtlicher Anforderungen

Häufig übernimmt der Verkäufer gegenüber der Zielgesellschaft bzw. dem Käufer eine Gewährleistung dafür, dass die nach dem *Transitional Services Agreement* zu erbringenden Leistungen im Einklang mit **anwendbarem Recht** erfolgen.

48

> Seller warrants *(gewährleistet)* that all Services will be performed in accordance with all applicable laws and regulations.

bb) Beschaffenheit zeitweise überlassener Gegenstände

Dem mietrechtlichen Charakter der übergangsweisen Bereitstellung von Sachen und Lizenzen entsprechend kann eine Gewährleistung dafür vorgesehen werden, dass diese während ihrer Überlassung bzw. Nutzung den **vertragsgemäßen Zustand** aufweisen.

49

> Seller warrants *(gewährleistet)* that, during the respective Service Terms, all assets, systems and software provided to the Target Company or used by Seller or any of its subcontractors in connection with the provision of the Services are in good working condition in accordance with best industry practices so that they operate in accordance with their specifications.

cc) Werkleistungen

Sofern **Werkleistungen** zu erbringen sind, ist eine spezifische Klausel zur **Sachmängelgewährleistung** denkbar, die dann allerdings auf den Zeitpunkt der Abnahme bezogen ist.

50

> Seller warrants *(gewährleistet)* that, upon acceptance by the Target Company, each Service Result or other deliverable that Seller provides to the Target Company as part of the Services, shall not deviate from the specifications and requirements for such Service Result or deliverable.

dd) Wirksamkeit übertragener Rechte des geistigen Eigentums und eingeräumter Lizenzen

Es sind eine ganze Reihe unterschiedlicher Gewährleistungen des Verkäufers im Zusammenhang mit von diesem übertragenen oder lizenzierten **Rechten des geistigen Eigentums** denkbar. Diese können einmal deren Bestand und die unbeschränkte Inhaberschaft des Verkäufers umfassen. Häufig wird in einem *Transitional Services Agreement* nur auf die wirksame Übertragung abgestellt.

51

> Seller warrants *(gewährleistet)* that it will have validly assigned to the Target Company the Intellectual Property rights to be assigned and granted to the Target Company the licenses to be granted under this Agreement.

ee) Non-Infringement

52   Üblicherweise wird der Käufer vom Verkäufer eine Zusage verlangen, dass die Nutzung von übertragenen Rechten des geistigen Eigentums und die vertragsgemäße Nutzung von Lizenzen weder **Rechte Dritter** noch **sonstiges Recht** verletzt.

> Seller warrants *(gewährleistet)* that the use of the Intellectual Property assigned by Seller and the use of licenses granted by Seller in accordance with this Agreement does not infringe the Intellectual Property or other rights of any third party or any applicable laws or regulations.

ff) Vollständigkeit

53   Die im Rahmen eines *Transitional Services Agreement* erbrachten Dienstleistungen, die bereitgestellten Gegenstände und die zu erteilenden Lizenzen dienen in der Regel dazu, die durch den Unternehmenskaufvertrag übertragenen Gegenstände und Verträge in der Weise zu komplettieren, dass der Käufer das Carve-out-Business gegebenenfalls unter Aufwendung bestimmter eigener Ressourcen fortführen kann.[31] Soweit der Verkäufer in einer solchen Konstellation eine Garantie dafür abzugeben bereit ist, dass dem Käufer mit Abschluss der Transaktion sämtliche **Ressourcen** zur Verfügung stehen, die für die **Fortführung** des Carve-out-Business erforderlich sind, sind hierbei auch die nach dem *Transitional Services Agreement* geschuldeten Leistungen mit einzubeziehen. Eine solche Garantie wird in der Regel im Unternehmenskaufvertrag vereinbart werden (→ Teil II Rn. 40 und → Teil IV Rn. 72).

b) Freistellung

54   Anknüpfend an die Verletzung sämtlicher oder einzelner Gewährleistungen kann dem Verkäufer eine Verpflichtung auferlegt werden, der Zielgesellschaft bzw. dem Käufer die hieraus entstehenden **Schäden** zu **ersetzen** und die Zielgesellschaft bzw. den Käufer von diesbezüglichen Ansprüchen Dritter **freizuhalten**.

> Seller shall indemnify the Target Company for any loss, claim, demand, action, cost (including without limitation reasonable legal costs and disbursements) or any other liabilities (the **Liabilities**) which Target Company suffers or incurs as a result of or in connection with a breach of the warranties set out in Section ■. The Target Company shall (i) promptly notify Seller of any such Liability after it becomes aware of it, (ii) give Seller the right to control and direct the preparation of a defense at Seller's sole cost and expense and the defense and any settlement of any such claim, to the extent permitted by applicable law, and (iii) give reasonable cooperation to Seller for the defense of such Liability at Seller's sole cost and expense.

---

[31] *Kirchner/Helmreich* CFL 2010, 487, 496.

c) Haftung

Typischerweise sehen *Transitional Services Agreements* **Haftungsbeschränkungen** vor. Von vornherein nicht beschränkt werden kann die Haftung für Vorsatz (§ 276 Absatz 3 BGB) sowie die Haftung für Ansprüche aus dem Produkthaftungsgesetz (§ 14 ProdHaftG). Im Rahmen von Individualvereinbarungen möglich sind hingegen Einschränkungen bei einfacher und bei grober Fahrlässigkeit.[32] Denkbar sind hier sowohl vollständige Ausschlüsse als auch Haftungshöchstgrenzen auf einen bestimmten Betrag oder auf die vertraglich geschuldete Vergütung. Einen weiteren Verhandlungspunkt stellen Ausnahmen von der Haftungsbeschränkung dar. Solche werden in Anknüpfung an die AGB-rechtliche Konzeption üblicherweise für Verletzungen von Leib und Leben vereinbart. Von den Haftungsbeschränkungen können darüber hinaus Freistellungsansprüche und/oder bestimmte Gewährleistungsverletzungen ausgenommen werden.

55

> Except for losses under the warranties set forth in Section ■, indemnification claims which shall be recoverable in any event, claims under the German Product Liability Act and claims based on damage to life, body or health, the liability of each Party is limited to typical, foreseeable damages and further to the total aggregate amount of EUR ■ per calendar year in cases of normal negligence *(einfache Fahrlässigkeit)* and to the amount of the consideration the Target Company must pay to Seller under this Agreement in the relevant calendar year in cases of gross negligence *(grobe Fahrlässigkeit)*.

---

[32] Bamberger/Roth/*Lorenz* § 276 Rn. 46; Jaletzke/Henle/*Hofmeister* Abschnitt IV.8., Anm. Ziffer 6b).

Stichwortverzeichnis

A

Abgrenzungsvereinbarung Teil IV *10, 34f.*
Abnahme Teil VII *20*
Abschreibungen Teil VI *25f., 44, 80, 85, 91ff., 165, 174*
Abtretung Teil II *51, 53;* Teil IV *22, 27, 37*
Abtretungsanzeige Teil II *50*
Abtretungsurkunde Teil II *50*
Aktienbasierte Vergütung Teil III *174;* Teil VI *212*
allgemeinverbindlicher Tarifvertrag Teil III *204, 205, 215, 220*
Allokation Teil VI *68, 166, 200, 221*
Allokationsschlüssel Teil VI *201*
Als-ob-Rechnung Teil VI *27*
Anfechtungsklage Teil II *133, 136*
Anhang Teil VI *196*
Anlagenspiegel Teil VI *94*
Anlagevermögen Teil VI *210*
Anteilstausch Teil V *150*
Anwartschaftsrecht Teil II *46*
Anzeigepflicht
– Asset Deal Teil V *22*
– Share Deal Teil V *80*
Arbeitgeberverband Teil III *201, 203, 204, 205, 212, 218*
arbeitsgerichtliches Beschlussverfahren Teil III *134, 152, 163*
Asset Deal Teil II *20ff.;* Teil IV *4ff.;* Teil V *12ff.;* Teil VI *58, 218*
– Gewerbesteuer Teil V *12, 14*
– Grunderwerbsteuer Teil V *52*
– Haftung Teil V *59*
– Körperschaftsteuer Teil V *12*
– Stille Reserven Teil V *16*
– Übertragung von Pensionsverpflichtungen Teil V *36*
– Übertragung von Rückstellungen Teil V *32*
– Übertragung von Verbindlichkeiten Teil V *32*
– Umsatzsteuer Teil V *37*
Auf-/Abspaltungen Teil II *6, 14;* Teil V *157*
Aufsichtsrat Teil III *66*

Ausgleichsanspruch Teil II *79*
Ausgliederungsbilanz Teil VI *9*
Auslagerung Teil VII *4*

B

Bankguthaben Teil VI *115*
Befreiende Schuldübernahme Teil II *84, 96, 97*
Berichte Teil VII *38*
Bestätigungsvermerk Teil VI *229*
Besteuerung Teil II *151*
– Grunderwerbsteuer Teil II *8, 31, 148*
– Organschaft Teil II *91ff.*
– stille Reserven Teil II *9*
– Verrechnungspreise Teil II *100*
Bestimmbarkeit Teil II *49*
Bestimmtheitsgrundsatz Teil II *5, 23, 41, 44ff.*
Betrieb Teil III *84*
– Wirtschaftliche Einheit Teil III *85*
betriebliche Altersversorgung Teil III *223ff.*
Betriebsabspaltung Teil III *146*
Betriebsänderung Teil III *33, 36*
– Dauer der Verhandlungen Teil III *46*
– einstweilige Verfügung gegen Vollzug Teil III *44*
– Interessenausgleich Teil III *40, 47*
– Sozialplan Teil III *45, 47*
– Unterlassungsanspruch des Betriebsrats Teil III *44*
– Wesentliche Nachteile für Arbeitnehmer Teil III *37*
Betriebsaufspaltung Teil III *142*
Betriebsgeheimnis Teil IV *20*
Betriebsrat Teil III *12, 15, 24, 29, 37, 40, 41, 49, 51, 59, 60, 61, 63, 106, 133, 136ff., 148, 149*
– Europäischer Teil III *20, 22, 34*
– Übergangsmandat Teil III *141, 144, 148, 150, 151, 15ff.*
Betriebsteil Teil III *84*
– abtrennbare organisatorische Einheit Teil III *90*

441

Stichwortverzeichnis

Betriebsübergang Teil II *15, 75, 77, 116*; Teil III *67ff.*
- Arbeitsvertrag Teil II *34, 57*
- ausgeschiedene Arbeitnehmer Teil III *108*
- ausländische Rechtsordnungen Teil III *124*
- Betriebliche Altersversorgung Teil III *80*
- Betriebsfortführung Teil III *101*
- Eintritt in Rechte und Pflichten Teil III *79, 80*
- freigestellte Arbeitnehmer Teil III *109*
- Funktionsnachfolge Teil III *93*
- Gehaltsrückstände Teil III *79*
- GmbH-Geschäftsführer Teil III *110*
- Information der Arbeitnehmer Teil III *76*
- Kündigung Teil III *71, 74, 106*
- Kündigungsschutz Teil III *71*
- Nachhaftung des Verkäufers Teil III *81*
- Neuregelung des Arbeitsvertrags Teil III *75*
- reine Betriebsmittelübertragung Teil III *92*
- Unterrichtungsschreiben Teil III *78*
- Vorstände Teil III *110*
- Widerspruch Teil III *69, 78, 157*
- Zuordnung von Arbeitnehmern zum Betrieb Teil I *167f.*; Teil III *112*

Betriebsvereinbarung Teil III *177*
- Ablösung Teil III *188, 189*
- statische Fortgeltung Teil III *185*
- Überkreuzablösung Teil III *190, 213*

Betriebsvorrichtungen Teil V *54*

Bewertung Teil VI *69*
- Buchwertmethode Teil VI *35, 72*
- Neubewertungsmethode Teil VI *35, 71, 215, 218*

Bilanzgarantie Teil VI *7, 228*

Bilanzierungsfiktion Teil V *35*

Bilanzierungsgrundsätze Teil VI *31, 199*

Bilanzkontinuität Teil VI *73*

Binding Element Teil VI *19*

Buchführung Teil VII *17*

Buchwertfortführung Teil V *147*

C

Carve-out-Abschluss Teil II *109*; Teil VI *13, 54ff.*

Cash-Pool Teil I *129ff.*; Teil II *81*; Teil VI *117, 179*

Change Management Teil VII *11*

Clean Team Teil I *108*

Common Business Teil VI *19*

Common Control Teil VI *19*

Common Management Teil VI *19*

Conduct-of-Business-Klausel Teil II *29*; Teil III *53*

D

Datenschutz Teil VII *44*

Debt-Push-Down Teil II *85*

Decision Usefulness Teil VI *40*

Design Teil IV *15*

Dienstvertrag Teil VII *16, 18*

Dingliche Übertragung Teil II *42ff.*; Teil IV *26*

Direktversicherung Teil III *244*

Direktzusage Teil III *242*

Disengagement Services Teil VII *10, 14, 35, 42*

Domain Teil IV *15*

Due Diligence Teil II *109, 111*; Teil IV *16, 18, 21, 44, 77*; Teil VII *2, 23*

E

Eigene Software Teil IV *13, 28, 51*

Eigenkapital Teil VI *120*

Eigenkapitalveränderungsrechnung Teil VI *52, 188, 238*

Eigentumsvorbehalt Teil II *46, 49*

Einbringung Teil V *140ff., 154*
- Einbringungsgewinn Teil V *147*
- Sperrfrist Teil V *148*

Eingliederung Teil III *100, 154, 155f., 180, 183*

Einigungsstelle Teil III *41, 45*

Einlagen der Gesellschafter Teil VI *121, 190*

Einmalkosten Teil I *40, 122, 164, 169, 184, 209*

Entkonsolidierung Teil VI *220*

Entwicklungsleistungen Teil VII *17*

Ergänzende Leistungsschutzrechte Teil IV *17, 51*

Ergebnis je Aktie Teil VI *194, 203*

Ergebnisabführungsvertrag Teil I *140*; Teil II *91ff., 99*; Teil V *117*

EU-Prospektverordnung Teil VI *50*

Excluded IP Teil IV *11*

Externer Dienstleister Teil VII *15*

F

Finanzanlagen Teil VI *96*

Finanzdienstleistungsinstitut Teil VII *4*

Firma Teil II *52*; Teil IV *15*

Firmentarifvertrag Teil III *201, 203ff., 219*

Forderungen
- aus Lieferungen und Leistungen Teil VI *102*

- gegen verbundene Unternehmen Teil VI *109*
- Sonstige Vermögensgegenstände Teil VI *113*
- Steuerforderungen Teil VI *111*
- Übertragung von Forderungen Teil II *49 ff.*

Fortführungsfähigkeit Teil II *29*; Teil IV *72*; Teil VII *53*

Fremdfinanzierung
- Opportunitätskosten Teil I *136*

Führungsteam des Carve-out-Business Teil I *23, 29, 222*

G

Garantie Teil IV *72*; Teil VII *26, 47*
Gebrauchsmusterrecht Teil IV *15, 50*
Gemeinsame Nutzung Teil IV *43*
Gesamtbetriebsrat Teil III *61, 133, 159, 161, 163, 164*
Gesamtbetriebsvereinbarung Teil III *191 ff., 198*
- Wegfall der Geschäftsgrundlage Teil III *197*

Geschäftsgeheimnis Teil IV *20*
Geschäftsjahr Teil VI *57*
Geschäftsveräußerung im Ganzen Teil V *38, 40 f., 101*
- Umsatzsteuer Teil V *46*

Geschmacksmusterrecht Teil IV *15*
Gesellschafterdarlehen Teil II *82, 87 f., 96*
Gewährleistung Teil III *53*; Teil VII *46*
Gewinnabführungsvertrag siehe Ergebnisabführungsvertrag
Gewinnvortrag Teil VI *123*
Golden Share Teil II *122*
Goodwill Teil VI *86, 207*
Grunderwerbsteuer
- Änderung des Gesellschafterbestandes Teil V *103 ff.*
- Anteilsvereinigung Teil V *111 f.*
- Anzeigepflicht Teil V *55*
- Asset Deal Teil V *52*
- Konzernklausel Teil V *164*
- Share Deal Teil V *102*
- Wirtschaftliche Anteilsvereinigung Teil V *114, 115*

Günstigkeitsprinzip Teil III *211, 240*
Gutglaubensschutz Teil II *50*

H

Haftung (steuerliche)
- bei Betriebsübernahme Teil V *60*
    - *Begrenzung* Teil V *62*
    - *Freistellungsklausel* Teil V *63*
    - *Haftungsumfang* Teil V *61*
- bei Firmenfortführung Teil V *66*
- Grundsteuer Teil V *65*
- Lohnsteuer Teil V *67*
- Organschaft Teil V *129*
    - *Kaufvertragsklausel* Teil V *134*
    - *Umfang* Teil V *132*

Haftungsbegrenzung Teil VI *232*
Haftungsbeschränkung Teil VII *55*
Haftungsrisiken (bei Carve-out-Transaktionen) Teil II *73 ff.*
Handelsvertreterausgleichsanspruch Teil II *76*
Hardware Teil IV *23, 41*; Teil VII *27*
Hedging Teil VI *107, 148, 211*
Historische Buchwerte Teil VI *186*
Holzmüller/Gelatine-Entscheidung Teil II *127, 132*
Hypothetische Finanzinformationen Teil VI *3, 23*

I

IFRS Teil VI *51, 183, 199*
Immaterielle Vermögensgegenstände Teil VI *82*
Impairment Testing Teil VI *88, 208, 209*
Insolvenzanfechtung Teil II *82, 89, 97*
Interessenausgleich Teil III *36, 37, 40 ff., 106, 180*
Inventarverzeichnis Teil II *44, 47*
IT Teil VII *17*
IT-Sicherheit Teil VII *43*
IT-Verträge Teil IV *22, 40*

J

Jahresabschluss Teil VI *12*
Jahresergebnis Teil VI *122, 182*

K

Kalkulatorische Aufwendungen Teil VI *44*
Kapitalerhaltungsregeln Teil II *83*
Kapitalflussrechnung Teil VI *52, 117, 192, 222, 238*
Kapitalverwaltungsgesellschaft Teil VII *4*
Kaufpreisallokation Teil II *151*; Teil V *18, 23 f., 97 f.*
- Grund und Boden Teil V *27*
- Kaufvertragsklausel Teil V *25*

Kennzeichenrecht Teil IV *15, 17*
Know-how Teil IV *19, 36, 62*; Teil VII *23*

Stichwortverzeichnis

Kombinierter Abschluss Teil II *109*;
Teil VI *18, 50, 58*
Konzernabschluss Teil VI *17, 223*
Konzernbetriebsrat Teil III *61, 134, 135, 160, 162*
Konzernbetriebsvereinbarung Teil III *171, 195, 196, 198*
– Wegfall der Geschäftsgrundlage Teil III *173, 174, 197*
Konzerninterne Finanzierungsbeziehungen Teil II *80ff.*
Konzerninterne Leistungsbeziehungen Teil I *45ff.*; Teil II *100f.*; Teil VI *45, 67, 110, 151, 160, 169*
Konzerninterne Verträge Teil I *45ff.*; Teil II *100f.*
Konzernklausel Teil II *14*; Teil V *86*
Konzernverhältnis Teil VI *109, 150*
Kooperation Teil VII *36*
Kreditinstitut Teil VII *4*
Kündigung (Dienstleistungen nach dem TSA) Teil VII *41*

L

Leasingvertrag Teil IV *24, 41*
Leistungsstandards Teil VII *13*
Leistungszeitraum Teil VII *40, 42*
Leveraged Buyout Teil II *85*
Liquiditätspolster Teil I *130*
Lizenz Teil II *67*; Teil IV *21, 37, 38, 52, 54, 65*; Teil VII *24*
– Exklusive Teil IV *59, 69*; Teil VII *24*
– Nicht-exklusive Teil IV *56, 70*; Teil VII *25*
Lizenzvertrag Teil IV *22, 39, 67*

M

Marke Teil IV *17*; Teil VII *23*
Markenrecht Teil IV *15, 47*
Markierung Teil II *45, 47*
Mediatisierungseffekt Teil II *128, 132*
Miete Teil VII *22*
Mindestbesteuerung Teil V *12, 14*
Mitbestimmung Teil III *66*
Mitgift Teil II *116*

N

Nachhaftung des Verkäufers Teil III *81*
Nachzuverrechnender Dienstzeitaufwand Teil VI *214*
Negative Covenant Teil II *88*
Negativer Geschäftswert Teil V *29, 30*

Negativer Kaufpreis Teil II *116*; Teil V *76*
Neubewertungsrücklage Teil VI *191*
Nutzungsart Teil IV *51, 54*
– unbekannte Teil IV *32*
Nutzungsrecht Teil IV *30, 51, 77*
Nutzungsverhältnis Teil II *67*

O

Organschaft (siehe auch Unternehmensvertrag) Teil V *116*; Teil VI *112, 154*
– Finanzielle Eingliederung Teil V *119*
– Gewerbesteuer Teil V *118*
– Gewinnabführungsvertrag Teil V *120f., 125*
– Haftung Teil V *129*
– Körperschaftsteuer Teil V *117*
– Verlustnutzung Teil V *128*
Outsourcing Teil II *1*; Teil VII *6*

P

Pagatorik Teil VI *44*
Patent Teil IV *15, 50*; Teil VII *23*
Pensionen Teil III *223ff.*
– Direktversicherung Teil III *244*
– Direktzusage Teil III *242*
– externe Versorgungsträger Teil III *226, 233*
– Rückdeckungsversicherungen Teil III *226, 233, 243*
– Unterstützungskasse Teil III *246*
Pensionsverbindlichkeiten
– Bewertung Teil III *236ff.*
– Insolvenzverfahren Teil III *231*
– Kaufpreis Teil III *234f.*
– kollektivrechtliche Vereinbarungen Teil III *229, 240*
– Übergang Teil III *228ff.*
– Unternehmenswert Teil III *234*
Personalaufwand Teil VI *165*
Personalverwaltung Teil VII *17*
Pflichtenbindung Teil II *123*
Plan Assets Teil VI *124*
Planung Teil VI *63*
Planungsrechnung Teil VI *28*
Pro-Forma-Abschluss Teil VI *2*
Pro-Forma-Finanzinformationen Teil VI *2, 23, 240*
Pro-forma-Finanzzahlen Teil I *186, 200*
Project Management Office Teil I *7, 14*
Projektmanager Teil VII *37*
Prüfung Teil VI *228*
Prüfungsgegenstand Teil VI *235*

Stichwortverzeichnis

Prüfungsgrundsätze Teil VI *230*
Prüfungsumfang Teil VI *233*

R
Räumliche Belegenheit Teil II *47*
Realisationsprinzip Teil VI *44*
Realteilung Teil II *62*
Rechnungsabgrenzungsposten Teil VI *118, 157*
Rechtekette Teil IV *21*
Rechtsmangel Teil VII *20*
Registereintragung Teil IV *33*
Registerpublizität Teil II *6, 73, 74, 78*
Remanenzkosten Teil I *206*
Reporting Teil VII *18*
Reporting Entity Teil VI *198*
Retention Bonus Teil I *32, 176*
Retrograde Ermittlung Teil VI *76*
Retrospektive Finanzinformationen Teil VI *5*
Richtigkeit Teil VI *45*
Rücklagen Teil VI *123*
Rücklizenz Teil IV *71*
Rückrufrecht Teil IV *31*
Rückstellungen
– Pensionsrückstellungen Teil III *236 ff.*; Teil VI *124, 214*
– Personalrückstellungen Teil VI *128, 176*
– Sonstige Rückstellungen Teil VI *136, 224*
– Steuerrückstellungen Teil VI *131*
Rumpfgeschäftsjahr Teil II *92*

S
Sachanlagen Teil VI *89*
Sachdividende Teil II *86*
Sachmangel Teil VII *20*
Schlussbilanz Teil II *11*; Teil VI *9, 242*
Schriftformerfordernis Teil II *58*; Teil IV *32*
Segmentberichterstattung Teil II *1, 108*; Teil VI *66, 195*
Separation Issues Teil II *80*; Teil IV *75*
Service Credits Teil VII *18*
Service Levels Teil VII *18 f., 38*
Service Results Teil VII *29*
Share Deal Teil II *80 ff.*; Teil IV *74 ff.*; Teil V *8 ff.*; Teil VI *58*
– Abschreibungen Teil V *75*
– Anzeigepflicht Teil V *80*
– Gewerbesteuer Teil V *72, 94*
– Grunderwerbsteuer Teil V *102*

– Körperschaftsteuer Teil V *69, 93*
– Rücklage nach § 6b EStG Teil V *73*
– Streubesitzbeteiligungen Teil V *74*
Shared Contracts Teil II *66*
Shared Services Teil I *38, 45, 59, 63, 220*
Sicherheiten (Ablösung) Teil II *102 ff.*
– Dingliche Sicherheiten Teil II *102, 105*
  – *Grundpfandrechte* Teil II *13, 103*
– Personalsicherheiten Teil II *35, 90, 102, 105*
Sicherungsgeschäft Teil VI *107, 148, 211*
Software Teil VII *23, 27*
– Eigene Teil IV *13, 28, 51*
Sold IP Teil IV *6, 8*
Sonstige betriebliche Erträge Teil VI *163*
Sonstige Vermögensgegenstände Teil VI *113*
Sozialauswahl Teil III *72*
Sozialplan Teil III *36 f., 45 ff., 50 ff., 180*
– vorsorglicher Teil III *106*
Spaltungs- und Übernahmevertrag Teil II *10, 45*
Spaltungsstichtag Teil II *7*
Spaltungsvertrag
– Angaben zu Folgen für Arbeitnehmer Teil III *59, 64, 65*
– Verzicht auf Monatsfrist für Zuleitung Teil III *63*
  – *Bestimmtheitsgrundsatz* Teil II *45*
  – *Erfordernisse* Teil V *158 ff.*
  – *Nachhaftung* Teil II *10*
  – *Rechtliche Aufteilung der Vermögensgegenstände* Teil VI *8*
– Verzicht auf Zuleitung Teil III *63*
– Zuleitung an den Betriebsrat Teil III *59*
Sprecherausschuss Teil III *16, 32*
– Beratung Teil III *17*
– Betriebsänderung Teil III *33*
– Vorlage von Unterlagen Teil III *17*
– Zeitpunkt der Unterrichtung Teil III *18*
Stakeholder Teil I *2, 18, 26, 32, 33, 36*; Teil II *11*
Stand-Alone-Bewertung Teil I *204*
Steering Committee Teil I *8, 28*
Stetigkeit Teil VI *47*
Steuern
– Anhang Teil VI *203*
– Ertragsteuern Teil VI *131, 180, 215*
– Latente Steuern Teil VI *135*
– Sonstige Steuern Teil VI *111, 153, 181*
Steuersubjekt Teil VI *133, 203*

Stille Reserven Teil V *145*
- Asset Deal Teil V *16*
- Missbrauchsklausel Teil V *159*

Stille-Reserven Klausel Teil V *88*

Sublizenz Teil IV *65, 69*; Teil VII *24*

T

Tarifvertrag Teil III *201, 203 ff., 216, 217*
- Ablösung Teil III *211, 214*
- allgemeinverbindlicher Teil III *204 f., 215, 220*
- kongruente Tarifbindung Teil III *211*
- mehrgliedriger Teil III *202*
- Überkreuzablösung Teil III *190, 213*

Technische Schutzrechte Teil IV *15, 50*

Teilung Teil IV *46, 63, 68*

Transaktionen mit verbundenen Unternehmen Teil VI *202*

Transaktionssicherheit Teil II *11*

Transaktionsstruktur Teil II *4, 20*
- Einzelrechtsnachfolge Teil II *5, 13*
  - *International* Teil II *24*
  - *wirtschaftliche Ausgliederung* Teil II *9, 11*
- Gesamtrechtsnachfolge Teil II *5, 6, 13, 14*
  - *Abspaltung* Teil II *6*
  - *Ausgliederung* Teil II *6*
  - *Spaltung* Teil II *6, 10, 15*
- Pre-Packaged-Deal Teil II *17, 18, 19*
- Reverse Asset Deal Teil II *4*

Transferpreise Teil I *38, 45, 51, 61, 63, 79, 124, 197, 213*; Teil II *100*; Teil V *172*; Teil VI *169*

Transitional Services Agreement Teil I *74, 78, 93, 99, 148, 157, 160, 174, 219*; Teil II *28, 35, 40, 67, 100*; Teil IV *1 f., 43, 72, 76*; Teil VII *1*

TSA Teil VII *1*

U

Übergangsdienstleistungen Teil VII *7*

Übergangsmandat Teil III *141, 144, 148, 150, 151, 155, 156, 157*

Übergangszeitraum Teil VII *1*

Übernehmendes Unternehmen Teil VI *10, 209*

Übertragendes Unternehmen Teil VI *205*

Übertragung des ganzen oder des nahezu ganzen Gesellschaftsvermögens Teil II *125*

Übertragungshemmnis Teil I *14, 36*

Umsatzerlöse Teil VI *159*

Umsatzsteueroption Teil V *38, 47, 100*

Unterlagen Teil IV *25, 42*

Unternehmensgegenstand Teil II *135, 137 ff., 143*

Unternehmenskaufvertrag
- Bilanzgarantie Teil II *107 ff.*; Teil VI *7, 228*
- Eintritts- und Benennungsrecht Teil II *148*
- Freistellungsanspruch Teil II *10, 60, 75, 89, 97, 98, 103, 106*; Teil VII *53*
- Garantien und Gewährleistungen Teil II *39*
- Kaufgegenstand Teil II *20, 25*
  - Bewegliche Sachen Teil II *23, 43, 54, 64*
  - Catch-All-Klausel Teil II *28, 29, 40, 45*
  - Darlehen Teil II *36*
  - Dauerschuldverhältnisse Teil II *38*
  - Derivate Teil II *36*
  - Finanzierungsvertrag Teil II *36*
  - Forderungen Teil II *49, 50*
  - Geschäftsunterlagen Teil II *32*
  - Gewerbliche Schutzrechte Teil II *29, 32, 49, 51, 65, 67, 73*
  - Grundstück Teil II *31, 42, 48, 64, 67*
  - Heilungsklausel Teil II *40*
  - Know-how Teil II *54, 56*
  - Negativ-Listen Teil II *28, 29, 43, 45*
  - öffentlich-rechtliche Genehmigungen Teil II *52*
  - Öffnungsklausel Teil II *28, 29*
  - Pacht- und Mietverträge Teil II *57, 58, 66, 67, 71*
  - Positiv-Listen Teil II *28*
  - Zubehör Teil II *29, 43*
- Kaufpreisanpassung Teil II *70, 98*
  - *Nettofinanzverschuldung* Teil II *112 ff.*
  - *Nettoumlaufvermögen* Teil II *112 ff.*
- Kaufpreisaufteilung Teil II *151*
- Locked-Box Teil II *111 f.*
- Lokale Kauf- und Übertragungsverträge Teil II *148*
- Rahmenkaufvertrag Teil II *4, 147 ff.*
- Sicherheitenablösung Teil II *104 ff.*
- Stichtagsbilanz Teil II *41, 70, 94, 98, 110*; Teil VI *4*
- Treuhandkonto Teil II *90*
- Verkäuferauflagen Teil II *114, 117*
- Vertragsstrafe Teil II *122*
- Vertragsübernahme Teil II *51*
- Vollzugsstichtag Teil II *38, 59, 73, 92, 94, 100, 111, 112, 148*

Stichwortverzeichnis

- Vollzugsvertrag Teil II *4, 18, 23, 24, 44, 47, 55, 147f.*
- Vollzugsvoraussetzungen Teil II *7, 22, 52, 56, 71, 73, 93, 100, 132, 135*; Teil III *48*

Unternehmenskennzeichen Teil IV *17, 27, 49, 52*; Teil VII *23*

Unternehmensvertrag Teil II *91*
- Aufhebungsvertrag Teil II *92*
- Außerordentliche Kündigung Teil II *91*
- Gewinnabführungs- bzw. Verlustübernahmeanspruch Teil II *93ff., 114*

Unterstützungskasse Teil III *246ff.*
- kongruent rückgedeckte Teil III *247, 250ff.*

Urheberrecht Teil IV *17, 28, 50*

V

Vendor Due Diligence Teil I *27, 192*; Teil II *110*

Verbandstarifvertrag Teil III *201, 203ff., 218*

Verbindlichkeiten
- Eventualverbindlichkeiten Teil VI *156, 176, 224*
- Kreditverbindlichkeiten Teil VI *139, 213*
- Sonstige Verbindlichkeiten Teil VI *155*
- Steuerverbindlichkeiten Teil VI *153*
- Übertragung von Verbindlichkeiten Teil II *60ff.*
- Verbindlichkeiten aus Lieferungen und Leistungen Teil VI *143*
- Verbindlichkeiten gegenüber verbundene Unternehmen Teil VI *150*

Vereinbarte Untersuchungshandlungen Teil VI *229*

Vereinheitlichungsinteresse Teil III *180*

Vergleichbarkeit (Grundsatz der Vergleichbarkeit bei Carve-out-Abschlüssen) Teil VI *47*

Vergütung Teil VII *33*

Verkauf Teil IV *6*

Verlängerung Teil VII *41*

Verlustnutzung Teil V *82, 95, 151, 160*
- Organschaft Teil V *128*

Verlustvortrag Teil VI *123, 135, 217*

Verrechnungskonto Teil VI *108, 117, 149*

Versicherung Teil VII *4*

Vertraulichkeit Teil II *55, 135*

Vertretungsmacht Teil II *123, 127, 131, 144f.*

Vollständigkeit Teil VI *42*

Vorbereitungsphase Teil I *15, 22, 26, 37*

Vorräte Teil VI *97*

W

Wegfall der Geschäftsgrundlage Teil III *173ff.*

Weisung des Aufsichtsrats Teil III *66*

Werktitel Teil IV *17*

Werkvertrag Teil VII *16, 20, 28, 50*

Wertberichtigungen Teil VI *101, 106*

Wertpapiere Teil VI *114*

Wesentlichkeit Teil VI *41, 62, 138, 147, 225*

Wirtschaftlichkeit Teil VI *40*

Wirtschaftsausschuss Teil III *3, 25, 56*
- Auskunftsanspruch gegen den Gesellschafter Teil III *6*
- Beratung Teil III *9, 26*
- Betriebs- und Geschäftsgeheimnisse Teil III *11, 28*
- Durchgriffsanspruch gegen den Gesellschafter Teil III *6*
- Unternehmen ohne Teil III *12, 15, 29*
- Vorlage von Unterlagen Teil III *4*
- Zeitpunkt der Unterrichtung Teil III *10, 27*

Wirtschaftsprüfer Teil II *109*; Teil VI *228*

Z

Zahlungsmittelgenerierende Einheit Teil VI *207*

Zentralfunktionen Teil VII *1*

Zielprioritäten Teil I *5*

Zinsen Teil VI *178, 213*

Zinsschranke Teil V *78, 92*

Zuordnung (zum Carve-out-) Teil I *36, 41ff., 168*; Teil II *28, 102, 109*; Teil IV *76*; Teil VI *63, 119, 158, 200*

Zur Veräußerung gehaltene langfristige Vermögenswerte und aufgegebene Geschäftsbereiche Teil VI *206, 210, 213*

Zusammenfassung von Betrieben Teil III *149, 183*

Zustimmungserfordernisse Teil II *11, 64, 68*
- Behörden Teil II *16, 52, 53, 56, 92f.*
- Change-of-Control Teil II *12*
- Gesellschaftsrechtliche des Verkäufers Teil II *123*
  - *Aufsichtsrat* Teil II *140*
  - *Gesellschafter* Teil II *145*
  - *Hauptversammlung* Teil II *124*
- Vertragspartner Teil II *59, 60, 66, 71, 106*
- Vinkulierung Teil II *14*

447